LA VENTE LUZARCHES

C'est le 9 mars que commence cette vente remarquable. La première partie contient 3600 numéros qui seront livrés aux enchères pendant 10 jours consécutifs par les soins de M. A. Claudin. M. Victor Luzarches, que nous avons l'honneur de compter au nombre de nos souscripteurs, est, comme chacun sait, un érudit des plus distingués, et ses publications de mystères du moyen-âge sont justement estimées et recherchées. Pour donner une idée de sa Bibliothèque nous ne croyons pouvoir mieux faire que de reproduire quelques lignes de l'excellente préface du catalogue :

« La Bibliothèque que nous présentons aux enchères a été commencée il y a plus de quarante ans. A cette époque, la Touraine était encore couverte des débris des anciennes bibliothèques des abbayes et des couvents que la Révolution avait supprimés.

« Tours, Amboise, Loches, Chinon, Vendôme regorgeaient de livres provenant des maisons princières et de nombreux châteaux de la province. Les bords de la Loire, si riches en souvenirs historiques, depuis Orléans jusqu'à Angers, offraient alors un vaste et fructueux champ d'exploration aux antiquaires et aux bibliophiles.

« Tours, ville riche et essentiellement littéraire, voyait affluer dans ses murs les épaves que le vent des révolutions avait dispersées. Sans parler des précieux manuscrits de l'abbaye de Marmoutiers, des livres sans nombre du monastère de Saint Martin et de ceux des treize autres couvents de la ville, qui par les soins de Dreux, ancien secrétaire du comte de Vergennes et de Chalmel, l'historien de la Touraine, avaient formé la bibliothèque publique ; il y avait encore une plantureuse moisson à récolter parmi les livres que l'on avait alors rejetés comme inutiles, ou bien auxquels on était convenu de donner la qualification de doubles. Les bibliothèques particulières des anciens intendants de la province, des maîtres des monnaies, des trésoriers de France, du manufacturier Papion, et de bien d'autres Mécènes des lettres, avaient été vendues à vil prix et livrées au torrent de la circulation. Près de Tours, sur la rive gauche du Cher, s'élevait un des plus beaux châteaux de la Touraine, Véretz, somptueuse résidence du duc d'Aiguillon, où fut imprimé le fameux et si rare recueil du *Cosmopolite*.

« Le galant abbé Grécourt et autres joyeux compères étaient les hôtes favoris du petit-neveu de Richelieu ; il y avait là une bibliothèque nombreuse et bien choisie en voyages, petits romans galants, anecdotes scandaleuses, contes gaillards, facéties grivoises, etc... Cette bibliothèque eût le sort des autres. Elle fut vouée au pillage, démembrée et alla s'entasser chez les fripiers et les revendeurs.

« Dans ce naufrage bibliographique, M. Luzarches sauva le plus de livres qu'il pût ; on en retrouvera un grand nombre dans son catalogue, la plupart portent à l'intérieur l'*ex-libris* gravé aux armes du duc d'Aiguillon, et au bas du titre la mention de leur provenance de la Bibliothèque de Véretz.

« Aux portes d'Amboise on voyait une demeure non moins magnifique que Véretz. C'était Chanteloup, où Louis XV exila le duc de Choiseul, le rival du duc d'Aiguillon. La Bibliothèque de Chanteloup n'était plus : le château acquis par le ministre Chaptal avait été transformé en usine à sucre de betteraves. Plus tard l'édifice fut morcelé, puis démoli ; les

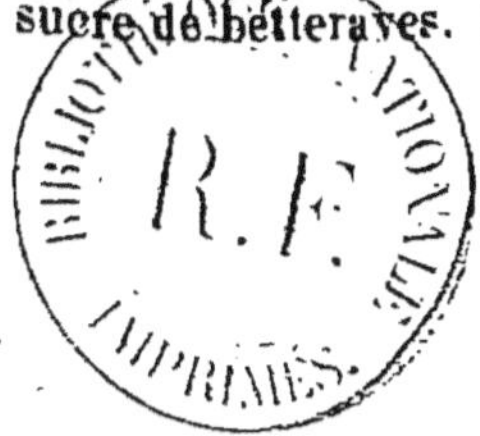

riches boiseries sculptée, de la bibliothèque, formant le cabinet où la tradition veut que le duc de Choiseul ait dicté et fait imprimer sous ses yeux ses mémoires, avaient été dépecées ; M. Luzarches fut assez heureux pour les retrouver toutes, les fit rassembler, et les armoires ainsi restaurées du duc de Choiseul servirent à renfermer et à protéger les livres de son ennemi ; singulier retour d'ici bas.

« Plus loin, Blois, la ville privilégiée de nos rois, illustrée par le voisinage de Chenonceaux, de Chambord et de Ménars, et plus encore, peut-être, par ses évêques bibliophiles, offrait une mine inépuisable aux chercheurs de curiosités. On avait bien recueilli une partie des livres de Le Fèvre de Caumartin, ancien évêque de Blois ; le district avait enlevé et confisqué la magnifique bibliothèque de livres rares, presque tous en grand papier et en maroquin, que Mgr de Thémines, bibliophile encore plus passionné que son prédécesseur, avait formée dans sa terre de Madon ; la nombreuse et importante collection des Bénédictins de Saint-Laumer. était venue s'y joindre, et de ces dépôts on avait formé la Bibliothèque de la ville. Mais on n'avait pas tout gardé ni emporté ; les lacunes énormes et désespérantes que l'on remarque dans le catalogue manuscrit dressé par les Bénédictins eux-mêmes témoigne de la négligence avec laquelle on avait précédé à ce prétendu triage. Beaucoup de ces volumes étaient allés trouver l'épicier ; aujourd'hui encore la tradition n'en est pas perdue et le commerce des livres anciens est exercé à Blois par ces rois du poivre et de la canelle. »

La seconde partie de la Bibliothèque de M. Luzarches est sous presse. Elle comprendra l'histoire et l'archéologie, séries qui doivent être bien riches, vu l'érudition de l'homme éminent qui a formé cette Bibliothèque.

MANUEL DE L'AMATEUR D'AUTOGRAPHES

(GUISE)

5. — L. s., avec 4 lignes autogr., à l'évêque de Limoges ; Orléans, 30 janvier 1560, 1 p. in-fol. — 5 fr. 50 (N° 159, *Lalande*, 1850)

·Que dit-on en Espagne du concile et quels sont ceux que le roi a choisis pour y envoyer ? Les affaires ici prennent un bon chemin ; même · elles de la religion qui est en grande gêne.

6. — L. a. s. au roi Charles IX ; Joinvy, 17 décembre 1563, 1 p. pl. in-fol. — 28 fr. (N° 121, *Charon*, 1845) ; 28 fr. (N° 3653 du *Bull.-J.-Charavay.*)

7. — L. a. s. à la duchesse de Valentinois (Diane de Poitiers), 1 p 1/2 in-fol. — 106 fr. (N° 249, *Lajarrielle*, 1860.)

Il ne peut se garder de la remercier encore de la grâce particulière qu'elle lui a faite en le mettant à même de la servir. Il a bon espoir d'en tirer bon fruit, autant pour lui que pour elle, leurs intérêts ne pouvant plus être séparés. « De quoy Dieu soit loué tant pour le moien que me donne de vous fayre tel devoir que méritez et donner a paroistre par la suitte de mes actions ma vie reconnaissance que povoir par plus grant effect aidyer à leur yretablissement de sa sainte religion... »

Nous ne trouvons pas d'autres lettres du cardinal de Lorraine dans les catalogues.

GUISE (Henri Ier de LORRAINE, duc de), fils de François de Lorraine, surnommé *le Balafré*, un des principaux instigateurs du

CATALOGUE

DE LA

BIBLIOTHÈQUE

DE

M. VICTOR LUZARCHE

(DE TOURS)

TOME PREMIER

ORDRE DES VACATIONS

1re Vacation, lundi 9 mars 1868.

1	à 68
167	à 200
69	à 166

2e Vacation, mardi 10 mars.

230	à 402
201	à 229

3e Vacation, mercredi 11 mars.

769	à 855
463	à 440
475	à 510
441	à 474

4e Vacation, jeudi 12 mars.

856	à 956
511	à 591
661	à 680

5e Vacation, vendredi 13 mars.

592	à 660
681	à 768
957	à 987
989	à 1003
988	

6e Vacation, samedi 14 mars.

1068	à 1108
1004	à 1067
1761	à 1781
1849	à 1863
1782	à 1805 *bis.*
1807	à 1848
1806	

7e Vacation, lundi 16 mars.

1109	à 1155
1227	à 1336 *bis.*
1569	à 1594
1444	à 1454
1438	à 1443

8e Vacation, mardi 17 mars.

1156	à 1226
1337	à 1437 *bis.*
1607	à 1625
1595	à 1606

9e Vacation, mercredi 18 mars.

1455	à 1568
1637	à 1725
1626	à 1636

10e Vacation, jeudi 19 mars.

1864	à 1961
1726	à 1760
2118	à 2195

11e Vacation, vendredi 20 mars.

2027	à 2117
1962	à 2026
2196	à 2236

12e Vacation, samedi 21 mars.

2514	à 2544
2699	à 2767
2608	à 2698

13e Vacation, lundi 23 mars,

2584	à 2607
2768	à 2879
2904	à 2948

14e Vacation, mardi 24 mars.

2458	à 2513
2545	à 2583
2949	à 3020
2296	à 2328

15e Vacation, mercredi 25 mars.

2347	à 2457
3131	à 3165
3021	à 3041
3066	à 3088

16e Vacation, jeudi 26 mars.

3166	à 3266
3042	à 3065
2245	à 2295
3399	à 3419

17e Vacation, vendredi 27 mars.

3267	à 3398
3420	à 3491

18e Vacation, samedi 28 mars.

3492	à 3598
3089	à 3150
2329	à 2346
2880	à 2903
2237	à 2244

CATALOGUE

DES

LIVRES RARES

CURIEUX ET SINGULIERS

EN TOUS GENRES, BIEN CONDITIONNÉS

ET DES

MANUSCRITS ANCIENS

(DU Xe AU XVIIIe SIÈCLE)

COMPOSANT LA BIBLIOTHÈQUE

DE

M. VICTOR LUZARCHE

DONT LA VENTE AUX ENCHÈRES PUBLIQUES

Aura lieu à Paris, rue des Bons-Enfants, 28 (maison Silvestre),
Salle n° 2 (au premier)

Le Lundi 9 Mars 1868 et jours suivants, à 7 heures et demie du soir

Par le ministère de Me J. BOULLAND, commissaire-priseur,
79, rue de Richelieu

Assisté de M. A. CLAUDIN, libraire-expert et paléographe, 3, rue Guénégaud.

PREMIÈRE PARTIE

TOME PREMIER

PARIS

A. CLAUDIN, LIBRAIRE-EXPERT ET PALÉOGRAPHE

3, RUE GUÉNÉGAUD 3,
(Entre l'Hôtel des Monnaies et le Pont-Neuf.)

1868

PRÉFACE

La bibliothèque que nous présentons aux enchères a été commencée il y a plus de quarante ans. A cette époque, la Touraine était encore couverte des débris des anciennes bibliothèques des abbayes et des couvents que la Révolution avait supprimés.

Tours, Amboise, Loches, Chinon, Blois, Vendôme regorgeaient de livres provenant des maisons princières et des nombreux châteaux de la province. Les bords de la Loire, si riches en souvenirs historiques, depuis Orléans jusqu'à Angers, offraient alors un vaste et fructueux champ d'exploration aux antiquaires et aux bibliophiles.

Tours, ville riche et essentiellement littéraire, voyait affluer dans ses murs les épaves que le vent des révolutions avait dispersés. Sans parler des précieux manuscrits de l'abbaye de Marmoutiers, des livres sans nombre du monastère de Saint-Martin et de ceux des treize autres couvents de la ville, qui par les soins de Dreux, ancien secrétaire du comte de Vergennes et de Chalmel, l'historien de la Touraine, avaient formé la bibliothèque publique; il y avait encore une plantureuse moisson à récolter parmi les livres que l'on avait alors rejetés comme inutiles, où bien auxquels on était convenu de donner la qualification de doubles. Les bibliothèques particulières des anciens intendants de la province, des maîtres des monnaies, des trésoriers de France, du manufacturier Papion, et de bien d'autres Mécènes des lettres avaient été vendues à vil prix et livrées au torrent de la circulation.

Près de Tours, sur la rive gauche du Cher, s'élevait un des plus beaux châteaux de la Touraine, Véretz, somptueuse résidence du duc d'Aiguillon, où fut imprimé le fameux et si rare recueil du *Cosmopolite*. Le galant abbé Grécourt et autres joyeux compères étaient les hôtes favoris du petit-neveu de Richelieu; il y avait là une bibliothèque nombreuse et bien choisie en voyages, petits romans galants, anecdotes scandaleuses, contes égrillards, facéties grivoises, etc... Cette bibliothèque eut le sort des autres. Elle fut vouée au pillage, démembrée et alla s'entasser chez les fripiers et les revendeurs.

Dans ce naufrage bibliographique, M. Luzarche sauva le plus de livres qu'il put; on en retrouvera un grand nombre dans son catalogue. La plupart portent à l'intérieur l'*ex-libris* gravé aux armes du duc d'Aiguillon, et au bas du titre la mention de leur provenance de la bibliothèque de Véretz.

Aux portes d'Amboise on voyait une demeure non moins magnifique que Véretz. C'était Chanteloup, où Louis XV exila le duc de Choiseul, le rival du duc d'Aiguillon. La bibliothèque de Chanteloup n'était plus; le château acquis par le ministre Chaptal avait été transformé en usine à sucre de betteraves. Plus tard l'édifice fut morcelé, puis démoli; les riches boiseries sculptées de la bibliothèque, formant le cabinet où la tradition veut que le duc de Choiseul ait dicté et fait imprimer sous ses yeux ses mémoires, avaient été dépecées; M. Luzarche fut assez heureux pour les retrouver toutes, les fit rassembler, et les armoires ainsi restaurées du duc de Choiseul servirent à renfermer et à protéger les livres de son ennemi; singulier retour des choses d'ici-bas.

Plus loin, Blois, la ville privilégiée de nos rois, illustrée par le voisinage de Chenonceaux, de Chambord et de Ménars, et plus encore, peut-être, par ses évêques bibliophiles offrait une mine inépuisable aux chercheurs de curiosités. On avait bien recueilli une partie des livres de Le Fèvre de Caümartin, ancien évêque de Blois; le district avait enlevé et confisqué la magnifique bibliothèque de livres rares, presque tous en grand papier et en maroquin, que Mgr de Thémines, bibliophile encore plus passionné que son prédécesseur, avait formée dans sa terre de Madon; la nombreuse et importante collection des Bénédictins de Saint-Laumer était venue s'y joindre, et de ces dépôts on avait formé la bibliothèque de la ville. Mais on n'avait pas tout gardé ni emporté; les lacunes énormes et désespérantes que l'on remarque dans le catalogue manuscrit dressé par les Bénédictins eux-mêmes témoignent de la négligence avec laquelle on avait procédé à ce prétendu triage. Beaucoup de ces volumes étaient allés trouver l'épicier; aujourd'hui encore la tradition n'en est pas perdue et le commerce des livres anciens est exercé à Blois par ces rois du poivre et de la canelle.

Ce n'était pas tout, bien des livres intéressants pour l'histoire du XVIe siècle, de rares plaquettes sur les troubles de la Ligue, des recueils de pièces curieuses, des reliures ayant appartenu à d'illustres personnages, se présentaient comme par enchantement aux regards étonnés. Nous ne citerons que deux des trouvailles de M. Luzarche, le n° 229 : *Grand Ordinaire des Chrestiens, par René Benoist, curé de St-Eustache. Paris, Guillaume de la Noüe*, 1580, précieux volume parfaitement conservé à la reliure du Roi Henry III, et le n° 2623 : *Terentius*, chef-d'œuvre d'impression du Tourangeau Plantin, et véritable bijou de l'art de la reliure au XVIe siècle, aux armes de la famille du chancelier Du Prat.

D'un autre côté, Loches, quoique moins exploré, offrait des ressources non moins abondantes. Parmi les livres délaissés de la Chartreuse du Liget et les débris des bibliothèques des Chanoines, se trouvaient bon nombre de volumes d'hagiographie et de théologie curieuse, des sermonaires singuliers. (Voir les n° 330 à 349.) M. Luzarche ne laissa échapper aucune occasion d'en enrichir sa collection; le rarissime *Breviarium Lochense*, imprimé à Tours par Mathieu Chercelé en 1536 (n° 81 du catalogue), fut trouvé dans ces circonstances. Un jour M. Luzarche apprend par un ami que la vieille bibliothèque des de Menou était descendue tout entière des greniers où elle était reléguée, dans la rue; vite il se rend à Loches et en rapporte à Tours les dépouilles opimes. Là, il avait trouvé des livres sur l'équitation, sur la chasse, sur les jeux, des romans du XVIIe siècle, des ouvrages de Scudéry et un très-bel exemplaire de l'*Amadis de Gaula*, Venise, 1538, roman de chevalerie d'une haute valeur (no 2894).

Nous pourrions multiplier les exemples et raconter ses bonnes fortunes à Orléans, à Vendôme et à Angers où il faisait de fréquentes excursions. Le *Missale Cenomanense*, précieux manuscrit du Xe au XIe siècle (no 80); les Lettres d'Hildebert, de Tours, manuscrit du XVe siècle provenant de la bibliothèque du jurisconsulte Ayrault (no 180); un joli manuscrit sur vélin des statuts de l'ordre du Croissant, fondé par René d'Anjou (que l'on trouvera dans la deuxième partie de ce catalogue), et bien d'autres raretés manuscrites et imprimées furent trouvées par M. Luzarche dans cette dernière ville. Les bibliothèques des Mussay-Pathay, famille du Vendômois; de M. de Cangey, gentilhomme de la chambre de Monsieur, comte d'Artois; de M. de St-André, cette dernière riche en livres sur les sciences occultes, passèrent en partie par ses mains, et, par un choix judicieux, vinrent augmenter ses séries bibliographiques.

Appelé pendant quelque temps en qualité de secrétaire auprès de l'érudit Walckenaër qui venait d'être nommé préfet de la Nièvre, M. Luzarche, sous l'inspiration du maître, se mit à rechercher avec ardeur les éditions originales de nos classiques français, alors si négligés. C'est de cette époque que date la formation de la belle série des La Rochefoucauld et des La Bruyère, que l'on remarquera dans son catalogue (nos 987 à 996 et 1004 à 1013). Plus tard, nommé bibliothécaire de Tours, en remplacement de Chalmel, il s'occupa avec ardeur du classement et du dépouillement des manuscrits précieux que renfermait le dépôt confié à ses soins, et en publia quelques-uns des plus curieux. Nous le trouvons ensuite en Italie, parcourant les bibliothèques, pour comparer et étudier les vieux textes. Ce fut lui qui apporta en France le texte inédit de la chronique de Touraine de Béchin, qu'il avait transcrit d'après le manuscrit unique du Vatican. Pendant les voyages successifs qu'il fit sur la terre classique des beaux-arts, il réunit les chefs-d'œuvre et les curiosités de la littérature italienne; aussi les poëtes et les *novellieri*, abondent-ils dans sa bibliothèque.

On remarquera aussi une suite intéressante d'ouvrages composés dans les divers dialectes de l'Italie (nos 1998 à 2026). D'importantes acquisitions faites à Paris et à différents intervalles, aux ventes Morel de Vindé, Boutourlin, Monteil, Villenave, Montmerqué, Louis-Philippe, etc..., etc... complétèrent les séries de cette bibliothèque.

La collection de M. Luzarche est éminemment riche en curiosités littéraires. Il y a là de ces livres curieux et de ces dissertations singulières que l'on ne voit jamais passer dans les ventes et qui sont à peine signalés dans les bibliographies spéciales. Il n'est presque pas de séries dans lesquelles on ne rencontre de ces opuscules piquants qui, pour ne pas être connus, n'en sont pas moins dignes d'être recherchés des bibliophiles et des érudits. Aussi recommandons-nous la lecture attentive de ce catalogue à ceux qui aiment à s'instruire, ainsi qu'aux bibliomanes qui y trouveront d'agréables surprises.

Nous allons maintenant essayer d'énumérer succinctement quelques-uns des articles les plus remarquables. Nous signalerons :

DANS LA THÉOLOGIE :

Les n°s 21. *Epistolæ beati Pauli*, manuscrit du xie siècle sur vélin ; — n° 31. *Psalterium Joh. de Turrecremata. Moguntiæ, P. Schoyfer*, 1478 ; — n° 46. *Similitudines ac Parabolæ*, relié en maroquin vert, aux armes de JACQUES-AUGUSTE DE THOU ; — n° 61. Thrésor admirable de la sentence de Ponce-Pilate. Paris, Guill. Julien, 1581. Très-bel exemplaire relié en maroquin bleu ; édition originale de ce rare opuscule souvent réimprimé ; — n° 71. *Horæ Beatæ Mariæ Virginis*, charmant manuscrit du xiiie siècle sur vélin, orné de CINQUANTE MINIATURES BYZANTINES ; — n° 80. *Missale Vetus seu Pontificale Ecclesiæ Cenomanensis*. Précieux manuscrit du xe au xie siècle sur vélin, avec MUSIQUE NOTÉE EN NEUMES ; — n° 81. *Breviarium Lochense*. Imprimé en 1536 à Tours par Matth. Chercelé, volume d'une excessive rareté ; in-8 gothique, relié par Capé ; — n° 161. *S. Augustinus*. Manuscrit du xe au xie siècle sur vélin ; — n° 162. *S. Augustinus, de Civitate Dei*. Magnifique volume imprimé à Venise en 1475 par Nicolas Jenson, graveur de la Monnaie de Tours ; — n° 166. Les Confessions de saint Augustin. Exemplaire de toute beauté en maroquin rouge aux armes d'Henriette-Louise de Bourbon-Condé, dame de Vermandois ; — n° 179. *Opera Petri de Sancto Amore*, manuscrit du xiiie siècle sur vélin ; — n° 180. *Epistolæ Hildeberti*, manuscrit du xve siècle ; — n° 181. *Summa Raymundi de Pennafort*, manuscrit du xiiie siècle sur vélin ; — n° 190. *De Imitatione Christi*, manuscrit du xve siècle ; — n° 228. Brief Traicté de l'Humilité par Gilbert Dert. Paris, Richard Breton, 1559 ; joli et rare volume imprimé en caractères de civilité ; — n° 229. Le Grand Ordinaire des chrestiens, précieux exemplaire à LA RELIURE DU ROY HENRY III et en parfait état de conservation ; — n° 294. Traicté du Cœlibat par Urbain Grandier, manuscrit provenant des portefeuilles de Fontette ; — n° 325. *Homeliæ evangelicæ*, manuscrit du xie siècle sur vélin ; — n° 369. *Defensio christianorum de Cruce*, imprimé vers 1520 avec les caractères de Gauthier et de Nicolas Lud de Saint-Dié ; — n° 375. *De Arbore scientiæ. Mulhusii*, 1561. Un des premiers et rares produits de la typographie de Mulhouse ; — n° 472. *Eu-*

sebii Historia ecclesiastica, beau manuscrit du xiiᵉ siècle sur vélin; —n° 474. Histoire de l'Eglise par Nicolas Vignier, de Bar-sur-Seine. Superbe exemplaire en grand papier et en maroquin rouge AUX ARMES DE JACQUES-AUGUSTE DE THOU; — n° 490. Pouillé général de l'Eglise romaine, manuscrit du xvᵉ siècle; — n° 510. Histoire universelle de d'Aubigné, édition originale de Maillé, bel exemplaire de Girardot de Préfond; — n° 532. Papiers manuscrits sur les familles protestantes de Vitry-le-François; — n°ˢ 561 et 562. Histoires des Albigeois par P. des Vallées Sernay et Chassanion de Monistrol; — n° 597. Statuts de la confrérie des Pénitens blancs de Toulouse. Manuscrit du xviᵉ siècle sur vélin; — n° 669. *Jacobi Guallæ Sanctuarium. Papiæ*, 1505. Très-curieux légendaire, contenant les vies de saint Martin de Tours et de saint Brice ; fort bel exemplaire relié par Capé; — n° 680. *Sulpitii Severi Vita S. Martini.* Précieux légendaire manuscrit du xiᵉ au xiiᵉ siècle, contenant diverses vies de saint Martin écrites par Sulpice Sévère et par Grégoire de Tours; — n° 685. *Vita S. Lamberti Leodiensis episcopi.* Manuscrit du xiiᵉ siècle; — n° 686. *Vita S. Servacii.* Manuscrit du xvᵉ siècle; — etc.

DANS LA JURISPRUDENCE ET DANS LES SCIENCES ET ARTS, nous indiquerons :

Le n° 819. Coustumier général de France. Paris, 1527. In-folio, gothique, magnifique volume relié par Lortic; — n° 834. Coutumier de Normandie. Imprimé à Rouen vers 1484, exemplaire précieux pour l'histoire des débuts de l'imprimerie en Normandie; — n° 879. Abrégé du procès fait aux Juifs de Metz. Paris, 1670; — n° 923. *Seneca, de quatuor virtutibus.* Edition non décrite et exécutée à Cologne par Ulric Zell vers 1469, volume curieux contenant le PREMIER ÉLOGE IMPRIMÉ DE LA VILLE DE PARIS; — n° 940. Dyalogue argumentatif par joyeux et familier esbatement devant Mercure. ROUEN, MARTIN MORIN, vers 1500; — n° 949. Montaigne. Elsevier, 1659; — n° 954. La Sagesse de Charron. L'édition sans date des Elseviers; très-bel exemplaire relié par Derome; — n° 982. *Gassendi Miscellanea*, 2 vol. in-folio, chargés de notes et corrections AUTOGRAPHES DE GASSENDI; — n°ˢ 987 à 992. Suite très-remarquable de toutes les éditions originales de La Rochefoucauld; — n°ˢ 1004 à 1012. Suite non moins complète de toutes les éditions rares de La Bruyère; — n° 1105. *Th. Mori Utopia. Lovanii, Th. Martens*, 1517; très-bel exemplaire relié par Capé de la première et si rare édition de l'Utopie de Thomas Morus; — n° 1266. La Chirurgie d'Ambroise Paré. Paris, André Wechel, 1573; très-bel exemplaire d'une édition rare ; — n° 1320. Panoplie, par Carré. Bel exemplaire; — n° 1330. Histoire du Régiment de Chartres. Manuscrit inédit; — n° 1333. Etat des troupes en 1758. Joli manuscrit exécuté pour le ministre de la guerre d'Argenson, relié en maroquin, avec un beau DESSIN ORIGINAL D'EISEN; — n° 1365. Advertissement sur les jugemens

d'astrologie par Mellin de Saint-Gelais. Lyon, J. de Tournes,
1546 ; opuscule fort rare et presque inconnu ; — n° 1439. Tableaux accomplis de tous les arts libéraux par Christ. de Savigny. Paris, Gilles de Gourmont, 1587, avec GRAVURES DE JEAN
COUSIN, exemplaire plus complet que tous ceux que l'on connaît.
— n°s 1569 et 1570. Danses des Morts de Holbein, reliées par
Capé ; — n° 1604. TORTOREL ET PERISSIN. Quarante tableaux
ou histoires diverses... Recueil d'estampes historiques du
XVIe siècle fort recherchées ; exemplaire très-remarquable d'é-
preuves qui passe pour avoir appartenu au roi Henry IV ; —
n° 1606. Portraits en taille-douce et description des siéges,
batailles, etc. Amsterdam et Paris, 1616; beau et intéressant
recueil iconographique en parfaite condition, relié par Capé ;
— n° 1701. Comptes originaux en langue vulgaire. Curieux
manuscrit du XIVe siècle ; — n° 1784. Le Cavesson françoys.
Poictiers, 1610. Volume très-rare sur les chevaux ; — n° 1806.
La Vénerie de Du Fouilloux. A Poictiers, par les De Marnefz et
Bouchetz frères. Edition in-4, sans date, non citée et l'une
des premières ; — n° 1848. L'Art de sauter, par Tuccaro. 1599.
Livre des plus curieux, magnifique exemplaire relié par
Capé ; — etc., etc., etc.

DANS LES BELLES-LETTRES, nous ferons remarquer :
No 1908. Traité de la conformité du langage français par
Henry Estienne. Paris, 1569. Magnifique exemplaire revêtu
d'une ravissante reliure de Capé ; — n° 1911. La première
édition de la Grammaire française si curieuse de Pierre de la
Ramée ; très-bel exemplaire ; — n° 2061. *Homeri Ilias*, manuscrit grec du XVe siècle ; — n° 2070. *Pindari Carmina*, 1586.
Joli volume à la reliure de Marguerite de Navarre, première
femme d'Henry IV, dite la REINE MARGOT ; — n° 2115. *Sido-
nius Apollinaris. Mediolani*, 1498. Edition Princeps avec date ;
— n° 2124. *Bellum contra Anglos et de Gestis Joannæ Darc*. Précieux poëme latin manuscrit et inédit de la fin du XVe siècle
sur la Pucelle d'Orléans ; — n° 2209. Poésies françaises de
Charles VI, roi de France, manuscrit unique et inédit du
XVe siècle ; — n° 2220. Danse macabre, poésies françaises, manuscrit du XVe siècle, différant des imprimés ; — n° 2222. En-
seignements de Salomon. Curieux manuscrit de poésies fran-
caises du XVIe siècle ; — n° 2226. Les Poésies de Jean Marot de
Caen. Paris, GEOFROY TORY, 1532 ; — n° 2229. Clément Marot,
1700. Charmant exemplaire de la bonne édition des Elseviers,
relié en maroquin bleu par Duru ; — n° 2236. L'Amie des
Amies, par Bérenger de la Tour d'Albenas. Lyon, 1558. Charmant et très-rare volume de poésies françaises IMPRIMÉES EN
CARACTÈRES DE CIVILITÉ ; — n° 2237. Préceptes nuptiaux de
Plutarque faictz en rithme françoyse par Jacques de la Tapie
d'Aurillac. Paris, 1559. Très-rare et superbe volume imprimé
également en CARACTÈRES DE CIVILITÉ ; — n° 2243. Les Omonimes de Du Verdier. Lyon, 1572 ; — n° 2244. Les premières

œuvres de Philippe Des Portes. Paris, Robert Estienne, 1573, in-4, MAGNIFIQUE EXEMPLAIRE EN GRAND PAPIER, revêtu d'une très-belle reliure du XVIe siècle, avec chiffres entrelacés et dont la possession est attribuée à CATHERINE DE MEDICIS; — no 2247. Œuvres poétiques de Scévole de Sainte-Marthe. 1579. Précieux exemplaire, avec corrections et additions autographes de l'auteur; — no 2358. Contes de La Fontaine, 1669. Édition très-rare dont les exemplaires furent brûlés par l'éditeur lui-même; — nos 2365 à 2378. Suite remarquable des diverses éditions originales de Boileau; — no 2395. Chansons à boire. Curieux manuscrit du XVIIe siècle; — no 2515. *Dante Alighieri. Vinegia*, 1484. In-folio, très-bel exemplaire relié par Capé; — no 2525. *Feo Belchari. Firenze*, 1485. Livre-très-rare; — no 2623. *Terentius*, 1574. Charmant volume imprimé par le Tourangeau Plantin, et revêtu d'une DÉLICIEUSE RELIURE DU XVIe SIÈCLE à compartiments de couleur, genre Grolier, de la plus parfaite conservation, aux armes de la famille du chancelier Du Prat; — no 2672. L'édition originale du *Misanthrope* de Molière; — nos 2671 à 2679. Diverses éditions rares des œuvres de Molière, notamment celle des Elzévirs et celle de Paris, 1682; — nos 2694 à 2704. Une série remarquable d'éditions originales de Racine, dont les deux éditions des Elzévirs et celles de Paris, 1687 et 1697; — no 2782. L'*Adamo, sacra rappresentatione di Gio. Batt. Andreini. Milano*, 1613. Livre rare et recherché qui a fourni à Milton la première idée de son Paradis Perdu; — no 2834. *Speculum Sapientiæ B. Cirilli. Tholosæ*, 1476. Un des premiers monuments typographiques de Toulouse, capitale du Languedoc; — no 2836. *Regimen moralitatis*, imprimé en partie avec les caractères d'Albert Pfister de Bamberg; — no 2839. La Fleur de vertu, 1532. Très-curieux recueil de fables et d'apologues; exemplaire de toute beauté, relié par Lortic; — no 2844. Fables de La Motte, avec figures de Gillot et de Coypel. Très-bel exemplaire en grand papier de Hollande et en ancienne reliure de maroquin rouge; — no 2894. *Los quatro libros de Amadis de Gaula. Venetia*, 1533. In-fol., roman de chevalerie espagnol d'une grande rareté; — no 2896. La Prison d'amours. Paris, 1527. In-8 gothique; — nos 2904 à 2912. Diverses éditions de Rabelais, dont celle de *Lyon, P. Estiard*, 1571, reliée par Capé; celle des Elseviers à la date de 1663, en ancienne reliure de maroquin rouge; celle avec les figures de Bernard Picart; — no 2934. Le Roman bourgeois de Furetière. Paris, 1666. Edition originale; — nos 2940, 2941 et 2942. Les trois premières éditions de la Princesse de Clèves par Mme de La Fayette; — no 2947. Le fameux fragment du Télémaque de 1699, supprimé par la police de Louis XIV; — no 2948. Le Télémaque de 1717. Très-bel exemplaire relié par Hardy; — no 2953, l'édition originale du Diable Boiteux de Le Sage, 1707, un des classiques français les plus rares en première édition; exemplaire admirable; — nos 2958

à 2960. Diverses éditions rares des autres ouvrages de Le Sage;
—n° 2966. Manon Lescaut, édition originale;— n°s 3003 à 3013.
Divers romans de Restif de la Bretonne; — n°s 3067 et 3068.
Cent Nouvelles nouvelles, 1701, avec figures de Romeyn de
Hooghe, exemplaire avec les illustrations tirées dans le texte
et hors texte; — n° 3088. Les Contes de La Fontaine, 1762.
Édition des Fermiers-Généraux. Très-bel exemplaire en ancienne reliure de maroquin rouge aux armes; — n° 3186. Les
Plaisantes Idées du Sr Mistanguet. Arras, Ant. Berger, 1617,
volume facétieux, rare et en très-belle condition; — n° 3344.
Ciceronis Epistolæ ad Atticum, Venetiis, Nic. Jenson, 1470. Edition Princeps, rel. en mar. rouge; — n° 3408. Le Catholicon
d'Espagne. Turin, T. Carabiaco, 1594. Edition très-rare de la
Satyre Ménippée contenant des passages qui ont été supprimés dans les autres éditions, fort bel exemplaire relié par Capé;
— n° 3418. Les Aventures du baron de Fœneste, par Th.
Agrippa d'Aubigné. Au Dézert, 1630. Edition originale complète, très-bel exemplaire relié par Capé; — n° 2437. *Il Misogallo di Vittorio Alfieri*, 1799, volume tellement rare que Ginguené croyait qu'il n'avait jamais été imprimé et était resté
en manuscrit; — n° 3522. *Aulus Gellius. Venetiis, Nic. Jenson*,
1472; — n° 3524. *Macrobius. Venetiis, Nic. Jenson*, 1472. Edition des plus rares, fort bel exemplaire rel. en maroquin, etc.

Nous avons dû être très-bref et citer au hasard; car nous
aurions pu facilement quadrupler cette liste; nous ne saurions
donc trop engager les amateurs à lire attentivement le catalogue; ils y découvriront sans peine une foule d'articles rares
et tout aussi importants.

Nous aurions voulu aussi indiquer les séries les plus riches
de ce catalogue; mais nous avons l'embarras du chöix; nous
n'avons qu'une chose à dire : Cette bibliothèque est tellement
variée, que toutes les branches de la bibliographie s'y trouvent largement représentées; dans n'importe quelle spécialité
on n'a qu'à consulter la division qui y correspond, et on peut
être certain d'y trouver une suite nombreuse et remarquable
qui dispense de tout commentaire.

Notre intention était de comprendre dans cette première
vente la partie historique qui est des plus importantes et des
mieux choisies; mais nous avons dû y renoncer, pour ne pas
fatiguer les amateurs par une attention trop soutenue; elle
formera la matière du 2e vol. et est actuellement sous presse.

Nous n'avons plus qu'à solliciter l'indulgence des bibliographes. Malgré tous nos soins, il s'est glissé de légères erreurs,
qui pour la plupart ne sont pas de notre fait, et dont nous nous
sommes aperçu trop tard pour pouvoir les rectifier. Le bon
sens de nos lecteurs y suppléera, et on nous pardonnera ces
quelques défauts inséparables d'un travail aussi long et aussi
pénible.   A. CLAUDIN.

CATALOGUE

DES

LIVRES RARES

EN BELLE CONDITION

ET DES

MANUSCRITS ANCIENS

COMPOSANT LA BIBLIOTHÈQUE

DE

M. Victor LUZARCHE

THÉOLOGIE

I. — ÉCRITURE SAINTE ET SES VERSIONS.

1. **Biblia** (latina), cum quadruplici repertorio, etc. *Lugduni, Jac. Sacon*, 1510, in-8 goth. à 2 col., fig. en bois s. le titre. d.-rel. mar. n.

2. Biblia. *S. l., Robert. Stephanus*, 1555, 2 part. en 1 vol. in-8 à 2 col., vél.

   Jolie édition, imprimée en petits caractères. — Bel exemplaire.

3. La Biblia, quale contiene : sacri libri del Vecchio e del Nuovo Testamento, tradotti in lingua toscana per Ant. Brucioli. *In Vinegia, ne le case di Lucantonio Giunti*, 1532, 2 tom. en un vol., in-fol., fig. sur bois, d.-rel.

   Première édition de la version italienne de Brucioli. Elle fut mise à l'index et devint fort rare, ayant été rigoureusement supprimée. On y remarque un beau frontispice gravé et de très-curieuses figures sur bois pour l'Apocalypse. Léger raccommodage à la marge des 1ᵉʳˢ feuillets.

4. La Bible, qui est toute la saincte Escriture, avec arguments sur aucuns livres (par Augustin Marlorat). *A Genève, pour Sébastien Honorati*, 1570, 3 tom. en 2 vol. in-16, v. br.

   Charmante et rare édition, imprimée en petits caractères presque microscopiques. Cette Bible est calviniste. Nous n'avons icique l'Ancien Testament et les livres apocryphes. Quoiqu'elle porte la

édition recherchée est extrêmement remarquable sous tous les rapports, comme texte et comme impression. Elle a été exécutée avec les beaux types grecs de Garamond. Très-bel exemplaire.

21. Novum Jesu Christi Testamentum. *Antuerpiæ, Chr. Plantinus,* 1569, in-24, mar. violet, fil. à riches compart. et entrelacs, plats et dos dorés à petits fers, tr. dor. (*Reliure du XVIᵉ siècle.*)

Charmant spécimen de reliure de l'époque d'Henry III. Le célèbre imprimeur Christophe Plantin était Tourangeau. Saint-Avertin, près Tours, fut son berceau.

22. Novum Testamentum Domini nostri Jesu-Christi, interprete Theodoro Beza. *Amstel., J. Blaeu,* 1651, in-16, front. gravé, vél. de Hollande.

Jolie édition imprimée avec de petits caractères elzéviriens. Bel exemplaire.

23. 𝕷𝖊 𝕹𝖔𝖚𝖛𝖊𝖆𝖚 𝕿𝖊𝖘𝖙𝖆𝖒𝖊𝖓𝖙 de nostre Seigneur Jesu Christ, seul sauveur du monde (trad. par Jacques Lefèvre d'Etaples)....., en la fin sont adjoustées les Epistres du Viel Testament qu'on chante en leglise au long de lannée. *Imprimé en Anvers, par la vefve de Martin Lempreur (sic),* 1538, in-16 goth. d'environ 800 pages, fig. sur bois, mar. vert, fil.

Édition très rare. Après le titre se trouve un calendrier, comme dans les anciens livres d'heures.

24. EPISTOLÆ BEATI PAULI, cum glosis. Pet. in-fol., v. éc., ...dent.

MANUSCRIT DU XIᵉ SIÈCLE SUR VÉLIN, d'une bonne conservation, composé de 224 pages, avec commentaire et gloses marginales et interlinéaires. Les initiales sont peintes au minium et les lignes tracées à la pointe sèche. Au recto du premier feuillet, on lit, de la même écriture qui a tracé le corps du volume : « *Iste liber est de Boseraici,* » ce qui indiquerait que ce manuscrit a été exécuté dans *l'abbaye de Baugerais, en Touraine, près de Loches.* Au bas de cette mention on en lit une autre d'une écriture du XVIIᵉ au XVIIIᵉ siècle: « *Ex biblioteca Fuliensium sancti Ludovici Turonensis,* » qui constate que ce manuscrit passa depuis dans la bibliothèque des Feuillants de Tours. Nous avons indiqué ce MSS. comme étant du XIᵉ siècle, d'après l'indication de Monteil, que nous avons respectée en tête de cet article; mais si l'on admet avec nous que le nom de *Boseraici* signifie *Baugerais,* il faudrait le reporter au XIIᵉ siècle, cette abbaye cistercienne n'ayant été fondée qu'à cette époque.

**25. BEATI PAULI APOSTOLI EPISTOLÆ. —Liber Actuum apostolorum. — Jacobi, Petri, Johannis et Judæ Epistolæ. —Incipit liber Apocalypsis. — In-fol., dos et coins de mar. violet du Levant.

BEAU MANUSCRIT DU XIIIᵉ SIÈCLE SUR VÉLIN, composé de 138 feuillets (276 pages) d'une belle écriture gothique à 2 colonnes. On y remarque des lettres tourneurés peintes et ornées dans le style italien du XIIIᵉ siècle.

26. Les IV Evangiles (en turc). In-8, mar. r., fil. à froid.

MANUSCRIT DU XVIIIᵉ SIÈCLE, sur papier oriental. Chaque page est encadrée de filets rouges. Parfaite conservation.

27. Collection d'anciens évangiles, ou Monumens du premier-
siècle du christianisme, extraits de Fabricius, Grabius et autres savans, par l'abbé B*** (Bigex, un des pseudonymes de
Voltaire). *Londres*, 1769, in-8, br., non rogné.

> Ouvrage très-intéressant, qui renferme l'évangile de Nicodème,
> l'évangile de l'Enfance avec ses gracieux tableaux, la légende de
> saint Pierre et de Simon le Magicien, etc., etc. On attribue ce livre,
> ou plutôt cette traduction, à Voltaire. Elle est peut-être de lui. Quoi
> qu'il en soit, la lecture en est attachante et ne fait nullement res-
> sentir les principes philosophiques de cet écrivain.

28. Collection d'anciens évangiles, ou Monumens du premier-
siècle du christianisme, etc... *Londres*, 1769, in-8, v. rac.

29. Histoire des traductions françoises de l'Ecriture sainte,
tant manuscrites qu'imprimées, soit par les catholiques, soit
par les protestans, avec les changemens que les protestans y
ont faits en différents temps, dont on donne la preuve en
marquant les bibliothèques de Paris où elles se trouvent.
Paris, Ch. Robustel, 1692, in-12, v. br.

> Ce traité, si intéressant, même au point de vue bibliographique,
> est d'Ambroise Lallouette. On le trouve difficilement.

II. — COMMENTATEURS DE LA BIBLE.

30. Origenis Omilie in Genesi.—Crisostomus, super Matheum.
— In-8, d.-rel., vél.

> MANUSCRIT DU XIIIᵉ SIÈCLE, SUR VÉLIN, écrit à 2 colonnes.

31. **Reverendissimi** cardinalis tituli Sancti Sixti, domini
Johannis de Turrecremata, expositio brevis et utilis super
toto Psalterio. *MOGUNCIE impressa, anno Domini
M.cccclxxviij* (1478), *die quarta aprilis, per PETRUM
SCHOYFFER de Gernezenheym feliciter est consummata.*
In-fol., goth., v.

> Beau spécimen des impressions de Scheffer, de Mayence, l'un des
> inventeurs de l'art typographique. La souscription est tirée en rouge;
> des lignes entières sont imprimées avec les gros caractères de forme
> qui avaient servi pour l'exécution du fameux psautier de 1457, le
> premier livre avec date certaine, qui était sorti, des mêmes
> presses Mayençaises. — Nous appellerons l'attention sur une par-
> ticularité qui n'a pas encore été signalée dans cette édition. Le pa-
> pier, d'excellente et forte qualité, est marqué dans sa pâte de 8 ou
> 10 filigranes différents, tels que l'*ancre*, le *pot*, la *coquille*, la *tête de
> bœuf*, etc., etc.; mais les filigranes les plus curieux sont *un écu formé
> d'une épée et d'une masse d'armes en sautoir surmontées d'une crosse
> d'abbé*, et l'écu *aux armes de Champagne surmonté d'une croix*. Troyes,
> comme on sait, possédait, dès le XIVᵉ siècle, des fabriques de papier
> importantes et très-renommées, et faisait un grand commerce avec
> l'Allemagne. Il n'y aurait rien d'étonnant que Scheffer se fût ap-
> provisionné de ce bon papier de Troyes, aux foires de Champagne
> alors si célèbres. Cela lui était d'autant plus facile, qu'il disposait de
> nombreux facteurs tant à Paris qu'à Angers et autres villes de

France, comme il est constaté par les lettres patentes de Louis XI
en sa faveur, citées par M. Aug. Bernard. Les rapports de l'imprimerie de Mayence étaient, du reste, très-suivis avec la France.
Dès le commencement, on voit Fust, l'associé de Scheffer, faire de
nombreux voyages à Paris pour y écouler ses produits.

32. Dissertations sur les Pseaumes et préfaces sur chacun des
cinq livres sapientiaux, composées en latin par Bossuet, évêque de Meaux, et traduites en françois par Le Roi. *Paris,*
1775, in-12, v. marb.

33. Sulammitidis deliciæ rurales, explicat. a Georg. Frid.
Laitenberger, etc. *Tubingæ,* 1713, pet. in-4, d.-rel., dos et
coins de mar. citron, dos à nerfs.

> Dissertation très-savante et très-singulière sur le *Cantique des can-
> tiques.* Il n'est pas un mot de cet admirable poëme qui n'y soit
> l'objet d'une explication tirée de la théologie, de la linguistique, de
> la médecine ou de l'histoire naturelle.

34. In librum Judicum D. Petri Martyris Vermilii Florentini
commentarii. *Tiguri, Froschover,* 1571, in-fol., v., fermoirs.

35. Paraphrase sur le livre de Job, en vers françois, par Dom
Gatien de Morillon (Tourangeau), de la congrégation de
Saint-Maur. *Paris, L. Billaine,* 1668, in-8, front. gravé par
Chauveau, v. br.

36. Postilla Guillermi super epistolas et evangelia de tempore et sanctis et pro defunctis. *Absque nota (circa* 1490), in-4
goth., fig. sur bois, rel. pleine en mar. brun du Levant, à
nerfs, fil. à compart., dent. et ornem. à froid, style XVe siècle, devise sur les plats, dent. intér., tr. dor. (*Capé.*)

> Curieux volume, orné de CINQUANTE-QUATRE GRAVURES SUR BOIS,
> extrêmement curieuses et naïves. Très-beau volume.

37. Explication de l'épître de saint Paul aux Galates, par l'abbé
de Pâris, diacre du diocèse de Paris. *Paris,* 1773, 3 vol. in-12,
v. f., fil. (*Ancienne reliure.*)

38. L'Apocalypse, avec une explication par messire Jacq.-Bé-
nigne Bossuet, evesque de Meaux. *Paris,* 1689, in-8, v.

> Édition originale.

39. Tableaux du Vieux et Nouveau Testament, où sont représentées en 150 figures les histoires les plus remarquables du
Vieux et Nouveau Testament, gravées par les plus habiles
maîtres. *Amsterdam, Reinier et Josua Ottens,* s. d. (vers 1700),
in-4, d.-rel., v. f.

40. Le Grand tableau de l'univers, ou Histoire du Vieux et du

Nouveau Testament représentée en figures, par Basnage. *Amsterdam*, 1707, in-fol., titre richement enluminé en or et en couleurs, portr. et fig. a l'eau-forte, v. m.

Ouvrage remarquable par ses 139 figures vigoureusement gravées à l'eau-forte par le célèbre ROMEYN DE HOOGHE. La dernière planche représente une *Danse des Morts*.

41. Dictionnaire des passages de la saincte Bible, pour tous les articles de la foy et cérémonies de l'Eglise, recueilly par M. J. Le Febvre, curé de Tostes (en Normandie). *Rouen, Pierre Le Loeu*, 1622, in-8, joli front. gravé, vél.

42. Histoire de l'Ancien et du Nouveau Testament, avec le fruit qu'on en doit tirer, le tout mis en cantiques sur des airs choisis, par l'abbé Pellegrin. *Paris, Nic. Le Clerc*, 1738, 2 vol. in-8, avec musique notée, v.

43. Histoires du Vieux et du Nouveau Testament, en vers, par J. de Labrune, ancien pasteur de l'église wallonne de la garnison de Tournay. *Amst.*, 1773, in-8, vél.

43 bis. Histoire de l'ancien Tobie et de son fils, le jeune Tobie; l'Histoire de la vaillantise de la veuve Judith; le Vertueux Fait de la noble et honnête dame Suzanne, ensemble l'Histoire de la belle reine Esther. *Lille, B. Brovellio, s. d.* (*XVIIIe siècle*), in-12, fig. sur bois, cart. antique.

Imprimé en *caractères de civilité*.

44. Morale de la Bible, par J. Chaud. *Versailles*, 1817, 2 vol. in-8, fig., br.

45. Dictionnaire géographique de la Bible, par A. F. Barbié Du Bocage. *Paris, Crapelet*, 1834, in-8, br.

IV. — DISSERTATIONS SUR DIVERS PASSAGES DES ÉCRITURES, ET SUR DIVERSES CHOSES QUI Y SONT MENTIONNÉES. — RECHERCHES SUR LA VIE ET LA PERSONNE DE JÉSUS-CHRIST ET DE MARIE.

46. SIMILITUDINUM ac Parabolarum quæ in Bibliis ex herbis atque arboribus desumuntur dilucida Explicatio, auctore Levino Lemnio, etc. *Francofurti, ex officina Pallheniana*, 1596, in-16, mar. vert. (*Aux armes de Jacques-Auguste de Thou.*)

Très-bel exemplaire d'un livre rare et plein d'intérêt pour quelques amateurs de la symbolique chrétienne. Ce volume peut se mettre à côté des *bestiaires* et des *volucraires* du Moyen-âge. Notre volume contient encore, outre un traité de l'astrologie, du même auteur, une savante et agréable dissertation du médecin La Rue, sur les pierres précieuses, et particulièrement celles dont il est parlé dans l'apocalypse de saint Jean.

47. Traité de la situation du Paradis Terrestre, à MM. de l'Académie françoise, par messire P. Dan. Huet, évêque d'Avranches. *Amsterdam, P. Brunel, s. d.*, pet. in-8, dem.-rel., dos et coins de mar. viol., *non rogné.*

48. Dissertatio philologica de Paradiso Terrestri, ubi, quantus et qualis fuerit, auctore G. Engelmann. *Ienæ*, 1669. — Dissertatio de fluvio quodam, in limite terræ Promissionis septentrionali, auctore Chr. Jac. Blum. *Helmst.*, 1712. — De signo Caïni Exercitatio philologica, auctoribus Chr. Ortlob et Dav. Raschke. *Lipsiæ*, 1701. — De (quadam) phrasi Mosaica qua Cainum non desperantem ex Gen. IV, 13, philologorum judicio sistent J. Chr. Ortlob et J. G. Krause. *Lipsiæ*, 1706. Ensemble 4 opuscules en 1 vol. pet. in-4, dem.-rel., dos et coins de mar. lie-de-vin.

Dissertations des plus curieuses.

49. Exercitatio theologica exhibens collationem Adami primi et secundi (id est Christi), auctore Chr. G. Stiffer. *Helmestadii*, 1702. — Dissertatio de philosophia Adami putatitia, auctore Vito Hier. Regenfo. *Altorfii*, 1715. — Ejusdem de Adami logica, metaphysica, mathesi, philosophia practica, et libris, opus. *Altorfii*, 1717, 3 opusc. en 1 vol. pet. in-4, dem.-rel., dos et coins de mar. viol., à nerfs.

Curieux et rares. Il ne faut pas que la science du siècle nous fasse oublier tout ce que les grands esprits, depuis Eusèbe jusqu'à Joseph de Maistre, ont pensé des connaissances et des vertus du premier homme. Sorti, avec sa pleine raison, des mains de Dieu, il dut être aussitôt en pleine vérité et lumière. Rien ne lui fut étranger, puisqu'il possédait la plus difficile des sciences, qui est la connaissance de Dieu et de soi-même. Notre volume contient des aperçus ingénieux et des citations remarquables sur cette importante matière. Le goût ne tardera pas de renaître aux questions de cette sorte, qui sont, après tout, encore plus sérieuses qu'étranges.

50. Quæstiones ad diluvii sacram historiam pertinentes, à Joa. Guil. Baiero disputatæ. (*Altdorff.*), 1710. — De Causis diluvii physicis disserit Jo. Ern. Bas. Wideburg. *Erlangæ*, 1759, 2 opusc. en 1 vol. petit in-4, dos et coins de mar. viol., à nerfs.

51. Dissertations sur l'arche de Noé et sur l'hémine et la livre de S. Benoist, où l'on examine plusieurs questions curieuses, dont la décision prouve la matière, la capacité, la figure ou disposition de cette arche, le nombre des animaux et la quantité des provisions qu'on y renferma, etc., par Jean Le Pelletier, de Rouen. *Rouen*, 1700, gros vol. in-12, fig., v. éc., fil.

52. Dissertatio critico-philologica an Nicaules, regina Arabiæ, sit objectum *Cantici canticorum*, auct. Joa. Adamo Pfau. *Vitembergæ*, 1728. — Observationes philologicæ in Cantici Canticorum priora capita, auctore Mich. Henr. Reinhard.

Vitembergæ (1728). Deux pièces en 1 vol. petit in-4, dem.-rel., dos et coins de mar. bleu du Levant.

> Les curieux qui recherchent avec tant de soin tout ce qui a rapport au vrai sens et aux expressions du *Cantique des cantiques*, trouveront ici la matière à peu près totalement épuisée. C'est de l'exégèse, de la linguistique et de l'histoire; mais c'est aussi un traité complet de la beauté des femmes. Les coiffeurs et parfumeurs eux-mêmes y pourront chercher un enseignement. Le passage dans lequel on explique les différents baisers des anciens est particulièrement instructif et curieux.

53. Michaelis Archangeli cum Diabolo de Corpore Mosis certamen, disquisit. a M. Joach. Hecht. *Ienæ, s. a.*, pet. in-4, dem.-rel., dos et coins de mar. bleu, à nerfs. (*Rare.*)

> Cette étude très-singulière a paru vers le milieu du xviie siècle. Le savant auteur, en traitant du combat qui eut lieu entre saint Michel Archange et le diable, lorsqu'ils se disputaient le corps de Moïse, fait aussi des recherches sur l'enlèvement d'Enoch, sur la puissance et la malice des démons, sur les fonctions et la hiérarchie des anges, etc.

54. Dissertatio philologica de Jephtigenia ex voto parentis neque occisa neque sacrificata, auctore Joh. Guil. Günthero. *Lipsiæ*, 1712. — De *Thygatrothysia* Jiphtachi, auctore Andrea Erlmanno. *Lipsiæ*, 1711; 2 opusc. en 1 vol. pet. in-4, dem.-rel., dos et coins de mar. bleu, à nerfs.

55. De Cemoscho, Moabitarum idolo disquisitio, auctore Dithmaro Hackmanno. *Bremæ*, 1730, pet. in-4, dem.-rel., dos et coins de mar. rouge du Levant, à nerfs.

> Étude curieuse. Opuscule peu commun.

56. Jo. Andr. Schmidii, abbatis Mariævallensis, de Mariæ partu, actis, vita, reliquiis et morte, prolusio. *Helmstadii*, 1713, pet. in-4, dem.-rel., dos et coins de mar. bleu, à nerfs.

> Intéressant et rare.

57. Dissertations physico-théologiques, touchant la conception de Jésus-Christ dans le sein de la vierge Marie sa mère, et sur un tableau de Jésus-Christ qu'on appelle la Sainte Face. *Amsterdam*, 1742, in-12, fig., v. f.

> Ouvrage singulier et intéressant, rempli de citations et de détails curieux.

58. Alex. Frid. Jul. Ritteri dissertatio de geographia Christum tentantis diaboli. *Ienæ*, 1737, pet. in-4, dos et coins de mar. bleu, à nerfs.

> Plaquette curieuse et fort rare.

59. Vie de Jésus-Christ. In-8, réglé, mar. rouge, fil., tr. dor. (Anc. reliure.)

> MANUSCRIT DU XVIIe SIÈCLE, d'une très-bonne écriture, composé de 263 pages. — Ce curieux volume provient de la collection du président Lamoignon, dont il porte encore l'*ex-libris*.

60. Histoire de la vie et des miracles de Jésus-Christ, par le R. P. Dom Augustin Calmet. *Paris*, 1720, in-12, fig., v. marbr.

61. TRÉSOR ADMIRABLE de la sentence prononcée par Ponce-Pilate contre Nostre Sauveur Jésus-Christ, trouvée miraculeusement escrite sur parchemin en lettres hébraïques dans un vase de marbre, enclose de deux autres vases de fer et de pierre en la ville d'Aquila, au royaume de Naples, sur la fin de l'année 1580, traduict d'italien en françois tant pour l'utilité publique et l'exaltation de nostre saincte foy que pour louange de la dite ville. *Paris, Guill. Julien*, 1581, in-8, rel. pleine en mar. bleu du Levant, à nerfs, devise sur les plats, dent. intér., tr. dor.

> TRÈS-BEL EXEMPLAIRE DE CE LIVRE RARE. Cette édition est l'originale. Sur le titre se trouve gravé sur bois le coffre où aurait été trouvée la sentence. Il en a été fait une réimpresssion chez Téchener, vers 1836 sous ce titre : *Fac-similc d'un rarissime petit livre*, etc.

62. Dissertation sur la prison de S. Jean-Baptiste et sur la dernière Pâque de Jésus-Christ, où l'on fait voir contre le P. Lamy que S. Jean-Baptiste n'a été mis qu'une fois en prison, etc... (par J. Piénud). *Paris, Arn. Seneuze*, 1690, in-12, v. br.

63. Dissertation sur sainte Marie Magdeleine, pour prouver que Marie Magdeleine, Marie sœur de Marthe et la femme pécheresse sont trois femmes différentes, par le sr Anquetin, curé de Lyons. *Rouen et Paris*, 1699, in-12, v. br.

> L'auteur de ce livre intéressant était curé de *Lyons-la-Forêt*, près des Andelys dans la haute Normandie.

64. Commentatio philologico-critico-exegetica, in qua de secta Scribarum, sive Grammateon quorum frequens in N. Testamento fit mentio, auctore Chr. Hechtio. *Francof*, 1737, pet. in-4, dem.-rel., dos et coins de mar. bleu, à nerfs.

> Ouvrage intéressant et rare. Qui de nous ne s'est jamais demandé quelles fonctions pouvaient bien s'attribuer ces scribes et ces princes des prêtres dont il est si souvent fait mention dans l'Evangile, et qui abusaient évidemment de leur charge? On trouve, dans ce commentaire, des détails curieux à leur sujet. Dans le même volume, est reliée une autre dissertation très-remarquable sur les Pharisiens et les Scribes qui se tenaient dans le temple pour enseigner la loi de Moïse, et pour la commenter.

65. Dissertatio theologica exhibens observationes quasdam de Dœmoniacis quorum in Novo Testamento fit mentio, auctore Chr. Gronau. *Bremæ*, 1742, pet. in-4, cart.

66. De Apocalypse tres dissertationes, auctoribus Joa. Rube, Christ. Pfurnero, etc. *Hafniæ, Lipsiæ et Al.*, 1709-1715-1756. 3 opusc. en 1 vol. pet. in-4, dem.-rel., dos et coins de mar. viol.

> Prolegomena. — Synoptica repræsentatio Apocalypseos. — De inscriptione Apocalypseos, etc.

67. Commentariolus in oraculum Johannæum, auct. Schédio. *Wittenbergæ*, 1688, petit in-4, dem.-rel., dos et coins de mar. vert, à nerfs.

68. Chr. Rothen de libris apparenter deperditis, dissertatio. *Lipsiæ*, 1704, pet. in-4, dem.-rel., dos et coins de mar. bleu, à nerfs.

V. LITURGIE. — MISSELS ET BRÉVIAIRES DE DIVERS DIOCÈSES ET DE DIVERS ORDRES RELIGIEUX.

69. EPISTOLÆ et Evangelia totius anni. *Paris, Cramoisy*, 1647, gr. in-8, réglé, mar. rouge, fil. à compart., tr. dor. (*Duseuil.*)

EXEMPLAIRE D'ANNE D'AUTRICHE, avec ses armes sur les plats de la reliure.

70. Œ𝔅angiles et Epistres comme on a de coustume de tenir par tout en leglise chrestienne toutes les festes et dimenches, avec aussy les epistres et evangiles du Caresme, le tout illustre par belles figures a chascune evangile. *En Anvers, chez Daniel Vervliet, a lescu d'Artoys*, 1573, pet. in-12, gothique, fig. s. bois, vél.

Édition très-rare et à peine connue. Les *Vervliet*, qui plus tard formèrent souche d'imprimeurs à *Valenciennes*, étaient, comme on le voit, originaires d'Anvers. Leur nom s'orthographie bien *Vervliet* et non *Veruliet*, ainsi qu'on peut le voir sur le titre du présent volume où les u et les v ne sont point confondus. Daniel Vervliet avait succédé à Jacques de Liesveldt établi à *l'escu d'Artoys*. La marque de Vervliet à échappé aux patientes investigations de M. Silvestre.

71. HORÆ BEATÆ MARIÆ VIRGINIS. — In-16, mar. rouge, fil., tr. dor. (*Anc. reliure.*)

CHARMANT MANUSCRIT DU XIIIe SIÈCLE SUR VÉLIN, tout ruisselant d'ornements et de miniatures du style byzantin sur fond d'or. Il se compose de 240 feuillets (près de 500 pages) sur vélin fin. On y compte CINQUANTE RAVISSANTES MINIATURES BYZANTINES, non compris le calendrier, qui contient DOUZE MINIATURES latérales. On y voit encore d'innombrables bordures et lettres ornées rehaussées d'or, parmi lesquelles se trouvent des oiseaux, des animaux fantastiques, des chevaliers armés de toutes pièces (quelques-uns avec écus blasonnés), des moines avec des instruments de musique du moyen-âge, des ménétriers jouant du violon, etc., etc... Le calendrier, écrit en encres de diverses couleurs, est entièrement en vieux français, et est très-curieux par son ornementation toute particulière, d'un style très-rare. Une grande partie de ce manuscrit est *en français*, et il mérite d'être étudié pour la langue vulgaire du XIIIe siècle. Les miniatures ne sont pas encore sur fond de damier, comme on les voit apparaitre au XIVe siècle. Les fonds d'or, étincelant comme des plaques de métal, dénotent le style byzantin, importé en France à la suite des Croisades. Néanmoins quelques feuillets, d'après l'écriture, nous paraissent avoir été ajoutés tout au commencement du XIVe siècle; mais on a conservé à ces pages supplémentaires le caractère archaïque du manuscrit entier. Ce petit bijou parait avoir été exécuté pour la famille de Werquignœul, aujourd'hui éteinte. On lit sur une des gardes, en tête du MS., les lignes suivantes, d'une écriture de la fin du xvie siècle : « *Anne de Werquignœul, fille de monsieur de Werquignœul, seul de se nom quy porte le nom et les armes, lesquelles seront mort après luy.* »

72. Officium Beatæ Mariæ Virginis Pii V, Pont. Max. jussu editum. *Antuerpiæ, ex officina Plantiniana,* 1622. In-4, réglé, fig., mar. rouge, fil., chiffres sur le dos et aux angles, armoiries au centre, tr. dor. (*Anc. reliure.*)

Très-bel exemplaire, aux armes de Mazarin. Les chiffres ne sont pas ceux du cardinal, mais du duc de la Meilleraye, son neveu, héritier de son nom et de ses armes. Cet office de la Vierge est un chef-d'œuvre de typographie ; mais ce qui le fait surtout rechercher, ce sont les belles estampes au nombre de cinquante-huit, dont il est orné, et qui sont dues aux burins si délicats de *de Mallery, Galle* et *Collaert.* Outre ces 58 grandes planches, on remarque trente-sept culs-de-lampes et vignettes, représentant divers sujets des mêmes artistes.

73. L'Office de la Sainte Vierge, avec celuy des morts, les sept pseaumes de la pénitence et autres prières qu'on récite dans les congrégations de Nostre-Dame. *Paris, Cramoisy,* 1674, in-12, fig., imprimé en rouge et noir, mar. rouge, fil. à compart., tr. dor. (*Anc. reliure.*)

74. Heures Nouvelles, dédiées à Mgr le Dauphin, écrites et gravées par Elisabeth Senault. *Paris, chez l'autheur (vers 1740),* in-16, mar. r., fil., tr. dor. (*Anc. reliure.*)

Volume entièrement gravé, avec de charmants ornements imitant des caprices et dessins de plume, des fleurs, etc. — Bien conservé.

75. L'Office de la Semaine Saincte, corrigé de nouveau par le commandement du Roy. *Paris, Est. Richer* (1638), in-8, front. gravé et fig., mar. rouge, fil., dos et plats fleurdelysés et entièrement couverts du chiffre couronné de Louis XIII, tr. dor. (*Anc. reliure.*)

Exemplaire du roi Louis XIII.

76. Office de la Semaine Sainte en latin et en françois, à l'usage de Rome et de Paris. *Paris,* 1746, in-8, fig., mar. rouge, fil. à compart., plats richement dorés à petits fers, tr. dor. (*Anc. reliure aux chiffres et aux armes du dauphin et de Marie-Josèphe de Saxe.*)

Magnifique exemplaire, revêtu d'une belle reliure parfaitement conservée et n'ayant subi aucune restauration. Cet exemplaire a été donné par Madame la Dauphine à l'abbesse de Baumont-lez-Tours, ainsi que cela est constaté par une note autographe de l'abbé de Sailly, son aumônier, jointe à l'exemplaire.

77. L'Office de la Semaine Sainte en latin et en françois à l'usage de Rome et de Paris, dédiée à Madame et imprimée par son ordre, pour sa Maison. *Paris, Guill. Desprez,* 1758, in-8, fig. de Tardieu, mar. rouge, fil., dent. à petits fers, ornements sur les plats, dentelle intérieure, tr. dor.

Très-bel exemplaire en ancienne reliure, parfaitement conservée.

78. Office de Pàques ou de la résurrection, accompagné de la
notation musicale et suivi d'hymnes et de séquences inédités,
publié pour la première fois d'après un manuscrit du
XIIe siècle de la bibliothèque de Tours, par V. Luzarche.
Tours, 1856, in-8, avec fac-simile, gr. pap. f. vél. jonquille.
dem.-rel. à nerfs, dos et coins en cuir de Russie, non rogné.

> Curieux volume, tiré à un petit nombre d'exemplaires. Il est très-
> important pour l'histoire de la liturgie et du plain-chant. L'auteur
> a pris le soin de faire exécuter avec une rare perfection le *fac-simile*
> de seize pages notées d'hymnes chantées dans le XIIe siècle.

79 Livre d'église latin-françois, contenant l'office de l'après-
midi. *Paris et Beauvais*, 1744, gr. in-12, mar. r., fil., dent.,
tr. dor. (*Ancienne reliure.*)

80. MISSALE VETUS, SEU PONTIFICALE ECCLESIÆ CE-
NOMANENSIS. In-4, rel. pleine en mar. vert du Levant, à
nerfs, dent. intér.

> PRÉCIEUX MANUSCRIT DU Xe AU XIe SIÈCLE, SUR GROS
> VÉLIN, tracé à longues lignes, AVEC DEUX MINIATURES
> d'un style très-ancien et MUSIQUE NOTÉE EN NEUMES. Le
> calendrier qui commence le volume est compris en six feuillets
> et est parfaitement complet, ce que l'on voit très-rarement dans les
> manuscrits de cette époque reculée. Il est très-curieux et fournit
> de précieux renseignements sur les saints de l'ORLÉANAIS, du BERRY,
> de la TOURAINE, de l'ANJOU, du MAINE et d'autres provinces limi-
> trophes. Il est même certain, d'après les appellations et la forme
> barbare des noms de lieux, que ce calendrier est une copie d'un
> autre plus ancien qui remonterait au moins au VIIIe siècle. Au bas du
> premier feuillet se trouve, d'une écriture cursive du XIIIe siècle, une
> note qui paraît indiquer la provenance du manuscrit; cette note est tout
> à fait effacée, on n'y peut lire à grand'peine que les mots suivants :
> « .... villa..... *Cenémanensis super domum et pontem Meduane quondam
> archidiaconi Andegavensis....* » De cette même écriture du XIIIe siècle
> ont été ajoutées, dans les lignes du calendrier laissées en blanc, di-
> verses mentions concernant tout spécialement les saints du diocèse
> du Mans; d'autres de ces additions indiquent des obits à célébrer
> pour des gens du pays. Le texte du Missel commence par l'office de
> Noël: « *Natalis Domini. Missa media nocte* AVEC SA MUSIQUE. Dans tout
> ce manuscrit, il n'est pas de prière, pour ainsi dire, qui ne soit ac-
> compagnée de psalmodies notées ou de morceaux de cette musique
> dont les monuments sont si rares et que l'on chantait dans les ca-
> thédrales du moyen-âge. Tout est rare et curieux dans ce codex.
> Les miniatures qui se trouvent au Canon de la Messe occupent
> toute la page et sont remarquables par leur style bizarre et leur
> ancienneté. Elles représentent Dieu le créateur sur son trône et le
> Christ en croix, avec les saintes femmes à ses pieds, et sont encore
> couvertes de leurs voiles d'étoffe antique. Les prières sont très-cu-
> rieuses; dans la liturgie du mariage, on retrouve des formes naïves
> qui disparurent avec la barbarie des temps. Deux de ces prières ont
> été biffées au XIIIe siècle, comme déjà tombées en désuétude, mais
> on les lit encore parfaitement; la seconde finit par cette prière du
> prêtre pour l'épouse : « *Fundimus supplices preces ut eam propilius
> cum viro suo copulare digneris.* » Rien n'est oublié dans ce cérémonial,
> on y trouve jusqu'à la bénédiction du lit nuptial : « *Benedictio talami.* »
> Il y a encore des messes en temps de guerre : « *Missa in tempore
> belli,* » pour les voyageurs: « *Missa pro iter agentibus,* » des prières en
> temps de contagion, pour la pluie ou le beau temps, pour un pri-
> sonnier, pour un ami, pour un malade, pour l'obit d'un évêque, etc.,

etc., le tout également avec accompagnement de musique sacrée. N'oublions pas les cérémonies de la tonsure, avec les psalmodies qu'on y chantait et les exorcismes pour les deux sexes, la bénédiction de l'eau, l'absolution des pèlerins, etc... Un des plus curieux passages de ce Missel a rapport à la pénitence publique, selon la forme des premiers siècles. Là on trouve l'énumération la plus singulière des crimes et des péchés qui se commettaient le plus fréquemment au moyen-âge, avec leur punition. Dans ces temps barbares, l'homicide figure en tête et n'entraîne guère que six années de pénitence; mais l'adultère entraîne sept années de pénitence, l'infanticide dix années; la séduction d'une religieuse, sept années; autant pour l'incendie d'une église; le mariage entre consanguins cinq années; les peines les plus fortes sont réservées pour le meurtre d'un diacre, XIII années; pour la mère qui tue son fils, XV années, et surtout pour ceux qui se rendent coupables de sodomie, d'inceste et de bestialités : « *Fecisti fornicationem sicut Sodomite, vel cum matre, vel cum peccoribus* » : XV années et une forte amende pécuniaire. Dans cette nomenclature de péchés figurent des détails de mœchialogie qui trouveraient plutôt leur place dans le traité du P. Sanchez : « *Nupxisti cum uxore retro, XI dies; si quis fornicaverit inter femora semel, iiij quadragintanas; si parvulus oppressus idem nolens hoc patitur, i quadragintana; si per semetipsum semel, ii quadragint.; si consuevit, i ann.; de semine hominis pro amore recipiendi gustasti, V anni:* etc., etc... »

Nous n'en finirions pas si nous énumérions davantage les passages curieux de ce manuscrit. Nous ne citerons plus que les épreuves judiciaires du fer et de l'eau bouillante, autrement dit le JUGEMENT DE DIEU, qui s'y trouvent avec toutes les prières et le cérémonial usités dans ces temps de barbarie. Très-peu de manuscrits contiennent cette partie du rituel, qui n'est certainement pas la moins curieuse à étudier. Enfin divers exorcismes pour le pain, le fromage, le sel et l'eau terminent le volume. Le texte s'arrêtant au milieu d'une de ces dernières, il y a, comme dans presque tous les manuscrits d'un âge aussi reculé, une lacune qui n'a pas d'importance. A ce propos, il n'est pas inutile de rapporter ici une anecdote contée par Monteil, dans son *Traité des matériaux manuscrits*, tome I, page 177. Il faisait un jour remarquer à l'abbé Lépine, l'un des vénérables piliers du cabinet des manuscrits de la bibliothèque du roi, qu'un manuscrit était évidemment incomplet. « Oh! me dit-il, ayez pour principe que d'un manuscrit comme d'un pâté tous les morceaux en sont bons... » Je lui ai encore ouï dire que lorsqu'un feuillet était à moitié déchiré, il fallait, excepté dans des cas très-rares, achever de le déchirer, car le manuscrit pourrait tomber entre les mains d'un ignorant qui, voulant complets les manuscrits comme les livres imprimés, laisserait, à cause de ce feuillet déchiré, périr tel manuscrit dont la valeur est décuple, centuple d'un manuscrit complet. » Eh bien, notre antique Missel du Mans se trouve dans ce cas : deux feuillets du milieu ont été lacérés en partie, mais le texte manquant n'est pas considérable, et nous ne suivrons pas le conseil de l'abbé Lépine, nous laisserons le volume tel que les siècles nous l'ont transmis; le temps n'est plus où l'on n'avait que l'embarras du choix en fait de manuscrits, et où l'on devait prendre ce remède héroïque pour les sauver du batteur d'or.

81. Breviarium Lochense. Regalis et collegiate ecclesie Bea || tissime Dei Genitricis et Virginis || Marie Lochensis || sancte sedi apostolice || immediate subiecte Breviarium. (In fine.) *Preclara hec divini obsequii Breviaria nullis retroactis temporibus impressa... felici tandem prodeunt complemento... (venerabili Lochensi capitulo id precipiente)... ex studiosa assumpserunt correctorum lima, etiam splendidissimis (ut videre*

*est) caracteribus opera et grandi labore vigilantissimi cal-
cographi ac bibliopole peritissimi MATHEI CHERCELE,
IN CLARISSIMA TURONORUM URBE impressa fuere,
nostre salutis anno sesquimillesimo tricesimo sexto (1536).*
3 part. en 1 vol. in-8 réglé, goth., à 2 col., impr. en rouge
et noir, fig. sur bois, rel. pleine en mar. br. du Levant, à
nerfs, dent. intér., tr. dor. (*Capé.*)

> Ce bréviaire de Loches, imprimé à Tours, en 1536, par Mathieu
> Chercelé, est un livre d'une EXCESSIVE RARETÉ. Il est resté INCONNU
> A TOUS LES BIBLIOGRAPHES et n'a jamais été décrit. Aucune biblio-
> thèque publique n'en possède d'exemplaire, sans en excepter la
> Bibliothèque Impériale, si riche en livres de ce genre, ni la biblio-
> thèque de Tours, ni la bibliothèque du Mans, que nous signalons,
> après les bibliothèques de Paris, comme la plus riche peut-être de
> France en raretés liturgiques. ON NE CONNAIT QUE DEUX EXEMPLAIRES
> de ce rarissime bréviaire.
>
> L'un fait partie de la bibliothèque Tourangelle si remarquable de
> M. J. Taschereau, et l'autre est celui même qui fait l'objet de la
> présente notice. — Au-dessous du titre, on voit une gravure sur bois
> représentant l'adoration des mages ; au bas ces mots : « *Dilat servata
> fides. Loches.* » Les pièces liminaires sont comprises en 28 feuillets
> non chiffrés. La première partie se compose de LVI feuillets chif-
> frés, plus 8 feuillets à la suite non chiffrés pour l'office particulier
> de saint Hermeland, formant un cahier avec la signature AA. La
> deuxième partie est formée de XCIX feuillets chiffrés, plus un feuillet
> blanc non chiffré. Le *Commune Sanctorum* forme la troisième partie
> en 158 feuillets, dont les deux derniers ne sont pas chiffrés. Le fo-
> lio VI de cette partie est coté XCIX par erreur ; malgré cette faute,
> le texte correspond parfaitement, ce qui prouve surabondamment
> que le livre est complet. La souscription, dont nous n'avons donné
> qu'un extrait, est très-longue et fort curieuse. Elle se trouve au
> verso du dernier feuillet.

82. Officia propria Sanctorum quos ecclesia regalis et colle-
giata Beatæ Mariæ Virginis castri Lochiensis ex officio tum ex
fundatione, tum ex devotione colit ac veneratur, venerabilis
Capituli jussu edita. *Lochiis, anno Domini* 1754, in-8, v.

> MANUSCRIT DU XVIIIe SIÈCLE d'une bonne écriture. Ce ma-
> nuscrit est préparé pour l'impression. On y trouve une préface
> adressée au chapitre de Loches par *François de Villepreuvoire*, secré-
> taire dudit chapitre. Derrière le titre on lit cette mention : « *Impri-
> matur, si videbitur...* » Nous ne croyons pas que cet office ait été
> imprimé.

83. Rituale, seu Chorale, secundum usum ecclesiæ S. Martini
Turonensis. In-8, bas.

> MANUSCRIT DU XVIIIe SIÈCLE SUR VÉLIN. Il est daté de 1729 et se
> compose de 190 pages de musique d'église ou plain-chant. Au bas
> du verso du 26e feuillet, on lit la note suivante, écrite de la même
> main qui a transcrit le corps du volume : « Ce livre appartient à
> M. Prudhomme Prevost de Lérée et chanoinne de l'église saint
> Martin de Tours. »

84. **Heures** à l'usage de Paris. *Ces présentes Heures furent
achevées le XXIIe jour d'aoust mil cinq cens et six* (1506),
pour Anthoine Vérard, libraire. In-8, goth., fig., v.

> Livre d'Heures SUR VÉLIN, d'une édition rarissime, puisque notre
> exemplaire, quoique mutilé, privé de bordures, et manquant d'une

douzaine de feuillets, a conservé néanmoins 14 *grandes planches*. Or les Heures de Vérard, citées par Brunet sous cette date, n'en ont que *douze*. Il est probable que cette édition est inconnue à MM. Didot et Brunet, puisqu'elle diffère essentiellement de la description que l'on en trouve dans le *Manuel du libraire*. Malheureusement, nous ne pouvons, à cause des lacunes, la décrire intégralement, ne l'ayant jamais vue autre part.

85. Breviarium Parisiense, illustriss. et reverendiss. Patr. DD. de Vintimille auctoritate editum. *Parisiis*, 1736, 4 vol. in-4, fig., mar. n., dent. à froid, tr. dor. (*Ancienne reliure.*)

> Ce bréviaire est remarquable à cause des belles gravures de Boucher dont il est enrichi. Chaque volume est orné, en outre, d'un très-joli frontispice gravé représentant des vues de paris, toutes différentes. Ces vues sont également signées de Boucher.

86. Abrégé de l'Office de Sainte-Croix, avec une instruction sur l'établissement de la confrérie de la Passion érigée en l'église de Saint-Maclou, de Pontoise (par Hildevert Biulot). *Paris, P. Delorme, et Pontoise, C. Loriot*, 1724, in-12, cart. ant.

86 bis. Offices propres des festes de Ste Macre, vierge et martyre, patrone de l'église paroissiale de Fismes. *Reims, Fr. Jeunehomme*, 1750, pet. in-8, v. m.

87. Rituale ad usum et consuetudinem ordinis Carmelitarum. In-8, v. f., fil.

> MANUSCRIT DU XVe SIÈCLE sur vélin. « Ce petit rituel à l'usage des Carmes est curieux et singulier. On y trouve des cérémonies monacales particulières. On y trouve aussi les diverses bénédictions du feu nouveau, de la viande, du lard, du pain, du sel, du beurre, du fromage, des œufs, des boissons. Les feuilles du xiie et xiiie siècle que les moines y avaient surajoutées ne paraissent point avoir une liaison avec le Rituel. » (Note MS. de Monteil, auquel ce volume a appartenu.)

88. Cérémonial des religieuses de Sainte-Ursule. *Tours, Jacq. Poinsot et Cl. Bricet*, 1643, in-8, vél.

88 bis. Cérémonial à l'usage des dames religieuses de l'abbaye royale de Nostre-Dame de Beaumont-lez-Tours, contenant les cérémonies de la vesture et profession des religieuses, funérailles, etc. *Tours, Hugues-Michel Duval, s. d.* (vers 1690), in-8, v. br.

89. Diurnal propre contenant plusieurs offices particuliers aux religieuses chanoinesses du Saint-Sepulchre de Notre Seigneur Jésus-Christ. Pet. in-8, mar. vert, fil., large dent., tr. dor. (*Ancienne reliure.*)

> MANUSCRIT DU XVIIIe SIÈCLE d'une bonne écriture, composé de 119 pages. La reliure ancienne est d'une belle exécution et en bon état. Les chanoinesses du Saint-Sépulcre étaient établies à Charleville. Leurs *Constitutions* ont été imprimées dans cette dernière ville dès 1631, par *Hubert Raoult*, en un vol. pet. in-8.

90. Breviarium ad usum congregationis S. Mauri, ordinis S. Benedicti in Gallia. *Parisiis, Ph. D. Pierres*, 1787, 3 vol. in-12, mar. r., fil., tr. dor. (*Ancienne reliure.*)

VI. — APPENDICE A LA LITURGIE.

Dévotions et cérémonies particulières, et divers exercices de piété. — Dissertations sur divers points de la liturgie, des sacrements et du cérémonial. — Recueils de cantiques et de noëls, etc., etc.

91. Tradition de l'Église, touchant l'Eucharistie, recueillié des saints Pères et autres auteurs ecclésiastiques, divisée en cinquante-deux offices. *Paris, P. Le Petit,* 1659; in-8 réglé, mar. r., fil. à compart., tr. dor. (*Anc. reliure de Duseuil.*)

92. Historia legende ac officia compassionis beate virginis Dei genitricis Marie, et suorum progenitorum atque cognatorum, videlicet sanctorum Joachim patris, Anne matris, Joseph conjugis sui virginei, Marie quoque Jacobi et Salome sororum eiusdem virginis Marie. *Phorce, in edibus Thome Anshelmi impensisq. Sigismundi Stier, civis Heilpronnensis,* 1507, pet. in-fol., lettres rondes, br., r.

> Volume rare et très-curieux. On y trouve la discussion de frère Jacq. Louber, chartreux, contre ceux qui prétendent que Joseph, Joachim, Marie Salomé et autres ne doivent pas être honorés par l'Église, et que leur office ne doit pas être célébré. L'office et la liturgie particulière de ces saints se trouvent dans le volume. Voilà pourquoi nous classons ce volume de préférence dans la liturgie.

93. Rosarium, sive Psalterion beatæ Virginis Mariæ. *Antverpiæ,* 1604, in-12, fig., vél.

> Volume enrichi de nombreuses et jolies figures gravées par Collaert.

94. Heures particulières à l'usage des femmes enceintes. (*Paris,* 1657,) in-8, titre gravé, réglé, vél.

> Office fort curieux et des plus rares. Le titre, gravé, porte cette devise « Ou souffrir ou mourir. » — Bel exemplaire.

95. Cérémonies et prières du sacre des rois de France, accompagnées de recherches historiques. *Paris, Didot,* 1825, in-12, gr. pap. vél., br.

> Ouvrage curieux, publié à petit nombre, en caractères elzeviriens, par le bibliophile Motteley.

96. De ampulla Remensi nova et accurata disquisitio, auctore Jac. Chiffletio. *Antverpiæ, ex off. Plantin.,* 1651, pet. in-fol., fig., rel. pleine en mar. br. du Levant, fil. compart. à froid, dent. intér., tr. dor.

> Savante et curieuse dissertation sur la sainte ampoule de Reims.

97. Ordre des cérémonies qui doivent être observées pour la bénédiction d'une cloche en l'église de S. Jacques de la Boucherie de Paris. *Paris,* 1780, in-12, v.

98. L'Adoration perpétuelle du T. S. Sacrement de l'autel, et la dévotion pour les malades et agonisans établie dans l'église paroissiale de St Paul, à Paris. *Paris*, 1703, in-12, v.

99. Precationes christianæ ad imitationem psalmorum compositæ. *Lugduni, sub Scuto Coloniensi*, 1548, in-16 réglé, front. grav. et fig. sur bois, vél.

> Joli volume, très-bien conservé pour un livre composé *ad usum omnium*. C'est, en quelque sorte, un livre d'heures, avec un calendrier et 12 figures curieuses gravées sur bois, dans le genre de Holbein. A la fin se trouve un fascicule contenant des prières contre le Turc, ennemi héréditaire du nom chrétien. Les petits ouvrages de cette espèce ont à peu près disparu. Celui-ci est magnifiquement imprimé, avec les caractères neufs de Jean Frellon.

100. EXERCICE DU CHRÉTIEN. Pet. in-8, mar. r., fleurs de lis à froid sur le dos et aux angles, gardes en pap. doré, tr. dor. (*Anc. reliure aux armes de Madame Adélaïde de France.*)

> MANUSCRIT DU XVIIIe SIÈCLE, d'une jolie écriture, exécuté pour l'usage particulier de Madame Adélaïde de France. Il se compose de 160 pages sur papier de Hollande.

101. Le Meditationi del Rosario della gloriosissima Vergine. *In Milano, appresso Pacifico Pontio*, 1569, pet. in-4, fig., vél.

> Volume rare, orné de curieuses bordures à chaque page et de naïves figures gravées sur bois.

102. Les Merveilles du sacré Rosaire de la très saincte Vierge mère de Dieu, par le R. P. F. Reginald Cavanac, religieux du couvent réformé de l'ordre S. Dominique à Toloze, avec les faveurs de la Vierge envers l'autheur. *Paris*, 1629, in-24, front. gravé et charmantes figures en taille-douce très-finement gravées dans le genre de Léonard Gaultier, v. f., fil. à riches compart., dent., dorures à petits fers sur les plats, tr. dor. (*Ancienne reliure.*)

> On trouve dans ce singulier livre de curieuses histoires. Parmi les miracles faits à l'invocation du saint Rosaire on doit noter les suivants : — Justine conserva la chasteté contre l'effort du diable, invoquant la Mère de Dieu. — Comme S. Louys, roy de France, fut conceu par les prières du Rosaire. — Comme une dame florentine, desbauchée, fut convertie par la vertu du Rosaire. — Comme une dame romaine, desbauchée, devint sage. — Enfant noyé et ressuscité, etc. — Le chapitre des *faveurs de la Vierge envers l'auteur* est rempli d'anecdotes arrivées à *Béziers*, à *Toulouse* et autres localités du Languedoc.

103. Rosaire perpétuel de la confrairie du Chappelet, pour la consolation des agonizans (par Fr. Michel Tramus). *Lyon, P. et Cl. Rigaud*, 1644, pet. in-12, v.

104. Calendrier historial de la glorieuse vierge Marie, mère de Dieu, faisant mention, chaque jour de l'an, de quelque chose qui la regarde, de la mort de ses fidèles serviteurs, du grand soin qu'ils ont eu de la servir, des faveurs qu'elle leur a departy, du sévère chastiment de ses ennemis, et des miracles qu'elle a opéré; recueilli de divers autheurs par M. Vincent

Charron, prestre chanoine en l'église cathédrale de Nantes. — *Nantes, Ve Pierre Doriou*, 1654, in-4 d'environ 1,000 pages, v. *(Rare.)*

105. Calendrier historique, chronologique et moral de la très-sainte et très-glorieuse vierge Marie, mère de Dieu, contenant les louanges données à la S. Vierge par les Pères de l'Église, les fêtes établies en son honneur, les églises, oratoires, chapelles bâtis et dédiés sous son invocation, les ordres et instituts religieux qui lui sont dévoués, les miracles les plus avérés opérés par son intercession, les principales confréries érigées à sa gloire, etc. *Paris*, 1749, gros vol. in-12, v. m.

106. Jac. Horstii Paradisus animæ christianæ, lectissimis omnigenæ pietatis delitiis amænus. *Coloniæ Agrippinæ*, 1683, in-8, fig. à l'eau-forte, v. f., fil., tr. dor.

107. Le Paradis de l'âme chrétienne, contenant divers exercices de piété, trad. du latin, de Horstius. *Paris*, 1802, 2 vol. pet. in-12, fig. de Gaucher, mar. r., tr. dor. *(Bradel-Derome.)*

108. Psaumes, sur divers sujets de piété, sur la grandeur de Dieu en lui-même et dans ses ouvrages, sur la pénitence et sur la mort et sur la résurrection de Jésus-Christ. *S. l. n. d.*, pet. in-8, mar. n., tr. dor. *(Ancienne reliure.)*

> Volume rare, tiré à très-petit nombre, pour un usage particulier, et qui paraît être aussi le produit d'une presse particulière. Il n'y a qu'un faux-titre, et néanmoins le livre est parfaitement complet. Cet exemplaire porte sur les plats les ARMES DE MADAME DE MAINTENON, le lion yssant de la maison d'Aubigné.

109. Dissertation sur la Ste Larme de Vendôme, par J. B. Thiers, avec la réponse à la lettre du P. Mabillon. *Amst.*, 1751, 2 tom. en 1 vol. in-12, front. gr., v.

> Exemplaire du *P. Adry*, de l'Oratoire. Ce volume contient une liste bibliographique de tous les ouvrages de J. B. Thiers. Cette liste est *annotée* par le P. Adry. A propos de la sainte larme, Thiers discute dans ce volume la venue de sainte Madeleine et de sainte Marthe en *Provence*.

109 *bis*. Lettre d'un bénédictin à Mgr l'évêque de Blois, touchant le discernement des anciennes reliques, au sujet d'une dissertation de M. Thiers contre la sainte Larme de Vendôme (par dom Mabillon). *Paris*, 1700, in-8, fig.; cart. ant.

110. Réponse à la lettre du P. Mabillon, touchant la prétendue sainte Larme de Vendôme, par J. B. Thiers. *Cologne*, 1700. — Prescriptions touchant la conception de N. D. (par Jean de Launoy). *Paris*, 1676, n. rog. — Traité de la Pâque (par Witasse). *Paris*, 1695. — Epistola pastoralis illustriss. Rotbomagensium episcopi, super libello quodam recens per ejus diœcesim divulgato, cui titulus : *Difficultates propositæ*, etc.

Rothomagi, 1697, n. rog. — Lettre sur les *Amen* du Missel de Meaux (attribuée à Fr. Le Dieu, ancien secrétaire de Bossuet), 1710, suivie du mandement de Mgr l'évêque de Meaux, portant défenses de lire le libelle intitulé *Lettre sur les Amen*, etc. — Lettre sur l'état des enfans qui meurent sans avoir reçu le batème. *Cologne*, 1702. — Censure de Mgr l'évêque et comte d'Agen, du sermon prêché dans l'église des religieuses de l'Annonciade de Villeneuve d'Agenois, le quatrième de février 1707. *Agen*, 1707. (Un religieux avait émis en chaire des propositions injurieuses à la sainte Vierge.) — Remarques sur la traduction françoise de l'Histoire des flagellans, écrite en latin par l'abbé Boileau (par lesquelles on montre plusieurs indécences du traducteur). Ensemble 8 ouvrages et opuscules curieux en 1 vol. in-12, bas.

111. Histoire de la robe sans couture de N. S. Jésus-Christ, conservée depuis plus de six siècles dans le monastère et l'église d'Argenteuil, par Aug. Follet. *Argenteuil et Paris*, 1842, in-12, br.

112. La Dévotion des saints anges gardiens, par le P. Jacq. de Coret. *Caen, J. Cavelier*, 1663, pet. in-12, v. br.

113. Nouveau trafic avec les âmes du purgatoire. *Lille, P. de Rache*, 1643. — Règles et privilèges de la confrérie pour les âmes du purgatoire, érigée en l'église des RR. mères Ursulines de Ruremonde. *Bruxelles, J. Mommart*, 1652. — 2 pièces pet. in-12, cart. ant.

114. Les Consolations de l'âme fidelle par le chant religieux des pseaumes tirez du Vieux et du Nouveau Testament (par de Bois-Clair), ou Pseaumes ecclésiastiques chantez dans l'église royale de Coppenhague. *A Coppenhague, de l'impression de Justin Hög*, 1696, pet. in-8, musique notée, v., fil. à compart, riches ornements sur les plats, tr. dor.

EXEMPLAIRE DE CHRISTIAN V, roi de Danemark, mort en 1699. Son chiffre couronné se voit sur les plats de cette reliure.

115. Voyages liturgiques de France, ou Recherches faites en diverses villes du royaume, contenant plusieurs particularités touchant les rits et les usages des églises, par le Sr de Moléon. *Paris*, 1757, in-8, fig., d.-rel., non rogné.

Ouvrage recherché. — Rare dans cet état.

116. Traité des anciennes cérémonies, ou Histoire contenant leur naissance et accroissement, leur entrée en l'Église et par quels degrés elles ont passé jusqu'à la superstition (par Jonas Porée). *Quevilly*, 1673, pet. in-8, cart.

117. Les Raisons de l'office et cérémonies qui se font en l'Église catholique...; ensemble les raisons des cérémonies du

sacre de nos roys de France et les douze marques uniques de
leur royauté céleste par dessus tous les roys du monde, par
Cl. Villette, chanoine de l'église S. Marcel lez Paris. *Rouen,
D. de La Mare,* 1638, gros vol. in-8 de plus de 900 pages,
vél.

118. RECHERCHES HISTORIQUES sur la messe, l'office divin, l'administration des sacremens, et sur ce qu'il y a de plus beau
et de plus curieux dans la discipline de l'Église tant ancienne
que moderne, avec une explication littérale des cérémonies
de l'Église et de toutes les rubriques dont on rapporte l'origine et les variations; le tout enrichi de remarques d'érudition, de dissertations, etc....., avec un mélange d'histoire et
de littérature par M. M. T. D. de S. C. de S. E. de H. 2 très-
gros vol. in-4, v. marb. (*Aux armes du comte de Toulouse.*)

MANUSCRIT INÉDIT DU COMMENCEMENT DU XVIIIe SIÈCLE. Très-curieux
et très-important.

119. Traité de l'exposition du Saint-Sacrement de l'autel, par
J.-B. Thiers, curé de Vibraie. *Avignon,* 1777, 2 vol. in-12,
dem.-rel., v. fauve, à nerfs. (*Bel exemplaire.*)

120. Traitez des cloches et de la sainteté de l'offrande du pain
et du vin aux messes des morts, par J.-B. Thiers, curé de
Vibraye. *Paris,* 1721, in 12, v.

Le plus rare des ouvrages de Thiers.

121. Dissertation sur l'honoraire des Messes, où l'on traite de
son origine, des illusions et autres abus qui s'en sont suivis... des moyens inutilement employés, d'un autre peut-être
plus efficace, etc. (par dom Guiard). *S. L.,* 1748, in-8, v.

Ouvrage singulier et peu commun.

122. Dissertation sur la manière dont on doit prononcer le Canon et quelques autres parties de la messe, par Robbe, docteur en Sorbonne. *Neufchâteau, Monnoyer, imprimeur,* 1770.
Pet. in-8 de XV et 213 p., dem.-rel.

Les volumes qui portent le nom de *Neufchâteau* dans les Vosges
sont peu communs et très-bien imprimés. — Cette dissertation curieuse, dans le genre de celles du théologien J. B. Thiers, contient
des recherches intéressantes et des détails bibliographiques qui méritent l'attention.

123. Ern. Frid. Wernsdorfi commentatio de prece *Hosanna,* in
liturgia græcæ et latinæ Ecclesiæ. *Vitembergæ,* 1765. —
Ulr. Pfaff et Frid. Vogel, disputatio de *Hosanna. Tubingæ,*
1749. Ensemble 2 opusc. en 1 vol. pet. in-4, dem.-rel. à
nerfs, dos et coins de mar. bleu.

Recherches singulières sur un cri de triomphe et d'allégresse
conservé par toutes les Églises, et même par celles qui ont absolument rejeté les rites et la langue catholiques.

124. Joh. Mich. Frid. Lochneri de antiquo ritu legitimandi
liberos illegitimos per pallium, liber. *Aldtorfii,* 1747.—Bern.

Jac. Degenii opusc. de ritibus quibusdam formulisque à manumissione ad S. Baptismum translatis. *Aldtorf.*, 1738, 2 traités en 1 vol. pet. in-4, dem.-rel., dos et coins de mar. bleu, à nerfs. (*Rare*.)

> Curieux traités. Le premier porte sur le titre une figure très-ancienne, tirée des monuments gothiques, laquelle représente des moines groupés autour de l'un de ces enfants légitimés d'après les ordonnances prescrites.

125. Abrégé de l'Embryologie sacrée ou traité du devoir des prêtres, des médecins, des chirurgiens et des sages-femmes envers les enfants qui sont dans le sein de leurs mères, par l'abbé Dinouart. *Paris*, 1766, in-12, v. marbr.

126. Opusculum breve ac excellens de ordinibus aliisque sacramentis... *Lugduni, Cl. Nourry (al's le Prince)*, 1533, pet. in-8 carré, gothique, fig. s. bois sur le titre, cart. antiq.

127. Enchiridion sacerdotum in quo ea quæ ad divinissimam Eucharistiam attinent... facili ac plano quodam tractantur stylo pientissimi patris D. Petri Blomeverroe Leyden. Carthusæ Coloniensis prioris. *Apud sanctam Coloniam Agrippinam Johannes Dorstius excudebat,* 1532, fig. s. bois. — Proestantissima quœdam ex innumeris miracula que Bruxellis nobili apud Brabantos oppido circa venerabilem Eucharistiam hactenus multis ab annis ad Christi gloriam fiant (Item miraculum de Diva Barbara). *S. L. (circa* 1532), fig. s. bois, pet. in-8, v.

128. De la plus solide, la plus nécessaire, et souvent la plus négligée de toutes les dévotions, par J.-B. Thiers. *Paris,* 1702, 2 vol. in-12, v.

129. 𝕿ractatus de horis canonicis a domino Alberto de Ferrariis de Placentia. *Absque nota (circa* 1485). Pet. in-4 gothique, de 24 feuillets, à 30 ligne par page pleine, dem.-rel.

> Édition très-rare et non décrite. Elle est restée inconnue à Panzer, à Hain, à Brunet et autres bibliographes. Elle est exécutée à longues lignes, commence par cet intitulé : *Tabula composita a Dño Alberto de Ferrariis utriusq; iuris doctore.....*, et se termine par ces mots : *Finis huius*. Le filigrane du papier se compose d'une grosse lettre R dans un cercle. Ce volume est évidemment sorti de presses italiennes.

129 *bis*. Traité de l'obligation à réciter les Heures Canoniales. *Paris, P. Trichard, S. D. (vers* 1670), pet. in-12, cart. antiq.

130. Traité du signe de la croix fait de la main ou la religion catholique justifiée sur l'usage de ce signe, par le R. P. N. Collin, ancien prieur de Rengéval. *Paris,* 1775, in-12, br., non rogné.

131. Histoire des indulgences et du Jubilé (par Pierre Forestier). *Paris, Emery,* 1704, pet. in-8, v.

> L'auteur de ce savant ouvrage était né à Avallon, en Bourgogne.

132. Traité du ministère des Pasteurs, par l'abbé de Fénelon.
Paris, 1688, in-12, v. br.

> ÉDITION ORIGINALE du premier ouvrage de Fénelon, lorsqu'il n'était
> encore qu'abbé. — Rare.

133. Abrégé des principaux devoirs d'un curé. S. L., 1755,
in-12 de 102 pag., br.

> L'auteur de cet opuscule est, suivant une note ms. du temps,
> M. de La Barrierre, prieur curé de Monlouis, diocèse de Tours, chanoine
> régulier de Chancelade.

134. Du respect deu aux églises et aux prestres par M. Michel
de Saint-Martin, escuyer, seigneur de la Mare-du-Désert.
Caën, J. Cavelier, 1664, in-12, vél.

135. Dissertations ecclésiastiques sur les principaux autels des
églises, des jubés des églises, la clôture du chœur des églises,
par J.-B. Thiers. Paris, 1688, in-12, v. br.

> Un des plus curieux ouvrages de J. B. Thiers.

136. Les cimetières sacrez, par Henry de Sponde, conseiller et
maistre des requestes du Roy de Navarre. Jouxte la coppie
imprimée à Bourdeaux, par S. Millanges, 1598, in-12, vél.

> Cet ouvrage est le plus complet et le plus curieux qui existe sur
> cette matière. L'auteur insiste surtout (et il fortifie ses raisonne-
> ments par d'effrayantes anecdotes) sur le refus que l'on doit faire
> d'enterrer les pécheurs scandaleux, les hérétiques et les païens dans
> les cimetières consacrés par l'Eglise.

137. Traité de la dépouilles des curez (par J.-B. Thiers.) Paris,
G. Desprez, 1683, in-12, v.

138. Défense de la discipline qui s'observe dans le diocèse de
Sens, touchant l'imposition de la pénitence publique pour
les pechez publics. Sens, L. Prussurot, 1673, in-8, d.-rel.
vf. à nerfs.

> Bel exemplaire. — Le volume se termine par une « lettre écrite d'Au-
> tun où il est parlé d'une pénitence publique faite dans cette ville. »

139. Traitez singuliers et nouveaux contre le paganisme du
Roy-Boit, la royauté des saturnales, la superstition ou sottise
du febve, par J. Deslyons, de Senlis. Paris, 1670, in-12, vél.
(Bel exemplaire.)

140. Histoire des flagellans, où l'on fait voir le bon et le mauvais usage des flagellations parmi les chrétiens, par l'abbé
Boileau. Amsterdam, 1732, in-12, v. m.

> Bel exemplaire. — Ex libris : Thomæ Gueulette et amicorum.

141. Dissertatio philologica de psalmorum, hymnorum atque
odarum sacrarum discrimine, auctore Jo. Christ. Meelbor-
nio. Wittembergæ, 1720, pet. in-4, d.-rel., dos et coins de
mar. bleu du Levant, à nerfs.

> Il faut remarquer dans cet opuscule d'excellentes recherches sur la
> musique des Hébreux et sur le chant adopté par la primitive Eglise.

142. Noëls nouveaux sur les chants des noëls anciens, et chan-
sons spirituelles pour tout le cours de l'année, par l'abbé
Pellegrin. *Paris,* 1722-1732, 2 recueils en 1 vol. in-8, d.-rel.
  Avec planches de musique notée.

143. Cantiques de l'âme dévote, divisés en XII livres et accom-
modés à des airs vulgaires, par Laurens Durand, prêtre du
diocèse de Toulon. *Marseille, P. Mesnier,* 1724, in-12, cart. ant.

144. Cantiques spirituels de l'amour divin, composez par le
Rév. P. Surin. *Paris,* 1731, in-8, v. br.

145. KYRIOLÉS, ou Cantiques qui sont chantez à l'église de Mes-
dames de Remiremont, par des jeunes filles de différentes
parroisses des villages voisins de cette ville, qui sont obligez
d'y venir en procession le lendemain de la Pentecôte. *A Remiremont, Cl. Nic. Emm. Laurent,* 1773, pet. in-4, fig. sur
bois très-naïves, rel. pl. en mar. bleu du Levant janséniste,
non rogné.

146. Cantiques spirituels à l'usage des catéchismes de la paroisse St Aphrodise, de Béziers, par M. Jean-Jacques Martin,
curé de la même église. 1779, in-8, cart. ant.
  MANUSCRIT DU XVIIIe SIÈCLE, d'une écriture imitant les caractères
  d'impression. Un grand nombre de ces cantiques sont en PATOIS.

147. Recueil des plus beaux noëls, vieux et nouveaux, choisis
entre tous ceux qui ont paru jusqu'à présent. *Poitiers, Fél.
Faulcon* (vers 1780), in-12, parch.
  Bel exemplaire. — On remarque dans ce recueil des noëls en *patois poitevin, un noël gascon, et surtout un « noël gaillard contenant
  toutes les villes, bourgs, villages et contrées de la province de Poitou, et
  encore quelques provinces, villes et lieux adjacents, etc. »*

148. La Grande bible de noëls tant anciens que nouveaux composés à l'honneur de N. S. Jésus-Christ, édition augmentée
de noëls très-recherchés. *Tours, L. M. F. Légier,* s. d.
(*XVIIIe siècle*), in-12, cart. ant.

149. Recueil de poésies contenant quatre noëls en patois d'Arbois, des cantiques pour les principales fêtes de l'année, sur
de beaux airs connus, par le citoyen Billot. *Arbois, an X,*
in-12, cart.

150. La Grande bible des noëls anciens et nouveaux. *Tours,*
1858, in-16, br.

VII. — CONCILES. — SYNODES

151. Notitia conciliorum S. Ecclesiæ, authore Jo. Cabassutio
Aquisextiensi. *Lugduni,* 1670, in-8, v.

152. **Scriptum** domini Johannis, patriarchæ Antiocheni,

de comparatione Maximi Pontificis ad sacrosanctum concilium. *Venundantur Parrhisiis a Joa. Granjon, ejusdem civitatis bibliopola, s. a. (circa 1510), pet. in-4*, rel. pleine en mar. vert du Levant, à nerfs, fil. à compart., ornem. aux angles, devise au centre, dent. intér., tr. dor.

> Superbe exemplaire d'un petit livre rare. L'auteur de ce traité, Jean d'Antioche, l'avait composé vers l'an 1454, au concile de Bâle. Il recherche quelle est l'autorité d'un concile général sur celle du pape. Comme on le voit, rien n'est plus actuel pour la curiosité et l'intérêt. Sur le titre on voit la marque parlante du libraire Granjon.

153. Instructions et lettres des Rois très chrestiens et de leurs ambassadeurs, et autres actes concernant le concile de Trente, pris sur les originaux, avec un grand nombre d'actes et de lettres tirés des Mémoires de M. D. (Dupuy). *Paris, 1654,* in-4, v., fil.

> Outre des lettres originales des rois de France, ce recueil en contient un certain nombre d'autres émanées des Guise, de Pibrac, de Cl. de Sainctes, de Cl. d'Espence, du chancelier de L'Hospital et autres personnages de l'époque, et qui n'ont été publiées que là.

154. Abrégé de l'histoire du concile de Trente, avec un discours contenant les réflexions historiques sur les conciles, et particulièrement sur la conduite de celuy de Trente, pour prouver que les protestans ne sont pas obligez à se soumettre à ce dernier concile, par Pierre Jurieu. *Amsterdam, H. Desbordes,* 1683, 2 vol. pet. in-12, fig., rel. pl. en mar. r. du Levant, à nerfs, fil., dent. intér., tr. dor.

> Très-bel exemplaire.

155. Traité historique du canon des livres de la sainte Écriture, depuis leur publication jusqu'au concile de Trente, par dom Jean Martianay. *Paris,* 1703, in-12, v.

156. Fr. Vinc. Martinelli romani episcopi Venafrani diœcæsana synodus habita Venafri in ecclesia cathedrali. *Romæ, ex typographia Rev. Camer. apost.,* 1635, in-4, mar. r., fil. (*Aux armes de Colbert.*)

> Superbe exemplaire en reliure ancienne parfaitement conservée, aux armes et au chiffre de J. B. Colbert.

VIII. — SAINTS PÈRES ET QUELQUES AUTRES ÉCRIVAINS ECCLÉSIASTIQUES.

157. De scriptoribus ecclesiasticis liber unus, auctore Rob. Bellarmino. *Lugduni,* 1675, in-8, v. br.

158. Bibliothèque sacrée grecque-latine, comprenant le tableau chronologique, biographique et bibliographique des auteurs inspirés et des auteurs ecclésiastiques, depuis Moïse

jusqu'à S. Thomas d'Aquin, par Ch. Nodier. *Paris*, 1826, in-8, dos et coins de mar. bleu, à nerfs, tête dor., n. rog.

158 *bis.* Dix livres de Théodoret, evesque de Cyr, touchant la providence de Dieu, contre les épicuriens et atheistes; deux autres du mesme auteur : l'un de la providence divine, l'autre du but de la vie humaine et du dernier jugement ; le tout nouvellement traduit en françois par S. G. S. (Simon Goulart, Senlisien). *Lausanne*, 1578, in-8, vél.

Un des volumes les plus rares du second *Simon Goulart*, *de Senlis*.

159. L'Eschelle de S. Jean Climachus, enrichie des plus belles fleurs du pré spirituel. *A Paris, chez Savinien Pigoreau, rue S. Jacques, à la Teste noire, et libraire doreur,* 1634. — L'Eslite des plus belles fleurs du pré spirituel, de Alosius Lippomanus. *S. l.,* 1634, 2 tom. en 1 vol. pet. in-12, v.

160. Les OEuvres du divin St Denis Aréopagite, evesque d'Athènes et dudepuis apostre de France et premier evesque de Paris, trad. du grec en françois par Fr. Jean de St François, prieur des Fueillentins de Paris. *Paris, J. de Heuqueville,* 1608. — Apologie pour les œuvres de S. Denis l'Aréopagite, apostre de France, par Fr. Jean de St François. *Paris,* 1608. — In-8 réglé, très-beau front. gravé par Léonard Gaultier, v., fil. à compart.

161. SANCTUS AUGUSTINUS. Incipit liber Sci Augustini de quatuor virtutibus karitatis. — *Explicit de caritate;* incipit de cantico novo. — Incipit contra Felicianum Arrianum. — Explicit de cantico novo; incipit de ultimo (judicio). — Incipit de cataclismo. — Incipit de tempore barbarico. — In-fol., v. éc., dent.

BEAU MANUSCRIT DU Xᵉ AU XIᵉ SIECLE, SUR VELIN, initiales peintes au minium. Le texte en est très-bon et peut présenter d'utiles variantes. Le dernier feuillet, qui est d'une écriture du XIᵉ siècle, ne nous paraît pas avoir fait partie du manuscrit dans le principe, bien que le sens du dernier traité paraisse s'y rapporter. Après les cinq lignes qui semblent suppléer à une lacune qui existait primitivement à la fin de ce manuscrit, le reste du dernier feuillet est rempli par des leçons tirées de l'Evangile.

162. **Aurelii Augustini** opus de Civitate Dei. *Confectum VENETIIS, ab egregio et diligenti magistro NICOLAO JENSON, Gallico,* 1475, in-fol. goth. à 2 col., rel. pl. en mar. vert du Levant, à nerfs, fil., riches compartim. à la Grolier, dent. intér.

SUPERBE EXEMPLAIRE rempli de témoins, et à toutes marges, de ce livre rare et précieux. Il est orné d'une bordure en or et en couleurs et de lettres enluminées qui datent du temps de l'impression. Nicolas Jenson était graveur de la monnaie de Tours, mais la question du lieu de sa naissance est controversée. Tours le réclame ; LANGRES revendique aussi l'honneur de lui avoir donné le jour. L'histoire de Langres composée en 1602, par Odot Jauverdant, avocat langrois, fait mention de Nicolas Jenson, le célèbre

imprimeur de Venise, comme étant né à Langres, et dit formelle-
ment que sa famille existait encore en cette ville au xviie siècle. Ce
témoignage d'un compatriote mérite d'être pris en sérieuse considéra-
tion. Cette histoire de Langres est restée en manuscrit; elle est indi-
quée dans la *Bibliothèque historique de la France*, du P. Lelong, sous le
no 34347; il existe encore aujourd'hui deux copies de cette histoire de
Langres, prises sur l'original : nous l'indiquerons à quiconque voudra vérifier le fait, qui n'a encore été révélé par aucun historien de
l'imprimerie. Jenson fut l'un des premiers vulgarisateurs de l'art
typographique, auquel il fit faire en peu de temps de merveilleux
progrès. Les bibliophiles et savants italiens de son temps ne parlent
de lui qu'avec une admiration d'ailleurs bien justifiée par ses ta-
lents et par ses travaux. Il fondit lui-même les jolis caractères gothiques avec lesquels est imprimée la *Cité de Dieu*. Ce fut dans cette
production, qui véritablement est son chef-d'œuvre, qu'il fit usage,
le premier, de l'excellente méthode de placer à la marge supérieure,
sous forme de rappel, certaines indications que l'on nomma dans la
suite titres courants. Sardini, l'un de ses biographes, nous fait observer que la qualité de *Français*, sur laquelle appuie Nicolas Jenson, à la fin de ce beau livre, semble marquer le soin de l'artiste à
appeler plus spécialement l'attention sur lui et sur son œuvre de
prédilection. En effet cela saute aux yeux, puisqu'il ne rappelle
cette qualité que dans la souscription de quelques ouvrages sortis
de ses presses. Voilà, certes, qui est d'un patriotisme bien entendu.
Au reste, ses contemporains, en Italie, regardèrent du même œil que
lui ce volume remarquable à tous égards : on ne le trouve jamais
mentionné que sous la dénomination d'*opera elegantissima*, *bellissima
edizione*, etc. Ajoutons sans amertume que, malgré ce titre de *Gallicus*,
revendiqué avec amour et fierté par Nicolas Jenson, les Français ne
se sont guère plus occupés de lui que d'autres imprimeurs célèbres,
et que ce chef-d'œuvre, qui nous fait tant d'honneur à l'étranger,
est tout juste désigné en neuf petites lignes, presque impercepti-
bles, par notre concis et savant bibliographe M. Brunet.

163. D. Aurelii Augustini libri XIII Confessionum, emendati
opera et studiis R. P. H. Sommalii. *Lugduni* (*Batavorum*),
Dan. Elzevier, 1675, pet. in-12, front. gr.; vél.

164. Les Confessions de S. Augustin, trad. en françois par
M. Arnauld d'Andilly. *Paris, J. Camusat et P. Le Petit*, 1649,
in-12, mar. rouge, fil. à riches compart., plats dorés à petits
fers, tr. dor. (*Jolie reliure ancienne.*)

165. Les Confessions de S. Augustin, trad. en françois par
Arnauld d'Andilly. *Paris, Le Petit*, 1649, in-12, front. gravé,
vél. de Holl.

   Très-bel exemplaire, si grand de marges qu'il paraît être en *grand
papier*. Cette jolie édition ne le cède à aucune production des Elzevier.

166. LES CONFESSIONS DE S. AUGUSTIN, traduction nouvelle sur l'édition latine des PP. Bénédictins de la congrégation de S. Maur, avec des notes, par Du Bois, de l'Académie françoise. *Paris, J. de Nully*, 1716, in-8, front. gravé
par Mariette d'après J. B. Corneille, têtes de chap. et culs-de-
lampes gravés en taille-douce, mar. rouge, fil., large dent.,
tr. dor. (*Aux armes de Condé.*)

   MAGNIFIQUE EXEMPLAIRE EN ANCIENNE RELIURE parfaitement
conservée et n'ayant subi aucune espèce de restauration.

167. L. Cœlii Lactantii Firmiani Divinarum institutionum libri VII et alia. *Venetiis in œdibus Aldi,* 1515.—Tertullliani Apologeticus. *Venetiis, Aldus,* 1515. In-8, rel. en peau de truie.

> Première édition du Lactance, des Alde. Exemplaire grand de marges.

168. L. Cœlii Lactantii opera. *Lugd., ap. Joan. Tornæsium,* 1548, in-16, rel. pleine en veau fauve gaufré, fil., dos à nerfs. (*Lesné.*)

> C'est un des plus jolis volumes sortis des presses de *Jean de Tournes ;* il est imprimé en caractères italiques. Le relieur Lesné est célèbre par son poëme de *la Reliure.*

169. Lactance Firmian. Des divines institutions contre les gentils et idolâtres, trad. de latin en françois par René Fame, notaire et secrétaire du roy. *Lion, Jean de Tournes et Guil. Gazeau,* 1555, in-16, v. m.

> Traduction estimée pour son élégance et pour sa fidélité ; elle est imprimée en caractères admirables de netteté et de finesse.

170. D. Paulini episcopi Nolani quotquot extant opera. *Coloniæ,* 1560, in-8, v. br. (*Aux armes de l'abbé Colbert.*)

171. Les lettres de S. Paulin, évêque de Nole, trad. en françois. *Paris,* 1703, in-8, portr., v. marbr.

172. Minucii Felicis Octavius, ex recens. Ouzeli et variorum. *Lugd. Batav,* 1672, in-8, front. grav., vél. de Holl.

173. L'Octavius de Minucius Félix, de la traduction de M. (Perrot) d'Ablancourt. *Paris,* 1677, pet. in-12, br., non rogné.

> Peu commun dans cet état.

173 *bis.* Spicilegium Solesmense continens SS. Patrum scriptorumque ecclesiasticorum anecdota hactenus opera, curante, domno J. B. Pitra. *Parisiis,* 1852-58, 2 vol. gr. in-8, br.

> Tomes I et IV seulement. Ces tomes forment des séries complètes en elles-mêmes ; le tome Ier contient les auteurs ecclésiastiques antérieurs au ve siècle, et le tome IV les monuments de l'Église d'Afrique et de l'Église byzantine.

174. 𝕷𝖎𝖇𝖊𝖗 𝖉𝖊 𝖁𝖊𝖗𝖎𝖙𝖆𝖙𝖊 catholice fidei contra errores gentilium editus a venerabili fratre Thomas de Aquino... *Impressus Venetiis per Franciscum de Hailbrun et Nicolaum de Frankfordia, socios (circa 1475),* in-4 gothique à 2 col. dem.-rel.

175. Gennadii Scholarii Patriarchæ Constantinopolitani dialogus summam quamdam christianæ fidei complectens, de via salutis humanæ (græce et latine). *Viennæ Austriæ, Hier. Vietor impensis Urbani Alantsee,* 1530, pet. in-8, front. grav. s. bois, vél.

> Catéchisme très-rare, dans lequel le sultan Amurat et le patriarche de Constantinople sont interlocuteurs. Une figure, dans le titre gravé, reproduit la physionomie des deux personnages. Le texte

latin est imprimé avec des caractères italiques tout particuliers,
gravés et fondus exprès, d'une forme très-belle et extrêmement
singulière, qui ressemblent à des modèles d'écriture du xvi° siècle
gravés sur bois. Bel exemplaire.

176. **Opus egregium** divi Bernardi (Clarevallensis), super Cantica canticorum tam contemplative quam active vite
cultoribus precipue vero predicatoribus accommodatissimum
féliciter incipit, multa diligentia castigatum ac emendatum
per magistrum Johannem Rouauld sacre theologie doctorem... *Parisiis*, 1494, in-4 gothique à 2 colonnes, v. f.

177. **De contemptu mundi** (carmen tributum S. Ber-
nardo, Clarevallensi). *CADOMI impressus, per LAUREN-
TIUM HOSTINGUE, impensa honesti viri Johannis Mace
Redonis commorantis, s. a.* (circa 1500), pet. in-4, cart. antiq.

178. **Liber** florum beati Bernardi abbatis Clarevallensis.
Parisiis, Phil. Pigouchet pro Durando Gerlier, 1499, pet.
in-4 goth. à 2 col., rel. en v. estampé du temps.

Belle marque de Pigouchet sur le titre. 6 feuillets sont tachés.

IX. — THÉOLOGIENS DEPUIS LE MOYEN AGE JUSQU'A LA RÉFORMATION.

L'IMITATION DE JÉSUS-CHRIST ET SES TRADUCTIONS.

179. Incipit Summa supra librum Porphirii (a magistro Petro de
Sancto Amore). — Incipit Summa, seu Communitates Por-
phirii (a Petro de Sancto Amore). — Notabilia supra Porphi-
rium (a P. de Sancto Amore). — Incipiunt supra predica-
menta a magistro H. de Brox.—Summa magistri Thome de
Aquino super Aristotelis Peryagorias. — Sophisma magistri
Radulphi Britonis. — In-fol., rel. pleine en mar. rouge du
Levant, à nerfs, fil., dent. intér.

MANUSCRIT DE LA FIN DU XIII° SIÈCLE, SUR VÉLIN, à
2 colonnes et bien conservé, avec lettres peintes. Il provient de
l'abbaye de Vauluisant, au diocèse de Sens. Au bas de l'avant-dernier feuillet, verso, on lit ce qui suit : « *Iste liber est ecclesie Beate
Marie Vallis Lucentis, emptus Parisiis, per fratrem J. de Canisy, pro pre-
cio vinginti quinque solidorum parisiensium, anno Domini MoCCCXXX
primo* (1331). »

180. Incipiunt Epistole Hildeberti Cenomanorum.— In-4, rel.
pleine en mar. br. du Levant, à nerfs, fil., dent. intér.

BEAU MANUSCRIT DU XV° SIÈCLE, parfaitement conservé. Il
a appartenu à *Françoys Ayrault*, jurisconsulte angevin, dont on voit
la signature deux fois répétée à la fin du volume. Hildebert, évêque
du Mans et plus tard *archevêque de Tours*, vivait au xii° siècle. Ce
manuscrit, qui est la copie d'un autre, plus ancien, offre un très-
bon texte, et nous avons tout lieu de croire que ce MS. est resté
ignoré des éditeurs d'Hildebert de Tours.

181. Incipit Summa Magistri Raymundi. —In-4, rel. en velours.

MANUSCRIT DU XIII° AU XIV° SIÈCLE, SUR VÉLIN. Il est

très-bien conservé et se compose de 133 feuillets, ou 266 pages,
d'une belle écriture gothique, à 2 colonnes, avec lettres peintes en
bleu et en rouge. Cette Somme des cas de conscience a été composée par saint Raymond de Pennafort, qui vivait en Catalogne au
XIIe siècle ; on y trouve des chapitres sur le mariage, la simonie, la
luxure, l'usure, la bigamie, les femmes en couches, etc..., qui sont
fort curieux et singuliers.

182. In hoc volumine continentur hec. — Didascalicon magistri Hugonis (de Sancto Victore). — Liber sententiarum ejusdem. Liber abbatis nostri de salute primi hominis. — Liber
ejusdem de dampnatione Salomonis. — In-fol., dem.-rel.

> BEAU MANUSCRIT DU XIIe SIÈCLE, SUR VÉLIN, à deux co-
lonnes, avec lettres peintes. Quelques feuillets paraissent manquer.

183. Petit traicté de bonne doctrine, faict par venerable docteur Hugue de Sainct-Victor, par quel estude Dieu doit estre
prié, translaté de latin en françoys, item plusieurs dictz et
sentences notables. *Paris, Nicolas Buffet* (1550), pet. in-8,
lettres rondes, fig. s. bois, cart. antiq.

> Petit volume rare et curieux. Le traducteur se nomme au verso
du titre : « *Je Charles Des Fourniers, prebstre et curé indigne de Germigny soubs Colombs, diocese de Meaulx...* » Après le traité d'Hugues de
Saint-Victor : « *Sensuyt ung extraict du livre faict par feu nostre maistre
Clotoue, en son vivant chanoyne de Chartres, sur l'exposicion de la prose
de M. Sainct Anthoine...* » Enfin ce volume se termine par des poésies
françaises de Ch. Des Fourniers, de Germigny.

184. Richardi a Sancto Victore De potestate ligandi atque sol-
vendi libellus. *Parisiis, apud Simonem Colinœum,* 1534,
in-16, lettres rondes, v. fauve, non rogné.

> Curieux traité. Bel exemplaire.

185. **Incipit liber** qui dicitur bonum universale de pro-
prietatibus apum (authore Thoma Cantimpratensi). *Absque
nota (circa 1472),* in-fol. gothique à 2 col., de 133 feuillets, à
39 et 40 lignes par page; rel. en bois, recouverte de v. br.,
doub. de v., dent. à fr., fermoirs.

> Très-bel exemplaire de ce volume, attribué par Hain et par Bru-
net aux presses strasbourgeoises, vers 1472. Cet ouvrage, composé
au XIIIe siècle, a pour auteur Thomas de Cantimpré, religieux de
l'abbaye de Cantimpré-lez-Cambrai. Voici ce qu'en dit M. Brunet
(I, 1552) : « L'auteur y représente l'Église catholique, l'ordre monastique en général et les couvents en particulier, sous l'emblème
des ruches d'abeilles, et il a le soin d'appuyer chacune de ses pieuses
réflexions par un de ces contes dévots qui nous paraissent si ridicules aujourd'hui, mais que personne alors ne s'avisait de révoquer
en doute. C'est là que se trouve l'histoire du Crapaud, qui a été mise
en scène vers l'année 1520, sous le titre de *Miroir et exemple moral
des enfans ingrats...* » Il suffit de parcourir la table de l'ouvrage de
Thomas de Cantimpré pour y trouver en foule les histoires les plus
singulières sur les vices et les débordements du clergé d'alors. Ces
historiettes ne le cèdent en rien au recueil si amusant de Jean Hé-
rolt, cité si souvent par M. Méray, dans son excellent livre des *Libres prêcheurs.*

186. **Scriptum** super primum sententiarum editum a fra-

tre Joanne Duns... per Thomam Penketh, Anglicum, emendatum... *Impressum Venetiis ope ac impensa Joannis de Colonia, NICOLAI JENSON, sociorumque eorumdem, curam
ac diligentiam adhibuit in his summus in hac arte vir, Joannes
de Selgenstat... 1481*, in-4 goth. à 2 col., dem.-rel.

> La marque de Jenson, tirée en rouge, se trouve au recto du der-
> nier feuillet.

187. **Scriptum** super secundo sententiarum subtilissimi
doctoris Joa. Schoti. *Impressum Venetiis ope ac impensa
Joannis de Colonia, NICOLAI JENZON (sic) sociorumque.
Curam habuit in his magister Joannes Herbort Alemanus
merito laudandus, 1481*, in-4 goth. à 2 col., dem.-rel.

188. **Gerson** (Opera et tractatus magistri Johannis de), cancellarii Parrhysiensis. *Parisiis, P. Gromors, J. Petit et Fr.
Regnault, 1520-21*. 4 tomes en 2 vol. in-fol., réglés, goth.
à 2 col., v. f.

> Cette édition des œuvres de Gerson passait pour très-rare au temps
> de David Clément. (V. sa *Bibliothèque curieuse*, t. IX, p. 144.) Sur la
> garde du premier volume on lit une longue et intéressante note de
> M. V. Luzarche, où il relève les erreurs de description commises
> par D. Clément.
> Cet exemplaire provient de la chartreuse du Mont-Dieu, près Mé-
> zières. Manque le titre à une des parties.

189. **De Imitatione XPI** et contemptu omnium vanitatum....
Et in hoc finiunt partes de Ymitacione XPI. In-4, rel. en bois.

> — MANUSCRIT DU XVe SIÈCLE, sur papier. Il provient de la chartreuse
> de Dulmen, en Westphalie. Ce codex de l'*Imitation* se trouve, avec
> les titres rapportés ci-dessus, au milieu de traités spirituels qui ne
> sont pas complets. Le texte de l'*Imitation* est seul parfaitement en-
> tier.

190. **De imitatione** Christi (liber Johannis Gerson cancellarii Parisiensis)... *Explicitum est opusculum exaratum-
que Parisii pro Johanne Lamberto commorante in vico Bru-
nello. Impressum per Thomam Kees commorantem in vico
Carmelitarum, in Domo Rubea, 1513*, pet. in-8 goth., vél.

> Bel exemplaire d'une édition rare. L'imprimeur Thomas Kees,
> dans d'autres impressions, s'intitule *Wesaliensis*, c'est-à-dire origi-
> naire de Wesel, dans les Pays-Bas.

191. **Libellus de Imitatione Christi** qui dicitur Johannis Gerson. *Venetiis, Bern. Bindoni, 1544*, in-16, lettres rondes,
cart. antiq.

192. **Thomæ a Kempis De Imitatione Christi libri IV**, *Parisiis,
Seb. Martin, 1657*. — *Pugna spiritualis. Parisiis, Seb. Martin, 1662*. — *Semita Paradisi. Parisiis, 1662*. — 3 ouvr. en
1 vol. pet. in-12, réglé, mar. r., dent., doublé de mar. vert,
dent. intér., tr. dor. (Anc. reliure.)

> Imprimé avec les petits caractères de la *Bible de Richelieu.*

193. Th. a Kempis de Imitatione Christi lib. IV. *Amstelodami, ex officina Elzeviriana,* 1679, pet. in-12, front. grav., mar. noir, fil., tr. dor. (*Anc. reliure.*)

194. I quattro libri di Giovanni Gerson della Imitatione di Cristo, del dispregio del mondo, e della sua vanita. *In Brescia, appresso Iacomo e Policreto Turlini,* 1574, in-12, mar. n., fil. à fr., fermoirs. (*Anc. reliure.*)

195. De la Imitacion de Cristo y menosprecio del mundo, por Thomas a Kempis, traducido en español por el P. Eus. Nieremberg. *Amberes, Aertssens,* 1661, in-24, front. grav. et jolies fig., cart.

196. L'Imitation de Iesus-Christ, trad. en vers françois (avec le texte en regard) par P. Corneille. Livre premier. *Imprimé à Rouen et se vend à Paris, chez Aug. Courbé,* 1653, front. grav. — L'Imitation de Jésus-Christ, trad. en vers par P. Corneille. Livre second. *Rouen et Paris,* 1653, front. grav. — 2 tomes en 1 vol. pet. in-12, mar. viol., fil., dent., tr. dor.

197. L'Imitation de Jésus-Christ, trad. et paraphrasée en vers françois par P. Corneille. *Bruxelles, Fr. Foppens,* 1657, pet. in-12, fig., vél.

Jolie édition qui se joint à la collection des Elzevier.

198. Les IV livres de l'Imitation de Iesus Christ, trad. et paraphrasez en vers françois par P. Corneille. *Imprimé à Rouen, par L. Maurry pour Rob. Ballard,* 1658, in-4, front. grav. et fig. de Chauveau, vél.

Édition recherchée. Très-bel exemplaire, rempli de témoins.

199. Imitation de Jésus-Christ, trad. et paraphrasée en vers françois par P. Corneille. *Paris, G. de Luyne,* 1670, in-16, front. grav. et fig., vél.

Jolie édition. — Bel exemplaire.

200. L'Imitation de Jésus-Christ, mise en vers par Corneille, édition augmentée des autres poésies spirituelles du mesme auteur. *Nancy,* 1745, in-4, fig. de Fonbonne, graveur nancéien, v. m.

Belle édition, qui renferme, de plus que les autres éditions, l'office de la Vierge en vers, ainsi que les Louanges de la sainte Vierge, par P. Corneille, etc.

201. De vita et miraculis Joannis Gerson, defensio Wymphelingii pro divo Joanne Gerson et clero seculari. *S. l.* (sed *Argentinæ, circa* 1506), pet. in-4, cart.

L'auteur de cet opuscule, Jacq. Wimpheling, de Schelestadt, fait naître Gerson en 1363, à Gerson, village du diocèse de Reims. Son père s'appelait Arnoul Charlier, et sa mère Elisabeth. Outre divers détails curieux sur la vie de l'auteur de l'*Imitation*, Wimpheling nous donne, dans ce rare livret, les diverses épitaphes composées en l'honneur de Gerson, parmi lesquelles on en remarque une de l'époque, en VERS FRANÇAIS.

202. Dissertatio continens judicium de auctore librorum de
Imitatione Christi, auctore Joa. de Launoy. *Parisiis,
J. Billaine,* pet. in-12, rel. pl. en mar. br. du Levant, fil.,
dent. intér., tr. dor.

> Curieuse et savante dissertation sur l'auteur de l'Imitation. —
> Bel exemplaire.

203. Argumentum chronologicum contra Kempensem, quo
Thomam a Kempis non fuisse, nec esse potuisse authorem
librorum de Imitatione Christi, demonstratur, per Franciscum Valgravium. *Parisiis,* 1650, in-12, cart. ant.

204. Jean Gerson restitué et expliqué par lui-même, par Gence.
Paris, 1836.—Jean Gerson de nouveau restitué, etc.—Nouvelles considérations historiques et critiques sur l'auteur et le livre
de l'Imitation de J. C., par J. B. M. Gence. *Paris,* 1832. —
Précis sur l'Imitation de J. C et son auteur. 2 pièces de vers,
par Gence. — Le vrai portrait du vénérable docteur Gerson,
et manuscrit précieux qui s'y rattache, avec l'indication d'un
grand nombre d'autres manuscrits de l'Imitation sous son
nom, par le même, etc., etc.— Ensemble 11 pièces et opuscules de Gence, en 2 vol. in-8, d.-rel.

205. Nouvelles considérations historiques et critiques sur l'auteur et le livre de l'Imitation de J. C., ou Précis et résumé
des faits et des motifs qui ont déterminé la restitution de ce
livre à Jean Gerson, par J. B. M. Gence. *Paris,* 1832, in-8, d.-
rel., v. r.

206. Collectanea Gersoniana, ou Recueil d'études, de recherches et de correspondances littéraires ayant trait au problème
bibliographique de l'origine de l'Imitation de Jésus-Christ,
publiés par Jehan Spencer Smith. *Caen,* 1842, gr. in-8, rel.
pleine en veau, dos à nerfs, compart. à froid, style du xv⁰ siècle, n. rog.

207. Les Soliloques de Gerlac, dit un autre Thomas a Kempis.
Paris, 1667, pet. in-12, v. br, (*Aux armes de Caumartin,
évêque de Blois.*)

208. Le Jardin des Roses de la vallée des Larmes, trad. du latin par J. Chenu. *Paris, Panckoucke.* 1850, pet. in-12, d.-
rel., n. rog.

> Un des 100 exemplaires tirés sur papier de Hollande. Il ne faut
> pas confondre cette édition d'un charmant livret avec celle qui fut
> donnée par M. J. Gay et tirée à plus grand nombre.

209. Magnum speculum exemplorum ex plusquam sexaginta
autoribus excerptum ab anonymo quodam qui circiter annum Domini 1480 vixisse deprehenditur, per quemdam patrem e soc. Jes. (Joannem Majorem Hanno-Montanum) locu-
pletatum. *Duaci, Bellerii,* 1605, 2 tom. en 1 gros vol. pet.
in-4, vél.

> Ouvrage fort singulier, contenant plus de 500 récits merveilleux

tirés des saints Pères, des anciens légendaires, des traditions locales, des chroniques particulières de pays et d'abbayes, etc., etc.

210. Joa. Carthusiensis De immensa charitate Dei. *Venetiis, ex inclyta atque famosa officina NICOLAI JENSON, Gallici,* 1480, in-4, lettres rondes, d.-rel. mar. v., plats en cuir de Russie.

Volume rare, cité par Sardini et par Brunet. Le dernier fait observer que cet auteur est le même que celui qui a composé le *Decor Puellarum,* qui porte le nom de Jenson et la fausse date, si célèbre, de 1461, que certains bibliographes ont prise au sérieux. L'imprimerie de Jenson était sujette à des erreurs de date, et le *De Charitate* porte la date de M. CCCCC. LXXX (1580), au lieu de M. CCCC. LXXX (1480), qu'il faut lire.

211. Joa. Carthusiensis De sui notitia libri tres, quod opus inscribitur : Nosce te. *Actum hoc opus ex inclyta atque famosa officina NICOLAI JENSON, Gallici,* 1480, in-4, lettres rondes, rel. en bois, fermoirs.

212. Joa. Carthusiensis. Nosce te. *Venetiis, NIC. JENSON,* 1480, in-4, lettres rondes, d.-rel. mar. vert, plats en cuir de Russie.

213. Libellus in præparatione infirmorum et in dispositione morientium, qui flos vitæ interpretatur. *Venetiis, ex inclyta famosaque officina NICOLAI JENSON, Gallici,* 1480, pet. in-4, vél.

Fort beau volume, exécuté en lettres rondes. C'est une des plus rares productions de Nicolas Jenson. Inconnu à Brunet, mais cité par Sardini. Très-bel exemplaire, avec le premier feuillet blanc.

214. Dialogo de la seraphica vergine sancta Catharina da Siena. *In Venetia, per Cesaro Arrivabene,* 1517, in-8, fig. sur le titre, vél.

Édition rare et non citée.

215. Stimulus amoris domini Ancelmi, de passione dominica, cum quibusdam devotis et motivis exerciliis eiusdem passionis, secundum articulos distinctis, per venerabilem patrem dominum Theodoricum de Herxen compilatis. *Absque nota (sed typis belgicis, circa 1492),* pet. in-16 goth., vél.

S'il y a un livre rare, c'est bien certainement celui-là. Aucun des bibliographes spéciaux ne l'a vu depuis près de deux siècles. Brunet ne le connaît pas. Hain en donne un titre tronqué et inexact, d'après Panzer. Ce dernier l'a lui-même emprunté à Maittaire, qui ne l'a pas vu davantage et ne le cite que d'après un ancien catalogue. C'est un très-petit in-8, ou plutôt un in-16 du XV° siècle, dont la justification typographique ne mesure que 64 millimètres de hauteur sur 45 de largeur. Le volume se compose de 72 feuillets non chiffrés, de 20 lignes par page pleine. Le titre est exécuté en huit longues lignes de ce gros gothique carré que l'on trouve si fréquemment dans les impressions néerlandaises du XV° siècle. Le verso du dernier feuillet est blanc. Les points de comparaison nous manquent sur le moment pour retrouver immédiatement et dire exactement de quelles presses et de quelle ville ce petit volume est sorti. Mais nous pouvons affirmer, à certains indices, qu'il a été imprimé dans les Pays-Bas.

216. Libro de l'Occhio morale et spirituale vulgare, dal reverendo maestro P. Iacepiera composto. *Impresso en la inclita città di Venetia*, 1496, pet. in-4, d. rel., bas.

> Volume très-rare et bien conservé. Il se compose de 64 feuillets, avec chiffres, y compris le titre, qui porte une singulière figure sur bois, gravée au trait. C'est un livre intéressant, dans lequel une doctrine profonde s'allie à un symbolisme touchant et ingénieux.

217. La Théologie naturelle de dom Raymond Sebon, docteur excellent entre les modernes, mise de latin en françois, suyvant le commandement de tres illustre et tres vertueuse dame madame Léonor, royne douairière de France (par Jean Martin, secretaire du cardinal de Lenoncourt). *Paris, Vascosan*, 1551, pet. in-4, lettres rondes, réglé, vél., tr. dor.

> Cet exemplaire dans sa première reliure est celui même de Jean Martin, le traducteur, qui a eu soin de le constater en trois endroits différents par des *notes autographes* accompagnées de sa signature. D'abord sur le titre, bien que cette mention ait été en partie bâtonnée au XVIIe siècle, on lit parfaitement, de la main de J. Martin ce qui suit : « *Ce livre est a Jan Martin do Paris, studieux d'architecture et secrétaire de Monseigneur le Rme Cardinal de Lénoncourt, Evesque de Metz, lequel Jan Martin a escrit et signé..... le XXme jour de juillet l'an M. D. XXXXXII. J. Martin.* Au bas du privilége on voit encore la signature autographe de J. Martin. Puis à la fin du volume on lit ces lignes : « *Ce livre est a celluy qui l'a traduit de latin en françois, J. Martin.* » Jean Martin était l'ami du célèbre artiste Jean Goujon, et par cette épithète de *studieux d'architecture*, il fait allusion à la traduction de Vitruve qu'il avait publiée en 1547, avec les dessins de Jean Goujon et un traité de ce dernier. Ces particularités, ainsi que le constate M. Brunet, font rechercher cette édition. Comme on le voit, Jean Martin était un littérateur distingué et fut l'un des précurseurs de Perrault. Il ouvrit aussi la voie à Montaigne, dont le premier ouvrage fut la traduction de ce traité si remarquable de Raymond Sebon.

218. De cultu vinee Domini liber innumere plenus commoditatis ..... plebanis et curatis supra quod dici potest utilis et ferme necessarius (per dominum Petrum Suberti, episcopum Sancti Papuli provincie Tholosane)... *Impresserunt autem fideliter librum ipsum UDALRICUS GERING et magister Bertholdus Remboldt, Parisiis, in Sole aureo vici Sorbonici*, 1503, in-4 goth., rel. du temps en veau estampé, avec fleurs de lis sur les plats.

> Cet ouvrage de Pierre Suberty, évêque de Saint-Papoul, est publié par Jean Chappuis et dédié par lui à *François de Rohan*, primat des Gaules. — Il est imprimé par Ulric Gering, le père de la typographie parisienne.

219. Vinetum amoenissimum ac fertilissimum Anne sanctissime ac suavissime matris illibate Christifere Virginis Marie avieque Jesu Christi. *Sine nota (sed Coloniæ, typis Mart. de Werdena, circa* 1505), pet. in-8 carré, goth., cart. ant.

220. Institutiones vite monastice mortalibus universis ad

bene beateque vivendum anhelantibus quam utilissime. *Parisiis, Jehan Petit*, 1508, pet. in-8 carré, goth., v. gauf.

221. 𝕺pus regale, in quo continentur Epistola consolatoria (ad Margaritam de Fuxo), de officio pietatis in defunctos, Tractatus aureus de pugna partis sensitive et intellective, Tractatus curiosus de laudibus ac triumphis trium liliorum quæ in sculo regis christianissimis figurantur, De XII persecutionibus Ecclesiæ, et alia (per fratrem Joh. Lud. Vivaldum de Monte Regali). *Lugduni, Steph. Gueynard*, 1512, pet. in-4 goth., fig. sur bois, rel. en peau de truie, avec fermoirs.

222. Modus confitendi, sive Generalis confessio, edita per reverendum in Christo patrem Andream Hyspanum. *Lugduni, Cl. Nourry, al's le Prince*, 1534, pet. in-8 carré, goth., fig. s. bois s. le titre, cart. ant.

223. Ludovici Clichtovei Neoportuensis De dignitate et excellentia Annunciationis Beatæ Mariæ Virginis. — De benignitate et gratia Visitationis ejusdem gloriosæ Virginis. (In fine) *Absoluta sunt typis litterariis et excusa hæc opuscula, apud Parisios, in officina libraria Henrici Stephani*, 1519, 2 opuscules en 1 vol. pet. in-4, fig. s. bois, d.-rel.

> Volume rare, orné d'un bois très-remarquable, antérieur à la publication de cet ouvrage, et qui représente la sainte Vierge en oraison au premier plan, et une foule innombrable d'anges avec des cythares dans le lointain.

224. De necessitate peccati Adæ et fælicitate culpæ eiusdem apologetica disceptatio (authore Jodoco Clichtovæo Neoportuensi). *Parisiis, Henricus Stephanus*, 1519, pet. in-4, curieux entourage gr. sur bois autour du titre, cart. ant.

> Dissertation singulière.

X. THÉOLOGIENS DEPUIS LA RÉFORMATION JUSQU'A NOS JOURS.

225. Les Allumettes du feu divin, pour faire ardre les cueurs humains en lamour de Dieu, avec les voyes de Paradis; autheur, F. Pierre Doré, docteur en théologie. *Paris, Anth. Bonnemère*, 1540, in-8, lettres rondes, vél.

> Le Fr. Doré était d'Orléans. Des nombreux ouvrages qu'il a composés, celui-ci est sans contredit le plus singulier. Cette édition, dans laquelle les Voyes de Paradis ont un titre et une pagination séparés, n'est pas citée par M. Brunet, qui en a indiqué de postérieures.

226. Le Livre de vraye et parfaicte oraison, auquel est contegneu ce qu'il sensuit (par Fr. Pierre Doré). *Paris, N. Buffet*, 1543. — Le Sermon que Nostre Seigneur feist en la monta-

gne. *Paris*, 1544. — 2 ouvr. en 1 vol. pet. in-16, lettres rondes, v. gr.

Un des plus rares ouvrages de Pierre Doré.

227. Las obras de devocion de George de Monte Mayor. *En Anvers, en casa de Juan Steelsio*, 1554, pet. in-12, vél.

Édition très-rare, vendue 7 liv. 10 sh. (187 fr. 50) chez Heathcote.

228. BRIEF TRAICTÉ DE L'HUMILITÉ, traduit par Gilbert Dert,
de Bourges en Berry. *A Paris, de l'imprimerie de Richard
Breton*, 1559, pet. in-8, vél.

Petit livre très-rare, IMPRIMÉ ENTIÈREMENT EN CARACTÈ-
RES DE CIVILITÉ. Il est dédié à Sébastian de L'Aubespine, évê-
que de Limoges, et se termine par des pièces de poésie française.
— Exemplaire très-bien conservé.

229. LE GRAND ORDINAIRE, ou Instruction commune des
Chrestiens, auquel sont contenus et enseignez les principaux
fondements de la religion chrestienne pour salutairement
vivre en l'observance des commandemens de Dieu, et tenir
le chemin de salut, nouvellement reveu, corrigé et augmenté, avec trois petits traictez fort utiles en ce temps à ceux
qui désirent vivre chastement, tant en religion que dehors,
par M. René Benoist, docteur régent en la faculté de théologie et curé de St-Eustache à Paris. *Paris, Guillaume de
La Noüe*, 1580, in-8, mar. violet, fil., fers et ornem. à froid,
anc. tr. argentée. (*Rel. du XVIe siècle*).

PRÉCIEUX VOLUME AYANT FAIT PARTIE DE LA BIBLIO-
THÈQUE PARTICULIÈRE DU ROI HENRY III. Sur l'un des
plats, l'on voit les insignes de la Passion; sur l'autre, les armes
de France et de Pologne, surmontées de la couronne royale, avec
l'H couronnée. Des deux côtés, la devise du roi : « Spes mea Deus; »
aux angles les insignes de l'ordre du Saint-Esprit. Le dos est parsemé de fleurs de lis avec la *tête de mort* au milieu, emblème bien
connu d'Henri III. On voit, d'après cette description, que c'est une
des reliures les plus authentiques qui aient été faites pour l'usage
personnel d'Henri III. On a souvent voulu faire passer comme lui
ayant appartenu des psautiers in-4, qui n'avaient que les insignes
de la Passion et la devise « Spes mea Deus. »
Nous pourrions facilement, pour être modeste, compter plus de
DIX EXEMPLAIRES du même Psautier, et à la même reliure, qui ont
passé dans les ventes publiques ou qui se trouvent dans des bibliothèques publiques et particulières. Nous ferons remarquer que ce
Psautier est dédié au roi Henry III, et que le bon sens indique
qu'il n'a pu en posséder autant d'exemplaires, d'autant plus que
les fleurs de lis, les armes de France et de Pologne et son chiffre,
signes distinctifs en pareil cas, ne se trouvent sur aucune de ces
reliures, qui paraissent avoir été faites pour être vendues comme
exemplaires de luxe aux courtisans. — Le volume que nous met-
tons en vente n'est pas dédié à Henri III et offre toutes les garanties caractéristiques de provenance. Ajoutons qu'il a été trouvé
à Blois, ville qu'Henry III affectionnait singulièrement comme
résidence. — Ce livre est d'autant plus important qu'il est en
français, et que l'on ne trouve guère que des livres italiens et
latins ou des psautiers ayant appartenu à ce roi bibliophile. —
Exemplaire parfaitement conservé, un des plus beaux spécimens
de ce genre de reliure.

230. Les OEuvres spirituelles du B. P. Jean de la Croix, premier carmé deschaussé de la réforme de N. D. du Mont-Carmel et coadjuteur de la Ste M. Thérèse de Jésus, trad. d'espagnol par le R. P. Cyprien. *Paris*, 1665, in-4, v. br.

231. La Vie et les OEuvres spirituelles de Ste Terése, par le R. P. F. de Ribera. *Lyon, Rigaud*, 1628, 2 vol. in-8, front. gr. et portr., cart.

232. Les OEuvres de Ste Thérèse, de la traduction d'Arnauld d'Andilly. *Paris, P. Le Petit*, 1670, in-4, mar. vert du Levant, à nerfs, fil. à compart., dent. inter., tr. dor.

> Très-bel exemplaire de cette traduction, recherchée pour son élégance. On ignore généralement qu'Arnauld d'Andilly, par une supercherie d'ailleurs familière aux hommes de Port-Royal, atténue ou supprime chaque passage où sainte Thérèse exprime son admiration pour l'ordre des Jésuites.
> On trouve dans ce bel exemplaire une rare figure qui représente la sainte en oraison devant la croix.

233. Traicté du chasteau ou demeure de l'âme, composé par la mère Thérèse de Jésus (trad. par les religieux de la chartreuse de Bourg-Fontaine). *Paris*, 1601, in-12, charm. front. gravé par de Mallery, v. f., fil. (*Bel exemplaire*).

234. La Cité mystique de Dieu, histoire divine et la vie de la très-sainte vierge Marie, mère de Dieu, manifestée dans ces derniers siècles par la même Ste Vierge à la sœur Marie de Jésus d'Agreda, trad. de l'espagnol par le P. Thomas Croset. *Brusselles, Fr. Foppens*, 1717, 3 vol. in-4, bas.

> On sait les controverses auxquelles donna lieu ce très-curieux ouvrage, de la part de Bossuet et de quelques autres théologiens sévères.

235. Exercitia spiritualia Ignatii de Loyola. *Tolosæ, ex typogr. sub signo nominis Jesu*, 1593, in-16, texte encadré, vél. de Hollande.

> Petit volume remarquable par son état de conservation.

236. Les Maximes de S. Ignace, avec les Sentimens de S. François Xavier (composés par le P. Bouhours). *Paris, Cramoisy*, 1683, in-12, v. br. (*Edit. originale.*)

237. Instruction pour tous estats, en laquelle est sommairement déclaré comme chacun en son estat se doit gouverner et vivre selon Dieu. *Anvers, Hier. Verdussen*, 1595, pet. in-8, titre avec bordure, vél.

> Volume rare.

238. Traicté de l'amour de Dieu, par François de Sales, evesque de Genève. *Lyon, P. Rigaud*, 1617, in-8, vél. (2e édit. originale).

239. Introduction à la vie dévote, de S. François de Sales, evesque et prince de Genève. *Paris, N. Pépingué*, 1666, in-8, v. br.

240. An Introduction to a devoute Life, composed in frenche by the Rev. Father in God Francis of Sales, Bishop of Geneva, and translated into english by I. Y. *Rouen, Cardin Hamillon*, 1614, in-12, front. gr., vél.

> Les anciens livres anglais imprimés à Rouen, en Normandie, sont de toute rareté.

241. Opuscules de S. François de Sales. Exercices spirituels du saint pendant sa jeunesse. Règles pour la vie civile. Ses harangues. Ses discours au duc de Savoie, etc., *Paris, Cl. Hérissant*, 1767, 4 vol. in-12, v. m.

242. Tableaux sacrez des figures mystiques du très-auguste sacrifice et sacrement de l'Eucharistie, par Richeome Provençal. *Paris, Sonnius*, 1601, in-8, fig., vél.

> Volume bien imprimé et que l'on recherche pour les belles figures de Léonard Gaultier dont il est orné. Le frontispice est de Thomas do Leu; il représente Henri IV et Marie de Médicis agenouillés.

243. Le Calvaire sacré, contenant de très-dévotes méditations sur les mistères de la Passion de Nostre Seigneur Iesus-Christ. *Paris*, 1601, in-12, front. gr. et charm. fig. en taille-douce, de de Mallery, vél.

> Un de ces charmants petits livres mystiques qui n'ont été produits qu'à la fin du xvi⁰ et au commencement du xvii⁰ siècle, et décorés de ravissantes figures d'une délicatesse de burin extraordinaire. — Belles épreuves.

244. La Vérité de la saincte Messe et de la Confession auriculaire, par Hugues Burlat, chanoine théologal et pénitencier de l'église d'Orléans. *Paris, J. Richer*, 1602, in-8, v., fil.

> Rare et bien conservé.

245. Occasio arrepta, neglecta, hujus commoda, illius incommoda, auctore R. P. Joa. David. *Antuerpiæ*, 1605, in-4 charmantes fig. très-finement gravées sur cuivre par Galle et Collaert, d.-rel. mar. vert, à nerfs. (*Bel exempl.*)

246. Le Calvaire de la vierge Marie, contenant les pitoyables élégies de sa douleur sur la mort de son Fils, composé par le R. P. frère Michel Le Comte, prieur des Frères Hiéronymites de Funray. *A Charleville, par Hubert Raoult, imprimeur de Son Altesse*, 1630, pet. in-8 de XVI et 520 pages, rel. du temps, en mar. n., fil., tr. dor.

> Volume rare; un des premiers livres imprimés à *Charleville*, dans les Ardennes.

247. Cabinet royal de l'espoux, meublé par son espouse, avec le Jardin spirituel, en faveur des belles âmes qui cherchent le royaume de Dieu et qui logent en luy leur cœur et leurs délices, par M. Jean Le Jau, doyen en l'église cathédrale d'Evreux. *Evreux, Nicolas Hamillon, imprimeur*, 1631. — Oraison funèbre prononcée en l'église cathédrale d'Evreux,

aux obsèques de M. Jean Le Jau, haut doyen en ladite église,
par Nic. Hébert, chanoine théologal d'Évreux. *Evreux, N.
Hamillon*, 1631. — In-8, mar. viol., fil. à compart.

> Volume rare, dont on connaît à peine quelques exemplaires. Ce-
> lui-ci a appartenu à un membre de la famille *Le Jau*, dont les ar-
> moiries, gravées sur cuivre, sont ajoutées en tête, en guise de fron-
> tispice. L'imprimeur N. Hamillon était Rouennais et descendait d'une
> famille d'imprimeurs connus à Rouen depuis 1555 environ.

248. Traité de la desappropriation claustrale, par J. P. Camus,
evesque de Belley. *Besençon, Jehan Thomas*, 1634, in-8
vél.

> Volume peu commun, et le seul ouvrage de l'auteur où l'on puisse
> remarquer de la sobriété, de l'esprit, de la vigueur, enfin une verve
> intarissable et point monotone.

249. Théologie familière, avec divers autres petits traitez de
dévotion, par Mess. Jean Du Vergier de Hauranne, abbé de
S. Cyran. *Paris, J. Le Mire*, 1644, pet. in-12, beau front.
gr., v., fil.

250. Le Faut mourir et les excuses inutiles qu'on apporte à cette
nécessité, le tout en vers burlesques, par Jacques Jacques,
chanoine de l'Eglise métropolitaine d'Ambrun. *Rouen, Our-
sel*, 1664, 2 part. en 1 vol. pet. in-12, v. br.

> Légère piqûre dans la marge du haut.

251. Les Tableaux de la Pénitence, par Ant. Godeau. *Jouxte
la copie, à Paris (Hollande, à la Sphère)*, 1665, pet. in-12,
front. gr. et 22 fig., vél.

> Bel exemplaire, avec des figures très-remarquables d'épreuves.
> Un exemplaire semblable, dans son ancienne reliure de vélin, a été
> vendu 26 fr. 60 c., chez Aimé Martin. Cette jolie édition fait partie
> de la collection des Elzevier. Hauteur: 131 millimètres.

252. Avertissemens aux confesseurs missionnaires, avec la
manière de bien examiner les pénitens et de les aider à faire
une bonne confession, par le P. Jean Eudes. *Chaalons, Jacq.
Seneuze*, 1669, pet. in-16, vél.

> On trouve dans ce singulier volume de curieux détails mœchialo-
> giques dignes du P. Sanchez. —Le P. Eudes, fondateur des Eudistes,
> était le frère aîné de l'historien Mézeray.

253. Varii e veri rittratti della Morte, disegnati in immagini
dal padre G. Batt. Manni. *Milano*, 1671, pet. in-8, d. rel.

> Ouvrage fort curieux; il contient trente figures de la DANSE DES
> MORTS, gravées sur cuivre et de la grandeur des pages. L'expression
> en est très-singulière et souvent comique, mais d'un autre caractère
> que chez les peintres et graveurs allemands, dont les productions
> sur le même sujet sont beaucoup plus connues.

254. Les Divines opérations de Jésus dans le cœur d'une ame
fidelle, par G. D. M. (Gabriel de Mello). *Paris*, 1673, in-12,
fig., mar. r., fil., tr. dor. (*Padeloup*.)

> Rare et beau volume, orné de 18 figures mystiques gravées par
> *Van Merlen*. — Très-bel exemplaire, avec le frontispice.

255. Avis donnez aux confesseurs par S. Charles Borromée,
archevesque de Milan. *Tours, Jacq. Poinsot,* 1682, pet. in-8,
vél.

256. De l'abus des nudités de gorge, attribué à l'abbé J. Boileau. *Jouxte la copie de 1677, Paris,* 1858, in-12, pap. de
Holl., br.

257. Le Grand chemin qui perd le monde, par le P. Hayneufve.
Paris, 1679, in-12, v.

258. Tablature spirituelle des offices et officiers de la couronne
de Jésus, couchez sur l'état roïal de sa crèche et payez sur
l'épargne de Bethléem, réduits en petits exercice pour la
consolation des âmes dévotes qui s'adonnent à l'oraison, par
un père de l'ordre de S* François. *Paris, J. de Laize de
Bresche,* 1685, in-16 obl., encadrements typographiques, v.
éc., dent.

> Volume des plus singuliers, composé d'une foule de considérations
> et sentences qui forment la matière d'un nombre égal de billets.
> Ces billets devaient être tirés, comme les lots d'une loterie, la veille
> de Noël, dans les réunions de famille.

259. De la modestie des femmes et des filles chrétiennes dans
leurs habits et dans tout leur extérieur, par Thimothée Philalèthe. *Lyon.* 1686, in-12, bas.

260. Traité de la communion sous les deux espèces, par Jacq.
Bén. Bossuet, *Paris,* 1682, in-12, v. br.

> Édition originale.

261. Maximes et réflexions sur la comédie, par Mess. Jacques
Bénigne Bossuet, evesque de Meaux. *Paris, Anisson,* 1694,
in-12, v. br.

> Édition originale.

262. Relation sur le quiétisme, par Bossuet. — Réponse de
Mgr l'evesque de Meaux à quatre lettres de M. l'arch. duc de
Cambray. *Paris, Anisson,* 1698, 2 ouvr. en 1 vol. in-8, v.
br. (*Edit. originales.*)

263. Traitez du libre arbitre et de la concupiscence, par J. B.
Bossuet. *Paris, Barth. Alix,* 1731, in-12, v. (*Edit. orig.*)

264. Lettres sur divers sujets concernant la religion et la métaphysique, par feu messire François de Salignac de La Motte
Fénelon. *Paris, Jacq. Estienne,* 1718, in-12, v. marbr.

> ÉDITION ORIGINALE, publiée, après la mort de l'auteur, par le marquis de Fénelon, son neveu.

265. LETTRES SPIRITUELLES, 1680-1720. In-4 réglé, mar., r., fil.,
dent., tr. dor. (*Anc. rel.*)

> BEAU MANUSCRIT DU COMMENCEMENT DU XVIII* SIÈCLE. Il est de trois
> écritures différentes, toutes très-soignées, et se compose de 285 pa-
> ges. Ces lettres sont pleines d'onction et de la plus pure piété. Ce

manuscrit provient de la bibliothèque du Palais-Royal, et cette
provenance ferait, non sans raison, supposer, vu l'état splendide de
la reliure, dans les fers de laquelle on remarque des fleurs de lis,
que ce manuscrit pourrait bien être un livre de famille composé
pour une princesse pieuse de la maison d'Orléans. Quoi qu'il en
soit, c'est un beau et intéressant manuscrit, digne de figurer dans
la collection d'un bibliophile délicat.

266. De la plus solide, la plus nécessaire, et souvent la plus négligée de toutes les dévotions, par J. B. Thiers. *Paris*, 1703,
2 vol. in-12, v.

267. Traité des cloches et de la sainteté de l'offrande du pain
et du vin aux messes des morts, non confondu avec le pain
et le vin qu'on offroit sur les tombeaux, par J. Bapt. Thiers,
curé de Vibraie. *Paris*, 1781, in-12, v. marbr.

> Un des plus rares et des plus curieux ouvrages de ce savant théo-
logien.

268. Histoire dogmatique et morale du jeûne, par le R. P. dom
Joseph de L'Isle. *Paris*, 1741, in-12, v.

269. Le Directeur des âmes affligées, ou la Manière de secourir
les mourans, par le R. P. Blaise La Broue. *Pau, Jér. Du-
poux, 1700*, pet. in-12, v. m.

270. Traité historique et dogmatique du secret inviolable de la
confession, par Lenglet Du Fresnoy. *Paris*, 1715, in-12, v.

271. Lettres d'une religieuse de Caen à sa nièce. 1718, in-8,
vél.

> Manuscrit du commencement du XVIIIe siècle, composé de 295 pa-
ges, dont les 175 premières sont remplies par les lettres. Suivent
des paraphrases de psaumes, des méditations, projets de retraite, etc.
La fin du volume est occupée par de nouvelles lettres d'une religieuse à sa nièce. Ces lettres, écrites de 1714 à 1718, sont adressées
à une jeune personne qui avait eu quelques faiblesses morales cau-
sées par une excessive curiosité. La doctrine en est solide, élevée
et assez douce; le style simple, élégant et souvent d'une grande
fermeté. En voici un exemple :
>
> « Ce 5 septembre 1714.
> « Ce n'est pas sans peine, ma chère nièce, que je me sens obligée
> « à vous répondre grossièrement et durement : grossièrement, puis-
> « que votre esprit ne comprend rien en ce qui est de l'esprit de
> « Dieu ; et durement, comme la nécessité engage de le faire, lors-
> « que l'on est encore en l'homme animal. »

272. Existence de Dieu démontrée par les merveilles de la nature, en trois parties, où l'on traite de la structure du corps
de l'homme, des élémens, des astres et de leurs divers effets
(par Bernard Nieuwentyt). *Paris*, 1725, in-4, v. éc., fil. (*Aux
armes de madame de Pompadour.*)

> Bel exemplaire. — Cet ouvrage est accompagné de 29 grandes
planches d'anatomie, d'ichthyologie, etc.

273. Idée de la religion chrétienne (par Louail et Blondel). *Paris, Fr. Jouenne*, 1728, in-12, front. gr. et fig., v.

> Ce volume est orné de 49 figures gravées par Ertinger.

274. Le Chrétien instruit des mystères de la religion et des véritez morales par les propres paroles de l'Écriture, par Jos. Lambert, prieur de S. Martin de Palaiseau. *Paris,* 1729, in-12, mar. r., janséniste, tr. dor. (*Anc. reliure.*)

275. De simonia ne in foro ecclesiastico naturali quidem licita, auctore Jo. Lud. Papen. *Helmstadii,* 1748, pet. in4, d.-rel., dos et coins mar. vert d'eau.

276. Traité du mal qui par la simonie advient en la chrestienté, par M. Pierre Viel. *Paris, N. Chesneau,* 1576, in-8, v.

> Ouvrage rare, écrit dans la langue d'Amyot, à qui il est dédié. L'auteur, qui ne manque pas de hardiesse, examine parfois des questions assez étranges, comme de savoir, par exemple, *si le pape peut commettre simonie, et qui l'en peut chastier ou absoudre.*

277. Dissertatio theologica de resurrectione carnis, adversus Sam. Bourn, Anglum, auctore Car. Fr. Seybold. *Tubingæ,* 1763. — De resurrectione spirituali dissertatio script. ab Er. Aug. Heise. *Gottingæ,* 1739, 2 ouvr. en 1 vol. pet. in-4, d.-rel. mar. vert d'eau, à nerfs. (*Rare.*)

277 *bis.* Mæchialogie, ou Traité des péchés contre les sixième et neuvième commandements du Décalogue, et de toutes les questions matrimoniales qui s'y rattachent directement ou indirectement; suivi d'un abrégé d'embryologie sacrée, par Debreyne. *Paris,* 1845, in-8, dem.-rel., mar. viol., à nerfs, tête dor., n. rogné.

> Ouvrage singulier et rempli de recherches des plus curieuses. — Bel exemplaire.

XI. — THÉOLOGIE POLÉMIQUE.

278. El triumpho de la Cruz de Christo..., por fray Hieronimo Savonarola, traduzido en nostro vulgar por Juan Lorenço Olananti Florentino. *Impreso en la insigne y muy noble villa de Valladolid, por Francisco Fernandez de Cordova,* 1548, pet. in.4, gothique, armoiries sur plats (piqûres à la marge du fond).

> Traduction fort rare du chef-d'œuvre de Savonarole. Elle fut supprimée rigoureusement par l'inquisition d'Espagne.

278 *bis.* Discorso del Rev. P. fratre Ambrosio Catharino Polito, contra la dottrina et le profetie di fra Girolamo Savonarola. *Vinegia, Gab. Giolito di Ferrarij,* 1548, pet. in-8, vél.

> Volume rare. M. Brunet a seulement connu de cet auteur une réfutation de la doctrine d'Ochin. Les écrits dirigés contre Savonarole furent beaucoup lus et bientôt épuisés.

279. De l'autorité du Concile avec les signes pour sçavoir discerner l'Eglise de Jésus Christ d'avec la synagogue de l'An-

techrist... œuvre non moins nécessaire que profitable en ce temps-cy, par Gabriel du Préau, natif de Marcoussis, près Montlhéry. *Paris, G. Robinot*, 1564, in-8, vél., fil., tr. dor.

Volume bien conservé, dans sa première reliure.

280. Discours chrestien et advertissemens salutaires au simple et tres chrestien peuple de France, pour cognoistre (par la parole de Dieu) les bons et fidèles évangélizateurs des faux prophètes, par une conférence des Escriptures saintes....., par Iehan d'Albin de Valzerge, dit de Serres, archediacre de Tolose. *Paris, G. Chaudière*, 1566, in-8, vél.

281. Response familière à une epistre escrite contre le libéral arbitre et le mérite des bonnes œuvres, par Fr. Christophle de Cheffontaines, dit Penfentenyou, du couvent de Cuburien. *Paris, P. L'Huillier*, 1571. — Chrestienne confutation du poinct d'honneur sur lequel la noblesse fonde aujourd'hui ses querelles et monomachies, par F. Christ. de Cheffontaines. *Paris*, 1571, 2 ouvr. en 1 vol. in-8, m. n., tr. dor.

Ouvrages rares. Le premier n'est pas cité par Brunet et paraît avoir échappé aux recherches du savant bibliographe. Nous signalons dans ce volume une particularité : le huitième feuillet de l'épître dédicatoire a été supprimé dans la plupart des exemplaires, à cause de sa violence. Plus tard Cheffontaines le réimprima lui-même, au couvent de Cuburien, près Morlaix, où il avait établi une petite imprimerie particulière, pour son usage personnel, ainsi que l'atteste *Albert le Grand* dans ses Vies des saints de Bretagne. Nous avons ce feuillet imprimé, où l'on peut voir la différence des caractères avec ceux du corps du volume. Cheffontaines avait vu, du reste, arrêter à Paris l'impression d'un de ses ouvrages, à cause de ses violences de langage. (*V.* Brunet, au mot *Capite fontium.*) — Le second ouvrage est recherché, dit M. Brunet, et peut se placer dans la Théologie morale.

282. Recherches et discours sur les poincts principaux de la religion catholique qui sont aujourd'huy en controverse entre les chrestiens, par messire Guillaume Le Blanc, evesque de Tholon. *Paris, N. Chesneau*, 1579, in-8, vél.

Superbe exemplaire, parfaitement conservé.

282 *bis*. Instruction de la foy chrestienne contre les impostures de l'Alcoran mahommétique, au grand seigneur de Turquie, trad. du latin de Pie second, par F. P. C. (Pierre Crespet), prieur des Célestins-lez-Mante. *Paris*, 1589, in-8, vél.

283. La venue de l'Antechrist (par Victor Palma-Cayet). *Paris, J. Richer*, 1602, pet. in-8, cart. ant.

Pierre Victor Palma Cayet naquit à Montrichard, en Touraine, en 1545.

284. Réfutation de l'écrit de maistre Daniel Tilenus, contre le discours de Mgr l'evesque d'Evreux, touchant les traditions

apostoliques, par ledict Sr evesque. *Evreux, Ant. Le Marié,* 1601, pet. in-8, de plus de 600 pages, vél.

A la fin se trouve un fascicule de 46 pages : *Discours recueillis par le sieur de Beaulieu* (sur le même sujet). — Ce volume, d'une impression très-remarquable, est un des premiers livres imprimés à Evreux. On est redevable de l'introduction de l'imprimerie en cette ville à son évêque, le fameux cardinal Du Perron, qui fit venir de Paris, en l'an 1600, un imprimeur du nom d'Antoine Le Marié. D'après la tradition, cet imprimeur fut logé, avec ses presses, dans le palais épiscopal, et M. Raymond Bordeaux nous a assuré que l'on voyait encore dans ledit palais une chambre dont les murs étaient barbouillés de l'encre des tampons d'imprimerie, et qui était considérée comme ayant servi d'atelier au typographe Ant. Le Marié.

285. Traicté du sainct sacrifice de la messe pour la confirmation des fidèles en la créance d'icelle, et ruine de tous ses adversaires, par le R. P. Jacq. Suares. *Paris,* 1605, in-8, vél. (*Bel exemplaire.*)

286. Torrent de feu sortant de la face de Dieu pour desseicher les eaux de Mara, encloses dans la chaussée du moulin d'Ablon, où est amplement prouvé le purgatoire et suffrages pour les trespassez, et sont descouvertes les faussetez et calomnies du ministre Du Moulin, par le R. P. Jacq. Suares. *Paris,* 1609, in-8, vél.

Les protestants avaient établi un prêche à *Ablon*, en Brie, où le ministre Du Moulin s'était fait entendre ; c'est pour le combattre que Suarez composa ce livre.

287. Response à la récréance du ministre de La Ferté, contre la proposition présentée à la royne pour réduire les François de la religion prétendue réformée à la foy cathol., apostol. et romaine, par P. B. D. M. (Pierre Burée). *Paris, F. Bourriquant, S. d.* (vers 1612). pet. in-8, cart. antiq.

288. Les Faussetez d'un cavalier de la religion prétendue réformée, respondant à un imprimé d'un cavalier catholique, clairement descouvertes, page à page, et exposées au public pour l'édification des fidèles, et conversion des desvoyez, par Georges Froger, curé de S. Nicolas du Chardonnet. *Paris, Heureux Blanvillain, imprimeur,* 1617, in-12, cart. antiq.

289. Histoire chronologique du combat eucharistique entre l'hérésie et la foy, représentée par la généalogie des sectes qui ont oppugné le S. Sacrement, par André Dusaussay, prédicateur. *Paris,* 1617, in-8, vél.

290. Piété de l'Eglise catholique envers Dieu, témoignée par la célébration des saints mystères et par toutes les parties du culte divin, par P. Berger. *Paris,* 1630, in-8, vél.

Critique dirigée contre Jacques Cappel, ministre à Sedan. Elle est précédée d'une longue épître dédicatoire à madame la duchesse douairière de la Trémouille et de Thouars.

291. Réplique à la response que le sieur Desportes, ministre de Bournezeau, a faite souz le seing d'un gentilhomme nommé la Frezelière, par le P. P. Du Puy, cap. de la mission. *Fontenay-le-Comte, Pierre Petit-Jan,* 1633, pet. in-4, vél.

> Volume très-rare, mais malheureusement en mauvais état; la marge du haut est piquée de vers et gravement tachée.

292. Le Triomphe de la vérité, ou le Livre curieux, par le sieur de La Serre. *Paris,* 1634, in-8, vél.

293. Traitté qui contient la méthode la plus facile et la plus asseurée pour convertir ceux qui se sont séparez de l'Eglise, par le cardinal de Richelieu. *Paris,* 1652, in-4, v. mar., dent. (*Aux armes du duc du Maine.*)

> On a joint à cet exemplaire une curieuse profession de foi imprimée, signée par deux habitants de *Saint-Germain en Laye,* et reçue par le curé de cette ville, à ce autorisé par l'archevesque de Paris, le 31 janxier 1681.

294. TRAICTÉ DU CÆLIBAT, par lequel il est prouvé qu'un ecclésiastique se peut marier par des raisons et authoritez claires et evidentes quy seront desduites succintement et nuement, sans ornement de langage, afin que la vérité paroissant toute nüe et sans fard, soit mieux receüe de à quy ce traitté est dédié (par Urbain Grandier). Pet. in-fol., dem.-rel.

> MANUSCRIT DU XVIIᵉ SIÈCLE, d'une bonne écriture et bien conservé. Il a fait partie des portefeuilles de Fontette. On lit à la fin la note suivante, autographe, du président de La Marre, de Dijon : « L'auteur de ce traitté est maistre *Urbain Grandier, prestre curé de St-Pierre de Loudun,* qui le fit pour persuader à la tourriere des Ursulines de Loudun de se marier avec luy. Depuis il fut accusé de magie, sortilege et autres crimes, pour lesquels il fut brulé tout vif à Loudun le 18ᵉ jour d'aoust 1634, par jugement souverain de M. de Laubardemont, intendant de justice de ce pays là et autres, et l'original de ce traitté brulé avec luy... » — Ce curieux ouvrage était resté longtemps inédit; il a été publié récemment, sous le titre de *Célibat des prêtres.* Notre manuscrit présente des variantes qui n'ont pas été recueillies par l'éditeur.

295. La face de l'Eglise primitive opposée à celle de la prétendue réformée, ou les principales raisons qui ont porté l'autheur à se ranger à la communion de l'Eglise catholique, dédiée à Mgr l'archevesque de Tours, par G. Martin, cy-devant ministre. *Tours, Jacq. Poinsot,* 1650, in-8, cart. antiq.

> Non cité par Chalmel.

296. Bannissement spirituel des hérétiques ennemis jurez de l'Eglise catholique, par Hub. Jaspart, prestre hermite, à Saint-Barthelemy lez Mons, en Haynau. *Mons, Fr. Stievenart,* 1653, pet. in-8, bas.

297. Réplique à la lettre de M. Daillé, ministre de Charenton, par M. Cottiby, cy-devant ministre de messieurs de la reli-

gion prétendue réformée, de Poitiers, sur le sujet de sa conversion. *Poitiers, Jean Fleuriau,* 1660, in-8, vél.

Pour d'autres ouvrages de Cottiby avant sa conversion, voir la section de *Théologie protestante,* nᵒˢ 388 et 389.

298. La Défense de l'Eglise romaine sur la séparation des calvinistes, par de Brebeuf. *Paris,* 1664, in-12, front. gravé, v. br.

299. Réveille-matin à double montre, une qui guide au précipice, l'autre à la gloire, par le son duquel ceux qui font profession de la religion prétendue réformée doivent s'éveiller du sommeil de la mort, auquel ils sont léthargiquement endormis, et charitablement conviez d'entrer au sein de l'Eglise romaine, seule espouse de Jésus-Christ, pour y chanter d'un ton uniforme les louanges de son espoux, par frère illuminé Faverot, de Turin. *Grenoble, André Galle,* 1670, in-8, vél.

300. Raisons et motifs de la conversion à la foy catholique du sieur Antoine Poignant, par ledit sieur Le Poignant. *Paris,* 1678, in-24, vél.

301. Conférence avec M. Claude, ministre de Charenton, sur la matière de l'Eglise, par Mess. Jacques Benigne Bossuet. *Paris, Cramoisy,* 1682, in-12, v.

Edition originale.

302. Exposition de la doctrine de l'Eglise catholique, sur les matières de controverse, par J. B. Bossuet. *Suivant la copie,* (*Hollande*), 1685, pet. in-12, dem.-rel.

Jolie édition, qui entre dans la collection des Elzevier.

303. Histoire des variations des Eglises protestantes, par messire Jacq. Bén. Bossuet. *Paris, Cramoisy,* 1688, 2 vol. in-4. v. m. (*Édition originale.*)

304. Maximes et réflexions sur la comédie, par Jacq.-Bén. Bossuet, evesque de Meaux. *Paris,* 1694, in-12, cart. antiq. (*Edition originale.*)

305. Traitez du libre-arbitre et de la concupiscence, de messire J. Bén. Bossuet. *Paris, Barth. Alix,* 1731, 2 part. en 1 vol. in-12, v.

Bel exemplaire de l'édition originale.

306. Le divin Triomphe de Louis le Grand sur l'hérésie par la justice et la sainteté de ses loix contre les prétendus réformez, prouvée par les plus beaux endroicts des écrits de saint Augustin (par J. Ganier). *Tours, J. Flosceau,* 1687, in-12, vél.

Jean Ganier, ou *Gasnier,* comme l'écrit Chalmel, naquit à Tours, en 1639. Il était prêtre de la paroisse de Saint-Saturnin, de cette ville; son élocution facile le fit choisir par Le Bouteiller, archevêque de Tours, pour tenir tête aux protestants et réfuter les controverses des ministres réformés de la Butte, à une lieue de Tours. Ce livre, peu commun, est une apologie de la *révocation de l'édit de Nantes.* — Bel exemplaire.

307. Réfutation de l'hérésie de Calvin, par la seule doctrine de MM. de la R. P. R., pour affermir, sans dispute, les nouveaux convertis dans la foy catholique. *Paris,* 1687, in-12, frontispice et vignette gravée, v. br. (*Bel exemplaire.*)

308. Lettre d'un sçavant religieux à un de ses amis, sur l'ordonnance que Mgr de Chaalons a faite contre les danses. *Chaalons, Seneuze,* 1678. — Traduction de la lettre d'Eusèbe à Théophile François, sur le culte des saints inconnus. — Lettre d'un docteur de Sorbonne (Gerbois) à un bénédictin, touchant le pécule des religieux faits curez. *Paris,* 1695. — Lettre critique de M***, à l'auteur de la dissertation sur le commencement du siècle prochain. *Paris,* 1699. — Lettre au gazetier de Paris sur le siége de Namur. *Cologne,* 1695. — L'Illustre *Compiègne.* Lettre à madame ***, où l'on rapporte ce qui s'est passé de considérable sous les règnes de chacun des rois de France; et l'ordre de bataille de l'armée du roy, commandée par Mgr le duc de Bourgogne, au camp de Coudun, par Fleury de Frémicourt. *Paris,* 1698, — Lettre d'un seigneur de la cour, ou Réponse au libelle intitulé Récrimination des Jésuites. *Paris,* 1690, 6 ouvrages en 1 vol. in-12, v.

Tous ces petits ouvrages sont intéressants et peu communs.

308 *bis.* De Festorum dierum imminutione, auctore J.-B. Thiers, Carnotensi. *Lugduni,* 1668, in-12, dem.-rel., v. fauve à nerfs.

309. La Sauce-Robert, ou Avis salutaires à messire Jean Robert, grand-archidiacre de Chartres (par J.-B. Thiers). *S. l. n. d.* (1676-78), 2 parties. — La Sauce Robert justifiée (par le même). *S. l.,* 1679, 1 vol., 2 ouvrages en 1 vol. in-8, cart., *non rogné.*

Première édition. Elle est rare, surtout dans une semblable condition. Les éditions in-12 de ces opuscules singuliers ont moins de valeur.

309 *bis.* J.-B. Thiers Carnotensis, De stola in archidiaconorum visitationibus gestanda a parœcis, disceptatio. *Parisiis,* 1674, in-12, v.

310. Histoire des Perruques, où l'on fait voir leur origine, leur usage, leur forme, l'abus et l'irrégularité de celles des ecclésiastiques, par J.-B. Thiers. *Avignon,* 1777, in-12, v. m.

310 *bis.* Traité de l'exposition du S. Sacrement de l'autel, par J.-Bapt. Thiers, curé de Champrond. *Paris,* 1673, in-12 d'environ 600 pag., vél. de Holl.

311. Critique de l'histoire des flagellans et justification des disciplines volontaires, par J.-Bapt. Thiers, curé de Vibraye. *Paris*, 1703, in-12, v. br.

312. Histoire des flagellans, où l'on fait voir le bon et le mauvais usage des flagellations parmi les chrétiens, trad. du latin, de M. l'abbé Boileau (par l'abbé Granet). *Amst.*, 1701, in-12, v.

> *Édition originale* de la traduction de ce livre curieux.

313. Recueil de quelques pièces qui concernent les quatre lettres écrites à M. l'abbé de la Trappe (publié par Dom de Sainte-Marthe). *Cologne, J. Sambix (Tours, Masson)*, 1693, petit in-12, rel. pleine en mar. vert du Levant, à nerfs, fil., dent. intér., tr. dor.

> Bel exemplaire.

314. Du gouvernement des diocèses en commun par les évesques et par les curez (par Guy Drapier, curé de Saint-Sauveur à Beauvais). *Basle (Rouen)*, 1707, 2 tom. en 1 vol. in-12, v.

315. Le Discernement de la créance catholique d'avec les sentiments des Protestans et d'avec ceux des Pélagiens, touchant le mystère de la prédestination et de la grâce. In-8, v. br.

> MANUSCRIT inédit, daté de 1709. Il se compose de 266 pages, d'une bonne écriture.

316. Dissertation sur ces paroles : Tu es Petrus et super hanc petram, etc..., où l'on examine la primauté, supériorité, prérogatives et infaillibilité du Pontife romain. *S. l. (vers 1720)*, pet. in-8, br., *non rogné*.

> MANUSCRIT INÉDIT DU XVIIIᵉ SIÈCLE, composé de 81 pages. Il a appartenu à l'abbé Sépher, qui y a joint cette note au bas du titre : « *Contre le pape. Pièce unique. Je l'ai eue de l'auteur, à sa mort.* »

317. Traité du légitime usage de la raison, principalement sur les objets de la Foy, où l'on démontre que les hérétiques, les athées et les libertins ne font point le légitime usage que les hommes sont obligez de faire de leur raison, sur les objets de la Foy, par M. Brueys, ecclésiastique de Montpellier. *Paris*, 1727, in-12, v.

318. De luminis naturæ ad salutem habitu, auct. Philip. Ad. Reinhardt. *Tubingæ*, 1720, pet. in-4, dem.-rel., dos et coins de mar. bl., dos à nerfs.

> C'est une question importante et qui a souvent occupé nos aïeux, de savoir si ceux des Gentils qui suivent la loi naturelle seront sauvés ou damnés.

319. Abrégé historique et chronologique. *A Francfort*, 1732,

pet. in-12, rel. pleine en maroquin bleu du Levant, à nerfs,
dent. intér., tr. dor.

C'est un excellent résumé de toutes les erreurs et de toutes les
attaques contre lesquelles l'Eglise eut toujours à se défendre.

320. Idée de la Babylone spirituelle, prédite par les Saintes
Ecritures, où l'on fait voir contre les Protestants et les Cons-
titutionnaires, que cette Babylone ne peut être l'Eglise catholique, et que néanmoins elle doit se former dans le sein
de cette même Eglise (par l'abbé de Fourquevaux). *Utrecht,*
1733, in-12, v. fauve.

321. Dissertation théologique sur les loteries (par l'abbé Cou-
drette). *S. l.,* 1742. In-12, v.

322. Traité des Miracles, dans lequel on examine leur nature,
leurs fins, leur usage, et les moyens de les distinguer d'avec
les prodiges de l'enfer (par Hervieux de la Boissière). *Paris,*
1763, 2 vol. in-12, v. m. (*Bel exemplaire.*)

323. De la religion, par un homme du monde, où l'on examine les différens systèmes des sages de notre siècle, et l'on
démontre la liaison des principes du christianisme avec les
maximes fondamentales de la tranquillité des Etats (par Gin).
Paris, 1778-80, 5 vol. in-8, mar. rouge, fil., tr. dor. (*Anc.
reliure.*)

Très-bel exemplaire, aux armes du comte de Provence.

324. Considérations sur les œuvres de Dieu, dans le règne de
la nature et de la Providence, par C. C. Sturm. *Maestricht,*
1794, 3 vol. in-12, v.

XII. — SERMONNAIRES.

325. OMELIE EVANGELICE, seu Sermones varii super Feriis totius
anni. Très-pet. in-fol. allongé. v. porph., dent.

MANUSCRIT DU XIe SIÈCLE, SUR VÉLIN. On n'y compte pas
moins de 368 pages, d'une écriture très-régulière. Ce manuscrit est
bien conservé et surtout complet, ce qui est rare. Voici ce qu'en
dit Monteil dans son *Traité des matériaux manuscrits :* « Ces homélies,
écrites à longues lignes et nettement, sont un des plus antiques monuments d'éloquence sacrée... Toutes les paroles sont ou bien prises
dans l'Evangile ou bien évangéliques. » Le bon Monteil, qui affectionnait particulièrement ce manuscrit, n'a rien trouvé de mieux
que d'écrire ces lignes touchantes, dédiées à la mémoire du curé, son
précepteur, une des victimes de la Terreur. Cette page inédite de
l'historien des *Français des divers états,* nous n'hésitons pas à
la mettre en lumière. La voici : « *Préface dédicatoire à la mémoire
du bon curé Durand, mon précepteur.* Bon curé, excellent homme, excellent précepteur, excellent ami, il me semble vous entendre
lorsque vous prêchiez le peuple : il me semble que ces homélies
sont la traduction latine de vos douces paroles. Des mains assassines
vous ont, au temps de la Terreur, poussé hors de la porte de ce

monde. Votre âme est montée aussitôt au ciel, où, dans le sein de
Dieu, elle jouit des délices que dans la chaire de votre paroisse
vous avez tant de fois promis. Vous avez toujours prêché de la manière la plus persuasive, toujours prêché d'exemple.—MONTEIL.—A
Passy, le 18 juin 1837. »

326. Sermones de Sanctis et de Dominicalibus per annum.
In-8, vél.

> MANUSCRIT DU XIIIe SIÈCLE SUR VÉLIN FIN, exécuté
> deux colonnes, avec initiales peintes au minium et rubriques. Il s
> compose d'environ 250 pages. Au commencement il paraît y avoi
> une lacune, qui existait déjà à une époque très-ancienne. Il a ét
> relié dans cet état vers le XVIIe siècle. Une inscription sur le pre
> mier feuillet indique qu'il provient de la bibliothèque des Frère
> prêcheurs d'*Avignon*.

327. Sermones varii de festivitatibus et peccatis. In-8, rel. en
bois.

> MANUSCRIT DU XIIIe SIÈCLE, SUR VÉLIN, composé de plus
> de 300 pages. Lettres peintes en couleur. Il y a une lacune de deux
> ou trois feuillets en deux endroits différents.

328. Excellente prédication du grand Gerson, chancelier de
l'Eglise de Paris (par Hilaire Pineau). *Rouen, Dav. Du Petit-
Val,* 1622, in-8, vél.

329. Essai historique et critique sur les Sermons français de
Gerson, d'après les Mss. inédits de la Bibliothèque impériale
et de la bibliothèque de Tours, par l'abbé Ern. Bourret,
chanoine honoraire de Tours. *Paris,* 1858, gr. in-8, dem.-
rel., à nerfs, dos et coins de mar. bleu, non rogné.

330. **Quadragesimale** Roberti de Litio de peccatis.... *Impressum per venerabilem virum Ludovicum de Venetia,* 1488,
pet. in-8, goth. à 2 col., v. fauve.

> Ce Robert de Licio était un des plus hardis frondeurs de son
> temps. Erasme et Henry Estienne en parlent beaucoup, le considé-
> rant comme un bon raillard. Ce brave moine faisait de singuliers
> paris : moyennant un bon dîner ou quelques bouteilles de vieux vin,
> il se faisait fort d'exciter à volonté le rire et les larmes dans son
> auditoire, et même d'obtenir ces deux effets dans le même mo-
> ment.

331. **Quadragesimale** Joan. Gritsch una cum registro sermonum de tempore et de sanctis per circuitum anni. *Lugduni partium Franciæ, ap. Joan. Treschel,* 1492, pet. in-4
goth. à 2 col., cart.

332. **Discipulus** de eruditione Christi fidelium,... cum the-
matibus sermonum dominicalium et de sanctis,... ac de
beata Virgine. *Coloniæ, arte et impensis Hermanni Bumgart
de Ketwich,* 1496, pet. in-4 gothique à 2 col., avec une curieuse et belle gravure sur bois, de la grandeur de la page,
représentant l'Adoration des Mages, dem.-rel., vél.

333. **Preceptorium** domini Gotscalci Hollen de ordine Heremitarum Sancti Augustini. *Nurembergæ, Anth. Koburger,*
1503, in-4 goth., rel. en bois.

334. **Preceptorium** Nicolai de Lyra, sive Expositio tripharia
perutilis in decalogum, cum multis pulcerrimis tractatulis
de decimis tribuendis, de operibus misericordie, de nativitate, vita et morte Antichristi utiles doctrine pro lucrandis
animabus, etc... *Colonie, Mart. de Werdena, in vico Bur-
gensi,* 1504, pet. in-8 carré, gothique, fig. s. bois, s. le titre,
cart. antiq.

> Sermons très-curieux.

335. **Sermones** pulcherrimi super dominicam Orationem,
Pater Noster et Angelicam salutationem, unicuique ad populum volenti declamationes facere accommodati, editi per
ven. P. Augustinum de Leonissa. *Colonie, in officina pie
memorie Henrici Quentel,* 1505, pet. in-8 carré, gothique,
cart. antiq. (*Taché.*)

336. **Sermones** de Sanctis per totum anni circulum simul
et de communi sanctorum et pro defunctis, rever. Patris
Oliverii Maillard. *Parisiis, J. Petit,* 1507, in-8, vél.

337. **Preclarissimum** atque divinum opus quod Gemma
predicantium nuncupatur..., per Nicholaum Deniise (Rotho-
magensis conventus guardianum). *Parisiis, Fr. Regnault, S.
a. (circa* 1510), in-8, gothique, v. marbr.

> Sermonnaire curieux. — Raccommodage dans le haut du titre.

338. **Novum** insigneque opusculum pro Christi verbum
evangelizantibus moralisatum Rev. P. fratris Roberti Olchot,
ordinis Predicatorum... *Parisiis,* 1513, pet. in-8 carré, goth.,
cart. antiq.

> Robert Olchot est cité par M. A. Méray, dans ses *Libres prêcheurs.*
> Il n'a pas connu ce volume, qui est un recueil de petites historiettes
> à l'usage des prédicateurs. On y trouve l'histoire des Trois rois, la
> comparaison du diable avec le hibou, etc., etc.

339. **Celeberrimi doctoris** Joan. Geiler De Oratione dominica sermones. *Argentorati, Matt. Schürer,* 1510. — Ejusdem Peregrinus. *Argentor., Matt. Schürer,* 1513, 2 ouvrages
en 1 vol. pet. in-4 goth., rel. en bois.

> Sermons qui eurent une grande vogue. On y trouve çà et là des
> passages satiriques contre les moines. — Piqué au commencement.

340. **Sermones** dominicales de tempore Gabrielis Biel Spi-
rensis. *Impensis Joannis Rynmann, in officina Henrici Gran,*

in oppido HAGUENAW, 1515, in-4 gothique à 2 col., cart.

> Volume rare imprimé à Haguenau en Alsace. Il contient, outre des homélies, une suite de *Sermons médicinaux* pour se préserver de la peste.

341. **Itinerarium Paradisi** religiosissimi Patris... divinique Verbi declamatoris facundissimi magistri Joa. Raulin, ordinis Cluniacensis, complectens sermones de penitentia et ejus partibus, contritione videlicet, confessione, satisfactione ac oratione... cui adjuncti sunt non minus commendandi sermones ejusd. de matrimonio ac viduitate. *Lugduni, Joa. Cleyn, Alemanus*, 1518. Petit in-4 gothique, à 2 col., titre rouge, avec bordure historiée, gravé sur bois, demi-rel., vélin.

> Sermons des plus curieux, surtout ceux qui ont rapport au mariage et à l'état de veuvage. Cités par extraits dans les *Libres prêcheurs* de M. A. Méray.

342. **Opus sermonum** de adventu religiosissimi viri... evangelice doctrine concionatoris celebratissimi Joa. Raulin, ordinis Cluniacensis. *Lugduni, Joa. Clein*, 1519. Petit in-4 gothique à 2 col., bordure historiée, grav. sur bois autour du titre, demi rel.

343. **Sermones** dominicales pii Patris Johannis Raulin ordinis Cluniacensis). *Parisiis, Oudin Petit*, 1542, in-8 gothique, à 2 col., de plus de 350 pag., v. br.

> Sermons burlesques, dans le genre de ceux de Menot et de Maillard.

344. **Dictionarius Pauperum** omnibus verbi divini predicatoribus pernecessarius, in quo mirabili artificio perstringuntur materie, seu Sermones singulis festivitatibus totius anni, tam de tempore quam de sanctis accommodate. *Argentine, in domo Johannis Knoblouch calcographi*, 1518. Petit in-8, gothique, vél.

345. **Decalogi** seu Decem preceptorum Domini explanatio optima venerabilis F. Francisci de Maronis, e Provincia oriundi. *Parisiis, de Marnef*, 1519, petit in-8 gothique, cart.

> L'auteur de ces sermons ou instructions, *François de Maronis*, était originaire de PROVENCE.

346. **De Imitatione** Sanctorum, reverendi patris fratris Guilielmi Pepin... reformati conventus Sancti Ludovici Ebroycensis, ordinis fratrum Predicatorum alumni et incole, perpulcher tractatus. *Parisiis, Cl. Chevallon pro J. Petit*, 1520. In-8, gothique à 2 col., de près de 900 pag., v. marbr.

> Ces curieux sermons, dans le genre de ceux de Maillard et de Menot, sont dédiés à Thomas Boyer, général de l'ordre des Frères prêcheurs, en *Normandie*.

347. **Sermones** Dominicales fratris Guil. Pepin, reformati conventus Sancti Ludovici Ebroycensis. *Parrhisiis, J. Petit*, (*circa* 1530), in-8, gothique à 2 col., v. marbr.

348. **Sermones** dormi secure per totum annum (auctore Richardo de Maidstone). *Parisiis, Fr. Regnault*, 1538, in-8, gothique, parch.

> Ces sermons tout faits, à l'usage des prédicateurs qui aiment à dormir la grasse matinée, sont très curieux. M. Méray en parle dans ses *Libres prêcheurs.*

349. **Menot.** Reverendi patris fratris Michaelis Menoti ordinis Franciscani... qui lingua aurea sua tempestate nuncupatus est sermones quadragesimales ab ipso olim Turonis declamati. *Parisiis, Cl. Chevallon*, 1525, in-8 gothique à 2 col., mar. n. fil. (*Aux armes de Bonnier de la Mosson*).

> Mich. Menot est célèbre par ses sermons burlesques. Ce recueil, qui contient tous ceux qui furent prêchés à TOURS, est fort curieux et entremêlé de latin et de FRANÇAIS MACARONIQUE. Aux pages 42 et 43 Menot rappelle le Mystère de *Saint Martin*, joué à Tours. Une piqûre à qq. ff., tout à fait sur le bord de la marge du haut.

350. Sermons de frère Michel Menot sur la Madeleine, avec une notice et des notes par Jehan Labouderie. *Paris*, 1832, in-8. br.

> Tiré à petit nombre.

351. Michel Menot (prédicateur du XVIe siècle), par Ch. Labitte. *Paris*, 1838, in-8, br.

> Tirage à part, à très-petit nombre, de la *Revue de Paris.*

352. Thesauri novi (ut vulgo vocatur) Sermones quadragesimales. *Parisiis, Fr. Regnault*, 1544, in-8, fig. sur bois, vél.

353. Les Libres prêcheurs, devanciers de Luther et de Rabelais, étude historique, critique et anecdotique sur les XIVe, XVe et XVIe siècles, par Antony Méray. *Paris*, 1860, in-16, papier vergé, de Hollande, titre rouge et noir, demi-rel mar. bl. à nerfs, dos orné, tête dorée, non rogné.

> Totalement épuisé et devenu rare.

354. Les Catholicques demonstrations sur certains discours de la doctrine ecclésiastique par F. J. Porthæsius C. aux Sables d'Ollone. *Paris, Guill. Julian*, 1565, in-8, vél.

355. Huict sermons de la résurrection de la chair, prononcés au chasteau du bois de Vincennes, durant le temps de parade et deuil de feu tres puissant et tres chrestien Charles IX, roy de France, vrayement piteux et debonnaire, par A. Sorbin, dict de Saincte Foy. *Paris, Guill. Chaudière*, 1574, in-8, cart. antiq.

356. Prediche di monsig. Rever. Pannigarola, vescovo d'Asti,

fatte da lui in Parigi. *Asti e Turino (circa l'anno* 1591), pet. in-8 de 44 feuillets, cart. antiq.

Bel exemplaire d'un livret fort curieux, inconnu a Gambay à Moreri et à Brunet. C'est une suite de sermons historiques, italiens, prononcés en 1590, dans l'église de NOTRE-DAME DE PARIS, à l'occasion de la délivrance de cette capitale et de l'arrivée du légat, le cardinal Cajétan, que Panigarole avait suivi en France. Il passait pour le premier orateur de son temps, et pour celui dont le geste et la parole avaient le plus d'influence sur les foules. A lire ces sermons, qui roulent tout entiers sur les malheurs des Parisiens et sur la nécessité où ils sont de n'accepter pour roi qu'un prince catholique, on sent qu'ils devaient être compris même du menu peuple. Le style, d'ailleurs, en est vif, familier, imagé et brisé, comme dans les œuvres d'improvisation et d'enthousiasme. Chaque sermon est divisé en deux parties, et ils sont au nombre de trois seulement : le premier, *Contre la paix, que certains hommes voudraient faire avec les hérétiques;* le second, *Sur ce que l'on doit faire quand un hérétique prétend à la couronne;* le troisième, et le plus long, *Sur le siége et la délivrance de Paris.* On nous pardonnera l'étendue de cet article, si l'on considère l'importance de pièces semblables pour l'histoire de nos troubles religieux. C'est la première fois, croyons-nous, que ce petit livre passe dans les ventes.

357. Prédications contenans certaines matières et poincts nécessaires à estre traictez et preschez pour les advents, et depuis les advents jusques en caresme, extraicts des sermons de R. P. F. Loys de Grenade, par N. Colin, chanoine et trésorier de l'église de Reims, *Paris,* 1602, in-8 de plus de 600 pag., v. ant.

357 *bis.* Les Divines voyes du ciel, sermons admirables du R. P. dom Gabriel Inchino, œuvre singulier et docte, trad. par R. P. F. Jean Blancone, Tolozain, religieux du grand convent de l'observance de Tolose. *Paris,* 1604, 2 part. en 1 vol., in-8, vél.

358. L'histoire sacrée des bonheurs et malheurs d'Adam et Eve, enrichie de notables recherches et moralitez, et preschée en divers lieux par R. P. Nic. Gazet. *Arras, Rob. Maudhuy,* 1615, 2 t. en 1 vol., in-8, frontispice gravé, v. fauve. (Rare).

358 *bis.* Le Mystère de la croix et de la rédemption du monde, expliqué en dix sermons preschés dans la chapelle des Pénitens noirs de Tolose, par E. Molinier, Tolosain. *Tolose,* 1635, in-8, vél.

359. Discours ou sermon apologétique en faveur des femmes, question nouvelle, curieuse et non jamais soustenue (par Louys Machon, archidiacre de Port et chanoine de Toul). *Paris,* 1641. — Sermon pour le jour de l'Assomption Nostre-Dame, au retour de la procession générale establie, par le roy Louys XIII (par le même). *Paris,* 1641, in-8, v. fauve, fil. tr. dor. (Anc. reliure).

Livre singulier. Cet exemplaire est celui du duc de La Vallière. Guy Patin, dans une lettre du 3 septembre 1649, dit que l'auteur de ces sermons, qui était un *curieux de livres,* se préparait à en faire publier un pour prouver que Jésus-Christ était le plus beau des hommes, quand il fut exilé de France, pour avoir été convaincu du crime de faux sceaux, dont il pensa être pendu.

360. L'Enlèvement de la Vierge par les anges, homilie preschée le jour de son assomption, en l'église cathédrale de Senlis, par Jean Deslyons, doyen et théologal de la mesme église. *Paris, Ch. Du Mesnil*, 1647. Petit in-12, cart., antiq.

> Le plus rare des ouvrages de ce théologien, connu des bibliophiles par sa dissertation sur le *Roi de la fève*, etc... (*V*. le n° 139.)

361. PRONES sur l'évangile de saint Matthieu. — 2 vol. in-4, rel. pleine en v. fauve, fil. à comp., dent., dos peints, *non rognés*.

> MANUSCRIT AUTOGRAPHE DU XVIIe SIÈCLE, provenant de la collection Monteil. Il est décrit dans le *Traité des matériaux manuscrits* (t. II, p. 185). La reliure, fort singulière, est célèbre pour avoir été reproduite en lithographie à la page que nous désignons. Les deux dos des volumes semblent n'en former qu'un. Monteil y a fait peindre un bonnet carré, symbole de la chaire ecclésiastique, se partageant en deux moitiés, une pour chaque volume. D'après l'article de Monteil, ces sermons seraient attribués à un curé de *Beaumont-sur-Oise.* « Ne pensez pas, dit Monteil, que ce monument de littérature sermonnaire soit sans intérêt pour l'histoire des opinions nationales; il y a grand nombre de faits à noter dans ces divers prônes, surtout dans ceux sur l'apostasie, les superstitions, les maléfices, la divination, les vaines observations, les vœux, les serments, et dans bien d'autres. » Et plus loin, en parlant de l'auteur : Ses hautes lumières lui font voir les objets comme les voyait le clergé de Bossuet, de Fénelon. »

362. De la meilleure manière de prêcher, par le S***. *Paris, J. Boudot*, 1700, in-12, mar. rouge, fil. tr. dor. (*Anc. reliure.*)

> Très-bel exemplaire de dédicace, aux armes de Louis-Antoine de Noailles, archevêque de Paris, duc de Saint-Cloud, pair de France et commandeur de l'ordre du Saint-Esprit.

363. Homélie ou paraphrase du psaume L, *Miserere mei, Deus*, composée par le R. P. Edme Calabre. *Troyes, Ch. Briden*, 1711, pet. in-12, portrait gravé par Lebas, réglé, mar. citr., doublé de mar. vert, dent. inter., tr. dor. (*Anc. reliure, aux armes de Fleuriau d'Armenonville.*)

364. Eloges historiques et moraux de S. Denis, de Ste Geneviève et de S. Louis, patrons de Paris et de la France, par l'abbé Joubert, chanoine d'Avignon. *Paris*, 1786, in-12, v. jasp.

365. Manuel des missionnaires, ou Essai sur la conduite que peuvent se proposer de tenir les prêtres appelés à travailler au rétablissement de la religion catholique en France, ouvrage posthume, de Jean-Noël Coste, curé de Haute-Fage, diocèse de Tulle. *Rome*, 1801, in-8, de 432 pages, br., *non rogné*.

366. Panégyrique de Jeanne d'Arc, prononcé le 8 mai 1817, dans l'église cathédrale d'Orléans, par l'abbé Bernet. *Or-léans*, 1817, in-8, de 45 pages, br.

XIII. — THÉOLOGIE PROTESTANTE. — ÉCRITS PROTESTANTS CONTRE L'ÉGLISE ROMAINE ET LA PAPAUTÉ.

367. Incipit planctus ruine Ecclesie, latino simul et vulgari ydeomate rithmico seu versifico modo compositus. *Impressum Phortze, S. a. (circa* 1510), pet. in-4, de 8 feuillets, gothique, maroquin bleu, dent., doublé de moire blanche, tr. dor.

> Plaquette fort rare. C'est une complainte du XVI° siècle, en petits vers latins et allemands. L'auteur, qui était sans doute l'un des précurseurs et peut-être ami de Mélanchthon et de Luther, déplore les vices des grands et du clergé, invitant le peuple à la pénitence. C'est le seul exemplaire que nous ayons jamais vu de cet opuscule singulier. — Piqûre facile à réparer.

368. In hoc libello, gravissimis, certissimisque et in sacra Scriptura fundatis rationibus variis probatur apostolum Petrum Romam non venisse, neque illic passum, proinde satis frivole, et temere Romanus Pontifex se Petri successorem jactat et nominat (auctore Ulricho Veleno). *Absque loco* (1519), pet. in-4, lettres rondes, cart.

> Opuscule fort rare contre la papauté. C'est un des premiers écrits des protestants dirigés contre le catholicisme. Le nom d'Ulrichus Velenus, qu'on lit dans la préface, cache très-probablement un pseudonyme. Le titre se compose d'une bordure gravée sur bois extrêmement curieuse et d'une singularité dont rien n'approche ; ce sont des allusions satiriques ou plutôt des caricatures grotesques contre les moines et le haut clergé, dont les vices et débordements sont représentés sous forme d'animaux fantastiques. Cette gravure porte la date de 1519.

369. DEFENSIO CHRISTIANORUM DE CRUCE, id est Lutheranorum cum pia admonitione F. Thomæ Murnar, lutheromastigis, ordinis Minorum, quo sibi temperet a conviciis et stultis impugnationibus Martini Lutheri, Matthæi Gnidii Augusten. Epistolæ item aliquot ; ad eruditos Germaniæ, ad Martinum Lutherum, ad strenuissimum equitem Germ. Ulrichum Huttenum, ad populum Germaniæ. *Absque ulla nota (sed in titulo insigne typographiæ Deodatensis, et TYPIS DEODATENSIBUS excussa circa annum* 1520), pet. in-4, de 12 feuillets, dont le dern. entièrement blanc, lettres rondes, vél..

> TRÈS-BEL EXEMPLAIRE D'UN OPUSCULE RARISSIME, non cité par les bibliographes, et imprimé avec les caractères de la *Cosmographiæ introductio*, de la *Grammatica figurata* et autres livres sortis des presses de *SAINT-DIÉ*, en Lorraine. Il ne saurait y avoir aucun doute à cet égard ; on n'a qu'à comparer cet opuscule avec les *Quatuor Americi Vesputii navigationes* du présent catalogue (section des Voyages), portant la souscription de *St-Dié*, 1507, que nous avons reproduite en fac-simile, et l'on sera forcé d'y reconnaître avec nous une identité parfaite de caractères et de justification. Le nom-

bre de lignes est exactement le même : 27 à la page pleine, non
compris le titre courant, imprimé en lettres capitales. Au bas du
recto du 10ᵉ feuillet on remarque une petite figure en bois sur
fond noir, genre de gravure primitive tout particulier, et que l'on
retrouve dans la *Grammatica figurata* de Saint-Dié. Sur le titre on
voit la marque de l'association typographique formée à Saint-
Dié, vers 1507, entre le chanoine Gaultier Lud, Nicolas Lud, Mat-
thias Ringmann, surnommé *Philesius des Vosges*, et Martin Waltzemüller, géographe et imprimeur fribourgeois, dit *Ilacomilus*. Cette
marque est tirée avec le bois original qui figure à la fin des « *Quat-
tuor Americi Vespucii navigationes*, » reconnaissable à une cassure que
l'on peut observer sur le côté droit de la planche. (*V.* les fac-simile
nᵒˢ 1 et 2, à la fin de ce catalogue.) On remarquera que dans le tirage
de la marque, sur le titre de la *Defensio christianorum*, les lettres M.
I. initiales de *Martinus Ilacomilus*, qui se trouvent au bas, ont été
retouchées, et que, par l'addition de quelques traits, ces lettres
forment un nouveau monogramme assez obscur, dans lequel cependant on peut voir les lettres M. W. qui désigneraient plus positive-
ment *Martin Waltzemüller* que ce nom grécisé, puis latinisé d'*Ilacomilus*.

Nous avons démontré que cet opuscule était imprimé avec les caractères de l'imprimerie de Saint-Dié et par Martin Waltzemüller
seul, mais rien de plus. Nous doutons fort qu'il ait été imprimé à
Saint-Dié, et encore bien moins sous les auspices des chanoines de
Saint-Dié. Ce serait plutôt à Strasbourg que ce livret en faveur
de Luther aurait vu le jour, surtout si l'on fait attention à un passage d'une préface du Ptolémée publié à Strasbourg, par Grüninger,
en 1522, où il est question de la mort, en cette ville, de Waltzemüller, *pie defuncto*. C'est ainsi que l'on désignait ceux qui avaient
embrassé les idées nouvelles de la réforme de Luther. La *Defensio
christianorum* contient deux lettres datées de 1520, et c'est vers cette
époque que l'on doit en fixer l'impression. Or, Murnar, le personnage
contre lequel est dirigée cette satire, était alors à Strasbourg, et l'un
des passages de cette pièce fait allusion à ses faits et gestes en cette
ville : « *Murnarus ab omnibus Argentorati despicitur, ridetur, exibila-
tur.* » Du reste, les anciens associés de Waltzemüller n'étaient plus ;
son dernier ami, *Mathias Ringmann*, était mort en 1511 ; le matériel
typographique de Saint-Dié était passé à Strasbourg, entre les mains
de l'imprimeur Schott, qui avait publié en 1513, avec les caractères
mêmes de Saint-Dié, le fameux Ptolémée auquel le *Gymnasium Vo-
sagense* travaillait depuis 1507. C'étaient de nouveaux Mécènes, Jacques Eszler et Georges Ubelin, avocats près le tribunal ecclésiastique de Strasbourg, qui, aidés par Waltzemüller, avaient entrepris la
publication de ce monument géographique abandonné : « *Opus
sexennali pene socordia neglectum, at nostris vigilantia sumptibus et cura
renatum...,* » disent-ils dans leur dédicace à l'empereur Maximilien.
On n'aurait pas déplacé sans motif et ensuite rapporté à Saint-Dié
un matériel typographique aussi important que celui qui avait servi
au Ptolémée de 1513, surtout si l'on réfléchit que Waltzemüller, qui
s'était retiré à Strasbourg, devenait, par la mort de ses anciens associés, le seul successeur ou ayant droit à la marque typographique de
Saint-Dié. Est-ce, d'ailleurs, à Saint-Dié, sous les auspices du chapitre, qu'on aurait pu imprimer un écrit en faveur de Luther, et surtout une chronique de Venise en allemand (*V.* ce catalogue, section de l'*Histoire étrangère*); que personne n'aurait pu lire, et qui aurait nécessité la gravure et la fonte d'un nouveau caractère allemand, que ne possédait pas l'imprimerie de Gaultier Lud et consorts,
qu'il était bien plus facile de se procurer sur place à Strasbourg ?
La question, selon nous, n'est pas soutenable. Les bornes de cet article ne nous permettent pas de nous étendre davantage sur ce
chapitre, pour retracer les causes probables de mésintelligence
survenues entre Waltzemüller et ses nouveaux Mécènes, mésintel-

ligence dont les traces constatées dans la seconde édition du Ptolémée de St-Dié, donnée en 1520, encore par Schott, à Strasbourg. La vignette intercalée au milieu de la souscription représente deux chiens qui se mordent, avec ces mots : « *Vim vi repellere licet.* » Ce n'est certainement pas la marque typographique de Schott, comme nous nous en sommes assuré, et nous voyons plutôt là une allusion directe à des querelles d'intérêt entre Waltzemüller et ses seconds éditeurs. Nous aurions voulu parler aussi du Cordelier Thomas Murnar, l'auteur du *Charti ludium* (qui a bien pu fournir l'idée de la *Grammatica figurata*), et en même temps le plus fougueux adversaire de Luther et de Zwingle. Martin Waltzemüller lorsqu'il était étudiant à Fribourg, avait dû connaître ce personnage, contre lequel il avait probablement quelque rancune personnelle d'écolier. Nous pourrions encore tirer de l'ensemble de certains faits d'autres inductions qui ne seraient pas dépourvues de valeur ; mais en voilà assez, nous nous arrêtons.

370. Complanatio Isaiæ prophetæ, fœtura prima cum apologia qur (*sic*) quidque sic versum sit per Huldrycum Zvinglium. *Tiguri, Chr. Froschover*, 1529, pet. in-fol., dem.-rel.

371. De virginitatis custodia, stupri vindicta, uxorum in viros pietate et perfidia, de scortationis scelere et ejus pœna, libri IV, Joa. Gastio Brisacensi autore. *Basileæ, Rob. Winter*, 1544, in-8, vél.

> On a relié dans le même volume : *Math. Castrilii De heroicis virtutibus principum Germaniæ. Basileæ*, 1565.

372. Resurrectio. De gloriosa Domini Nostri Jesu Christi, nostrorumque corporum resurrectione et vita sanctorum perpetua libellus (authore Matthia Erbio). *S. l. (Tiguri), apud Froschoverum*, 1545. — Salomonis Proverbia, Sapientia, Ecclesiasticus, Sebast. Castalione interprete. *Basilæ, Oporinus*, 1556, 2 ouvr. en 1 vol. in-16, v. estampé du XVIᵉ siècle, avec les portraits de Luther et de Melanchthon sur les plats, fermoirs.

373. Defensio orthodoxæ fidei de sacra Trinitate contra prodigiosos errores Michaëlis Serveti Hispani, ubi ostenditur hæreticos jure gladii coercendos esse, et nominatim de homine hoc tam impio juste et merito sumptum Genevæ fuisse supplicium per Johannem Calvinum. *S. l., Oliva Roberti Stephani*, 1554, in-8, dem.-rel.

374. Remontrance à tous estats, par laquelle est en brief démontré la foy et innocence des vrays chrestiens, les abus auxquels sont détenus leurs ennemis et persécuteurs, et le jugement que Dieu en fera. *Paris*, 1560, pet. in-8, cart.

> Pièce écrite en faveur des protestants.

375. DE ARBORE SCIENTIÆ boni et mali ex quo Adamus mortem comedit, et adhuc hodie cuncti homines mortem comedunt..... Augustino Eleutherio (Sebastiano Frank) authore. *MULHUSII, superioris Elsatiæ, per PETRUM FABRUM*,

1561, in-8 de 130 pages chiffrées, plus un feuillet pour le
titre, et un autre également non chiffré contenant la souscription au recto et la marque de l'imprimeur au verso,
mar. vert, fil., tr. dor. (*Anç. reliure.*)

> Livre très-rare, qui a été regardé longtemps comme le PREMIER
> LIVRE IMPRIMÉ A MULHOUSE EN ALSACE, et non à *Mulhausen* en Prusse,
> comme l'ont avancé successivement MM. Cotton et Ternaux,
> faute d'avoir pu citer la souscription *de visu.* Au verso du der-
> nier feuillet se trouve la marque de l'imprimeur *Pierre Fabry,*
> avec la date de 1558, qui indique évidemment que ses presses
> étaient établies à Mulhouse avant 1561. Effectivement, nous avons vu
> une *Moralité de l'Homme riche et du pauvre Lazare,* en vers allemands,
> pet. in-8 de 24 feuillets, avec 13 figures sur bois, qui, bien que sans
> date, nous paraît antérieure au volume que nous décrivons. Seule-
> ment cet opuscule allemand est imprimé par Hans Schirenbrandt et
> Pierre Schmid, associés. Ce n'est pas tout : un de nos correspondants
> de Strasbourg, M. P. Ristelhuber, connu dans le monde lettré, nous
> a obligeamment signalé un volume allemand sur l'hygiène, par le
> docteur Laurent Friesen, imprimé à Mulhouse, par Pierre Schmid
> seul, avec la date de 1559. On le voit, nous approchons du but; il
> ne reste plus qu'à découvrir un volume daté de 1558. En résumé,
> Hans Schirenbrandt et Pierre Schmid paraissent avoir été les pre-
> miers imprimeurs de Mulhouse. A en juger par les caractères, leur
> matériel aurait été apporté de Bâle. Pierre Schmid reste seul dès 1559;
> et en 1561 il est lui-même remplacé par Pierre Fabry, qui succède
> a sa marque. Nous la donnons en fac-simile à la fin de ce cata-
> logue.

376. Le Grand pardon de plenière rémission, pour toutes personnes et durant à perpétuité. *Nouvellement imprimé avec
privilégé perpétuel,* 1561, pet. in-8, cart. antiq.

> Pièce protestante et antipapiste.

377. Theod. Bezæ, tractatio de polygamia, in qua et Ochini
apostatæ et Montanistarum adversus repetitas nuptias argumenta refutantur. *Genevæ, Vignon,* 1573, in-8, dem.-rel.,
vél.

378. De veris et visibilibus Ecclesiæ catholicæ notis tractatio,
Beza auctore. *Genevæ,* 1579, pet. in-8, cart. ant.

379. Tractatus duo : primus de amicitia christiana, secundus
de ludo aleæ, L. Danæo autore. *Genevæ,* 1579, pet. in-8,
cart. ant.

380. La Manifestation de l'Antechrist, par la déduction de
plusieurs passages des saintes Écritures. S. l. (*Genève*), par
Pierre de Sainct-André, 1607, pet. in-8, vél. (*Rare.*)

381. Apologie pour la saincte Cène du Seigneur, contre la
présence corporelle et transsubstantiation; *item* contre les
messes sans communion et contre la communion sous une
espèce, par Pierre Du Moulin. *Genève, Isaïe Le Preux,* 1610,
in-8, vél.

382. Les Ruses de Satan, recueillies et comprinses en VIII livres,

par Jacques Aconce. *Delft, B. Schinckel*, 1611, in-8, v. m.

Cet ouvrage, qui est très-curieux et peu commun en français, n'est pas un livre de sorcellerie, comme on le pourrait croire, mais un traité sur la tolérance universelle des religions. Peignot le cite dans son *Dictionnaire des livres condamnés au feu*.

383. Examen de la déclaration publiée par George Suisse, se qualifiant sieur de Soulas, sur les causes prétendues de sa révolte, à MM. de la religion romaine. *Imprimé à Saumur*, 1613, pet. in-8 de 100 pag., cart.

384. La Manne cachée, ou Secret de la saincte Cène, contre les vaines imaginations des derniers siècles, par Jacques Himbert Durant, ministre de la parole de Dieu en l'église d'Orléans. *Sedan*, 1619, in-8, vél.

385. Lettres du synode national des Églises réformées de France (tenu à Charenton), ensemble la harangue faite par Sa Majesté à Compiègne, le 19 septembre 1631, par les s[rs] Amyraut et de Villars, deputez dudit synode. *S. l.*, 1631, pet. in-8, cart. antiq.

386. Ph. Melanchtonis epistolarum liber continens præclara multa cum ecclesiastica tum politica et historica, cognitione dignissima ante hac nunquam editus. *Lugduni Batavorum, ex officina Bonavent. et Abrah. Elzevir.*, 1647, pet. in-8, vél.

387. Adversus epistolæ historicæ criminationes Mosis Amyraldi defensio, ad reverendum virum D. Chabrolium Thoarsensis ecclesiæ pastorem. *Salmurii, J. Lesnier*, 1649, in-12, vél.

Un des plus rares écrits du protestant Moyse Amyrault, né à Bourgueil, en Touraine, en 1596. Comme l'indique le titre, ce livre est dédié à D. Chabrol, pasteur de l'église de Thouars. Ce volume est resté inconnu à Chalmel, qui ne le cite pas dans la liste qu'il donne des ouvrages de Moyse Amyrault.

387 *bis*. Jo. Andreæ Bosii De pontifice maximo Romæ veteris exercitatio historica. *Ienæ*, 1656, pet. in-4, demi-rel., dos et coins de mar. vert, à nerfs.

Bel exemplaire de cet opuscule rare.

388. Sermon prononcé au synode de Nyort, 1656, par Samuel Cottibi, pasteur en l'église de Poictiers (publ. par la duchesse de la Trémouille). *Charenton*, 1658, pet. in-8, cart. antiq. (*Rare*).

389. Lettre du sieur Cottiby, cy-devant pasteur de l'Église réformée de Poitiers, envoyée au consistoire de ladite Église. *Charenton, L. Vendosme*, 1660, pet. in-8, cart. antiq.

Pour un autre ouvrage de Cottiby, voir le n° 297.

390. Préservatif contre le scandale que donne la révolte des

pasteurs, fait par Matthieu Bochart, ministre à Alençon. *Charenton*, 1660, pet. in-8, cart. antiq.

Dédié à la duchesse de La Trémouille.

391. Réponse sommaire au livre de M. le cardinal de Richelieu, intitulé Traité pour convertir ceux qui se sont separez de l'Église, par le sieur R. de La Ruelle, avec une petite préface de M. Samuel Des Marets. *Groningue, J. Gillot*, 1664, pet. in-4, mar. rouge, fil., tr. dor. (*Anc. reliure aux armes.*)

Dédié à la *Princesse de Turenne*.

392. Dissertatio historico-theologica de purgatorio Pontificiorum, auctore Conr. Schummanno. *Ienæ*, 1679. — Dissertatio philologica de purgatorio Judæorum, auctore Chr. Theoph. Boerwaldio. *Helmstadii*, 1704.—2 opusc. en 1 vol. pet. in-4, dem.-rel., dos et coins de mar. viol., à nerfs.

Rares et singuliers.

393. Les Derniers efforts de l'innocence affligée (par Jurieu). *La Haye*, 1682, pet. in-12, cart. antiq.

394. L'Impiété des communions forcées, avec quelques réflexions sur les peines qu'on inflige à ceux qui refusent d'y participer, en particulier sur les outrages faits aux cadavres. *Deventer (à la Sphère)*, 1689, in-12, v. br., fil.

395. Traité historique et théologique touchant l'état des âmes après la mort, où, par le témoignage de quelques anciens docteurs, et surtout de saint Augustin, l'on fait voir l'origine et l'abus du purgatoire de l'Église Romaine. *Hambourg, veuve George Rebenlin*, S. d. (vers 1690), pet. in-8, v. br.

396. Les Raisons des scripturaires, par lesquelles ils font voir que les termes de l'Écriture suffisent pour expliquer le dogme de la Trinité. *Hambourg, G. Steiner*, 1606, pet. in-8, v.

Imprimé non à Hambourg, mais à Rotterdam, par les soins de Benjamin Furly, quaker très-instruit. Marchand attribue cet ouvrage à De Lortie fils. Sur un exemplaire on lisait, en écriture du temps : « Ce volume fait la troisième partie du *Platonisme dévoilé*; il est de M. Leclerc, apologiste des Sociniéns. » Ce volume est bien plus rare que le *Platonisme dévoilé*. — Exemplaire de *Renouard*, avec son *ex libris*.

397. Disputatio theologica de christianismo stoico hodie redivivo, auctore Pet. Jænichio. *Vitembergæ*, 1706, pet. in-4. dem.-rel., dos et coins de mar. vert, dos à nerfs. (*Rare.*)

398. Recueil de portraits en rondeaux, dans lesquels on représente plusieurs abus superstitieux et quantité de hardies innovations dans le culte de l'Église romaine. *A Christianopolis, à l'enseigne de la Vérité*, 1728, pet. in-8, v. f., fil, dent., tr. dor. (*Anc. reliure.*)

399. Dissertatio de piis fraudibus, auctore Christoph. Car.
Stoer. *Altorfii*, 1737, pet. in-4, dem.-rel. à nerfs, dos et
coïns de mar. bleu.

> Opuscule rare, où se trouve renouvelée la vieille accusation d'i-
> dolâtrie faite à l'Eglise catholique.

400. La Vraie religion démontrée par l'Écriture sainte, trad. de
l'anglais de Gilbert Burnet. *Londres*, 1767. — Essai sur l'u-
sage. *Utrecht*, 1741.—2 ouvr. en 1 vol. pet. in-8, dem.-rel.,
v. ant.

401. De la tolérance dans la religion, ou de la liberté de conscience, par Crellius, l'intolérance convaincue de crime et de
folie. *Londres*, 1769, pet. in-8, v. marbr. (*Bel exemplaire.*)

402. Cantiques spirituels à l'usage des églises protestantes de
la confession d'Augsbourg. *Strasbourg, Conrad Schmidt*,
1769, pet. in-12, mar. rouge, fil, dent., tr. dor. (*Ancienne
reliure.*)

XIV. DIVERSES SECTES RELIGIEUSES. — ATHÉES, INCRÉDULES,

ILLUMINÉS. — OPINIONS SINGULIÈRES.

403. Eversio falsorum Aristotelis dogmatum, authore D. Jus-
tino... Guil. Postello in tenebrarum Babylonicarum dispul-
sionem interprete. *Parisiis*, 1552. — Liber de causis origi-
nibus naturæ utriusque, authore Guill. Postello. *Parisiis*,
1552, in-16, mar. oliv., doublé de maroquin rouge, large
dentelle intérieure, tr. dor. (*Anc. reliure.*)

> Traités singuliers du célèbre Guillaume Postel, né à *Barenton, en
> Normandie*. — Bel exemplaire, en condition rare.

404. Les très-merveilleuses victoires des femmes du nouveau
monde, et comment elles doibvent à tout le monde par raison
commander, et même à ceux qui auront la monarchie du
monde vieil... par Guill. Postel. *Sur l'imprimé à Paris, chez
Jehan Ruelle*, 1553. — La doctrine du siècle doré ou de l'é-
vangélike règne de Jésus, roy des roys, par Guill. Postel.
— *Paris, J. Ruelle*, 1559.—2 part. en 1 vol. in-12, mar. rouge,
fil., tr. dor. (*Anc. reliure*).

> Réimpression faite à Rouen, vers le milieu du xviii° siècle, par
> les soins de l'abbé Saas, mort en avril 1774. Cette réédition d'un
> livre rarissime a été faite à très-petit nombre, et les beaux exem-
> plaires en ancienne reliure de maroquin sont rares. Cet ouvrage, le
> plus célèbre et de plus curieux du fameux Guillaume Postel, est
> connu sous le nom de *Mère Jeanne*. Les pages 20 à 30 sont remarqua-
> bles en ce qu'elles concernent spécialement JEANNE DARC : « *Des
> très admirables et jusques icy non considérées vertus de Jehanne la Pu-
> celle.* »

405. Elenchi philosophici a Fausto Socino Senensi in gratiam

amicorum explicati et exemplis theologicis illustrati. *Racoviæ, typis Seb. Sternacii,* 1625, in-8 de 119 pag., cart. antiq.

> Volume rare, imprimé à Rakow, petite ville du palatinat de Sandomir, en Pologne. Les Sociniens y établirent une imprimerie, qui cessa en 1638, époque où ils furent expulsés du pays. Les livres sortis de cette presse particulière sont fort rares, parce que le clergé catholique a mis beaucoup d'ardeur à les détruire.

406. De Unigeniti Filii Dei existentia inter Erasmum Johannis et Faustum Socinum disputatio. *Racoviæ, typis Seb. Sternacii,* 1626, in-8 de XIX et 191 pag., cart. antiq.

> Imprimé, comme l'ouvrage précédent, à la presse particulière des Sociniens, établie à Rakow, en Pologne.

407. Hadr. Beverlandi De fornicatione cavenda admonitio, cui accessit R. P. Joh. Brandii Soc. Jesu detestatio nefandissimi sceleratissimique sceleris omnitici gravissima. *S. l.,* 1698, pet. in-8, cart.

408. Le Fameux livre des Trois Imposteurs, trad. du latin en françois. In-4, dem.-rel., dos et coins de mar. br. du Levant, à nerfs.

> MANUSCRIT DU XVIIIe SIECLE, provenant de la collection du président Bouhier.

409. Dissertatio historico-theologica de modo propagandi religionem per carmina, authore L. Gunth. Gelhud. *Helmstadii,* 1710, pet. in-4, cart.

410. Jo. Jac. Baur, Phil. Henr. Loebert, etc. De transmigratione animarum humanarum ex suis corporibus in alia corpora, dissertatio psychologica. *Tubingæ,* 1749, pet. in-4 de 88 pag., dem.-rel., dos et coins de mar. bleu du Levant, à nerfs.

> Bel exemplaire.

411. Conr. Joan. Gottl. Feindeisen De deismo generatim spectato. *Rostochii,* 1754, pet. in-4, dem.-rel., dos et coins de mar. rouge du Levant, à nerfs.

> Bel exemplaire.

412. Disquisitio atheismi sceptici ejusque argumentorum, auctore Joh. Car. Christ. Ferbero. *Ienæ,* 1759. — Disputatio de materialismo, auctore Jacobo Frid. Weiss. *Tubingæ,* 1750. — 2 tom. en 1 vol., pet. in-4, dem.-rel., dos et coins de mar. rouge, à nerfs. (*Rare.*)

413. Avantages du mariage, et combien il est nécessaire et salutaire aux prêtres et aux évêques de ce tems-ci d'épouser une fille chrétienne (par Desforges, chanoine d'Étampes). *Bruxelles,* 1758, 2 tom. en 1 vol. in-12, v. m. (*Très rare.*)

> Ce livre est d'autant plus singulier qu'il nous fournit le seul exemple qu'on puisse trouver, à cette date de 1758, d'un ecclésiastique prêchant les théories que les prêtres constitutionnels devaient pratiquer 34 ans plus tard. Aussi un tel ouvrage fut-il condamné à être

lacéré et brûlé par la main du bourreau, ce qui fut exécuté en effet le
3 octobre 1758. Il n'en resta d'autres exemplaires que ceux dont
quelques magistrats s'étaient pourvus. Le nôtre a une semblable
provenance. On y trouve, sur la garde, une note qui fait supposer
qu'il a appartenu d'abord au garde des sceaux *Chauvelin*. On y a inséré, à la fin, l'arrêt de condamnation en placard. Ce livre est signalé dans la *Bibliothèque des livres singuliers en droit, de Dufour*,
page 251. Une autre particularité : il a dû être tiré à très-petit
nombre et se vendait très-cher pour ce temps-là : le prix est imprimé sur le titre et porté à *dix-huit livres*, ce qui était excessif pour
un volume in-12, à cette époque.

414. La Canonisation de saint Cucufin, frère capucin d'Ascoli,
par le pape Clément XIII, et son apparition au Sr Aveline,
bourgeois de Troyes (par Voltaire). *S. l.*, 1767, pet. in-8,
cart. antiq. (*Édition originale*).

415. Le Ciel ouvert à tous les hommes, ou Traité théologique
(par P. Cuppé). *S. l.*, 1768, v. éc.

416. Dissertion sur Elie et Enoch, par Boulanger. *S. l.*, (XVIIIe siècle), pet. in-8, v. m.

417. Les Prêtres démasqués, ou des iniquités du clergé chrétien (trad. de l'anglois et refait en grande partie par le baron
d'Holbach). *Londres*, 1768, pet. in-8, v. f., fil.

418. L'Esprit du clergé, ou le Christianisme primitif vengé des
entreprises et des excès de nos prêtres modernes (trad. de
l'anglais, de J. Trenchard et de Th. Gordon, et refait en
partie par d'Holbach). *Londres (Amsterdam)*, 1767, 2 vol.
pet. in-8, v. marbr.

> « Ce livre a été traduit et corrigé par le baron, ensuite par mon
> « frère, qui l'a *athéisé* le plus possible. » (Note de Naigeon le jeune.)

419. Théologie portative, ou Dictionnaire abrégé de la religion chétienne, par l'abbé Bernier (le baron d'Holbach).
Londres, 1768, pet. in-8, bas.

> Ouvrage philosophique contenant de singulières réflexions sur la
> religion.

420. Essai sur la nature et la destination de l'âme humaine,
par A. Collins, trad. de l'anglois (probablement par le baron
d'Holbach). *Londres (Amsterdam)*, 1769, in-8, dem.-rel.,
dos et coins de mar. vert du Levant, à nerfs, *non rogné*.

421. Tableau des saints, ou Examen de l'esprit, de la conduite,
des maximes et du mérite des personnages que le christianisme révère et propose pour modèles (par d'Holbach). *Londres*, 1770, 2 vol. pet. in-8, br., *non rognés*.

422. L'Esprit du judaïsme, ou Examen raisonné de la loi de
Moïse et de son influence sur la religion chrétienne (trad. de
l'anglais, de Collins, par d'Holbach). *Londres (Amsterdam)*,
1770, pet. in-8, br., *non rogné*.

423. Discours sur les miracles de Jésus-Christ, trad. de l'an-

glais, de Woolston (par d'Holbach). *S. l. (vers* 1770), 2 vol. pet. in-8, dem.-rel. dos et coins de mar. vert du Levant, à nerfs, *non rognés.*

> Ouvrage très-hardi, qui fit condamner Woolston à un an de prison et à 25 livres d'amende. « Ce qui doit, selon Moreri, rendre cet au-
> « teur inexcusable aux yeux mêmes de ceux qui poussent le plus
> « loin la liberté de penser, c'est qu'on trouve dans le tour de ses
> « pensées et de ses expressions un air de malignité et de vaine joie
> « qui décèle une intention criminelle. »

424. L'Antipapisme révélé, ou les Rêves de l'antipapiste, par Brise-Crosses. *Genève, George Lapret, à l'enseigne de la Mitre,* 1767, in-8, dem.-rel., dos et coins de mar. bleu, tête dorée, *non rogné.*

> Ouvrage rare et singulier, attribué à l'abbé Du Laurens.

425. Le Nazaréen, ou le Christianisme des juifs, des gentils et des mahométans, trad. de l'anglois, de Jean Toland. *Londres,* 1777, in-8, v. m.

> Volume peu commun et singulier. Tous les ouvrages de cet incré-
> dule sont recherchés à cause de leur étrange hétérodoxie.

426. Les Inconvéniens du célibat des prêtres, prouvés par des recherches historiques (par l'abbé Gaudin, ancien bibliothé-caire de la Rochelle.) *Genève,* 1781, in-8, v. éc., fil.

427. Delitiæ sapientiæ de amore conjugali, post quas sequun-tur voluptates insaniæ de amore scortatorio, ab Emm. Swe-denborg. *Amstel.,* 1768, in-4, dem.-rel., mar. cit.

428. Du commerce de l'âme et du corps, trad. du latin de Swedenborg (par Parraud). *Londres et Paris,* 1785, in-12, cart. antiq.

> Ouvrage très-singulier et dont l'original, comme dit le traducteur,
> est fort rare. Notre exemplaire contient, après l'avertissement, un
> fascicule paginé à part, le *catalogue* des ouvrages imprimés de Swe-
> denborg, lequel ne se trouve pas toujours dans ce livre.

429. Les Merveilles du ciel et de l'enfer et des terres plané-taires et astrales, par Em. de Swedenborg, d'après le témoi-gnage de ses yeux et de ses oreilles, trad. du latin par A. J. P. (Pernety, Forésien). *Berlin,* 1786, 2 vol. in-8, br., *non rognés.*

> C'est dans ce très-curieux ouvrage que Swedenborg a rassemblé
> toutes ses rêveries sur le monde surnaturel, et qu'il se montre le
> véritable précurseur de nos spirites contemporains. On sait que
> l'auteur croyait avoir eu lui-même des révélations touchant les
> choses de l'autre monde.

430. Abrégé des ouvrages d'Em. Swedenborg, contenant la doctrine de la nouvelle Jérusalem céleste. *Stockolm,* 1788, in-8, br., *non rogné.*

431. **Fragmens d'un poème moral sur Dieu** (par Sylvain Maréchal). *Athéopolis*, 1782, in-8, br., *non rogné*.

> Première édition de cet ouvrage singulier et peu connu. Sylvain Maréchal le réimprima, sous le titre de *Lucrèce français*, en 1798. Cette seconde édition, vendue 15 fr. (Châteaugiron), est rare, suivant M. Brunet, mais beaucoup moins que la première, dont nous ne connaissons aucune adjudication. Ce livre doit être recherché à plus d'un titre : il nous fournit un témoignage éclatant de la bizarrerie et de la franchise de son auteur ; tout y est d'une sécheresse et d'une clarté dont aucune prose même ne pourrait nous donner une idée. L'impiété y éclate brutalement, sans tours, ni détours, ni figures, en aphorismes monstrueux et nouveaux, qui en font un ouvrage très-amusant et point du tout dangereux. Suivant Maréchal,
>
> L'homme vertueux seul a le droit d'être athée.

432. **Essai sur la secte des illuminés** (par le marquis de Luchet). *Paris*, 1789, in-8, br., *non rogné*.

433. **Culte public en langue française, adressé à l'Assemblée nationale** par Carré, curé de Sainte-Pallaye, département d'Auxerre. *Auxerre, Fournier*), 1er *mars* 1790, in-8 de 35 pag., cart. antiq.

> Pièce très-curieuse.

434. **De l'esprit des religions, ouvrage promis à la confédération des amis de la vérité**, par Bonneville. *Paris*, 1791, in-8, v. jasp, fil.

435. **Les Abus dans les cérémonies et dans les mœurs, développés** par M. L*** (Dulaurens). *Blois, J. F. Billault, an II*, (1793), in-8, dem.-rel.

436. **Les Mystères de la Mère de Dieu dévoilés**, par Vilate. *S. l. n. d.* (1795), in-8 de 96 pag., br., *non rogné*.

> Opuscule fort curieux. Il est relatif à la fameuse sibylle *Catherine Théot*, et non pas *Théos*, comme l'imagina Barère. Quelques chapitres sont très-intéressants : *Dogmes*, — *David peintre*, — *Liturgies*, — *Mort tragique de Villeneuve*, — *la Théorie des prêtres*, — *Robespierre est le Verbe divin*, etc., etc. — Cet opuscule se trouve quelquefois joint aux *Causes secrètes de thermidor*, du même auteur.

437. **Le Véritable Évangile**, par le sieur Gallet. *Paris*, 1797. — **Apologie de la messe**. *Paris*, 1797. — 2 opusc. en 1 vol. in-8, dem.-rel.

> Ouvrages rares et singuliers.

438. **Des trois principes de l'essence divine, ou De l'éternel engendrement sans origine de l'homme, d'où il a été créé et pour quelle fin**, etc., par Jacob Bêhme, du vieux Seidenbourg (Swedenborg), trad. de l'allemand par le Philosophe inconnu (Saint-Martin). *Paris*, 1802, 2 vol. in-8, br.

439. **Vie du législateur des chrétiens, sans lacunes et sans miracles**, par J. M. (Mosneron). *Paris*, 1803, in-8, v. marbr.

440. **Démonstration, selon la raison, de la foi du salut de toutes les créatures humaines dans l'avenir**, par Jean l'Inconnu. *Caen*, 1815, in-8, br.

> Volume singulier, qui est l'ouvrage d'un rêveur.

HISTOIRE DES RELIGIONS.

441. Des différens et troubles advenans entre les hommes par la diversité des opinions en la religion, par Loys Le Roy (de Coutances). *Paris, Fed. Morel,* 1562, pet. in-8, vél. de Holl.

442. Histoire critique des dogmes et des cultes bons et mauvais qui ont été dans l'Eglise depuis Adam jusqu'à Jésus-Christ, où l'on trouve l'origine de toutes les idolâtries de l'ancien paganisme expliquées par rapport à celles des Juifs, par Jurieu. *Amsterdam,* 1704. — Supplément à l'Histoire critique des dogmes, ou Dissertation par lettres de Cuper, sur quelques passages du livre de Jurieu. *Amst.,* 1705. — 2 part. en un vol. in-4, fig., v. br.

442 *bis.* L'Antiquité dévoilée par ses usages, ou Examen critique des principales opinions, cérémonies et institutions religieuses et politiques des différens peuples de la terre, par Boulanger. *Amsterdam,* 1777, 3 vol. in-12, dem.-rel., v. vert. (*Bel exemplaire.*)

443. Explication de divers monuments singuliers, qui ont rapport à la religion des plus anciens peuples, par le R. P. dom *** (J. Martin). *Paris,* 1730, in-4. fig. v. m.

> Savant ouvrage, plus souvent consulté que cité. On y apprend l'origine de plusieurs fêtes, coutumes et jeux singuliers, des détails intéressants sur la magie, les talismans, l'astrologie judiciaire, quelques points de bibliographie peu connus, au sujet des ouvrages de saint Jérôme, etc., etc.

444. Histoire critique des pratiques superstitieuses qui ont séduit les peuples et embarrassé les savants, par le R. P. Pierre Le Brun. *Paris,* 1750, 4 vol. in-12, fig., v. marbr.

445. Histoire abrégée des différents cultes, par Dulaure. *Paris,* 1825, 2 vol, in-8, dem.-rel.

> Le 2ᵉ volume est intitulé : « *Des divinités génératrices chez les anciens et les modernes.* »

446. De l'Idolâtrie chez les anciens et les modernes, Traité de la science des mythes, par F. V. Vincent. *Paris,* 1850, in-8, br.

447. Apollodori Atheniensis bibliotheces, sive de Diis libri III, (gr.-lat.) Tanaq. Faber recensuit. *Salmurii,* 1661, pet. in-8, v.

448. Mémoire sur le culte de Mithra, son origine, sa nature et ses mystères, par Jos. de Hammer, publ. par J. Spencer

Smith. *Paris et Caen*, 1833, 2 vol. in-8, dont un de planches, br.

449. Explication des figures de Jupiter, d'Osiris, d'Isis et autres fausses divinitez qui sont dans la première face d'une pierre précieuse antique, que les payens réduisoient à l'unité du Soleil, avec les véritez tirées des fables par rapport à l'Ancien et au Nouveau Testament, par M. de La Gandie Choüet, s' de Mauny. *Sumptibus authoris, au Mans, chez Hier. Olivier*, 1688, in-8, fig., m. r, fil.

> Ouvrage de toute rareté, qui fut imprimé selon le goût et aux frais de l'auteur. C'est un volume de 488 pages, non compris 15 feuillets pour le titre, les approbations, la préface et l'épitre au roi. Le titre porte *Première partie*, mais celle-là seule fut publiée. Ce livre singulier n'est point mentionné par M. Brunet.

450. Des mystères d'Isis, par T. P. Boulage. *Paris*, 1820, in-8, br.

451. Dissertatio philologica de Bacchanaliis, auctore Joh. Chiliano Fabricio. *Lipsiæ*, 1691, pet. in-4, demi-rel., dos et coins de mar. bleu, à nerfs.

> Savantes recherches. Entraîné par son zèle, l'auteur de ce traité des *Bacchanales*, après nous en avoir donné la vive description et l'origine, termine sa thèse par des invectives contre le pape, à qui il reproche comme un crime de tolérer le carnaval à Rome, quand des païens, dit-il, en rougiraient eux-mêmes.

452. Historia Deorum fatidicorum, Vatum sibyllarum, Phœbadum apud priscos illustrium, cum dissertatione de divinatione et oraculis (auctore P. Mussardo). *Coloniæ Allobrog.*, 1675, in-4, fig., v. fauve.

453. Des divinités génératrices, ou du culte du Phallus chez les anciens et les modernes, par J. A. D. (Dulaure). *Paris*, 1805, in-8, v. vert, dent. (*Bel exemplaire*.)

454. Disquisitio de more Diis simulacra membrorum consecrandi, auctore Mart. Kohlmann. *Altorf.*, 1746, pet. in-4, dem.-rel. dos et coins de mar. viol., à nerfs.

> *Æsculapio donatæ membrorum effigies*, — *Priapo*, etc. — *De votis obscenis*, etc. — Bel exemplaire.

455. Vulcain, recherches sur ce dieu, sur son culte et sur les principaux monuments qui le représentent, par Emeric David. *Paris*, 1838, in-8, br.

456. 𝕭artholomei 𝕮oloniensis Epistola mythologica, cum quorumdam difficilium vocabulorum in ea positorum luculente interpretatione. *Sine nota* (sed *Daventriæ, Jacobus de Breda, circa* 1496), pet. in-4, gothique, cart.

> Bel exemplaire de cette édition rare, inconnue à Panzer, mais décrite par Hain. sous le n° 2494. On n'en connaissait pas l'impri-

meur. Ce volume est sorti des presses des Pays-Bas. Une comparaison minutieuse que nous en avons faite avec les caractères du
Titi Calphurnii Siculi Bucolicum carmen portant le nom de *Jacques de
Breda de Deventer* avec la date de 1491, nous permet de l'attribuer
avec certitude à cet imprimeur.

457. Joa. Christ. Schade De theologis Græcorum liber. *Lipsiæ*,
1733, pet. in-4, dem.-rel., dos et coins de mar. bl., à nerfs.
Bel exemplaire.

458. La Religion des Gaulois, tirée des plus pures sources de
l'antiquité, par le R. P. dom *** (Martin). *Paris*, 1727.
2 vol. in-4, fig., v. br.

459. Discours sur la nature et les dogmes de la religion gauloise, par de Chiniac La Bastide Du Claux. *Paris*, 1769,
in-12, br., *non rogné*.

460. Mémoire à consulter pour les anciens druides gaulois,
par l'abbé Beaudeau. *S. l.*, 1777, in-8, veau fauve, fil. (*Ancienne reliure*.)
Bel exemplaire.

461. De l'ophiolâtrie ou culte du serpent, appliqués à l'explication des monuments de Carnac, par de Penhouet. *Nantes*,
(1833), in-8, fig., br.

462. Etudes sur le culte druidique et l'établissement des
Francs et des Bretons dans les Gaules, par Maurice de la
Rochemacé. *Rennes*, 1858, in-8, br.

463. De templo Oniæ Heliopolitano opusc., auctore Joa. Phil.
Cassel. *Bremæ*, 1730. — De Samaritanis eorumque templo
in monte Garizim ædificato dissertatio, auctore Just. Fride-
rico Zachariæ. *Ienæ*, 1723. — De templi Corinthiaci super-
structoribus, disputatio, auctore Dan. Flottwello. *Vitembergæ*,
1744. — 3 opusc. en 1 vol., pet. in-4, dos et coins de mar.
bleu, à nerfs.
Réunion de trois traités intéressants. Le second peut être d'un
grand secours pour l'intelligence d'un long passage du *Discours
sur l'histoire universelle* de Bossuet, touchant la secte des Samari-
tains et leur temple.

464. Du culte des dieux fétiches (par le président de Brosses).
S. l., 1760, in-12, dem.-rel. v. antiq.

465. Le Théâtre de l'Idolâtrie ou la Porte ouverte pour parvenir
à la cognoissance du paganisme caché, et la vraye représentation de la vie, des mœurs, de la religion et du service divin
des bramines qui demeurent sur les costes de Coromandel,
par Abrah. Roger. *Amsterdam*, 1670, in-4, fig., v. br.

466. Conformité des cérémonies chinoises avec l'idolâtrie
grecque et romaine (par le P. Alexandre, dominicain). *Cologne*, 1700, in-12, v.

467. Dissertatio historico-moralis de superstitioso mortuo-
rum apud Chinenses cultu; auctore Guil. Stephano. *Halæ*

Magdeb., 1701, pet. in-4, dem.-rel., dos et coins de mar. bleu du Lev., à nerfs.

468. Zoroastre, Confucius et Mahomet, comparés comme sectaires, législateurs et moralistes, par M. de Pastoret. *Paris*, 1788, in-8, dem.-rel.

469. L'alcoran de Mahomet, trad. d'arabe en françois, par Du Ryer. *La Haye, Moetjens, (à la Sphère)*. 1685, pet. in-12, front. gravé à l'eau forte, v. br.

> Jolie édition elzévirienne.

470. La vie de Mahomet, avec des réflexions sur la religion mahométane et les coutumes des musulmans, par le comte de Boulainvilliers. *Amsterdam*, 1734, pet. in-8, frontispice et jolies fig. a l'eau-forte, par Harrewyn et Romeyn de Hooghe, mar. bleu, fil., tr. dor. (*Padeloup*.)

> Bel exemplaire en ancienne reliure.

471. Histoire du Mahométisme, trad. de l'anglais, de Mills, par Germain Buisson, de Rennes. *Guernesey*, 1826, in-8, dem.-rel.

II. — HISTOIRE DE L'ÉTABLISSEMENT DU CHRISTIANISME, DE L'ÉGLISE CATHOLIQUE ET DES PAPES. — HISTORIOGRAPHIE DE DIVERS DIOCÈSES.

472. EUSEBII Cesariensis Historia ecclesiastica, Rufino diacono Aquileiensi interprete. — Gr. in-fol., reliure pleine en mar. rouge du Levant, à nerfs, fil., dent. intér.

> TRÈS-BEAU MANUSCRIT DU XII° SIÈCLE, SUR VÉLIN, d'une parfaite conservation. L'écriture gothique, à 2 colonnes, est très-belle; les initiales sont peintes. Les passages en grec sont en LETTRES ONCIALES GRECQUES d'une belle exécution.

473. Sulpicii Severi presbyteri opera omnia, accurante G. Hornio. *Lugd. Batavor., Fr. Hackius, (typis Elzevirianis)*, 1654, in-8, front. gravé, vél. de Holl.

> Bonne édition, qui fait partie de la collection des *Variorum*. Autrefois M. Brunet, dans son *Manuel du Libraire*, estimait ce livre de 18 à 33 fr. Il se donne aujourd'hui pour beaucoup moins.

474. RECUEIL DE L'HISTOIRE DE L'ÉGLISE depuis le baptesme de nostre Seigneur Jesus Christ jusques à ce temps, par Nicolas Vignier de Bar-sur-Seine, médecin et historiographe du Roy. *A Leyde, aux despends de Christoffle de Raphelengien*, 1601, in-fol., grand papier, maroquin rouge, fil., tr. dor. (*Anc. reliure aux armes et au chiffre de de Thou*).

> SUPERBE EXEMPLAIRE aux armes et au chiffre du célèbre bibliophile JACQUES-AUGUSTE DE THOU, qui, on le sait, retenait d'avance, chez les éditeurs, les exemplaires de choix et en grand papier, tels que celui-ci, et les faisait ensuite relier avec luxe.

Ce beau volume est un spécimen irréprochable de cette bibliothèque, dont les livres français sont de plus en plus recherchés
par les amateurs.

475. Histoire de l'établissement du christianisme, tirée des
seuls auteurs juifs et païens, par l'abbé Bullet. *Paris*, 1825,
in-8, br.

476. De Christianorum sæculi 1 vita et moribus, Joa. Schmid
opus perutile, dedicat. Rever. Casim. Miegio theol. *Lingæ*,
1752, pet. in-4, dem.-rel., dos et coins de maroquin bleu, dos
à nerfs.

Etude intéressante de la vie et des mœurs de l'Eglise naissante,
et notamment des *Chrétiens du premier siècle.*

477. M. Franc. Wilh. à Ramshausen exercitatio Ecclesiæ Cop-
ticæ, hoc est Christianorum Ægyptiacæ ortum, progressum
præcipuaque doctrinæ capita repræsentans. *Ienæ*, 1666,
pet. in-4, fig. dem.-rel., dos et coins de mar. vert, à nerfs.

478. Due casi strani e miserabili, cavati dalle lettere della
Compagnia di Giesu, scritte dall, Indie al R. P. Claudio Ac-
quaviva, generale di detta compagnia. *Milano, per Gio.
Batt. Paganello, s. d.. (XVIIe siècle)* pet. in-8, de 16 pag., cart.

Les deux événements étranges rapportés dans ce rare opuscule
sont d'abord l'histoire d'un lettré japonais qui, après avoir reçu
le baptême, ne laissait pas de rester dans l'incrédulité; ensuite, la
fin tragique d'une jeune fille de seize ans, laquelle fut damnée,
pour avoir caché des péchés en confession.

479. Historica relatio de Ruthenorum origine eorumque mi-
raculosa conversione, et quibusdam aliis ipsorum regum
rebus gestis, auctore Cæsare Baronio Sorano. *Coloniæ*, 1598,
pet. in-8, cart. ant.

479 *bis.* Histoire de la délivrance de l'Eglise chrestienne par
l'empereur Constantin, et de la grandeur et souveraineté
temporelle donnée à l'Eglise Romaine par les Roys de France,
composée par Jean Morin, prestre de l'Oratoire. *Paris, Denis
Moreau*, 1630, in-fol., beau frontisp. gravé, v.

480. Anecdoctes ecclésiastiques contenant la police et la discipline de l'Eglise chrétienne depuis son établissement jusqu'au
XIe siècle, les intrigues des évêques de Rome et leurs usur-
pations sur le temporel des souverains (par Jacq. Vernet)
Amsterdam, 1753, pet. in-8, v. marbr.

481. Discours des honneurs, pompes et magnificences faictes
tant au couronnement de nostre S. Père le pape Gregoire XIII,
qu'à son acheminement solemnel depuis le palais de S. Pierre
jusques à l'église de S. Jean de Latran ; auquel lieu il print
possession de ceste Eglise comme Cathédrale de tout le monde,
ensemble les cérémonies, solemnitez, arcs triomphaux, devises, inscriptions et autres singularitez mémorables. *Paris*,
1590, pet. in-8, cart. antiq.

482. De Joanne papissâ, an fœmina ulla inter Romanos Pontifices sederit, auctore Davide Blondello. *Amstel.*, *J. Blaeu*, 1657, pet. in-8, v. br.

483. Histoire de la papesse Jeanne, tirée de la dissertation latine de Spanheim (par J. Lenfant). *Cologne*, 1665, in-12, front. gr. et fig., cart., *non rogné*.

484. Conclavi de' Pontefici Romani. *S. l.* (*Elzevier*), 1668, pet. in-12, front. gr., v. br.

485. Relation de l'accroissement de la Papauté et du gouvernement absolu en Angleterre. *Hambourg*, (*Hollande*), *P. Pladt*, 1680, pet. in-12, v. marbr.

486. Qu'est-ce que le pape? trad. de l'allemand, par Deschamps de Saucourt. *Vienne*, 1782, in-12, dem.-rel.

487. Les Crimes des papes, depuis S. Pierre jusqu'à Pie VI, par Lavicomterie. *Paris*, 1792, in-8, figures, v. jasp., dent.

488. Consécration des evesques selon le Pontifical Romain. *Autun*, *P. Laymeré*, 1704, in-8, cart.

489. Qu'est-ce qu'un évêque? Ouvrage traduit de l'allemand, de M. Eibel. *Vienne*, 1782, in-12, dem.-rel.

490. POUILLÉ GÉNÉRAL DE L'ÉGLISE ROMAINE en 1460. — In-4, dem.-rel., dos et coins de mar. br. du Levant, à nerfs, tr. dor.

MANUSCRIT DU XVᵉ SIÈCLE. Il est bien complet et se compose d'environ 250 pages, d'une écriture gothique. On y trouve la liste complète des abbayes de France, avec la taxe des bénéfices. Ce qui rend ce manuscrit curieux consiste dans des additions ajoutées de 1460 à 1465, mentionnant diverses bulles de papes et autres actes concernant lesdits bénéfices. Ces additions se trouvent intercalées dans des alinéas. Ce manuscrit est en latin.

491. Tables géographiques et chronologiques de tous les archeveschez et eveschez de l'univers, où l'on voit, dans un abrégé méthodique et succinct, l'état ancien et présent, tant de l'Eglise latine que de l'Eglise grecque, la situation et distribution de toutes les provinces ecclésiastiques, les noms des archevéschez et éveschez, leurs érections, unions, revenus, etc., avec des tables alphabétiques très-amples, tant des noms latins que des noms vulgaires, par l'abbé Echard de Commanville. *Rouen*, *Ant. Maurry*, 1700, in-8, v.

492. Historiographie générale des provinces ecclésiastiques de l'Eglise latine, où l'on traite de l'origine des patriarcats, primaties, archevêchez et evêchez répandus dans les quatre parties du monde, comme aussi de l'établissement des ordres religieux dans chaque diocèse, et des lieux qui ont donné naissance à leurs fondateurs et fondatrices, par le P. François Jacques de Digne. *Avignon*, 1716, in-fol., v. br.

493. Recueil historique, chronologique et topographique des archevechez, evechez, abbayes et prieurez de France, par dom Beaunier. *Paris,* 1726, 2 vol. in-4, cartes, v. br.

494. Table générale de l'état des archevêchés, evéchés, abbayes et prieurés de nomination et collation royale; avec la taxe en cour de Rome, le revenu, le nom des titulaires et la date de leur nomination. *Paris,* 1743, gr. in-8, dem.-rel., v. fauve, à nerfs.

> Bel exemplaire enrichi de notes et additions manuscrites du temps.

495. Essai sur les origines religieuses de Bordeaux et sur saint Seurin d'Aquitaine, par L. W. Ravenèz. *Bordeaux,* 1861, in-8, br.

496. Histoire de l'Église de Bordeaux, par dom Devienne. *Bordeaux,* 1862, in-4, br.

> Publié pour la première fois d'après le MS. de Dom Devienne, qui était resté inédit.

497. Légende du St-Sacrement de Wilsnak, au diocèse d'Hauelberghe (*ville de Wilsnak, Ecclesie Hauelbergensis*), et des miracles y advenus, et de l'institution de la confrérie du St-Sacrement, dite de Wilsnak, en l'église des Carmes, de Valenciennes.— In-8, v. estampé, à recouvrements. (*Reliure du XV*e *siècle.*)

> MANUSCRIT DU XIV*e* SIÈCLE, SUR VÉLIN. Ce manuscrit est en latin, d'une belle écriture gotbique et très-bien conservé. C'est l'original qui faisait partie du trésor des Carmes de Valenciennes. A la suite des miracles advenus à Wilsnak, se trouve ajouté, au commencement du XVI*e* siècle, le procès-verbal de trois nouveaux miracles arrivés, par l'intercession du Saint Sacrement de Wilsnak, à Valenciennes. Enfin, on trouve à la fin un curieux procès-verbal de Martin Henriart, notaire apostolique à Valenciennes, daté du 15 février de l'an 1500.

498. Histoire de Notre-Dame de Liesse, par Villette, chanoine et grand archidiacre de l'église de Laon. *Laon, Fr. Meunier,* 1728, in-8, fig.; v. rac.

499. Histoire de l'émigration des religieuses supprimées dans les Pays-Bas et conduites en France par l'abbé de S. Sulpice, envoyé de Madame Louise de France pour la translation des reliques de Ste-Colette à Poligny, en Franche-Comté. *Bruxelles* et *Paris,* 1785, in-12, fig.; br., *non rogné.*

500. Abrégé des miracles, des grâces et merveilles avenus à l'intercession de la glorieuse vierge Marie, honorée à Montaigu. *Bruxelles, Fr. Foppens,* 1664, pet. in-12, vél.

> Jolie petite édition décrite par Pieters. C'est un volume peu commun, qui s'annexe à la collection des Elzevier. — « C'est du reste une suite de témoignages de la crédulité humaine à rapprocher des mêmes sottises imprimées sur l'état des Ardilliers de Saumur. » (Note de M. V. Luzarche.)

501. Opus divinum de sacra, ac fertili Bergomensi vinea, ex diversis autenticis catholicisque libris et scripturis, diligenti cura collectum, senatui populoque Bergomensi, per rev. præsb. Barth. de Peregrinis dicatum. *Brixiæ*, 1553, pet. in-4, vél.

> Histoire ecclésiastique de la ville de Bergame, depuis saint Barnabé, auquel l'auteur fait remonter l'origine de cette église.

502. Compendio historial, ó Relacion breve y veridica del portentoso santuario y camara angelica de Nuestra Señora de Monserrate. *Barcelona, Juan Jolis*, (1758), pet. in-8, fig. s. cuivre, vél.

503. An account of the persecution of Catholics at the Sandwich island. *Honolulu, Sandwich Islands, R. J. Howard, printer*, 1840, in-8, de 100 pag., br. r.

> Cette relation des persécutions exercées contre les catholiques aux îles Sandwich, imprimée à Honolulu, capitale du pays, est un livre très-rare en Europe. C'est en même temps un curieux et singulier volume, tant à cause de son imperfection typographique, qui dénote une inexpérience notoire dans l'art de Guttenberg, aux îles Sandwich, qu'à cause des figures sur bois, au nombre de quatre, gravées par un indigène, et qui forment la composition la plus bizarre et la plus naïve qu'on puisse imaginer.

III. — HISTOIRE DU PROTESTANTISME ET DES GUERRES DE LA RÉFORME. — BIOGRAPHIE PROTESTANTE.

504. Relation de la dégradation et de l'exécution d'un martyr de la foi chrétienne, de l'ordre des Augustins, condamné à être brûlé vif à Bruxelles (en allemand). *S. l., prima julii*, 1523, pet. in-4, gothique de 8 ff.

505. Warhafftige geschicht... etc... (Histoire d'une jeune fille pendue et brûlée sur la place du Martroy, à Orléans, en France, pour la foi évangélique, etc...). *S. l. n. d.* (vers 1525), pet. in-4 gothique de 16 pag.

> Pièce très-rare, en allemand.

506. Pièces originales en allemand, relatives au protestantisme et aux persécutions exercées contre les réformés en Bavière, en Hesse, en Saxe, en Suisse, en Danemark, etc... Pièces relatives à la diète d'Augsbourg, au concile d'Haguenau, etc... Imprimées de 1523 à 1563. — Douze pièces pet. in-4 goth.

507. Histoire de Lenhard Keyser, brûlé en Bavière pour la foi de l'Evangile, par Martin Luther (en allemand). *Wittemberg, Hans Lufft*, 1528, petit. in-4 gothique, br., r.

508. Histoire de la mort épouvantable de 88 chrétiens, pour la cause de l'Evangile, arrivée à Montalte, au royaume de

Naples (en allemand). *Nuremberg*, 1561, pet. in-4 gothique de 10 ff.

509. Histoire abrégée des martirs françois du temps de la réformation. *Amsterdam, André de Hoogenhuyse (à la Sphère)*, 1684, pet. in-12, front. gravé à l'eau-forte, vél.

510. L'HISTOIRE UNIVERSELLE (du protestantisme et des guerres de religion de l'an 1550 jusqu'à la fin du XVIe siècle), par Théodore-Agrippa d'Aubigné. *A Maillé, par Jean Moussot, imprimeur ordinaire dudit seigneur*, 1616-20, 3 vol. infol., v., fil.

> EXEMPLAIRE DE GIRARDOT DE PRÉFOND, avec son *ex-libris* gravé à l'intérieur des volumes. Livre curieux et recherché, mais qui se rencontre difficilement. On y trouve les détails les plus intéressants sur les guerres du Poitou, de la Saintonge et de l'Aunis, comme aussi sur les provinces voisines. Cette édition est datée du bourg de Maillé, dont d'Aubigné était seigneur. Vis-à-vis de Maillé était le Dognon, fort élevé dans la Sèvre Niortaise, et dont on retrouve aujourd'hui à peine quelques vestiges dans les roseaux. C'est probablement dans ce fort plutôt qu'à Maillé qu'était établie l'imprimerie particulière de d'Aubigné, et qu'on imprimait les ouvrages datés de ce dernier endroit. Cette opinion est corroborée par la souscription d'un opuscule de d'Aubigné, daté des *Ruines du Dognon*, et par la découverte de caractères d'imprimerie du XVIIe siècle qui furent trouvés, il y a quelques années, dans les ruines mêmes du Dognon, par M. Poey d'Avant.

511. Complainte apologique des Eglises (protestantes) de France, au Roy, Royne mère, Roy de Navarre et autres du Conseil. *S. l., par Jaques Des Hayes.* 1561, pet. in-8, cart. antiq.

512. La Troisième requeste présentée au Roy par les deputez des Eglises (protestantes). esparces parmy le royaume de France. *S. l..* 1561, pet. in-8, cart. antiq.

513. Arrest du Parlement sur l'emprisonnement et punition de tous predicans, ministres et autres officiers de la nouvelle secte, et défenses à toutes personnes de les receller. *Paris, J. Bonfons*, 1562, pet. in-8, cart. antiq.

514. Ordonnances sur le reiglement, forme et gouvernement que doivent tenir les soldats et gens de guerre des bandes chrestiennes, par M. Felix Bouriac, senechal ès provinces de Valentinois et Dioys, maistre des requestes ordinaire de la royne de Navarre, avec une epistre dudit Sr seneschal, aux capitaines et soldats de la religion réformée. *A Lyon*, 1562, pet. in-8, cart. antiq.

> A la fin de cette pièce on remarque le « *Cartel contenant les causes pour lesquelles les Eglises de France ont pris les armes.* »

515. Declaration de l'archevesque de Cologne, sur le faict de son mariage, envoyée aux Estats de son archevesché et

électorat, avec les lettres de N. S. P. le pape Grégoire XIII sur le faict et remonstrance dudict mariage, et la responce dudict archevesque à icelles. *S. l.*, 1583, pet. in-8, cart., antiq.

516. Lettre envoyée au roy par les quatre principaux ministres de la religion prétendue réformée du Languedoc (Gigor, Peirolle, Radavelle et Faucheur, ministres de Montpellier). *Paris, J. Bouriquant*, 1615, in-8, joli cart. à la Brad.,

> Pièce rare, datée de Montpellier, ce 20 octobre 1615.

517. Arrest de la cour du Parlement sur l'émotion arrivée le 26 septembre au retour de ceux de la religion prétendue réformée de Charenton. *Paris*, 1621, pet. in-8, cart. antiq.

> Dans cette affaire, plusieurs protestans furent massacrés et le feu mis au temple de Charenton.

518. Arrest du conseil privé du roy, par lequel il est jugé que quelque tiltre et possession qu'ayent ceux de la religion prétendue réformée, de faire leurs presches, fonctions et exercices de leur religion, dans les justices des ecclésiastiques, ils doivent le quitter quand ils en sont requis par lesdits ecclésiastiques, obtenu par le seing et diligence du Sr Prieur de Paroy-le-Monial en Charollois. *Paris*, 1635, pet. in-8, joli cart. à la Brad.

519. Relation de ce qui s'est passé de plus considérable dans le synode de MM. de la R. P. R. de Vivaretz, tenu à Vals, le moys de septembre 1673. *Au Puy, A. et P. Delagarde, imprimeurs*, 1673, pet. in-12, bas.

> Volume rare. — Vals, où s'est tenu le synode des protestants du Vivarais, est aujourd'hui un établissement d'eaux thermales, dans l'Ardèche.

520. Arrest du conseil d'Estat pour l'extinction et suppression des collèges ou académies de ceux de la religion prétendue réformée. *Toulouse*, 1681. — Arrest du conseil d'Etat portant suppression du collège ou académie de Puylaurens, avec delfences à tous ministres, professeurs, régens et à tous autres faisant profession de la R. P. R. d'y enseigner aucune science, à peine de désobéissance. *Toulouse*, 1685, pet. in-4, joli cart. à la Brad.

> La première de ces pièces concerne la suppression du collège et académie de Sedan. — P. Bayle, qui devint plus tard si célèbre, avait été élevé à l'académie protestante de Puylaurens.

521. Arrest du conseil d'Estat du Roy faisant défenses au Sr de la Mezangère, conseiller au Parlement de Rouen, de faire faire doresnavant aucun exercice de la religion prétendue réformée, dans sa terre de la Mézangère. *Toulouse*, 1682, pet. in-4, cart. ant.

> Pièce rare.

522. Traité des anciennes cérémonies, ou Histoire contenant leur naissance et accroissement, leur entrée en l'Eglise et par quels degrez elles ont passé jusques à la superstition (par Jonas Porre ou Porée). *Quevilly, J. Lucas*, 1672, pet. in-8, vél. (*Bel exemplaire.*)

> Cette édition, datée de *Quevilly*, où les protestants avaient un temple, est rare. Elle est restée inconnue à Barbier. (*V.* le *Dictionnaire des Anonymes*, no 18147.)

523. Traité des anciennes cérémonies, ou Histoire contenant leur naissance et accroissement, leur entrée en l'Eglise, et par quels degrez elles ont passé jusques à la superstition (par Jonas Porée). *La Rochelle, P. Savouret*, 1673, pet. in-8, v.

> Livre curieux, dédié à Charles II, roi d'Angleterre. C'est l'œuvre d'un protestant. On y trouve des recherches intéressantes : *D'où est venu que le pape consacre tous les ans une rose d'or*; — *Par qui fut inventé le Rosaire*; — *Comment furent institués les patriarches, l'extrême onction, la Chandeleur, les processions, la canonisation des saints, la cérémonie du jour des Cendres, la Fête-Dieu, etc., etc.*

524. Histoire des cérémonies et des superstitions qui se sont introduites dans l'Eglise. On a joint à ce livre quelques autres traités qui étoient devenus rares (par Porée). *Amst., J. F. Bernard*, 1717, in-12, v. marbr.

> Cette édition est celle que cite *Barbier.* — Dans le même volume : *Préservatif contre le changement de religion* (par Jurieu). *Amst.*, 1717.

525. Les Larmes, de Jacques Pineton de Chambrun, pasteur de l'église d'Orange, qui contiennent les persécutions arrivées aux Eglises de la principauté d'Orange depuis l'an 1660. *La Haye*, 1726, pet. in-12, parch. (*Rare.*)

526. Histoire du calvinisme et celle du papisme mises en parallèle, ou Apologie pour les réformateurs, pour la réformation et pour les réformez (par Jurieu). *Rotterdam*, 1683, 4 vol. pet. in-12, vél.

527. Histoire des Eglises réformées de France, depuis 1517 jusqu'à l'édit de Nantes, par Elias Benoit (en hollandais). *Amsterdam*, 1696, 4 tom. en 2 vol. in-fol., vél. de Hollande.

> Bel exemplaire d'un livre rare en France. Il est surtout intéressant à cause d'un grand nombre d'estampes historiques gravées à l'eau-forte par *Luyken*. Ces planches sont très-grandes, plusieurs se replient sur elles-mêmes. On remarque une superbe et très-curieuse estampe du *Massacre de la Saint-Barthélemy*; d'autres planches représentant les diverses sortes de supplices et de tortures infligés aux protestants; l'assassinat d'Henri IV par Ravaillac; *Une révolte à* TOURS, *en* 1621; l'émeute de Nimes, en 1650; le départ de la Rochelle de deux cents familles exilées, en 1661, pour cause de religion, etc., etc.

528. Histoire du soulèvement des fanatiques dans les Sévennes (*sic*), lequel a commencé en 1702 et a été entièrement ter-

miné en 1705, par D*** (Duval, Tourangeau). *Paris*, 1713, in-12, br., non rogné.

529. L'État du christianisme en France, divisé en III parties, par Jacq. Saurin. *La Haye*, 1725, in-8, v. br.

530. Mémoire théologique et politique au sujet des mariages clandestins des Protestans de France. *S. l.*, 1755, in-8, v. m.

> On donne jusqu'à cinq personnages différents comme auteurs de cet ouvrage singulier.

531. Eclaircissemens historiques sur les causes de la révocation de l'édit de Nantes et sur l'état des protestants en France depuis le commencement du règne de Louis XIV jusqu'à nos jours, tirés des archives du gouvernement (par de Rhulières). *S. l.*, 1788, in-8, v. fauve.

532. FAMILLES PROTESTANTES DE VITRY-LE-FRANCOIS. Extrait du Catalogue généalogique et chronologique des plus considérables familles de la religion protestante de la ville de Vitry-le-François, depuis 1600 jusqu'à l'année 1714, fait par M. Jacob Varnier, conseiller, médecin ordinaire du roi, père de défunt M. Varnier, commissaire aux inventaires, mort en 1739. — Généalogie de Warnier ou Varnier (depuis le xiii⁰ siècle jusqu'en 1766). — Gr. in-fol., dem.-rel., vél.

> MANUSCRIT DU XVIII⁰ SIÈCLE. Ce recueil contient encore diverses pièces et actes originaux concernant les familles *Varnier* et *Hulon*, de Vitry-le-François, notamment un certificat original de noblesse, sur PEAU DE VÉLIN, signé du généalogiste *d'Hozier*, avec armes peintes de la famille; une permission du lieutenant de police de Vitry, de donner la sépulture ecclésiastique à Elizabeth-Suzanne Hullon, de la religion réformée; l'acte original d'abjuration de Jean Varnier entre les mains de Mgr de Noailles, évêque de Châlons, avec la signature autographe de ce prélat; des éphémérides pour servir à l'histoire de Vitry-le-François, etc., etc.

533. Chronique protestante de l'Angoumois (xvi⁰, xvii⁰ et xviii⁰ siècle), par V. Bujeaud. *Paris*, 1860, in-8, br.

534. The early english Church, by Edward Churton. *London*, Burns, 1841, in-12, rel. en perc. angl., non rogné.

535. A history of the protestant episcopal Church in America, by Sam. Wilberforce. *London*, 1844, in-12, rel. en perc. angl., non rogné.

536. Indian Church history, or an account of the first planting of the Gospel in Syria, Mesopotamia and India, with an accurate relation of the first christian Missions in China, by Yeates. *London*, 1818, dem.-rel., v. f.

537. La Vie et mort de Jean Calvin, autrefois ministre de Genève, escrite par Hierosme Bolsec, ensemble la Vie de Jean

Labadie, à présent ministre à Genève. *Lyon*, 1664, in-8, portr. de Calvin, v. antiq., fil.

538. Récit des dernières heures de M. de Mornay, seigneur du Plessis, gouverneur de Saumur. *Genève, J. Ant. et Sam. de Tournes*, 1666, pet. in-12, cart. antiq.

539. Les Dernières heures de M. Rivet (Poitevin), ministre de Jésus-Christ et professeur en théologie. *Genève*, 1666, pet. in-12, cart. antiq.

540. Récit des dernières heures de M. Du Moulin, décédé à Sedan, ce 10 mars 1658, avec une épître adressée à ses enfans au sortir d'une grande maladie de laquelle il croyoit mourir. *Genève* 1666, pet. in-12, cart. antiq.

541. Les Dernières paroles de M. Gigord, pasteur en l'Eglise réformée de Montpellier, recueillies par P. Prunet, étudiant en théologie. *Genève*, 1666, pet. in-12, cart. antiq.

542. Les Dernières heures de M. Drelincourt, décédé à Paris le 3 novembre, 1669. *Genève*, 1671, pet. in-12, cart. antiq.

542 *bis.* Moïse Amyraut, sa vie et ses écrits, par Edm. Saigey. *Strasbourg*, 1849, in-8, br.

IV. — HISTOIRE DU JANSÉNISME, DE PORT-ROYAL

ET DES CONVULSIONNAIRES. — BIOGRAPHIE JANSÉNISTE.

543. Description du payis (*sic*) de la Jansénie, où il est traité des singularités qui s'y trouvent, des coutumes, mœurs et religion de ses habitans, par Louis Fontaine, sieur de Saint-Marcel (par le P. Zacharie, de Lisieux, capucin). *A Bourg-Fontaine, chez Antoine Arnaud, à l'enseigne de l'Abbé de Saint-Cyran*, 1688, in-8, v. br.

> MANUSCRIT DE LA FIN DU XVIIe SIÈCLE, d'une jolie écriture. Ce manuscrit, ainsi que l'indique une note du temps, sur la garde, est copié sur l'*original*, et il y a de notables différences avec l'imprimé. On attribue généralement cet ouvrage allégorique au P. Zacharie, de Lisieux. Cependant on lit, après l'épître, la note suivante, de la même écriture que celle qui a tracé le manuscrit : « Ce sieur Fontaines de St-Marcel est un auteur supposé, comme il est aisé de le comprendre ; le vray compositeur de ce livre est un capucin, le P. ..., d'Evreux, qui avait été cinq ou six ans de la société de l'Oratoire, etc. etc. »

544. Relation du voiage d'Alet, par M. Claude Lancelot, adressée à la mère Angélique de Saint-Jean Arnaud, depuis abbesse de Port-Roïal des Champs. In-4, dem.-rel., dos et coins de mar. br. du Levant, à nerfs, non rogné.

> MANUSCRIT DE LA FIN DU XVIIe SIÈCLE, d'une bonne écriture et parfaitement conservé et conditionné.—Très-intéressant pour l'histoire de la secte de Port-Royal.

545. Extrait des lettres de la mère Angélique Arnaud, abbesse de Port-Royal. In-4, dem.-rel., dos et coins de mar. br. du Levant, à nerfs.

MANUSCRIT DU COMMENCEMENT DU XVIIIe SIÈCLE, d'une bonne écriture, provenant des papiers de Lamoignon.

546. Recueil factice de 20 opuscules et d'un grand nombre de pièces volantes, sur le sujet des convulsionnaires et des miracles du diacre Pàris et d'autres prêtres jansénistes. Un gros vol. in-4, v. br.

Collection qu'il serait très-difficile de former à l'avenir. Elle date du commencement du XVIIIe siècle. Beaucoup de ces pièces sont introuvables. Le premier de ces opuscules, composé de plusieurs brochures différentes de dates et de pagination, est relatif au miracle arrivé à *Avenay, diocèse de Reims*, le 8 juillet 1727, sur le tombeau de M. Gérard Rousse, prêtre et chanoine d'Avenay. Suivent d'autres récits de prétendus miracles arrivés à Amsterdam, à Montpellier, à Sens, à Paris, etc., etc., etc.

547. Traité dogmatique sur les faux miracles du temps, en réponse aux différens écrits faits en leur faveur. *S. l.*, 1737, in-4, v. gr.

Ce traité contre les miracles du diacre Páris est de Le Rouge, docteur de Sorbonne.

548. Histoire de l'origine des pénitens et solitaires de Port-Royal des Champs. *Mons, Migeot,* 1733. — Relation de la retraite de M. Arnauld dans les Pays-Bas, en 1679, avec quelques anecdotes. *Mons,* 1733. — 2 ouvr. en 1 vol. in-12, br., non rogné.

Page 26 de la *Relation*, il est question des rapports que, pendant un séjour à Amsterdam, Arnauld eut avec l'imprimeur ELZEVIER.

548 *bis.* Mémoires pour servir à l'histoire de Port-Royal, par M. Du Fossé. *Utrecht,* 1739, in-12, v.

549. Mémoires touchant la vie de M. de Saint-Cyran, par Lancelot. *Cologne,* 1738, 2 vol. in-12, v.

550. Almanach de pratique pour l'an 1734, ou le Calendrier historique des grands personnages de Port-Royal qui ont éclairé l'Eglise par leurs ouvrages ou qui l'ont édifiée par leur conduite. *Aux Granges, proche Versailles,* 1734, in-16, v. br.

551. Relation de la captivité de la mère Angélique de Saint-Jean. *S. l.,* 1712, in-12, v. br.

Dans le même volume : « Réponse des religieuses de Port-Roial des Champs aux requêtes que les religieuses de Port-Roial de Paris ont présentées contre elles. S. l., 1707. — Requête des religieuses de Port-Royal des Champs au roi. — Lettre des religieuses de Port-Royal des Champs au pape et au roy, touchant une bulle qui donne pouvoir d'éteindre le titre de leur abbaye et d'en disperser les religieuses dans les couvents étrangers.

552. Relation sur la vie de la Rév. M. Angélique de Ste-Magdelaine Arnauld. *S. l.*, 1737, in-12, v.

553. Recueil factice d'opuscules rares : Vie de Mme La Fosse, guérie miraculeusement le 31 mai 1725 à la procession du S. Sacrement de la paroisse Ste-Marguerite (par le P. Laurent, de l'Oratoire). *En France*, 1769. — Réflexions sur les miracles opérés au tombeau de M. de Paris. — Cantiques spirituels sur le miracle arrivé le 31 may 1725, au faubourg de S. Antoine, à Paris, en faveur d'Anne Charlier, épouse du Sʳ de La Fosse, maistre ébéniste. *Paris*, 1726. — Abrégé de la vie de M. Creuzot, curé de la paroisse de S. Loup d'Auxerre (par l'abbé Raynaud). *S. l. (Auxerre)*, 1764. = 4 opusc. en 1 vol. in-12, v. gr.

Le portrait de Mᵐᵉ Lafosse, qui manque presque toujours, se trouve dans notre exemplaire.

554. Vie de Mme La Fosse, guérie miraculeusement le 31 mai 1725, à la procession du Saint-Sacrement de la paroisse Ste-Marguerite (par le P. Laurent, de l'Oratoire). *S. l.*, 1769, in-12, br., non rogné.

Avec le portrait, qui manque souvent.

555. Nécrologe de l'abbaïe de Nôtre Dame des Champs (par dom Rivet). *Amsterdam*, 1723, in-4, v.

556. Vies des quatre évêques engagés dans la cause de Port-Royal : Mʳ d'Alet, Mʳ d'Angers, Mʳ de Beauvais, Mʳ de Pamiers (par Jérôme Besoigne). *Cologne, (Paris)*, 1756, 2 vol. in-12, v. jasp.

557. Abrégé de la vie de M. Louis Sainson, avec la relation du miracle opéré à son intercession, sur Mˡˡᵉ Croyez, à Meung-sur-Loire, diocèse d'Orléans. *S. l. (vers 1787)*, in-12, br., non rogné.

558. Vie et mémoires de Scipion de Ricci, évêque de Pistoïe et Prato, réformateur du catholicisme en Toscane, sous le règne de Léopold, composés sur les manuscrits autographes de ce prélat et d'autres personnages du siècle dernier, par de Potter. *Paris*, 1826, 4 vol. in-8, portr., dem.-rel., v. ant.

Curieux détails; jugements passionnés. Le premier volume est rempli de documents sur la destruction des jésuites et d'anecdotes scandaleuses sur les religieuses de Prato et de Pistoïe, qui furent accusées de honteux désordres. Leur interrogatoire, en italien, se trouve là tout entier, dans les pièces justificatives; il ne se peut imaginer rien de plus impie et de plus ordurier. Sachons gré à l'auteur de n'avoir pas traduit en français de pareilles révélations, dont le huis clos aurait dû être, selon nous, éternellement respecté. L'énoncé de débauches lesbiennes, d'incestes monastiques et de pratiques monstrueuses, dans lesquelles une hostie consacrée servait à des usages infâmes, rappelle les horreurs qu'on rapporte des manichéens, des albigeois, des templiers. L'initiation à des mystères diaboliques s'y fait sentir de la même façon déshonnête et sacrilége, et c'est ce que Potter eût reconnu lui-même, s'il n'avait pas été imbu d'idées étroites et hostiles à l'Eglise. Son livre fut interdit en France.

V. — HISTOIRE DES HÉRÉSIES. — ALBIGEOIS ET VAUDOIS. — ANABAPTISTES, HUSSITES ET SECTES DIVERSES.

559. Histoire critique de Manichée et du Manichéisme, par de Beausobre. *Amst.*, 1734, in-4, v. br.

560. Franciscus de Roye, antecessor Andegavensis De vita, hæresi et pœnitentia Berengarii Andegavensis archidiaconi. *Andegavi, P. Avril et Joa. Le Boullenger*, 1656, pet. in-4, reliure pleine en mar. vert du Levant, à nerfs, devise sur les plats, dent. infér., tr. dor.

561. Histoire de la ligue saincte faicte il y a CCCLXXX ans, à la conduite de Simon de Montfort contre les hérétiques albigeois, tenans les pays de Béarn, Languedoc, Gascongne et quelque partie de Guyenne et Dauphiné... le tout escrit par F.-Pierre des Vallées Sernay de l'ordre de Cisteaux, environ l'an 1198, et mis en notre langue françoise l'an 1569, par M. Arnauld Sorbin, evesque de Nevers. *Paris, Guill. Chaudière*, 1585, in-8, vél.

> Livre rare et très-recherché. L'exemplaire est très-beau de marges, dans sa première reliure; mais il est atteint d'une piqûre dans la marge du bas, vers la fin du volume.

562. HISTOIRE DES ALBIGEOIS, touchant leur doctrine et religion, contre les faux bruits qui ont été semés d'eux, et les écrits dont on les a à tort diffamés, et de la cruelle et longue guerre qui leur a esté faite, pour ravir les terres et seigneuries d'autrui, sous couleur de vouloir extirper l'hérésie, le tout recueilly fidèlement de deux vieux exemplaires écris à la main, l'un en langage du Languedoc, l'autre en vieil françois, par Jean Chassanion de Monistrol en Vellai. *S. l., P. de Sainct-André*, 1595, in-8, vél.

> EXEMPLAIRE SUPERBE DE MARGES d'un livre très-rare et très-recherché. — Dédié à Catherine d'Albret, vicomtesse de Limoges.

563. Histoire des Albigeois et des Vaudois ou Barbets, par le R. P. Benoist. *Paris*, 1691, 2 tom. en 1 vol. in-12, vél. (*Bel exemplaire.*)

564. Histoire des croisades contre les Albigeois, divisée en VIII livres, par le P. J.-Bapt. Langlois. *Rouen et Paris*, 1703, in-12, joli cart. antiq.

565. Histoire de la guerre contre les Albigeois, par de Parcle-Jaine. *Paris*, 1833, in-8, br.

> Un des 25 exemplaires sur papier vélin.

566. Brieve exposition de l'origine, de la doctrine, des constitutions, usages et cérémonies ecclésiastiques de l'Eglise de l'Unité des Frères connus sous le nom des Frères de Bohême et de Moravie, tirés de leurs actes et titres authentiques. *S. l. (en Allemagne)*, 1758, in-8, fig., vél. (*Très-bel exemplaire.*)

> Ouvrage rare et singulier, dans lequel on lit avec intérêt des détails sur une secte de Vaudois très-peu connue. Il peut servir de supplément contradictoire à l'*Histoire des variations*, de Bossuet, parce que la matière d'un chapitre du grand écrivain, touchant ces étranges hérétiques, s'y trouve amplement développée. Ce livre instructif est accompagné de 16 grandes planches fort curieuses. — Vendu 20 fr. 50 c. (Pixérécourt).

567. Histoire des Anabaptistes. *Amst., Jacq. Desbordes*, 1702, in-12, fig., v.

> Edition recherchée à cause des 18 planches dont elle est ornée, semblables aux tableaux des saltimbanques, dans les foires.

568. Æneæ Silvii de Bohemorum origine ac gestis historia, variarum rerum narrationem complectens... *Coloniæ*, 1524, pet. in-8, frontispice gravé sur bois, cart.

> Ouvrage intéressant, rempli de faits singuliers de l'histoire des hérétiques de Bohême. Bien que l'auteur remonte aux origines de ce pays, son livre est spécialement consacré aux *res variæ* indiquées dans le titre, lesquelles sont les choses les plus étranges et souvent les plus abominables qu'on rapporte des Hussites, des Thaborites et de leur redoutable chef, Jean Ziska.

569. Histoire de l'hérésie de Viclef, Jean Hus et Jérôme de Prague. avec celle des guerres de Bohême qui en ont été les suites. *Lyon*, 1682, 2 tom. en 1 vol. in-12. vél.

570. Christiani Schœttgenii De secta Flagellantium commentatio. *Lipsiæ, ap. Jo. Christ. Martini*, 1711, in-8, très-curieux *frontispice* gravé, cart., *non rogné.*

> Volume curieux et rare dans cette condition.

571. La Religion ancienne et moderne des Moscovites. *Amst.*, 1698, pet. in-8, fig., de B. Picart, v. (*Aux armes.*)

572. Histoire des révolutions arrivées dans l'Europe en matière de religion, par Varillas. *Paris, Cl. Barbin*, 1687-88, 6 vol. in-4, grand papier, mar. rouge, fil., tr. dor. (*Anc. reliure aux armes de Harlay de Chanvallon, archevêque de Paris.*)

573. Histoire des sectes religieuses qui, depuis le commencement du siècle dernier jusqu'à l'époque actuelle, sont nées, se sont modifiées, se sont éteintes dans les quatre parties du Monde, par Grégoire, ancien évêque de Blois. *Paris*, 1814, 2 vol. in-8, v. éc., dent.

574. Histoire du mariage des prêtres en France, particulièrement depuis 1789, par M. Grégoire, ancien évêque de Blois.

Paris, 1826, in-8, demi-rel. à nerfs, dos et coins de maroquin vert du Levant, tête dorée. non rogné.

VI. — ORDRES RELIGIEUX. — CONGRÉGATIONS MONASTIQUES.

575. Basilicon Philactirion, par lequel il se prouve apertement qu'il est nécessaire, utile et honorable à l'Eglise catholique, qu'il y aie des religieux, et iceux de divers ordres, règles, constitutions, etc. (avec l'abrégé de certains empereurs, emperières, roys, roynes, lesquels ayant mesprisé le monde, s'en sont séquestrez, etc.), par R. P. F. Estienne de Cypre, de la royale maison de Lusignan. *Paris, Guill. le Noir*, 1585, in-8, v. m.

    Livre singulier. « Les ouvrages de ce Religieux sont rares, » dit Brunet, qui ne mentionne point notre volume.

576. La Sainteté de l'état monastique, où l'on fait l'histoire de l'abbaye de Marmoutier et de l'Eglise Royale de S. Martin de Tours, par D. E. B. (Dom Etienne Badier, Bénédictin). *Tours, Barthe*, 1700, in-12, mar. rouge, fil., tr. dor. (*Ancienne reliure.*)

    Bel exemplaire.

577. L'Apocalypse de Méliton ou révélation des mystères Cénobitiques, par Méliton, (Cl. Pithoys). *Sainct Léger (Hollande), Noël et Jacques Chartier*, 1668, pet. in-12, frontispice gravé, reliure pleine en maroquin bleu du Levant, à nerfs, fil. à compart., dent. intér., tr. dor.

578. Recherches sur l'état monastique et ecclésiastique. *A Amsterdam, et se trouve à Paris, chez Dessain, et à Reims, M. H. Cazin*, 1769; in-12, *non rogné*.

    Ce volume est le premier sur lequel on voit paraître le nom de *Cazin*, qui se rendit plus tard célèbre par ses charmantes petites éditions des classiques français.

579. Courte et solide histoire de la fondation des ordres Religieux, avec les figures de leurs habits, gravez par Schoonebeek. *Amst.*, 1688, in-8, front. grav., v. m.

    Avec 73 planches de costumes gravées à l'eau-forte, par Schoonebeek. — Belles épreuves.

580. Histoire de tous les Ordres Militaires ou de chevalerie, par Adr. Schoonebeek. *Amst.*, 1699, 2 part. en 1 vol. in-8, frontisp. grav. et fig. à l'eau-forte, bas.

581. Origine des Chevaliers et ordres militaires, recueillie par Aubert Le Mire, Bruxellois. *Anvers, David Martens* 1609. — Ordinis Carmelitani origo atque incrementa, Aub. Miræus publicabat. *Antuerpiæ*, 1610. — 2 ouvr. en un vol. in-8, vél. (*Bel exemplaire.*)

582. Dictionnaire historique des ordres religieux et militaires et des congrégations régulières et séculières. *Amst.*, 1769, pet. in-8, v. m.

583. Histoire des Chevaliers hospitaliers de S. Jean de Jérusalem, appellez depuis Chevaliers de Rhodes et aujourd'hui Chevaliers de Malthe, par l'abbé de Vertot. *Paris*, 1737, 7 vol. in-12, v. marbr. (*Aux armes.*)

> Bel exemplaire. Le dernier volume contient un armorial des chevaliers de Malte.

584. Histoire des Templiers, ouvrage impartial, recueilli des meilleurs écrivains, *Paris*, 1805, in-12, cart., non rogné.

585. Joa. Physiophili specimen Monachologiæ methodo Linnæana illustratum. *Augustæ Vindelicorum*, 1783, in-4, fig., cart., *non rogné*.

> Ouvrage rare et singulier contre les moines.

586. Mascarades Monastiques et religieuses de toutes les nations du globe, représentées par des figures coloriées, avec l'abrégé historique, chronologique et critique de chaque ordre, par Giac. Carlo Rabelli. *Paris*, 1793, in-8, v., fil. (*Courteval*).

> Ouvrage recherché. (*V. Brunet*). Exemplaire de Pixérécourt, avec son *ex libris*.

587. Incipit ordo ad recipiendum novicias in Monasterio Monialium Sanctorum Cosmæ et Damiani Brixie ordinis S. Benedicti, congregationis Cassinensis, alias Sancte Justine de Padua. — In-4., v. br., fil., fermoirs.

> MANUSCRIT DU XV° SIECLE, SUR VÉLIN, très bien conservé.

588. Robert d'Arbrissel, ou l'institut de l'ordre de Font-Evraud, poëme en douze chants (par Chaudeau, prieur de la Puye). *Paris*, 1779, in-8, v. rac.

589. Etudes historiques sur la révocation de l'édit de Nantes, et sur Robert d'Arbrissel, fondateur de l'ordre de Fontevrault, par Eug. Talbot. *Angers*, 1846, in-8, br.

590. La Regle du troisième ordre du Père Séraphique S. François ... pour l'usage des Frères qui assistent les Filles de la Passion, dites Capucines. *Paris*, 1689, in-24, v. br.

591. Exposition véritable de l'estat présent de tout l'ordre séraphique des Frères Mineurs, que le grand Patriarche S. François a établi et fondé par l'inspiration seule du S. Esprit, composé en latin par le R. P. Bonite Combasson, savoyard, religieux Conventuel, trad. en françois, par le R. P. dom Alphonse Rethelois, de la congrégation de S. Vannes. *Besançon, Fr. Rigoine*, 1708, pet. in-8, dem.-rel.

> Volume rare. Le P. Combasson n'est pas mentionné par Grillet, dans sa nomenclature des auteurs savoisiens.

592. L'Alcoran des Cordeliers, recueil des plus notables bourdes et blasphèmes de ceux qui ont osé comparer Sainct François à Jésus-Christ. — Légende dorée, ou sommaire de l'hist. des Frères mendiants. *Amsterdam*, 1734, 3 vol. petit in-8, figures, veau fauve.

> Bel exemplaire de cette édition, recherchée pour les curieuses figures de Bernard Picart dont elle est ornée. Avec l'*ex libris* du chevalier *de La Cressonnière*.

593. De l'Institut des Carmélites réformées par Ste Thérèse (par l'abbé d'Hauteserre, chanoine de l'église cathédrale de Cahors). *Bar-le-Duc, Rich. Briflot*, 1739, in-8, mar. r., fil., tr. dor. (*Aux armes de Pologne, accotées de Lorraine et de Bar.*)

> Exemplaire de STANISLAS, roi de Pologne et duc de Lorraine. Ce volume a appartenu ensuite à *Jamet*, qui y a mis sa signature sur le titre.

594. Réponse pour les Religieux Carmes, au livre intitulé les Moines empruntés (par le P. Jean Devau du S. Sacrement). *Côlogne (à la Sphère), chez Est. Etmuler*, 1697, in-12, vél.

> Ce volume rare nous semble avoir été imprimé à Tours.

595. La livrée seconde de l'Iris espanouie, florissante au parterre sacré de l'ordre de Madame Saincte Claire, recueillie par le R. Père F. Jacques La Froigne, diffiniteur général et ministre provincial de la Province de France Parisienne, réduit en ordre, par Jacques Saleur religieux Observantin dudit ordre. *Paris, Laquehay*, 1624, in-12, vél.

> Volume rare. Il contient le mode de réception et la profession des sœurs de Sainte-Claire. Après l'épître du P. Jacq. Saleur, au commencement du volume, on lit des quatrains et autres poésies françaises et latines d'*Estienne Didelot*, de *Ponce Colas*, de *Louis Canally*, de *René Clément* de Nancy et de *Marcilly* de Dijon.

596. Les Statuts de la Congrégation des Penitens de l'Annonciation de Notre Dame, par le commendement et privilège du Roy. *A Paris, chez Iamet Mettayer, près les boucheries de saincte Geneviefve*, 1583, in-8, rel. pleine en mar. n. du Lev., à nerfs, dent. intér.

> Volume rare. Bel exemplaire.

597. Au nom de la sanctissime Trinité, Père, Filz et Sainct Esprit et de la Glorieuse Vierge Marie et de toute la Cour Celestiele de Paradis, Amen. Sensuivent les Statutz de la venerable et devote confrairie des penitens nommés les batus blancz en Tholose laquelle se solemnise pour le présent au couvent du tiers ordre de Mr Sainct Françoys nommé les Béguins. — Autres Statutz de la susdite compagnie des Pénitens blancz, sous le nom de la Saincte Circoncision nostre redempteur Jésus Christ fondée en ladite ville de Tholose et augmentée lors du grand Jubilé que fust en

lan 1576..... — Exortations à tous les Confraires touchant le reiglement des presens statutz, ausquelles sommes tenus d'hosbéir si bien comme aux statuls mesmes comme deppendentes diceulx. — Sommaire des Indulgences concédées à la présente confrérie. In-fol., v. blanc, fil. reliure du XVIᵉ siècle, avec le Christ en croix sur les plats.

> MANUSCRIT DU XVIᵉ SIECLE, SUR VÉLIN, très-bien conservé et parfaitement complet. En tête on remarque une miniature du XVIᵉ siècle, en grisaille, représentant Jésus crucifié et deux pénitents blancs priant au pied de la croix. Ce manuscrit, qui est d'une très-belle écriture calligraphique du XVIᵉ siècle, contient, outre les statuts, divers actes importants concernant la confrérie des Pénitents blancs de Toulouse. A la fin se trouvent des additions d'une autre écriture, qui est du XVIIᵉ siècle. On y remarque un acte notarié relatif à la construction d'une chapelle sur la place des Clottes. Ce MS. comme on voit, était le livre original des statuts de la confrérie des Pénitents blancs de Toulouse, et leur servait de chartrier pour les actes les plus importants.

598. Abrégé contenant l'institution, privilèges et indulgences de la Confrérie du Mont Carmel, dite du scapulaire de N. Dame, avec aucuns miracles arrivez freschement et faits par le moyen du S. Scapulaire. *Liége, B. Bronckart,* 1659, pet. in-12, cart. antiq.

> Relation de miracles arrivés à *Avignon,* à *Cracovie,* à *Thiocourt,* près *Pont-à-Mousson,* à *Toulon en Provence,* aux îles *Sainte-Marguerite,* etc., etc.

599. Congrégation de l'un et l'autre sexe de la Sainte Agonie de Nostre Seigneur Iesus-Christ mourant au Calvaire, et sous le titre de la Saincte Vierge compatissante au pied de la Croix, érigée canoniquement en l'église des Pères de la Compagnie de Jésus à Tournay. *Tournay, Veuve Adr. Quinqué,* 1664, pet. in-12, cart. antiq.

600. Réflexions sur les Constitutions de l'abbaye de la Trappe (par l'abbé de Lignages). *Paris, Billaine,* 1671, in-12, v. br.

> Edition originale d'un bon livre. Elle est peu commune. La seconde parut en 1678.

601. Description de la Trappe (avec les règlements, la forme des habits, etc.). 1787. *Manuscrit* de 38 pages. — Précis de la vie de l'abbaye de Sept-Fons, en Bourbonnois. *Imprimé à Moulins, chez la Vᵉ Faure et Vidalin,* 1784. — Supplément au Précis de la Description de Sept-Fons. *Manuscrit* de 20 pages, 3 opusc., Mss. et imprimés en 1 vol. in-8, v. rac.

> Recueil curieux et dont les deux pièces manuscrites sont inédites. Dans la dernière, le chapitre relatif à la *nourriture des religieux de Sept-Fons* est particulièrement intéressant et instructif, à cause de minutieux détails.

602. Lettres de Armand-Jean Le Bouthillier de Rancé, abbé et réformateur de la Trappe; par B. Gonod. *Paris, Amyot,* 1846, in-8, demi-rel., dos de mar. bleu du Levant, à nerfs, tête dorée, non rogné.

603. Toilette de l'archevêsque de Sens, ou Réponse au factum des Filles Sainte-Catherine lès Provins, contre les Pères Cordeliers. *S. l.*, 1669, pet. in-12., vél.

> Cet ouvrage satirique a pour auteur Jean Burluguay, théologal de Sens, où il mourut en 1624.

604. Histoire de l'abbaye de S. Polycarpe (au diocèse d'Auxerre), rédigée par ordre des temps (par Dom Labat). 1785, in-12 de 575 pages, br. *non rogné.*

605. Notice et extrait du livre des Vœux des religieuses de l'abbaye de Beaumont-lez-Tours, manuscrit original, conservé à la bibliothèque de la ville de Tours, par V. Luzarche. *Tours*, 1855, in-8, pap. vergé, br.

> Tiré à très-petit nombre.

606. Essai sur les vicissitudes des institutions monastiques dans le bas Berri, par A. Desplanque. *Paris*, 1864, in-8, br.

VII. — HISTOIRE DES JÉSUITES. — OUVRAGES POUR ET CONTRE LA SOCIÉTÉ DE JÉSUS. — INQUISITIONS.

607. Ignatio Loiola, poëma eroïco di Benedetto di Virgilio Bifolco della villa Barrea. *Roma*, 1647, in-12. vél.

608. Lettre justificative du P. François Solier (Limosin), respondant à un sien amy touchant la censure de quelques sermons faits en Espagne à l'honneur du bien heureux Ignace de Loyola. *Poictiers, Ant. Mesnier*, 1611, in-8 de 38 pages, dem.-rel., dos et coins de maroquin bleu du Levant.

609. Response à une epistre liminaire de Pierre Viret, ministre des Réformés de Lyon, en faveur de ceux de la Compagnie de Jésus, communément appelés Jésuites. *Lyon, Mich. Jove*, 1565. — Le premier livre des Explications catholiques du seigneur Dieguo Payra, gentilhomme Portugois, qui est une apologie pour ceux de la Compagnie de Jésus, contre certains ministres prédicans d'Allemagne. *Lyon, Mich. Jove*, 1565. — Trattato del santiss. sacrificio del l'altare detto messa. *Lione, M. Giove*, 1563. — L'Heretico Infuriato del Mutio Justinopolitano. *Roma, Valerio Dorico*, 1562. — 4 ouvr. en 1 vol. in-8, vél.

610. Apologie pour Iéhan Chastel, Parisien, exécuté à mort, et pour les pères et escholliers de la société de Iésus, bannis du royaume de France, par François de Verone Constantin. *S. l. (Arras)*, 1595, in-8, vél.

> Volume recherché. Exemplaire grand de marges et bien conservé.

611. Le franc et véritable discours au Roy, sur le restablisse-
ment qui luy est demandé pour les Iésuites (par Ant. Arnauld). *S. l.*, 1602, in-12, rel. pleine en mar. viol. du Levant,
à nerfs, fil., dent. intér., tr. dor.

612. Le Catéchisme des Jésuites, ou Examen de leur doctrine
(par Estienne Pasquier). *Villefranche, Guill. Grenier,* 1602,
in-8, frontispice gravé sur bois, vél.

> Bel exemplaire. Le nom de *Villefranche* est supposé; il est facile
> de s'apercevoir que ce volume est imprimé avec les beaux caractères
> de *Haultin,* à la *Rochelle.*

613. Le Passe-partout des Pères Jésuites, apporté d'Italie par
le docteur de Palestine, gentilhomme Romain, nouvellement
traduit de l'italien (par César de Plaix). *S. l.*, 1607, pet.
in-12, reliure pleine en mar. bleu du Levant, à nerfs, devise
sur les plats, dent. intér., tr. dor.

> Ce volume rare, qui manque à presque toutes les collections de
> livres relatifs aux jésuites, a échappé longtemps aux recherches de
> Barbier, qui finit cependant par le rencontrer chez M. Pluquet. Mais
> la description, d'ailleurs très-incomplète, qu'il en donne, fait sup-
> poser qu'il ne connaissait point notre édition, laquelle diffère du
> volume qu'il a vu soit par le format, soit par le titre. M. Brunet, qui
> signale le *Contre-assassin* et d'autres ouvrages rares écrits contre les
> jésuites, ne mentionne aucunement celui-ci. Notre volume se com-
> pose d'environ 234 pages mêlées de prose et de vers. C'est une vi-
> rulente satire.

614. Lettre déclaratoire de la doctrine des pères jésuites conforme aux décrets du concile de Constance, adressée à la
royne mère du roy, par le P. Coton (Forésien). *Paris, Cl.
Chappelet,* 1610, pet. in-8, dem.-rel., dos et coins de mar.
bleu du Levant, à nerfs.

615. Anticoton, ou Réfutation de la lettre déclaratoire du père
Cotton; livre où est prouvé que les Iésuites sont coupables et
autheurs du parricide exécrable commis en la personne du
Roy Henri IV. *S. l.*, 1610, pet. in-8, dem.-rel., dos et coins
de mar. bleu du Levant, à nerfs.

> A la fin se trouve un sonnet manuscrit, d'une pensée et d'une fac-
> ture si remarquable que nous n'hésitons pas à l'attribuer à un poëte
> distingué de ce temps-là. Il est signé des initiales C. S. T.; la der-
> nière de ces initiales indique qu'il était *Tourangeau.*

616. Coppie d'une lettre escrite à Mgr Paulino, autrefois Da-
taire, où sont contenus plusieurs artifices et ruses des pères
jésuites. *S. l.*, 1610, pet. in-8, dem.-rel., dos et coins de
mar. bleu du Levant, à nerfs.

> Pièce curieuse, datée de *Douay,* 21 *septembre* 1610, et signée des
> initiales G. D. W.

617. La Sauterelle démasquée à la France; imprécation (en
vers) contre l'impie et pernicieux libelle, faict par Sabta-
relli, iésuiste contre la puissance du roy. *S. l.* (vers 1610),

pet. in-8, dem.-rel., dos et coins de mar. bleu du Levant, à nerfs.

> Pièce rare et très-curieuse. C'est une malédiction assez bien rimée, remplie de traits, contre les Jésuites, désignés ici comme de *noirs corbeaux bouffis de rage*. Voilà même l'expression la plus douce de toute cette satire.

618. Response apologétique à l'Anti-Coton et à ceux de sa suite, présentée à la royne régente, où il est monstré que les autheurs anonymes de ces libelles diffamatoires sont atteints de crime d'hérésie, lèze-majesté, perfidie, sacrilège et très-énorme imposture (par le P. François Tacot). *Paris, Jos. Cottereau, 1611, in-8, v. br.*

619. Response à l'Anti-Coton, de point en point, pour la défense de la doctrine et innocence des pères jésuites, par Adrian Behotte, chanoine et grand archidiacre de Rouen. *Rouen, J. Osmont, 1611, pet. in-8, cart. antiq.*

620. Considérations à la France sur la consolation envoyée de Rome à la reyne mère, par Louis Richeome, jésuite (Provençal). *S. l., 1611, pet. in-8, dem.-rel., dos et coins de mar. bleu du Levant, à nerfs. (Rare.)*

> A ne lire que le titre de cette pièce, il est impossible d'y reconnaître une violente diatribe contre les Jésuites, accusés de régicide. Afin de donner le change aux magistrats et au public, l'auteur a placé, isolément, à la ligne, le nom du P. Richeome, comme si ce religieux avait lui-même composé l'opuscule. — Bel exemplaire.

621. Plaincte justificative de Louis de Beaumanoir pour les PP. Jésuites, contre la remontrance et plaincte de Mre Louys Servin. *S. l., 1615, pet. in-8 de 80 pag., cart.*

622. Prodiga Jesuitarum liberalitas in vocibus universalibus, *Omnis, Nullus, Semper, Nunquam, Ubique, Nusquam, Totum, Nihil*, tum veritate, tum proprio testimonio confutata, sive Appendix ad cauteriatam Jesuitarum conscientiam, jam ante ab authore editam, opera et studio Jacobi Laurentii. *Amstelredami, 1618, pet. in-8, cart.*

> Volume fort curieux.

623. Les Prophéties anciennes, pour servir de miroir aux pères jésuites et à tous les gens de bien. *S. l. n. d. (Paris, vers 1625), pet. in-8 de 40 pag., cart.*

> Pièce rare. On y trouve au commencement un « *Adpis de maistre Eustache Du Bellay, evesque de Paris en l'an 1554, sur les bulles obtenues par les Jésuites.* »

624. La Descouverte des équivoques et eschapatoires des Jésuites sur leur prétendu bannissement. *S. l., 1626, pet. in-8, dem.-rel., dos et coins de maroquin bleu du Levant, à nerfs.*

625. Alphonsi de Vargas (Gasp. Scioppii) Relatio ad reges et principes christianos de stratagematis et sophismatis politicis societatis Jesu ad monarchiam orbis terrarum sibi consciendam. *S. l.*, 1636, in-4, dem.-rel., v. antiq. (*Vogel.*)

Édition rare de ce curieux libelle, et qui doit être la première. Voici un aperçu des nombreuses questions agitées dans cet ouvrage: *Pourquoi le pape n'a pas voulu proclamer l'immaculée conception de la Vierge, — Erreurs, mensonges, crimes des Jésuites, — Les Jésuites fascinateurs des rois, — L'Espagne n'a-t-elle pas mérité, par ses péchés, d'être le jouet et la risée des Jésuites ? — Les Jésuites feignent la chasteté. — Les Jésuites incendiaires, etc., etc.* L'ouvrage est divisé en 58 chapitres fort étendus.

626. Mysteria patrum jesuitarum ex ipsorum scriptis fideliter eruta, in quibus agitur de Ignatii Loyolæ ortu et apotheosi, de societatis dogmatibus circa obedientiam cæcam, circa potestatem papæ, sigillum confessionis, etc... (authore, ut videtur Andrea Riveto Pictaviensi). *Lugduni, apud Gelasium Nomimelcum,* 1637. — Renati Verdæi Statera quæ ponderatur Mantissæ Laurentii Forerii Jesuitæ, sectio prima, adversus libellum cui titulus est Mysteria patrum jesuitarum. *Lugduni,* 1637. — 2 part. en 1 vol., pet. in-12, vél. de Hollande.

Exemplaire de P. COLOMIÉS de la Rochelle, qui y a joint une note intéressante où il dit que son ami intime, Daillé le fils, dans une lettre qu'il lui a écrite de Paris, 11 novembre 1663, lui a mandé « *que l'autheur des Mystères des PP. jésuites est feu M. Rivet, professeur à Leyde,* mais néantmoins ie ne vous donne pas cela comme une chose constante. ». Page 256, de ce volume il est question des *femmes-jésuites* et d'une nommée Élisabeth Rosella qui vint à Rome avec d'autres personnes de son sexe pour être admise aux pratiques et à la règle de la société de Jésus. — Quant au lieu d'impression, il est certain qu'il faut le chercher en Hollande: les caractères sont semblables aux caractères elzéviriens de *Jean Maire,* de Leyde, ce qui est encore corroboré par la note de Colomiés attribuant l'ouvrage à un professeur de cette ville.

627. Visite faicte par le recteur de l'Université de Paris, assisté de Mᶜ Michel Charles, commissaire au Chastelet, le 8 août 1643, par laquelle se voyent les profanations et ruptures d'autels faictes en l'église du collége de Mair-Montier, ainsi que les désordres qui sont en iceluy collége, depuis qu'il a été usurpé par les soy disant pères jésuistes. *Paris,* 1643, pet. in-8, reliure pleine en mar. orange du Levant, à nerfs, devise sur les plats, dent. intér., tr. dor.

Pièce rare. Très-bel exemplaire.

628. Requeste, procès-verbaux et advertissemens faits à la diligence de M. le Recteur et par l'ordre de l'Université, pour faire condamner une doctrine pernicieuse et préjudiciable à la société humaine et particulièrement à la vie des Rois, enseignée au collège de Clermont, détenu par les Jésuites, à Paris. *Imprimez par le mandement de M. le recteur de l'Université, chez Julian Jacquin, imprimeur à Paris,* 1644. — Avertissement contre une doctrine préjudiciable à

la vie de tous les hommes (le régicide), et particulièrement des rois et princes souverains. *S. l.*, 1643. — Second advertissement contre une doctrine préjudiciable. *S. l. n. d.* — Seconde requeste présentée à Noss. de la Cour de Parlement par l'Université de Paris. *S. l.*, 1644. — 4 tom. en 1 vol. in-8, v.

629. Mémorial présenté au roy d'Espagne, pour la défense de la réputation, de la dignité et de la personne de l'illustrissime et reverendissime dom Bernardino de Cardenas, evesque de Paraguay dans les Indes, contre les religieux de la compagnie de Jésus. *S. l. (Amst., Dan. Elzevier)*, 1662, pet. in-12, rel. pleine en mar. vert du Levant, à nerfs, dent. intér., tr. dor.

630. LES PROVINCIALES, ou Lettres escrites par Louis de Montalte (Blaise Pascal) à un provincial de ses amis et aux RR. PP. Jésuites sur la morale et la politique de ces Pères, trad. en latin par Guill. Wendrock (P. Nicole), en espagnol par Gratien Cordero, et en italien par Cosimo Brunetti. *Cologne, Balth. Winfelt*, 1684, in-8, reliure pleine en mar. bleu du Levant, dos à nerfs, fil., devise sur les plats, dent. intér., tr. dor. (*Duru.*)

Superbe exemplaire.

631. Les Provinciales, ou les Lettres écrites par Louis de Montalte (Blaise Pascal) à un provincial de ses amis. *Cologne, N. Schoute, (Amsterdam, Dan. Elzevier)*, 1666, pet. in-12, vél.

632. Les Provinciales (par Pascal). *Cologne*, 1738, in-8, mar. rouge, fil., dos orné, tr. dor. (*Anc. reliure.*)

Très-bel exemplaire.

633. Le Rappel des Jésuites en France. *A Cologne, chez Jean Le Blanc*, 1678, pet. in-12, mar. vert d'eau, fil., tr. dor. (*Ginain.*)

Très-bel exemplaire d'un livre curieux et rare.

634. Le Jésuite sécularisé. *A Cologne (Holl., à la Sphère)*, 1683, pet. in-12, front. gravé, reliure pleine en mar. rouge du Levant, milieux, dos à nerfs, dent. intér., tr. dor.

Très-bel exemplaire d'un livre rare.

635. L'Église de France affligée, où l'on voit d'un côté les entreprises de la cour contre les libertez de l'Église, et de l'autre les duretez avec lesquelles on traite en ce royaume les évêques et les prêtres, les religieux et les religieuses et les autres personnes de piété qui n'approuvent pas les entreprises de la Cour ni la doctrine des Jésuites, par François Poitevin. *Cologne, Pierre Le Vray, à l'enseigne de la Justice*, 1688, pet. in-8, v.

636. Histoire de dom Jean de Palafox, évêque d'Angelopolis (dans l'Amérique septentrionale), depuis d'Osnje, et des différens qu'il a eus avec les PP. Jésuites. *S. l. (Hollande)*, 1690, pet. in-12, v. br.

637. Les Passe-temps des Jésuites, ou Entretiens des pères Bouhours et Ménétrier, jésuites, sur les défauts de leur compagnie. *A Pampelune, chez les frères Ignace*, 1721, 3 l., en 2 vol. in-12, v. br.

638. PIÈCES ET MÉMOIRES divers touchant les plaintes que l'on fait des faits injurieux et diffamatoires contenus dans l'histoire de la compagnie de Jésus, par le P. Jouvency. Recueil factice de 18 pièces manuscrites, en partie originales (1712-1713). In-fol., dem.-rel., dos et coins de mar. br. du Levant, à nerfs.

> PROVENANT DES PAPIERS DE LAMOIGNON. Ce sont les pièces officielles qu'il avait réunies dans cet affaire. On y a joint l'arrêt imprimé du Parlement qui condamne et défend la 5e partie de l'histoire de la compagnie de Jésus par le P. Jouvency. La dernière page est couverte de réflexions dignes d'intérêt, parmi lesquelles on remarque une anecdote curieuse. Ces annotations sont AUTOGRAPHES DU CHANCELIER D'AGUESSEAU, qui n'était alors que procureur général. Ce n'est pas tout : la 7e pièce est un long et très-curieux mémoire présenté en cette circonstance par d'Aguesseau à Louis XIV. Cette copie est AUTOGRAPHE DE G. DE LAMOIGNON-BLANCMESNIL, alors avocat général et depuis chancelier. La dernière pièce est un résumé de l'affaire, également AUTOGRAPHE DE LAMOIGNON.

639. Les Enluminures du fameux almanach des PP. Jésuites (en vers). — Onguent à la brûlure (ou Secret pour empêcher les Jésuites de brûler les livres; poëme satirique par Barbier d'Aucourt, de Langres). 1670. — Arrière-ban de l'Église militante, etc., et autres pièces anti-jésuitiques. — In-4, dem.-rel.

> MANUSCRIT DU XVIIIe SIÈCLE. « Ce recueil, de 400 pages environ, très-bien écrit et rédigé avec soin, contient diverses pièces satiriques contre les Jésuites. » (Note ms.)

640. Lettre écrite aux RR. PP. jésuites (de Paris), par un père de Ste-Geneviève (le P. Le Courayer). 1724, in-4, dem.-rel., dos et coins de mar. viol. du Levant, à nerfs.

> MANUSCRIT DU XVIIIe SIÈCLE, composé de 24 pages.

641. Parallèle de la doctrine des Payens avec celle des Jésuites (par le P. Boyer, oratorien). *Amst.*, 1731, 2 tom. en 1 vol. in-8, v.

> Cet ouvrage fut *condamné à être brûlé*. — Suivant une note manuscrite du temps sur la garde de notre exemplaire, cet ouvrage est attribué à un nommé *Péan, pieux laïc*. — Dans le même volume: « *Portrait au naturel des Jésuites et anciens et modernes, ou Image véritable du premier et du dernier siècle de la société de Jésus.* »

642. Relation de la mission faite à Armes, près de Claméci,

par les RR. PP. Robot, Lau et Noirot, jésuites, aux mois d'a-
vril, mai et juin 1751. *Bruxelles*, 1752, in-8, cart. antiq.

> Cet exemplaire possède deux titres, ayant des différences typo-
> graphiques.

643. Les Jésuites marchands, usuriers, usurpateurs, et leurs
cruautés dans l'ancien et le nouveau continent. *La Haye*,
1759, in-12, v. m.

> Curieux et peu commun.

644. Abrégé chronologique de l'histoire de la société de Jésus,
sa naissance, ses progrès, etc., avec des notes et des anecdotes
(par l'abbé Jacques Tailhié). *En France*, 1760, in-12, dem.-
rel., veau fauve, tête dorée, *non rogné*.

645. Les Jésuites criminels de lèze-majesté dans la théorie et
dans la pratique. *La Haye*, 1760, in-12, v. marbr.

> Très-bel exemplaire.

646. Recueil de toutes les pièces et nouvelles, qui ont paru sur
les affaires des Jésuites, principalement dans l'Amérique
méridionale et dans le royaume de Portugal. *S. l.*, 1760, 2
vol. in-12, fig., v. marbr. *(Bel exempl.)*

647. Mémoire sur les constitutions de la société de Jésus, par
le chancelier Lamoignon. 1761, in-fol., dem.-rel., mar. bl.
du Levant, à nerfs.

> MANUSCRIT DU XVIIIᵉ SIÈCLE, provenant des papiers de Lamoignon.
> Ce mémoire est du chancelier lui-même. Ce manuscrit est une mise
> au net faite sur l'original et sous les yeux de Lamoignon. M. de Males-
> herbes, son fils, en a supprimé la minute, comme le porte la note
> suivante de sa main : « *La minute de ce mémoire y estoit jointe, je l'ay
> supprimée.* » En tête se trouve ajoutée une copie, du temps, de la
> réponse faite par le roi aux députés du Parlement chargés de lui
> remettre les *constitutions* incriminées.

648. Extraits des assertions dangereuses et pernicieuses en
tout genre (parjure, vol, compensations occultes, impudi-
cité, homicide, etc.), que les soi-disant Jésuites ont dans tous
les temps et persévéramment soutenues, enseignées et publiées dans leurs livres, vérifiées, collationnées avec autres
actes authentiques, et déposées à la Cour. *Paris*, 1762, 2 vol.
in-12, v. marbr. *(Bel exempl.)*

649. Raisons invincibles qui doivent empêcher le pape d'accorder et les souverains de poursuivre l'abolition de la Compagnie de Jésus, tant que cette cause sera dans l'état où elle
est. In-4, dem.-rel., dos et coins de mar. viol. du Levant, à
nerfs.

> MANUSCRIT DU XVIIIᵉ SIÈCLE, provenant des papiers de Lamoi-
> gnon. Sur le titre on lit, d'une écriture du temps, la note suivante :
> « On voit par ce titre combien la pièce doit être originale et curieuse.
> Elle est principalement dirigée contre M. le duc de Choiseul, à l'ini-

mitié duquel on attribue la dissolution de l'ordre dans une partie de l'Europe et mérite une discussion plus ample. »

650. LES JÉSUITES EN FRANCE (1551-1711). Recueil factice de pièces mss., la plupart *en original*, concernant l'établissement des Jésuites en diverses villes de France, nommément à *Cahors, Montélimart, Perpignan, Alençon, Caen, Molsheim, Strasbourg*, etc... — In-fol., dem.-rel., dos et coins de mar. br. du Levant, à nerfs.

> PROVENANT DES PAPIERS DE LAMOIGNON. Ce sont les pièces officielles qu'il avait recueillies pour instruire la fameuse affaire des Jésuites. Pour les pièces dont il n'avait pu garder par devers lui les originaux, Lamoignon fit faire des copies collationnées et authentiquées en forme probante. Il y a là un dossier extrêmement curieux pour et contre la fameuse société de Jésus, formé avec une grande impartialité. Les pièces qui concernent MONTÉLIMART et *Perpignan* sont surtout nombreuses et intéressantes pour l'histoire de ces localités. Trois des pièces du recueil sont des imprimés ou extraits d'imprimés.

651. Apologie des anecdotes ecclésiastiques jésuitiques du diocèse de Rouen, avec l'histoire des cruelles persécutions suscitées à deux bons et sçavans pasteurs. *S. l.*, 1761, in-12, br., *non rogné*.

652. Lettre d'un jésuite de Normandie à MM. du Parlement de Rouen, cahier in-4, br

> MANUSCRIT DU XVIII° SIÈCLE.

653. Mémoire pour les Jésuites des provinces de Champagne, Guyenne, Toulouse et Lyon. *Paris*, 1761, in-12, v. marbr.

654. Histoire du collége de Douai, à laquelle on a joint la Politique des Jésuites anglois. *Londres*, 1762, in-12, v. m.

655. Histoire véritable de la Gargouille, complainte en 32 couplets, dédiée aux Rouennais. *Caen*, 1826, pet. in-32, br.

> Satire contre les Jésuites. Elle est suivie des *Missions et congrégations auxiliaires des Jésuites* et petite chronique contemporaine.

656. Découvertes d'un bibliophile (M. Busch), ou Lettres sur différents points de morale enseignés dans quelques séminaires de France (Sanchez, S. Alphonse de Liguori, etc., censurés au sujet de leurs opinions sur les péchés de luxure). *Strasbourg*, 1843, in-8, br.

657. Ph. a Limborch Historia inquisitionis, cui subjungitur liber sententiarum inquisitionis Tholosanæ, ab anno 1307 ad annum 1323. *Amstel.*, 1692, 2 part. en 1 vol. in-fol., fig. curieuses, v. fauve, fil.

> Ouvrage intéressant et contenant beaucoup de matières. Il le faut distinguer de toutes les autres histoires de l'Inquisition, dont les auteurs ont donné trop de place à la critique et à des dissertations étrangères aux faits. Celle-ci est plus remplie de détails curieux et précis, tirés des procès-verbaux et des mémoires contemporains. On y trouve un tableau complet de l'Inquisition de tous les pays, les

formes variées des procédures et les cas divers d'accusation et de
châtiment. Le texte est accompagné de grandes planches qui représentent des scènes d'interrogatoires et d'auto-da-fé, des instruments,
des costumes, etc. — Bel exemplaire.

658. Aphorismi Inquisitorum, cum vera historia de origine
sanctæ Inquisitionis Lusitanæ, auth. Ant. de Sousa. *Turnoni*,
1633, in-8, vél.

659. Relation de l'inquisition de Goa. *Leyde, Dan. Gaasbeck*
(*à la Sphère*), 1687, fig. curieuses. — De la tolérance mu-
tuelle, entre les deux communions évangélique et réformée.
La Haye, 1698. — Les Jésuistes mis sur l'eschafaut pour
plusieurs crimes capitaux (et impudicités), par eux commis
dans la province de Guienne, par le S' P. Jarrige, ci-devant
jésuiste. *S. l. (Hollande)*, 1678. — 3 ouvr. en un vol. pet.
in-12, vél. de Holl.

> Éditions peu communes et bien imprimées, qui se joignent à la
> collection des Elzevier. — *Les Jésuites sur l'eschafaut* est un livre
> rare. L'abbé Barré, bibliophile normand bien connu, avait cher-
> ché toute sa vie ce volume; il ne put se consoler de n'avoir pu l'ob-
> tenir d'un bibliopole rouennais qui avait refusé de le lui vendre.
> Quelques instants avant sa mort, il en faisait encore des reproches
> au libraire François. (Voir le *Chasseur bibliographe*, livraison de
> février 1862, pages 9-10.)

660. Mémoires historiques pour servir à l'histoire des inquisi-
tions (par Dupin). *Cologne, Denys Slebus*, 1716, 2 vol. in-12,
fig., mar. rouge, fil., dent., tr. dor. (*Anc. reliure*.)

> Bel exemplaire.

VIII. — HAGIOGRAPHIE. — LÉGENDAIRES. — VIES DE SAINTS OU DE
PERSONNAGES RECOMMANDABLES PAR LEURS VERTUS ET LEUR
PIÉTÉ.

661. Topographie des saints, où l'on rapporte les lieux devenus célèbres par la naissance, la demeure, la mort, la sépulture et le culte des saints. *Paris*, 1703, in-8, v.

> Une large part est donnée ici à la *Touraine*. Voir *Tours, Marmou-
> tiers, Candé, Loches, Chinon*, le *Plessis-lez-Tours*, etc.

662. Dictionnaire des légendes des saints ou Table géographique des noms des anciennes provinces, villes, bourgs,
fleuves, rivières, forêts, montagnes qui se trouvent mentionnés dans les légendes et martyrologes, en latin et en
français, par l'abbé L. J. Fret. *Mortagne*, 1839, in-12, br.

663. Les Vies des SS. Pères des déserts d'Occident et d'Orient
(par Bourgoing de Villefore). *Paris, Mariette*, 1736-39, 2 vol.

— Les Vies des saintes solitaires d'Orient et d'Occident. *Paris*, 1739, 1 vol. — Ensemble 3 vol. in-12, fig., v.

La plupart des vies des Pères d'Occident sont tirées de Grégoire de Tours et de saint Grégoire le Grand. On y a inséré, dit l'auteur, beaucoup plus de miracles que dans les vies des solitaires d'Orient. Ces trois volumes ne renferment pas moins de *cent quatre-vingts figures*, gravées par Mariette.

664. De Stylitis liber, auctore Jo. Car. Krebs. *Lipsiæ*, 1753, pet. in-4, dem.-rel., dos et coins de mar. bleu, à nerfs.

Les Religieux qui, à l'exemple de saint Simon Stylite, passèrent quelques années de leur vie sur de hautes colonnes, furent plus nombreux qu'on ne le croit vulgairement. La notice rare que nous en présentons aux curieux, ne manque pas d'intérêt, sauf les réserves que plusieurs pourront faire sur les opinions religieuses de l'auteur. Dans le même volume, se trouve relié un discours, en français, *Sur l'accroissement de la philosophie par la révélation*, prononcé à Stettin, en 1741, par Jean Ludolph Henning.

665. Essai sur les légendes pieuses du moyen âge, ou Examen de ce qu'elles renferment de merveilleux, d'après les connaissances que fournissent de nos jours l'archéologie, la théologie, la philosophie, etc..., par Alfr. Maury. *Paris*, 1843, in-8, br.

666. LEGENDARIO de sancti vulgar floriado. *Finisse le legende de sancti composte per el rever. padre Jac. de Voragine.... traducte de latino in lingua vulgare per el ven. Mess. dom Nic. de Manerbi. Stampate in Venetia, per Barth. di Zani da Portese*, 1499, in-fol., caractères ronds, à 2 col., fig. sur bois, cart.

Traduction et édition rare de la *Légende dorée*, en italien des bonnes époques. L'ingénuité du conteur n'y exclut ni l'élégance, ni la correction. Tout y parle à l'imagination et aux yeux. Le volume est imprimé avec de jolis caractères, et orné d'une grande planche et de DEUX CENT TRENTE-CINQ FIGURES d'un trait assez fin et d'une composition extrêmement naïve. La plupart représentent les supplices endurés par les martyrs, à qui le pieux artiste a donné, au milieu des plus affreux tourments, une singulière expression de béatitude et même de bonhomie. — Exemplaire presque non rogné et d'une bonne conservation sauf un raccommodage au premier et au dernier feuillet. Neuf colonnes de texte et deux figures sont consacrées à la vie de *saint Martin*, évêque de Tours. La légende de Sainte Marie-Magdeleine, à la page 107, est précédée d'une fort curieuse gravure, qui nous offre la double scène du *Vase de parfum* et de l'arrivée de sainte Magdeleine à Marseille, *dans une barque*. Cette légende occupe huit colonnes, formant la matière d'au moins 30 pages in-18.

667. La Légende dorée, par Jacques de Voragine, trad. du latin et précédée d'une notice par M. G. B. (Gustave Brunet). *Paris, Gosselin*, 1843, 2 vol. in-12, br.

Cet ouvrage, qui est totalement épuisé, renferme une très-grande quantité de légendes, contées avec une charmante simplicité.

668. **Catalogus sanctorum** et gestorum eorum edi-

tus a Rev. in Christo Patre dom. Petro de Natalibus, de Venetiis. *Lugduni, per Jacob. Saccon,* 1519, in-fol. gothique, à 2 col., fig. sur bois, peau de truie gauf.

> Ouvrage fort curieux, et qui se trouve rarement de belle condition et complet. Il renferme DEUX CENT CINQUANTE-SIX FIGURES, sur bois, très-curieuses, de l'école lyonnaise. Au commencement on en trouve une très-grande qui représente l'adoration des mages. Il en est une autre particulièrement digne d'attention, car elle nous offre l'image d'un instrument de supplice exactement semblable à la GUILLOTINE : elle est même répétée dans le volume. Cette édition des Légendes des saints est la plus complète et la seule qui contienne, à la fin, après l'index, un supplément pour les saints canonisés en dernier lieu: saint Magnus, saint Wolfgang, saint Roch, saint Bonaventure, etc., etc. — La légende de *saint Martin de Tours,* avec la gravure du saint partageant son manteau, se trouve au folio 200.

669. **Jacobi Gualle... Sanctuarium** (seu Vitæ SS. Syri, Crispini, Rheudubaldi, Armentarii, Luitfredi, Gengulfi, Ennodii, Damiani, Lafranchi, Appollinaris, Martini, Jobi, Urcisceni, Severini, Marini, Prothi, Felicis, Abdonis, Nemesii, Aldi, Gunifortis et aliorum sanctorum et sanctarum)... *Finis Sanctuarii Papie antiquitatum, Reliquiarum sanctorum que erant in arce Papie, Indulgentiarum quarumlibet ecclesiarum intra et extra civitatem, ac ubi jaceat corpus B. Bernardini de Feltro. Impressum Papie, per magistrum Jacob. de Burgofrancho,* 1505, in-4 gothique, nombr. fig. s. bois, reliure pleine en mar. br. du Levant, à nerfs, ornements à la Grolier, avec devise sur les plats, dent. intér., tr. dor. (*Capé.*)

> MAGNIFIQUE EXEMPLAIRE D'UN LIVRE TRÈS-RARE, et d'une impression très-remarquable. On y compte SOIXANTE-DOUZE GRAVURES SUR BOIS, de l'école italienne. Au bas du titre se trouvent les armoiries, délicatement peintes en miniature, d'un cardinal de Saint-Marc. Ce légendaire contient beaucoup d'autres vies de saints et saintes qui sont aussi honorés en France. Nous citerons notamment une VIE DE SAINT MARTIN DE TOURS ET DE SAINT BRICE (folio 36, verso), avec une gravure qui représente saint Martin partageant son manteau.

670. La Vie de la Vierge, de maître Wace (XIIᵉ siècle), publiée d'après un manuscrit inconnu aux premiers éditeurs, suivie de la vie de S. George, poëme inédit du même trouvère (publ. par M. V. Luzarche). *Tours,* 1859, pet. in-8, pap. de Hollande, br.

> Tiré à petit nombre.

671. **Incominza la Vita** de la seraphina e serventissima amatrice de Jesu Xᵗᵒ santa MARIA MAGDALENA, racolta per il reverendo padre e maestro nella sacra theologia fratre Silvestro da Prierio..., a laude de Dio e consolatione de la magnifica contessa madonna Adriana da Thiene dona dig-

nissima del magnifico conte e cavaliero Ludovico da Thiene de la nobile e richissima cita de Vicenza. *Impressa ne lalma et inclita cita di Bologna, per Zoan Antonio de li Benedicti, nel anno 1500*, pet. in-4 gothique, à 2 col., dem.-rel., bas.

> Relation très-rare de la vie de sainte Marie Madeleine, avec une dissertation sur ses reliques vénérées en PROVENCE, le tout suivi d'un cantique en italien, à cette sainte populaire.
> Ce livret précieux, non cité par les bibliographes, se compose de 24 feuillets, sans pagination ni réclames. A l'instar des manuscrits et des premiers incunables, il ne porte point de titre, et toutes les initiales en sont coloriées. — Notre exemplaire est parfaitement conservé et très-complet.

672. Historias das vidas de S. Maria Egypciaca, santa Thaïs e santa Theodora penitentes, por el P. P. de Ribadeneira, traduzidas em Portuguez por Diego Vaz Carrilho. *Lisboa*, 1673, pet. in-4, cart. antiq.

673. Vita beati Malchi a B. Hieronymo. *Scripta per me Petrum Andream*, pet. in-4, br.

> MANUSCRIT DE LA FIN DU XVe SIÈCLE, sur papier.

674. La Cantiade ou l'Eloge des illustres martyrs saints Can, Cantien et Cantienne, frères et sœur, (poëme), composé par Me Sébastien Bredet, conseiller au bailliage d'Estampes, lieutenant particulier et maire de la ville, *A Paris, janvier* 1673, in-12, vél.

> Rare et bien conservé.

675. Histoire de sainte Cécile, vierge romaine et martyre, par dom Prosper Guéranger. *Paris*, 1849, in-12, br.

676. Vie et légende de Ste Marguerite, en vers français, in-8, vélin.

> MANUSCRIT DU XVe SIECLE, SUR VELIN. Cette légende de sainte Marguerite, en vieux vers français, est très-ancienne. On la trouve souvent jointe à des Livres d'heures manuscrits du XVe et du XVIe siècle. Il est probable que notre MS. faisait originairement partie d'un de ces livres de dévotion, et qu'il en aura été ensuite détaché. Il commence ainsi :
>
> Theodosius fut son père,
> Sarazine estoit sa mère.
>
> . . . .

677. La vie de S. Jean Chrysostome (par Ménart.) *Paris*, 1664, in-4, v. br.

678. Fratris Baptistæ Mantuani carmelitæ var. opusc. *Lugduni, Bern. Lescuyer*, 1556, 2 tom. en 1 vol,, in-8, parch.

> Recueil rare, dans lequel on rencontre des dissertations fort singulières, notamment sur cette question délicate : *En quelle partie du corps de la sainte Vierge l'enfant Jésus a été conçu*. On y remarque une VIE DE SAINT BLAISE, en vers latins hexamètres, œuvre élégante et harmonieuse de Jean Mantuan, laquelle est devenue introuvable. Elle est divisée en deux livres et composée de 24 feuillets. M. Brunet ne l'a point mentionnée dans longue énumération qu'il a faite

des œuvres de cet auteur. On connaît très-peu de notices particulières sur la vie de saint Blaise ; c'est le motif qui nous a déterminé à classer dans l'hagiographie le recueil précité de Mantuan, lequel renferme encore : *Contra detractores epist. — De loco conceptionis Christi lib.; — De variis interpretationibus sacræ Scripturæ lib.; — Apologia pro ordine Carmelitarum; — Apologia contra detrahentes operibus Mantuani; — Corolarium de licentiis antiquorum poetarum, etc., etc.*

679. L'Histoire de la vie de sainct Severe (ou Sever), evesque de Ravenne, il y a plus de 1200 ans, escritte par Mᵉ Iacques Tigeou, Angevin, chanoine en l'église cathédrale de Metz. *S. l. Celui qui ma fait Imprimé* (sic) *vous prie de luy dire un Ave. S. d.* (vers 1620), pet. in-12, fig. s. bois à mi-page au commencement, cart. antiq.

Petite pièce fort rare et non citée.

680. SULPITII SEVERI Vita sancti ac beatissimi Martini, archiepiscopi Turonensis. — Epistola Severi ad Eusebium presbyterum. — Epistola Sulpicii ad Aurelium, diaconum. — Epistola Severi Supplicii (sic) ad socium suum Basulam, qualiter sanctus Martinus de hoc mundo recesserit. — Epistola Gregorii Turonensis de transitu B. Martini. — Lectiones de transitu B. Martini. — Sermo Gregorii Turonensis, episcopi, de translatione corporis ejusdem. — Dialogi Severi (Sulpitii) de virtutibus sanctorum heremitarum. — Abbreviatio Alcuini de vita et virtutibus sancti Martini. — Lectiones de Sancta Eucharistia. — Libri quatuor Georgi Florentii Gregorii Turonici de virtutibus beati Martini, confessoris. — Officium de S. Martino. In-fol., rel. pleine en mar. bleu du Levant, à nerfs, fil. à fr., dent. intér.

BEAU ET PRÉCIEUX LÉGENDAIRE MANUSCRIT DU XIᵉ AU XIIᵉ SIÈCLE , SUR VÉLIN , avec des lettres peintes et historiées d'un style très-ancien. Ce beau codex servait de LÉGENDAIRE à l'ABBAYE DE SAINT-MARTIN DE SÉEZ. On lit au bas du premier et du dernier feuillet cette mention : « *Liber Sancti Martini Sagiensis,* » et plus bas, d'une écriture de la fin du xviiᵉ siècle : *Ex libris Harduini de Rouxel de Medavy, abbatis de Grancey.* » Hardouin de Rouxel de Medavy, de la maison de Grancey, en Bassigny, docteur de Sorbonne, était abbé de Relec, de Boisgency, de Preuilly et de Saint-Benoît sur Loire, premier aumônier de Monsieur Philippe de France, duc d'Orléans, frère unique de Louis XIV, et de Philippe, son fils, auprès duquel il fut blessé au combat des lignes de Turin, donné le 7 septembre 1706, et mourut peu après. Le texte des différentes vies et légendes de saint Martin de Tours que contient ce manuscrit est très-pur et peut fournir d'excellentes leçons : entre autres, dans la lettre de Sulpice Sévère *ad Basulam* (20ᵉ ligne, 2ᵉ colonne du MS) nous lisons : *Tu sola es rea,* au lieu de : *Tu sola ea rea.* que porte l'imprimé (*V.* le nᵒ 473 du catalogue). Ce beau manuscrit a eu diverses vicissitudes : des barbares ont coupé le bas de la marge de sept feuillets, sans cependant que le texte ait été atteint; plus tard, les moines de l'abbaye de Saint-Martin de Séez, voulant remettre en ordre et en état leur légendaire, y ajoutèrent des feuillets et numérotèrent les cahiers, afin de le faire relier. Dans le cahier D, un feuillet contenant partie de la lettre de Sulpice Sévère *ad Basulam* ne se retrouva plus. A la suite de la lettre de Grégoire de Tours, *De transitu B. Martini,* folio 28, on ajouta, au xivᵉ siècle, d'une écriture archaïque, les passages relatifs à l'apparition de saint Martin, après sa mort, à saint Séverin, évêque de Cologne, et à saint Ambroise. La vie de saint Martin de Tours, par Alcuin, finissait au recto de la première colonne du folio 63; on y ajouta diverses pièces liturgiques et leçons sur la célébration de l'office du saint. Cela nécessita l'intercalation de 14 feuillets de vélin à 2 colonnes, qui furent écrits du xive au xve siècle. Vient ensuite le texte de la vie de saint Martin, en quatre livres, par Grégoire de Tours, parfaitement complet. On y lit l'explicit au verso de l'avant-dernier feuillet. Le manuscrit se terminait par l'office particulier de saint Martin. Il ne reste plus de cet office que les huit premières colonnes. Cet office devenait au reste inutile en partie, pouvant être remplacé par les quinze feuillets des pages 63 à 78. Ce dernier feuillet porte la mention : « *Liber S. Martini Sagiensis,* » que l'on retrouve en tête du volume. Viennent ensuite deux feuillets (4 pages) de diverses écritures du xve et du xvie siècle, et qui sont d'une grande importance pour l'histoire de l'abbaye. On y trouve la transcription de plusieurs actes indiquant la date précise et exacte de la consécration de divers autels et chapelles, sous divers vocables, érigés dans l'église de l'abbaye. La première de ces pièces, qui porte la date du 27 février 1481 (v. st.) nous apprend que l'abbaye avait été violée et profanée par des soudards, lors des guerres des Anglais, et que l'évêque Roger la consacra de nouveau, « *Et hoc monasterium quod flebili bellorum tempore pollutum fuerat eodem die per reverendum in Christo patrem Rogerium Solubriensem episcopum reconciliatum fuit.* » L'acte suivant, du 8 mars 1530, fait mention de la consécration de nouvelles chapelles, d'un pré pour le cimetière et de la salle du chapitre : « *Necnon eodem die reconciliatum fuit claustrum nostrum cum pratello et capitulo per reverendum in Christo patrem Joannem Castoriensem episcopum.* » Une troisième consécration est faite le 7 mars 1557, par Pierre Duval, évêque de Séez. Au verso de ce feuillet se trouve relaté un acte également important pour l'histoire du monastère : il est question de la réformation de l'ordre. Philippe, cardinal de Luxembourg, abbé commendataire, résigne l'abbaye entre les mains de Jean Desbans, chanoine de Saint-Vincent du Mans, et le monastère de Saint-Martin de Séez est réuni à l'obédience de Chezal-Benoît : « *In nomine Domini, amen. Notum sit omnibus quod anno Domini 1511, die 7 mensis martis reformatum fuit hoc monasterium Scti Martini Sagiensis, et additum congregationi Casalisbenedicti, per reverendissimum Philippum cardinalem de Luxemburgo commendatarium, Qui quidem titulum abbatiæ resignavit presbytero Joanni Desbans, tunc monasterii Scti Vincentii Cenomanensis religioso. Veniens autem predictus pater Joannes Desbans multos secum adduxit fratres reformationis gratiâ, inter quos fratres Joannes Chappelain, Petrus Rebuffe, Joannes Berauld..., etc...* » Vient ensuite une longue et curieuse liste de tous les frères profès et convers de l'abbaye, depuis l'an 1514 jusqu'en 1583, sous l'administration de seize abbés. Ces noms appartiennent presque tous à des FAMILLES DE NORMANDIE : *Sequuntur nomina fratrum qui in hoc monasterio Scti Martini Sagien. monasticum propositum professi sunt, cum his qui stabilitatem suam promiserunt a tempore reformationis usque in præsens....* » On y apprend que sous Estienne Du Crozet, douzième abbé depuis la réformation de l'ordre, et la première année de son administration, en mars 1562, le monastère de Séez fut encore une fois violé par les gens de guerre, et livré au pillage par les protestants : « *Consequentibus hereticis et seditiosis, desertum fuit monasterium, et a vicinis spoliatum....* » — Par quel hasard ce légendaire vénéré, qui servait en même temps de mémorial à l'abbaye, a-t-il pu passer entre les mains de l'abbé de Grancey, l'aumônier de Philippe d'Orléans ? C'est ce que nous ne saurions dire : nous en sommes réduit à des conjectures. On ne doit pas cependant oublier que la famille Rouxel de Médavy possédait plusieurs terres situées près d'Alençon, terres qui avaient été données à Jean Rouxel, chef de cette maison, en récompense de ses bons services, par le roi

Charles VII, suivant lettres expédiées de Bernay, le 14 juin 1436. Une parente de l'abbé Hardouin de Grancey, Louise Rouxel de Medavy, était, au XVIIe siècle, abbesse d'Almenèches, près Séez : en voilà assez pour montrer les rapports que pouvait avoir l'abbé de Grancey, d'origine champenoise, avec le pays de Séez. Mentionnons encore François de Rouxel de Medavy, archevêque de Rouen.

Quoi qu'il en soit, il est une chose constante, c'est que le légendaire de Saint-Martin a disparu de son sanctuaire depuis plus d'un siècle et demi, et qu'après avoir subi tant de vicissitudes, il serait à désirer qu'il fût une bonne fois préservé de toute nouvelle chance de destruction. Nous l'avons annoncé comme étant du XIe siècle ; cependant l'écriture de certaines parties paraît tellement ancienne que l'on pourrait presque la faire remonter au Xe siècle.

681 In hoc volumine continentur : Sulpit. Severus De vita divi Martini Turonensis; tractatus beati Odonis, abbatis Cluniacensis de reversione beatiss. Martini Turonensis ex Burgundia; P. Fortunati presbyteri carmen S. Martini vitam IV. libris complectens; Vita S. Gregorii Turonensis archiepiscopi; ejusd. Gregorii Turonensis De miraculis S. Martini, libri IV; ejusd. opus in gloriam plurimorum martyrum; ejusd. opus in gloriam Juliani martyris Turonensium patroni, etc... *Exaratum opera Ioannis Marchant et impensis Ioannis Parvi bibliopolæ, in vico divi Jacobi... commorantis apud Parrhisios*, 1511, in-4, dem.-rel., dos et coins de v. antiq., à nerfs.

Recueil rare et très-intéressant.

682. La Vie de saint Martin, évêque de Tours, avec l'histoire de la fondation de son église, et ce qui s'y est passé de plus considérable jusqu'à présent (par Dom Gervaise). *Tours*, 1699, in-4, v. br.

683. Documents inédits sur l'apostolat de saint Martial et sur l'antiquité des églises de France, par l'abbé Arbellot. *Limoges*, 1860, in-8, br.

684. La Vie de sainte Clotilde, reine de France, ensemble les miracles qui se font à la fontaine, avec la translation de sa côte (en la ville d'Andely). *Rouen, P. Seyer*, 1752, pet. in-12, fig. s. bois, cart. antiq.

685. VITA S. LAMBERTI, LEODIENSIS episcopi. — De inventione capitis precursoris Domini. — Sermo de apostolis. — Passio beatorum apostolorum Petri et Pauli. — Passio Jacobi Majoris. — Passio S. Bartholomei apostoli. — Passio B. Mathei apostoli. — Sermo B. Augustini in Pentecosten. — Passio beati Sixti, papæ. — Sermo beati Bernhardi, abbatis de Annuntiatione B. Virginis Mariæ. Pet. in-fol., rel. pleine en mar. vert du Levant, à nerfs, dent. intér.

BEAU MANUSCRIT DU XIIe SIÈCLE, SUR VÉLIN, parfaitement conservé ; sommaires et initiales peints au minium. Le dernier traité est d'une autre main et ne nous paraît dater que du commencement du XIIIe siècle.

686. Vita et legenda S. Servacii episcopi. — De Hunnorum plaga. — De origine et plaga Wandalorum et quomodo perierunt. — Querimonia Sci Jheronimi de plaga Hunnorum. — De translatione Sci Servatii, episcopi. — De vita sancti Servatii (carmen latinum). — Expositio quorumdam vocabulorum ignotorum legende Sci Servacii. — De miraculis Sci Servacii, episcopi Trajectensis. In-4, dem.-rel.

MANUSCRIT DU XVe SIÈCLE, bien conservé, avec rubriques. Cette légende de saint Servais, évêque d'Utrecht, est très-curieuse; une partie est en vers.

687. Histoire de saint Grégoire le Grand, pape et docteur de l'Eglise, par Dom Denys de Sainte-Marthe, bénédictin. *Rouen, 1697, in-4, v.*

688. Vie de saint Georges, par maître Wace, trouvère du XIIe siècle, texte inédit publié par Victor Luzarche. *Tours et Paris, 1858, in-12, pap. vergé, br.*

Curieuse légende, tirée seulement à 50 exemplaires.

689. Gloriosorum Christi confessorum Uldarici et Symperti, necnon beatissime martyris Aphre, Augustane Sedis patronorum, historiæ. *Augustæ, imprimebat nostri expensis cœnobii Silvanus Otmar, 1516, pet. in-4, fig. sur bois, cart.*

Un des plus rares et des plus intéressants volumes d'hagiographie. A la fin se trouvent les *Heures* gothiques du chapitre d'Augsbourg, avec l'office des saints susnommés. On remarque surtout dans ce beau livre les quatre grandes figures de saints gravées sur bois, et celle qui représente la basilique d'Augsbourg.

690. Vie du pape Grégoire le Grand, légende française (du XIIe siècle), publ. pour la première fois par Victor Luzarche. *Tours, 1857, pet. in-8, pap. vergé, fac-simile. br.*

691. Incipit liber... dyalogorum de vita et miraculis sancti Benedicti, abbatis. *Explicit liber quartus Dyalagor.* (sic) *Gregorii. Sine nota (sed ARGENTORATI, HENR. EGGESTEYN, circa 1469). Pet. in-fol., gothique à 2 colonnes de 42 lignes, dem.-rel., vél.*

Edition très-ancienne de ces dialogues; elle est imprimée sans chiffres, réclames ni signatures, mais avec les caractères d'Henri Eggesteyn, de Strasbourg. Une autre preuve de sa grande ancienneté, c'est que l'*incipit* du titre, qui n'existe pas en caractères typographiques, mais qui a été laissé en blanc, est rempli par le rubricateur comme dans la fameuse bible allemande de 1466. Le titre que nous donnons n'est imprimé qu'au second livre. C'est par erreur que Hain (n° 7937) donne 57 feuillets à cette édition; le livre est parfaitement complet en 47 feuillets. Cet exemplaire est entièrement rubriqué et signé du rubricateur *Vitus Hägelin*, avec la date de 1473. Ce livre est célèbre dans l'histoire de l'imprimerie par la souscription d'un exemplaire que cite Palmer. Cette souscription, faite à la main par un rubricateur du XVe siècle, attribue à GUTENBERG lui-même l'impression du volume dès 1458.

692. Essai sur saint Geoffroy, évêque d'Amiens, par Guérard. Amiens, 1843, in-8, cart. à la Brad.

693. La Vie de saint Gérard, évêque de Toul, avec des notes pour servir à l'histoire du païs, composée par le R. P. Benoist, de Toul, capucin. *Toul, Est. Rolin*, 1700, pet. in-8, v. br.

694. Histoire de la Sacrée Manne et de la Sainte Chandelle, miraculeusement données de Dieu et religieusement conservées en la ville et cité d'Arras, et la vie de saint Vaast, évêque et patron d'Arras, par Guill. Gazet. *Arras, Maximilien de Raismes*, 1667, pet. in-12, cart.

695. Histoires de la Sacrée Manne et de la Sainte Chandelle, miraculeusement données de Dieu et pieusement conservées en la cité d'Arras, avec la vie de saint Vast, évêque et patron d'Arras, recueillies de plusieurs bons auteurs et des chartres de diverses églises, par M. Guillaume Gazet, curé de Sainte-Marie-Magdelaine d'Arras. *Arras, César Duchamps*, 1703, in-12, cart.

696. La Vie de saint Clair (sur Epte), hermite et martyr au pays de Vexin, diocèse de Rouen, trad. de latin en françois par Robert Denyau, doyen de Gisors. *Rouen, Fr. Bekpurt*, (1737), pet. in-12, fig. sur bois, cart. antiq.

> Ce petit volume rare est imprimé sur papier roux ; c'est un de ces livres populaires généralement détruits par l'usage, et que l'on ne retrouve que très-difficilement.

697. La Vie de sainte Honorine, vierge et martyre, dont la fête se célèbre à Conflans-Sainte-Honorine, le 27 février. *Paris*, (1746,) pet. in-12, cart. antiq.

698. La Vie de saint Thomas d'Aquin, de l'ordre des frères prêcheurs, avec un exposé de sa doctrine et de ses ouvrages, par le P. A. Touron. *Paris*, 1737, in-4, v.

699. La Vie de saint Thomas de Villeneuve, archevêque de Valence, par le P. A. Maimbourg. *Paris*, 1659, in-8, mar. rouge, fil., ornem., tr. dor. (*Anc. reliure.*)

> TRÈS-BEL EXEMPLAIRE provenant de la bibliothèque particulière du CARDINAL MAZARIN. Sur chaque plat sont ses armes, surmontées du chapeau de cardinal. Le titre manque.

700. Sanctorum trium episcoporum Religionis benedictionæ luminum Isidori Hispalensis, Ildefonsi Tolet., Gregorii, card. Ost. vitæ et actiones, a D. Const. Cajetano... Addita sunt ex sua bibliotheca aliquot ejusdem S. Isidori scripta. *Romæ*, 1616, in-4, très-beau frontispice gravé, v. rac.

701. Vie de St Bruno, fondateur des Chartreux, avec diverses remarques sur le même ordre, par le P. de Tracy, théatin. *Paris*, 1785, in-12, v. br.

> Ce livre est rempli de détails intéressants sur l'ordre de Saint-

Bruno. Outre sa vie, on y trouve celle de *tous les saints de l'ordre des Chartreux*, — un précis de la vie de tous les *généraux des Chartreux*, — des remarques sur les observances des *Chartreux* et des *religieuses chartreuses*, — la liste et fondation de *toutes leurs maisons*, — la description de la *Grande Chartreuse* et de ses environs, — les vers du R. P. Mandar, de l'Oratoire, sur la *Grande Chartreuse*, etc.

702. Hystoria beate virginis Fine de sancto Geminiano. — Hi sunt testes miraculorum Dive Fine. — Francisci Pieri Bonaccursii beatissimorum Bartoli et Fine vita incipit. — Ejusd. auctoris oda in Beate Fine natali. — Ejusd. ad sanctam Eufrigiam. — Beati Bartoli vita. — Incipit historia beati Torelli de Puppio de tertio ordine Bti Francisci sicut scribit reverendus pater frater Benedinus de Bustis Mediolanensis. in-4, vél.

MANUSCRIT DU COMMENCEMENT DU XVIᵉ SIÈCLE. Il est très-bien conservé et a été exécuté par un nommé Bonaccursi : « Nicholaus, olim domini Mattei de Bonaccursiis. » Il est, en outre, daté de l'année 1513.

703. Cabinet des choses plus signalées advenues au sacré ordre de Cysteau, signamment des vies et histoires de plusieurs saints prélats d'iceluy,... par F. Ian d'Assignies, religieux de Cambron. *Douay, Balth. Bellère*, 1598, in-8 de 900 pag., dem.-rel.

Vies de saint Benoît, — de saint Bernard, — de saint Pierre, archevesque de Tarentaise, — de saint Malachie, — de saint Guillaume, archevesque de Bourges, — de Guillaume, abbé de Saint-Thierry, — de Ponce, evesque de Clermont, — de Godefroy, evesque de Langres, etc., etc. — Piqûre dans le fond, au commencement.

704. La Doctrine spirituelle, descripte par forme de dialogue, de l'excellente vierge sainte Catherine de Sienne, religieuse du Tiers ordre de S. Dominique, avec la vie et canonization d'icelle (par Fr. Edme Bourgoing, prieur du couvent des Frères prêcheurs). *Paris, Gervais Mallot*, 1580. — Oraisons faictes par l'excellente vierge saincte Catherine de Sienne... sortant de son ordinaire extase et ravissement d'esprit, dont les deux premières furent par elle faictes en Avignon. *Paris*, 1580; 2 part. en 1 vol. in-8, portr. gravés sur bois, vél. (*Bel exemplaire.*)

705. Les figures et l'abbrégé de la vie, de la mort et des miracles de saint François de Paule, par Fr.-Ant. Dondé. *Paris, Huguet.* 1671, titre gravé et 24 planches, portrait du saint, par Michel Lasne. — Les portraits de quelques personnes, signalées en piété, de l'ordre des Minimes, avec leurs éloges tirés des historiens et des chroniques du mesme ordre. *Paris, 1668*, avec 18 planches, dont 15 portraits. 2 ouvrages en 1 vol. in-fol., v. br. (*Belles épreuves.*)

706. La Vie du bienheureux Amédée Duc III (Amédée IX), de

Savoye, par le R. P. Est. Binet. *Arras, Guill. de La Rivière,*
1619, in-12, vél.

> Très-bel exemplaire d'un livre rare. Il est dédié à *Très-rév.* père
> dom *Philippe de Caverel,* abbé de l'église et abbaye de *S. Vaast d'Arras,*
> et à Madame *Chrestienne de France,* sœur du roy et princesse de Pied-
> mont.

707. Le clair Miroir de la Noblesse et vertu des Dames en la
B. Jeanne de Valois, fille, sœur et femme des roys de France,
fondatrice des Annonciades, avec leur règle, composée par
le V. P. F. Samuel Buirette, prédicateur et gardien des F.
M. M. Récollects de Hesdin. *Mons, J. Havart,* 1682, pet. in-12,
front. gravé, vél.

> Rare. — Bel exemplaire.

708. La Vie admirable et œuvres spirituelles de la bienheureuse Catherine d'Adorny, natifve de la ville de Gennes,
trad. en françois par les vénér. PP. religieux de la chartreuse
de Bourg-Fontaine. *Duaci, Balth. Bellere,* 1609, joli frontispice gravé, pet. in-12, vél.

709. Le Docteur illuminé, ou l'Histoire véritable de la vie du
bien-heureux Raymond Lulle, martyr du tiers ordre Saint-
François, l'apostre de l'Afrique, et le premier fondateur de
toutes les missions et séminaires du monde... par R. P. Jean
Marie de Vernon. *Paris,* 1668, in-12, parch.

710. La Vie du bien-heureux père Iean de la Croix, premier
religieux déchaussé de la Réforme de Notre-Dame du Mont-
Carmel et coadjuteur de Sainte-Thérèse, avec une déclara-
tion des degrez de la vie contemplative, par le P. Jos. de
Iésus Maria, trad. en françois par le P. Elisée de S. Bernard.
Paris, 1638, in-8, vél.

711. Abrégé de la vie, vertus et miracles de S. Jean de la
Croix, premier Carme déchaussé et coadjuteur de Sainte-
Thérèse, trad. de l'italien par le R. P. Amable de S. Joseph.
Paris, 1727, in-12, v.

> Édition imprimée en gros caractères et ornée d'un beau portrait
> gravé par *Scotin.*

712. De vita et morib. Ignatii Loiolæ qui societatem Iesu fun-
davit, auctore P. Maffeio. *Duaci, Bogardus,* 1585, in-8,
v. br.

713. Vie de dom Barthélemy des Martyrs, religieux de l'ordre
de S. Dominique, archevesque de Brague en Portugal. *Pa-*
ris, 1693, in-8, v. br.

714. Nomenclator sanctorum professione medicorum, anni-
versariam quorum festivitatem universalis celebrat Ecclesia,

cura Fr.-Abr. Bzovii. *Coloniæ, Sumpt. Boetzer.*, 1623, pet. in-12, mar. v., fil. à compart., tr. dor. (*Anc. reliure.*)

Volume rare, composé de 42 pages. Il renferme 33 vies de saints ayant exercé la médecine.

715. Les Miracles de S. François Xavier, apostre des Indes, trad. de l'italien du P. Bartoli (par le P. Ignace Gaston de Pardies). *Paris*, 1673, in-12, v.

716. Della vita del P. Vincenzo Carafa, settimo generale della compagnia di Giesu, scritta dal P. Dan. Bartoli. *Genova*, 1652, pet. in-12, rel. pleine en veau fauve. à nerfs, fil., dent. intér., tr. dor. (*Muller, succ. de Thouvenin.*)

Très-bel exemplaire d'un livre rare, imprimé en caractères elzeviriens.

717. La Vie du R. P. Carafe, septième général de la Compagnie de Jésus, avec l'abrégé des vertus de D. Marie Carafe, sa mère, trad. par le P. Thomas Le Blanc. *Lyon*, 1653, in-8, portr., v.

718. Messire René Benoist, Angevin, confesseur du roy Henry IV (1608), par A. Galitzin. *Angers*, 1864, pet. in-8, br.

Tiré à très-petit nombre.

719. Abbrégé de la vie et des miracles de la bienheureuse Marie Magdalaine de Pazzi, religieuse professe de l'ordre des Carmes, qui decedda l'an 1607. *Bruxelles, Hub. Antoine*, 1627, pet. in-8, cart. à la Brad.

720. La Vie de la bienheureuse Marie Magdelene de Pazzi, religieuse de l'ordre de la glorieuse vierge Marie du Mont-Carmel, par F. L., carme réformé (de Touraine). *Paris, J. Cottereau*, 1634, in-8, avec une figure, vél.

721. La Vie du bienheureux Me François de Salles, evesque et prince de Genève, par le R. P. dom Jean de S. François. *Paris*, 1625, in-8, cart.

722. La Vie du comte de Sales, frère de S. François de Sales, par le P. Buffier. *Paris*, 1737. in-12, bas.

723. La Vie de S. Vincent de Paul (par Collet). *Nancy*, 1748, 2 vol. in-4, portr., v. marbr.

724. La Vie de la bienheureuse Mère de Chantal, par Marsollier. *Paris*, 1752, 2 vol. in-12, v.

725. Eloge historique ou Vie abrégée de sainte Frémiot de Chantal, où l'on a réuni tout ce qu'en ont dit de plus intéressant les manuscrits d'Annecy, etc... *Paris*, 1767, in-12, v. m.

726. Vie de la bienheureuse sœur Marie de l'Incarnation, dite
dans le monde mademoiselle Acarie, par J.-B.-A. Boucher.
Paris, Barbou, 1800, in-8, front. gravé, v. gran.

727. La Vérité ressuscitée ou la Vie du cardinal Albornoz, surnommé Père de l'Eglise, histoire parallèle dédiée à Mgr le
Card. de Richelieu, Père de la France, par le chevalier de
Lescale. *Paris*, 1629, in-8, frontisp. gravé et portr. de Richelieu, par Crispin de Pas, bas.

> Exemplaire de la duchesse de Berry, avec l'*ex libris* de la biblio-
> thèque de Rosny.

728. Vita della venerabile suor Francesca del Serrone, del Te-
nitorio di S. Severino Tertiaria di San Francesco, desc. dal
R. P. Don Giul. Scampoli. *Macerata*, 1649, pet. in-4, frontispice représentant la sainte à genoux entre le Christ et la
Vierge, vél.

729. La Vie de Grégoire Lopez dans la Nouvelle-Espagne, par
François Losa, jadis curé de l'église cathédrale de Mexico,
et trad. nouvellement en françois par un P. de la Compagnie de Jésus (le P. Louis Conart). *Paris*, 1644, pet. in-12,
vél.

730. La Vie de Grégoire Lopez, dans la Nouvelle-Espagne, par
Fr. Losa, curé de l'église cathédrale de Mexico (trad. par le
P. Louis Conart, de Caën). *Paris*, 1656, in-12, v. br.

731. La lumière cachée sous le muid mise au jour, la lampe
mesprisée dans la pensée des riches, préparée pour le temps
ordonné et pour le jour de feste ou l'esprit de défunte D.-M.
Lumagne. institutrice et fondatrice de la maison et hospital
de la Providence des Filles de Dieu, veufve de feu messire
François Polaillon. *Paris*, 1659, in-8, joli portr. gravé par
Boulanger, vél. (*Rare.*)

732. Bref discours sur la vie de la Bienheureuse Béatrix de
l'Olive, ordre de Cisteau (par Roger Remy, prêtre). *Mons,
héritiers de J. Havart*, 1663, pet. in-12, cart. antiq. (*Rare.*)

733. La Vie de la vénérable mère Marguerite Poncher (originaire de Touraine), fondatrice et première abbesse des religieuses de Saincte-Claire, du monastère de la Nativité-de-
Jésus, décédée le 24 may 1660, in-4, réglé, v.

> MANUSCRIT INÉDIT DE LA FIN DU XVIIe SIÈCLE, qui se compose de
> 519 pages, et nous paraît l'œuvre d'une religieuse d'illustre maison,
> à en juger par la belle composition du livre et par le grand style
> du règne de Louis XIV, dont on retrouve là un modèle très-remar-
> quable et très-soutenu. Ce manuscrit a sa place marquée à côté des
> vies de Rancé, de madame de Chantal, de madame Acarie, etc., etc.
> — La famille Poncher était originaire de TOURAINE et a fourni un
> archevêque de Tours.

734. Idea divinæ benignitatis in serva sua Anna-Margarita Cleménte Sanctimoniali Visitationis Beatæ Mariæ, per D. Joa.-Augustinum Gallicium, clericum exposita. *Lugduni,* 1669, in-4, v. br. (*Aux armes de Colbert.*)

—735. La Vie de sainte Rose, religieuse du tiers ordre de S. Dominique, originaire du Pérou, dans les Indes occidentales, par le R. P. J.-Bapt. Feuillet, missionnaire apostolique dans les Antisles de l'Amérique. *Paris, André Cramoisy,* 1671, pet. in-12 vél. (*Rare.*)

736. La Vie de messire Charles de Saveuses, prestre, supérieur et restaurateur des Ursulines de Magny, par le R. P. Jean-Marie de Vernon, religieux du Tiers ordre. *Paris,* 1678, in-8, portr. gravé par Van Schuppen, cart.

737. La Vie de M. Buisson, prêtre, par le Sr de la Ville-Marie-Toullier, prêtre. *Rennes, Mathurin Denys, imprimeur du collége,* 1679, in-8, mar. rouge, fil., ornements sur le dos et aux angles. (*Anc. reliure.*)

> TRÈS-BEL EXEMPLAIRE DE DÉDICACE AUX ARMES DU PAPE INNOCENT XI. La reliure, qui est très-belle et en parfait état, a été exécutée en France. — Buisson naquit à *Lingreville,* au diocèse de Coutances *en Normandie,* le 3 septembre 1596.

738. La Vie de M. Bachelier de Gentes (né à Reims en 1611), par un religieux bénédictin de la congrégation de S. Maur (le R. P. Dom Claude Bretaigne). *Reims, N. Pottier,* 1680, pet. in-8, beau portrait finement gravé par Jean Colin, graveur rémois, v. br.

739. La Vie du P. Ch. Spinola, de la Comp. de Jésus, par le P. P. Jos. d'Orléans. *Paris,* 1681, in-12, v.

740. La Vie du B. Stanislas Kostka, novice de la Compagnie de Jésus. *Tours, Philib. Masson,* 1684, pet. in-12, cart. antiq.

741. L'histoire et la vie merveilleuse du comte de Lesley, gentilhomme Ecossois (dit le Capucin Ecossois), par le R. P. H. Barrault). *Paris,* 1682, in-12, v.

742. Opuscules sur divers sujets (par le P. Bouhours). *Paris,* 1684, in-12, v. br.

> Nous avons classé cet ouvrage dans l'Hagiographie, parce qu'il est en grande partie composé de pièces relatives à des saints et à de pieux personnages, telles que *la Mort du duc de Longueville.* — *Panégyrique de la Bienheureuse Rose (de Lima)* — *Miracle du bienheureux Stanislas Kostka,* etc.

743. La Vie de mademoiselle de Meleun, fille de Guillaume de Meleun, prince d'Epinoy, fondatrice des religieuses hospitalières de Baugé en Anjou. *Paris,* 1687, in-8, portr., dem.-rel., v. fauve, à nerfs.

744. Lettre sur la mort de Marguerite de Louvencourt, religieuse annonciade à Popincourt, sous le nom de mère de la
Transfiguration. *S. l. (vers 1648)*. Pet. in-4, cart.

> Marguerite de Louvencourt prit l'habit dans le monastère des
> Annonciades de Melun le 10 septembre 1629, âgée seulement de
> treize ans et demi.

745. Abrégé de l'Année bénédictine de madame de Blemur,
par une religieuse de S. Benoist, pour sa dévotion particulière; elle y a adjousté les vies de plusieurs saints des chroniques générales de l'ordre de S. Benoist. — In-8, v. br.,
tr. dor.

> MANUSCRIT DU XVIIe SIECLE, composé de 278 pages. Il est
> *entièrement autographe*. L'auteur de cet abrégé est Marie-Claude de
> Bernard, dite de Saint-Jean-Baptiste (Marie de Genvry), religieuse
> bénédictine de l'abbaye royale de *Villechasson* (V. l'épître dédi-
> catoire à Ma^{me} de Champigny). Ce volume ne comprend que les
> mois de janvier, février et mars. C'est du reste, tout ce qu'a pu
> en écrire Marie de Genvry, qui se dit accablée d'infirmités. Au bout
> du titre, on lit la mention suivante : « *A ma sœur de Menou.* »

746. La Vie de la vénér. mère Marguerite Marie (Alacoque),
religieuse de la Visitation Ste Marie du monastère de Paray-
le-Monial en Charolois, morte en odeur de sainteté en 1690,
par Mgr J. Jos. Languet, évêque de Soissons, de l'Académie
françoise. *Paris*, 1729, in-4, fig., v.

747. Abrégé de la vie de sœur Marguerite Marie, religieuse de
l'ordre de la Visitation Ste-Marie, décédée en odeur de sainteté, le 17 octobre 1690. *Aurillac, L. Viallanes*, 1697, in-12,
cart. antiq.

748. La Vie de Mme la duchesse de Montmorency, Supérieure
de la Visitation de Ste-Marie de Moulins. *Lyon*, 1694, in-8,
bas.

749. La Vie du vénérable père Dom Claude Martin, religieux
bénédictin de la congrégation de S. Maur, décédé en odeur
de sainteté au monastère de Mairmoutier (par Dom Martene).
Tours, Ph. Masson, 1697, in-8, bas.

750. Eloges historiques des Evesques et Archevesques de Paris qui ont gouverné cette Eglise depuis environ un siècle
(par Estienne Algay, sieur de Martignac). *Paris, Muguet*,
1698, in-4, portraits gravés par Duflos, v.

> Exemplaire en *grand papier*.

751. Histoire d'une sainte et illustre famille de ce siècle, dédiée à la duchesse de Lorraine, par le P. L. de la Comp. de
Jésus. *Paris*, 1698, in-12, v.

752. La Vie du grand apôtre de la Chine, le vénérable père
Jean-Baptiste de Moralès, profès du couvent de S. Paul
d'Exiga. *Cologne*, 1701. Pet. in-8, br., *non rogné*.

753. La vie de Dom Armand-Jean Le Bouthillier de Rancé, abbé et Réformateur du monastère de la Trappe, par l'abbé de Marsollier. *Paris*, 1703, in-4, v. br.

754. La Vie de Rancé, abbé de la Trappe, par Marsollier. *Paris*, 1703, 2 vol. in-12, v. br.

755. La Vie de madame d'Humières, abbesse et réformatrice de l'abbaye de Mouchy, de l'ordre de Cisteaux (par Dom Félibien). *Paris*, 1711, in-8, v. br.

> Anne-Louise d'Humières, née le 18 octobre 1658, au château de Mouchy, à deux lieues de *Compiègne*, descendait de la maison de Crevant d'Humières, l'une des plus anciennes familles nobles de la *Touraine*.

756. La Vie de monsieur Bouray, prestre, instituteur de la congrégation des religieuses Hospitalières de l'ordre de S. Augustin, destinées à l'office divin et au service des pauvres malades (par Mlle Consul, de Riom). *Paris*, 1714. In-12, cart. antiq.

> Paquier Bouray naquit dans le bourg de Saint-Germain en Touraine en 1594. Il devint prêtre habitué de l'église paroissiale de *Loches*, puis chapelain du duc d'Epernon. Après avoir fondé un Hôtel-Dieu à Loches, il créa des établissements hospitaliers à Vierzon, Amboise, Chinon, Riom, Clermont et Poitiers. Cet exemplaire a appartenu à l'hôpital de Loches.

757. La Vie du très-révérend P. Charles de Lorraine, de la compagnie de Jésus, par le R. P. de Laubrussel. *Nancy*, 1733, pet. in-8, cart.

758. Relations sur la vie de la révérende mère Angélique de Ste Magdeleine Arnauld. *S. l.*, 1737. In-12, bas.

759. Idée de la vie et des écrits de M. G. de Witte, pasteur et doyen de l'église collégiale et parochiale de N. Dame, au delà de la Dille, dans la ville de Malines (par P. Le Clerc). *A Rome (Amsterdam)*, 1756, in-12, dem.-rel., dos et coins de mar. vert, à nerfs, tête dorée, *non rogné*.

760. Curiosa noticia da vida e morte de huma serva de Deos que falleceo em a cidade de Evora, escripta por hum J. J. A. anonymo curioso Lisbonensis. *Lisboa*, 1757, pet. in-4 de 7 pages, br.

> Cette vie est celle d'une sainte veuve, la senhora dona Joanna Maria de Mendonça.

761. Vie édifiante de Benoît-Joseph Labre, mort à Rome, en odeur de sainteté, composée sur les informations faites par l'ordre du Saint-Siége et sur le témoignage des personnes qui ont eu le bonheur de le connoître, par M. M*** (Marconi), trad. de l'italien par l'abbé de Montmignon. *Paris*, 1784, pet. in-12, br., *non rogné*.

> *Edition originale*. Elle est rare, surtout dans cet état. Elle fut épui-

sée en peu de jours, et deux autres éditions parurent la même an
née. On sait que la vie de Benoît Labre fut écrite l'année même de
sa mort. Notre volume qui est, nous le répétons, d'une condition
tout à fait exceptionnelle, contient le singulier *portrait en pied* de
ce « *Mendiant puissant au Ciel.* »

762. Vie édifiante de Benoît-Joseph Labre, par M*** (Marconi),
seconde édition, considérablement augmentée. *Paris*, 1784,
in-12, portr., br., *non rogné.*

763. Vie et tableau des vertus de Benoît-Joseph Labre, traduction nouvelle et complète. *Paris*, 1785, in-12, v. br.

Édition dans laquelle on a ajouté quelques lettres et documents
relatifs à la vie de Benoît Labre.

764. Histoire du vénérable dom Didier de La Cour, réformateur des Bénédictins de Lorraine et de France (par dom Ch.
Mich. Haudicquer). *Paris*, 1772, in-8, portr., br., *non
rogné.*

765. Vie de M. Delalande, curé de Grigny, dans le diocèse de
Paris, et ancien professeur de philosophie dans l'université
de Caen, par M. Ameline, prêtre. *Paris et Caen*, 1773, in-12,
dem.-rel., mar. r., à nerfs.

766. Abrégé de la vie et des vertus de Mlle Marie-Joachim-Eli-
sabeth de Louvencourt, décédée à Amiens, en odeur de
sainteté, le 14 octobre 1778. *Malines*, 1781, in-12, br., *non
rogné.*

767. Vie de mademoiselle Anne-Charlotte Bourjot, épouse de
M. Quatremère l'aîné. *Paris*, 1791, in-12, br., *non rogné.*

768. Vie et révélations de la sœur de la Nativité, religieuse
converse au couvent des Urbanistes de Fougères. *Paris*, 1819,
4 vol. in-8, v. rac.

JURISPRUDENCE

DROIT CIVIL.

1. — *Droit de la nature et des gens. — Droit grec et romain. — Lois des Barbares et droit du moyen âge. —
Droit français. — Droit municipal. — Droit étranger à
diverses époques.*

769. De jure hominum nasciturorum lib., auctore Joh. Alb.
Spie. *Altorfii*. 1725, pet. in-4, dem.-rel., dos et coins de
mar. bl. (*Très-rare.*)

Ce traité, ou plutôt cette *synthèse* du droit est du plus haut inté-

rêt. Voici à peu près dans quelle progression elle est composée :
— *Définition du droit. — Obligation. — Divisions du droit. — Pour
être destinés à voir le jour, est-on déjà des hommes? — Les droits attei-
gnent-ils les hommes qui ne sont pas encore nés? — De la liberté naturelle. — De la vie et du corps devant être respectés, etc., etc., etc. —*
En tout, 2 grandes sections et 23 paragraphes. Le volume se compose de 64 pages, d'une belle impression. Cette étude remarquable,
qui fut d'abord soumise à un aréopage de jurisconsultes, fit une
telle impression sur les auditeurs, que plusieurs d'entre eux adres-
sèrent au jeune et érudit *Jean Albert Spies* un témoignage éclatant
de leur admiration. Quelques pièces de vers, qui lui furent ainsi
envoyées, se lisent à la fin du volume, ainsi qu'une lettre élogieuse
du savant Schwartz. Dufour, le seul bibliographe qui mentionne ce
livre rare, l'avait si peu examiné, qu'il l'attribue par erreur à ce même
Schwartz, professeur en droit. (*Voir les Questions illustres, etc., page* 260.)

770. Chr. Gotl. Schwäzii Sylloge problematum juris naturæ
et gentium. *Altorfii,* 1638, pet. in-4, dem.-rel., dos et coins
de mar. bleu, à nerfs.

  Volume rare.

771. De l'Esprit des loix (par Montesquieu). *Leyde,* 1749, 2 tom.
en 1 vol. in-4, v. marbr.

  Quoique portant la marque de Leyde, cette édition a dû être imprimée en France. Il y a des corrections et des changements faits
  par Montesquieu lui-même; elle est, en outre, plus correcte que l'é-
  dition originale, publiée en 1748, l'année précédente, à Genève, par
  les soins de J. J. Vernet. C'est, en quelque sorte, la vraie édition
  originale, donnée par l'auteur lui-même.

772. Car. Sigonii De antiquo jure civium Romanorum, Italiæ,
provinciarum, etc. Ejusdem De republica Atheniensium
eorumque ac Lacedæmoniorum temporibus, lib. V. *Parisiis,*
1576, in-fol., reliure pleine, janséniste, en maroquin bleu
du Levant, à nerfs, fil., compart. à froid, dentelle intérieure.

  Très-bel exemplaire.

773. De Ephetis Atheniensium judicibus dissertatio, auctore
Tobia Krebsio. *Lipsiæ,* 1740. — Lychnus in Prytaneo e tene-
bris, hac lucubratione antiquario-philologica in lucem pro-
lat. ab Adamo Grenzio. *Lipsiæ,* 1747. — De Delphinio Atheniensium Tribunali dissertatio epistolica, auctore Jac. Henr.
Born. *Lipsiæ,* 1735. — Joh. Mich. Gambs Disputatio philologica de præconibus eorumque apud Græcos præcipue
officiis. *Argentorati,* 1745. — 4 opusc. en 1 vol., pet. in-4,
dos et coins de mar. bleu du Levant, dos à nerfs. (*Rares.*)

  Documents pleins d'intérêt sur divers établissements, institutions
  et magistratures d'Athènes.

774. Jul. Pauli receptarum sententiarum libr. V. *Parisiis,*
1558. — Leges XII Tabularum de universo et privato jure,
per Nic. Le Sueur (Senlisianum). *Parisiis,* 1547. — Veteres
Romanorum leges, à Lud. Charonda J. C. Parisiensi resti-
tutæ. *Parisiis,* 1567. — 3 ouvr. en 1 vol. pet. in-4, vél.

775. Gottf. Mascovii disquisitio de sectis Sabinianorum et Proculianorum in jure civili. *Altdorfii*, 1724, pet. in-4. dem.-rel., dos et coins de mar. vert d'eau, à nerfs.

Intéressantes recherches sur la division singulière et absolue des systèmes de jurisprudence, que l'on fait ici dater seulement du siècle d'Auguste. L'honneur en appartiendrait à C. Ateius Capiton et à Q. A. Labeon, qui sont appelés *pacis decora*. Plus tard Sabinus et Proculus auraient donné leur nom aux deux écoles auxquelles adhérèrent un grand nombre d'élèves. Négligeant la partie biographique, l'auteur de cette savante étude s'attache au fond du sujet; il n'est pas un trait de lumière dont il ne fasse son profit et le nôtre, dans les vieux *codices*, dans les monuments, dans les plus graves historiens, nommément César et Tacite.

776. D. Justiniani Institutionum libri IV, notis illustr. cura Arn. Vinnii. *Amstel., Lud. Elzevir.*, 1652, pet. in-12, frontisp. gravé, v. jasp., fil.

777. De Vita et constitutionibus D. Pertinacis liber, auctore Cœl. Augusto Just. *Lipsiæ*, 1772, pet. in-4, dem.-rel., dos et coins de mar. violet, à nerfs.

Plaquette rare.

778. Disquisitio qua testamenti publici originem et solemnitates extrinsecas secundum jus romanum ac patrium considerat Joh. Bernh. Muller. *Gottingæ*, 1736, pet. in-4, dem.-rel., dos et coins de mar. violet du Levant, à nerfs.

Opuscule rare.

779. Etat civil des personnes et de la condition des terres dans les Gaules, dès les temps celtiques jusqu'à la rédaction des coutumes (par Perreciot). *En Suisse*, 1786, 2 vol. in-4, v. marbr.

Excellent ouvrage. Le second volume contient le texte entier de plus de 150 titres et chartes de franchises, du xe au xve siècle. Ces documents originaux, tirés d'archives aujourd'hui dispersées en partie, intéressent principalement les villes de l'ancienne BOURGOGNE et de la FRANCHE-COMTÉ.

780. Aurei venerandæque antiquitatis libelli salicam legem continentes a Clodoveo, Childeberto et Clotario christianiss. regib. prius editi, et postremum a Carolo Magno emendati et aucti, item leges Burgundionum, Alamannorum, Saxonum, Bawariorum, Ripuariorum. *Parisiis, J. Du Puys*, 1573, in-16, v.

781. Quelle est l'origine des droits de main-morte dans les provinces qui ont composé le premier royaume de Bourgogne? Par dom Grappin. *Besançon*, 1779, in-8, dem.-rel.

782. Karoli Magni et Ludovici Pii christianiss. regum et impp. Francorum, Capitula ab Ansegiso abbate et Benedicto Levita collecta. *Parisiis*, 1603. — Karoli Calvi et successorum aliquot Franciæ regum Capitula in diversis synodis ac placitis generalibus edita Jac. Sirmondus collegit. *Parisiis*, 1623.—

Ensemble 2 ouvr. en 1 très-gros vol. in-8, vél. de Hollande. (*Bel exemplaire.*)

783. Pouvoir législatif sous Charlemagne, par M. Bonnaire de Pronville. *Brunswick.* 1800, 2 vol. in-8, gr. papier de Hollande, br., non rognés.

> Ouvrage remarquable et très-utile à l'historien, au littérateur, au professeur, au député, au journaliste, etc.

784. Observations sur l'origine des justices seigneuriales et territoriales et sur la nature de la jurisdiction que les hommes libres propriétaires d'alleuds, où les bénéfices ont exercez sur leurs hommes jusqu'au Xᵉ siècle, par David Houard, 1769. — Liasse in-fol.

> MANUSCRIT INÉDIT de Houard, avec ses *corrections autographes*. On y a joint une belle lettre *autographe signée* de Houard, 3 pages in-4, relative à sa publication des *Coutumes anglo-normandes* et à cette dissertation sur les *justices seigneuriales*, qui nous paraît inédite. Houard l'adressant confidentiellement à un ami, en lui mandant qu'elle est *pour lui seul* et qu'il serait *au désespoir qu'elle passât en d'autres mains*.

785. Les Olim, ou registres des arrêts rendus par la cour du Roi, sous les règnes de S. Louis, de Philippe le Hardi, de Philippe le Bel, de Louis le Hutin et de Philippe le Long, publ. par le comte Beugnot. *Paris,* 1839-48, 4 vol. in-4, rel. Les tomes I et II sont en dem.-rel., et les 2 autres rel. en cart.

786. **Prima pars lecturarum...** Bartoli de Saxoferrato super Inforciato... *Peroptime emendata, impressioni data fuit per magistrum NICOLAUM JENSON Gallicum. Veneciis,* 1478, in-fol. goth. à 2 col., rel. en bois.

> Volume admirable et de la plus parfaite conservation. Les initiales sont peintes en couleur à l'époque même.

787. **Aureus** ac perutilis tractatus Masverii judiciorum praxim, haud contemnendas consuetudines curiæque parlamenti supreme stilum continens. *Impressus Parisiis, expensis Guill. Eustace,* 1510, in-8 gothique à 2 col., dem. rel.

> Edition rare et très-bien imprimée de la *Pratique* de Masver, jurisconsulte auvergnat. — Sur le titre on voit la belle marque de Guillaume Eustace.

788. La Practique de Masver, ancien jurisconsulte et practicien de France, mise en françois par Ant. Fontanon. *Paris,* Séb. Nivelle, 1597, in-4, vél.

789. Somme rural. ou le Grand coustumier, composé par Jean Bouteiller, reveu et corrigé par L. Charondas Le Caron. *Paris,* 1603, in-4, vél.

> Piqûre dans la marge de côté.

790. **Tractatus exquisitissimi** de questionibus et tormen-
tis, secundum Baldum; de carceribus, de exemptionibus, de
testibus, secundum Bartholum; de discrepantiis legum et
canonum, de permutationibus beneficiorum, de sponsali-
bus et matrimoniis, secundum Johannem Andree; de privi-
legiis et immunitatibus clericorum, de prescriptionibus, de
pluralitate beneficiorum, de usuris, casus in quibus a jure
mors alicui imponitur... *Parrhisiis, Joh. Barbier*, 1508.
Pet. in-8 carré, gothique, rel. du temps en v. estampé et
historié.

Il y a de tout dans ce recueil de questions judiciaires, plus curieuses les unes que les autres. Parmi l'énumération des cas qui pou-
vaient alors entraîner la peine de mort, on en trouve de singuliers,
tels que le rapt d'une jeune fille, le domestique qui suborne la
femme de son maître, les faux monnayeurs, la débauche, par un
tuteur, de sa pupille, celui qui aurait donné asile aux malandrins, le
soldat qui aura laissé échapper le prisonnier confié à sa garde, celui
qui aurait rompu des digues, celui qui aurait châtré des hommes,
homines castrans, et beaucoup d'autres de même nature, comme celui
*tenens puellam in lupanari, qui contra naturam luxuriatur, mulier quæ se
animali bruto subjecit*, etc., etc., etc.

791. **Practica iudiciaria** Baldi de Perusio et Lanfrancii
de Oriano, cum apostillis Celsi Hugonis dissuti Cabilonensis
Burgundi. *Lugduni, Joan. Thom.*, 1513, in-8 gothique,
vél.

Volume rare. Il contient beaucoup de matière, et, comme le marque le titre, c'est véritablement le *Livre d'or* des juges, avocats et
notaires. Balde de Pérouse est un des maîtres de la jurisprudence ;
François Arétin le qualifie de *Prince des subtilités*.

792. **Hyppoliti de Marsiliis** Tractatus de questionibus in
quo materie maleficiorum pertractantur. *Lugduni, Jac. Myt,
impensis Jacobi et Francisci de Giuncta Florentini*, 1524,
in-8 goth. à 2 col., bas. gaufr.

On trouve dans ce volume les questions de droit les plus singulières : on n'a eu garde d'y oublier la torture, qui jouait un si grand
rôle dans les interrogatoires du moyen âge : là les cas se pressent
en foule : Est-il permis au juge de torturer de ses mains un accusé
(*An judex possit manibus propriis torquere reum*)? Mettre un peu un
homme à la torture ne s'appelle pas le torturer (*Levis tortura non
dicitur tortura*), etc., etc., etc... Les formes de procédure contre les
sorciers méritent encore l'attention, et sont bien faites pour piquer
la curiosité des érudits.

793. **Tractatus de viribus iuramenti**, per dominum
Antonium de Petrutia, utriusque juris eximium doctorem
in florenti Academia Caturcensi... in eadem provincia advo-
catum regium. *Sine nota (sed Lugduni, pro Guill. Eustace,
bibliopola Parisiensi, circa* 1506), in-8 gothique rouge et

noir, fleurs de lis rouges sur le titre, marque de Guill. Eustace à la fin, vél.

> Bel exemplaire d'un livre curieux. L'auteur était de CAHORS EN QUERCY.

794. Refugium Advocatorum (Summa Odofredi de formandis libellis, Summa Hermanni centum libellorum, in arborem judiciariam Joannis de Grassis scriptum domesticum). *Argentorati, ex officina Joa., Schotti, impensis vero egregii J. U. doctoris Georgii Maxilli (alias Ubelin) episcopalis curie Argentinensis signatoris,* 1510, in-4 gothique, pas. gaufrée,

> Volume rare, contenant d'utiles renseignements pour l'histoire des notaires, juges, procureurs, avocats, etc., et des détails intéressants sur la sigillographie, les archives, le droit criminel, la torture, etc., etc.—Georges Ubelin, l'éditeur de ce livre, est connu des bibliographes pour avoir publié à frais communs, avec Jacq. Æzler, la remarquable édition du Ptolémée dit *de Saint-Dié.* Ce fut l'imprimeur du *Refugium advocatorum,* Schott, de Strasbourg, qui imprima, en 1513, avec le matériel de Saint-Dié, ce monument géographique si remarquable à plus d'un titre. (*V.* le n° 369.)

795. Traité de tesmoings et d'enquestes, composé par maistre Guillaume Iaudin, licencié es loix et par luy mesmes traduit en langage vulgaire et maternel. *Paris, de l'imprimerie de Ieanne de Marnef, veufve de feu Denis Janot,* 1546. Pet. in-8 carré, lettres rondes, v. fauve.

> Volume rare. L'auteur était de *Calais,* ainsi qu'il l'indique lui-même dans une épître latine au lecteur : « *Gulielmus Iaudinus Caletensis, studioso lectori.* » — Cette édition est restée inconnue à Du Verdier, qui n'en cite qu'une, de dix ans postérieure, imprimée pour le libraire *Sertenas.*

796. La Pratique civile, en V livres, contenant, par ordre, Rubriques les plus excellentes et quotidianes décisions... faite par maistre Claude Lyenard, d'Esparnay, licencié es loix, advocat à Reims. *Lyon, Ben. Rigaud,* 1572, in-16, vél.

> Dédié à Charles de Lorraine de Guise, archevêque de Reims.

797. J. Mercerii Conciliator, sive Ars conciliandorum eorum quæ in jure contraria videntur, utendique iis quæ vere contraria sunt. *Biturigibus, Germanus Lauverjatius,* 1587, in-8, vél.

798. De l'influence du droit canonique sur la législation française, par G. d'Espinay. *Toulouse,* 1856. — Influence du droit canonique sur la constitution juridique de la famille, par Th. Huc, et Etudes historiques sur la procédure civile, par le même. — Mémoire sur les lois de Simon de Montfort et sur les coutumes d'Albi des XIIIe, XIVe, XVe siècles, par M. F. Laferrière. *Paris,* 1856. — Etudes sur Vincent de Beauvais, ou Spécimen des études théologiques, philosophi

ques et scientifiques au moyen âge (xiiie siècle, 1210-1270),
par l'abbé J. B. Bourgeat. *Paris*, 1856 (avec une bibliographie de Vincent de Beauvais). — Mémoire sur le traité des
lois de Cicéron, par M. Bressoles. — Guy du Faur, Sr de
Pibrac, par Th. Huc. *Toulouse*, 1856. — Essai sur Michel
de Marillac, garde des sceaux sous Louis XIII, sa vie et l'ordonnance de 1629, par C. Arnault-Ménardière. *Poitiers*,
1857.—Ensemble 8 ouvrages et opuscules en 1 gros vol. in-8,
dem.-rel.

799. Les Inconvénients des droits féodaux. *Londres et Paris*,
1776. In 8, dem.-rel.

> Cet ouvrage, dès qu'il parut, fut condamné à être *lacéré et brûlé* de
> la main du bourreau, par arrêt du Parlement de Paris. L'auteur est
> Pierre Boncerf, avocat au Parlement de Besançon, né en 1745, mort
> en 1794.

800. Constitution française. *Dijon, de l'imprimerie de P.
Causse*, 1791, in-18, pap. vélin, maroquin rouge, fil., dent.,
dos orné, tr, dor. (*Anc. reliure.*)

> Bel exemplaire.

801. La Constitution française. *Orléans, Jacob l'aîné, 1791*,
in-8, mar. vert, fil., dent., dos orné, tr. dor. (*Anc. reliure.*)

> Bel exemplaire, en GRAND PAPIER VÉLIN. Les fleurons du dos de
> la reliure sont curieux; ils se composent d'un sabre surmonté du
> bonnet phrygien de la Liberté.

802. Catéchisme de la déclaration des droits de l'homme et
du citoyen, par J. B. Boucheseiche, maître de pension. *Paris, s. d.* (1793), in-16 carré, br., *non rogné.*

803. Recherches sur le régime municipal dans le midi de la
France au moyen âge, par Léon Clos. *Paris, Impr. impér.*,
1853, in-4, dem.-rel.

804. Histoire du droit municipal en France, par Raynouard.
Paris, 1829, 2 vol. in-8, br.

805. Questions de droit administratif, par de Cormenin. *Paris*,
1826, 2 vol. in-8, dem.-rel.

806. De jure italico tractatus, auctore G. Frid. Woelker. *Altorfii*, 1744, pet. in-4, demi-rel., dos et coins de mar. bleu
du Levant, à nerfs.

> Bel exemplaire.

807. D. H. Christ. Senckenberg Dissertationes ex omnibus
juris publici ac privati materiis collect., ubi simul rerum
germanicarum monumenta anecdota passim exhibentur. —
Ejusdem Commentatio de jure Hassorum. — De fontibus

juris romani, auctore Ern. Lud. Hensing. — De ordinibus exercitus Germanici, auctore Joh. Siegenero. — De legibus gentis Bavaricæ. — De servorum conditione, auctore Joh. Jac. Kohlermann. — Delectus florum ex juribus nobilitatis Germanicæ, auctore C. de Freudenberg. *Gissæ*, 1742-43. — 7 opuscules en 1 vol. pet. in-4, dem.-rel., dos et coins de mar. vert du Levant, à nerfs.

> Recueil d'opuscules rares, qui se rapportent à l'origine des nobles, aux fiefs, à la jurisprudence de plusieurs pays d'Allemagne, aux antiquités, aux coutumes et à l'histoire militaire.

808. Dissertatio historica de ortu et progressu subsidii Charitativi Imperatori Augustissimo ab ordine equestri S. R. I., libero ac immediato in necessitatibus publicis præstiti, auctore G. Christ. Wincklero de Mohrenfels. *Altorfi*, 1728, pet. in-4, dem.-rel., dos et coins de mar. citron du Levant, à nerfs.

> Opuscule rare. Il est d'une grande importance pour l'histoire des fiefs et des lods, francs alleux, etc.

809. Legum regis Canuti Magni quas Anglis olim dedit, versionem antiquam latinam ex codice Colbertino, variantibus lectionibus atque observationibus additis cum textu anglo-saxonico, edidit Jan. Laur. Andr. Kolderup-Rosenvinge. *Hauniæ*, 1826, in-4, dem.-rel.

810. Mémoire sur les droits féodaux, pour demander le rétablissement des seigneuries dans la Flandre orientale (par Raepsael). *S. l. n. d. (Bruxelles, vers 1817)*. — Essai sur la noblesse, les titres et la féodalité, par J. B. J. Plasschaert. *Bruxelles*, 1818. — Examen impartial du droit de chasse. *Bruxelles*, 1818. — Défense de Charles Martel contre l'imputation d'avoir usurpé les biens ecclésiastiques, et notamment les dîmes, par J. J. Raepsaet. *Gand*, 1806, etc... etc... — Ensemble 6 ouvrages en 1 vol. in-8, dem.-rel., v. f.

> Chasse, noblesse, biens ecclésiastiques, etc.

II. — *Édits et ordonnances spéciales*. — *Anciens usages et coutumes des provinces de France*.

811. Assises et bons usages du royaume de Jérusalem, tirés d'un manuscrit de la bibliothèque Vaticane, avec les notes et observations de Gaspard Thaumas de la Thaumassière. *Bourges*, 1690. — Coustumes de Beauvoisis, par mestre Philippes de Beaumanoir. Assises et bons usages du royaume de Jérusalem, par messire Jean d'Ibelin, et autres anciennes coutumes, le tout tiré des manuscrits. *Bourges*, 1686. 2 tom. en 1 vol. in-fol., v. br.

> Recueil important, à la fin duquel se trouvent des chartes justifi-

cafives et d'anciens textes judiciaires du xiii° siècle. Le volume se termine par un glossaire.

812. Les Ordonnances Royaulx, publiées de par le Roy Loys XII de ce nom, ès parlemens de Paris, Tholouse et autres lieux, *S. l. n. d. (Toulouse, N. Vieillard? vers 1513)*, pet. in-8 gothique, armes de Louis XII sur le titre, et celles de Toulouse à la fin, cart. antiq.

813. Edict du Roy touchant la congnoissance, jurisdiction et jugement des procès des luthériens et hérétiques, appartenans à tous juges royaulx et presidiaulx. *Paris, Jehan Dallier et Jehan André*, 1551, in-8, v., dent.

814. Arrest de la Cour de Parlement de Tolose, portant defences de faire aucunes assemblées appelées charivary, à peine de mille livres d'amende. *Toulouse*. 1681. — Arrest de la Cour de Parlement de Toulouse, portant Inhibitions et deffenses de faire aucunes assemblées illicites, ny création de capitaine de jeunesse, soubs prétexte des festes locales ou de charivaris et d'aller à l'église ny ailleurs en armes, ny avec les tambours, ny autrement donner aucun trouble au service divin. *Toulouse*, 1681. —Arrest portant défenses de se promener dans les églises, et d'y tenir des postures indécentes. *Toulouse*, 1681. — Pet. in-4, cart. antiq.

815. Edict du Roy sur la prohibition et punition des querelles et duels. *Paris, F. Morel*, 1609, pet. in-8, cart. antiq.

816. Ordonnances royaux, sur le fait de l'Admirauté et jurisdiction d'icelle. *Rouen, Dav. du Petit Val et Jean Viret*, 1657.—Edict du Roy donné à Fontainebleau, avec les règlemens, establissemens et erections en tiltre d'office formez en l'Admiralité de France pour le duché de Normandie. *Rouen*, 1657. — Ordonnances du Roy sur le fait de la marine et admirauté publiés en la Cour de Parlement à Rouen. *Rouen*, 1657. — Lettres patentes du Roy, contenant règlement sur le fait de la marine et admirauté publiez à Rouen. *Rouen*, 1657. — Et 5 autres pièces sur la marine et navigations, également imprimées à *Rouen*. — In-8, v. br.

817. Code des chasses, ou Nouveau traité du droit des chasses. *Paris*, 1713. —2 vol. in-12, v.

818. Recueil des règlemens faits pour l'usage du papier et parchemin timbrez, par Denizet. *Paris, Le Mercier*, 1715, in-12, mar. rouge, fil., tr. dor. (*Anc. reliure aux armes.*)

819. **Les couftumes et ftatuz particuliers** de la plus part des bailliages, seneschaucées et prevostez royaulx du royaume de France, arrestées, accordées et approuvées par les commissaires a ce commis par le Roy... avec plusieurs

autres coustumes non accordées ny arrestées... et de nouvel le Coustumier de la Marche, non paravant veu esd. coustumes. *On les vend à Paris en la rue sainct iaques, p. Ambroise Girault, a lanseigne (sic) du lyon dargent... Et furent acheuees de imprimer le huytiesme iour de Novembre mil cinq centz xxvij.* — In-fol. gothique de plus de 1100 pages, rel. pleine en mar. vert du Levant, à nerfs, fil., dent. à fr., fleurs de lis sur le dos, ornements avec la couronne de France sur les plats, dent. intér., tr. dor. (*Lortic.*)

> MAGNIFIQUE EXEMPLAIRE relié sur brochure et rempli de témoins. Il est de la plus grande pureté et n'a subi aucun lavage; c'est le *nec plus ultra* du beau livre. La reliure, qui est parfaitement réussie, est une imitation des reliures du temps de François 1er. Cette collection des anciens coutumiers des provinces de France est très-rare.

820. **Consuetudines generales Bituricenses**, Turonenses ac Aurelianenses. S'ensuivent les coustumes de Bourges, de Tours, etc. *Paris, Fr. Regnault et Galiot du Pré,* 1529, pet. in-4 gothique (latin et français), vél.

> Bel exemplaire de ce livre rare.

821. Coustumes du duché et bailliage de Touraine, anciens ressorts et enclaves d'iceluy. *Paris, Jeh. Dallier,* 1561, pet. in-4 interfolié de papier blanc ancien, vél.

> Edition rare. L'exemplaire est un peu taché.

822. Nouveau commentaire sur la coustume du pays et duché de Berry, par Me Jean Mauduit, baillif et juge de la ville, terre et chastellenie d'Argenton, audit pays. *Paris,* 1640, in-8, vél.

823. Coustumes générales de Berry, reveües et corrigées avec un traité des mesmes coutumes, par le Sr Catherinot. *Bourges, J. Cristo,* 1663, in-16, v.

824. Décisions sur les coutumes du Berry, par Gasp. Thaumas de la Thaumassière. *Bourges,* 1667, pet. in-4, vél.

825. Etudes sur les coutumes du Berry, par Raynal. *Paris,* 1840, in-8, br.

826. Droits féodaux sur la Loire, dans le détroit de la châtellenie de Nevers, par L. Roubet. *Nevers,* 1865, in-8 br.

827. Mémoire sur les justices royales, ecclésiastiques et seigneuriales du Poitou, par Beauchet-Filleau. *Poitiers,* 1845, in-8, br.

828. Les Coustumes du pays et comté du Maine, publiées par messeigneurs maistres Thibault Baillet, président, et Jehan Le Lièvre, conseiller en la cour de parlement à Paris, par

commission et mandement du roy, nostre sire... *Ont esté
achevées d'imprimer au Mans, le dernier jour de may 1584,
par Hierome Olivier, imprimeur et libraire, demeurant prés
Sainct Julian.* In-16, lettres rondes, vél.

> Joli exemplaire d'une édition curieuse et bien imprimée. Elle
> n'est pas citée par Brunet. Au recto du dernier feuillet se trouve la
> marque, gravée sur bois, de l'imprimeur *Hierosme Olivier,* qui n'a
> pas été donnée dans le recueil des *Marques typographiques* de
> M. Silvestre. Nous la donnons à la fin de ce catalogue.

829. Mémoire en vers au sujet de l'interprétation de l'art. 1er
de l'Uzement de Nantes, en réponse à un autre mémoire en
vers, par Maugendre, procureur au parlement de Brétagne.
Rennes, Vatar, 1764, in-8, br.

830. Ancien coutumier de Bourgogne, par A. J. Marnier. *Paris,* 1858, in-8, br.

831. **Le grant coustumier de Bourgogne/** avec commentaires de maistre Barthelemy de Chasseneuz, président
de Provence. *Paris, Fr. Regnault, pour Ch. Dudc,* 1534. —
2 part. en 1 vol, in-4, gothique, vél.

832. Edicts et ordonnances contenant les privilèges octroyez
par les rois très-chrestiens aux foires de Lyon (de Brie et de
Champagne), et aux marchands et aultres traffiquans et
résidans en icelles (par Cl. de Rubys). *Lyon, Ant. Gryphius,*
1574, in-4, vél.

833. Établissements et coutumes, assises et arrêts de l'échi-
quier de Normandie au xiiie siècle (1207 à 1245), par A. J.
Marnier. *Paris, Techener,* 1839, in-8, br.

834. **Coustumier du pays et duche de Normendie**
avec lexposicion dicelluy..... *S. l. n. d.* (Rouen, 1484), in-
fol., goth. à longues lignes, reliure du xve siècle en bois,
recouverte en peau de mouton, avec clous estampés et coins
en cuivre.

> ÉDITION PRÉCIEUSE ET FORT RARE. C'est la plus ancienne
> que l'on connaisse de la coutume de Normandie, et elle passe
> pour être le premier livre imprimé en Normandie. Or ce fait est inexact,
> car la Bibliothèque impériale possède *Horatii epistolæ,* pet. in-4 go-
> thique, imprimé à Caen par Durandas et Quijoue, en 1480. Les ca-
> ractères gothiques, carrés, de ce Coutumier peuvent avoir de loin
> un faux air de ressemblance avec le gothique carré, si connu, de
> *Maistre Martin Morin,* imprimeur à Rouen, *devant Saint-Lo,* mais il
> est bien constaté aujourd'hui que les caractères du *Coustumier de
> Normandie* sont ceux de *Jean Dupré,* de Paris. Il ne faudrait pas cepen-
> dant en conclure à *priori* que le *Coustumier* fût imprimé à Paris
> et en 1483, par ledit Jean Dupré, comme l'avance M. Brunet dans
> la dernière édition de son *Manuel.* Jean Dupré, de Paris (qu'il ne
> faut pas confondre avec Jean Dupré de Lyon et de Salins), se trans-
> portait assez volontiers avec une partie de son matériel dans les
> villes où il était appelé par de riches Mécènes pour y introduire l'art
> de Guttemberg. M. Brunet n'a connu de Jean Dupré que sa venue à

Abbeville où il fonde, en 1486, avec Pierre Gérard, une imprimerie qu'il abandonne ensuite à ce dernier pour revenir à Paris. Or, dès 1483, Jean Dupré avait été appelé à Chartres par Pierre Plumé, riche chanoine de la cathédrale; et là, aux frais dudit chanoine, il imprima dans la maison canoniale où il était logé avec sa presse, un magnifique Missel à l'usage de Chartres. La même année, et dans le même local, il imprima encore un bréviaire de Chartres. Ces deux précieux volumes se trouvent à la bibliothèque Mazarine. Ce n'est pas tout : nous soupçonnons fort Jean Dupré d'être venu à Tours en 1485. La bibliothèque publique de cette ville possède un Missel tourangeau portant la date de 1485 et exécuté avec les caractères du *Coustumier* et du *Missale Carnotense*. La souscription de ce volume est ainsi conçue : *Impressum hoc Missale Turon. anno Dni* 1485. Si l'on admet avec nous que le mot *Turon.* ainsi abrégé doive s'interpréter par *Turonis*, cela impliquerait la présence de Jean Dupré à Tours pour l'impression de ce beau volume. Les Lallemant, de Rouen, qui, au xve siècle, avaient patronné Martin Morin, P. Maufer et tant d'autres imprimeurs, n'auraient-ils pas pu appeler Jean Dupré à Rouen pour y imprimer la Coutume de Normandie et en même temps initier quelques ouvriers à l'art typographique, dont eux, les Lallemant, étaient si désireux de doter leur ville? M. Ed. Frère, le savant et exact bibliographe, nous a assuré qu'en compulsant des archives, il avait trouvé la mention de cette Coutume de Normandie, offerte plus tard à la municipalité rouennaise, comme l'œuvre de la corporation des imprimeurs de Rouen. Ceci expliquerait jusqu'à un certain point comment cette Coutume étant l'œuvre de tous, Jean Dupré n'y aurait pas mis son nom. Les rapports de Jean Dupré avec Rouen sont d'ailleurs un fait constant. On n'ignore pas qu'il imprima, en 1488, un Lancelot Du Lac, avec Jean le Bourgeois, de Rouen, qui était fourni d'une fonte de ses caractères. Huym, le premier associé de Jean Dupré, en 1481, était de Rouen, selon toute probabilité, car nous avons retrouvé un libraire du même nom exerçant au xvie siècle dans la capitale de la Normandie.

Dans les premiers temps de l'imprimerie, les livres se vendaient tout reliés, et c'était l'imprimeur qui était aussi chargé de ce soin. Notre exemplaire du Coutumier est dans sa première reliure normande. Les gardes en vélin qui ont été employées pour couvrir les ais de bois sont formées de vieux actes normands du xve siècle; l'une est un fragment d'un acte passé à Rouen; l'autre comprend partie d'un rôle d'une « *Assise normande de Gisors.* » Il faudrait une singulière coïncidence pour que précisément ces deux pièces normandes se fussent trouvées à Paris entre les mains d'un relieur qui s'en serait justement servi pour une Coutume de Normandie. Une fois établi que ce volume sitôt sorti de la presse a été relié en Normandie, il s'agit de démontrer la présence probable de Jean Dupré à Rouen. Or, en quittant Chartres, Jean Dupré fit imprimer à Paris, en février 1483 (commencement de 1484, nouveau style) le *Boccace des Nobles Malheureux*. Nous disons fit imprimer, car la souscription porte : *Imprimé depar Jehan Dupré*, et au bas les initiales T. L. que personne n'a encore expliquées, mais qui, selon nous, ne peuvent qu'indiquer le commettant ou associé de Dupré, chargé de diriger son établissement de Paris, pendant les fréquents voyages qu'il faisait en province. C'est donc en 1484, et non en 1483, comme on l'avance généralement, que Jean Dupré a dû se rendre à Rouen pour y établir un atelier typographique. Cette date se prouve d'abord par son séjour à Chartres, en 1483, et par la lacune que l'on trouve en 1484 et même en 1485, dans l'exercice de notre imprimeur, car le *Missale Bisuntinum* de Salins, 1485, qui ne se trouve dans aucune bibliothèque de Paris et quel'on cite sans l'avoir jamais vu, mais que nous avons eu la bonne fortune de découvrir récemment et d'examiner avec une scrupuleuse attention, n'est pas de Jean Dupré, de Paris. L'exercice de Jean Dupré se trouve ainsi complété pendant ces deux années où l'on n'avait jusqu'alors aucune trace de lui, par la Coutume de Nor-

mandie, à Rouen, en 1484, et par le Missel tourangeau, exécuté à
Tours en 1485, ainsi que nous avons dit plus haut.. En 1486 il reprend
la suite de ses éditions à Abbeville et à Paris.

Il ne nous reste plus qu'à décrire notre volume. L'exemplaire est
de la catégorie de ceux que M. Frère indique comme tirés sur
grand papier, avec lettres miniaturées à la main; c'est assez dire
qu'il est dans toutes ses marges. Il possède les deux parties, mais le
feuillet *pi* manque, ainsi qu'une partie des feuillets qui composent
le cahier supplémentaire de l'*Arbor consanguinitatis*. Malgré ces défauts, et bien qu'un coin de feuillet au cahier *hh* soit déchiré avec
un très-léger emportement de texte, c'est encore un livre précieux.
M. Ed. Frère, qui fait autorité en pareil cas, qualifie avec raison cette
édition de RARISSIME. On ne cite encore que deux exemplaires
complets de ce livre qui aient passé dans les ventes de ce siècle.
L'un, vendu 740 fr. chez Giraud, a repassé depuis chez le marquis
de Martainville, où il atteignit cette fois le prix de 985 fr., non compris les frais; l'autre, qui était loin d'être beau, et qui n'était peut-
être pas bien complet, fut acquis, il y a plus de 10 ans, à la vente
Aug. Le Prevost, pour 360 francs, plus 5 p. 100.

835. Le Coustumier de Normendie, la charte des previlèges et
libertés de Normendie, les ordonnances anciennes de l'eschi-
quier d'iceluy pays, les ordonnances royaulx sur le faict
des chasses, etc. *Rouen, Mart. Le Mesgissier*, 1552, in-8,
dem.-rel., v. fauve.

835 *bis*. Notice sur quelques droits féodaux de la généralité de
Rouen, par le vicomte R. d'Estaintot. *Caën*, 1857, in-8, br.

836. Coustumes des pays de Vermandois et ceulx de envyron,
publ. d'après le manuscrit inédit des archives du département de l'Aube, par C. J. Beautemps-Beaupré. *Paris*, 1858.
— Essai sur les juridictions d'Alsace, par M. Véron-Réville.
Colmar, 1857. — Essai sur la législation russe, par Em.
Jay. *Paris*, 1857. — Ancien coutumier inédit de Picardie,
publ. d'après le manuscrit français de la bibliothèque royale,
par M. A. J. Marnier. *Paris*, 1840. — 4 ouvr. en 1 vol. in-8,
dem.-rel, v. antiq.

837. Archives administratives, ou Capitouls de La Cadière,
choix d'ordonnances municipales antérieures au xviiᵉ siècle
et relatives aux bonnes mœurs et à la police, publ. par
l'abbé Magloire Giraud. *Toulon*, 1851. — Chartes d'Alais.
Aisso son las costumas d'Alesi, 1200 et 1217. *Alais*, 1859.
— Statuts de la réformation du comté de Toulouse en 1270.
— Coutumes de Gourdon. — Coutumes de Prayssas. — Coutumes non écrites, relatives aux gains de survie, dans les
pays formant le ressort de la cour de Toulouse, mémoire
par M. Fons. — Considérations sur la situation morale de la
France, d'après les statistiques criminelles, par M. Enju-
bault, conseiller à la cour impériale de Riom (1859). —
Lettres de MM. Laferrière et Dupin, sur les règles de morale
et de droit. — De la condition des débiteurs à Toulouse,
d'après deux chartes de la fin du xiiᵉ siècle. — Le Droit de
famille aux Pyrénées: Barége, Lavédan, Béarn et pays basque

(avec la *chanson des Héritières*, en patois du Lavédan), par
Eug. Cordier. *Paris*, 1859. — Le Bailliage de Dijon après la
bataille de Rocroy. Procès-verbaux de la visite des feux, publ.
pour la première fois par M. Rossignol. *Dijon*, 1857. — Ensemble 11 ouvr. et mémoires en 1 vol. in-8, dem.-rel.

> Recueil factice de documents et de travaux historiques, la plupart
> tirés à petit nombre. Plusieurs pièces sont en patois.

838. Les Coutumes de Perpignan, suivies des usages sur la
dîme, des anciens priviléges de la ville, etc., publ. en latin
et en roman d'après les Mss., par J. Massot-Reynier. *Montpellier*, 1848. — Coutumes de Dombes, publ. pour la première fois d'après le Ms. unique du xve siècle, par Valentin
Smith. *Trévoux*, 1854. in-4, dem.-rel., mar. n.

> Les *Coutumes de Dombes* sont un tirage à part, à très-petit nombre,
> de la *Bibliotheca Dumbensis*.

839. Anciennes coutumes de Moncuq (en Quercy), par Émile
Dufour. *Paris*, 1861, in-8, br.

840. Les Constitutions des campagnes de l'Alsace au moyen
âge, recueil de documents inédits, publ. par l'abbé Hanauer.
Strasbourg, 1865, in-8, br.

841. Les Franchises, privilèges et immunitez octroyées avant
trois cent et seize ans aux bourgeois de la ville de Montbéliard, le tout extrait des originaux ou copies authentiques.
A Montbéliard, par J. Foillet, 1600, pet. in-fol., dem.-rel.

> L'imprimeur de ce livre, Jacques Foillet, introduisit le premier,
> l'art typographique à Montbéliard. Il était natif de Tarare, dans le
> Lyonnais.

842. Code de la Martinique. *A Saint-Pierre, de l'imprimerie
de Pierre Richard*, 1767. — Supplément. *Saint-Pierre*, 1772.
— 2 tom. en 1 vol. in-fol., bas. marbr. (*Rare.*)

III. — *Anciennes jurisdictions : Parlements, Chambres des comptes, etc. — Exécution de la justice.*

843. Discursus exoterici de supremis curiis, seu parlamentis
Galliæ et Angliæ, auctore Joh. Andrea Gerhard. *Ienæ*, 1667,
— 2 part. en 1 vol. pet. in-4, dem.-rel., dos et coins de
mar. bleu du Levant, à nerfs.

> Très-bel exemplaire d'un excellent précis de l'histoire des Parle-
> ments de Paris et d'Angleterre. Cet ouvrage est très-difficile à
> trouver.

844. Les Parlements de France, essai historique sur leurs usages, leur organisation et leur autorité, par le vicomte de Bastard d'Estang. *Paris*, 1858, 2 vol. in-8, br.

845. Recueil des lettres des rois de France, relatives à l'établissement du parlement de Bourgogne, à *Dijon*. — In-4, vél.

MANUSCRIT DU XVIIIe SIECLE, d'une très-bonne écriture; provenant de la collection de Du Tilliot : « *Ex museo Du Tilliot, anno 1718.* »

846. Du parlement de Toulouse et de ses jurisconsultes, arrêts remarquables, etc., par le vicomte de Bastard d'Estang. *Paris*, 1854, gr. in-8, br.

Tiré à petit nombre.

847. Les Dernières années du parlement de Toulouse, de 1788 à 1794, esquisses historiques et judiciaires de la Révolution, par Am. Thomas-Latour. *Toulouse*, 1851, in-8, br.

848. L'Exterminateur des parlements, par l'auteur de l'Extrait du charnier des Innocents (par de Droiture, avocat en parlement). *Paris, imprimerie de la cour du parlement*, 1789, in-8 de 29 pages, br., non rogné.

Opuscule rare et curieux. La forme en est un peu déclamatoire, mais il contient des révélations piquantes au sujet de la mauvaise conduite de quelques magistrats, et le récit de quelques crimes effroyables qui avaient été commis du temps de l'auteur.

849. Histoire du parlement de Tournay, contenant l'établissement et les progrès de ce tribunal, par messire Matth. Pinault, S^r des Jaunaux. *Valenciennes*, 1701, in-4, v.

Avec un beau portrait, d'après une peinture de Rigault.

850. CHAMBRE DES COMPTES. Noms de tous les officiers de la Chambre des comptes qui ont possédé une même charge, avec la datte de leurs réceptions. — Extrait des mémoriaux de la Chambre des comptes de Paris, contenant les noms et la succession chronologique de tous les présidens, maîtres, correcteurs et auditeurs, avocats et procureurs généraux, tant ordinaires qu'extraordinaires, greffiers en chef, anciens et alternatifs, et premiers huissiers de ladite chambre, suivant l'ordre de leurs réceptions. — Filiation distincte et suivie des offices de MM. les présidents, conseillers, auditeurs, etc., de la Chambre des comptes de Paris. — Table alphabétique des noms de MM. les présidents, conseillers, auditeurs, etc., de la Chambre des comptes de Paris. — In-fol., v. marbr.

MANUSCRIT INEDIT DU XVIIIe SIECLE, d'une belle écriture, composé de 552 pages. En tête se trouve un entourage dessiné à l'époque même, à la plume, avec le nom *Gerardin scripsit*; un autre entourage, à l'encre rouge, se trouve en tête de la table et est dessiné à la plume, dans le genre de *Boucher*. Ce manuscrit est ré-

digé sur d'anciens titres dont les originaux ont disparu en partie
lors de l'incendie du Palais. La filiation des divers officiers de la
Chambre des comptes y commence au xive siècle, et se continue
jusqu'à 1760 environ.

851. Arrest du conseil d'État du roy, servant de règlement
entre MM. les officiers du présidial de Tours. *Tours, Jacq.
Poinsot,* 1702, pet. in-8, cart.

852. La Chronique du palais de justice, contenant l'histoire
des anciens avocats et le récit des trépas tragiques, tirés des
archives de la Sainte-Chapelle, des olim et des registres du
parlement, par Hor. Raisson. *Paris,* 1830, 2 vol. in-8, br.

853. Les Pénalités anciennes. Supplices, prisons et grâce en
France, d'après des textes inédits, par Ch. Desmaze. *Paris,*
1866, in-8, fig., br.

854. Des anciennes fourches patibulaires de Montfaucon, recherches touchant l'origine, l'emplacement, l'usage et la
description de ce gibet, avec une notice sur les principaux
personnages qui y ont été exposés, par A. De Lavillegile.
Paris, Téchener, 1836, in-8, fig., br.

855. Histoire des pendus célèbres, des roués, brûlés, etc. *Paris,*
1817, 2 vol. in-18, fig., br.

IV. — *Procédure contre les sorciers. — Questions singulières
de droit. — Curiosités judiciaires. — Plaidoyers et procès
mémorables ou singuliers. — Bibliographie juridique.*

856. **Tractatus de hereticis** et sortilegiis, omnifariam
coitu eorumque penis, item de questionibus et tortura...
Pauli Grillandi Castilionei. *Lugduni, Bened. Boninus imprimebat,* 1536, in-8 goth. à 2 col., dem.-rel.

> Ouvrage très-curieux; on y trouve les plus singuliers détails de
> procédure en usage contre les hérétiques, les sorciers, etc., etc....
> Les questions de *omnifariam coitu* sont très-scabreuses et en font
> un véritable code pénal de la prostitution au moyen âge.

857. Olim, procès des sorcières en Belgique, sous Philippe II
et le gouvernement des archiducs, tirés d'actes judiciaires
et de documens inédits, par J. B. Cannaert. *Gand,* 1847,
in-8, fig., dem.-rel.

858. Cautio criminalis, seu de processibus contra sagas, liber
ad magistratus Germaniæ hoc tempore necessarius, tum
autem consiliariis et confessariis principum, inquisitoribus,
judicibus, advocatis, etc., auctore incerto theologo romano

(Frederico Spée, soc. Jesu). *Francofurti, sumptibus Joan. Gronœi Austri, 1632, in-8, vél.*

Ce traité, qui n'est point mentionné dans le *Manuel du libraire*, se trouve difficilement, parce qu'il fut autrefois très-recherché et consulté par les criminalistes allemands, de sorte qu'il en vint très-peu d'exemplaires en France. Il a échappé aux recherches de plusieurs bibliographes, et le peu qu'en a écrit le P. Nicéron ferait croire qu'il ne l'avait jamais vu, car il en exagère un peu la portée, comme s'il ne le connaissait que par ouï dire. Il avance « que le père Del « rio était bien différent de son confrère Frédéric Spée, jésuite alle- « mand, qui, ayant, en qualité de confesseur, accompagné au sup- « plice un grand nombre de prétendus sorciers, *sans en jamais avoir* « *pu trouver un qui le fût véritablement*, tâcha de faire cesser les pour- « suite des magistrats contre eux, en publiant, en 1632, un ouvrage « intitulé *Cautio criminalis*, etc. »

Paquot dit qu'il n'a jamais vu ce livre, et il doute que le P. Nicé- ron ait été plus heureux que lui. Paquot a toutes les peines du monde à se persuader qu'un jésuite écrivant en Allemagne, en 1632, se soit exprimé d'une manière aussi générale contre la réalité des sorciers. (V. *Mémoires litt. des Pays-Bas*, in-fol., t. III, p. 115, à la fin de l'article Conr. Looa.)

859. Si la torture est un moyen seur à vérifier les crimes se- crets, dissertation morale et juridique par laquelle il est amplement traitté des abus qui se commettent en l'instruc- tion des procès criminels et particulièrement en la recherche du sortilège, par Augustin Nicolas. *Amsterdam, Abr. Wolf- gang, 1682, pet. in-8, v.*

860. Angeli Stephani Garoni commentaria in constitutiones Mediolan. de meretricibus et lenonibus. *Mediolani, ap. Jac. Philipp. Grisulphium, 1638, in-4, vél. (Bel exemplaire.)*

Volume très-curieux et très-rare, composé avec un remarquable sentiment des proportions et convenances. Encore qu'il fût Italien et que, par conséquent, il eût la licence naturelle que lui accor- daient son pays et sa langue, l'auteur a préféré le latin, qui « brave l'honnêteté. » En 32 pages il a épuisé la matière, donnant avec pré- cision et intégrité toute l'histoire de la prostitution, ainsi que la lé- gislation qui réglementait de son temps, et notamment dans la ville de Milan, les courtisanes, entremetteuses, proxénètes, etc. Les questions les plus singulières que fait naître un tel sujet y sont élu- cidées avec une merveilleuse érudition, d'après les autorités de poètes anciens et de jurisconsultes romains, allemands, italiens et français. Cet ouvrage est si peu connu, malgré sa haute valeur his- torique, bibliographique et juridique, qu'on le chercherait en vain dans nos bibliographies, où il faut cependant lui préparer une place avant Parent-Duchâtelet. Voici d'ailleurs ce qu'en dit M. V. Luzar- che, dans quelques lignes de sa main qui se trouvent sur une des gardes du volume :

« Ce traité, qui n'est pas indiqué par Brunet, quoiqu'il soit fort « rare, est un des plus curieux et des plus complets sur la matière. « Il mérite de prendre rang parmi les raretés bibliographiques les « plus savantes et les moins creuses que je connaisse ; les curiosités « bibliographiques ayant souvent ce tort, d'être vides de sens et de « ne contenir que des puérilités sans portée et des vulgarités qui ne « leur laissent que le mérite de la rareté. »

Cette opinion de M. Luzarche n'étonnera point les bibliophiles de goût, quand ils auront vu avec quel soin tout livre inepte ou de peu d'importance a été banni de sa bibliothèque et de notre cata- logue.

×861. Histoire de la législation sur les femmes publiques et sur les lieux de débauche, par Sabatier. *Paris*, 1830, in-8, br.

862. Des procez faicts au cadaver, aux cendres, à la mémoire aux bestes brutes, choses inanimées et aux contumax, par Pierre Ayrault, lieutenant criminel au siége présidial d'Angers. *Angers, Anth. Hernault*, 1591, pet. in-4, v.

> Livre très-curieux et recherché à cause de sa singularité. L'auteur y condamne les anciens législateurs qui avaient admis l'exécution des animaux et des choses inanimées. Il semble d'ailleurs ne s'étendre là-dessus que pour trouver une transition à la question de contumace, qu'il traite avec habileté et avec chaleur. On voit qu'il pensait à son fils aîné, condamné par contumace. L'auteur des *Questions illustres* faisait le plus grand cas de ce livre rare, qui lui avait été communiqué par Pons de Verdun. Il fait l'objet du premier article de son ouvrage.

862 *bis*. Discours des parricides, composé par feu Guillaume Du Blanc, évesque de Grasse et de Vence, dédié à messire Alexandre de La Mark, abbé de Brène et d'Iny, par le protonotaire Du Blanc, neveu de l'auteur. *Lyon*, 1606, in-8, vél, (*Bel exemplaire.*)

> Ouvrage très-curieux et judicieusement écrit. Étendant le crime de parricide au meurtre de l'aïeul, du beau-père. etc., l'auteur examine les cas les plus singuliers applicables à son sujet, qu'il élargit encore en créant les mots de *sororicide, matricide, uxoricide, mariticide*, autant de vocables inconnus à Richelet. Dufour donne l'analyse complète de ce traité (*V.* son livre des *Questions illustres.*)

863. **Questio de custodia** clavium portarum civitatum. castrorum et aliorum locorum fortiliciorum, per clariss. et spectabilem virum dom. Nicolaum Boherii. *S. l.* (*circa* 1512), pet. in-4 goth. à 2 colonnes, cart. antiq.

> Opuscule rare sur une question intéressante, la garde des clefs des villes, châteaux et autres lieux fortifiés. Le privilége accordé à *Nicolas Boyer*, est en *français* et daté de Blois, 1512.

864. Tractatus juridicus de jure occidendi prehensum in adulterio quatenus patri et marito competit, auctore Joh. Zeithopf. *Lipsiæ*, 1667, in-4, v. fauve, fil. (*Anc. reliure.*)

> Bel exemplaire au chiffre des Jésuites de la Maison professe. Cet ouvrage rare et fort curieux est d'une telle importance, que Dufour lui a consacré sept pages dans sa *Bibliothèque des livres singuliers en droit*. Après l'avoir minutieusement analysé, et avoir démontré que notre code pénal s'en rapproche, en ce qui touche le droit du mari et du père de tuer l'adultère surpris avec sa femme ou sa fille, il conclut ainsi :« On voit que cet ouvrage peut être consulté » avec avantage dans la matière qui y est traitée, et qui peut faire » souvent aujourd'hui l'objet de très-importantes questions judi-» ciaires. Je dirai même que cet ouvrage mériterait d'être réim-» primé, et d'être mis dans les mains des juristes.» (*Questions illus-» tres, page* 123. Voir le n° 894 *bis*.)

865. Principes sur la nullité du mariage pour cause d'impuissance, par M*** (Boucher d'Argis), avocat en parlement, avec
le Traité de M. le président Bouhier, sur les procédures qui
sont en usage en France, pour la preuve de l'impuissance
de l'homme, et quelques pièces curieuses sur le même sujet.
Londres, 1756, 2 part. en 1 vol. in-8, v. m.

> Parmi les pièces curieuses qui composent ce volume, se trouvent
> le factum d'Estienne Pasquier pour *Marie de Corbie*, et une relation
> du procès de Charles de Quellenec, baron de Pont, avec *Catherine
> de Parthenay.*

866. Traité des eunuques, dans lequel on explique toutes les
différentes sortes d'eunuques, s'ils sont propres au mariage
et s'il leur doit être permis de se marier, avec plusieurs remarques curieuses et divertissantes (par Ancillon). *S. l. (à la
Sphère)*, 1707, in-12, v. marbr.

867. Ph.-Laur. Withof, de Castratis commentationes IV. *Lau-
sannæ*, 1762, in-8, cart., *non rogné.*

> Singulière dissertation médico-légale sur les *eunuques* et leurs
> droits dans la société.

868. Réflexions sur les hermaphrodites, relativement à Anne-
Gran-Jean, qualifiée telle dans un mémoire de M. Vermeil.
Avignon, 1765, in-8, br., *non rogné.*

869. Recherches sur l'origine et la nature des droits connus
anciennement sous les noms de droits des premières nuits,
de markette, d'afforage, marcheta, maritagium et bumede,
par J.-J. Raepsaet. *Gand*, 1817, in-8, br.

> Opuscule très-rare.

870. Dissertatio historico-juridica de juribus typographorum
et bibliopolarum in regno Belgico, auctore J.-T. Bodel-
Nyenhuis. *Lugd. Batavor.*, 1819, in-4, grand papier, dem.-
rel., m. r.

871. Philippi Lud. Weidlini dissertatio juridica de re funera-
ria, originem sepulturæ et sepulturarum veterum atque
nostrorum temporum differentiam, jus et religionem sis-
tens. *Ienæ*, 1755, pet. in-4, dem.-rel., à nerfs, dos et coins
de mar. bleu.

> Cette dissertation est mêlée d'anecdotes.

872. Cupido jurisperitus, Stephano Forcatulo Bliterensi juris-
consulto autore. *Lugduni, Tornæsius*, 1553, in-4, vél.

> Ouvrage singulier et peu commun; ce sont des *arrêts d'amour*
> dans le genre de ceux de Martial d'Auvergne. On peut néanmoins

le classer dans les singularités du droit. Voici du reste ce qu'en dit
l'auteur, Etienne Forcadel, de Béziers : « *Hoc in opere amor et jus
civile sic conjunguntur ut mira prope ac singularia quædam de utroque reci-
tentur.* »

873. Recueil des principaux poincts d'une remonstrance faicte
en la cour de parlement de Paris, à l'ouverture du palais.
Paris, F. Morel, 1594, pet. in-8, dem.-rel., dos et coins de
mar. bleu du Levant, à nerfs.

> Pièce rare, qui est un véritable et curieux traité de l'orateur,
> adressé à des avocats par un avocat, du nom de *Jacques Mangot.*

874. Plaidoyez de M. Simon Marion, avocat baron de Druy.
Paris, 1594, in-8, vél. (*Aux armes de Bossuet.*)

> Sur l'impression des messels, bréviaires, heures et journaux,
> réformez selon le Concile de Trente. — Sur la réception du duc
> d'Épernon à l'estat et office d'admiral de France. — Plaidoyer pour
> le comte de Laval sur la mouvance féodale du comté de Quintin.
> — Plaidoyer pour le comte de Montlaur, etc..., etc..., etc.

875. Harangues prononcées (en la ville de Nismes) aux entrées
de plusieurs princes et seigneurs, à la réception des consuls
et présentations d'advocats, avec quelques plaidoiers, par
maistre Anne Rulman. *Paris, Fr. Huby*, 1614, in-8, beau
front. et portr. gravés par Jaspar Isaac, vél.

> Bel exemplaire d'un livre peu commun. Les plaidoyers sont sur-
> tout curieux. — Plaidoyer pour maistre Mathieu Lansart, troisiesme
> consul de Nismes, contre Benoist Focton, baladin, — Plaidoyer
> pour Th. Dempster, Escossois, premier régent en l'Académie de
> Nismes, contre les consuls de la ville. — Sçavoir si un contract de
> louage d'une maison peut être rescindé par l'apparition et infesta-
> tion des mauvais esprits.

876. Recueil de plaidoyez, harangues et remonstrances des
plus illustres et fameux politiques de nostre temps. *Paris,
Adr. Tiffaine*, 1618, in-8 de près de 900 pag., vél.

> Arrivée du vicomte de Turenne à Cognac. — Arrests pour le rei-
> glement des barbiers. — Chappeau de roses pour tout dot aux fil-
> les. — Coustume de jeu pour le papegaut. — Discours vulgaire des
> prétendus réformez sur la conversion du roy. — Entrevüe à Fonte-
> nay (en Poitou). — Isles appartiennent aux Provençaux, non aux
> comtes. — Le duc d'Anjou supplie le roy d'embrasser la protection
> de la ville de Cambray. — Rhosne estoit tout jadis de la Provence.
> — Privilèges des Provençaux et pourquoy, etc..., etc.

877. Actions notables et plaidoyez de messire Loys Servin, avec
les plaidoyers de M. A. Robert Arnault et autres. *Rouen,*
1629, gros in-4 de plus de 800 pag. à 2 col., vél.

> Sur l'appel comme d'abus par les chanoines et chapelains de
> l'église de la Trinité d'Angers, du changement du bréviaire d'An-
> jou, ordonné par l'évêque dudit Angers. — Sur le don testamen-
> taire fait par Philippe le Mercier âgé de dix-neuf ans, quatre jours
> avant son vœu et profession, pour parachever le bastiment du cou-
> vent des Capucins d'Angers. — Sur la confrairie des prétendus pé-
> nitents bleus, déclarée illicite. — Sur l'exemption des tailles pré-

tendue par les chanoines d'Alby. — Sur l'espreuve par eau, en
accusation de sortilège. — Appel d'abus des religieuses, abbesse et
couvent de Beaumont-lez-Tours contre les doyen, trésorier et chapitre de l'église Saint-Martin de Tours. — Prétendues exemptions
de l'église Saint-Martin de Tours. — Plaidoyer et arrest touchant le
prieuré de Saint-Pierre de Pontoise. — Plaidoyer contre l'inhuma-
nité d'un hoste chargé d'avoir retenu les habits d'un passant qui en
seroit mort de froid. — Sur un prétendu mariage de feu de Monta-
lembert, sieur de Vaux avec Anne de l'Estan, etc..., etc...

878. Plaidoyez de messire Nic. de Corberon, chevalier, Sʳ de
Tourvilliers, avocat général au parlement de Metz, ensemble
les plaidoyez de M. Abel de Sainte-Marthe, garde de la bibliothèque de Sa Majesté à Fontainebleau. *Paris*, 1707. —
Discours au roy sur le rétablissement de la bibliothèque
royale de Fontainebleau, par Abel de Sainte-Marthe. *S. l.*,
1668, in-4, v. gren., fil.

> Aux armes de *Louis-Bernard comte du Prat*, marquis de Forme-
> ries.—Les documents sur l'origine de la Bibliothèque royale, autrefois
> bibliothèque du château de Fontainebleau, sont fort curieux. Abel
> de Sainte-Marthe y a joint les preuves à l'appui. — Les plaidoyers
> de Corberon renferment une foule de questions singulières et cu-
> rieuses telles que celles-ci: Touchant une ordonnance de police
> qui défend aux rôtisseurs et cuisiniers d'entrer dans le marché,
> avant dix heures. — Si la mauvaise haleine du mary et un os pourry
> qu'il a dans le nez peuvent donner lieu à faire déclarer son mariage
> nul. — Sur des excez commis par celuy qui avoit battu et fait mor-
> dre par des chiens un valet dont le maistre prenoit le fait et cause.—
> Sur des violences et injures atroces dites à un marchand par un apo-
> thicaire, etc..., etc...

879. ABRÉGÉ DU PROCÈS FAIT AUX JUIFS DE METS, avec trois ar-
rests du parlement qui les déclarent convaincus de plusieurs
crimes, et particulièrement Raphaël Lévi d'avoir enlevé sur
le grand chemin de Mets à Boulay un enfant chrestien âgé
de trois ans : pour réparation de quoy il a esté brûlé vif le
17 janvier 1670. *Paris, Fréd. Léonard*, 1670, pet. in-12,
reliure pleine en mar. rouge du Levant, à nerfs, devise sur
les plats, dent. intér., tr. dor.

> Bel exemplaire d'un volume très-rare.

880. Factum pour dame Marie-Marguerite d'Aubray, marquise
de Brinvilliers, avec le mémoire du procez extraordinaire
contre ladite dame de Brinvilliers. *Paris, G. Tompère*, 1676,
— Factum du procez extraordinairement fait à La Chaussée,
valet de Sainte-Croix, pour raison des empoisonnemens des
sieurs d'Aubray, lieutenants civils. *Paris*, 1676, 3 part.
en 1 vol., pet. in-12, v. m.

> Dans le même volume: *Essay et tarif du pain par le prévôt d'Or-
> léans. Orléans*, 1709.

881. Arrest de la cour de parlement, les chambres assemblées
contre dame Marie-Marguerite Daubray, espouse du sieur
marquis de Brinvilliers. *Paris*, 1676. — Mémoire du procez
extraordinaire contre la dame de Brinvilliers, prisonnière

en la conciergerie du palais, accusée. *Paris*, 1676, pet. in-4, joli cart. à la Brad.

882. Le Pain bénit de M. l'abbé de Marigny. — In-4, v. marbr.

> MANUSCRIT DU XVIIIe SIÈCLE d'une belle écriture, composé de 112 pages. Ce volume écrit en 1772 contient une copie du *Pain bénit de Marigny*; on y trouve à la suite la copie d'un mémoire par Gaillard de Beaumanoir contre la fabrique de S. Roch et la sentence du Châtelet qui termina le procès. Cette pièce est très-curieuse.

883. Factum pour la muète (*sic*), contre M. le marquis d'Allemans, par M. Silvestre, avocat au parlement, qui a plaidé la cause. *Bordeaux, P. Séjourné*, 1701, in-8, v. br.

> Procès curieux. A la fin, se trouvent quelques *complaintes* au sujet de la susdite muette.

884. Recueil général des pièces contenues au procez (pour cause d'impuissance) de M. le marquis de Gesvres et de mademoiselle de Mascranni, son épouse. *Rotterdam*, 1714, 2 vol. in-12, v. fauve. (*Aux armes de Mirman.*)

885. Très-humbles remontrances au parlement de Normandie au roi, au sujet du procès du curé de Saint-Godard de Rouen, et autres pièces concernant la même affaire. *S. l.* (1753), in-12 de 40 pag., br., *non rogné.*

886. Charges du procès de M. Lescalopier, intendant de la généralité de Montauban. *S. l.*, 1756, in-12, v. m.

887. Causes amusantes et connues (recueillies par Robert Estienne, avocat). *A Berlin (Paris)*, 1769, 2 vol. in-12, fig., v. marbr. (*Bel exempl.*)

> Mémoire de l'âne de Jacq. Féron. — Les charbonniers contre les savetiers. — Mémoire pour le pain béni. — Revendication d'un aveugle contre sa femme. — Des lanternes de Paris. — Mémoire pour les coëffeurs des dames de Paris. — Pour mademoiselle Petit, danseuse révoquée complaignante au public. — Engagemens contractés dans une intrigue galante. — Mémoire en faveur des dindons, etc..., etc...

888. Suite de mémoires pour les affaires d'Aiguillon et Moreau, Ferrand des Fourneaux, etc. *Paris*, 1769-1770, etc. — Recueil de pièces en 1 vol. in-4, vél., v.

889. Recueil intéressant sur l'affaire de la mutilation du crucifix d'Abbeville et sur la mort du chevalier de La Barre (par Devérité). *Londres*, 1776, in-12, v. m.

890. Procès de M. le comte Du Barry, avec madame la comtesse de Tournon, contenant les deux mémoires justificatifs pour et contre. *Amsterdam*, 1781, in-8, dem.-rel., dos et coins de v. fauve, à nerfs.

> Procès singulier, dans lequel il s'agit d'un beau-père (le comte du
> Barry) qui veut que sa belle-fille (madame de Tournon) porte le
> nom de *du Barry*, qu'elle refuse comme indigne et déshonorant.

891. Mémoire justificatif pour trois hommes condamnés à la
roue (par Dupaty). *Paris, Ph. Den. Pierres,* 1786 (251 pag.).
— Arrêt de la cour de parlement qui ordonne qu'un imprimé
in-4 intitulé : Mémoire justificatif pour trois hommes condamnés à la roue... seront lacérés et brûlés par l'exécuteur
de la haute justice. *Paris, P.-G. Simon,* 1786 (271 pag.). —
Moyens de droit pour Bradier, Simare, Lardoise, condamnés
à la roue (par Dupaty). *Paris, Ph.-Den. Pierres,* 1786 (306 et IV
p.). — Arrest de la cour de parlement qui condamne Nicolas
Lardoise, Claude Bradier et Jean-Baptiste Simare à être
rompus vifs sur la place publique de Chaumont-en-Bassigny,
pour assassinat et vol avec effraction (commis à Vinet, en
Champagne, près Troyes). *Paris, P.-G. Simon,* 1785 (4 p.).
— 1 vol. in-4, mar. rouge, fil., gardes en papier doré. tr.
dor. (*Derome.*)

> MAGNIFIQUE EXEMPLAIRE, en ancienne reliure, aux armes de
> *Joly de Fleury.* On y trouve en double les pages 253 à 306 des *Moyens
> de Droit,* qui contiennent des cartons avec changements et suppres-
> sions importantes, les pages avec les passages retranchés s'y trou-
> vent également. On y a joint de plus *trois magnifiques portraits gravés
> par GAUCHER de Dupaty,* de l'avocat-général *Séguier* et de l'avocat
> *Le Grand de Laleu,* qui eurent la plus grande part à cette cause si cé-
> lèbre dont le retentissement fut égal à celui de l'affaire de l'infortuné
> Calas.

891 *bis.* Affaire dite du Collier. Procès du cardinal de Rohan,
de la dame de la Mothe-Valois, etc. Détails curieux sur
Cagliostro, etc., 1786.—Recueil factice de 20 pièces du temps
en 1 vol. in-4, dem.-rel., v.

> Recueil intéressant. Cinq pièces qui se trouvent dans notre vo-
> lume sont désignées par M. Luzarche comme inconnues au minutieux
> bibliographe Quérard. Voir les fichets de papier dont ils sont ac-
> compagnés. L'une de ces pièces est intitulée: *Correspondance avec
> M. le comte de Cagliostro, à Milan, aux dépens de la société des Caglios-
> triens,* 1786.

892. Examen médical des procès criminels des nommés Léger, Feldtmann, Lecouffe, Jean-Pierre et Papavoine, dans
lesquels l'aliénation mentale a été alléguée comme moyen
de défense, suivi de quelques considérations médico-légales
sur la liberté morale, par le Dr Georgel. *Paris,* 1825, in-8,
dem.-rel., dos et coins de mar. bl. du Levant, à nerfs, doré
en tête, non rogné.

893. Epitome virorum illustrium qui vel scripserunt, vel ju-
risprudentiam docuerunt in scholis, et quo tempore etiam
floruerunt ordine alphabetico constitutum, authore Mantua,
Patavino juriscons. *Patavii,* 1555, pet. in-8, vél. (*Rare.*)

> Cette biographie des jurisconsultes est inconnue à Brunet.

894. Nouvelle bibliothèque historique et chronologique des principaux auteurs et des interprètes du droit civil, canonique et particulier de plusieurs États et provinces, depuis Irnerius, avec les caractères de leurs esprits et des jugemens sur leurs ouvrages ; ensemble l'Idée d'un bon juge et d'un bon maire, par Denys Simon, conseiller au présidial de Beauvais. *Paris*, 1692-95, 2 vol. in-12, v.

894 *bis.* Questions illustres, ou Bibliothèque des livres singuliers en droit, par Julien Mich. Dufour. *Paris*, 1813, in-12, dem.-rel.

895. Étude sur les principaux criminalistes qui ont écrit en français ou en latin depuis le xvie siècle, par Ch. Berriat-Saint-Prix. *Paris*, 1855, in-8, br.

> Cet opuscule, tiré à part à très-petit nombre, n'a pas été mis dans le commerce.

DROIT ECCLÉSIASTIQUE ET CANONIQUE.

896. **Compilatio decretalium** Gregorii IX (alias Rosarium decretorum Guidonis de Baiisio)... *Exactum insigne hoc atque preclarum opus ductu, auspitiis optimor. JOANNIS DE COLONIA, NICOLAI IENSON, sociorumve, qui non tantum summam curam adhibuere ut sint hoc et sua quæque sine vicio et menda, verum etiam ut bene sint elaborata atque jucundissimo litterarum caractere confecta, ut unicuique et prodesse et oblectare possint. Hujus autem operis artif ex extitit summus in hac arte magister Joannes de Selgenstat Alemanus qui sua solertia ac vigiliis divoque imprimendi caractere facile supereminet omnes. Olympiudibus dominicis, anno vero millesimo cccc. lxxxi* (1481), *quarto idus septembris.* — Grand in-fol., gothique à 2 colonnes, cuir de Russie.

> MAGNIFIQUE ÉDITION. Nous avons reproduit en entier la souscription curieuse que l'on trouve dans ce rare volume. Nous avons transcrit le titre qu'on lit au recto du 2e feuillet, et nous avons reproduit entre parenthèses le titre sous lequel Sardini en donne la description. — Bel exemplaire à toutes marges, avec lettres peintes et celles des têtes de chapitre en or et en couleur.

†897. **Joh. de Imola** opus preclarum in Clementinas. *Venetiis impressum summo artificio ac industria ingeniosissimi viri JACOBI DE RUBEIS natione Gallici.* 1475. Grand in-fol. goth. à 2 col., dem.-rel., tr. dor.

> Magnifique volume, imprimé avec les nouveaux caractères gothiques gravés et fondus par Nicolas Jenson, pour le Saint Augustin

de 1475. (Voir le n° 162.) Nous avons vérifié avec le plus grand soin cette particularité qu'aucun bibliographe n'avait encore remarquée. JACQUES LE ROUGE était Français d'origine, et fut lié d'amitié avec son compatriote Nicolas Jenson, ainsi que l'atteste Sardini. Ce Le Rouge devint célèbre et forma souche d'imprimeurs dans diverses villes de l'Italie. Le nom de cette famille fut italianisé plus tard en celui de *De Rossi*. Pierre Le Rouge, imprimeur en France, vers la même époque, à Chablis, à Troyes et à Paris, était, selon toutes probabilités, son parent. Une particularité semble fortifier cette présomption. L'un des fils de P. Le Rouge, Guillaume Le Rouge, établi imprimeur à Troyes, avait pour enseigne *l'escu de Venise*.

898. Decisiones Rotæ Romanæ per Guill. de Horborch, Thomam Fastoli et Bernhardum de Bisgneto recollecte et per Joh. de Molendino rectorem parrochialis ecclesie in Lemmesel Rigensis diocesis scripte... *Impresse Rome per venerabilem virum magistrum Georgium Laur de Herbipoli.* 1475, 4 part. en 1 vol. gr. in-fol. à 2 col., lettres rondes, dem.-rel.

> Édition rare. Voyez *Audiffredi, édit. Roman.* — Le nom de l'imprimeur, maître *Georges Laur* de Wurtzbourg, est la plupart du temps orthographié par les bibliographes *Lavr* ou *Laver* : c'est *Laur* ou *Lauer* qu'il faut lire.

899. Harengues et propositions faites par plusieurs docteurs en théologie et en droit canon, et par maître Jean Juvénal des Ursins, advocat du roy, touchant les moyens qu'il y avoit d'accorder le schisme qui étoit en l'église, faites en présence du roy Charles VI et des grands du royaume, de plusieurs prélats et députés des universités de France. 1406. — Gros in-fol., dem.-rel., dos et coins de mar. br. du Levant, à nerfs.

> MANUSCRIT DU XVIII° SIÈCLE, d'environ 1000 pages d'une très-bonne écriture. C'est une copie du manuscrit original, n° 1297, de l'ancienne bibliothèque de l'abbaye de Saint-Germain-des-Prés.

900. *Casus* in quibus iudex secularis potest manus in personas clericorum sine metu excommunicationis imponere (auctore domino Bernardo Laurenti, primo presidente in suprema parlamenti curia Tholose) ; de previlegiis clericorum, de exemptionibus, de carceribus (per Baldum), de alimentis (per Bartholum). *Parisiis, Petr. Le Dru*, 1510, pet. in-8 carré, goth., vél. de Hollande.

> Petit volume rare sur de curieuses questions de droit. Sur le titre on voit la marque du libraire de Marnef « *au Pellican.* » — Bel exemplaire.

901. *Tractatus celebris* de auctoritate et preeminentia sacri magni concilii et parlamentorum regni Franciæ, per dominium J. Montaigne... cum taxa ecclesiarum cathedralium regni Francie (à la fin, deux priviléges du roi en français). (*Parisiis, circa* 1512.) — Liber aureus... regulas cancellarie apostolice (seu potius constitutiones et ordinationes papales) articulatim complectens, cum indice alphabetico. Cui adjiciuntur regulæ etiam apostolicæ cancellariæ Julii papæ secundi, etc. *Parisiis, sumpt. Joh. Petit*, 1529. — 2 ouvr. en 1 vol. in-8, goth., v. gauf.

902. CONCORDAT faict à Boulogne, entre le pape Léon X et le roy François Ier. 1516. — Gr. in-fol., v. m., fil. (*Aux armes de Du Plessis-Guénégaud.*)

> BEAU MANUSCRIT DU XVIIe SIÈCLE, composé d'environ 500 pages. Ce sont des copies d'actes du temps relatifs au concordat. Une partie de ces pièces ne se trouvent pas dans les imprimés.

903. APPELLATIO UNIVERSITATIS PARISIENSIS. (In fine :) *L'Appellation de l'Université de Paris, pour les recteurs, docteurs, maistres, régens, estoliers (sic) et suppostz d'icelle et leurs adhérens des greiefs et causes cy-dessus déclarez. S. l.* (1517), pet. in-4, cart.

> Document curieux et fort rare, qui parut l'année même de l'acceptation du concordat et de la conclusion du concile de Latran. Les griefs formulés dans cette appellation roulent principalement sur quelques bénéfices vacants des églises et abbayes de France et du DAUPHINÉ, dont le pape Léon X s'était réservé la destination. Les auteurs de cette pièce y dénoncent un parti romain hostile à la France et qui avait opiné pour l'abolition de la Pragmatique Sanction, dans plusieurs conciliabules. Mais, outrant les libertés gallicanes, ces opposants vont jusqu'à s'ingérer de questions de foi, comme étant de nature à nuire aux intérêts français, et citent, par exemple, avec une ironie marquée, cette ancienne proposition qui, depuis lors, est devenue un dogme, savoir que *Marie a été conçue sans péché.*

904. Recueil des remonstrances, edicts, contracts et autres choses concernans le clergé de France, etc. *Paris, J. Richer*, 1599, gros vol. in-8, vél.

> Remonstrance du clergé de France par Arnauld de Pontac evesque de Bazas. — Remonstrances faictes en 1579 et 1585 par Nicolas l'Angelier, evesque de Saint-Brieu. — Remonstrance faicte au roy à *Fontainebleau*, le 17 juillet 1582, par Renaud de Beaune, archevesque de Bourges. — Remonstrance de l'evesque et comte de Noyon, en 1585. — Remonstrance faicte au roy à Folembray (près Laon) par l'évesque du Mans. — Remoustrance de François de La Guesle, archevesque de *Tours*. — Plaintes du clergé de France assemblé en la ville de *Melun*, l'an 1579. — Des livres et libelles qui concernent le faict de la religion, etc..., etc.

905. OEuvres postumes (*sic*), excellens et curieux de M. Guy Coquille, sieur de Romenay, ensemble trois autres petits ouvrages de divers autheurs. *Paris*, 1650, in-4, v.

> Ce volume commence par un *Dialogue sur les causes des misères de la France, entre un catholique ancien, un catholique zélé et un palatin en l'année* 1590. Viennent ensuite : *Mémoires pour la réformation de l'estat ecclésiastique, faits en l'année* 1592. — *Traicté des libertez de l'église de France*, etc. — *Consultation sur la réception du Concile de Trente en France*, etc..., etc., etc.

906. Franc. Florentis jurisconsulti aurelianensis, opera juri-

dica. *Parisiis, sumptib. J. de La Caille*, 1679, 2 vol. in-4, mar. rouge, fil., tr. dor. (*Aux armes de J.-B. Colbert.*)

> Recueil important, divisé en deux parties. La première se termine par des recherches intéressantes sur *l'état des religieux dans l'ancienne France*, sur la *vie des clercs*, sur plusieurs points du *droit canonique*, tels que les *droits et devoirs des archidiacres*, etc. Le second volume est entièrement consacré aux *décrétales*, aux *légats*, aux *ordres religieux*, etc.

907. La Sausse-Robert justifiée (par J.-B. Thiers). *S. l.*, 1679, in-8, br., *non rogné*.

> Pièce fort piquante ayant trait aux disputes qu'avaient fait naître, entre l'auteur et maître Jean Robert, curé de Champrond, certaines questions de discipline ecclésiastique, telles que *simonie*, *superstition*, etc., etc.

908. Traité de la dépouille des curez, dans lequel on fait voir que les archidiacres n'ont nul droit sur les meubles des curez decedez, par un docteur en droit (J.-B. Thiers, curé de Champrond et de Vibraye). *Paris, Guill. Desprez*, 1683, in-12, v. br.

> Exemplaire de *Brulart de Sillery*, avec son *ex-libris* à l'intérieur.

909. Histoire des perruques, où l'on fait voir leur origine, leur usage, leur forme, l'abus et l'irrégularité de celles des ecclésiastiques, par J.-B. Thiers. *Avignon*, 1777, in-12, br., *non rogné*.

910. Traité de l'indult, accordé à MM. les chanceliers de France et officiers du parlement de Paris, composé par feu messire Cl. Regnauldin, donné au public par maistre Claude Chevallot de la Madeleine. *Paris, Collombat*, 1712, in-12, mar. rouge, fil., dent., tr. dor. (*Anc. reliure.*)

> Très-bel exemplaire.

911. Du Renversement des libertez de l'Église gallicane dans l'affaire de la constitution *Unigenitus*. *S. l.*, 1746, 2 vol. in-12, v. f., fil., dos orné.

> Très-bel exemplaire du seul ouvrage qui soit encore recherché sur de pareilles matières. — Le dos de la reliure porte le chiffre de la bibliothèque de *Fouquet*.

912. Mémoire pour les abbés, prieurs et religieux des abbayes de S. Vincent du Mans, de S. Martin de Sées, de S. Sulpice de Bourges, de S. Alire de Clermont et de S. Augustin de Limoges (par l'abbé Mey). *Paris*, 1764. — Mémoire pour M. l'archevesque de Lyon, l'evesque d'Orléans, l'abbé Le Noir, l'abbé de Very et le S^r abbé de Foy, nommés par le roy aux abbayes de S. Alire de Clermont, de S. Vincent du Mans, etc. *Paris*, 1764. — 2 tom. en 1 vol. in-4, v. marbr.

> Ces abbayes, malgré le droit prouvé des Bénédictins, leur ont été enlevées par la Grand'Chambre. Le mémoire de l'abbé Mey contient, suivant l'abbé Goujet, un excellent traité des élections, depuis la page 131 jusqu'à la page 462.

SCIENCES ET ARTS

913. Prelibatio tractatus Aristotelis ad Nicomachum. — Pet.
in-8, dem.-rel., vél.

> MANUSCRIT DU XIIIe SIÈCLE, SUR VÉLIN, écrit à 2 colonnes. Il com-
> mence ainsi : *Intencio est breviter prelibare continenciam hujusce trac-
> tatus prime partis libri aristotelis quem Nichomachiam nuncupavit...*

914. Incipit liber qui dicitur Eletica Aristoteli sopra lonsingnamento del parlare. — Incipit Rettorica de Virtutibus
sopra lonsingnamento del parlare. — In-4, reliure en bois,
recouverte en v. estampé.

> MANUSCRIT DU XVe SIÈCLE d'une belle écriture italienne, avec
> lettres peintes. Les sommaires transcrits ci-dessus sont en lettres
> d'or. A la fin se trouve le nom du scribe « *Arigho Von Schusselfelt.* »

915. Dissertatio Academica de Aristotele ejusque philosophia,
auct. Chr. Günther. *Helmestadii*, 1703, pet. in-4, dem.-rel.,
mar. viol. (*Bel exemplaire.*)

> « Curieux pour l'histoire de la philosophie de Descartes. » (*Note
> de M. Luzarche.*)

916. Recherches critiques sur l'âge et l'origine des traductions
latines d'Aristote et sur des commentaires grecs ou arabes
employés par les docteurs scholastiques, par Jourdain.
Paris, 1819, gros in-8, fig., br.

917. Theophrasti notationes morum (gr.-latine) ex recensione
et versione J. Casauboni. *Lugduni, de Harsy*, 1599, in-8
réglé, riche reliure du temps en mar. br., fil., dent., couverte sur le dos et sur les plats d'ornements composés de
branchages et de fleurs, tr. dor. (*Aux armes de Nicolas de
Villars, évêque d'Agen.*)

> Cette reliure, dans le genre de celles dites *à la fanfare*, nous paraît
> être de Le Gascon, ou est tout au moins de son école.

918. La Vie de Socrate, par Charpentier, de l'Académie françoise. — Les Choses mémorables de Socrate, par Xénophon,
trad. par Charpentier. *Amst.*, 1699, 2 ouvr. en 1 vol. in-8,
fig., v. fauve.

919. Traitté de la superstition, composé par Plutarque et trad.
par M. Le Fèvre, avec un Entretien sur la vie de Romulus.
Saumur, Jean Iesnier, 1666, in-12, vél.

> L'*Entretien sur la vie de Romulus* est précédé d'un avertissement curieux et qui touche au comique. Le nom de l'imprimeur saumurois est ici orthographié *Iesnier* et non *Lesnier*, comme on le voit dans d'autres volumes sortis de ses presses.

920. De Ideis Platonis disputatio, auctoribus God. Fachse et Car. Fr. Bonitz. *Lipsiæ*, 1795, pet. in-4, dem.-rel., mar. bleu.

921. Pensées morales de Marc Antonin, empereur de soy et soy-mesme (trad. par Balbisky, Suédois). *Amsterdam, J. Ravesteyn*, 1659, pet. in-12, front. gravé et portr., mar. vert, fil., tr. dor. (*Anc. reliure.*)

> Bel exemplaire de cette jolie édition, qui fait partie de la collection des Elzevier. La dédicace est adressée à la reine Christine.

922. Notice sur le manuel d'Epictète, suivie d'un Epicteta na, par G. A. J. H*** (Hécart). *Valenciennes*, 1826, in-12, br.

> Tiré à 50 exemplaires seulement.

923. **Senece** (Annei Lucii) de quatuor virtutibus liber incipit. — Lucii Annei Senece de moribus liber incipit. — Tres oraciones habite in senatu atheniensi de recipiendo Alexandro Magno vel armis repellendo. — Epistola Bernardi Silvestris super gubernacione rei familiaris. — *Absque nota (sed Coloniæ, typis Ulr. Zell de Hanau, circa 1469)*, pet. in-4 gothique à longues lignes, au nombre de 27 à la page, v. r.

> Edition très-rare et non décrite par les bibliographes. Elle est sans chiffres réclames, ni signatures et se compose de 22 feuillets dont le premier, laissé en blanc, n'est pas dans notre exemplaire. Elle est évidemment sortie des presses de Cologne et nous parait exécutée avec les caractères d'Ulric Zell. Une preuve de sa grande ancienneté consiste dans l'irrégularité des lignes, qui sont de longueur inégale ; quelques-unes même dépassent la justification, comme dans les premiers essais typographiques. Le verso du dernier feuillet est occupé par une pièce de vers en l'honneur de *LA VILLE DE PARIS, « in laudem civitatis Parisiensis. »* C'est le PLUS ANCIEN ELOGE IMPRIMÉ DE LA VILLE DE PARIS.

924. **Seneca** de quatuor virtutibus cardinalibus... (In fine.) *Laus Deo (absque ulla nota, sed Ulmæ, typis Joh. Schaffeler, circa 1495)*, pet. in-4 gothique, fig. s. bois s. le titre, cart.

> Edition rare, décrite très-exactement par Hain, sous le n° 14,617, mais sans indication de lieu ni d'imprimeur. Panzer (IV, 280, 471) l'attribue par erreur à Quentell, de Cologne. Il cite aussi l'autorité de Hupfauer qui l'attribue de son côté aux presses de Chr. Froschauer, d'Augsbourg. Nous avons suivi l'autorité du Dr Klosz qui la donne avec beaucoup plus d'exactitude à Johann Schaffeler, imprimeur à Ulm.

925. L. A. Senecæ philosophi opera omnia. *Amstelod., Jansson.,* 1633, in-12 à 2 col., front. gravé, mar. r., fil., comp., plats à petits fers, tr. dor. (*Anc. reliure.*)

Jolie édition, imprimée avec de très-petits caractères.

926. L. Annæi Senecæ philosophi et M. Ann. Senecæ rhetoris opera omnia. *Lugd. Batavorum, apud Elzevirios,* 1649, 3 vol. pet. in-12, v. f.

Très-grandes marges.

927. Prolegomena ad Senecæ librum de vita beata, scriptore Chr. Ferd. Schulze. *Lipsiæ,* 1797, pet. in-4, dem.-rel., mar. bleu.

928. Boëtius de philosophiæ consolatione, ejusdem de scholastica disciplina. *Florentiæ, hæred. Ph. Juntæ,* 1521, pet. in-8, dem.-rel.

929. Dissertatio historico-philosophica de vita, moribus ac placitis Antisthenis Cynici, authore G. L. Richtero. *Ienæ,* 1724, pet. in-4, dem.-rel., mar. bl.

Ouvrage curieux. On y trouve l'origine de la secte des *Cyniques,* des détails sur la famille d'Antisthène, la liste des ouvrages de ce philosophe, d'après Laërce ; d'intéressantes notions sur les premiers *Cyniques,* sur leur *Pallium,* sur leur genre de nourriture, sur leurs mœurs, etc.

930. Frid. Winckleri de Marci Antonii triumviri Timonio, liber. *S. l.,* 1737, pet. in-4, dem.-rel., mar. viol.

Traité savant, accompagné de nombreux extraits en grec, en latin et en français. La matière en est très-approfondie. Ce volume est ornée d'un beau frontispice entièrement gravé, d'une carte de la ville et du port d'Alexandrie, et d'un joli paysage

931. Dissertatio de Therapeutis, auctore Chr. Ziefler. *Halæ Magdeburgicæ,* 1721, pet. in-4, dem.-rel., mar. viol.

Il est ici question d'une secte de philosophes contemplatifs qui prit naissance dans la Grèce et se répandit plus tard en Egypte.

932. Dissertatio philosophica de Gentilium philosophis Atheismi falso suspectis, auct. R. W. Boclo. *Bremæ,* 1716, pet. in-4, dem.-rel., mar. r.

933. De Palingenesia stoicorum libellus, auctore Joh. Delfner. *Ienæ,* 1700, pet. in-4, dem.-rel., mar. bl.

934. Var. auctorum dissertatio de stoicorum supremo Ethices principio. (*Wirceburg.*), 1797, pet. in-4, dem.-rel., mar. bleu.

935. Quæstio an nullæ inter Chaldæorum philosophos fuerint sectæ, ab Ern. Frid. Neubauer. *Gissæ,* 1745, pet. in-4, d.-rel., mar. bl.

936. Illustre Flavii Josephi Judæi testimonium de Christo,

contra intemperantes criticos, auctore Car. Jos. Stelzig. *Bambergæ*, 1770, pet. in-4, dem.-rel., mar. bl.

> Volume rare, qui renferme des réfutations tirées des ennemis même de la foi, contre les déistes passés, présents et futurs. On y trouve une liste très-copieuse des Incrédules et *Critiques intempérants*.

937. Ouvrages inédits d'Abélard, pour servir à l'histoire de la philosophie scolastique en France, publ. par Victor Cousin. *Paris*, 1836, in-4, br.

938. Ci commence le Mireour du Monde (manuscrit du XIV⁰ siècle, découvert dans les archives de la commune de la Sarra, et reproduit avec des notes par F. Chavannes). *Lausanne*, 1846, in-8 papier fort, br. (*Tiré à petit nombre.*)

> Reproduction fidèle de ce bon traité dans lequel est résumée en un beau langage toute la philosophie morale et politique du moyen âge. Cet ouvrage est une mine précieuse d'observations pour le linguiste et, comme le dit l'éditeur, il peut, au point de vue de la morale, se mettre à côté de l'Imitation, de La Rochefoucauld, La Bruyère, La Fontaine, Pascal, etc.

939. Philippi Beroaldi de felicitate opusculum. (In fine :) *Opusculum hoc de felicitate luculentum impressoria Platonis de Benedictis Bononiæ incude egregiis his caracteribus excussum ann.* 1495, pet. in-4, vél.

> Bel exemplaire de ce livre rare, imprimé en rouge et noir avec de magnifiques caractères ronds. C'est par erreur que M. Brunet désigne comme in-folio le format de ce volume, dont il reconnaît d'ailleurs la rareté.

940. **Artis memoratiõe** intellectiveque accommodatissimum epitoma unaque inter Mercurii gnatos vernaculo in sermone arguta palestra per genus cause judicialis familiariter contextum... — Dyalogue argumentatif par ioyeux et familier esbatement devant Mercure, seigneur souverain de Sapience de lomme entre les deux enfans appelez entendement et memoire. *Imprime a ROUEN, devant saint Lo, par maistre MARTIN MORIN.* s. d. (vers 1500), pet. in-8 carré, goth., vél.

> Volume très-rare. L'exemplaire est très-bien conservé et à toutes marges. Sur le dernier feuillet, verso, se trouve la belle marque de l'imprimeur Martin Morin, qui occupe presque toute la page. L'ouvrage est dédié par l'auteur, *Guillaume Amours*, à son ami *Simon Adam*, pénitencier de l'église cathédrale d'EVREUX et daté de ROUEN ; « *Ex nostra civitate regia Rothomagensi felici sidere sita.* »

941. Traité de la Consolation, trad. du latin, avec deux dissertations sur Sigonius et Alcyonius, par Morabin. *Paris*, 1753, in-12, veau fauve, fil., dent., dos orné à la Padeloup, tr. dor. (*Ancienne reliure.*)

> Très-bel exemplaire.

942. Henrici Cornelii Agrippæ ab Nettesheym, de incertitu-

dine et vanitate scientiarum declamatio invectiva, denuo ab auctore recognita et aucta. *S. l.*, 1537, in-8, lettres rondes, portrait d'Agrippa, gravé sur bois, au milieu du titre, à la manière de Holbein, rel. pleine en mar. n. du Levant, à nerfs, fil., dent. inter.

Édition rare, contenant certains passages hardis qui furent supprimés dans toutes les éditions suivantes. Voir la *Biographie universelle*. C'est pendant son séjour à Metz qu'Agrippa composa cet ouvrage si célèbre. — Exemplaire d'une belle conservation, avec témoins.

943. Ricordi, overo ammaestramenti di M. Sabba Castiglione cavaliere Gierosolimitano. *Vinetia, Comin da Trino di Monferrato*, 1563, in-8, dem.-rel., à nerfs, dos et coins de vél.

Très-bel exemplaire d'une édition rare et non citée. Nous la croyons la meilleure pour la correction et surtout préférable à la première, de 1555, laquelle passe pour avoir une orthographe défectueuse.

944. Académie françoise, en laquelle il est traitté de l'institution des mœurs et de ce qui concerne le bien et heureusement vivre en tous estats et conditions, par les préceptes de la doctrine, et les exemples de la vie des anciens sages et hommes illustres, par P. de La Primaudaye. *Paris, Chaudière*, 1579, in-8, réglé, portr., vél., tr. dor.

945. De la Conoissance et merveilles du monde et de l'homme (par P. De Dampmartin), dédié au roy Henry III. *Paris, Th. Perier*, 1585, in-fol., vél.

946. Les Essais de Michel, Sr de Montaigne. *Paris, Fr. Gueffier*, 1617, in-4, portrait gravé par *Thomas de Leu*, v. m.

Édition estimée. Elle contient la grande préface de Mlle de Gournay, de 1595, modifiée et améliorée par elle-même.

947. Essais de Montaigne (avec la préface de mademoiselle de Gournay). *Paris, J. Petitpas*, 1617, in-4, portr. de Montaigne par *Th. de Leu*, v., fil.

948. Les Essais de Michel, Sr de Montaigne, édition exactement purgée des défauts des précédentes, selon le vray original, ensemble la vie de l'autheur... avec augmentation de la version françoise des passages italiens. *Paris, Ch. Angot*, 1657, in-fol., front. gravé et portr., dem.-rel., bas. (Bel exempl.)

Cette édition, la dernière en grand format, contient la grande préface de *Mlle de Gournay*, augmentée et améliorée de nouveau par cette demoiselle, préface qui n'a pas été reproduite dans l'édition in-folio de 1640. La traduction des passages cités est placée aux marges et en regard des passages eux-mêmes.

949. Les Essais de Michel, seigneur de Montaigne. *Bruxelles, Fr. Foppens*, 1659, 3 vol. pet. in-12, vél.

Jolie édition, très-recherchée, qui fait partie de la collection des

Elzeviers. C'est la même que celle qui porte le nom d'Amsterdam,
Ant. Michiels. — Bel exemplaire.

950. Les Essais de Michel de Montaigne, etc. *Paris, Journel,*
1669, 3 vol. pet. in-12, front. gravé, v. br.

Édition correcte et très-bien imprimée.

951. Essais de Michel, seigneur de Montaigne, donnez sur
les plus anciennes et les plus correctes éditions, augmentez
de plusieurs lettres de l'auteur, avec notes, par P. Coste.
Londres, 1739, 6 vol. in-12, portr., v. marbr.

952. Essais de Montaigne. *Paris, Desoer,* 1818, 4 vol. in-18,
portr., dem.-rel.v. f., n. rog.

Jolie édition, imprimée en très-petits caractères. — Bel exemplaire.

953. De la Sagesse, trois livres par Pierre Charron. *Leide, Jean
Elsevier,* s. d., pet. in-12, front. gravé, mar. r., fil., tr.
dor. (Anc. reliure.)

Cette édition, qui ne porte point de date, est la plus belle et la
plus recherchée des 3 éditions de Charron données par les Elzeviers. — Le frontispice gravé de cet exemplaire est intact.

954. De la Sagesse, trois livres par Pierre Charron. *A Leide,
chez Jean Elsevier,* s. d., pet. in-12, front. gravé, mar. r.,
fil., tr. dor. (Derome.)

TRÈS-BEL EXEMPLAIRE de la bonne édition du Charron des
Elzeviers. La reliure ancienne est SIGNÉE DE DEROME. Le volume
est EXTRÊMEMENT GRAND DE MARGES.

955. De la Sagesse, trois livres par Pierre Charron. *Amsterdam,
Louys et Dan. Elzevier,* 1662, pet. in-12, front. gravé, v.,
fil., tr. dor.

Exemplaire très-grand de marges.

956. De la Sagesse, trois livres par Pierre Charron. *Genève,
(Paris, Cazin),* 1777, 3 vol. in-18, portr., br., *non rognés.*

957. Opuscules françoises des Hotmans. *Paris,* 1616, 14 opusc.
en 1 vol. in-8, v. f., fil.

Ce recueil est rarement complet, chaque pièce ayant sa pagination particulière. Notre volume contient tous les opuscules, parmi
lesquels il faut remarquer : *Deux paradoxes de l'amitié et de l'avarice,*
— *le Traicté de la dissolution du mariage par l'impuissance et froideur
de l'homme et de la femme,* etc., etc. — Légère mouillure.

958. Trois divers traittez du S^r d'Infancid Hotman, de la providence divine, du progrès de l'âme raisonnable, des diverses
occupations des hommes. *Paris, G. Auvray,* 1597, in-8, vél.

959. La Sagesse des anciens philosophes (en vers françois,
grecs et latins), à Monseigneur frère du roy. *Paris, M. Sonnius,* 1613, in-12, cart.

960. Hier. Cardani de utilitate ex adversis capienda libri IV.
Amst., 1672, in-8, front. gravé, vél. de Hollande.

Livre curieux. Cardan y prouve longuement et par divers exemples « *A quelque chose malheur est bon.* » — Bel exemplaire.

961. Fabrica universale dell'huomo, dal dottore Gios. Rosaccio sotto titolo di Microcosmo dichiarato. *Venetia*, 1627, pet. in-8, fig., v. jasp. (*Bel exemplaire.*)

Ouvrage singulier, dans lequel on trouve en germe plusieurs des idées qu'énoncèrent plus tard, dans des ordres de choses différents, Lavater, Emmanuel Swedenborg, et d'autres physiologistes. L'auteur y discourt de l'âme végétale, sensible et rationnelle. Une grande planche explicative renferme 16 figures de la physionomie humaine.

962. Philosophia Moysaica in qua sapientia et scientia creationis et creaturarum sacra vereque christiana (utpote cujus basis sive fundamentum est unicus ille lapis angularis Jesus Christus), ad amussim et enucleate explicatur, authore Rob. Flud, alias de Fluctibus. *Goudæ, excudeb. Petr. Rammazenius*, 1638. — 2 tom. en 1 vol. in-fol., curieuses figures hiéroglyphiques, vél.

Ouvrage philosophique des plus singuliers.

963. Raisonnements de Mesnardière, conseiller et médecin de son altesse royalle, sur la nature des esprits qui servent aux sentiments. *Paris*, 1638, pet. in-12, dem.-rel., v. f.

Volume rare et curieux.

964. La Doctrine des mœurs, représentée en cent tableaux (par de Gomberville). *Paris, P. Daret*, 1646, pet. in-fol., fig. de Daret, dem.-rel.

Voyez les Historiettes de Tallemant des Réaux, tome VIII, page 18 (édition Delloye, Paris, 1840) ; on y trouve des renseignements curieux sur ce livre.

965. Dell' armonia del mondo lettioni due, di Gio Paolo Foscarini. *Parigi*, 1649, in-8, réglé, front. gravé, mar. r., fil. à compart., plats à petits fers, dent. intér., tr. dor. (*Ancienne reliure.*)

Jolie reliure du XVIIe siècle, dans le genre de celles de LE GASCON.

966. Socrate chrestien, par le Sr de Balzac, et autres œuvres du mesme autheur. *Paris, Courbé*, 1652, in-8, front. gr., v., fil.

Un des rares exemplaires tirés sur TRÈS-GRAND PAPIER. — Dans cette édition se trouvent les trois discours à *René Descartes, de Tours.* — Très-beau volume.

967. Du droict usage de la philosophie morale, avec la doctrine chrestienne, par messire Pierre de La Place, premier

président en la cour des aydes à Paris. *Leyde, Jean Elzevier,* 1658, pet. in-12, vél.

> Volume fort rare, qui manque à toutes les collections d'Elzevier. Exemplaire rempli de témoins, *presque non rogné.*

968. Les Passions de l'âme, par René Des Cartes (de Tours).— *Paris, Courbé,* 1650, pet. in-8, v. marbr., fil.

> Seconde édition originale.

969. Discours de la méthode, plus la dioptrique et les mé- téores (par Descartes). *Paris,* 1658, pet. in-4, fig., parch.

> Seconde édition originale. Elle est sans nom d'auteur.

970. Discours de la méthode pour bien conduire sa raison et chercher la vérité dans les sciences, plus la dioptrique et les météores, par René Descartes. *Paris, Th. Girard,* 1668, in-4, v. gran.

971. Discours de la méthode, par Descartes. *Paris, Renouard,* 1824, in-18, dem.-rel., dos et coins de mar. bl., fil.

972. Discours de la méthode pour bien conduire sa raison et chercher la vérité dans les sciences, par Descartes, publ. par Victor Luzarche. *Tours,* 1852, pet. in-8 carré, rel. molle en mar. br. du Levant, à nerfs, fil., non rogné.

> Exemplaire unique tiré sur PAPIER ROSE.

973. Discours de la méthode, par Descartes, publ. par V. Luzarche. *Tours,* 1852, in-16, br.

974. R. Des-Cartes principia philosophiæ. *Amstelod., L. et D. Elzevir.,* 1656. — Passiones animæ, per R. Des Cartes. *Amstelod., apud Elzevirios,* 1656, 2 ouvr. en 1 vol. in-4, fig. et pórtr., vél. de Holl.

> Exemplaire de l'abbé PLUCHE, célèbre auteur de l'*Histoire du Ciel* et du *Spectacle de la Nature.* Sa signature autographe se trouve sur le faux titre.

975. Les Méditations métaphysiques de René Descartes, touchant la première philosophie. *Paris,* 1661, in-4, v. br.

976. Les Principes de la philosophie de René Descartes (publ. par Clerselier). *Paris, Th. Girard,* 1681, in-4, fig., v. br.

977. Le Monde de Descartes, ou le Traité de la lumière et des autres principaux objets des sens. *Paris,* 1664, in-8, v. br. (*Edition originale.*)

978. Lettres de M. Descartes, où sont traittées plusieurs belles questions touchant la morale, physique, médecine et les mathématiques. *Paris, Ch. Angot,* 1667, 3 vol. in-4, v. br.

979. La Vie de M. Des-Cartes, réduite en abrégé (par Baillet). *Paris, G. de Luynes*, 1692, in-12, reliure pleine en v. f., fil. compart., petits fers, dos orné, dent. int., tr. dor., devise sur les plats.

> Très-bel exemplaire.

980. Réflexions d'un académicien sur la vie de M. Des Cartes, envoyées à un de ses amis en Hollande. *La Haye*, 1692, in-12, v.

981. Pensées chrestiennes et morales dédiées à Monsieur, frère unique du Roy, par mademoiselle de Nervèse. *Paris, R. Mazuel*, 1662, in-8, v. fil.

> Volume rare et non cité. Mlle Suzanne de Nervèze était nièce du second romancier et poëte de ce nom. Elle avait une érudition rare, qui se trahit, en quelque sorte, à chaque ligne de cet ouvrage. La pensée en est quelquefois ambitieuse et toujours noble et claire ; le style pompeux, imagé et d'une élégance parfois un peu recherchée. Mais il est remarquable qu'à cette époque, où bien peu de femmes auteurs savaient châtier leur style, sans être au rang des précieuses, on trouve, chez Mlle de Nervèze, si peu de termes ridicules ou singuliers, et de locutions de mauvais goût. Voici, du reste, un échantillon de son style (page 65) :
>
> « .... Où s'érige en sçavant à peu de frais. L'ignorance affublée
> « de quelques mots choisis et grossièrement débitez, c'est l'impu-
> « dent qui a pris scéance dans les cabinets et qui estourdit toutes
> « les compagnies de son babil importun ; c'est celle qui a bany la jus-
> « tice et la modestie de nos ruelles, au préjudice des Vertus et des
> « Muses. Vénus a chassé Minerve ; la goinfrerie et la licence traînent
> « comme en triomphe le casque de Pallas ; l'éloquence, devenuë
> « mercenaire, n'emploie plus ses belles fleurs que pour cacher les
> « difformitez de quelque visage deffectueux : si bien qu'après avoir
> « couru et traversé plusieurs terres, je viens me reposer à la plus
> « périlleuse, et il me servira peu d'avoir feuilleté les livres,
> « formé mes mœurs à l'exemple des prudes et des intelligentes,
> « puisque je ne sçaurois réussir que par une estude contraire.
> « Il faut apprendre à choisir des passemens, faire la teste de Mé-
> « duse, et *la fricassée d'esté*, se couvrir de serpens, et de mouches,
> « aproprier un mouchoir, ranger des galans, faire une raye pro-
> « prement, attraper ce que la paysanne a d'avantageux dans sa
> « nonchalance, et en faire un sujet d'une affèterie de cour, et ac-
> « compagner ces babioles de la cajolerie ordinaire. Que la beauté
> « est dans son éclat sous ces dignes adresses !... »

982. GASSENDI MISCELLANEA, — 2 vol. in-fol., v. br.

> Ces 2 volumes sont entièrement couverts de NOTES ET CORRECTIONS AUTOGRAPHES DE GASSENDI. Ce sont des feuilles d'épreuves imprimées d'un Diogène Laërce, de commentaires sur la philosophie d'Épicure, et autres morceaux philosophiques. Le titre de *Gassendi Miscellanea* se trouve d'une main du XVIII⁰ siècle, au bas de la première page, numérotée 9. La vieille reliure du XVII⁰ siècle porte le titre suivant, doré à l'époque même sur le dos : *Gassendi manu scripta*. Il est évident que ces 2 volumes forment un ouvrage préparé pour l'impression par GASSENDI lui-même. On y voit des suppressions, des corrections, des changements typographiques, des additions de phrases et de passages entiers de sa main, des avis pour l'imprimeur, de ces arrangements, en un mot, propres aux auteurs.
>
> Ces feuilles d'épreuves ont été rassemblées ensuite, après sa mort,

par un intime, et mis en ordre, non sans quelques lacunes, comme il arrive toujours en pareil cas ; et de la réunion de ces reliques typographiques ainsi copieusement annotées par le célèbre philosophe, on a formé ces deux volumes intitulés : *Gassendi Manu-Scripta*, pour pouvoir être plus précieusement conservés. L'intime, c'était *Montmort*, auquel le rival de Descartes légua le soin de rassembler ses manuscrits après sa mort. Ménage fait le plus grand éloge de cet ouvrage de Gassendi. On sait aussi que MOLIÈRE fut le disciple de Gassendi.

983. LES CONSOLATIONS DE LA PHILOSOPHIE et théologie, par le Sr de Ceriziers. *Paris, Ch. Angot,*1663, 2 tom. en 1 vol. pet. in-12, front. gravé, reliure pleine en mar. bleu du Levant, à nerfs, dos orné, milieux ornés et dorés à la Le Gascon, avec devise, fil., dent. intér., tr. dor. (*Capé.*)

MAGNIFIQUE EXEMPLAIRE d'un charmant petit livre.

984. Pensées de M. Pascal sur la religion, et sur quelques autres sujets, qui ont esté trouvées après sa mort parmy ses papiers. *Paris, G. Desprez,* 1670, in-12, v.

Edition originale.

985. Pensées de Pascal, avec les notes de Voltaire. *Londres* (*Paris, Cazin*), 1785, 2 vol. in-18, portr., br., *non rognée.*

986. Discours sur les pensées de M. Pascal (par Filleau de La Chaise). *Paris, G. Desprez,* 1672, in-12, mar. r., fil., tr. dor. (*De Seuil.*)

987. *RÉFLEXIONS*, ou Sentences et maximes morales (par le duc de La Rochefoucault). *Paris, Cl. Barbin,* 1665, in-12, 24 feuillets préliminaires y compris le titre et le front. gr., 150 pag. chiffrées à 23 lignes, plus 5 feuillets pour la table et le privilège, mar. r., fil., tr. dor. (*Ancienne reliure.*)

PREMIÈRE ÉDITION ORIGINALE. — Exemplaire dans sa première reliure. On a cherché à faire passer comme la première une autre édition un peu plus petite de format et portant la même date de 1665, tandis que ce n'est qu'une contrefaçon jolie, il est vrai, mais qui se décèle facilement par le fleuron de la fin où l'on voit les deux lettres L. P. entrelacées, qui semblent n'en former qu'une seule, et qui sont le monogramme du libraire *P. Le Petit*, concurrent de Cl. Barbin. Nous ajouterons que les éditions suivantes des Maximes de la Rochefoucauld sont du même format que notre édition à 23 lignes et ont le même frontispice gravé par Est. Picard. Or le contrefacteur aurait reculé devant la dépense de la gravure de la planche, qui n'eût peut-être pas été prête à temps pour que l'on pût suivre de près l'actualité du débit des *Maximes*. Et comment concevoir que Barbin eût, juste à la fin du volume, laissé mettre le monogramme d'un libraire concurrent, fleuron que dans la précipitation du contrefacteur les ouvriers d'imprimerie avaient mis peut-être par mégarde, ou qu'on était obligé de maintenir, parce-qu'on n'avait pas eu le temps d'en graver un autre ?

Les éditions de *P. Le Petit* sont généralement bien mieux imprimées que celles de Cl. Barbin : ainsi tombe la raison spécieuse qui avait fait donner la priorité à cette contrefaçon, parce qu'elle était bien imprimée. Nous ajouterons que jamais le fleuron au mono-

gramme L. P. ne se trouve dans des volumes portant le nom de
Barbin. Nous terminerons cette petite discussion en disant que le
bon sens de la plupart des bibliophiles a fait justice de cette erreur,
que notre édition à 23 lignes a toujours été plus chère dans les
ventes publiques que l'édition en plus petit format, sans frontispice, et que si les bibliographes avaient eu l'explication de ces
lettres L. P, la question eut été élucidée beaucoup plus tôt.

988. RÉFLEXIONS (par de La Rochefoucauld). *Paris, Cl. Barbin, 1665, in-12, front. gr., dem.-rel.*

> EXEMPLAIRE HORS LIGNE COMME MARGES ET COMME CON-
> SERVATION. C'est exactement la même *édition originale toute première*,
> à 23 lignes, décrite sous le n° précédent. Le premier exemplaire
> (celui en vieux maroquin), est déjà très-beau, puisqu'il mesure
> 148 millimètres, la plus grande hauteur connue (Brunet indique pour
> ce livre de 146 à 148 millimètres); mais ce second exemplaire est
> VRAIMENT ÉNORME DE MARGES; il est rempli de témoins et
> mesure 155 millimètres.

989. Réflexions.... (par La Rochefoucauld), troisième édition
reveüe, corrigée et augmentée. *Paris, Cl. Barbin, 1671, in-
12, front. gravé, vél.*

> Troisième édition originale. Elle contient TRENTE-NEUF MAXIMES
> de plus que la première édition. — La seconde édition ne con-
> tient pas d'augmentations. Elle ne se distingue que par des sup-
> pressions.

990. RÉFLEXIONS, etc.... (par de La Rochefoucauld), quatrième
édition, reveüe, corrigée et augmentée depuis la troisième.
*Paris, Cl. Barbin, 1675, in-12, frontisp. gravé par Picart,
rel. pleine en mar. rouge du Levant, à nerfs, dos orné à la
Padeloup, fil., milieux ornés avec devise, dent. intér., tr.
dor. (Capé.)*

> QUATRIÈME ÉDITION ORIGINALE, contenant des changements et des
> additions importantes pour le texte des Maximes. Les *Maximes*
> qu'elle renferme sont cette fois au nombre de 413; SOIXANTE-DOUZE
> MAXIMES sont donc en texte original. C'est dans cette édition que
> se trouve pour la première fois l'épigraphe : « *Nos vertus ne sont
> le plus souvent que des vices déguisés.* » — Rare et recherchée. — *SU-
> PERBE EXEMPLAIRE.*

991. RÉFLEXIONS, etc.... (par de La Rochefoucauld). *Paris, Cl.
Barbin, 1678, in-12, br.*

> Cinquième édition originale. Elle offre le texte définitif et le plus
> complet, qui a été suivi par les divers éditeurs de La Rochefoucauld;
> elle est augmentée de plus de CENT NOUVELLES MAXIMES. Cette édi-
> tion est très-recherchée. Exemplaire grand de marges, et dans sa
> première reliure.

992. RÉFLEXIONS, etc.... (par La Rochefoucault), sixième édition,
augmentée. *Paris, Cl. Barbin, 1693, in-12, rel. pleine en
mar. rouge du Levant, à nerfs, dos orné, fil., ornements avec
devise sur les plats, dent. intér., tr. dor. (Capé.)*

> SUPERBE EXEMPLAIRE, presque à toutes marges. Dans cette édition
> se trouve rétabli le *Discours préliminaire*, attribué à Segrais, qui
> avait été retranché de toutes les éditions faites après la première
> de 1665. Ce morceau se retrouve là, avec de nombreuses modifica-

tions de style et quelques suppressions. On trouve également à la fin un supplément de *Cinquante Maximes*, dont la moitié sont *publiées pour la première fois*, et l'autre partie présente des différences avec les textes précédents.

992 *bis*. Réflexions (par La Rochefoucauld), sixième édition. *Paris, Cl. Barbin*, 1693, in-12, v.

993. Réflexions, etc..., de La Rochefoucault, Maximes de Mme la marquise de Sablé, Pensées diverses de M. L. D., etc. *Amst., P. Mortier*, 1705, pet. in-12, front. gravé, devise sur les plats, vél.

994. LES PENSÉES, maximes et réflexions morales de M. le Duc*** (de La Rochefoucauld), onzième édition, augmentée de remarques critiques, morales, etc., par l'abbé de La Roche. *Paris*, 1741, in-12, reliure pleine en mar. rouge du Levant, à nerfs, fil., devise sur les plats, dos orné, dent. intér., tr. dor. (*Capé*).

SUPERBE EXEMPLAIRE.

995. Œuvres morales de François, duc de la Rochefoucault, suivies d'observations et d'un supplément destiné à servir de correctif à ses maximes, par Agricola de Fortia. *Basle*, 1798, in-8, br.

996. Réflexions, etc....., de La Rochefoucauld, édition publ. par Aimé-Martin. *Paris, Lefèvre*, 1822, in-8, portr., dem.-rel., dos et coins de mar. r., tête dorée, n. rogné.

997. Réflexions, sentences et maximes morales de La Rochefoucauld, édition conforme à celle de 1678, publ. par G. Duplessis, avec une préface par Ste-Beuve. *Paris, Jannet*, 1853, in-16, br.

998. De Mente humana libri IV, in quibus functiones animi, vires, natura, immortalitas ostenduntur, etc.... autore J. B. Du Hamel. *Parisiis*, 1672, in-12, mar. rouge, fil., tr. dor. (*Anc. reliure.*)

Aux armes du CARDINAL DE BOUILLON.

999. L'Art de vivre heureux, formé sur les idées les plus claires de la raison et les maximes de Descartes (par L. Pascal). *Lyon*, 1674, in-12, v. br.

Aux armes de Turenne.

1000. La Logique, ou l'Art de penser, contenant plusieurs observations nouvelles (par Ant. Arnauld et P. Nicole). *Amsterdam, Abrah. Wolfgang. (à la Sphère)*, 1675, pet. in-12, vél. (de Holl.)

Bien qu'il porte le nom de Wolfgang, ce volume est sorti des presses de Daniel Elzevier, et c'est un des plus beaux livres qu'il ait produits. Les caractères sont exactement les mêmes que ceux employés pour l'*Histoire d'Henry le Grand*, de Péréfixe, par Daniel Elzevier, en 1661.

1001. Nouvelles maximes ou Réflexions morales (par A. Rousseau). *Paris, P. Le Petit,* 1679, in-12, v. br.

> Dédié au ministre Louvois. — Maximes dans le genre de celles de La Rochefoucault.

1002. Conversations morales sur les jeux et les divertissements (par Fr. du Tremblay). *Paris,* 1685, in-12, parch.

1003. Miroir pour les personnes colères, où, en découvrant les mal-heureux effets de cette passion, l'on trouve en même temps les moyens de s'en guérir. *Liège, L. Montfort,* 1686, pet. in-12, dem.-rel., mar. viol.

1004. LA BRUYÈRE. Les Caractères de Théophraste, trad. du grec, avec les caractères ou les mœurs de ce siècle (par La Bruyère), *Paris, Est. Michallet,* 1688, in-12, dem.-rel.

> *PREMIÈRE ÉDITION ORIGINALE DE LA BRUYÈRE.* — Elle est très-rare et fort recherchée. — Elle ne contient que 418 caractères. — Très-bel exemplaire, bien complet avec le *feuillet additionnel d'errata.* — Très-grand de marges et REMPLI DE TÉMOINS. — Hauteur : 159 millimètres.

1005. Les Caractères (par La Bruyère). Seconde édition. *Paris. Est. Michallet,* 1688, in-12, v. br.

> SECONDE ÉDITION ORIGINALE. Elle est presque aussi rare que la première. Elle présente des différences et quelques augmentations. — Une troisième édition parut encore cette même année, mais c'est une copie exacte de la seconde, et avec des suppressions.

1006. Les Caractères (par La Bruyère). Quatrième édition, corrigée et augmentée. *Lyon, Th. Amaulry,* 1689, in-12, cart. antiq.

> QUATRIÈME ÉDITION ORIGINALE. « Le titre porte IVᵉ édition, revue et augmentée ; c'était mieux que cela dit M. Walckenaër, c'était un ouvrage refait où la matière nouvelle tenait une place considérable, où l'ancienne ne conservait pas toujours celle qu'elle avait occupée dans la première rédaction. TROIS-CENT-QUARANTE nouveaux *caractères* sont ajoutés dans cette édition aux 386 que contenaient les précédentes. » — Cette édition est imprimée sur beau papier et en beaux caractères. Le privilége est du reste commun à Est. Michallet de Paris et à Th. Amaulry, de Lyon, chargés d'éditer et de vendre l'édition, *suivant l'accord fait entre eux.*

1007. Les Caractères (par La Bruyère). Cinquième édition augmentée de plusieurs remarques. *Paris, Est. Michallet,* 1690, in-12, cart. antiq.

> CINQUIÈME ÉDITION ORIGINALE. Elle contient cent-cinquante-et-un caractères nouveaux. D'autres furent augmentés. Parmi les nouveaux *caractères* il faut remarquer qu'il y en a deux qui, réimprimés dans les 6ᵉ et 7ᵉ éditions, furent supprimés dans toutes les éditions subséquentes.

1008. Les Caractères, etc. (par La Bruyère). Sixième édition. *Paris. Est. Michallet,* 1691, in-12, vél.

> Cette sixième édition originale est plus ample que les précédentes On y trouve SOIXANTE-DOUZE CARACTÈRES publiés pour la première fois.

1008 *bis*. Les Caractères (par La Bruyère), sixième édition.—
Paris, Est. Michallet, 1691, in-12, v.

1009. Les Caractères (par La Bruyère), septième édition. *Paris,
Est. Michallet,* 1692, in-12, rel. pleine en mar. bleu du Levant; à nerfs, dent. intér., tr. dor.

> Cette édition *revue et corrigée* présente des différences et des augmentations notables sur l'édition précédente. On y trouve SOIXANTE-SEIZE CARACTÈRES, *qui paraissent là pour la première fois.*

1010. Les Caractères (par La Bruyère), huitième édition, revcüe, corrigée et augmentée. *Paris, Est. Michallet,* 1694, in-12, rel. pleine en mar. bleu du Levant, à nerfs, dent. int., tr. dor.

> QUARANTE-SIX CARACTÈRES sont ici en première édition. Cette huitième édition originale offre encore le premier texte du *Discours de réception* de La Bruyère à *l'Académie Françoise,* précédé d'une longue préface.

1010 *bis*. Les Caractères (par La Bruyère), huitième édition.—
Paris, Est. Michallet, 1694, in-12, v. m.

1011. Les Caractères (par La Bruyère), neuvième édition. *Paris,
Est. Michallet,* 1696, in-12, rel. pleine en mar. bleu du Levant, à nerfs, dent. intér., tr. dor.

> Cette édition passe pour la meilleure et la plus complète du texte de La Bruyère. Elle reproduit toutes les augmentations de l'édition précédente, avec corrections et variantes. — Vendu 104 fr. chez Giraud.

1012. Les Caractères (par La Bruyère), dixième édition. *Paris,
Est. Michallet,* 1699, in-12, v. br.

> Cette dixième et dernière édition reproduit le texte de 1696. — Vendu 50 fr., mar. r., chez Giraud.

1012 *bis*. Les Caractères (par La Bruyère), dixième édition.—
Paris, Est. Michallet, 1699, in-12, v.

1013. Les Caractères (par La Bruyère), édition augmentée de quelques notes sur ces deux ouvrages et de la défense de La Bruyère, par Coste. *Paris,* 1750, 2 vol. in-12, portr., v. fauve, fil. (*Anc. reliure.*)

> Bel exemplaire de cette édition estimée.

1014. Nouvelles réflexions, ou Sentences et maximes morales et politiques, dédiées à Mme de Maintenon (par l'abbé de Vernage). *Lyon, Amaulry,* 1690, in-12, v. br.

1015. Les Caractères, par Mme de Puisieux. *Londres,* 1750, pet. in-8, dem.-rel., dos et coins de mar. br. du Levant, à nerfs, dor. en tête, *non rogné.*

1016. Traité philosophique de la foiblesse de l'esprit humain, par Huet. *Amsterdam,* 1723, in-12, portr., v. gran.

> Bel exemplaire de l'édition originale. On ignore généralement que de tous les ouvrages du savant Huet, celui-ci était le plus estimé de l'auteur.

1016 *bis*. Traité philosophique de la foiblesse, etc...., par Huet. Amst., 1723, in-12, portr., v. fauv. (*Anc. reliure.*)

1017. Traité philosophique de la foiblesse, etc..., par Huet. *Londres*, 1741, in-12, v. marbr., fil. (*Bel exemplaire.*)

1018. Huet, évêque d'Avranches, ou le Scepticisme théologique, par C. Bartholmess. *Paris*, 1850, in-8, br.

1019. J. Frid. Kandleri de promiscua vestium utriusque sexus usurpatione liber. *Lipsiæ*, 1702, pet. in-4, dem.-rel., mar. bl. (*Rare.*)

> Dissertation très-singulière sur un sujet qui fut rarement traité. L'auteur invoque toutes les autorités ecclésiastiques ou païennes, pour nous prouver l'indécence coupable de certaines habitudes qui n'attirent pas assez, dit-il, l'attention des pères de famille, des magistrats et des édiles. Une partie de cet opuscule est évidemment une censure indirecte des travestissements du carnaval. On y voit les cas particuliers où il est permis à un sexe d'usurper provisoirement le rôle et costume de l'autre. A ce sujet, on lit avec intérêt quelques anecdotes, telles que l'exemple de la vierge Théodora, qui usa d'un singulier et heureux stratagème, lorsqu'elle fut traînée aux lieux infâmes.

1020. Dissertatio de criteriis errorum circa religionem communibus, auctore A. G. Felmelio. *Lipsiæ*, 1713, pet. in-4, dem.-rel. de mar. bl.

1021. Fr. And. Hallbaveri Dissertatio academica de origine philosophiæ. *Ienæ*, 1713. — De Notione philosophiæ recte informanda, auct. J. E. Wiistemanno. *Wittenbergæ*, 1759, 2 op. en 1 vol. pet. in-4, dem.-rel. mar. r.

> Excellents précis d'histoire de la philosophie. Le premier est divisé en 33 paragraphes, dans lesquels sont donnés le nom du premier sage qui employa le mot de philosophie, la cause de ce choix, la définition de la philosophie, la vie de son premier inventeur, le sens caché des fables, etc., etc., etc. — Bel exemplaire.

1022. Instruction sur les bains publics. *Reims et Paris*, 1717, pet. in-8, cart.

> Cet ouvrage singulier et peu commun est écrit sous la forme catéchistique, et renferme la quintessence de ce que les auteurs païens et les saints Pères ont écrit de meilleur et de plus frappant sur les Bains publics. Les exemples de précaution et de décence tirés de l'histoire grecque et romaine rendent ce livre extrêmement curieux.

1023. Æconomia systematis moralis atheorum, auctore Chr. H. Schillingio. *Helmstädt* (1718), pet. in-4, dem.-rel. mar. r.

> L'auteur de cet écrit fait preuve de connaissances bibliographiques très-étendues.

1024. De errore pseudophilosophorum quod anima hominis si materialis et mortalis, dissertatio, auctore Chr. Frid. G. Gronau. *S. l.*, 1720, pet. in-4, dem.-rel. mar. vert.

1025. Les Princesses Malabares, ou le Célibat philosophique (par P. de Longue). *A. Andrinople, chez Thomas Frenco,* 1734. — Raisonnemens hasardez sur la poésie françoise. *Amsterdam,* 1737, in-12, v. f., fil.

> EXEMPLAIRE DE LA MARQUISE DE POMPADOUR, A SES ARMES. Cet exemplaire a appartenu successivement à *de Beauchamps* et à *Simon de Troyes,* qui y ont mis leurs signatures autographes sur les titres. *Les princesses Malabares* est un livre curieux et singulier, condamné par arrêt du parlement de Paris à être lacéré et brûlé par la main du bourreau.

1026. Les Princesses Malabares, ou le Célibat philosophique, ouvrage intéressant et curieux, avec des notes historiques et critiques (par Pierre de Longue). *Andrinople,* 1734, in-12, vél. de Holl.

> Ouvrage curieux, CONDAMNÉ A ÊTRE LACÉRÉ ET BRÛLÉ de la main du bourreau, par arrêt du parlement.

1027. Idealismus, seu crassissimus eorum error qui corpora et sua et mundana negant, refutatus a Fr. Th. Gender, L. H. Burry, ac Jo. P. Commerell. *Tubingæ,* 1739, 2 tomes en 1 vol. pet. in-4, dem-rel. mar .bl.

1028. M. Ch. Aug. Crusii disquisitio an cum B. Luthero recte negari possit idem verum esse in philosophia, atque theologia. *Lipsiæ,* 1745, pet. in-4, dem.-rel. mar. bleu.

1029. Historia philosophiæ corpuscularis veteris et recentioris, auctore J. G. Volkelt. *Lipsiæ,* 1745, dem.-rel. mar. bleu. *(Bel exemplaire.)*

> Dans le même volume, *Prolusiones de Epicureismo exegetico,* par J. G. Albrecht.

1030. Les Mœurs (par Toussaint). *S. l.,* 1748, 3 part. en 1 vol. in-8, front. gr., mar. rouge, fil., dent., dos orné, tr. dor. *(Ancienne reliure.)*

> TRÈS-BEL EXEMPLAIRE. Ce livre a été CONDAMNÉ A ÊTRE BRÛLÉ de la main du bourreau, par arrêt du parlement.

1031. Brutorum actiones mechanice inexplicabiles, auctore Ern. Blumrœder. 1749. — Pet. in-4, dos et coins de mar. bleu du Levant, dos à nerfs.

> Dissertation intéressante sur l'*Ame des bêtes.*

1032. Pensées diverses, par M. Etienne Cocuilhe, président à l'élection de Périgueux. *Paris, Mérigot* (1751), pet. in-12, front. gr., bas.

1033. Dissertatio historico-theologica de syncretismo philosophiæ et theologiæ revelatæ, auctore C. Nahmmacher. *Helmstadii,* 1755. — De conjungendo cum theologia philosophiæ studio dissertatio, auctore P. J. Foertsch. *Gœttingæ.* 1756, 2 opusc. en 1 vol. pet. in-4, dem.-rel., m. bleu du Levant. *(Bel exemplaire.)*

1034. Lettres philosophiques (en vers), par M. Sauvigny, gendarme. *A Bristol, chez les frères Rimeurs*, 1756, in-12, rel. pleine en mar. br. du Levant, fil., dent. intér., tr. dor.

Très-bel exemplaire d'un opuscule singulier.

1035. Dissertationes duo de somniis, auctore J. L. Schulze. *Halæ*, 1758, 2 part. en 1 vol. pet. in-4, dem.-rel., mar. bleu.

Questions de métaphysique, de médecine, de physiologie, de démonologie, etc.

1036. J. Ph. Alb. Schreiberi de morte voluntaria libell. *Erlangæ*, 1765, pet. in-4, dem.-rel., mar. bleu.

Curieuse étude philosophique sur le *suicide*.

1037. Les Matinées du roi de Prusse, écrites par lui-même. *Berlin*, 1766, in-12, dem.-rel., mar. r. du Levant, à nerfs, tête dorée, *non rogné*.

Très-bel exemplaire de la première édition.

1038. Exposition de la loi naturelle, par M. l'abbé B*** (Baudeau). *Amsterdam et Paris*, 1767, in-12, reliure pleine en mar. br. du Levant, fil., dent. intér.; tr. dor.

Très-bel exemplaire.

1039. Songes philosophiques, par Mercier. *Londres et Paris*, 1768, 2 vol. in-12, dem.-rel., dos et coins de mar. vert du Levant, *non rognés*.

L'Optimisme.— De l'âme. —De la Cupidité et de la Vertu.— Les Lunettes. — De la Royauté et de la Tyrannie. — De la Guerre. — De l'Amour, etc., etc.

1040. Système de la nature, par Mirabaud. *Londres*, 1770, 2 vol. in-8, br., *non rognés*.

1041. Tableau des saints, ou Examen de l'esprit, de la conduite, des maximes et du mérite des personnages que le christianisme révère et propose pour modèles (par le baron d'Holbach). *Londres*, 1770, 2 tom. en 1 vol. pet. in-8, dem.-rel.

1042. Traité du suicide ou du meurtre volontaire de soi-même, par Jean Dumas. *Amsterdam, Changuion*, 1773, in-8, v. éc., fil.

1043. De Hylozoismo veterum et recentiorum disputatio, auctoribus Frid. Ferd. Drück, Jo. Car. Fr. Schall, etc. *Tubingæ*, 1775, pet. in-4, dem.-rel. mar. citr. du Levant, à nerfs. (*Bel exemplaire.*)

Il s'agit, dans cette rare dissertation, d'un système philosophique par lequel on affirme que la matière est vivante.

1044. Discours qui a remporté le prix d'éloquence à l'Académie de Besançon sur ce sujet : Combien le respect pour

les mœurs contribue au bonheur d'un État, par l'abbé de
Moy. *Paris*, 1776, in-8, pap. de Hollande, mar. r., fil., tr.
dor. (*Ancienne reliure.*)

1045. OEuvres philosophiques de Fréret. *Londres*, 1776, in-8,
dem.-rel.

Exemplaire en GRAND PAPIER.

1046. Le Livre de tous les âges, ou le Pibrac moderne, quatrains moraux, par P. Sylvain Maréchal, avocat en parlement. *Cosmopolis et Paris*, 1779, in-16, front. gravé, v.
marbr.

1047. Discours couronné par la Société royale des arts et des
sciences de Metz, sur les questions suivantes : Quelle est
l'origine de l'opinion qui étend sur tous les individus d'une
même famille une partie de la honte attachée aux peines in-
famantes que subit un coupable, etc., par M. de Robespierre,
avocat en parlement. *Amsterdam et Paris*, 1785, in-8, br.,
non rogné.

Ouvrage très-rare du trop fameux terroriste Robespierre.

1048. Dernières pensées du roi de P*** (Prusse), écrites de sa
main (composées par Constant). *Berlin (Genève)*, 1787, in-12,
dem.-rel., dos et coins de mar. vert, doré en tête, *non
rogné.*

Très-bel exemplaire de la première édition de ce singulier opuscule, qui fut réimprimé en 1806.

1049. Æsthetica transcendentalis Kantiana, per J. B. Zimmie-
ker, Andr. Brand, etc. *Wirceburgi*, 1788, pet. in-4, d.-rel.,
mar. bl.

1050. Locke's conduct of the Understanding, and Bacon's es-
says. *London*, 1818, in-18, dem.-rel., v. antiq.

Jolie édition.

1051. De Chao Mundi, auctore Jo. Dan. Unselt. *Wittembergæ*,
s. d., pet. in-4, dem.-rel, mar. bl.

1052. Éléments de la morale universelle, ou Catéchisme de la
nature, par le baron d'Holbach. *Paris, G. De Bure (imprimerie de Didot)*, 1790, in-18, dem.-rel., dos et coins de v. f.,
à nerfs, doré en tête, non rogné.

Ce volume se joint à la *Collection des Moralistes.*— Bel exemplaire.

1053. G. Chr. Storr annotationes quædam theologicæ ad phi-
losophicam Kantii de religione doctrinam. *Tubingæ*, 1793,
pet. in-4, dem.-rel., mar. bl.

Bel exemplaire.

1054. De Veritate cognitionis humanæ, hujusque limitibus,
auctore G. Kunze. *Lipsiæ*, 1801. — Oratio de periodis men-

tis humanæ, habita à D. Maichelio. *S. l.*, 1724, 2 opusc. en
1 vol., dem.-rel., mar. vert.

> Le second discours est particulièrement intéressant, à cause de
> quelques aperçus nouveaux sur le caractère de diverses nations,
> sur le plus ou moins d'esprit des allemands, des anglais et des
> français, sur les différents âges de la vie; le tout embelli de quel-
> ques anecdotes peu connues.

1055. Traité élémentaire de Morale et du Bonheur. *Paris,*
1795, 2 vol. in-18, pap. vél., dem.-rel., mar. r.

> L'auteur de cet ouvrage est Paradis de Raymondis, né à Bourg
> en 1746. Selon Deleyre: « c'est le meilleur livre peut-ê   qu'on ait
> écrit sur le bonheur. » (*Voir Barbier, dict. des Anon.*)tre

1056. Catéchisme de la nature, ou Religion et morale naturelles, par Platon Blanchard, citoyen de la section de la
réunion. *Paris*, 1795, in-12, front. gr., br.

1057. Le Nouvel homme (par S. Martin). *Paris, an III*, in-8,
dem.-rel.

> Louis Claude de Saint-Martin, dit le *Philosophe inconnu*, naquit à
> Amboise le 18 janvier 1743.

1058. De l'Esprit des choses, ouvrage dans lequel on considère
l'homme comme étant le mot de toutes les énigmes, par le
philosophe inconnu (S. Martin). *Paris*, 1800, 2 tom. en 1 vol.
in-8, dem.-rel.

1059. L'Homme de désir, par le Philosophe Inconnu (Saint-
Martin). *Metz*, 1802, 2 vol. in-12, br., *non rognés.*

1060. Essai sur la vie et la doctrine de saint Martin, le philosophe inconnu, par E. Caro. *Paris*, 1852, in-8, br.

1061. Pensées et maximes de J. Benjamin de Laborde, précédées d'une notice historique sur la vie et les ouvrages de ce
littérateur. *Paris, Lamy*, 1820, in-12, pap. vél. fin, charmant
portr. de l'auteur, gr. par Gaucher, v. rac., fil.

> Charmante impression. — Tiré à très-petit nombre.

1062. Pensées et maximes de J. Benj. de Laborde. *Paris,*
Lamy, 1802, in-18 tiré de format in-12, dem.-rel., dos et
coins de cuir de Russie, à nerfs, tête dorée, non rogné.

> Un des exemplaires tirés sur *grand papier vélin*. Ce joli volume
> est imprimé avec les petits caractères neufs de Ph.-D. Pierres, et
> orné d'un beau portrait en médaillon.

1063. Nouvelle lumière : les difficultés de vivre en société sont
levées, le bonheur est trouvé : la cause du mal et son remède; moyens de découvrir les plus secrètes pensées, le
degré d'amitié et de probité; les peines de l'âme soulagées
en peu de temps, et la fureur de la jalousie guérie à l'instant. — Système universel sans connaître sa langue, par

Victorien, officier de l'ex-garde impériale. *Paris*, 1823, in-8, dem.-rel.

1064. OEuvre posthume de Lavater, souvenir pour des voyageurs chéris, publié sur le manuscrit signé par l'auteur. *Paris*, 1829, in-18, portr., dem.-rel., dos et coins de mar. viol., non rogné.

> Exemplaire tiré sur *papier rose*. Ce recueil de pensées est peut-être le meilleur ouvrage de Lavater, parce que les vérités qu'il contient reposent sur un fondement solide, qui est l'étude morale de l'homme, non point d'après les lignes du visage, mais dans les actions, la tournure, la démarche et les moindres accidents de la vie privée. Ce livre curieux donne tout le secret d'une semblable étude.

1065. Manuel de l'histoire de la philosophie, trad. de l'allemand de Tennemann, par Victor Cousin. *Paris*, 1829, 2 vol. in-8, dem.-rel., v. antiq.

1066. Examen du mosaïsme et du christianisme, par Reghellini, de Schio. *Paris*, 1834, 3 vol. in-8, br.

1067. Sacred philosophy of the Seasons illustrating the perfections of God and the phenomena of the year, by H. Duncan. *Edinburgh*, 1838, 2 vol. in-12, cart., non rognés.

II. — FRANC-MAÇONNERIE. — SOCIÉTÉS SECRÈTES.

1068. Le Calendrier des apprentis et compagnons francs-maçons ou maçons libres, étrennes nouvelles, utiles et agréables aux curieux. *Imprimé par hazard, je ne sçai où, chez l'Inconnu, à l'enseigne de la Vérité*, 1746. — Lettres critiques sur la franc-maçonnerie d'Angleterre. *Londres et Paris*, 1774, 2 ouvr. en 1 vol. in-8, cart.

1069. L'Orateur franc-maçon, par le F. Jarrhetti. *Berlin* (1766), in-12, cart., non rogné.

1070. L'Ordre des francs-maçons trahi, et leur secret révélé. *A l'Orient, chez G. de l'Etoile*, s. d. (vers 1770), in-12, fig., br.

1071. Les plus secrets mystères des hauts grades de la maçonnerie dévoilés, suivi du Noachite (par Bérage). *Jérusalem (Hollande)*, 1774, in-12, front. gravé et grande planche, br., non rogné.

1072. Amusement des francs-maçons. *A Saumur, de l'imprimerie de Fr. Paschal-J. Marie de Gouy*, 1777, pet. in-4, br.

> Ce volume est un recueil de chansons maçonniques. La moitié du volume est imprimé en *caractères maçonniques, gravés* et fondus

exprès, caractères qui n'ont plus été gravés depuis, et qui ont disparu du matériel des imprimeries. Au commencement se trouve l'alphabet maçonnique, avec l'interprétation des divers signes.

1073. Modeste et Faucon, dialogues à l'intelligence des maçons. *Magdebourg*, 1778, pet. in-8, bas.

1074. Abrégé de l'histoire de la franche-maçonnerie, suivie de pièces en vers et en prose, d'un essai sur les mystères et le véritable objet de la confrérie des francs-maçons, etc. *Londres et Lausanne*, 1779, in-8, br., *non rogné*.

1075. Apologie pour l'ordre des francs-maçons, par N*** (Nodot). *Londres*, 1780, pet. in-8, front. de l'Amour-Maçon, br., non rogné.

1076. De Conventu generali Latomorum, apud aquas Wilhelminas, prope Hanauviam... *Jussu et sumptibus † Lothar.*, s. a. (*circa* 1782), in-8 de IV et 256 pag., br., non rogné.

> Volume rare, contenant les actes du Convent ou grand Congrès maçonnique tenu à Wilhemsbad. Il est entièrement en français, bien que le titre soit en latin. Selon Klosz : « *Bibliographie der Freimaurerei*, » l'auteur est le baron de Durkheim ; d'autres l'attribuent, avec plus de vraisemblance peut-être, à Beyerlé de Nancy, auteur de plusieurs ouvrages sur la Franc-Maçonnerie.

1077. Essai sur les accusations intentées aux Templiers et sur le secret de cet ordre, avec une dissertation sur l'origine de la franc-maçonnerie, par Fréd. Nicolaï. *Amsterdam, Changuion*, 1783, pet. in-8, fig., v. gran.

1078. L'Adoption, ou la Maçonnerie des dames. *A la Fidélité, chez le Silence*, 100070083 (1783), in-12, fig., br., *non rogné*.

> Opuscule fort curieux.

1079. La Vraie maçonnerie d'adoption, suivie de cantiques maçonniques, par un chevalier de tous les ordres maçonniques. *Philadelphie*, 1783. — Recueil précieux de la maçonnerie Adonhiramite. *Philadelphie*, 1783, 2 part. — Ensemble 2 ouvr. en 1 vol. pet. in-12, v. m., fil., tr. dor.

1080. Recueil précieux de la maçonnerie Adonhiramite. *A Philadelphie, chez Philarèthe*, 1787, 2 vol. pet. in-12, mar. r., fil., tr. dor. (*Anc. reliure.*)

1081. Essai sur la franc-maçonnerie, ou du But essentiel et fondamental de la F∴ M∴, possibilité de la réunion des différents systèmes ou branches de la M∴ (par Beyerlé). *Latomopolis (Nancy)*, 1788, 2 vol. in-8, br., non rognés.

1082. Essais historiques et critiques sur la franche-maçonnerie, ou Recherches sur son origine, sur son système et sur son but, par J. L. Laurens. *Paris*, 1806, in-8, dem.-rel. v. f., à nerfs.

1083. Annales originis magni Galliarum O., ou Histoire de la fondation du Grand Orient de France et des révolutions qui l'ont précédé, avec pièces justificatives, et des détails sur un grand nombre de rites et les réunions secrètes des femmes (par Thory). *Paris*, 1812, in-8, fig., v. rac., dent.

> Ce volume est bien plus rare que les *Acta Latomorum* du même auteur.

1084. La Franche-maçonnerie rendue à sa véritable origine, ou l'Antiquité de la franche-maçonnerie prouvée par l'explication des mystères anciens et modernes, par Alex. Lenoir. *Paris*, 1814, in-4, fig. de Moreau, v. rac., dent.

> Ouvrage estimé et peu commun.

1085. Manuel maçonnique, ou Tuileur de tous les rites de maçonnerie pratiqués en France, dans lequel on trouve l'étymologie et l'interprétation des mots et des noms mystérieux de tous les grades qui composent les différens rites, avec 32 planches, par un vétéran de la maçonnerie (Villiaume). *Paris*, 1820, in-8, front. gr., fig., dem.-rel.

1086. Thuileur des 33 degrés de l'écossisme du rit ancien, dit accepté, avec 21 planches représentant les tableaux, chiffres, alphabets, sceaux, etc., en usage dans les différens grades (par De l'Aulnaye). *Paris*, 1821, in-8 de 405 pages, fig., br.

> Édition la plus complète.

1087. Esprit du dogme de la franche-maçonnerie, recherches sur son origine et celle de ses différens rites, compris celui du carbonarisme, par le F∴ M∴ R∴ (Reghellini) de Schio. *Bruxelles*, 1825, in-8, avec 11 pl. Dc.

1088. Cours complet de maçonnerie, ou Histoire générale de l'initiation, depuis son origine jusqu'à son institution en France, par Vassal. *Paris*, 1832, in-8 de 647 pages, cart. (*Rare.*)

1089. La Franc-maçonnerie dans son véritable sens, d'après les titres anciens et authentiques des tailleurs de pierres, maçons et francs-maçons, publ. par G. Klosz (en allemand). *Leipzig*, s. d., in-8, cart.

1090. Die Mysterien der Freimaurer (Les Mystères des francs-maçons) von Fr. Alb. Fallou. *Leipzig*, 1848, in-8, fig., rel. en cart.

1091. Die drei Ältesten kunstkunden der Freimaurer brüderschaft... von K. C. F. Krause. *Leipzig*, 1849, 2 gros vol. in-8, fig., cart.

1092. Observations sur la franc-maçonnerie, le martinisme,

les visions de Swedenborg, le magnétisme, etc. *Avignon,*
1786, in-12, br., non rogné.

4093. Essai sur la secte des Illuminés (par le marquis de Luchet). *S. l.*, 1789, in-8, br., *non rogné.*

> Première édition, peu commune. Cet ouvrage fut réimprimé en
> 1792.

4094. Histoire des sociétés secrètes de l'armée et des conspi-
rations (par Ch. Nodier). *Paris,* 1815, in-8, v. rac.

III. — VIE CIVILE, ÉDUCATION. — POLITIQUE, ART DE GOUVERNER. — POLICE, HOPITAUX, MONTS-DE-PIÉTÉ. — FINANCES, IMPOTS, CRÉDIT. — COMMERCE ET INDUSTRIE.

4095. Aristippe, ou de la Cour, par M. de Balzac. *Leide, J.
Elzévier,* 1658, pet. in-12, v.

> Exemplaire grand de marges.

4096. Instructions pour un jeune seigneur, ou l'Idée d'un
galant homme (par le chevalier de La Chétardye). *Paris,*
1686, 2 tom. en 1 vol. in-12, v. br. (*Édition originale.*)

4097. Éducation des filles, par M. l'abbé de Fénelon. *Paris,*
1687, in-12, vél.

> Edition originale. Exemplaire grand de marges.

4098. Émile, ou de l'Éducation, par J.-J. Rousseau. *Amst.,*
1762, 4 vol. in-12, fig. d'Eisen, v. rac. (*Édition originale.*)

4099. Travail sur l'éducation publique, trouvé dans les papiers
de Mirabeau, publ. par Cabanis. *Paris,* 1791, in-8, d.-rel.,
dos et coins de mar. bl., non rogné.

4100. Conseils d'un père à son fils, imités des vers que Muret
a écrits en latin pour l'usage de son neveu, par N. François
(de Neufchâteau). *Parme, Bodoni,* 1801, in-8, gr. pap. de
Hollande, cart., non rogné.

4101. Olbie, ou Essai sur les moyens de réformer les mœurs
d'une nation, par J. B. Say. *Paris, Crapelet* (1799), in-8,
dem.-rel., dos et coins de cuir de Russie, tête dorée, non
rogné.

4102. Le Hiéron, ou de la Royauté, tiré des œuvres de Xénophon et mis de grec en français par le Sr d'Agoneau. *Paris,*
1608, in-8, vél.

4103. Examen du célèbre passage de Cicéron sur les centuries de Servius Tullius, par de Golbéry. *Strasbourg*, 1840, in-8, br.

1104. Jo. Frid. Cratonis ab Erffa, equitis Franci liber de annulo Gygis. *Coburgi, s. d.*, pet. in-4, dem.-rel., dos et coins de mar. vert, dos à nerfs.

> Une des plus rares dissertations politiques que l'on ait faites sur le fameux *Anneau de Gygès*.

1105. *MORI UTOPIA.* Libellus vere aureus nec minus salutaris quam festivus de optimo reip. statu deq. nova Insula Utopia, authore clarissimo viro Thoma Moro inclytæ civitatis Londinensis cive et vicecomite, cura M. Petri Ægidii Antuerpiensis et arte Theodorici Martini Alustensis, typographi almæ Lovaniensium academiæ nunc primum accuratissime editus. (In fine.) *Sermonis pomœridiani Raphaelis Hythlodei de legibus et institutis Utopiensis insulæ paucis adhuc cognitæ per clarissimum et eruditissimum virum D. Thomam Morum civem et vicecomitem Londoniensem finis. (LOVANII, TH. MARTENS, circa 1517)*, in-4, rel. pleine en mar. br. du Levant, à nerfs, fil. à compart., ornements et milieux ornés avec devise, dent. int., tr. dor. *(Capé.)*

> PREMIÈRE ÉDITION, fort rare, de l'Utopie de Thomas Morus. L'EXEMPLAIRE EST DE TOUTE BEAUTÉ. Au verso du titre se trouve une grande gravure sur bois, tenant toute la page, intitulée : « *Utopiæ insulæ figura.* » Le recto du second feuillet contient un alphabet composé de lignes droites et circulaires diversement combinées, puis quatre vers dans la langue supposée utopienne, imprimés de deux manières, avec l'alphabet utopien sous le romain. Le volume se compose de 54 feuillets de 35 et 36 lignes à la page. Le verso du dernier feuillet est occupé en entier par la belle marque de Thierry Martens d'Alost. Bien que cette édition soit sans date, il est certain qu'elle a paru en 1517. C'est la date précise qui lui est assignée par M. Van Iseghem, dans sa bibliographie de Th. Martens, page 267. Notre exemplaire est conforme en tous points à la description de M. Van Iseghem, ce qui nous a fait voir que la note de M. Brunet est entachée d'erreur. Cet ouvrage eut une grande vogue lors de son apparition ; plusieurs crurent à l'existence de ce pays imaginaire ; Budée, entre autres, proposa sérieusement d'y envoyer des missionnaires. Cette première édition contient des passages qui ont été supprimés dans les éditions suivantes.

1106. L'Utopie de Thomas Morus, chancelier d'Angleterre, idée ingénieuse pour remédier au malheur des hommes et pour leur procurer une félicité complète, trad. en français par Gueudeville, *Leide*, 1715, in-12, charmantes fig. gr. s. cuivre, vél. *(Bel exemplaire.)*

1107. Discours politiques sur la voye d'entrer deuëment aux estats, et manière de constamment s'y maintenir et gouverner. *Paris, Rob. Le Mangnier*, 1574, in-8, réglé, v. br.

1108. De la République, traité de Jean Bodin. *Londres et Paris*, 1756, in-12, v. m. *(Aux armes de La Rochefoucauld.)*

1109. Le Prince de Machiavel (trad. par Amelot de la Houssaye). *Amsterdam*, 1686, in-12, port., v. br.

1110. De la Différence du roy et du tyran, dédié à M. L. L. D. M. *Paris, Rolin Thierry*, 1589, in-8 de 56 pages, cart. antiq.

> Pièce rare.

1111. Présent royal de Jacques Ier, roy d'Angleterre, Escoce et Irlande, au prince Henry son fils, contenant une instruction de bien régner (par Hotmann). *Paris, Guill. Auvray*, 1603, in-8, très-beau portr. gravé par de Mallery, vél., fil., tr. dor. (*Bel exemplaire.*)

1112. Les Résolutions politiques, ou Maxime d'Estat, du Sr Jean de Marnix, baron de Potes. *Bruxelles*, 1612, gros vol. in-4, front. gr., vél.

1113. Le Nouveau Cynée, ou Discours des occasions et moyens d'établir une paix générale (par Emery de La Croix). *Paris*, 1623, in-8, v. fauve, fil. (*Bel exemplaire.*)

> Ouvrage rare, peu connu. A l'exemple de Cynéas l'ancien, qui prêchait la paix à son souverain et aux peuples étrangers, l'auteur de ce curieux traité y expose avec chaleur les raisons et les moyens qu'avait Louis XIII d'apaiser les troubles d'Europe. La plupart des arguments et des faits y sont d'une application très-actuelle.

1114. Considérations politiques sur les coups d'estat, par Gabr. Naudé. *Amst., Elzevier*, 1667, pet. in-12. v. gr. (*Bel exemplaire.*)

1115. Science des princes, ou Considérations politiques sur les coups d'État, par Gab. Naudé, avec des réflexions, par D. M. *S. l. (Paris)*, 1752, 3 vol. in-12, v. m. (*Bel exempl.*)

> Les réflexions sont de l'historien Louis du May, mort en 1681.

1116. L'Hellébore pour nos malcontens, cueilly au jardin d'un anti-Machiavel, et mis en lumière. *A Paris, sur la coppie envoyée de Bruxelles*, 1632, pet. in-8 de 48 pag., dem.-rel., dos et coins de mar. bl. du Levant, à nerfs.

1117. Le Conseiller d'estat, ou Recueil des plus générales considérations servant au maniement des affaires publiques (par Ph. de Béthune). *Jouxte la copie imprimée à Paris (Holl., Elzévir, à la Sphère)*, 1641. Pet. in-12, vél.

> Édition très-rare, dit Pieters dans ses *Annales des Elzevier* (page 195, n° 31.) Elle est restée inconnue à M. Brunet et l'existence n'en est guère révélée que parce qu'elle figure dans le catalogue officinal de 1644 des Elzevirs de Leyde. On trouve quelquefois une édition de 1645, qui est assez recherchée, mais celle avec la date de 1641, que nous cataloguons, ne se rencontre presque jamais. D'après une note du temps, sur notre exemplaire, l'auteur de ce livre serait *Du Refuge*; les bibliographes l'attribuent cependant à Philippe de Béthune.

1118. Testament politique du cardinal de Richelieu. *Amst.,* *H. Desbordes,* 1688, 2 tom. en 1 vol. pet. in-12, mar. rouge, fil., tr. dor. (*Anc. reliure.*)

1119. Traicté politique, composé par Will. Allen, Anglois, et trad. en français, où il est prouvé, par l'exemple de Moyse et par d'autres tirés hors de l'Escriture, que tuer un tyran n'est pas un meurtre. *Lugduni,* 1668, in-16, cart., non rogné.

> Livre curieux et recherché. Cette réimpression fac-simile parut en 1793, comme pour justifier l'exécution de l'infortuné Louis XVI. L'ouvrage de W. Allen avait été composé en faveur de Cromwell, pour l'absoudre de l'assassinat politique de Charles Ier d'Angleterre.

1120. Mémoires touchant les ambassadeurs et les ministres publics, par L. M. P. (le ministre prisonnier, Abrah. de Wicquefort). *Cologne (Amsterdam, Daniel Elzevier, à la Sphère),* 1677, pet. in-12, v. br.

1121. Mémoires touchant les ambassadeurs et les ministres publics, par de Wicquefort. *La Haye, J. et Dan. Steucker,* 1677, pet. in-8, vél.

1122. Recueil des testamens politiques du cardinal de Richelieu (avec les observations de l'abbé de S. Pierre); du duc de Lorraine (par de Straatman, publ. par l'abbé de Chevremont); de Colbert (par Sandras de Courtilz), et de Louvois (par le même de Courtilz). *Amsterdam, Châtelain (Paris),* 1749, 4 vol. in-12, v. fauve.

> Exemplaire de Van Praët.

1123. Considérations sur le gouvernement ancien et présent de la France, par le marquis d'Argenson. *Amst.,* 1765, in-8, dem.-rel., mar. r.

1124. Testament politique de M. de Silhouette. *S. l.,* 1772, in-12, dem.-rel., dos et coins de mar. vert du Levant, à nerfs, non rogné.

> Un des premiers essais d'économie politique. Il n'est pas mentionné par Barbier.

1125. Les Vœux d'un patriote. *Amsterdam,* 1788, in-8, br., non rogné.

> C'est la réimpression des *Soupirs de la France esclave,* ouvrage très-hardi que les uns attribuent à Jurieu, et d'autres à Levassor.

1126. Prophéties de Napoléon à l'île Sainte-Hélène, rec. et publ. par W. Kilian. *Paris, Delangle,* 1830, in-16, dem.-rel., dos et coins de mar. vert, fil.

> Notes fort curieuses d'un matelot anglais un peu illuminé. Le volume se termine par le récit ému de la mort de l'Empereur.

1127. Manuel républicain de l'homme et du citoyen, par Ch. Renouvier. *Paris, 1848*, pet. in-18, rel. pleine en mar. r.

1128. Traité de la police, où l'on trouvera l'histoire de son établissement, les fonctions et les prérogatives de ses magistrats..., avec une description historique et topographique de Paris et huit plans gravez qui représentent son ancien état et ses divers accroissemens, et le recueil de tous les statuts et règlemens des six corps des marchands et de toutes les communautez des arts et métiers, par Delamare. *Paris,* 1722-38, 4 vol. in-fol., cartes, v. br.

Ouvrage important et estimé. Le 4ᵉ volume contient deux plans donnant un état exact de Paris sous la Régence, avec ses accroissements, ses bornes et ses limites; l'autre plan désigne tous les canaux, conduits, tuyaux et réservoirs pour la distribution des eaux aux fontaines publiques de la ville et des faubourgs.

1129. Le Pornographe, ou Idées d'un honnête homme sur un projet de règlement pour les prostituées, propre à prévenir les malheurs qu'occasionne le publicisme des femmes (par Restif de La Bretonne). *Londres et La Haie*, 1770, in-8, dem.-rel.

1130. Le Citoyen François, ou Mémoires historiques, politiques, physiques, etc. (par Le Gras, conseiller au Châtelet). *Londres*, 1785, in-8, dem.-rel., v. f. (*Bel exemplaire.*)

Ouvrage peu commun, et très-digne d'être recherché et consulté pour une foule de questions utiles ou singulières, élucidées avec un grand sens. L'auteur, par sa haute position, avait facilement recueilli des observations neuves, exactes, intéressantes sur les choses de police, d'administration, de commerce et de jurisprudence, qui sont maintenant toutes d'actualité. Il dédie son livre à M. Lenoir, lieutenant-général de la police de Paris. Voici un extrait du sommaire : *Des locataires,* — *de l'Administration des postes,* — *des moines,* — *des moineaux,* — *des chiens, des chats et des oiseaux,* — *des enfants trouvés,* — *des spectacles,* — *de la garde de Paris,* — *de l'espionnage,* — *des filles publiques, des assurances contre l'incendie,* — *des embellissements à faire dans la ville de Paris,* etc. Ajoutons que l'auteur s'élève avec force contre la *loi barbare* de la contrainte par corps.

1131. Histoire de la rage et moyen d'en préserver, comme autrefois, les hommes, et de les délivrer de plusieurs autres malheurs attaquant leur existence, etc., par Balzac, administrateur de l'hospice général de Tours. *S. l. n. d.* (*Tours, vers 1810*). — Mémoire sur deux grandes obligations à remplir par les Français (par le même). *Tours,* 1809, 2 ouvr. en 1 vol. in-8, v. rac., fil.

Un des cinq ou six exemplaires tirés sur *grand papier fort vélin*, qui ne furent pas mis en circulation, mais *destinés au Gouvernement* seul, comme il est marqué au bas du titre du premier de ces deux ouvrages. C'est l'exemplaire de l'auteur, qui y a mis son nom et quelques lignes de sa main. L'*Histoire de la rage* est extrêmement curieuse. L'auteur n'y propose guère d'autre remède que la destruction de tous les chiens, race dangereuse *et qui attaque nos mœurs d'une manière aussi forte que la vie.* Il y a sur cette question spéciale des détails fort singuliers. Pour grossir son traité, et faire ce qu'on appelle un livre, M. Balzac y ajoute une seconde partie sur le sujet de la grandeur et célébrité des nations, et s'éloigne fort de l'objet principal de son travail. On peut classer un semblable traité parmi les élucubrations les plus curieuses et les moins connues des bibliophiles. On a relié, dans le même volume, 2 petits mémoires également très-curieux du même auteur : l'un *sur les moyens de prévenir les vols et assassinats,* Tours, 1807 ; l'autre *sur le scandaleux désordre causé par les jeunes filles trompées et abandonnées,* Tours, 1808. Celui-ci peut être placé à côté de l'ouvrage de Parent-Duchâtelet.

1132. Abrégé historique des hôpitaux, contenant leur origine, les différentes espèces d'hôpitaux, etc., par l'abbé de Recalde, chanoine de Comines. *Paris,* 1784, in-12, cart.

1133. Police générale du bureau des pauvres valides, hospital général de la ville de Rouen. *Rouen, L. Maurry,* 1667, pet. in-4, cart. antiq.

1134. **Defensorium** montis pietatis longe validissimum, a fratre Bernardino de Busti Minoritano.... non mediocri vigiliarum impensa elucubratum, in quo non usurarum modo et contractuum implicatissimus quisque nodus explicatur... *Domi sue curavit imprimendum probus vir Joannes Clein chalcographus et bibliopola Lugdunensis,* 1518, pet. in-4 goth., à 2 col., titre avec encadrement gravé sur bois, rel. du temps en v. estampé.

> Volume rare et très-curieux sur les Monts-de-Piété. Cet exemplaire provient de l'abbaye de St-Julien de Tours.

1135. Histoire des monts de piété, avec des réflexions sur la nature de ces établissements, par Ceretti. *A Padoue,* 1752, in-12, v. m.

1136. De notione Pecuniæ, dissertatio philosophico-politica, auctore Th. F. Hopffer. *Tubingæ* (1765), pet. in-4, dem.-rel., mar. v. du Levant.

1137. Le Guidon général des finances, contenant l'instruction du maniement de toutes les finances de France, par Iean Hanequin, Champenois. *Paris, Abel L'Angelier,* 1596, gros in-8, vél.

> Ouvrage curieux. — Bel exemplaire.

1138. Projet d'une dîme royale, par le maréchal de Vauban. *S. l.* (à la Sphère), 1707, in-12, v.

> Edition originale de ce fameux et singulier traité, que Voltaire attribuait faussement à Bois-Guillebert.

1139. Projet d'une dixme royale qui supprimant la taille, les aydes, les douanes, les décimes du clergé et tous autres impôts onéreux et non volontaires, produiroit au roy un revenu certain et suffisant, par le maréchal de Vauban. *S. l.,* 1708.

— Vie du maréchal de Vauban, gouverneur de la citadelle de Lille, par De Fontenelle. *S. l. (à la Sphère)*, 1709, in-12, v.

1140. Mémoires présentés à Mgr le duc d'Orléans, contenant les moyens de rendre ce royaume très-puissant et d'augmenter considérablement les revenus du roy et du peuple, par le comte de Boulainvilliers. *La Haye*, 1727, 2 vol. in-12, veau fauve. (*Anc. reliure.*)

> Bel exemplaire.

1141. Histoire du système des finances sous la minorité de Louis XV, précédée d'un abrégé de la Vie du duc régent et du Sᴿ Law. *La Haye*, 1739, 6 vol. in-12, veau fauve. (*Anc. reliure.*)

> Bel exemplaire.

1142. Histoire de MM. Pâris (de Montmartel et Duverney), ouvrage dans lequel on montre comment un royaume peut passer dans l'espace de cinq années de l'état le plus déplorable à l'état le plus florissant, par M. de L*** (le marquis de Luchet). *S. l.*, 1776, in-8, cart.

> Utile à consulter pour l'histoire des finances sous Louis XV.

1143. Mémoires sur la vie et les ouvrages de Turgot, ministre d'Etat (par Dupont de Nemours). *Philadelphie (Paris)*, 1782, 2 tom. en 1 vol. in-8, v. m.

1144. Le Caffé politique d'Amsterdam, par Ch. Elie-Den. Roonptsy (masque de Roch-Ant. Pellissery). *Amst.*, 1778, 2 vol. in-8, v.

> Cet ouvrage, composé sous la forme agréable d'entretiens familiers d'un François, d'un Anglois, d'un Hollandois et d'un cosmopolite, est une excellente étude de l'administration des finances et en même temps une vive et judicieuse critique des économistes Turgot et Terrai. On y trouve le germe de beaucoup d'idées réformatrices qui ont été généralement adoptées en Europe, depuis un demi-siècle, pour ce qui regarde particulièrement le contrôle des grands fournisseurs de l'armée et de la marine, des hauts employés, des banquiers, etc.

1145. Idées sur les impôts publics qui peuvent à la fois soulager les peuples de plus de la moitié, et les nobles et privilégiés de plus du quart de ce qu'ils paient et enrichir l'Etat de 300 millions et plus de revenu annuel, par Tho. Minau de La Mistringue. *A la hutte du Parc*, août 1787, in-8, br., non rogné.

1146. Mémoire particulier de la banque d'Amsterdam et de son commerce dans les quatre parties du monde. 1699. — In-4, mar. r., fil., tr. dor. (*Anc. reliure.*)

> Manuscrit du xviiiᵉ siècle, d'une très-belle écriture. Ce mémoire intéressant sur le plus célèbre et l'un des premiers établissements financiers de l'Europe est inédit.

1147. Histoire du commerce et de la navigation des anciens, par Huet, évêque d'Avranches. *Paris, Coustelier*, 1727, in-8, v.

1148. Histoire du commerce et de la navigation des anciens, par Huet. *Lyon, Duplain*, 1763, in-8, v. f., fil.

Exemplaire en GRAND PAPIER DE HOLLANDE.

1149. Jacques Cœur, commerçant, maître des monnaies, argentier du roi Charles VII et négociateur, par le baron Trouvé. *Paris*, 1840, in-8, portr., br.

1150. MOYENS POUR MONSTRER que dès maintenant les François se peuvent passer des manufactures d'or, d'argent et de soyes estrangères et de leurs soyes crües ou grèzes au bout de douze ou quinze ans, et par ce moyen empescher le transport de plus de douze millions de livres hors du royaume, et attirer en iceluy la plus liquide richesse de l'Italie, partie de celle d'Espagne et du Levant (par Barthélemy de Laffemas?). *S. l. n. d. (Lyon, vers 1602)*, pet. in-8 de 26 pages, cart. antiq.

> Opuscule fort rare, qui est un document précieux touchant les premiers établissements de magnaneries qui se firent dans plusieurs provinces de France, au XVIᵉ siècle. L'auteur y traite en homme d'expérience et en écrivain distingué des moindres détails de fabrication et de sériciculture. Il rappelle les premiers fondements de manufactures que l'on jeta dès le règne de Charles VIII, dans la ville de TOURS, et les progrès qu'elles firent en TOURAINE, à Lyon, en PROVENCE, dans le COMTAT D'AVIGNON, etc. Nous avons dit un mot du talent de l'écrivain. Ce talent est tel qu'il a su donner de la poésie au sujet, d'ailleurs si intéressant, de la culture des mûriers. La peinture qu'il en fait séduit le lecteur par le tour original des expressions. Nous voudrions citer plusieurs de ces pages écrites dans le style nerveux, rapide et richement imagé des maîtres de notre vieille langue. Notre auteur charme toujours, soit qu'il s'adresse aux « grandes dames et damoiselles des champs et des villes, qui ont « admiré cette merveille de nature, de voir leurs soies converties « en vaisselle d'argent, en bagues et joyaux et précieux vestemens, » soit qu'il apprenne le secret d'une honnête aisance au laboureur, à qui les mûriers fourniraient « de quoy payer sa taille, sans le destourner « de sa culture ordinaire, incommoder ny amoindrir les revenus des « champs, parce que le meurier vient en toute terre où le climat « luy est propre, et peut estre planté comme en Italie au long des « chemins, à l'orée des bois, pourveu que ce soit en beau solage... »

1151. Discours œconomique, non moins utile que récréatif, monstrant comme de cinq cens livres pour une foys employées, l'on peult tirer par an quatre mil cinq cens livres de proffict honneste, qui est le moyen de faire profiter son argent, par Prudent le Choyselat. *Rouen, Martin le Mcnestrier*, 1612, in-12, v. marbr., fil., tr. dor.

1152. Dialogues sur le commerce des bleds (par l'abbé Galiani, le style corrigé par Grimm et par Diderot.) *Londres*, 1770, in-8, v. fauve. (*Aux armes.*)

1153. Lettres patentes du roy, portant règlement pour le commerce des colonies françaises, données à Paris en 1717. In-4, v. m.

> MANUSCRIT DU XVIIIe SIÈCLE, composé de 210 pages. Le texte est encadré d'un filet rouge. C'est le *compendium* de la législation du commerce de nos îles à cette époque, avec un commentaire sur chaque article.

1154. Aperçu hasardé sur l'exportation dans les colonies, dédié à feu M. Franklin (par Jacq. François Papion-Duchâteau, de Tours). *Paris, L. Potier de Lille*, 1790, in-8 de II et 64 pag., br.

> Nous croyons pouvoir attribuer cet opuscule à Papion-Duchâteau, second fils du financier et manufacturier Papion, de Tours, pour plusieurs motifs. Les ouvrages que l'on connaît de lui se rattachent à cet ordre d'idées. La même année il publiait, à Paris, chez *Potier de Lille*, son imprimeur, deux opuscules (voir *Chalmel*, *Hist. de Touraine*, IV, 369-70): ensuite cet exemplaire provient de la bibliothèque même des Papion de Tours, dont une partie est passée dans celle de M. V. Luzarche.

1155. Essai sur le commerce de Russie, avec l'histoire de ses découvertes (par Marbault). *Amst.*, 1777, in-8, mar. vert, fil. (*Anc. reliure.*)

> Aux armes du duc d'Aumont sur le dos. — Ouvrage très-utile à consulter, ayant été rédigé d'après des mémoires d'ambassade.

IV. — PHYSIQUE ET CHIMIE. — HISTOIRE NATURELLE. — BOTANIQUE. — AGRICULTURE.

1156. Heronis Alexandrini spiritualium liber a Fr. Comihandino editus. *Urbini*, 1575, in-4, fig., vél.

> ÉDITION PRINCEPS. Elle est remplie de figures gravées sur bois. Exemplaire en grand papier.

1157. Traitez de l'équilibre des liqueurs et de la pesanteur de la masse de l'air, par M. Pascal. *Paris, Guil. Desprez*, 1663, in-12, dem.-rel.

> Édition originale.

1158. Découvertes de M. Marat, médecin des gardes du corps de M. le comte d'Artois, sur la lumière. *Londres et Paris*, 1780, in-8, br., *non rogné*.

> Volume peu commun, et que l'on recherche surtout à cause du nom de l'auteur. — Exemplaire en GRAND PAPIER DE HOLLANDE.

1159. Recherches physiques sur le feu, par M. Marat. *Paris*, 1780, in-8, fig., dem.-rel., bas.

> Exemplaire tiré sur PAPIER FORT.

1160. Recherches physiques sur l'électricité, par Marat. *Paris,* 1782, in-8, fig., v. m.

1161. Mémoire sur l'électricité médicale, couronné le 6 août 1783, par l'Académie royale des sciences, belles-lettres et arts de Rouen (par Marat). *Paris,* 1784. — Recherches physiques sur le feu, par M. Marat, docteur en médecine et médecin des gardes du corps de Mgr le comte d'Artois. *Paris,* 1780, avec fig. — Découvertes de M. Marat sur le feu, l'électricité et la lumière, constatées par une suite d'expériences nouvelles. *Paris,* 1779. — Notions élémentaires d'optique (par Marat). *Paris, Didot,* 1784, fig. — Ensemble 4 ouvr. en 1 vol. in-8, v.

> Ces premiers ouvrages du célèbre démagogue Marat son rares, et méritent d'être recherchés.

1162. Observations de M. l'amateur *Avec* à M. l'abbé *Sans,* sur la nécessité indispensable d'avoir une théorie solide et lumineuse avant d'ouvrir boutique d'électricité médicale (par Marat) *A Epidaure (Paris, Méquignon),* 1785, in-8 de 33 pag., br.

> Pièce très-rare, la plus difficile à trouver des œuvres du trop célèbre Marat.

1163. Rapport des commissaires chargés par le roi de l'examen du magnétisme animal (rédigé par J. Sylvain Bailly). *Paris,* 1784, in-8, br.

> Singuliers phénomènes, tels que : *Une femme qui croit être magnétisée à travers une porte, tombant en crise,* — *Une tasse magnétisée produisant le même résultat,* — *Le regard servant à frapper l'imagination,* etc., etc. On y voit le résultat de 16 expériences.

1164. L'Anti-magnétisme, ou Origine, progrès, décadence, renouvellement et réfutation du magnétisme animal (par Paulet, médecin). *Londres,* 1784, in-8, frontisp. au lavis, cart.

1165. Mes idées sur la nature et les causes de l'air déphlogistiqué, d'après les effets qu'il produit sur les animaux, en prolongeant leur force et leur vie, par F. D. B. G. D. L. G. F. D. F. (Fabre du Bosquet, gentilhomme de la grande Fauconnerie de France). *Londres (Paris),* 1785, in-8, mar. r., fil., tr. dor. (*Anc. reliure.*)

> Cet ouvrage ne fut tiré qu'à un petit nombre d'exemplaires.

1166. Le Tremble-terre, où sont contenus ses signes, causes, remèdes et effets, par Louys du Thaouin, advocat en la cour. *Bourdeaus, Gilbert Vernoy,* 1616, in-8, bordure gravée sur bois autour du titre, vél., tr. dor.

> Livre fort rare et très-curieux. Nous n'en avons pas encore vu passer d'exemplaire en vente publique. (Voir Brunet, Manuel, au mot *Maggio*). — Bel exemplaire avec l'*ex-libris* de Charles de Baschi, marquis d'Aubaïs, l'éditeur des *Pièces fugitives* sur l'histoire de

France, 3 vol. in-4. — L'imprimeur, Gilbert Vernoy, avait précédemment exercé ses presses dans la petite ville de Bergerac.

1167. Mémoire historique et physique sur les chutes des pierres tombées sur la surface de la terre à diverses époques, par Bigot de Morogues. *Orléans,* 1812, in-8. v. rac., dent. (*Thouvenin.*)

1168. Traité des parafoudres et des paragrêles en cordes de paille, par Lapostolle, apothicaire. *Amiens,* 1820, in-8, mar. rouge, dent., tr. dor.

Exemplaire à la reliure et aux armes d'ALEXANDRE Ier, EMPEREUR DE RUSSIE.

1169. Des Changements dans le climat de la France, histoire de ses révolutions météorologiques, par le docteur Fuster. *Paris,* 1845, in-8, dem.-rel., v. fauve, à nerfs.

1170. Jac. Mangeti bibliotheca chemica curiosa. *Coloniæ Allobrogum, de Tournes,* 1602, 2 vol. in-fol., front. gr., portr. et fig., v., fil.

« Ouvrage peu commun, vendu jusqu'à 44 fr. » (*Brunet.*) Ajoutons qu'il est indispensable à l'historien et au bibliographe ; car il ne traite pas seulement de toutes les choses qui se rapportent à la science de la chimie, mais encore des auteurs qui en ont écrit, et de leurs œuvres. Il y a d'intéressants détails touchant Raymond Lulle, Pic de la Mirandole, Nicolas Flamel, etc., etc. Quelques opuscules rares y sont même reproduits intégralement.

1171. Traité de l'eau de vie, ou Anatomie théorique et pratique du vin, par Brouaut, médecin (publ. par Ballesdens). *Paris, Jacques de Senlecque,* 1646, in-4, fig., vél. (*Exemplaire en grand papier.*)

Livre curieux et que l'on recherche surtout pour un fascicule de 56 pages, dans lequel l'imprimeur Senlecque explique au lecteur sa marque typographique, ou *Ecusson harmonique, en faveur du Vin et de l'Eau-de-Vie.* La figure qui se trouve sur le titre est très-remarquable par la variété et les singularités allégoriques des détails. Plusieurs *instruments de musique* y sont représentés avec les fioles, creusets, alambics et autres objets servant à la fabrication des essences, etc.

1172. Recherches sur la découverte de l'essence de rose, par Langlès. *Paris, Impr. Impér.,* 1804, pet. in-12, dem.-rel., v. rose.

1173. C. Plinii Secundi Naturalis historia. *Venetiis, in œdibus hæredum Aldi et Andreæ Asulani soceri,* 1535-36, 3 vol. — Index in C. Plinii Natur. hist. libros. *Venetiis, Aldus,* 1538, 1 vol. — Ensemble 4 vol. pet. in-8, v. f.

PREMIÈRE ÉDITION de Pline le Naturaliste donnée par les Alde. Elle se trouve très-difficilement complète, surtout avec l'*Index,* qui manque presque toujours.

1174. Jules Obsequent, des Prodiges, plus trois livres de Poly-

dore Vergile sur la mesme matière, trad. de latin en françois par George de la Bouthière Autunois. *Lyon, Ian de
Tournes,* 1555, in-8, lettres rondes, v. f.

Beau volume, recherché à cause de ses belles et curieuses figures sur
bois, remarquablement gravées par Bernard Salomon, dit le Petit-
Bernard.

1175. Le Monde enchanté, cosmographie et histoire naturelle
fantastiques du moyen-âge, par Ferd. Denis. *Paris,* 1843,
in-16, front. gr., dem.-rel., mar. v., tr. dor.

1176. OEuvres d'histoire naturelle et de philosophie de Ch.
Bonnet. *Neufchâtel,* 1779, 8 tom. en 10 vol. in-4, fig., cart.,
non rognés.

1177. Gemmarum et lapidum historia, ab Ans. Boetio de
Boot. *Lugd., Batav.,* 1636, in-8, fig., vél.

1178. Les Merveilles des Indes orientales et occidentales, ou
Nouveau traité des pierres précieuses et perles, contenant
leur vraye nature, dureté, couleurs, et vertus, chacune placée selon son ordre et degré, auquel est adjousté une petite
table fort exacte, pour connoistre en un instant à quel titre
les marchands orphevres de Paris, et les autres dans toutes
les principalles villes, travaillent l'or, et l'argent, par Rob.
de Berquen, marchand orphevre à Paris. *Paris, imprimerie
de C. Lambin. Les exemplaires se débitent chez l'auteur, en
la rue des Lavandières, en la maison des marchands orphevres,* 1661, in-4, v. fil. à compart.

Volume rare. Il est orné d'un portrait d'*Anne-Marie-Louise d'Orléans, souveraine de Dombes,* etc.

1179. Le Mercure indien, ou le Trésor des Indes, dans lequel
est traitté de l'or, de l'argent, du vif-argent, des pierres précieuses et des perles, de l'estimation de l'or, de l'argent et
des pierres précieuses, par P. D. R. (par P. de Rosnel).
Paris, Chevillion, 1667, pet. in-4, réglé, mar. rouge, fil. à
compart., tr. dor. (*Du Seuil.*)

Très-bel exemplaire.

1180. Tesoro delle gioie, trattato curioso. *In Vinetia,* 1686,
in-12, rel. pleine en mar. brun du Levant, à nerfs, fil.,
riches compart. à la Grolier, dent. intér., *non rogné.*

Superbe exemplaire d'un excellent traité des pierres précieuses,
du diamant, des baumes, de l'ambre, du musc, de l'ivoire, de la
corne, etc., etc.

1181. Mémoire sur les jaspes et autres pierres précieuses de
l'isle de Corse, par Cadet le jeune. *Bastia, veuve Batini, imprimeur du Roi,* 1785, pet. in-8, br., r.

1182. Mémoires pour servir à l'histoire d'un genre de polypes d'eau douce à bras en forme de cornes, par A. Trembley. *Leyde*, 1744. — Essai sur l'histoire naturelle des corallines et d'autres productions marines du même genre, qu'on trouve communément sur les côtes de la Grande-Bretagne et de l'Irlande, trad. de l'anglois. *La Haye*, 1756, 2 ouvr. en 1 vol. in-4, fig., mar. r., fil., tr. dor. (*Derome*.)

> TRÈS-BEL EXEMPLAIRE en ancienne reliure. Ces ouvrages intéressants sont ornés de figures fort bien gravées. On trouve dans le second la description d'une sorte de pieuvre très-grande, trouvée près du pôle Arctique, par des pêcheurs de bâleines.

1183. Histoire générale des races humaines, par Eusèbe Fr. de Salles. *Paris*, 1849, in-12, dem.-rel., dos et coins de mar. br. du Levant, non rogné.

1184. Dissertation historique et politique sur la population des anciens temps, comparée avec celle du nôtre, dans laquelle on prouve qu'elle a été plus grande autrefois qu'elle ne l'est de nos jours, par Wallace, trad. par E. (Eidous). *Amst.*, 1769, in-8, v. m.

1185. Dissertation touchant l'empire de l'homme sur les autres animaux et sur toutes les créatures sublunaires, où il est montré qu'il est favory de Dieu et de la nature, qu'il n'a pas eu besoin d'aisles et qu'il n'a peu ni deu voler, et qu'il a d'ailleurs toutes les perfections nécessaires pour le rendre maistre de l'univers, par le S. de Galatheau, Sr Du Biac. *Paris, Cl. Barbin,* 1676, in-12, v. br.

> Livre singulier. L'auteur, qui était médecin du roy, demeurant à *Bordeaux*, en avait composé un plus singulier encore. On lit sur la garde, d'une écriture du temps, la note suivante : « M. de Galatheau avoit promis une dissertation sur *l'empire que les araignées ont sur les moucherons*, je ne sçais si cet ouvrage a vu le jour. »

1186. Recherches anatomiques et physiologiques sur la structure intime des animaux et des végétaux, par Dutrochet. *Paris*, 1824, in-8, fig., dem.-rel., v.

1187. Franc. Boussueti Surregiani doctoris medici de natura aquatilium carmen... cum vivis eorum imaginibus. *Lugduni, Matth. Bonhomme*, 1558, in-4, curieuses fig. sur bois à chaque page, parch.

1188. Mémoires pour servir à l'histoire naturelle des abeilles solitaires qui composent le genre Halicte, par C. A. Walckenaer. *Paris, Didot,* 1817, in-8, papier vélin, cart., non rogné.

1189. Histoire naturelle des abeilles, avec l'art de former des essaims, de M. A. G. Schirach (on y a ajouté la correspondance de l'auteur avec quelques sçavans, et trois mémoires de Bonnet de Genève sur ses découvertes), trad. de l'allemand ou recueilli, par J. J. Blassière. *La Haye*, 1775, in-8, 4 grandes planch., v. f. (*Ancienne reliure.*)

Bel exemplaire.

1190. Tableau des Araneïdes, par C. A. Walckenaer. *Paris*, 1805, gr. in-8, fig., v. porph., fil., dent., tr. dor. (*Bozérian.*)

1190 *bis*. Les Petits chiens de dames, spécialement de l'épagneul nain, par A. Bonnardot. *Paris*, 1856, in-24, br.

Tiré à très-petit nombre.

1191. De varia Quercus historia, accessit Pylati Montis descriptio, authore Io. du Choul, Lugdunensi. *Lugduni, apud Gul. Rouillium*, 1555, pet. in-8, fig. s. bois, mar. bleu du Levant, dos à nerfs, fil., dent. intér., tr. dor. (*Koehler.*)

Très-bel exemplaire d'un traité curieux et rare, qu'on ne trouve presque jamais complet. Nous avons les deux tables et l'errata, qui peuvent manquer sans que l'on puisse s'en apercevoir autrement que par la comparaison avec un autre exemplaire.

1192. L'Histoire des plantes, trad. de latin en françois, avec leurs portraits, noms, qualitez et lieux où elles croissent, par Geofroy Linocier, médecin de Tournon en Vivarais. *Paris, G. Macé*, 1620, fig. s. bois. — Histoire des plantes nouvellement trouvées en l'isle Virgine et autres lieux, lesquelles ont esté prises et cultivées au jardin de M. Robin, arboriste du roy. *Paris*, 1620, fig. s. bois. — L'Histoire des animaux à quatre pieds, recueillie de Gesnerus et autres bons et approuvez autheurs. *Paris*, 1619, curieuses fig. sur bois. — L'Histoire des oyseaux, recueillie de Gesnerus et autres bons et approuvez autheurs. *Paris*, 1619, fig. s. bois. — L'Histoire des poissons, reveue et corrigée par les doctes de nostre temps. *Paris*, 1619, fig. s. bois. — Histoire des serpens (bestes venimeuses et du chien enragé). *Paris*, 1619, fig. s. bois. — Entier discours et manière de distiller les eaux de toutes sortes de plantes et la vertu qui en provient. *Paris*, 1619, fig. s. bois. — 7 tomes en 1 gros vol. in-18, vél.

Encyclopédie extrêmement curieuse avec de très-naïves figures sur bois à chaque page. L'auteur, G. Linocier, était imprimeur à Tournon.

1193. Le même recueil de Geofroy Linocier. *Paris*, 1619-20, 7 tom. en 1 vol. in-16, fig. s. bois, v. f., fil., dos orné, tr. dor. (*Padeloup.*)

Bel exemplaire de GIRARDOT DE PRÉFOND.

1194. Le Jardin du roy tres-chrestien Henry IV, dédié à la

royne, par Pierre Vallet, brodeur ordinaire du roy. (*Paris*),
1608, in-fol., curieux front. gravé et fig. sur cuivre de P.
Vallet, dem.-rel.

1195. Theatrum Florum in quo ex toto orbe selecti mirabiles
venustiores ac præcipui flores tanquam ab ipsius Deæ sinu
proferuntur. *Lutetiæ Parisiorum, apud Nicolaum de Ma-
thoniere*, 1624, in-fol., fig., v. br.

> Recueil de 69 planches joliment gravées sur cuivre, non compris
> le titre, qui est fort beau ; en tout 70 planches gravées par *de Ma-
> thonière*.

1196. Adr. Spigelii philos. ac medici Patavini isagoges in rem
Herbariam lib. duo.*Lugd., Batav., ex off. Elzeviriana*, 1633,
pet. in-16, charmant front. gravé, reliure pleine en mar.
vert du Levant, à nerfs, fil. à compart., ornements à petits
fers, dent. intér., dos orné, tr. dor.

> Superbe exemplaire d'un excellent petit traité, qui se termine par
> un double *Index* de plantes rares.

1197. Hortus Regius Monspeliensis, sive catalogus plantarum
quæ in Horto Regio Monspeliensi demonstrantur, a P. Ma-
gnol. *Monspelii, Hon. Pech*, 1697, in-8, fig., v.

1198. Methodus foliorum seu plantæ floræ Monspeliensis juxta
foliorum ordinem, autore F. B. de Sauvages. *La Haye*, 1750,
in-8, fig., v. m.

1199. Car. Lud. L'Héritier Stirpes novæ, illustratæ iconibus
P. J. Redouté. *Parisiis*, 1784, gr. in-fol., fig. de plantes, d.-
rel., *non rogné*.

> Exemplaire en *grand papier*.

1200. C. Sprengel historia rei herbariæ. *Amstel.*, 1807, 2 vol.
in-8, v. porph., dent.

1201. Flore de la ci-devant Auvergne, ou Recueil des plantes
observées sur les montagnes du Puy-de-Dôme, du Mont-
d'Or, du Cantal, etc., par A. Delarbre. *Riom et Clermont*,
1800, 2 vol. in-8, br.

1202. Flore de Lorraine (Meurthe, Moselle, Meuse, Vosges), par
le docteur Godron. *Nancy*, 1843, 3 vol. in-12, br.

1203. Nouveau traité des œillets, la façon la plus utile et facile
de les bien cultiver, leurs noms, leurs couleurs et leur
beauté, par L. C. B. M. *Paris, Ch. de Sercy*, 1689, in-12,
vél.

1204. Le Jardinier botaniste, ou la Manière de cultiver toutes
sortes de plantes, fleurs, arbres et arbrisseaux, par Besnier
(de Tours). *Paris*, 1705, in-12, front. gravé, v.

> Exemplaire avec un *ex dono authoris*.

1205. Le Mariage des fleurs, en vers latin, par D. de La Croix, avec trad. française et notes. *Paris*, 1798, pet. in-8, fig., br., *non rogné*.

1206. Scriptores Rei Rusticæ veteres latini, Cato, Varro, Columella, etc., quibus nunc accedit Vegetius de mulo-medicina, etc., adjectæ notæ virorum clariss. integræ et lexicon rei rusticæ, curante Jo.-Matth. Gesnero. *Lipsiæ*, 1735, 2 vol. in-4, front. et fig. gravés par Bern. Picart, v. m.

« Bonne édition, » dit Brunet, qui l'estime de 24 à 36 fr.

1207. Palladio dignissimo et antiquo scrittore della agricultura tradutto volgare (da P. Marino da Fuligno). *Vinegia, B. de Viano de Lexona*, 1537, in-8, curieuse fig. s. bois s. le titre, vél.

Édition rare de l'Agriculture de Palladius, imprimée en caractères ronds. Bel exemplaire.

1208. Disputatio de causis commutatæ quarumdam regionum fertilitatis, auctore Chr. Frid. Mich. Goettinga-Haunoverano. *Coburgi*, 1771, pet. in-4, dem.-rel., mar. vert d'eau.

Rare et curieux. On ne doit point admirer que toutes les régions terrestres ne soient pas également fertiles ou propres au même genre de culture, puisque le sol varie considérablement, selon les climat et les latitudes. Mais, de voir que la nature de certaines terres, autrefois fleuries et merveilleusement nourricières, ait tellement changé, que des jardins d'abondance et de délices soient devenus, en notre temps, des contrées sauvages et misérables ; voilà, certes, une question curieuse à étudier. Où sont les grappes géantes, et les grands troupeaux, et le blé et le vin de la Palestine, de la Perse et de la Grèce? Qu'est-ce que le vin de Falerne? Que sont devenus les innombrables oliviers, les torrents de miel et de lait, les forêts d'épis de la Sicile, grenier et cellier de l'Italie? Tout cela n'est plus, et par des causes multiples, que notre auteur érudit nous montre et développe, en un style plein de clarté et d'agrément.

1209. Notice sur l'agriculture des Celtes et des Gaulois. *Paris*, 1806, in-8, br.

1210. De l'Économie publique et rurale des Celtes et des Germains, par L. Reynier. *Genève*, 1818, in-8, v. rac.

1210 *bis*. Histoire de l'Agriculture depuis les temps les plus reculés jusqu'à la mort de Charlemagne, documents inédits sur l'histoire des Gaulois, par V. Cancalon. *Limoges*, 1857, in-8, br.

1211. **Le Propriétaire** en françoys..... *Et le translata..... frere Jehan Corbichon..... et a estre revisité par venerable..... frere Pierre Ferget..... Et imprimé audit lieu de Lyon par honorable homme maistre Mathieu Husz, maistre en l'art de impression*, 1491, gr. in-fol. goth., fig. s. bois, rel. en bois. (Piqué.)

1212. Caroli Stephani Prædium Rusticum. *Lutetiæ, Car. Stephanus,* 1554, in-8, réglé, v. gran.

> Très-bel exemplaire de l'édition originale de la *Maison rustique,* tant de fois réimprimée. L'impression en est très-remarquable. La division de cet excellent ouvrage est faite avec une progression et une simplicité parfaites, et la nomenclature moderne y est rendue en français.

1213. Olivier de Serres, agronome du xvie siècle, sa vie, ses travaux et ses écrits, par A. Sensier. *Privas,* 1858, in-8, portr., br.

1214. Le Jardinier François, qui enseigne à cultiver les arbres et herbes potagères, avec la manière de conserver les fruicts et faire toutes sortes de confitures, conserves et massepans (par Nic. de Bonnefonds, valet de chambre du roy). *Paris,* 1653, front. gravé et fig. de Chauveau. — La Manière de cultiver les arbres fruitiers, par le sieur Le Gendre, curé d'Hénouville. *Paris, Ant. Vitré,* 1653, 2 ouvr. en 1 vol. pet. in-12, v. br.

> Ces deux traités sont estimés. On ne les a jamais remplacés entièrement. Le premier contient un catalogue fort bien dressé *des noms des fruits dont nous avons connoissance au climat de Paris.*

1215. Le Jardinier royal, qui enseigne la manière de planter, cultiver et dresser toutes sortes d'arbres, ensemble le moyen de faire pépinières, etc. *Paris, Ch. de Sercy,* 1677, in-12, v.

1216. L'Abrégé des bons fruits, avec la manière de les connoistre et de cultiver les arbres, par Jean Merlet, écuier. *Paris, De Sercy,* 1690, pet. in-12, v.

1217. Instruction pour les jardins fruitiers et potagers, etc., par M. de La Quintinye. *Paris, Cl. Barbin,* 1690, 2 vol. in-4, portr., vig. et fig., v. br. (*Édition originale.*)

> La Quintinye est connu pour avoir été célébré par les vers de Boileau.

1218. Instruction pour les jardins, par de La Quintinye. *Amst.,* 1692, 2 tom. en 1 vol. in-4, fig., vél. de Holl.

> Seconde édition. Elle est très-belle. C'est par erreur que M. Brunet avance que la seconde édition est de 1695.

1219. Nouvelle instruction pour la culture des figuiers, où l'on apprend la manière de les élever, multiplier et conserver tant en caisses qu'autrement, avec un Traité de la culture des fleurs (publ. par Ballon, directeur des jardins du roi, et par Garnier, jardinier du roi à la pépinière). *Paris, Ch. de Sercy,* 1692, pet. in-12, parch.

1220. Le Parfait œconome, contenant ce qu'il est utile et nécessaire de sçavoir à tous ceux qui ont des biens à la campagne, par M. de Rosny. *Paris, Cl. Prudhomme*, 1710. — Idée ou Description d'une maison de campagne, maison, basse-cour et jardins. — Traité de la manière de semer dans toutes les saisons de l'année toutes sortes de graines et plantes. *Paris*, 1710. — Nouvelle instruction pour connoistre les bons fruits selon les mois de l'année, etc. — 4 ouvr. en 1 vol. in-12, v. (*Aux armes de Du Prat.*)

1221. La Théorie et la pratique du jardinage, où l'on traite à fond des beaux jardins apppelés communément les jardins de plaisance et de propreté, composés de parterres, de bosquets, de boulingrins, etc., contenant plusieurs plans et dispositions de jardins, parterres, salles, galeries, terrasses, escaliers, fontaines, cascades, etc., par L. S. A. I. D. A. *Paris, J. Mariette*, 1713, in-4, nombr. fig. d'ornements, mar. r., fil., tr. dor. (*Ancienne reliure avec chiffre.*)

1222. Traité des étangs, des viviers, canaux, fossez et mares, et du profit que l'on en peut tirer. *Paris, Cl. Prudhomme*, 1717, pet. in-12, v.

1223. L'Art de cultiver les mûriers blancs, d'élever les vers à soie et de tirer la soie des cocons, avec figures (par Pomier). *Paris*, 1757, in-8, fig., mar. r., tr. dor. (*Anc. reliure.*)

1224. Traité sur les terres noyées de la Guiane, appelées communément Terres-Basses, sur leur desséchement, leur défrichement, leur culture et l'exploitation de leurs productions, avec des réflexions sur la régie des esclaves et autres objets, par M. Guisan, capitaine d'infanterie. *A Cayenne, de l'imprimerie du roi*, 1788, in-4 de VIII et 348 pag., br.

> Premier livre imprimé à Cayenne et dans la Guyane. — Très-rare.

1225. An historical and practical essay on the culture and commerce of Tobacco by Will. Tatham. *London*, 1800, in-8, fig., v.

> Curieux ouvrage sur le tabac. — Peu commun.

1226. Essai sur le défrichement des Landes et le desséchement des marais, par Avrouin-Foulon, maire de Semblençay. *Tours*, 1818, in-8, br.

V. — MÉDECINE.

Traités généraux de médecine. — Monographies de la Lèpre, de la Peste, de la Syphilis et autres maladies. — Hygiène ou traités sur la conservation de la santé et prolongation de la vie. — Chirurgie. — Accouchements. — Pharmacopée, secrets de médecine. — Propriétés médicales des eaux miné-

*-rales. — Curiosités et singularités de la médecine. — Biogra-
phie médicale.*

1227. HIPPOCRATIS ac Galeni libri aliquot ex recognitione *Francisci Rabelæsi* medici, omnibus numeris absolutissimi. *Apud Gryphium Lugd.*, 1532, in-16, lettres rondes, vél.

> Volume très-rare et fort curieux, publié par le célèbre auteur de *Gargantua et Pantagruel*, MAITRE FRANÇOIS RABELAIS, natif de Chinon, en Touraine.

1228. Deux livres des Simples de Galien, traduictz par Monsieur maistre Jehan Canappe. *Lyon, Jean de Tournes*, 1547, in-16, vél.

1229. In hoc volumine hæc continentur : Aurelii Cornelii Celsi medicinæ libri VIII, quam emendatissimi, græcis etiam omnibus dictionibus restitutis, Quinti Sereni liber de medicina... accedit index in Celsum et Serenum sane quam copiosus. *Venetiis, in ædibus Aldi et Andreæ Asulani Soceri, mense Martio,* 1528, pet. in-4, rel. pleine en mar. br. du Levant, à nerfs, fil., riches compartiments genre Grolier, dent. intér., tr. dor.

> Un des volumes les plus rares de la collection Aldine. Il a appartenu à un savant du XVIe siècle, dont la devise : *Cito, placide, tuto,* d'une belle écriture, se lit au bas du titre; quelques mots de la même main se lisent sur les marges. Exemplaire en belle condition.

1230. A. Corn. Celsi de Medicina libri VIII ex recognitione J. Ant. Van der Linden. *Lugd. Batavor., Joh. Elsevier,* 1657, pet. in-12, front. gravé, v.

1231. Problêmes d'Aristote et autres philosophes médecins, selon la composition du corps humain, avec ceux de Marc Antoine Zimara. *Lyon, P. Rigaud,* 1613, in-16, dem-rel.

1232. Ægidii Corboliensis carmina medica, ad fidem mss. et vet. edit. recens. L. Choulant. *Lipsiæ,* 1826, in-8, br.

> Gilles de Corbeil, ainsi nommé du lieu de sa naissance, vivait au XIIe siècle.

1233. Andreæ Laurentii Regis medici ejusdemque in academia Monspeliensi professoris, de Crisibus libri III. *Cæsaroduni Turonum, excudebat Iametius Mettayer, typographus Regius,* 1593, in-8, vél., fil., tr. dor.

> Les impressions de Jamet Mettayer, de Tours, sont très-remarquables et peuvent rivaliser avec les plus belles impressions des Estienne.

1234. De pestilentia anni præsentis et ejus cura..... cum quibusdam dubiis et digressionibus sine quibus cura non perficitur, eximii viri Johannis Vochs de Colonia.... *Impres-*

sum Magdeburge, per diligentem et ingeniosum virum Jaco-
bum Winter, 1507, pet. in-4, gothique, br. n.

1235. La Practique de maistre Pierre Bocellin, chyrurgien et
citoyen de la noble cité de Belleys en Savoye, sur la matière
de la contagieuse et infective maladie de lépre. *Ils se vendent
à Lyon, à l'enseigne de la Fontaine. Imprimée à Lyon sur le
Rhosne par Massé (sic) Bonhomme,* 1540, pet. in-4, cart.
antiq.

> Volume des plus rares. Il n'est mentionné que par du Verdier.
> L'exemplaire est atteint en tête, dans le titre courant. On n'en con-
> naît qu'un autre exemplaire, lequel est peut-être encore moins
> bien conservé que le nôtre.

1236. Traicté de la Peste, de la petite vérolle et rougeolle, avec
une brefve description de la Lépre, par Ambroise Paré, premier chirurgien du Roy. *Paris, André Wechel,* 1568, in-8,
entourage gravé s. bois autour du titre, dem.-rel.

> Livre curieux et rare; un des premiers ouvrages d'Ambroise Paré.
> — Bel exemplaire.

1237. Le général et souverain remède contre la maladie pes-
tilentieuse, nouvellemént mise en lumière par M. Duret,
médecin du Roy. *Paris, J. de Bordeaux,* 1623, pet. in-8,
cart. antiq.

> Prescriptions populaires d'hygiène à l'occasion de la peste qui
> infestait alors la ville de Paris. Parmi ces recommandations médi-
> cales, Duret trouve qu'il est urgent « d'adviser le peuple de ne plus
> boire d'eaue de rivière, laquelle, à Paris, ne vaut rien au dessoubz
> des ponts. » Il conseille en même temps l'établissement d'une mai-
> son de santé à Grenelle « au-dessous de la ville, le long du courant
> de l'eau, d'où il n'y a que le vent d'Affrique qui puisse repousser
> l'infection devers la ville et de bien loing. Car quand à ce qui ob-
> jecte du Louvre, la response est aisée, c'est à sçavoir que le Roy
> seroit mal conseillé de s'y tenir en temps de peste..... »

1238. Le Capucin charitable enseignant la méthode pour remédier aux grandes misères que la peste a coutume de causer
parmi les peuples, dédié à MM. les magistrats et les inten-
dans de la police des villes de France, par le P. Maurice de
Tolon, capucin. *Paris,* 1662, in-8, v. m.

1239. De la Peste, ou Époques mémorables de ce fléau, et les
moyens de s'en préserver, par J. P. Papon, ci-devant historiographe de Provence. *Paris,* 1800, 2 vol. in-8, br.

1240. **Mentagra** sive tractatus excellens de causis preserva-
tivis, regimine et cura morbi Gallici sive, ut Galli dicunt,
Neapolitani..... ingenio, peritia et experientiis Vuendelini
Hock de Brackenau comportatus. *Lugduni, sumptu Barth.
Trot, in œdibus Ant. Blanchardi,* 1531, pet. in-8 carré, go-
thique, dem.-rel., v. fauve.

> Traité rare et très-curieux sur la syphilis.

1241. Méthode curative de plusieurs et diverses maladies par nouvelle industrie et administration de la potion du boys de guaiac aultrement dict le sainct Boys, premièrement composé en latin par docte homme Alphonse Ferrier, Neapolitain... et depuys nouvellement traduict en françoys, corrigé et amendé en plusieurs lieux par messire Nicolas Michel, docteur en la faculté de médecine à Poitiers. *On les vend à Rouen, chez Nicolas de Burges, libraire tenant son ouvroir devant le Pellerin, prez le neuf Marché, s. d. (vers 1540)*, pet. in-16, lettres rondes, vél.

Ouvrage très-curieux et fort rare.

1242. La Méthode curatoire de la maladie vénérienne, vulgairement appellée grosse vérolle et de la diversité de ses symptômes, composée par Thierry de Herry, lieutenant-général du premier barbier-chirurgien du Roy. *Paris*, 1660, in-8, vél.

1243. La Cacomonade, ou Histoire politique et philosophique du mal de Naples, par Simon Nic. Henri Linguet (publ. par Mercier de Compiègne). *Cologne et Paris*, 1797, in-18, front. gravé, br., non rogné.

1244. Traicté de l'Epilepsie, maladie vulgairement appelée au pays de Provence, la gouttete aux petits enfans, avec plusieurs belles et curieuses questions, touchant les causes prognostiques et cure d'icelles, composé par M. Jean Taxil, natif des Sainctes Maries, médecin d'Arles. *Tournon, Cl. Michel*, 1602, in-8, vél.

1245. Discours et advis sur les flus de ventre douloureux soit qu'il y ait du sang ou point, sur le Trousse-Gallant, dict Choléra Morbus, la peste, les effets signalés et incroyables de l'eau, etc.... par Herman Vander Heyden. *Gand, Servaes Manilius*, 1643, pet. in-4 de 120 pages, br., r.

Volume rare, qui nous fait connaître les premiers effets du choléra dès l'apparition de ce terrible fléau en Europe.

1246. Le Traictie des urines. *S. l. n. d. (Paris, Ant. Vérard, vers 1490)*, pet. in-fol. goth. à 2 col., fig. s. bois, d. rel.

Traité très-curieux. Bien qu'il ait un titre spécial, et tous les caractères d'un livre distinct, on le trouve quelquefois joint au *Jardin de Santé*. Exemplaire très-grand de marges. Au verso du titre une grande gravure sur bois représente l'intérieur de l'officine d'un apothicaire du XVe siècle.

1247. DE CONSERVANDA BONA VALETUDINE, Scholæ Salernitanæ opusculum, cum Arnoldi Novicomensis medici enarrationibus, item de electione meliorum simplicium M. Othonis Cremon., de moderatione cibi et potus, de victus salubris ratione, etc. *Francof., ap. Chr. Egenolphum*, 1553, in-8, fig.

s. bois extrêmement naïves et singulières, rel. pleine en
mar. vert du Levant, à nerfs, dent. intér., tr. dor. (*Duru.*)

> TRÈS-BEL EXEMPLAIRE d'un recueil rare. Cette édition est
> curieuse surtout par certaines gravures dans lesquelles la malignité
> allemande s'est exercée contre les ordres religieux. L'intempé-
> rance est représentée, page 9, sous la figure grasse et rubiconde
> d'un moine en goguette, à table à côté d'une femme décolletée.
> Au-dessus, on lit cet aphorisme à double sens : *Si vis esse sanus, sit
> tibi parca manus.*

1248. De Conservanda bona valetudine, opusculum Scholæ
Salernitanæ. *Parisiis, C. Perier,* 1553, in-16 réglé, vél.

> Joli volume qui contient, outre le poëme de l'École de Salerne,
> le petit Traité de l'ivresse, de Saint-Augustin, rendu en vers.

1249. L'Art de conserver sa santé, composé par l'École de
Salerne, trad. en vers françois par B. L. M. (Bruzen La
Martinière). *Paris,* 1753, pet. in-8, v. m.

1250. Le Second Livre de Marsille Fiscine, de la Vie longue,
traduict de latin en françoys par maistre Jehan Beaufils,
advocat au Chastelet de Paris. *Paris, Denys Janot,* 1541,
pet. in-8 goth., cart.

1251. Les Sept dialogues de Pictorius, traictans la manière de
contregarder la santé par le moyen des six choses que les
medicins appellent non naturelles, ausquels est adiousté
un autant utile que délectable dialogue de Plutarque, intitulé de l'industrie des animaux tant de l'eau que de la terre,
le tout fait françois par Arnault Pasquet de La Rochefoucault. *Paris, Gilles Gourbin,* 1557, in-8, vél.

> Volume rare, dédié à François, comte de La Rochefoucault, par
> l'auteur, natif de la ville de La Rochefoucault en *Angoumois.* Après
> la préface se trouve une pièce de vers ou dialogue entre *la Ville de
> La Rochefoucault* et Arnault Pasquet.

1252. Commentarii de sanitate tuenda, autore Jodoco Lommio
Burano, reipublicæ Nerviorum medico physico. *Lovanii,
Ant. Maria Bergagne,* 1558, in 8, vél.

1253. Edm. Hollyngi Eboraceni Angli, de salubri studiosorum
victu, hoc est de litteratorum omnium valetudine conservanda vitaque diutissime producenda libellus. *Ingolstadii,*
1602, in-8, parch.

> Ouvrage curieux et peu connu sur la santé des gens de let-
> tres.

1254. Le Pourtraict de la santé, où est au vif représentée la
reigle universelle et particulière, de bien sainement et longuement vivre, par Jos. Du Chesne, S. de la Violette. *Paris,
Cl. Morel,* 1606, in-8, v. gran.

1255. Le Gouvernement nécessaire à chacun pour vivre longuérnént en santé, avec le gouvernement requis en l'usage des eaux minérales, tant pour la préservation que pour la guérison des maladies rebelles, par Nicolas Abraham, Sr de la Framboisière. *Paris*, 1608, in-8, portr. de l'auteur gravé par L. Gaultier, vél.

1256. Le Médecin de soi-même, ou l'Art de se conserver la santé par l'instinct (par Deveaux). *Leyde, chez de Graaf, pour l'autheur*, 1682, pet. in-12, front. gravé, vél.

> Jolie petite édition, qui entre dans la collection des Elzevier.

1257. De la Sobriété et de ses avantages, ou le Vrai moyen de se conserver dans une santé parfaite jusqu'à l'âge le plus avancé, trad. nouvelle de Lessius et de Cornaro, avec des notes, par D. L. B. (De La Bonodière). *Paris*, 1772, in-12, br., *non rogné*.

1258. Traité des hernies et autres excellentes parties de la chirurgie, assavoir de la pierre, des cataractes des yeux et autres maladies, par Pierre Franco de Turriers en Provence, demeurant à présent à Orenge. *Lyon, Thibauld Payan*, 1561, in-8, fig., dem.-rel.

> « Volume peu commun, » dit Brunet. Édition la plus complète et la plus recherchée.

1259. Officinne (*sic*) et jardin de chirurgie militaire, contenant les instrumentz et plantes très-nécessaires à tous chirugiens (*sic*), avec certains cathalogües des ingrediens propres à chacun membre tant similaires qu'organiques. *Paris, Robert Coulombel, à l'enseigne d'Alde*, 1583, pet. in-8, 149 planches gravées sur bois dans le texte, vél.

> Livre rare et des plus curieux sur la chirurgie militaire et de campagne. La première partie des gravures offre les instruments de chirurgie dont on se servait au xvie siècle, la seconde est consacrée à la représentation des plantes médicinales; l'auteur y enseigne la vertu de chacune. Esaïe le Lièvre était du *Vermandois*, ainsi qu'il le déclare en tête d'un autre ouvrage que nous connaissons de lui: « Epydimyomachie ou *Traité de la peste*. » Son « *Officine de chirurgie militaire* » est, ainsi qu'il le dit expressément, le résultat d'observations et d'expériences faites par lui-même pendant l'exercice de sa profession « *en nostre païs de Picardie*. » — Dédié à François Gouffier, sieur de Crèvecœur et de Bonnivet, gouverneur de Picardie.

1260. Chirurgie française, recueillie par Jacques Dalechamps, docteur en médecine à Lyon, avec plusieurs figures des instrumens nécessaires pour l'opération manuelle, ensemble de quelques traictez des opérations de chirurgie éclaircies par Jean Girault, avec les figures des instrumens de chirurgie. *Paris*, 1610, pet. in-4, fig. s. bois, bas.

1261. Les Fleurs du Grand Guidon, c'est-à-dire les Sentences principales de certains chapitres dudit Guidon, par M. Jean

Raoul, chirurgien. *Paris, Philippes Gaultier,* 1627, in-16, cart. antiq.

1262. OEuvres chirurgicales de Hiérosme Fabrice d'Aquapendente, fameux médecin, chirurgien et professeur anatomique, divisées en deux parties, dont la première contient le Pentateuque chirurgical. *Lyon, Huguetan,* 1658, in-8, vél.

1263. Le Chirurgien charitable, œuvre nécessaire principalement à ceux qui sont esloignés des villes, par J. A. G. (Guérin), maître chirurgien. *Genève,* 1649, pet. in-8, fig. s. bois sur le titre, cart.

1264. L'OEconomie chirurgicale pour le r'habillement des os du corps humain, contenant l'ostéologie, la nosostéologie, et l'apocatastéologie ou la science et le discours des os, de leurs maladies, de leurs remèdes, et outre ce le Traitté des bandages, etc., par D. Fournier, maistre chirurgien. *Paris,* 1671, front. gravé, portr. et fig. — Explication des bandages, avec toutes les figures démonstratives, par le même. *Paris,* 1668. — L'OEconomie chirurgicale, avec un petit traitté de myologie, par le même. *Paris,* 1671, front. gravé, portr. et fig. — 3 ouvr. en 1 vol. in-4, curieuses fig. s. bois, v. gran.

Ouvrage rare et singulier.

1265. L'Arcenal de chirurgie de Jean Scultet, mis en françois, par Mess. François Dehoze, avec la description d'un monstre humain, exposé à Lyon le 5 de mars 1671. *Lyon.* 1675, in-4, figures, v. br.

Rare et curieux. Le traducteur dédia son œuvre à l'Archevêque de Lyon.

1266. DEUX LIVRES DE CHIRURGIE de la génération de l'homme et manière d'extraire les enfans hors du ventre de la mère, ensemble ce qu'il faut faire pour la faire mieux et plus tost accoucher, avec la cure de plusieurs maladies qui luy peuvent survenir, des monstres tant terrestres que marins, avec leurs portraits, par Ambroise Paré, premier chirurgien du roy. *Paris, André Wechel,* 1573, in-8, encadrement gravé sur bois autour du titre, portrait d'Ambroise Paré, et nombr. fig. d'opérations, de monstres et d'instruments de chirurgie, rel. pleine en mar. br. du Levant, à nerfs, fil. à compart., genre Grolier, dent. intér., tr. dor.

Un des plus rares et des plus curieux ouvrages d'Ambroise Paré. TRÈS-BEL EXEMPLAIRE, superbe de marges, et d'une admirable conservation. L'exemplaire relié en veau et vendu 70 fr. chez Solar était loin d'être aussi beau que le nôtre.

1267. De Conceptu et generatione hominis; de matrice et ejus partibus, necnon de conditione infantis in utero, etc., etc., lib. sex, opera Jac. Rueffi, chirurgi. *Francofurti,* 1580, pet. in-4, fig. s. bois de Jost Amman, vél.

Cet ouvrage est un des plus singuliers et des mieux faits qui aient paru au xvie siècle sur le sujet de la génération, de la stérilité, de la conception, de l'enfantement, etc. Il est enrichi de 74 *figures* de JOST AMMAN, dont quelques-unes sont fort curieuses, et d'une large exécution, comme celles qui représentent diverses scènes d'accouchement. Toutes les grandes planches offrent de l'intérêt pour l'histoire des costumes au xvie siècle, et dans chaque classe de la société. Voir, entre autres, les figures des feuillets 3, 36 et 61. — C'est le plus rare des volumes illustrés par *Jost Amman*.

1268. De la Grossesse et accouchement des femmes, du gouvernement d'icelle et moyens de survenir aux accidents... de la nourriture des enfants, etc., etc., par Ch. Guillemeau. *Paris, Abr. Pacard*, 1620, in-8 de 1049 pag., front. gr. et fig., v.

> Livre curieux et rempli de détails. Les figures, gravées sur cuivre, en sont remarquables. On trouve, à la fin du volume, une pièce paginée séparément, et avec titre, qui manque à quelques exemplaires. C'est le *Traicté des abus qui se commettent sur les procédures de l'impuissance des hommes et des femmes*.

1269. Le Propagatif de l'homme et secours des femmes en travail d'enfant, par Jacq. Bury, médecin natif de Chasteaudun. *Paris*, 1623, pet. in-8 de 110 pag., fig., cart. antiq.

1270. Observations diverses sur la stérilité, perte de fruict, fœcondité, accouchements et maladies des femmes et enfants nouveaux naiz, amplement traictées et heureusement praticquées, par Louyse Bourgeois dite Boursier, sage-femme de la reyne mère du roy. *Paris*, 1642-44, 3 part. en 1 vol. in-8, front. gravé et portraits de Marie de Médicis et de Louyse Boursier, vél.

> Ce rare et curieux ouvrage est recherché, surtout à cause du livret précédé d'un titre à part : *Récit véritable (et naïf) de la naissance de Messeigneurs et Dames les enfants de France. Les diverses scènes de l'accouchement de Marie de Médicis mettant au monde Louis XIII sont des plus émouvantes.* On a ajouté à cet exemplaire un autre livre de Louise Bourgeois : *Recueil de secrets, où sont contenues ses plus rares expériences pour diverses maladies, principalement des femmes, avec leurs embellissements.*

1271. Traité des maladies des femmes, par M. Jean Varandée, docteur doyen et professeur royal de la très-célèbre faculté en médecine de Montpellier, ouvrage nécessaire non-seulement aux médecins et aux chirurgiens, mais mesme à toutes sortes de personnes. *Paris, Rob. de Ninville*, 1666, in-8, vél.

> Dédié à la Marquise de Saint-Gelais.

1272. Instruction familière et très-facile, faite par questions et réponses, touchant toutes les choses principales qu'une sage-femme doit sçavoir pour l'exercice de son art, composée par Marguerite du Tertre, maistresse jurée, sage-femme de la ville de Paris et de l'Hôtel-Dieu de ladite ville, en faveur des apprentisses sage-femmes dudit Hôtel-Dieu. A

Paris, chez ladite veuve de La Marche, demeurante à l'Hôtel-Dieu, 1677, in-12, fig., v.

1273. Abrégé de l'Embriologie sacrée, ou Traité des devoirs des prêtres, des médecins, des chirurgiens, et des sages-femmes envers les enfans qui sont dans le sein de leurs mères, par l'abbé Dinouart. *Paris,* 1766, in-12, fig. curieuses, v. marbr.

Les figures manquent dans la plupart des exemplaires de ce livre singulier.

1274. Quatre Livres des secrets de médecine et de la philoso-phie chimique, faicts françois, par M. Jean Liébault, Dijon-nois, esquels sont descrits plusieurs remèdes singuliers pour toutes maladies tant intérieures qu'extérieures du corps humain, avec les manières de destiller eaux, huyles et quintes essences de toute sorte de matières, l'or potable, etc. *Paris, J. Du Puys,* 1573, in-8, fig. s. bois, vél.

1275. Ternarius Bezoarticorum, ou trois souverains médica-ments Bézoardiques contre tous venins et empoisonnements tant externes que internes, corruption de sang, etc., par Angelus Sala Vincentinus. *Leyde,* 1616, in-4, front. gravé, rel. pleine en v. f., fil., dos orné.

Bel exemplaire d'un livre curieux et rare.

1276. Traicté du tabac ou nicotiane, panacée, petun, autrement herbe à la reine, avec sa préparation et son usage pour la pluspart des indispositions du corps humain, ensemble les diverses façons de le falsifier et les marques pour le reco-gnoistre, composé premièrement en latin par Iean Neander, œuvre très-utile, non-seulement au vulgaire, mais à tous ceux qui font la médecine et notamment à ceux qui voya-géants n'ont moyen de porter quantité de médicaments. *Lyon,* 1626, in-8, fig., vél.

Ouvrage très-curieux et peu commun.

1277. Bouquet composé des plus belles fleurs chimiques, ou agencement des préparations et expériences ès plus rares secretz pharmaceutiques, par Dav. de Planis Campy. *Paris,* 1629, gros in-8 de plus de 1000 pag., front. gravé et fig. s. bois, vél.

1278. L'Hydre morbifique exterminée par l'Hercule chimique, ou les Sept maladies tenües pour incurables jusques à pré-sent, rendues guerissables par l'art chimique médical, par David de Planis Campy, dit l'Edelphe, chirurgien du roy. *Paris,* 1628, in-8, front. et portr. gr. par Michel Lasne. dem.-rel.

1279. La Pharmacopée des Dogmatiques, par Jos. du Chesne, Sr de la Violette. *Paris,* 1629, frontisp. gravé et portr. —

Traicté familier de l'exacte préparation spagyrique des mé-
dicamens, pris d'entre les minéraux, animaux et végétaux.
Paris, 1630, in-8, vél.

1280. Secrets et remèdes éprouvés, dont les préparations ont
été faites au Louvre, de l'ordre du roy, par deffunt M. l'abbé
Rousseau, cy-devant capucin et médecin de Sa Majesté. *Paris*,
1697, in-12, v. gran. (*Bel exemplaire.*)

> Publié par *Rousseau de la Grangerouge*, avocat au Parlement, frère de
> l'auteur.

1281. Le Messager de la vérité, traité contenant la composition
et propriété d'un remède spécifique pour toutes sortes de
maux... avec le régime de vivre, nourriture et boissons, etc. *Ausboury*, 1723, pet. in-12, fig., v. br.

> Petit volume bizarre et peu connu.

1282. Reineri Solenandri Budericensis medici de caloris fontium medicatorum causa, eorumque temperatione. *Lugd.*,
F. de Gabiano, 1558, in-8, vél.

1283. Fr. Fritzimelicæ Patavini medici de Balneis metallicis
artificio parandis liber. *Norimbergæ*, 1679, pet. in-8, cart.
antiq.

1284. Observations sur les eaux minérales de plusieurs provinces de France, par Du Clos. *Paris, par Séb. Cramoisy,
directeur de l'imprimerie royale*, 1675, in-12, v. br.

> Examen des eaux de la *Provence*, du Languedoc, de la *Normandie*,
> de l'Auvergne, de la *Bourgogne*, etc.

1285. Traité historique des eaux et bains de Plombières, de
Bourbonne, de Luxeuil et de Bains, par dom Calmet. *Nancy*,
1748, in-8, fig., v. m.

1286. Les Caprices de M. Leonard Fioravanti Bolognois, touchant la médecine, trad. en françois par M. Claude Rocard,
apothicaire de Troyes. *Paris, Cavellat*, 1586, in-8, cart.
antiq.

1287. Satyre contre les charlatans et pseudomédecins empyriques en laquelle sont amplement descouvertes les ruses
et tromperies de tous thériacleurs, alchimistes, distillateurs,
extracteurs de quintescences, fondeurs d'or potable, etc...
et telle pernicieuse engeance d'imposteurs en laquelle sont
réfutées les abus et impietez des iatromages ou médecins
magiciens qui usent de charmes, billets, parolles, characrtères, invocations de démons et autres détestables et diaboliques remèdes en la cure des maladies, par Thomas Sonnet,
Sr de Courval, gentilhomme Virois. *Paris*, 1610, in-8, beau
portr. de Courval, gravé par Léonard Gaultier, vél.

1288. J. H. Meibomii de flagrorum usu in re veneria et lumborum renumque officio, epistola. *Lugd. Batav., ex officina Elzeviriana,* 1643, pet. in-4, vél.

Édition rare de ce traité célèbre.

1289. Jo. Henr. Meibomii de flagrorum usu in re veneria, et lumborum renumque officio, libellus. *Londini,* 1770, in-32, pap. de Holl., cart., *non rogné.*

1290. De la Flagellation dans la médecine et dans les plaisirs de l'amour, ouvrage singulier, trad. du latin de Meibomius (par Mercier de Compiègne). *Paris,* 1800, in-18, dem.-rel.

Édition accompagnée de notes et augmentée du poëme de l'*Amour fouetté,* avec la figure.

1291. De l'Utilité de la flagellation dans la médecine et dans les plaisirs du mariage et des fonctions des lombes et des reins, ouvrage singulier, trad. du latin de J. H. Meibomius. *Londres,* 1801, in-8, dem.-rel., mar. bl.

Cette édition in-8, publiée par les soins du bibliophile Guillaume, ancien commissaire des guerres, est rare et recherchée. Selon Peignot, elle fut imprimée à Besançon chez Métoyer aîné et supprimée par la police aussitôt sa publication. On en connaît à peine 12 exemplaires. Vendu : 30 fr. Châteaugiron; 16 fr. Bignon. *Voir,* à ce sujet, *Brunet,* au mot *Bartholinus.*

1292. Lucina sine concubitu; Lucine affranchie des loix du concours, ouvrage singulier, trad. de l'anglais de Johnson, par le citoyen Moët, dans lequel il est démontré qu'une femme peut concevoir et enfanter sans le secours de l'homme. *Paris, Mercier de Compiègne,* 1795, pet. in-18, br., n. rog.

1293. Lucine affranchie des lois du concours, et le Plaisir sans peine (par Mercier de Compiègne). *Paris,* 1799, in-18, portr. de l'auteur, cart., *non rogné.*

1294. L'Art de faire des garçons (par Procope Couteau). *Montpellier,* 1782, pet. in-12, v. m.

1295. Nouvel essai sur la mégalantropogénésie, ou l'Art de faire des enfans d'esprit, qui deviennent de grands hommes, suivi des traits physiognomoniques propres à les faire reconnoitre, d'après Aristote, Porta et Lavater, par Robert. *Paris,* 1803, 2 vol. in-8, br.

1296. L'Art de procréer les sexes à volonté (par Millot). *Paris,* s. d., in-8 de plus de 400 pag., curieuses fig. au bistre, br.

1296 *bis.* L'Art d'améliorer et perfectionner les générations humaines, édition augmentée d'articles si intéressans, que

cet ouvrage devient nécessaire à tous les âges et aux différens sexes (par Millot). *Paris*, 1803, 2 vol. in-8, br.

1297. Recherches médico-philosophiques sur la mélancolie,
par Maurice Roubaud-Luce. *Paris*, 1817, in-12, br.

> Études curieuses, mêlées d'anecdotes sur les genres de folie les
> plus bizarres, et sur la monomanie de plusieurs littérateurs, poëtes,
> etc. L'auteur de cet ouvrage, quand il l'eût publié et distribué à
> quelques amis, se pendit *à Tours*, le 4 août 1817, après avoir écrit
> ces mots : « Le spleen est à peu près la seule maladie qui m'a forcé
> « à terminer mon existence. »

1298. Papiers relatifs à la famille de Ledran, célèbre chirurgien. 1656-1777. — In-4, vél.

> MANUSCRITS DU XVIIᵉ ET DU XVIIIᵉ siècle, réunis avec soin et pou-
> vant servir pour une biographie très-détaillée. Ces documents sont
> tous en original. La généalogie des Ledran est jointe à la fin. On y
> trouve aussi un certificat de noblesse, avec armoiries figurées. —
> Ce recueil factice a fait partie du cabinet du baron Desgenettes, qui
> y a joint une note de sa main. *Voy.* le catalogue de ses livres, pu-
> blié en 1837, nᵒ 1267.

VI. MATHÉMATIQUES. — MARINE. — ART MILITAIRE.

1299. Cy commance la sphère translatée de latin en françoys,
par maistre Nicole Oresme. — Cy commance ung petit
traictie de la pratique de geometrie, contenant la maniere
de mesurer toutes choses. Desquelles les aulcunes sont me-
surees par une dimension, les aultres par deux dimensions
et les aultres par troys. *Et ainsi finist ce present livre de
geometrie et aussi la pratique du quadrant.* — In-fol., rel. en
velours vert.

> MANUSCRITS DU XVᵉ SIÈCLE, avec figures représentant les
> mouvements célestes et dessins géométriques. Les manuscrits de
> ce genre sont rares. L'ouvrage de Nicolas Oresme est un très-cu-
> rieux traité d'astronomie.

1300. La Sphère du monde selon l'hypothèse de Copernic,
présenté au roy par l'abbé de Vallemont. *Paris, Prosper
Marchand*, 1707, in-12, fig., mar. rouge, fil., tr. dor. (*Anc.
reliure.*)

1301. **Compotus** Manualis Magistri Aniani cum familia-
rissimo Jacobi Marsi Delphinalis commentario, cumque
Magistri Nicolai Bonespei (Trecensis) Kalendario et Cerei
Paschalis tabula, aliisque multis pro ipsius noticia condubi-
cilibus nuper editus. *Impressum est Parrhisiis in edibus Anthonii Bonnere* (sic) *octavo Kal. Februarii* (circa 1519), in-4,
goth., fig. s. bois, rel. pleine en mar. cramoisi du Levant,
à nerfs, fil., dent. intér., tr. dor.

> Ce curieux Compost ou Calendrier de JACQUES MARSI, DAUPHINOIS,

est en vers latins, avec commentaires en prose. Sur le titre se voit la marque du libraire Jehan Petit. On y remarque aussi de curieuses figures sur bois. La date de 1519 est donnée dans la table du Cierge Pascal. — Bel exemplaire.

1302. Almanach perpétuel réformé du poinct du jour et de la nuit close, ensemble du lever et coucher du soleil, aussi de la quantité du jour et de la nuict, composé par M. Lucas Tremblay, Parisien, professeur ès bonnes sciences mathématiques, dédié au très-chrestien roy de France et de Pologne Henry III. *A Paris, pour Pierre Malligot et Claude Soubron, colporteurs de livres en la court du palais à Paris,* 1584, pet. in-8, curieux portr. de l'auteur gravé s. bois au milieu du titre, cart. antiq.

> Ce qui rend cet almanach curieux, c'est qu'il est composé selon le Calendrier Grégorien, qui venait alors d'être promulgué. C'est pourquoi l'auteur l'a dédié au roi Henri III.

1303. Almanach curieux du Palais pour l'an de grâce 1750, dans lequel on remarquera les différens changemens que les astres produisent sur notre méridien, par F. de La Pierre, gentilhomme Lorrain. *Troyes, veuve P. Garnier,* 1750, pet. in-8, cart. antiq.

1304. Dissertatio de inventoribus Zodiaci, auctore T. Neubronnero. *Gottingæ,* 1754, pet. in-4, demi-rel.; mar. bl.

1305. Bibliographie astronomique, avec l'Histoire de l'astronomie depuis 1781 jusqu'à 1802, par La Lande. *Paris,* 1803, in-4 de 916 pag., cart., non rogné.

> Ouvrage bien fait, qui est resté le plus important et le plus recherché de tous ceux de l'auteur.

1306. Fragment d'un ouvrage grec d'Anthemius, sur des paradoxes de mécanique, revu et corrigé sur quatre manuscrits, avec une traduction françoise et des notes, par Dupuy. *S. l.,* 1777, in-4, mar. rouge, fil., tr. dor. (*Ancienne reliure aux armes de Sartines.*)

1307. L'ARITHMÉTIQUE de Jacques Pelétier du Mans, départie en IV livres à Théodore de Besze. *Poitiers, Enguilbert de Marnef,* 1552, pet. in-4, rel. pleine en mar. br. du Levant, à nerfs, fil., bordures à fr., milieux du xvi⁰ siècle, dent. intér., tr. dor. (*Lortic.*)

> Bel exemplaire d'un livre très-rare.

1308. La Practique de geometrie descripte et démontrée par Jean de Merliers, professeur du Roy ès mathématiques, dédiée à M. Le Febvre, Sʳ de Caumartin, général des finances en la charge d'oultre Seine et Yonne. *Paris, Gilles Gorbin,* 1575. — L'Usage du quarré géométrique amplement descrit et démoustré par Jean de Merliers, dédié à Mgr Ruzé, evesque d'Angers. *Paris*, 1573, 2 part. en 1 vol. in-4, fig. sur bois, vél.

1309. De vera mensurarum ponderumque ratione opus a Rev. P. Roberto Cenali, episcopo Abrincensi. *Parisiis, Roigny*, 1547, in-8, parch.

> Dans le même volume : *Aloisii Trissini Problematum Medicinalium libri VI. Basileæ*, 1546.

1310. L'Arte del navegar, composta per Pietro da Medina, trad. de lingua spagnuola in volgar italiano. *Vinetia, G. Pedrezano*, 1555, in-4, fig. s. bois, vél.

> Cet ouvrage de P. de Médine eut un grand succès. Il fut traduit dans toutes les langues. La présente traduction est devenue très-rare.

1311. L'Art des armées navales, ou Traité des évolutions navales, par le P. Paul Hoste. *Lyon*, 1727. — Théorie de la construction des vaisseaux, par le P. P. Hoste. *Lyon*, 1697, 2 ouvr. en 1 vol. in-fol., nombr. fig., bas.

1312. Correspondance de Henri d'Escoubleau de Sourdis, archevêque de Bordeaux, primat d'Aquitaine, augmentée des ordres, instructions et lettres de Louis XIII et du cardinal de Richelieu à M. de Sourdis, concernant les opérations des flottes françaises de 1636 à 1642, publ. par Eug. Sue. *Paris, Crapelet*, 1839, 3 vol. in-4, br.

1313. État de la liste de la marine en 1756, M. de Machault ministre, et les changemens qu'elle a essuyés du depuis. — In-8, vél. vert.

> MANUSCRIT DU XVIIIe SIECLE. On y trouve des renseignements précieux sur l'état de la marine française à cette époque. Outre les noms des commandants, capitaines et autres officiers de la flotte, avec leurs états de service, ce manuscrit contient des notes curieuses sur les événements remarquables depuis 1754 survenus dans la marine et dans le corps des officiers. Il y a là des anecdotes en partie ignorées sur des missions secrètes, et de petits scandales. Les dernières pages renferment quelques notes intéressantes sur BREST, son port et la ville.

1314. Journal historique de la campagne du comte d'Estaing, sur la frégate l'Alcmène, commandée par le comte de Bonneval. 1778. — In-4 cart.

> MANUSCRIT INÉDIT DU XVIIIe SIÈCLE, renfermant jour par jour la relation exacte de l'expédition du comte d'Estaing contre les Anglais. C'est selon toute vraisemblance le journal du bord : il commence au 13 avril 1778, jour de l'embarquement à Toulon et se termine en novembre 1779. On y trouve les détails les plus intéressants sur les moindres incidents de cette campagne, sur les mœurs des populations traversées par l'équipage. Des corrections existent pour modifier ou amplifier la rédaction de cette relation, qui semble avoir été exécutée avec le plus grand soin.

1314 *bis*. Æliani de militaribus ordinibus instituendis more

Græcorum liber a Fr. Robortello, nunc primum græce editus. *Venetiis, Andr. et Jac. Spinel.*, 1552, pet. in-4, fig. sur bois, vél.

ÉDITION PRINCEPS du traité d'Elien sur l'art militaire.

1315. La Milice des Grecs et Romains. trad. en françois du grec d'Ælian et de Polybe, par L. de Machault, Sr de Romaincourt. *Paris, H. Drouart*, 1615, in-fol., front. gr. et belles fig. de Jaspar Isaac, vél. de Holl.

1316. Le Parfait capitaine, autrement l'Abrégé des guerres des Commentaires de César (par le duc de Rohan). *Jouxte la copie (Holl., à la Sphère)*, 1692, 2 part. en 1 vol. pet. in-12, v. viol., fil., tr. dor.

1317. L'Arte militare de Messer Ant. Cornazzano. *Venetia, Alex. di Bindoni*, 1515, pet. in-8, lettres rondes, fig. s. bois au trait sur le titre, vél.

Édition rare de l'*Art militaire*, qui est le poëme le plus considérable du célèbre auteur. Il est divisé en neuf livres, et entièrement composé en *terza rima*. Cornazzano fut mis de pair avec le Dante et Pétrarque dans l'admiration de ses contemporains.

1318. De l'Office d'un cappitaine et chef d'exercite, dialogue d'Ant. Braccioli, trad. d'italien en françois, par Trajan Paradin, secrétaire de Mme de Xaintes. *Poitiers, Ian de Marnef, au Pelican*, 1551, pet. in-4, dem.-rel.

1319. Traité des armes, des machines de guerre, des feux d'artifice, des enseignes et des instrumens militaires anciens et modernes, avec la manière dont on s'en sert présentement dans les armées tant françoises qu'étrangères, par le Sr de Gaya, cy-devant capitaine dans le régiment de Champagne. *Lyon*, 1696, pet. in-12, front. gravé et fig. sur bois, vél.

Ouvrage très-curieux, dédié au maréchal d'Humières.

1320. PANOPLIE ou Réunion de tout ce qui a trait à la guerre, depuis l'origine de la nation française, armes offensives et défensives de l'homme et du cheval, engins, machines de siéges et de batailles, ornements, enseignes, instrumens de musique, duels, combats de jugement, pas d'armes, tournois, carrousels, etc., par J. B. L. Carré de Clermont-la-Meuse. *A Chaalons-sur-Marne*, 1795, 1 vol. in-4 de texte et atlas in-fol. de 41 planches au lavis, dem.-rel., v. f., à nerfs, dorés en tête, non rognés.

Livre recherché et très-rare. — Bel exemplaire.

1321. Les Éléments de l'artillerie, concernans tant la théorie que la pratique du canon, enrichis de l'invention, description et démonstration d'une nouvelle artillerie qui ne se charge que d'air ou d'eau pure et a réduit nolus une incroiable force, plus d'une nouvelle façon de pouldre à canon très violente qui se faict d'or, par un excellent et rare artifice non communiqué jusques à présent, avec l'histoire du progrez et des premiers usages des armes à feu tant récentes qu'anciennes, le tout par le Sʳ de Florance Rivault. *Paris, Adr. Béys*, 1608, in-8, fig. s. bois, vél.

> Ouvrage très-curieux et peu connu, dont le titre indique suffisamment la singularité.

* 1322. Pyrotechnia hoc est de ignibus festivis, jocosis, artificialibus et seriis variisque eorum structuris libri II. auctore Adriano Romano, mathematico ac professore Herbipolensi. *Prostat (Francofurti) in officina Palthenidna*, 1611, in-4, fig. s. bois, vél.

> Bel exemplaire de ce livre rare, sur les *Feux d'artifice*.

1323. Essay sur les feux d'artifice pour le spectacle et pour la guerre, par P. d'O. (Perrinet d'Orval). *Paris, Coustelier*, 1745, in-8, fig., mar. rouge, fil., tr. dor. (*Anc. reliure.*)

> Bel exemplaire en grand papier.

×1324. Exercice de l'Infanterie françoise, dédié à M. le maréchal duc de Biron, par de Baudoin. *Paris, Fessard*, 1759, in-8, br., non rogné.

> Ouvrage entièrement gravé, composé de 61 belles planches de Fessard et Saint-Aubin.

1325. Élémens de chivalerie dédiés à la cavalerie nationale du district de Tours, par Et. P. Rulfray. *Tours*, 1792, in-8 de 32 pag., br.

1326. Plans des principales places de guerre et villes maritimes frontières du royaume de France, distingués par départemens, gouvernemens généraux et particuliers des provinces, avec les officiers qui y commandent, par Lemau de la Jaisse. *Paris*, 1736, in-12, v. m.

> Avec 112 plans en médaillon représentant toutes les places fortes de la France; les armes de chaque ville sont gravées au-dessous des plans.

√1327. Livre des plans des places d'Alsace, à M. le marquis d'Uxelles, chevalier des ordres du roy, lieutenant-général des armées de Sa Majesté, commandant en chef en Alsace. — Pet. in-fol., bas.

> MANUSCRIT DU XVIIIᵉ SIÈCLE, rempli de plans dessinés avec le plus grand soin et peints au lavis. Ce manuscrit a été exécuté pour le lieutenant-général (depuis maréchal) d'Uxelles, alors commandant en Alsace. On y trouve levés avec soin les plans de dix places et de leurs environs : Belfort, Landscroon, Huningue, Brisach, Fribourg, Schelestadt, Strasbourg, Fort-Louis du Rhin, Landau et Philis-

bourg. À la fin on trouve un texte donnant des renseignements
précis et détaillés sur l'état militaire, les forts et casernes, et les
ressources de l'Alsace. — Très-curieux.

1328. Carte générale du militaire de France sur terre et sur
mer, depuis novembre 1737 jusqu'en décembre 1738, par
Lemau de la Jaisse. *Paris*, 1739, in-8, v. br.

1329. ROLLE de la seconde compagnie des Mousquetaires à
cheval de la garde du roy. — In-4, chaque page encadrée
d'un filet d'or, rel. en mar. olive, fil., large dent., doublé
de mar. rouge, fil., large dentelle intérieure, gardes en pap.
doré et estampé, tr. dor. (*Anc. reliure aux armes.*)

 MANUSCRIT DE LA FIN DU XVIIᵉ SIÈCLE, OU DU COMMENCEMENT DU
XVIIIᵉ SIÈCLE, d'une belle écriture. On y trouve là un grand nombre de noms de la noblesse de France. Nous citerons ceux de *La
Chasteigneraye, De La Marck, Saint-Mars, Belleval, De Brye, Méni-
glaise, Monsabré, Dangosse, Condé, Mornay*, etc., etc.

1330. HISTOIRE DU RÉGIMENT DE CHARTRES, Infanterie. —
In-4, dem.-rel., dos et coins de mar. Lavallière, à nerfs.

 MANUSCRIT INÉDIT DU XVIIIᵉ SIÈCLE. Cette histoire, faite
sur les archives du régiment, est très-détaillée, et commence en 1691,
date de la création du régiment, pour s'arrêter vers 1780 environ.
Elle a été commencée en 1748, ainsi qu'il résulterait de la mention
suivante qu'on lit en tête du folio 6 : « *État des officiers qui
étoient au régiment de Chartres en 1737 et qui n'y étoient plus en 1748,
que j'ay fait faire ce livre.* » L'écriture, qui est très-bonne, est de trois
mains différentes. Ce manuscrit est surtout intéressant pour les familles. On y trouve les noms de tous les officiers depuis la création
du régiment, avec l'indication exacte de leurs lieux de naissance,
leurs diverses promotions, états de services, blessures reçues dans
diverses batailles, dates de leur mort, soit au feu, soit au régiment,
soit après leur retraite. Cette partie est intitulée : « *État par ancienneté des services de messieurs les officiers et de leurs blessures.* » Ce
mss. provient de la famille de Musset-Pathay, en Vendômois. Tout
indique qu'il a été fait par quelqu'un de cette famille, dont plusieurs membres figurent depuis l'origine parmi les officiers du régiment. Leurs services y sont peut-être plus détaillés que pour les
autres. Les *Musset-Pathay* sont seuls indiqués avec tous leurs prénoms, tandis que le nom de famille figure seul pour les autres officiers. Quand un officier du Vendômois ou de la Touraine est indiqué dans les divers rôles, on est sûr d'y trouver au moins un de
ses prénoms, et de ces détails complaisants qui ne peuvent inté-
resser qu'un compatriote.

1331. État-Major du département de Mgr le comte de Saint-
Florentin, ministre et secrétaire d'État. 1747. — In-8, mar.
rouge, fil., dent., tr. dor. (*Anc. reliure aux armes de Saint-
Florentin.*)

 MANUSCRIT DU XVIIIᵉ SIÈCLE, composé de 343 pages. Cet
État militaire de la France, dressé pour l'usage particulier du ministre
Saint-Florentin, est des plus complets. On y trouve les additions et
mutations survenues jusqu'à la fin de 1759.

1332. État-Major du département de Monseigneur le comte de

Saint-Florentin, ministre et secrétaire d'État. 1760. — In-8, pap. de Holl., mar. rouge, fil., large dent., doublé de tabis, dent. intér., tr. dor. (*Anc. reliure, aux armes de Saint-Florentin.*)

MANUSCRIT DU XVIII* SIÈCLE, EXÉCUTÉ POUR LE MINISTRE SAINT-FLORENTIN, dont il porte les armes. C'est un *État militaire de la France*, divisé par provinces et places fortes. On y trouve des notes et des renseignements spéciaux à l'usage du ministre, ainsi que des additions et changements tenus à jour jusqu'en 1766 au moins. Une table alphabétique à la fin facilite les recherches. Ce volume, bien conservé, se compose de 351 pages.

×1333. ÉTAT DES TROUPES et des États-Majors de places. 1758. — In-8, papier de Holl., mar. v., fil., doublé de tabis, tr. dor. (*Anc. reliure aux armes de Voyer d'Argenson.*)

TRÈS-JOLI MANUSCRIT DU XVIII* SIÈCLE, composé de plus de 200 pages d'une écriture calligraphique. Le titre se compose d'un remarquable DESSIN ORIGINAL, peint au lavis et SIGNÉ D'EISEN. Dans un cartouche du haut on voit les armes peintes de *Voyer d'Argenson*, pour lequel cet intéressant manuscrit a été spécialement exécuté.

×1334. Corps royal de l'artillerie. — État par grade et par ancienneté de MM. les officiers du corps royal de l'artillerie au 21 avril 1777. — État des officiers généraux, des officiers supérieurs, des capitaines, des lieutenans et des officiers de fortune du corps roïal de l'artillerie qui ont obtenu leur retraite avec des pensions sur les fonds du corps et qui existent au 21 avril 1777. — État des officiers du régiment de Strasbourg. — État des officiers du régiment d'Auxonne. — État des officiers du régiment de Toul. — État des officiers du régiment de Besançon. — État des officiers du régiment de Grenoble. — État des officiers du régiment de La Fère. — État des officiers du régiment de Metz. — État des inspecteurs généraux du corps roïal de l'artillerie, commandans des écoles, directeurs, sous-directeurs et des officiers employés tant au service des places qu'aux arsenaux de constructions, manufactures d'armes, écoles, forges et fonderies, à compter du 21 avril 1777. — In-fol., v. marbr.

MANUSCRIT DU XVIII* SIÈCLE d'une très-belle écriture et parfaitement conservé, composé d'environ 200 pages. Ce travail comprend les noms des officiers avec leurs grades, leurs diverses promotions, le chiffre de leurs appointemens, etc..... Entre autres détails curieux on y trouve les noms de ceux qui sont sortis de l'École royale militaire. Ce manuscrit est non-seulement intéressant pour l'histoire des familles, mais peut encore servir à compléter utilement les *États militaires* de l'époque.

1335. Essais historiques et critiques sur la maréchaussée, par M. C. de P***. *S. l.*, 1788, br., *non rogné.*

1336. Mémoires militaires sur la campagne de l'armée de Belgique dans les Pays-Bas autrichiens, pendant la révolution

de 1790, par un officier de l'armée. *Londres*, 1790, in-8,
fig., dem.-rel.

1336 *bis*. Histoire de la Gilde souveraine des couleuvriniers,
arquebusiers et canonniers dite chef-confrérie de Saint-
Antoine à Gand, par F. Vanderhaeghen. *Gand*, 1866, in-8,
avec planches de fac-simile, br.

VII. — SCIENCES OCCULTES.

*Alchimie, philosophie hermétique. — Cabale, géomancie. —
Astrologie, horoscopes. — Prophéties, pronostications. —
Sorcellerie, apparitions, etc., etc.*

1337. Histoire de la philosophie hermétique, accompagnée
d'un Catalogue raisonné des écrivains de cette science (par
l'abbé Lenglet Du Fresnoy). *Paris, Coustelier*, 1742, 3 vol.
in-12, v. fauve. (*Anc. reliure*.)

> Bel exemplaire, aux armes du DUC DE RICHELIEU.

1338. Dictionnaire mytho-hermétique, dans lequel on trouve
les allégories fabuleuses des poëtes et les énigmes et termes
barbares des philosophes hermétiques, par dom Pernety
(Forésien). *Paris*, 1758, in-8, v. m., fil. (*Bel exemplaire aux
armes de Montmorency-Villeroy.*)

1339. Le Grand Olympe philosophique du tres-renommé
Ovide (en vers françois), où sont adioutées des remarques
faites par un philosophe, outre l'explication que donne l'autheur dans le texte de son poëme de toutes les fables d'Olympe
qui s'est perdu de nous. — Explication de quelques emblêmes
d'Alciat ayant un sens hermétique. — Conferenza di due
Amanti chimici innamorato l'uno del' Aurifica Pietra e l'al-
tro d'avara e ingrata Donna, Adriano Nigosanti e Marc'
Antonio Romagnesi. — In-4 réglé, vél.

> MANUSCRIT DU XVIIe SIÈCLE d'environ 250 feuillets (500 pages),
> écriture très-nette. Parfaite conservation.

1340. Preciosa Margarita novella de thesauro ac pretiosissimo
philosophorum lapide, artis hujus divinæ typus et methodus : collectanea ex Arnaldo, Rhaymundo, Rhasi, Alberto
et Mich. Scoto, per Janum Lacinium. *Venetiis, apud Aldi
filios*, 1546, in-8, fig. s. bois très-curieuses, vél.

> Première édition de ce livre singulier, le plus bizarre et le plus
> curieux, sans contredit, de tous ceux qui existent sur la pierre phi-
> losophale. Vendu jusqu'à 60 fr. chez Mac-Carthy.

1341. Enarratio methodica trium Gebri medicinarum, in quibus continentur Lapidis philosophi vera confectio. *Amstel.,
D. Elzevir*, 1678, in-8, v. br.

1342. Sapientia Veterum sive doctrina eorumdem de summa
et universali medicina qua sanitas humana adhuc integra in
eodem statu conservetur, interrupta vero pristino restituatur
et penitus amissa recuperetur necnon leprositas metallorum
totaliter auferatur, 40 hierogliphicis explicata. — Ai veri
Sapienti si discorre teoricamente sopra la compositione de la
Pietra de filosophi, canzone di fra' Marc Antonio Crassel-
lame Chinese. — Bernardi Trevirensis ad Thomam de Bo-
nonia , medicum regis Caroli Octavi responsio (Et alia). —
In-4, vél.

MANUSCRIT DU XVIIe SIÈCLE, très-bien conservé et orné
de CURIEUX DESSINS HERMÉTIQUES EN COULEURS.

1343. Codicillus, seu vade mecum Raymundi Lulli philosophi
doctiss., in quo fontes alchimiæ artis ac philosophiæ recon-
ditioris uberrime traduntur. *Rothomagi*, 1650, in-8, vél.

1344. Manuscrits sur la science hermétique et la pierre Philosophale, contenant l'épitre du Trévisan, Suchten notabilia,
le duel des anciens chevaliers', divers secrets, Suchten in
Antimonio, Verba Aristæi, Fundamenta Chymica, Myste-
rium occultum, Basile Valentin, etc., etc., etc. — 3 vol.
in-4, vél.

MANUSCRITS DU XVIIe SIÈCLE d'une bonne écriture.

1345. Les Douze clefs de philosophie de frère Basile Valentin,
plus l'Azoth, ou le Moyen de faire l'or caché des philosophes.
Paris, P. Moët, 1660. — Traicté de la nature de l'œuf des
philosophes, composé par Bernard, comte de Trèves. *Paris,*
1659, 2 ouvr. en 1 vol. in-8, fig., v.

Bel exemplaire, avec les figures des douze clefs, dont la réunion
se trouve difficilement complète.

1345 bis. Fasciculus chemicus abstrusæ hermeticæ scientiæ
ab Arth. Dee Anglo. *Parisiis*, 1631, pet. in-12, mar. citr.,
tr. dor. (*Anc. reliure.*)

1346. Le Prototype, ou très-parfait et analogique exemplaire
de l'art chimicq à la phisique ou philosophie de la science
naturelle, par René de La Chastre, gentil-homme Berroyen.
Paris, J. Anth. Joallin, 1620, in-8, v. marbr.

1347. La Philosophie naturelle restablie en sa pureté, avec le
Traité de l'ouvrage secret de la philosophie d'Hermez, qui
enseigne la matière et la façon de faire la pierre philosophale
(par le président d'Espagnet), publ. en françois par Jean
Bachou. *Paris*, 1651, in-8, v. fauve, fil., tr. dor. (*Ancienne
reliure.*)

1348. Le Texte d'alchymie et le Songe Verd. — In-8 réglé,
cart. antiq.

MANUSCRIT DU XVIIe SIÈCLE, avec dessins cabalistiques en couleurs.
Ce ms. est ainsi daté : *Dabam Parisiis in Musæolo meo anno 1694,
idibus septembris.*

1349. Le Règne de Saturne changé en siècle d'or, ou le Magistère des sages, qui a été tenu secret jusqu'à ce jour, trad. du latin d'Huginus a Barma. *Paris*, 1780, pet. in-12, fig., br., *non rogné*.

1350. Clef du Grand Œuvre, ou Lettres du Sancelrien Tourangeau. *Corinthe et Paris*, 1787, in-8 br.

1351. De Scientiis quibusdam perditis disquisitio, a M. D. Christianolangio. *Wittembergœ*, 1709, pet. in-4, dem.-rel., dos et coins de mar. vert d'eau, à nerfs.

> Etude ingénieuse et approfondie de quelques sciences dont le secret semble être perdu, parmi lesquelles on distingue la *Cabale*, l'art de la *Divination*, la science des *Songes*, la *Physiognomonie*, etc.

1352. Henrici Cornelii Agrippæ ab Nettesheym opera. *Lugd.*, *apud Beringos fratres, s. a.* (circa 1580), 2 gros vol. in-8, v. marbr., fil.

> Edition rare des œuvres complètes d'Agrippa.

1353. La Philosophie Occulte de Henr. Corn. Agrippa. *La Haye*, 1257, 2 vol. in-8, v. f.

1354. Gregorius Niger de rebus omnibus perficiendis, thesauris sublevandis, ubicumque terrarum contra consensum et ultra voluntatem custodientium.... et sunt claves omnium scientiarum et rerum occultarum. 1659. — In-4, fig. cabalistiques, vél. vert.

> MANUSCRIT DU XVIIᵉ SIÈCLE. C'est le Grimoire de Grégoire-le-Noir. On y trouve de curieux renseignements sur la cabale, les exorcismes, l'art de trouver les trésors cachés, etc., etc.

1355. Secrets merveilleux de la magie naturelle et cabalistique du Petit Albert. *Cologne*, 1722, pet. in-12, fig., v.

1356. Grimoire, ou la Magie naturelle. *La Haye*, s. d. (vers 1740), pet. in-12 de plus de 600 pag., dem.-rel.

> Edition la plus complète de ce recueil de secrets, qui eut une grande vogue.

1357. Le Dragon rouge, ou l'Art de commander les esprits célestes, terrestres, infernaux, avec le Vrai secret de faire parler les morts, de gagner toutes les fois qu'on met aux loteries, de découvrir les trésors cachés, etc., etc. *S. l.*, 1521 (XVIIIᵉ siècle), pet. in-12, fig., br.

> Volume singulier, dont le frontispice, qui représente un diable, et le titre sont entièrement tirés en rouge.

1358. Polygraphie et universelle escriture cabalistique de M. J. Tritheme abbé, trad. par Gab. de Collange, natif de Tours en Auvergne. *Paris, J. Kerver*, 1561, in-4, portr. et fig. s. bois curieuses, v. gran.

1359. La Géomance du Sᵗ Christofe de Cattan, gentilhomme Genevoys, livre non moins plaisant et récréatif que d'ingénieuse invention pour sçavoir toutes choses, présentes, passées et advenir, avec la Roue de Pythagoras, mis en lumière par Gabr. Du Préau, natif de Marcoussis, près Monthléry. *Paris, Gilles Gilles,* 1558, in-4, fig. s. bois, v. porph., dent.

1360. Géomancie astronomique de Gérard de Crémone, pour sçavoir les choses passées, présentes et futures, avec les observations nécessaires pour les médecins, chirurgiens, chasseurs, pescheurs, jardiniers, vignerons, laboureurs, etc. *Paris,* 1669, pet. in-12, v. br.

1361. Geomantia, olim pulveri inscripta, nunc pulvere commissa et in ventum acta, auctore God. Buching. *Ienæ,* 1695, pet. in-4, dem.-rel., mar. vert. (*Rare*).

> Bel exemplaire d'un curieux traité de *Chiromancie*, orné de tableaux démonstratifs. Dans le premier chapitre, on trouve l'explication sommaire des différentes sortes de divination.

1362. Traité des talismans, ou figures pour faire aymer et respecter les hommes, les enrichir, guérir leurs maladies, chasser les bestes nuisibles, destourner les orages et accomplir d'autres effets merveilleux, avec un Traité de l'unguent des armes (ou unguent constellé pour sçavoir si l'on en peut guérir une playe l'ayant appliqué seulement sur l'espée qui a fait le coup, ou sur un baston ensanglanté, ou sur le pourpoint et la chemise du blessé, par le Sr. de l'Isle. *Paris,* 1636, in-8, v. gran.

> Livre curieux. Le sieur de l'Isle est un des pseudonymes sous lesquels s'est caché *Ch. Sorel,* littérateur français du xviie siècle.

1363. Cy commence le livre de jugemens d'astrologie selon Aristote..... *Cy fine le livre de jugemens selon Aristote.* — Au nom de nostre Seigneur Jhucrist piteux et misericors. Cy commence le livre Messchallach astrologien des conjonctions et récepcions et interrogacions translaté de latin en françoys du commandement de noble et très-excellent prince et seigneur Charles aisné, filz du roy de France, duc de Normandie et delphin de Vienne et fut translaté comme dit est lan de grace notre Seigneur mil ccc cinquante-neuf. — Cy commence le traicte Messchalach arabe pour savoir la pensée et la cogitacion daucun qui veult demander daucune chose. — Cy commence le livre Meschallac des choses occultes..... et dés jugemens selon ce. — Est le traicte Doroche des chosce occultées. — Au nom de Dieu icy commence lespitre Meschallac des eclipsce de la lune et du soleil et des conjonctions des planettes et des revolucions dés ans briefment esclaris. *Parfait est le livre Meschallac translaté par Jehan Despaigne Deo gratias. Amen.* — Cy commence le livre que fiest Zehel des jugemens dastrologie translaté de latin en françoys du commandement de noble prince

Charles aisné, filz du roy de France, duc de Normandie et dauphin de Vienne et fut translaté lan de grace mil ccc cinquante-neuf. — In-4, v. br.

> *MANUSCRIT FRANÇAIS DU XVe SIÈCLE*, curieux et très-bien conservé. Comme il est dit plus haut, ces divers traités d'astrologie judiciaire furent, l'an 1359, translatés en langue française du commandement de Charles, duc de Normandie (plus tard roi de France sous le nom de Charles V), alors Régent en France, pendant la captivité en Angleterre du roi Jean son père. Parmi les questions qui composent ces traités, il y en a de fort singulières, mais il y en a une qui fait allusion à la captivité du roi Jean, pour savoir si d'après l'inspection et le cours des astres, il serait bientôt délivré de prison.

1364. Les Jugemens astronomiques des songes composez par Artemidorus, autheur ancien, trad. en françoys par Ch. Fontaine, avec le livre d'Auguste Niphe, des divinations et augures, par Ant. Dumoulin Masconnois. *Paris, Vve J. Bonfons, s. d.* (vers 1570), in-16, v. f., fil., t. dor. (*Anc. reliure.*)

1365. ADVERTISSEMENT sur les jugemens d'astrologie, à une studieuse damoyselle (par Mellin de Saint-Gelais). *Lyon, J. de Tournes, 1546*, pet. in-8 de 40 pag., plus un feuillet blanc, au verso duquel se trouve la marque de l'imprimeur, vél.

> Exemplaire parfaitement conservé d'un opuscule de toute rareté. Quoique ne portant pas le nom de l'auteur, il est indubitablement l'œuvre de MELLIN DE SAINT-GELAIS. Il est d'abord indiqué comme étant de lui par Du Verdier, son contemporain ; ensuite les vers qu'on lit au verso du titre se retrouvent textuellement dans ses poésies. Thévet d'Angoulême, son compatriote, dit que Mellin composa un livre *de Fato*. L'abbé Goujet conjecture avec raison que c'est le même livre que l'*Advertissement*. Thévet se souvenait vaguement de la devise : *Et voto et fato*, qui se trouve à la fin de cet opuscule, et de mémoire l'avait pris pour le titre de l'ouvrage. Feu M. Eusèbe Castaigne, le savant bibliothécaire d'Angoulême, avait recueilli des documents prouvant d'une façon irréfutable que Mellin de Saint-Gelais était l'auteur de l'*Advertissement*, et en préparait une réimpression que sa mort récente a interrompue. M. Castaigne considérait son exemplaire comme *unique*, n'en ayant jamais rencontré d'autre pendant sa longue carrière bibliographique.

1366. L'Epitome de David Finarensis, médecin de la vraye astrologie et de la réprouvée. *Paris, Est. Groulleau, 1547*, pet. in-8, dem.-rel., mar. r., fil.

1367. Traitté astrologique des jugemens des thèmes genetliaques pour tous les accidens qui arrivent à l'homme après sa naissance, pour cognoistre des tempéramens et inclinations, colligé par l'industrie de Henri Rantzau, fait françois par Jacq. Alleaume. *Paris, 1657*, in-8, vél.

1368. Catalogus imperatorum, regum ac principum qui astrologicam artem amarunt, ornarunt et exercuerunt...

ab Henr. Rantzovio. *Antverpiæ, Chr. Plantin,* 1580, pet.
in-8, cart.

1369. L'Astrologie et Physiognomie en leur splendeur, par
M. Jean Taxil, docteur en médecine, natif des Saintes Maries,
médecin en Arles. *A Tournon, par B. Reynaud, libraire
juré d'Arles,* 1614, in-8, front. gravé, vél.

1370. La Physionomie, ou des indices que la nature a mis au
corps humain par où l'on peut descouvrir les mœurs et
inclinations d'un chacun, avec un traité de la divination
par les palpitations et un autre par les marques naturelles,
trad. du grec d'Adamantius et de Mélampe, par Henry de
Boyvin, du Vaurouy, âgé de douze ans. *Paris,* 1635, in-8,
vél.

1371. Jo. Fr. Buddei quæstio an naturali homines polleant
vaticinandi facultate? *Tenæ,* 1699. — De præsagiis animi,
libell., auctore Jac. Descazalz, Mont-Albanensi, Gallo. *Tenæ,*
1699. — Oratio de sortibus, habita ab Wilh. Chr. Just. Chry-
sandero, *Halæ,* 1740. Ensemble 3 opusc. en 1 vol. pet. in-4,
dem.-rel., dos et coins de mar. bl. du Lev., à nerfs.

  Opuscules rares, sur des matières curieuses.

1372. J. Bern. Wideburgii, oratio de influxu siderum in tem-
peramentum hominis. *Ienæ,* 1720, pet. in-4, dem.-rel., dos,
et coins de mar. bleu, à nerfs.

1373. De præsagiis Locustarum incertis et falsis, auctore Maur.
Castens. *Lipsiæ,* 1713, pet. in-4, dem.-rel., dos et coins de
mar. r. (*Rare.*)

  Traité critique de la divination. L'impression en est remarquable. Cet opuscule n'est point cité.

1374. Recueil des prophéties et révélations tant anciennes que
modernes, contenant un sommaire des révélations de saincte
Brigide, sainct Cyrille et plusieurs autres saincts et religieux
personnages. *Troyes, P. Chevillot,* 1611, in-8, vél.

1375. Interpretatio magistri Johannis Wirdungi Häffurdensis
mathematici pro illustrissimo principe et domino Ludovico
Comite Palatino Rheni... super prodigiosa signa circa lunam
in castro Hochem Urach ducatus Wirtenbergensis visa anno
domini. 1514. *S. l.* (*circa* 1515), pet. in-4 goth., curieuse fig.
s. bois s. le titre, cart.

1376. Pronosticatio Johannis Liechtembergers. *Coloniæ, impensis Petri Quentel,* 1528, in-8, 45 fig. s. bois, front. gr.,
rel. pleine en mar. rouge du Levant, à nerfs, fil., à compart.,
ornem. à petits fers, devise sur les plats, dent. intér., tr.
dor.

  Très-bel exemplaire de cette prognostication célèbre dans laquelle on trouve, dès l'année 1492, des *traits satiriques et des menaces de malheur* CONTRE LES MOINES et LES PONTIFES. Les petites figures de cette édition sont bien gravées, et d'un dessin moins grossier que plusieurs autres de la même époque; elles ressemblent beaucoup à celles de *l'école de Holbein*.

1377. Pronosticon, autore Alofresant sene ad Christi fidem in Rhodiorum civilate converso ab anno 1425 usque ad ann. 1540. *Basileæ, apud Pamphilum Gengenbach, 1519*, pet. in-4, curieuses fig. s. bois, cart.
   Curieuse et singulière pronostication,

1378. Les Prophéties de M. Michel Nostradamus, dont il y en a trois cens qui n'ont encores jamais esté imprimées, adjoustées de nouveau par le dict aucteur. *Lyon, P. Rigaud, s. d. (vers 1600)*, 2 tom. en un vol. in-12, vél.
   Édition rare.

1379. Les Prophéties de M. Michel Nostradamus, dont il y en a trois cents qui n'ont encores jamais esté imprimées, adjoustées de nouveau. *Troyes, P. Chevillot, s. d. (vers 1610)*, 2 tom. en 1 vol. in-8, vél.

1380. Les Vrayes centuries et prophéties de maistre Michel Nostradamus, avec la Vie de l'autheur. *Jouxte la copie d'Amsterdam, Paris, J. Ribou, 1668*, pet. in-12, front. gr., vél.

1381. Cisteme (*sic*) général, ou Révolution du monde, contenant tout ce qui doit arriver en France la présente année 1652, avec le progrez des armes de M. le prince, prédit par l'oracle latin et l'oracle françois Michel Nostradamus, à MM. les prevost des marchands et eschevins de Paris (par Jacques Mengau). *Paris, 1652*, portr. de Nostradamus gravé en bois sur le titre, pet. in 4, cart. antiq.
   Opuscule rare. — Bel exemplaire.

1382. La Clef de Nostradamus, isagoge ou introduction au véritable sens des prophéties de ce fameux auteur, ouvrage très-curieux, par un solitaire (Jean Le Roux, ancien curé de Louvicamp, diocèse de Rouen). *Paris, 1710*, in-12, v.

1383. Nostradamus, par Eugène Bareste, vie de Nostradamus, histoire des oracles et des prophètes, centuries de Nostradamus, explication des quatrains prophétiques. *Paris, 1840*, in-12, portr. br.

1384. Almanach et prognostication pour l'an de grâce mil six cens six, composé par Jean Querberus, Alleman, médecin et mathématicien de l'empereur. *A Paris, chez Catherine Niverd, veufve de Cl. Montr'œil, 1606*. — Discours et prognostication pour l'an 1606, suyvant les très-grandes et espouvantables éclipses du soleil et de la lune de l'an précédent, dont les effects viennent en la présente année, par le tres-excellent mathématicien Jean Querberus. *Paris* (1606), pet. in-8, cart. antiq.

1385. La Grande pronostication générale du circle solaire, de vingt huict ans en vingt huict ans, reveues et augmentées de nouveau par I. de Nelac. *A Paris, par P. Ménier, portier de la porte Sainct Victor*, 1615, pet. in-8, cart. antiq.

> Avec un almanach gravé sur cuivre, par Jaspar Isaac, formant calendrier ecclésiastique depuis 1600 jusqu'en 1699. — Cet almanach populaire, qui se vendait dans les rues de Paris sous Louis XIII, a eu le sort de ces feuilles éphémères, de disparaître de la circulation, et de devenir une véritable curiosité.

1386. L'Horoscope et pronostication au vray de tous ceux qui naistront l'an 1623, avec les centuries infaillibles et prédictions estranges de maistre François Rabin, disciple de Mauregard, pour vingt années et principalement pour l'an 1623, le tout tiré nouvellement de son Ephéméride et calculé sur les constellations de nostre hémisphère. *Paris, veuve Ducarroy*, 1622, pet. in-8, cart. antiq.

1387. Almanach, ou Pronostications des laboureurs, réduite selon le kalendrier grégorien, avec quelques observations particulières sur les années à advenir, de si longtemps menacées par M. Anthoine Maginus, dict l'Hermite solitaire. *Troyes, Nic. Oudot*, (1630), pet. in-8, fig. sur bois, cart. antiq.

> Dédié à *Maistre Aubert Josaquot, prieur de Flamerecourt.*

1388. Prédictions et pronostications générales pour dix-neuf ans, des choses plus mémorables, desquelles nous sont dénoncées advenir par les révolutions, grandes conjonction, des plus hauts planettes, éclypses, comettes et autres méthéores, depuis l'an de grâce 1639 jusques à l'année 1657, exactement calculées suivant l'instruction des anciens et modernes astrologues, par Pierre de Larivey, Troyen. *Troyes, Cl. Briden* (1639), pet. in-8, portraits de La Rivey, du roi Louis XIII et de la reine à cheval, gravés s. bois, cart. antiq.

1389. Theâtre des heures planétaires à tous les jours de l'an, esquelles se pourront recueillir de la terre, dessous les influences célestes de diverses sortes d'herbes, racines, feuilles, fruits, escorces, fleurs, semences, pierres, animaux, etc... à l'usage de la médecine, afin que plus tost et heureusement puissent guérir les infirmitez, adjousté les maux qui viennent, causez des 7 planettes, l'amitié et la haine entr'eux en œuvre non seulement curieuse et délectable, mais encore nécessaire aux médecins et à tous esprits curieux, composé par Hierôme

Comte, docteur grec de la cité de Constantinople. *Paris, J. Barbolle*, 1627, pet. in-8, cart. antiq.

> Almanach populaire, fort rare. — Bel exemplaire.

1390. Centuries nouvelles et prophétiques révellées par la segrette (*sic*) astrologie, à maistre Eustache Noël, curé de Saincte Marthe, professeur ès mathématiques, divines et célestes. *Paris, J. Promé*, 1642, pet. in-8, cart. ant.

> Curieux quatrains prophétiques dans le genre de ceux de Nostradramus.

1391. Prédictions générales commençans l'an M. DC. XLVI et finissans à l'an 1664 selon la doctrine plus secrette des anciens astrologues et cabalistes Hebrieux, par M. Eustache Noël, curé de Saincte Marthe, professeur ès sciences divines et célestes. *Paris, J. Promé* (1646), pet. in-8, cart. ant.

1392. Disquisitio utrum P. Lotichius Secundus obsidionem urbis Magdeburgensis prædixerit, auct. Joh. Chr. Krufite. *Kilonii* (1703), pet. in-4, dem.-rel., dos et coins de maroquin bleu du Levant, dos à nerfs.

1393. Almanach du Diable, contenant des prédictions très-curieuses et absolument infaillibles pour l'année 1737. *Aux Enfers.* — In-4, dem.-rel., dos et coins de mar. viol. du Levant, à nerfs.

> Manuscrit du XVIIIᵉ siècle, d'une belle écriture et parfaitement conservé. La plus grande partie de cet almanach satirique est en vers. A la page 15, commencent des « *Prédictions carminifiques dont* « *la clef est au diable.* » A la fin se trouve une espèce de clef des personnages auxquels il est fait allusion.

1394. Prophéties perpétuelles, très-curieuses et très-certaines de Thomas Joseph Moult, natif de Naples, astronome et philosophe. *Paris*, 1741, in-12, mar. vert, fil., tr. dor. (*Anc. reliure*).

1394 *bis.* Quel temps fera-t-il ce matin, ce soir, demain, etc. Présages utiles aux laboureurs, jardiniers, voyageurs, chasseurs, promeneurs, etc..., suivis des prédictions de l'ombre de Mᵉ Rabelais pour l'année bissextile 1772. *Londres et Paris* (1772), in-18, v. marbr., fil., tr. dor.

1395. Prédiction pour la fin du dix-huitième siècle, tirée du *Mirabilis liber*, avec la traduction littérale à côté du texte. (A la fin :) cette prophétie, anciennement écrite, se trouve dans l'illustre royaume des Gaules, entre les mains d'un prêtre nommé Guill. Bauge, au diocèse de Tours, paroisse de Roham. *Paris, s. d.*, in-8, dem.-rel., mar. bl., non rogné.

1396. Correspondance mystique de J. Cazotte, avec Laporte et

Pouteau, pendant les années 1790, 91 et 92, contenant des détails intéressants sur le voyage du ci-devant roi à Varennes. *Paris*, 1797, in-18, portr., v. éc.

Volume curieux. Cazotte était né à Dijon. Au rapport de quelques écrivains du XVIIIe siècle, il avait prédit sa mort tragique et les crimes de la Terreur, du vivant même de Diderot et de Voltaire.

1397. Vie de Joseph Balsamo (Cagliostro). trad. de l'italien, enrichie de notes curieuses. *Paris*, 1791, in-8, portr., br., n. rogn.

1398. Des Sciences Occultes, ou Essai sur la magie, les prodiges et les miracles, par Eusèbe Salverte. *Paris*, 1829, 2 vol. in-8, br.

1399. Jamblichus de mysteriis; Plochus de sacrificio et magia; Porphyrius de divinis atque dæmonibus; Psillus de dœmonibus; Mercurii Trismegisti Pimander. *Lugd., ap. Joan. Tornæsium*, 1549, in-16, reliure pleine en veau fauve gaufré, fil., dos à nerfs, dent. (*Lesné.*)

Chef-d'œuvre d'impression. Comme on le voit, c'est ici la réunion de tous les anciens petits traités de sciences occultes. — Le relieur Lesné est connu des bibliophiles par son poëme de *La Reliure.*

1400. Traicté par dialogue de l'énergie ou opération des diables, traduit en françoys, du grec de Michel Psellus, par P. Moreau Touranjo. *Paris, Chaudière*, 1576, in-8, v. br.

Dans le même volume, le même livre en latin, par P. Moreau, de Tours (*Petro Morello, Turonensi interprete*), 1577.

1401. De Socratis dæmonio lib. III variorum. *Erlangæ* (1802-1803), 3 opusc. en 1 vol. pet. in-4, dem.-rel., mar. or.

1402. Recherches sur ce qu'il faut entendre par les Démoniaques dont il est parlé dans le Nouveau Testament. *Leide*, 1738, in-8, veau fauve. (*Reliure ancienne.*)

Ouvrage peu commun.

1403. Petri Pomponatii de incantationibus liber. *Basileæ* (circa 1540), in-8, v. fauve, fil. (*Derôme.*)

Bel exemplaire de la meilleure édition de ce livre curieux, dans lequel on traite *ex professo* de toutes les choses singulières et incompréhensibles de la création.

Faut-il quelquefois en attribuer la cause aux démons? — Que faut-il entendre par *choses prodigieuses*? — De l'influence de l'âme sur la guérison du corps. — Dans quel cas la magie peut-elle être une science utile? — Quelles sont les causes du don de prédire? — Exemples frappants de divination et de magie, etc., etc.

1404. Histoires, disputes et discours des illusions et impostures des diables, des magiciens infames, sorcières et empoisonneurs; des ensorcelez et démoniaques, et de la guérison d'iceux; item de la punition que méritent les magiciens, les empoisonneurs et les sorcières, par Jean Wier; deux dialogues de Th. Erastus touchant le pouvoir des sorcières et de la punition qu'elles méritent. *S. l. (Genève), par J. Chouet,* 1579, in-8 de plus de 900 pages, v. marb.

1405. De Spectris, lemuribus et magnis atque insolitis frago-ribus liber, autore Lud. Lavatero. *Genevœ, E. Vignon,* 1580, pet. in-8; v. fauve, fil., dent. int., tr. dor. (Derome.)

1406. De la Démonomanie des sorciers, par J. Bodin, Angevin. *Paris, Adrian Perier,* 1598, in-12, vél.

1407. Dialogue de la Lycanthropie ou transformation d'hommes en loups, vulgairement dits loups-garous, et si telle se peut faire auquel en discourant est traicté de la manière de se contregarder des enchantemens et sorcelleries, ensemble de plusieurs abus et superstitions lesquelles se comettent en ces temps, par F. Claude Prieur, natif de Laval au Mayne. *Louvain, Jehan Maes et Philippe Zangre,* 1596, in-8, dem.-rel.

> Livre très-rare et fort curieux. — Exemplaire parfaitement conservé.

1408. Discours exécrable des Sorciers, ensemble leur procez, faits depuis deux ans en çà, en divers endroicts de la France, avec une instruction pour un juge, en faict de sorcellerie, par Henry Boguet, grand juge au Comté de Bourgogne. *Rouen, J. Osmont,* 1603, pet. in-12, v. m.

> Volume rare. — Cette édition paraît être inconnue à Brunet, qui mentionne seulement, comme étant de J. Osmont, une édition de 1608, imprimée à Rouen.

1409. Discours et histoires des spectres, visions et apparitions des esprits, anges, démons et ames se monstrans visibles aux hommes, divisez en huict livres, esquels par les visions merveilleuses et prodigieuses apparitions avenues en tous siècles, est manifestée la certitude des spectres et visions des esprits, et sont baillées les causes des diverses sortes d'apparitions, etc. Aussi est traicté des extases et ravissemens, plus des magiciens et sorciers, etc., par P. Le Loyer, conseiller du Roy au siège présidial d'Angers. *Paris, N. Buon,* 1605, in-4, de plus de 1,000 pages, v. br.

> Edition la plus complète et la plus recherchée. Voilà, certes, un des ouvrages les plus curieux qui aient jamais paru. L'auteur passe en revue les moindres faits scientifiques ressortant des matières qu'il traite. On s'étonne de trouver là une *HISTOIRE COMPLÈTE DE LA MUSIQUE, ennemie des démons.* L'auteur nous donne d'intéressants détails sur la musique des Hébreux, sur celle des Païens, sur la musique de voix et instruments, sur la musique funèbre, sur la musique enharmonique, diatonique et chromatique, sur la musique phrygienne, lydienne, etc., sur la musique persique des Barzes chanteresses, sur l'invention et l'usage des orgues, sur la harpe, la trompette et la flûte, etc., etc.

1410. Phil.-Ludwigi Elich, Dœmonomagia, sive de Dœmonis

cacurgia, cacomagorum et lamiarum energia. *Francof.*, 1606, in-8, vél.

> Livre rare et curieux. Chef-d'œuvre d'érudition et de critique. Il est peu de traités qui contiennent un ensemble de faits et d'observations aussi clairement exposés, sur ces matières intéressantes. — *Quels sont les auteurs et fauteurs de la Magie? — Division de la Démono logie. — Quelle est la puissance des sorciers? — Des démons incubes et succubes. — Du sabbat et de la synagogue des sorciers et sorcières, de leurs repas, de leurs orgies, de leurs danses, de leurs accouplements, etc., etc. — Les démons et les sorciers peuvent-ils faire parler les bêtes, se changer en loups-garoux, persécuter les hommes, ressusciter les morts? etc., etc.*

1411. Histoire véritable, comment l'âme de l'Empereur Trajan a esté délivrée des tourmens d'enfer par les prières de S. Gregoire (par Palma V. Cayet, Tourangeau). *Paris, Cl. Hulpeau*, 1607, in-8 de VIII et 95 pag., bas., fil.

> Opuscule des plus rares, dédié à la *Royne Marguerite*.

1412. Les Controverses et recherches magiques de Martin Delrio, ausquels sont exactement et doctement confutées les sciences curieuses, les vanitez et superstitions de toute la magie, avec la manière de procéder en justice contre les magiciens et sorciers, trad. du latin par André Du Chesne, Tourangeau. *Paris, Regn. Chaudière*, 1611, gros in-8, dem. rel., v. f.

> Bel exemplaire, à toutes marges. On sait combien est rare cette traduction française de l'auteur le plus savant et le plus autorisé dans les matières de magie et de sorcellerie. Plusieurs pourraient croire, à ne lire que le titre de ce curieux ouvrage, que le P. Delrio condamne la croyance au sabbat, aux possessions, aux loups-garoux, etc. Ce serait une erreur ; car le pieux et docte écrivain. admettant, avec toute l'Eglise, les efforts constants de l'enfer contre les vertus et contre la tranquillité de l'espèce humaine, rapporte avec soin les milliers de témoignages qui établissent la croyance aux enchantements et autres sortilèges. Rien n'est plus horrible que l'énumération de tant de monstruosités dont il est fait mention dans les récits des voyageurs, des médecins, des historiens, aussi bien que dans les écrits des Saints-Pères. Voyez surtout ce qui regarde les sorcières, les incubes et les succubes. — Dédié à « *Charles de Sainct Siat, evesque de Ricz, prieur et seigneur de la ville du Pont-Sainct-Esprit.* »

1413. Traicté des anges et démons, du R. P. Maldonat, mis en français par maistre François de la Borie, chanoine à Périgueux. *Rouen*, 1616, in-12, parch.

> Livre intéressant. L'auteur y réfute victorieusement les erreurs de quelques sectaires, relativement à la puissance des diables et aux prérogatives des anges, entr'autres l'opinion d'Origène, qui prétend que les bons anges peuvent pécher.

1414. Histoire d'Urbain Grandier, condamné comme magicien et comme auteur de la possession des religieuses Ursulines de Loudun, par M*** (Aubin). *Amsterdam*, 1735, in-12, dem.-rel., dos et coins de mar. br. du Levant, à nerfs, tête dorée, *non rogné.*

1415. Histoire des diables de Loudun ou de la possession des Religieuses Ursulines, et de la condamnation et du supplice d'Urbain Grandier (par Aubin). *Amst.*, 1736, in-12, front. gravé, v. m.

1416. Urbain Grandier condamné comme magicien et comme auteur de la possession des Religieuses de Loudun. *S. l. n. d.*, in-12, dem.-rel. mar. v., tête dor.

> Volume factice extrait d'un recueil imprimé du XVIIIe siècle. Le procès de Grandier est là complet et très-détaillé en plus de 200 pages.

1417. LA VIE DU R. P. SURIN (en laquelle il parle des maux qui luy sont arrivés ensuitte de la possession des démons chassés par son ministère.) — In-4, dem.-rel., dos et coins de mar. bleu du Levant à nerfs.

> MANUSCRIT DE LA FIN DU XVIIe SIÈCLE, composé de 264 pages. Il n'est pas moins curieux que le volume décrit ci-dessous, où ce manuscrit est publié pour la première fois, mais en partie seulement. Notre manuscrit présente de notables différences avec tous les imprimés. Le style en est plus vieux, et la matière autrement divisée et plus complète. On sent que le texte original du P. Surin n'y est point altéré ni diminué. C'est une de ces copies des Mémoires autographes du religieux, desquelles il est question dans la préface du livre imprimé, et que l'on ne rencontrait, dit l'éditeur, que dans un petit nombre de bibliothèques particulières.

1418. Histoire abrégée de la possession des Ursulines de Loudun et des peines du Père Surin. *Paris*, 1828, in-12, dem.-rel., dos et coins de mar. violet, du Lev. tr. ébarbée.

> Cette *Histoire abrégée* est vraiment une fort longue et fort curieuse histoire. La possession des Ursulines de Loudun n'est rien, certes, en comparaison des tourments et obsessions du malheureux P. Surin, et d'un autre exorciste, le P. Tranquille, que les démons ne laissèrent pas une minute tranquille. Voir surtout les aventures du P. Surin et de la Mère Jeanne des Anges pendant leur voyage en Savoie, où ils poursuivent, comme à Bordeaux et comme partout ailleurs, une lutte acharnée, dramatique et mouvementée contre les diables.

1419. Exercitationes philologicæ de Geniis (et dæmonibus), authore Hartmanno Schencken. *S. l.*, 1659, in-4, dos et coins de mar. bl. du Lev. à nerfs.

1420. Tractatus theologicus de Sagarum impietate, nocendi imbecillitate et pœnæ gravitate, partim ex privata experientia, partim veris historiis et relationibus aliorum a Theodoro Thummio. *Tubingæ*, 1667, in-4, v. fauve. (*Aux armes de la Vieuville.*)

1421. Apologie pour tous les grands hommes qui ont esté accusez de magie, par Naudé. *Paris*, 1669, pet. in-12, vél.

> Première édition.

1422. Apologie pour les grands hommes soupçonnez de magie, par G. Naudé. *Amst.*, 1712, in-8, front. gr., v.

1423. Tractatus juridic. de Lamiis, auctore Mich. Balburger. *Ienæ*, 1670, in-4, dem.-rel., mar. viol. du Lev. (*Rare.*)

Volume non cité. C'est un des traités les plus complets sur ces matières curieuses, et son existence étonnera plus d'un bibliographe, en France, où l'on ne connaît guère de compétents là-dessus que Delrio et Bodin. Notre volume se compose de 156 pages, y compris le titre, l'avant-propos et l'épître dédicatoire. Le texte étant serré, il contient beaucoup de matières. Il y faut remarquer surtout les différents noms des sorciers, sorcières, magiciens, possédés, etc.; — les diverses espèces d'apparitions, telles que loups-garoux, fantômes, vampires, incubes, etc.;—les raisons pour lesquelles le diable agit plutôt sur les femmes que sur les hommes; — quels sont les pactes diaboliques, les marques des sorciers et sorcières, etc., — le genre de pouvoir que les sorcières ont sur le vent, la grêle, la tempête, la foudre, etc., etc., et sur les animaux; — leurs crimes, infanticides, impudicités, etc.; — la manière de procéder contre les sorcières; — plusieurs anecdotes curieuses sur ces divers sujets.

Une chose singulière, c'est que l'auteur de ce livre, qui est sans doute protestant, enchérit sur Delrio et sur la plupart des auteurs qui ont écrit de la démonologie, refait tout un système qui se rapporte aux croyances des vieux âges, et s'emprisonne, malgré lui, dans les principes et conséquences de la doctrine catholique.

1424. Histoire prodigieuse et lamentable de Jean Fauste, grand magicien, avec son testament et sa vie espouventable. *Cologne (Hollande)*, 1674, pet. in-12, vél.

1425. J. Chr. Rudingeri, de spiritibus familiaribus vulgo sic dictis, liber. *Witembergæ*, 1674, pet. in-4, dem.-rel., mar. citron.

Plaquette fort rare. Elle contient de curieuses recherches sur les sylphes, esprits-follets, servants, fées, willis, nymphes, gnomes, etc. —Bel exemplaire.

1426. Relation de l'état de quelques personnes prétendues possédées, faite d'autorité du Parlement de Toulouse par Fr. Bayle et H. Grangeron, docteurs en médecine, où ces docteurs expliquent clairement par les véritables principes de la physique, des effets que l'on regarde ordinairement comme prodigieux et surnaturels. *Toulouse*, 1693, pet. in-12, v. (*Rare.*)

1427. Chr. Stridtbecht de Sagis, sive fœminis commercium cum Malo Spiritu habentibus, liber. *Lipsiæ*, 1690. — Joa. Mülleri dissertatio de conventu sagarum in monte Bructerorum nocte ante calendas Maii. *Francof.*, 1745, 2 opusc. en 1 vol. pet. in-4, dem.-rel., dos et coins de maroquin bleu du Levant, à nerfs. (*Rare*).

Anecdotes et documents curieux sur les sorciers et sorcières. Le premier ouvrage contient l'histoire de la fuite d'Attila du territoire d'Augsbourg, devant une sorcière ou héroïne à cheval, furieuse, échevelée, à demi nue, et qui, d'une voix épouvantable, lui cria *Retro*, à lui et à son armée. La figure de cet événement terrible et singulier s'y trouve reproduite et gravée sur cuivre, d'après une vieille et naïve miniature d'un manuscrit du moyen-âge, ainsi qu'une ancienne légende et complainte en vers latins et en vers allemands, dans laquelle sont retracés les détails de cette apparition. Il est peu de livres, aussi intéressants et aussi rares, touchant une semblable matière.

1428. Le Monde enchanté, ou Examen des communs sentimens touchant les esprits, leur nature, leur pouvoir, leur administration et leurs opérations, et touchant les effets que les hommes sont capables de produire par leur communication et leur vertu, par Balth. Bekker. *Amsterdam*, 1694, 6 vol., fig. — Traité historique des Dieux et des Démons, avec q. q. remarques sur le système de M. Bekker, par Benj. Binet. *Delft*, 1696, 1 vol. — Ensemble 7 vol. pet. in-12, v. marbr.

1429. M. Joh. Reiche de crimine Magiæ liber. *Halæ-Magd.*, 1701, pet. in-4, dem.-rel.; mar.

Traité de démonologie. Documents sur les procès de magiciens et de sorcières.

1430. Dissertatio historica de fabulosa Pygmæorum gente, auctore J. God. Fischero. *Vitembergæ*, 1710. — De Satyris disquisitio, auctore G. Ebersbacho. *Lipsiæ*, 1666, 2 opusc. en 1 vol., pet. in-4, dem.-rel., dos et coins de mar. bleu, à nerfs.

Bonnes dissertations, entremêlées de curieuses anecdotes sur ce que l'on rapporte des pygmées et des satyres.

1431. Lettres de M. de St-André, au sujet de la magie, des maléfices et des sorciers ; où il rend raison des effets les plus surprenants qu'on attribue ordinairement aux Démons. *Paris*, 1725, in-12 de 446 pages, v. br.

1432. Lettres de M. de St-André, au sujet de la magie, etc., etc. *Paris*, 1725, in-12, v.

1433. Traité sur la magie, le sortilége, les possessions, obsessions et maléfices, où l'on en démontre la vérité et la réalité ; avec une méthode sûre et facile pour les discerner, et les réglemens contre les Devins, Sorciers, Magiciens, etc., par M. D*** (Daugis). *Paris*, 1732, in-12, vél. v.

1434. J. Val. Merbitzii de infantibus suppositis. *Ienæ*, 1744, pet. in-4, dem.-rel., dos et coins de mar. citron du Levant, à nerfs (*Rare.*)

Très-curieux détails sur les incubes et succubes, démons qui viennent sur la terre avec des formes viriles, ou sous la figure de femmes jeunes et belles. — *Ces démons peuvent-ils procréer?* — *Les êtres qui semblent naître par leur action sont-ils de l'humaine espèce, ou de race diabolique?* — *Histoire épouvantable et singulière d'une jeune fille qui fut victime d'un incube.* — *Autre exemple.* Le volume se termine par un commentaire sur les nymphes.

1435. Dissertations sur les apparitions des anges, des démons et des esprits, et sur les revenans et vampires de Hongrie, de Bohême, etc., par Dom A. Calmet. *Paris*, 1746, in-12, v.

1436. Traité sur les apparitions des esprits et sur les vampires, ou les revenans de Hongrie, de Moravie, etc., par le R. P. Dom Aug. Calmet. *Paris, Debure*, 1751, 2 vol. in-12, v. marbr.

> Édition la plus complète de cet ouvrage estimé. On sait quel intérêt il présente à toutes les classes de lecteurs, à cause des questions étranges qui y sont examinées : — *Y a-t-il des revenants ? — Faits nombreux qui semblent en établir la croyance ; — Morts de Hongrie qui sucent le sang des vivans ; — Morts qui mâchent comme des porcs dans leurs tombeaux. — Exemple singulier d'un revenant de Hongrie ; — Exemple d'un nommé Curma renvoyé au monde, etc., etc.*

1437. Les Contes Noirs ou les frayeurs populaires, nouvelles, contes, aventures merveilleuses, bizarres et singulières, anecdotes inédites, etc., sur les apparitions, les diables, les spectres, les revenans, les fantômes, les brigands, etc., par J. S. C. de Saint-Albin. *Paris*, 1818, 2 vol. in-12, fig., br.

1437 bis. Infernaliana, publ. par Ch. N*** (Charles Nodier). *Paris*, 1822, in-12, fig., br., non rogné.

> La Nonne sanglante. — Le vampire de Hongrie. — Histoire d'une apparition de démons et de spectres, en 1609.—Le trésor du diable, conte noir. — L'apparition singulière. — Le pacte infernal. — Le revenant rouge, etc., etc.

VIII. — MNÉMONIQUE. — ART DE L'ÉCRITURE. — ART DE L'IMPRIMERIE.

1438. **Congestorium** artificiose memorie Joa. Romberch de Kyrspe, opus omnibus theologis, predicatoribus, confessoribus, juristis, judicibus, procuratoribus, advocatis, notariis, medicis, philosophis, artium liberalium professoribus, insuper mercatoribus, nuntiis et tabellariis pernecessarium. *Venetiis, Melch. Sessa*, 1533, pet. in-8, goth., fig., vél.

> Volume rare et curieux. Il est accompagné de planches singulières, parmi lesquelles on rencontre un alphabet très-bizarre de lettres figurées ou rébus.

1439. TABLEAUX ACCOMPLIS de tous les arts libéraux contenans brievement et clerement par singulière méthode de doctrine une générale et sommaire partition desdicts arts, amassez et reduicts en ordre pour le soulagement et profit de la jeunesse, par M. Christofle de Savigny, seigneur dudict lieu et de Priment en Réthelois (publ. par Nic. Bergeron). *Paris, J. et Fr. de Gourmont*, 1587, grand in-fol., fig., reliure pleine en maroquin bleu du Levant, à nerfs, dos orné, fil. à riches compartiments genre Grolier, devise sur les plats, mors en mar., dent. inter., tr. dor.

LIVRE TRÈS-CURIEUX qui a fourni plus d'une idée à Bacon pour son *Novum Organon*. Cette ÉDITION ORIGINALE « est RARISSIME , » dit Barbier. (Dict. des Anonymes). Ce magnifique volume a donné la première idée des arbres encyclopédiques , tels que celui de François Bacon. Il contient plusieurs planches magistralement dessinées par le célèbre JEAN COUSIN. On ne le trouve presque jamais entier, et notre exemplaire est le plus complet que l'on connaisse. Celui de M. Amb.-Firmin Didot, décrit par lui-même avec soin , n'a que 10 planches, tandis qu'il en faut DIX-HUIT et un *frontispice* comme dans le nôtre. Brunet lui-même semble avoir décrit ce beau livre d'après un exemplaire incomplet, puisque, malgré de très-minutieux détails, il ne fait pas mention d'un feuillet accompagnant le *Tableau encyclopédique*, et qui commence par ces mots: *Partition générale de tous les arts libéraux*; de sorte qu'il y a réellement 5 feuillets préliminaires et non 4 seulement, comme il est marqué dans le *Manuel*. La plus belle gravure de cet ouvrage est celle qui représente l'auteur offrant son livre à Ludovic de Gonzague, duc de Nivernois et de Réthelois, prince de Mantoue. Ajoutons que notre exemplaire, outre les dix-huit tableaux que nous avons désignés, contient, à la fin, une grande et belle figure circulaire de la même époque, parfaitement adaptée au sujet de l'ouvrage, bien que peut-être elle n'en fasse point partie. On y lit au milieu : *Feu central selon les philosophes;* c'est une espèce de *carte géologique* du globe, et ce serait alors le plus ancien essai d'une carte de ce genre.

1440. De Litteris Ebræorum, Græcorum et Latinorum quibusdam mnemonicis dissertatio, auctore Joach. Aladen. *Ienæ*, 1670, pet. in-4, dem.-rel., mar. bl.

1441. Compendio del grand volume de l'arte del bene et leggiadramente scrivere tutte le sorti di lettere et caratteri, di M. Gio. Batt. Palatino. *Vinetia, gli Heredi di M. Sessa*, 1578, pet. in-4, fig. et portr., dem.-rel., vél.

> Livre curieux, contenant toutes sortes de modèles d'écritures. Les planches sur bois sont les mêmes que les originaux gravés par Palatino, en 1566. On y remarque des alphabets de lettres ou chiffres entrelacés, des sonnets en *rébus*, des alphabets en *rébus*, etc..., etc...

1442. Grammato-Graphices in quo varia Scripturæ Emblemata belgicis, germanicis, italicis, hispanicis, gallicis et latinis characteribus exarata cum singulorum anatomicis fundamentis ad exacte pingendum perquam utilia oculis spectanda imitandaque proponuntur, scripta, æri incisa et impressa per Cornelium Boissenium. *Amstelodami*, 1605, in-4, obl., vél. de Hollande. (*Bel exemplaire.*)

> Très-beau recueil de modèles d'écritures entièrement gravés. Après le titre on remarque un magnifique portrait de l'auteur, d'un burin très-délicat, dans le genre de *Crispin de Pas*, avec ornements de plume très-variés. Au-dessus ces mots : *Vive la plume!*

1443. Thrésor littéraire, contenant plusieurs diverses escritures, tant latines et romaines que italiennes et espaignolles, mis en lumière par Jan Vanden Velde, natif d'Anvers. 1605, 3 part. en 1 vol. in-4, obl., avec de nombr. planches de modèles d'écritures gravées, cart.

> Après le titre se trouve un très-beau portrait du calligraphe Van de Velde, fort joliment gravé au burin.

1444. Thrésor littéraire, contenant plusieurs diverses escritures les plus usitées ès Escoles françoyses des Provinces-Unies des Pays-Bas, escrit et mis en lumière par Jean Vanden Velde, maistre d'Escole françoyse en la populeuse et très-antique ville marchande de Harlem, par M. V. D. Horenbeeck, amateur de la plume. *Haerlem*, 1620, pet. in-fol., cart.

> « Jean Van de Velde était un des meilleurs calligraphes de son tem. », dit Brunet, qui toutefois, n'a point mentionné cet ouvrage. Le volume se compose de 36 planches très-joliment gravées en taille-douce par *Gérard Gauw*, de Harlem et représentant toutes des modèles d'écritures.

1445. Le Livre d'écriture et d'orthographe, à présent en usage avec des instructions très-curieuses et très-utiles, nouvellement mises en lumière par Nicolas Du Val. *Paris*, 1670, in-4, obl., planches gravées, cart.

1446. Nouvelle Méthode d'écrire, contenant un moyen facile pour mettre un secret en seureté et pour traduire en françois toutes les langues étrangères, par le Sr E. C. *A Paris, au Palais*, 1699, in-12, v. br.

> Volume curieux, *dédié aux dames*.

1447. Traité sur la preuve par comparaison d'écritures, par P. Vallain, écrivain juré-expert. *Paris*, 1761, pet. in-12, br., *non rogné*.

1448. L'Art de juger de l'esprit et du caractère des hommes et des femmes, sur leur écriture, ouvrage dans lequel sont représentées les écritures autographes d'un grand nombre de personnages célèbres, tels qu'Elisabeth, reine d'Angleterre, Marie Stuart, Louis XIV, etc., etc. *Paris*, in-16, avec fac-simile, dem.-rel.

1449 Artis Typographicæ querimonja de illiteralis quibusdam typographis propter quos in contemptum venit, autore Henrico Stephano ; epitaphia græca et latina doctorum quorumdam typographorum ab eodem scripta. *Anno* 1569, *excudebat Henricus Stephanus*, pet. in-4, vél. (*Bel exemplaire.*)

1450. De l'origine et des productions de l'imprimerie primitive en taille de bois, par Fournier. *Paris, Barbou*, 1759. — Observations sur un ouvrage intitulé : *Vindiciæ Typographicæ*, pour servir de suite à l'ouvrage précédent, par le même. *Paris, Barbou*, 1760, 2 ouv. en 1 vol. in-8, pap. de Holl., v. rac., dent.

1451. Premier Mémoire sur l'impression en lettres, suivi de la description d'une nouvelle presse exécutée pour le service du roi, par Anisson le fils, directeur de l'Imprimerie Royale. *Paris*, 1783, in-4, fig., br., r.

1452. Art de l'Imprimeur, par Bertrand Quinquet. *Paris*,
1798, in-4, fig., v. m.

1453. Traité de la Typographie, par H. Fournier, imprimeur.
Tours, 1854, in-12, rel. pleine en mar. br. du Levant, à
nerfs, fil. à fr., dent. intér., tr. dor.

> Très-bel exemplaire.

1454. Histoire de l'Imprimerie et des arts et professions qui se
rattachent à la typographie, par P. Lacroix, Ed. Fournier et
F. Seré. *Paris*, 1852, gr. in-8, nombreux fac-simile en or
et en couleur, et fig. s. bois, br.

IX. — BEAUX-ARTS.

*Esthétique. — Dictionnaires et traités généraux. — Arts du
dessin. — Peintures. — Vies de peintres. — Musées, expo-
sitions. — Catalogues de tableaux.*

1455. Histoire universelle traitée relativement aux arts de peindre et de sculpter, par Dandré Bardon, directeur de l'académie de peinture et de sculpture de Marseille. *Paris*, 1769,
3 vol. in-12, v. m., fil., tr. dor.

> Bel exemplaire.

1456. Essai sur les fêtes nationales, suivi de quelques idées sur
les arts et sur la nécessité de les encourager, adressé à la Convention Nationale par Boissy d'Anglas. *Paris*, 1793, in-8, br.

1457. De l'Art de voir dans les Beaux-Arts, trad. de l'italien de
Milizia, suivi des institutions propres à les faire fleurir en
France, et d'un état des objets d'arts dont ses musées ont été
enrichis par la guerre de la Liberté, par le général Pomme-
reul. *Paris, an* 6 (1797), in-8, dem.-rel., v. fauve, doré en
tête, non rogné.

1458. De pulchro deque principiis dijudicandi pulchrum, auct.
Car. H. Krauss. *Tubingæ* (1799). — De origine ac sensu pul-
chritudinis, auct. Chr. Gug. Schwenckner. *Halæ* (*s. d.*);
2 part. en 1 vol. pet. in-4, dem.-rel., dos et coins de mar.
bl. du Lev.

> Curieuses dissertations sur l'Esthétique.

1459. L'Etat des Arts en Angleterre, par Rouquet, de l'Académie Royale de peinture et de sculpture. *Paris, Jombert*,
1755, in-12, v. marbr. (*Bel exemplaire.*)

> On y remarque, entr'autres détails, ce que dit l'auteur des méde-
> cins anglais, des imprimeurs, des ventes de tableaux, de la cuisine
> anglaise, de la musique, etc.

1460. Recueil de différentes pièces sur les arts, par Winckel-
mann. *Paris, Barrois*, 1786, in-8, br.

1461. An essay on the picturesque, as compared with the sublime and the beautiful, by Uvedale Price. *London*, 1794, in-8, dem.-rel. à nerfs, dos et coins de mar. citr., tête dorée, non rogné.

1462. Munich, ou Aperçu de l'histoire des Beaux-Arts en Allemagne et surtout en Bavière, par le Dr Christian Müller. *Munich*, 1844, in-12, dem.-rel.

1463. Histoire de l'Art français au dix-huitième siècle, par Arsène Houssaye. *Paris*, 1860, gr. in-8, frontisp., dem.-rel., à nerfs, dos et coins de mar. citr. du Levant, tête dorée, n. rogn.

1464. Cabinet des Singularitez d'architecture, peinture, sculpture et gravure, ou introduction à la connoissance des plus beaux arts, figurés sous les tableaux, les statuës et les estampes, par Florent le Comte. *Paris*, 1699-1700, 3 vol. in-12, figures, v.

> Livre estimé, qui figure dans le *Catalogue des curiosités bibliographiques*. *Paris*, 1842, no 113. — On y trouve plusieurs planches de *monogrammes*, un catalogue de l'œuvre de *Cl. Mellan*, de *Tempesta*, de CALLOT, de *De la Bella*, du *Poussin*, des *Sadeler*, etc., etc.

1465. Entretiens sur les vies et sur les ouvrages des plus excellens peintres anciens et modernes, par Félibien, augm. de traités de la connoissance des tableaux, estampes, etc. *Amst.*, 1706, 4 vol. — Recueil historique de la vie et des ouvrages des plus célèbres architectes. *Ibid.*, 1 vol. — Les Plans et les Descriptions de deux des plus belles maisons de campagne, avec une dissertation touchant l'architecture antique et l'architecture gothique. *Ibid.*, 1 vol. — Conférences de l'Académie Royale de peinture et de sculpture. *Ibid.*, 1 vol. Ensemble 4 ouvrages et 7 tom. en 4 vol. in-12, fig., v. f.

1466. L'Abecedario pittorico dall'autore ristampato, corretto ed accresciuto. *In Napoli*, 1733, in-4, planches de monogrammes, vél.

> Édition très-complète. Elle a été donnée par Nicolo Parrini.

1467. Dictionnaire abrégé de peinture et d'architecture (par l'abbé de Marsy). *Paris*, 1746, 2 vol. in-12, v.

1468. Dictionnaire des Beaux-Arts, ou Abrégé de ce qui concerne l'architecture, la sculpture, la peinture, la gravure, la poésie et la musique, par Lacombe. *Paris*, 1759, in-8, marbr.

1469. Dictionnaire Iconologique, ou Introduction à la connoissance des peintures, sculptures, estampes, médailles, etc., par de Prezel. *Paris*, 1779, 2 vol. pet. in-8, v. m.

1470. Dictionnaire portatif de peinture, sculpture, gravure et
architecture, avec un traité des différentes manières de
peindre, par Dom Pernety (Forésien). *Paris*, 1781, 2 vol.
in-8, v. m.

1471. Dictionnaire des graveurs, amateurs, dessinateurs, peintres, sculpteurs et architectes qui ont gravé ou d'après lesquels on a gravé. *A Paris*, 1795, 2 vol. in-8, v. m.

> MANUSCRIT AUTOGRAPHE DU PÈRE ADRY, de l'Oratoire,
> (Felicissime-Adry), qui a mis sur le titre son monogramme A.-F.
> Le premier volume ne contient que les lettres A, B, C, D, et à la
> fin une notice sur la vie et les ouvrages de *Robert Strange*, par
> l'abbé *Mercier de St-Léger* (copié de la main d'Adry). On trouve dans
> le deuxième volume : 1° Premiers peintres depuis Cimabue, mort
> en 1300, jusqu'au Bramante, mort en 1520; 2° École Romaine;
> 3° École Lombarde et Vénitienne; 4° École de Bologne et des Ca-
> rache ; 5° École de Florence ; 6° École Flamande, Alemande et
> Hollandaise; 7° École Française ; 8° Peintres étrangers. — Ce MSS.
> provient de la collection Boulard. Il est indiqué au catalogue,
> tome IV, n° 81. M. Boulard a fait quelques additions aux deux vo-
> lumes.

1472. Dizionario degli architetti, scultori, pittori, intagliatori
in rame ed in pietra, coniatori di medaglie, musaicisti, niel-
latori, intarsiatori d'ogni età et d'ogni nazione di Stef. Ticozzi.
Milano, 1830-32, 4 vol. in-8, portr., dem.-rel., mar. rouge
du Levant, à nerfs, dorés en tête, *non rognés*.

1473. Dictionnaire des Beaux-Arts, par A. L. Millin. *Paris*,
1838, 6 vol. in-8, br.

1474. Polygraphice or the arts of drawing, engraving, etching,
limning, painting, washing, varnishing, gilding, colouring,
dying, beautifying and perfuming in VII books by Will. Sal-
mon. *London, printed for Thos. Passenger and Th. Saw-
bridge*, 1685, in-8, frontisp. gravé, portr. et 22 planches,
dem.-rel.

1475. Figures d'Académie pour apprendre à dessiner, gravées
par S. L. C. (Sébastien Le Clerc). *Paris*, 1673, in-12, cart.
antiq.

1476. Les Proportions du corps humain, mesurées sur les plus
belles figures de l'antiquité, par Gér. Audran. *Paris, Ché-
reau*, 1785, in-fol., fig., dem.-rel.

1477. Fr. Junii de Pictura veterum libri III. *Amstelod., Blaeu*,
1637, pet. in-4, v. fauve. (*Ancienne reliure.*)

1478. De vetusto quodam Dyptycho consulari et ecclesiastico,
liber, auctore G. Ph. Negelein. *Altorfii*, 1742, pet. in-4,
figures, dem.-rel., dos et coins de mar. bleu du Levant, à
nerfs.

> Excellent et curieux traité des dyptiques, de leurs divers usages,

de leurs formes variées. Description du plus grand dyptique connu, avec sa figure exactement reproduite au commencement du volume. — Bel exemplaire.

1479. Idée de la Perfection de la peinture, démonstrée par les principes de l'art et par des exemples, par Roland Freart, Sr de Chambray. *Au Mans, Jacq. Ysambart*, 1662. — La Perspective d'Euclide, trad. par le même. *Le Mans*, 1663, 2 ouvr. en 1 vol. pet. in-4, v. br.

1480. De Pictura opusc., auctore Huld. Sig. Rothmaler. *Iena*, 1712, pet. in-4, dem.-rel., mar. citron du Lev., à nerfs.

> Livret fort rare. Il est divisé en quatre chapitres, dans lesquels sont exposés les préceptes de l'art de la peinture, et les règles d'une saine esthétique; les priviléges accordés aux grands artistes; les peines édictées contre les artisans de figures infâmes ; les cas singuliers de plusieurs peintres, rapportés par la tradition et par l'histoire, etc., etc. — Très-bel exemplaire de ce volume non cité.

1481. Dissertation sur les ouvrages des plus fameux peintres (par de Piles). *Paris, s. d. (vers 1660)*, in-12, v. br.

1482. Conversations sur la connoissance de la peinture et sur le jugement qu'on doit faire des tableaux, où par occasion il est parlé de la vie de Rubens et de quelques-uns de ses beaux ouvrages (par de Piles). *Paris*, 1677, in-12, v. br.

1483. Abrégé de la vie des peintres, par de Piles. *Paris, J. Estienne*, 1715, in-12, front. gr., v.

> Cet ouvrage, par les détails qu'il contient, peut servir à la connaissance des tableaux et des estampes.

1484. Entretiens sur les vies et sur les ouvrages des plus excellens peintres anciens et modernes avec la vie des architectes, par Félibien. *A Trévoux, de l'imprimerie de S. A. S.* 1725, 6 vol. in-12, fig., v. m.

1485. Observations sur la peinture et sur les tableaux anciens et modernes, par Gautier. *Paris*, 1753, in-12, fig., mar, r. fil., tr. dor. (*Anc. reliure aux armes.*)

> Une planche coloriée, qui représente la palette et les couleurs.

1486. Recueil de divers ouvrages sur la peinture et le coloris, par de Piles. *Paris*, 1755, in-12, v. m.

1487. Principes abrégés de peinture, par Michel Fr. Dutens (de Tours). *Tours*, 1779, in-8, v. m.

1488. Principes abrégés de peinture, par Dutens (de Tours), suivis d'un discours sur l'architecture et la sculpture. *Tours*, 1804, in-8, fig., br.

1489. Peintres primitifs, collection de tableaux rapportée

d'Italie et publiée par le chevalier Artaud de Montor. *Paris,*
1843, gr. in-4, fig., dem.-rel., dos et coins de mar. bleu du
Levant, à nerfs, non rogné.

> Belle publication comprenant 60 planches sur papier de chine,
> lesquelles sont la reproduction de quelques beaux tableaux des
> peintres qui ont précédé Raphaël, Depuis André Rico jusqu'au Pé-
> rugin.

1490. Essais historiques et archéographiques sur la peinture
flamande, par P. de Wint. *Paris,* 1847, in-8, br.

1491. Histoire de l'École Flamande de peinture du XVe siècle
(dite des ducs de Bourgogne), son point de départ, les causes de sa splendeur et de sa décadence, par Héris. *Bruxelles,*
1856, gr. in-4, dem.-rel., dos et coins de mar. br. du Lev.,
à nerfs, tête dorée, tr. ébarbée.

1492. Recherches sur l'histoire de la peinture sur émail dans
les temps anciens et modernes, et spécialement en France,
par L. Dussieux. *Paris,* 1841, in-8, dem.-rel., dos et coins
de mar. r. du Lev., à nerfs, tête dorée, non rogné.

1493. Histoire des Peintures sur majolique faites à Pesaro et
dans les lieux circonvoisins, décrite par Giambattista Pas-
seri, trad. par H. Delange. *Paris,* 1853, in-8, dem.-rel., dos
et coins de mar. vert du Levant, à nerfs, doré en tête, non
rogné.

1494. Vita di Giac. Robusti detto il Tintoretto, celebre pittore
cistadino Venetiano, descritta da C. Ridolfi. *Venetia,* 1642,
pet. in-4, br. en cart.

1495. Noms des peintres les plus célèbres et les plus connus,
anciens et modernes. *Paris,* 1679, in-12, vél. de Holl.

1496. Entretiens sur les vies et sur les ouvrages des plus excellens peintres anciens et modernes (par Félibien.) *Paris,*
Mariette, 1696, 2 vol. in-4, v. br.

1497. Abrégé de la vie des peintres, par de Piles. *Paris, J. Es-*
tienne, 1715, in-12, fr. gravé, v.

1498. Abrégé de la vie des peintres, avec des réflexions sur
leurs ouvrages, par de Piles, édition considérablement augmentée. *Amsterd. et Leipzig,* 1767, in-12, v.

1499. Le Vite de' pittori, degli scultori et architetti Veronesi,
del Signor Fr. Bartolomeo. *Verona,* 1718, pet. in-4, dem.-
rel., mar. vert du Levant, à nerfs, doré en tête, *non*
rogné.

1500. La Vie de P. Mignard, premier peintre du Roy, par

l'abbé de Monville, avec le poëme de Molière sur les peintures du Val-de-Grâce, et deux dialogues de M. de Fénelon, sur la peinture. *Paris,* 1730, in-12, portr., v. fauve.

Exemplaire du duc *d'Aiguillon,* avec *l'ex-libris* de la bibliothèque du château de *Veretz* en Touraine.

1501. Le Vite de pittori, scultori, architetti ed intagliatori, scritte da Gio. Baglione Romano. *Napoli,* 1733, in-4, dem. rel., mar. vert du Levant à nerfs, tête dorée, *non rogné.*

Avec *la vie de Salvator Rosa, peintre et poëte,* par J. Bapt. Passari.— Bel exemplaire.

1502. Vite de' pittori, scultori ed architetti moderni, scritte, e dedicate allé Maestà di Vittorio Amadeo e di Carlo Emanuel Re di Sardegna, da Lione Pascoli. *Roma, Antonio del Rossi,* 1730-1736, 3 vol. in-4, v. m.

On a réuni en 3 volumes deux ouvrages très-estimés. Le tome II contient le *vite de' pittori, scultori et architetti Perugini.*

1503. Eloge historique de M. Coustou l'aîné, avec des descriptions raisonnées de quelques ouvrages de peinture et de sculpture (par Cousin de Contamine.) *Paris,* 1737, in-12, v. m.

Nicolas Coustou, célèbre sculpteur, naquit à Lyon en 1658.

1504. Vite de' pittori, scultori ed architetti Napoletani, scritte da Bern. de Dominici. *In Napoli,* 1742, 2 vol. in-4, fig., v. m.

1505. Vies des premiers peintres du roi. *Paris,* 1752, 2 tom. en 1 vol. pet. in-8, v. marbr.

« Les peintres mentionnés dans cet ouvrage sont au nombre de « cinq. La vie de Lebrun et le discours préliminaire sont de Des-« portes, peintre. Les vies de Coypel, Mignard et le Moine sont du « comte de Caylus; celle de Boulogne est de Watelet. » (*Barbier*).

1506. Vite de pittori, scultori, ed architetti genovesi, di Raff. Soprani, edizione accresciuta ed illustrata da Carl. Gius. Ratti. *Genova,* 1768, 2 vol. in-4, front. et nombr. portraits gravés sur cuivre, v. m.

Ouvrage estimé. — Bel exemplaire.

1507. Extrait des différens ouvrages publiés sur la vie des peintres, par M. P. D. L. F. (Papillon de la Ferté.) *Paris,* 1776, 2 vol. in-8, front. grav. par Moreau, v. marbr.

Avec *l'ex-libris* du *chevalier de la Cressonnière.*

1508. Elogio storico del famoso ingegnere Bart. Ferracino, scritto da G. B. Verci. *Venezia,* 1777, in-8, beau front. gravé, dem.-rel., mar. r. du Lev., doré en tête, non rogné.

Beau volume, et qui contient aussi les vies des peintres célèbres de Bassano, la notice des sculpteurs et professeur de gravure, et enfin la table détaillée des peintures et sculptures qui sont dans les églises de Bassano.

1509. Notice sur la vie et les travaux du P. Jean-Denis Attiret, né à Dôle et mort à Péking, peintre de l'empereur de la Chine, par le P. Amiot. 1769, pet. in-fol., dem.-rel.

> MANUSCRIT INÉDIT du P. Amiot, rempli de détails intéressant sur l'état des arts en Chine. Ces renseignements sont contenus dans une série de lettres adressées par le P. Amiot à un parent d'Attiret, statuaire à Paris. Ce manuscrit, est une copie de la fin du XVIIIe siècle, collationnée avec soin sur les originaux.

1510. Dictionnaire des Peintres Espagnols, par F. Quilliet. *Paris*, 1816, in-8, v. rac.

1511. Vite dei pittori Vecelli di Cadore, libri IV di S. Ticozzi. *Milano*, 1817, in-8, dem.-rel., mar. rouge.

1512. Memorie de' pittori Messinesi e degli esteri che in Messina fiorirono dal secolo XII sino al secolo XIX. *Messina*, 1821, in-8, portraits, dem.-rel., mar. r. du Levant, à nerfs, tête dorée, tr. ébarbée. (*Bel exemplaire.*)

1513. Della Vita e delle opere di Pietro Vannucci da Castello della Pieve, cognominato il Perugino, da Ant. Mezzanotte. *Perugia*, 1836, pet. in-4, portr., dem.-rel., mar. bl. du Lev., à nerfs, doré en tête, non rogné.

> Avec un arbre généalogique de la famille du Pérugin, et une notice sur les élèves qui sont sortis de l'école de ce grand peintre.

1514. Histoire de P. P. Rubens, suivie du catalogue général et raisonné de ses tableaux, esquisses, dessins et vignettes, avec l'indication des lieux où ils se trouvent et des artistes qui les ont gravés, par A. Van Hasselt. *Bruxelles*, 1840, in-8, fig., dem.-rel., mar. vert du Levant, à nerfs, tête dorée, tr. ébarb. (*Bel exemplaire.*)

1515. Jan Steen (peintre du XVIIe siècle), étude sur l'art en Hollande, par T. Van Westrheene. *La Haye*, 1856, in-8, portr., br.

1516. Histoire de Jouvenet, par N. Leroy. *Paris et Rouen*, 1860, in-8, portr. et tableau généalogique, br.

> Travail consciencieux sur la vie et l'œuvre de Jean Jouvenet, le célèbre peintre normand, à qui l'on doit l'admirable tableau de la *Descente de Croix*, le *Mariage de la Vierge*, la *Résurrection de Lazare*, et d'autres chefs-d'œuvres devenus populaires par la gravure. Jouvenet naquit à Rouen, en 1644. La vie de ce grand artiste est des mieux remplies. Presque septuagénaire, il fut frappé d'une attaque d'apoplexie qui le paralysa totalement de la main droite. Il peignit de la gauche, fit de nouveaux chefs-d'œuvre, força l'admiration de l'europe, et attira près de lui, à force de renommée, les plus grands personnages de son temps. On était curieux de voir, surtout, les merveilleuses peintures dont il avait orné le plafond du Parlement de Rouen, lesquelles furent exécutées de la seule main dont il pouvait faire usage.

1517. Vie de Fra Angelico de Fiesole, de l'ordre des Frères Prêcheurs, par E. Cartier. *Paris*, 1857, in-8, br.

1518. Charlet, sa vie, ses lettres et ses œuvres (par de La Combe). *Paris*, 1854, gr. in-8, dem.-rel. à dos et coins de mar. bl. du Lev.

1519. Dictionnaire des Artistes de l'École Française au xix⁰ siècle, par Ch. Gabet. *Paris*, 1831, in-8, dem.-rel., dos et coins de mar. v. du Levant, à nerfs, tête dorée, non rogné.

1520. Voyage d'Italie, ou Recueil de notes sur les ouvrages de peinture et de sculpture qu'on voit dans les principales villes d'Italie, par Cochin. *Paris*, 1769, 3 vol. in-8, v. m. (*Bel exemplaire.*)

1521. Voyage pittoresque de Paris, ou indication de tout ce qu'il y a de plus beau dans cette grande ville en peinture, sculpture et architecture, par D*** (D'Argenville). *Paris, De Bure*, 1752, in-12, fig., v.

1522. Voyage pittoresque de Paris, ou indication de tout ce qu'il y a de plus beau en peinture, sculpture et architecture, par D*** (D'Argenville fils.) *Paris*, 1778, in-12, fig., br.

1523. Almanach pittoresque, historique et alphabétique des riches monumens que renferme la ville de Paris, à l'usage des artistes et amateurs des beaux-arts, contenant une description exacte de ce qu'il y a de plus curieux, relatif à l'architecture, peinture, sculpture et gravure, précédé d'un discours sur chacun de ces arts, par Hébert. *Paris*, 1779-80, 2 vol. pet. in-12, v. m.

1524. Almanach du voyageur à Paris, contenant une description intéressante de tous les monuments, chefs-d'œuvre des arts et objets de curiosité que renferme cette capitale, par M. T***. *Paris et Versailles*, 1783, pet. in-12, v. marbr.

   D'après le privilége, l'auteur de cet almanach curieux serait un nommé Delacroix.

1525. Description de l'Académie royale des arts de peinture et de sculpture, par Guérin. *Paris, J. Collombat*, 1715, in-12, vignettes et fig., v. m.

1526. Histoire des plus célèbres amateurs italiens et de leurs relations avec les artistes, par M. J. Dumesnil. *Paris*, 1853, in-8, br.

1527. Explication des tableaux de la galerie de Versailles et de ses deux sallons (par Rainssant, de Reims, garde des médailles de Louis XIV). *A Versailles, de l'imprimerie de François Muguet, premier imprimeur du roy, à l'ancien hostel de Seignelay*, 1687, culs de lampe de Seb. Le Clerc, in-4, vél.

   Volume rare, imprimé à la presse particulière que Muguet, imprimeur de Paris, avait installée à Versailles. (Voir Peignot, Imprimeries particulières, n. xii, page 10).

1528. Catalogue raisonné des tableaux du roy, avec un abrégé de la vie des peintres, par Lépicié. *Paris*, 1752, 2 vol. in-4, cart., *non rognés.*

1529. Diverses éditions avec changements et augmentations de la description historique et chronologique des monumens de sculpture réunis au musée des monumens français, par Al. Lenoir, comprenant des traités historiques sur la peinture sur verre, des dissertations sur la barbe et les costumes de chaque siècle, le procès-verbal des exhumations de Saint-Denis, etc... *Paris*, 1797-1810, 5 vol. in-8, dem.-rel., mar. bleu du Levant, à nerfs, dos orné, dorés en tête, non rognés. (*Reliure uniforme.*)

    Collection intéressante. Les volumes portent les dates suivantes : 1797, 1798, 1802, 1806 et 1810.

1530. Notice des dessins originaux, cartons, gouaches, émaux, tableaux des écoles française et flamande, des écoles de Lombardie et de Bologne, tableaux recueillis par les commissaires du gouvernement français en Italie, etc., etc... exposés pour la première fois dans la galerie d'Apollon, dans la grande galerie, etc... *Paris, an V-IX* (1796-1801). Ensemble 5 vol. pet. in-12, dem.-rel., dos et coins de mar. bl. du Lév., à nerfs.

1531. Lettres à M. *** sur les peintures, les sculptures et les gravures, exposées dans le sallon du Louvre en 1765. *Paris*, octobre 1765, pet. in-8, front. gr., dem.-rel., dos et coins de mar. br. du Lév., à nerfs, doré en tête, *non rogné.*

1532. La Vérité au Salon de 1812, ou Critique impartiale des tableaux et sculptures par une société d'artistes. *Paris*, 1812, in-12, dem.-rel., dos et coins de mar. bl., à nerfs.

1533. Galerie des peintres français du Salon de 1812, par R. J. Durdent. *Paris*, 1813, in-8, br.

1534. Salon de 1831, par Gustave Planche. *Paris*, 1831, in-8, pap. vél., fig., dem.-rel., mar. bl. du Lév., non rogné. (*Bel exemplaire.*)

1535. Recueil de catalogues des principales collections de tableaux qui subsistent actuellement tant en Angleterre qu'ailleurs, dans les différents cabinets des curieux, avec une notice succincte de quelques autres morceaux qui se trouvent en Allemagne et en Italie. 1765-1774. — 2 vol. in-4, réglés, vél. de Holl.

    MANUSCRIT DU XVIIIe SIÈCLE, d'une bonne écriture. Ce travail peut être utile aux artistes et aux curieux. Beaucoup de galeries célèbres que l'on y décrit en détail, d'une façon très-minutieuse, ont été, depuis ce temps-là, dispersées ou modifiées par suite d'accidents ou changements de possesseurs.

1536. Criticisms on art, and sketches of the picture galleries of England, by W. Hazlitt. *London*, 1843-44, 2 vol. in-12, rel. en perc. angl.

> Ouvrage très-utile, contenant les catalogues des principales collections.

1537. Les Musées d'Espagne, d'Angleterre et de Belgique, par L. Viardot. *Paris*, 1843, in-12, dem.-rel., cuir de Russie, tête dor., n. rog.

1538. Les Musées d'Angleterre, de Belgique, de Hollande et de Russie, par L. Viardot. *Paris*, 1855, in-12, d.-rel., dos et coins de mar. vert du Levant, à nerfs, non rogné.

1539. Notice des tableaux du musée d'Amsterdam, avec *facsimile* des monogrammes. *Amst.*, 1858, in-8, dos et coins de mar. vert du Levant.

> Dans le même volume : Description des tableaux des musées de Rotterdam et de la Haye (en Hollandais).

1540. Description des tableaux de la galerie royale et du cabinet de Sans-Souci (par Mathias Oesterreich). *Potsdam*, 1771, in-8, cart.

1541. Catalogue raisonné des tableaux de différentes écoles, des figures et bustes de marbre, des figures, groupes, bas-reliefs, etc.; des meubles précieux, etc., etc., du cabinet de de La Live de Jully. *Paris*, 1769, in-12, cart.

1542. Catalogue d'un très-beau et très-riche cabinet de tableaux des plus célèbres maîtres Flamands et Hollandais, Italiens et Français (Michel-Ange, Albert Durer, Jules Romain, etc.), de Pierre Locquet. *Amsterdam* (1783), in-8, cart.

> Les dern. ff. mouillés.

1543. Catalogue de tableaux des trois écoles ; antiquités égyptiennes, grecques, romaines et indiennes, pierres gravées, etc., du cabinet de M. d'Ennery, par Rémi et Milliotti. *Paris*, 1786, in-8, br.

1544. Catalogue de tableaux formant une réunion imposante d'articles, pour la plupart de première classe, par les plus grands maîtres, rédigé par A. Paillet et H. Delaroche. *Paris*, 1802, in-8, br.

1545. Catalogue de tableaux vendus à Bruxelles depuis l'année 1773, avec les noms de maîtres mis en ordre alphabétique, et la désignation du sujet, de la grandeur et du prix de chaque pièce, avec l'extrait de la vie de chaque peintre. *Bruxelles*, 1803, in-8, d.-rel., dos et coins de mar. v. du Levant, non rogné.

X. — GRAVURE. — CATALOGUES D'ESTAMPES.

1546. Idée générale d'une collection complète d'estampes,
avec une dissertation sur l'origine de la gravure et sur les
premiers livres d'images (par le baron de Heineken). *Leipsic
et Vienne*, 1771, in-8, fac-simile, d.-rel.

> Ouvrage très-utile. Il contient 32 planches qui nous offrent de
> curieux spécimens de xylographies et d'autres gravures anciennes
> des premières époques de l'art. — Les diverses éditions de la Bible
> des Pauvres et de *l'Ars Moriendi* y sont exactement décrites.

1547. Essai sur l'origine de la gravure en bois et en taille-
douce, et sur la connoissance des estampes des xve et xvi^e
siècles, où il est parlé aussi de l'origine des cartes à jouer,
suivi de recherches sur l'origine du papier de coton et sur
la calligraphie, sur les miniatures, etc., etc. (par Jansen).
Paris, 1808, 2 vol. in-8, fig., d.-rel.

> Exemplaire en GRAND PAPIER. On remarque dans cet ouvrage
> *vingt planches* de *fac-simile*, dont huit sont consacrés aux filigranes
> des papiers les plus anciens (de 1369 à 1482). Sur la planche 4 est
> très-exactement reproduite la fameuse gravure xylographique de
> St Christophe, avec la date de 1423. Il faut remarquer aussi les *fac-
> simile* des premières gravures en métal exécutées par Bettinelli
> pour l'ouvrage du Dante, et ceux de quelques miniatures, estam-
> pes, etc. Le tome II est entièrement consacré à la calligraphie. Ce
> livre est le complément indispensable d'Heineken.

1548. A biographical dictionary, containing an historical account of all the Engravers, from the earliest period of the
art of engraving to the present time, etc., by Jos. Strutt.
London, 1785-86, 2 vol. in-4, v. f., fil.

> Ouvrage important. Notre exemplaire n'a pas les figures.

1549. Dictionnaire des graveurs anciens et modernes, depuis
l'origine de la gravure, par F. Basan. *Paris*, 1789, 2 vol.
in-8, avec 50 fig. gravées par Eisen, Cochin et autres artistes, br., *non rognés*.

> Rare dans cet état.

1550. Essai sur l'art de restaurer les estampes et les livres, par
A. Bonnardot. *Paris*, 1858, pet. in-8, pap. vergé, dem.-rel.
dos et coins de mar. br. du Lev., non rog.

1551. Catalogue de livres d'estampes et de figures en taille-
douce, avec un dénombrement des pièces qui y sont contenues, par M. de Marolles, abbé de Villeloin. *Paris*, 1666,
in-8, d.-rel.

> On sait depuis longtemps l'intérêt et la rareté de ce catalogue.

Les portefeuilles de l'abbé de Marolles ont formé le premier noyau
du cabinet des estampes de la Bibliothèque du Roi, aujourd'hui Bibliothèque Impériale.

1552. Voyage d'un Iconophile, revue des principaux cabinets
d'estampes, bibliothèques et musées, par Duchesne. *Paris,*
1834, in-8, d.-rel., v. f., à nerfs. *(Bel exemplaire.)*

1553. Voyage d'un Iconophile, par Duchesne. *Paris,* 1834,
in-8, br.

1554. Notice des estampes exposées à la Bibliothèque royale,
avec des recherches sur l'origine, l'accroissement et la disposition méthodique du cabinet des estampes, par Duchesne.
Paris, 1837, in-8, d.-rel., v. f., à nerfs, dos orné.

1555. Catalogue de la bibliothèque de défunt M. Boucot, garde-
rolle des offices de France, composée de plus de dix-huit
mille volumes très-bien conditionnez, plusieurs des in-folio
étant de grand-papier et reliez en maroquin, de plus de
soixante et dix mille estampes entre lesquelles il y a dix-sept
mille portraits et de plusieurs manuscrits en vélin, ornez de
très belles mignatures. *Paris,* 1699, in-12, d.-rel.

    Curieux catalogue.

1556. Catalogue raisonné de toutes les pièces qui forment
l'œuvre de Rembrandt, composé par Gersaint et revu par
Helle et Glomy. *Paris,* 1751, in-12, portr., v. marbr.

1557. Catalogue de l'incomparable et la seule complète collection des estampes de Rembrandt, avec toutes les variations,
gravées par sa propre main, contenant 257 portraits, 161
histoires, 152 figures et 85 paysages, faisant ensemble 655
estampes, entre lesquelles sont 165 pièces qu'on n'a pas trouvées ailleurs, toutes des plus anciennes, belles et mieux con-
ditionnées épreuves, recueilli depuis l'an 1728, par Am. de
Burgy, dont la vente se fera dans sa maison. *La Haye,* 1755,
in-8, d.-rel., à nerfs, dos et coins de mar. citr. du Lev., tête
dor., n. rog. *(Prix marqués.)*

1558. Catalogue d'une belle collection de dessins italiens,
flamands, hollandois et françois, du cabinet de Nayman,
par Fr. Basan. *Paris,* 1776, in-8, fig. de Choffart, br., *non
rogné.*

1559. Catalogue d'une très-belle et grande collection d'ouvrages d'estampes, de dessins et d'estampes détachées des
plus habiles maîtres, de feu Corn. van Rykevorsel. *La
Haye,* 1778, in-8, d.-rel., dos et coins de mar. citr., à nerfs,
non rogné.

1560. Catalogue des livres, estampes et planches gravées de la
bibliothèque du Palais de feu S. A. R. le duc Charles Alexan-

dre de Lorraine et de Bar, grand-maître de l'ordre Teutonique, gouverneur général des Pays-Bas. *Bruxelles, J. Ermens*, 1781, in-42 de plus de 450 pag. d.-rel., dos et coins de mar. br. du Lev. à nerfs, dor. en tête, *non rogné.*

1561. Catalogue raisonné de l'excellente et nombreuse collection d'estampes et de dessins qui composaient le cabinet de James Hazard, avec une table alphabétique des maîtres, suivi du détail des raretés et autres effets précieux. *Bruxelles, Ermens*, 1789, 2 vol. in-8, d.-rel., dos et coins de mar. r. du Lev., à nerfs, tête dorée, non rognés.

Bel exemplaire, avec les prix de vente.

1562. Catalogue de la plus précieuse collection d'estampes de P. P. Rubens et d'A. Van Dyck qui ait jamais existé, tant pour la beauté des épreuves que pour la rareté des pièces qui s'y trouvent, et qui sont uniques dans leur genre, etc., le tout recueilli avec beaucoup de frais et de soins, par MM. Del Marmol. *S. l. (Bruxelles)*, 1794, in-8, dem.-rel., dos et coins de mar. rouge du Lev., à nerfs, tête dorée, *non rogné.*

1563. Catalogue raisonné d'un choix précieux de dessins et d'une nombreuse et riche collection d'estampes anciennes et modernes, livres à figures, tableaux, etc., du cabinet de P. Fr. Basan, par L. F. Regnault. *Paris*, 1797, in-8, br.

Avec une table des artistes.

1564. Catalogue de la rare et nombreuse collection d'estampes et dessins (et livres à figures), qui composaient le cabinet de M. P. Wouters, précédé d'une table alphabétique des maîtres, par N. J. Tisas. *Bruxelles*, 1797, in-8, d.-rel., dos et coins de mar. v. du Lev., doré en tête, non rogné.

1565. Catalogue raisonné d'objets d'arts du cabinet de feu M. de Silvestre, par Regnault-Delalande. *Paris*, 1810, in-8 de 555 pag., v. rac.

Exemplaire avec prix manuscrits en marge. Collection très-riche en tableaux, estampes, etc.

1566. Catalogo delle opere d'intaglio di Raffaelo Morghen, raccolte ed illustrate da Niccolo Palmerini. *Firenze, Molini (impresso in Pisa, co' caratteri di Didot)*, 1810, in-8, pap. de Holl., portr. de Raph. Morghen, v. rac., fil.

1567. Catalogue des livres rares et précieux de la bibliothèque de M. de Wlassoff, chambellan de S. M. l'Empereur de Russie, suivi d'une description sommaire de ses gravures, tableaux, pierres gravées et bronzes. *Moscou*, 1821, in-8, pap. de Holl., cart., non rogné.

Tiré à petit nombre.

1568. Bulletin de l'alliance des arts, guide des amateurs de
tableaux, dessins, estampes, livres, manuscrits, autographes,
médailles, etc., sous la direction de Paul Lacroix (bibliophile Jacob). *Paris,* 1844-1846, 6 vol. in-8, dem.-rel., dos et
coins de mar. r., à nerfs, non rognés.

XI. — DANSES DES MORTS. — EMBLÈMES.

1569. ICONES MORTIS duodecim imaginibus præter priores
totidemque inscriptionibus præter epigrammata e gallicis a
Georg. Æmylio in latinum versa, cumulatæ. *Lugduni, sub
sculo Coloniensi (excudebat Joa. Frellonius),* 1547, in-8,
fig. s. bois, rel. pleine en mar. vert du Lev., à nerfs, ornem.
à la Grolier, avec devise, dent. int., tr. dor. (*Capé.*)

> Édition rare de la DANSE DES MORTS D'HOLBEIN. Exemplaire
> avec témoins.

1570. IMAGINES MORTIS, his accesserunt epigrammata e gallico idiomate a Georgio Æmilio in latinum translata, ad hæc
medicina animæ. *Coloniæ, Birckmann,* 1573, in-8, fig. sur
bois, rel. pleine en mar. vert du Levant, à nerfs, ornem.
à la Grolier, avec devise sur les plats, dent. intér., tr. dor.
(*Capé.*)

> SUPERBE EXEMPLAIRE de cette édition rare de la DANSE DES
> MORTS d'Holbein. Ces copies sont très-belles et portent le mono-
> gramme d'*Assuerus Van Londerzeele,* excellent graveur Flamand.

1571. Emblems of Mortality representing in upwards of fifty
cuts Death seizing all ranks and degrees of people translated
from the latin and french (by Bewick). *London, Hodgson,*
1789, pet. in-8, fig. sur bois, cart. en perc. angl., *non
rogné.*

> Danse des Morts gravée sur bois. Elle est peu commune surtout
> en France.

1572. La Danse des morts, dessinée par Hans Holbein, gravée
par Jos. Schlotthauer et expliquée par Hipp. Fortoul. *Paris,
s. d.,* in-16, fig. sur chine, d.-rel., mar. v. du Lev., à nerfs,
doré en tête, non rogné.

1573. The Dance of Death exhibited in elegant engravings on
wood with a dissertation on the several representations of
that subject, but more particularly on those ascribed to Ma-
caber and Hans Holbein, by Francis Douce. *London, W.
Pickering,* 1833, in-8, fig., dem.-rel., mar. vert, *non
rogné.*

> Belle publication tirée à très-petit nombre et devenue rare, sur-
> tout en France. C'est une des meilleures monographies sur la

Danse des Morts. On y trouve une reproduction très-remarquable de la suite complète des figures de la Danse Macabre d'Holbein.

1574. Illustrations of Shakspeare and of ancient manners, with dissertations on the clowns and fools of Shakspeare, on the collection of popular tales entitled « Gesta Romanorum » and on the *English Morris Dance*, by Fr. Douce. *London*, 1839, gr. in-8, avec quantité de fig. très-curieuses, rel. en perc. angl., non rogné.

1575. Le Tombeau des délices du monde, par La Serre. *Brus—selles*, 1630, front. gravé, 2 portr. et 2 fig. — Les Douces Pensées de la mort, par le même. *Brusselles*, 1631, front. gravé, 2 portr. et 4 fig. — Les Délices de la mort, par le même. *Brusselles*, 1631, front. gravé, 2 portr. et 4 fig. Ensemble 3 ouvr. en 1 vol. in-8, fig., vél.

> Réunion des 3 ouvrages les plus curieux de La Serre. Ils sont recherchés pour les belles figures de *C. Galle* qui les décorent. La *Mort* y est accommodée, pour ainsi dire, à toutes sauces, puisqu'elle apparaît même en guise de mets, couchée sur la table, à la page 154 du premier ouvrage. Dans *Les Douces Pensées de la Mort*, les planches de la page 80 et de la page 182 sont de véritables et très-curieuses Danses des Morts.

1576. EMBLEMATA Andreæ Alciati jurisconsulti clarissimi. *Lugduni, apud Matthiam Bonhomme*, 1548, in-8, rel. pleine en mar. br. du Lev., à nerfs, fil., bordure à fr., milieux du xvi° siècle, dent. intér., tr. dor. (*Lortic.*)

> VOLUME DE TOUTE BEAUTÉ, avec encadrements très-variés à chaque page, et figures sur bois. Ces gravures très-remarquables sont l'œuvre d'un grand artiste. *MAGNIFIQUES ÉPREUVES.*

1577. Diverse imprese accommodate a diverse moralita, con—versi che i loro significati dichiarano, tratte da gli Emblemi dell' Alciato. *Lione, M. Buonhomo*, 1549, in-8, fig. sur bois, vél.

> Ce volume est un recueil d'emblèmes, avec bordures et entourages gravés sur bois à chaque page, d'une richesse d'ornementation vraiment remarquable. Le privilége en français est concédé à Macé Bonhomme et à *Guillaume Rouille*. Ce dernier nom est ici orthographié *Rouille* (ou *Rouillé*) et non *Roville* ainsi que le font ordinairement les bibliographes.

1578. Diverse imprese, tratte da gli Emblemi dell' Alciato. *In Lione, appresso G. Rouillio*, 1564, in-8, fig. s. bois, vél.

> Orné de 476 figures avec des encadrements variés à chaque page.

1579. Emblemata Adr. Junii, overgheset in Nederlantsche. *Antverpiæ, Chr. Plantin*, 1575, in-16, 56 figures d'emblèmes, grav. s. bois, cart.

> Très-bel exemplaire.

1580. Jo. Mercerii I. C. Emblemata. *Absque nota (sed Bituri—

gibus, Nic. Levez, circa 1593), pet. in-4, frontispice gravé par Queyr, et nombr. figures d'emblèmes grav. sur cuivre à mi-page, vél.

Recueil rare et peu connu. Jean Mercier de Bourges était grand ami des lettres. La préface est datée : « *Avarici Biturigum Kal. Maii* 1592. » Il est hors de doute que ce livre est sorti des presses Berriyères. Les caractères le prouvent suffisamment : on n'a qu'à comparer les culs-de-lampe et mascarons des bas de pages, qui sont d'une composition toute particulière que l'on ne rencontre que dans les impressions de Bourges et l'on sera frappé de leur identité parfaite. De plus, quelques-uns d'entre eux sont signés N. L. initiales de Nicolas Levez, graveur, et imprimeur établi à Bourges à cette époque.

1581. Emblemata et aliquot nummi antiqui operis, Joa. Sambucii *Lugd.-Batav.*, ex off. *Plantin.*, 1599, in-16, fig. s. bois, cart.

Exemplaire très-bien conservé. Ce curieux volume renferme plus de 250 figures d'emblèmes dans le goût du *Petit-Bernard*.

1582. Emblemata sacra. S. l., 1631, in-4, fig. s. cuivre à mi-page, dem.-rel., mar. n.

1583. Emblemata politica authore Justo Reifenbergio. *Amstelod.*, J. Jansson, 1632, pet. in-12, front. gravé et fig. s. cuivre, vél.

Volume peu commun, orné de charmantes figures gravées dans le genre de *Crispin de Pas*. La planche de la page 47 représente une très-curieuse parade tabarinique du xviie siècle. Bel exemplaire, avec témoins.

1584. Emblemi politici del Sr Cav. Guido Casoni. *Vinetia*, 1632, pet. in-4, figures, cart.

1585. Mundi Lapis Lydius, sive vanitas, per veritatem falsi accusata et convicta, opera D. Antonii a Burgundia. *Antuerpiæ*, 1639, in-4, avec une quantité de très-jolies fig. emblématiques, finement grav. sur cuivre par Van Merlen, d'après Diepenbeke, in-4, vél. de Hollande.

1586. Emblemata Florentii Schoonhovii. *Amstel.*, Jansson, 1648, pet. in-4, portr. et 74 fig. d'emblèmes, vél.

1587. Devises et Emblèmes d'Amour moralisez, gravez par Albert Flamen, peintre. *Paris, Ol. de Varennes et L. Boissevin*, 1653-58, in-8, avec 101 charmantes figures gravées en taille douce, rel. pleine en v. fauve, fil. (*Muller.*)

Bel exemplaire en premières épreuves.

1588. Florilegium Politicum Arnoldi Fontani. *Amst., G. Schaghe*, 1659, pet. in-12, front. gravé, et jolies figures d'emblèmes grav. à l'eau-forte, à mi-page, vél. de Hollande.

Charmant petit volume parfaitement conservé.

1589. Fables héroïques contenans les véritables maximes de

la politique et de la morale représentées par figures ; ensemble les moralitez, discours et histoires sur chaque fable,
par Audin, prieur de Termes et de la Faye. *Paris*, 1660, 2
vol. in-8, nombreuses figures à mi-page, v. br.

1590. Symbola varia diversorum principum, archiducum, ducum, comitum et marchionum totius Italiæ, authore Anselmo de Boot. *Arnhemiæ*, 1681, pet. in-12, front. gravé et
grand nombre de figures d'emblèmes grav. sur cuivre, br.
non rogné.

1591. Fables Nouvelles, dédiées au Roy, par De La Motte de
l'Académie françoise. *Paris, Grég. Dupuis*, 1719, in-4, fig.,
vél.

> TRÈS-BEL EXEMPLAIRE EN GRAND PAPIER. Ce beau volume
> est orné d'un frontispice de *Coypel*, et d'une quantité considérable
> de charmantes figures à mi-page gravées par *Gillot*, *Tardieu*, *Coypel*
> et autres, en belles épreuves.

1592. Recueil d'emblèmes, devises, médailles et figures hiéroglyphiques, au nombre de plus de 1200, avec leurs explications, accompagné de plus de 2000 chiffres fleuronnez, etc.,
avec tenants, supports et cimiers, par Verrien. *Paris, Jombert*, 1724, in-8, portraits, 250 planches, v. m.

1593. Trésor de Fables choisies des plus excellens mytholo-
gistes, accompagnées du sens moral expliqué par l'Écriture Sainte, par J. L. Kraft. *Bruxelles*, 1734, 2 vol. in-4,
frontispice gravé et 110 planches gravées s. cuivre par
Kraft, br., *non rognés.*

> Recueil curieux et peu commun.

1594. Hieroglyphica. Hiéroglyphes, ou Emblèmes des Égyptiens, Chaldéens, Phéniciens, Juifs, etc. (en hollandais),
par Westerhovius. *Amsterdam*, 1735, in-4, figures, dem.-
rel., *non rogné.*

> Exemplaire tiré sur GRAND PAPIER DE HOLLANDE. Ce beau
> livre est orné de vignettes, de culs-de-lampe, d'un portrait et de
> 63 figures à l'eau-forte de ROMEYN DE HOGHE. Ce sont de grandes
> planches où sont représentés des groupes curieux et variés de
> personnages, dessinés et gravés avec beaucoup d'originalité et de
> vigueur. (Voir Brunet.)

XII. — LIVRES A GRAVURES. — PORTRAITS.

1595. Le Tableau des riches inventions, couvertes du voile des-
feintes amoureuses qui sont représentées dans le Songe de
Poliphile desvoilées des ombres du songe et subtilement ex-

posées par Béroalde. *Paris, M. Guillemot,* 1600, in-4, grand
nombre de curieuses figures grav. sur bois, d'après les dessins de Jean Cousin, vél.

> La planche du *Priape* qui manque souvent ou se trouve presque
> toujours mutilée est *intacte* dans cet exemplaire.

1596. Disegno del Doni, partito in piu ragionamenti, ne quali
si tratta della scoltura et pittura ; de colori, de getti, de mo-
degli, etc. *Vinetia, Gab. Giolito di Ferrarii,* 1549. — Frutti
della Zucca del Doni. *Vinegia, Marcolini,* 1552, 2 ouvr. en
1 vol. pet. in-8, dem.-rel.

> ÉDITIONS ORIGINALES des deux seules productions de ce fé-
> cond auteur dans lesquelles il garde et soutienne le ton sérieux.
> Son *Traité du dessin* est très-bien divisé, très-substantiel et rempli
> d'aperçus judicieux qui le firent tout d'abord remarquer des artistes.
> Ses remarques et préceptes sont entremêlés d'exemples et d'anec-
> dotes, car un pareil homme ne se pouvait tenir de conter. — Le se-
> cond ouvrage, les *Frutti,* est un complément de la *Zucca* du même
> écrivain (voyez le no suivant). Il contient des dissertations intéressan-
> tes et de graves maximes, qu'il prête aux membres de l'académie des
> *Peregrini.* Ce sont quelquefois des lieux-communs, mais exprimés
> avec tant d'élégance exquise, que c'est plaisir de retrouver les
> vieilles bonnes choses ainsi revêtues d'un nouveau charme. Nous
> devrions, par exemple, citer dans le texte italien la réflexion sui-
> vante : « La plus riche dot que puisse avoir une jeune fille, c'est la
> « pudeur : quand elle l'a perdue, l'homme devrait plutôt perdre la
> « moitié de son bien, que de la prendre pour femme. »

1597. La Zucca del Doni. *Vinegia, Francese Marcolini,* 1551,
in-8, fig. sur bois, vél. (*Rare.*)

> Edition originale. Exemplaire à grandes marges. Les figures et
> le portrait y sont d'un dessin très-large et très-expressif. Il faut
> noter que l'on ne rencontre jamais, en éditions originales, une réu-
> nion aussi remarquable des ouvrages de ce conteur italien, qu'on
> la peut voir dans notre catalogue.

1598. J. Marmi del Doni. *In Vinegia, per Franc. Marcolini,*
1552-53, 4 part. en 1 vol. in-4, portraits et nombr. fig. sur
bois, parch. (*Édition originale.*)

> Voici le livre le plus gai, le plus intéressant, le plus varié de ce
> brillant conteur. Il est très-difficile à trouver, à cause de l'engoue-
> ment bien naturel avec lequel il fut recherché en Italie pendant un
> demi-siècle. Les gravures de Marcolini suffiraient à rendre ce vo-
> lume précieux pour les amateurs d'estampes et pour les artistes.
> — Quelques mouillures.

1599. Le Trasformationi di M. Ludovico Dolce. *In Vinetia,
Giolito de Ferrari,* 1553, in-4, fig. sur bois, vél.

> Edition rare, et que l'on recherche surtout à cause des premières
> épreuves des 86 figures pour les métamorphoses. Elles sont ici de
> premier tirage. Voici l'appréciation de ce livre et des belles gra-
> vures qui le décorent, faite par M. Ambr.-Firmin Didot, dans le
> *Catalogue raisonné de sa bibliothèque,* 1re livr., page CXXVII : « La
> « plupart (de ces figures) sont d'un dessin savant et correct, et quel-
> « ques-unes sont exécutées avec un fini qui ne le cède guère à
> « l'exécution des artistes lyonnais du même temps. Les fleurons et
> « les lettres ornées sont charmants. C'est un des plus beaux livres
> « sortis des presses de Venise. »

1600. Le Trasformationi de M. Lod. Dolce. *In Venetia, Gab. Giol. de Ferrari*, 1555, in-4, fig., vél.

> Belles épreuves. C'est la troisième édition de ces fameuses métamorphoses.

1601. JOHAN. POSTHII Germershemii Tetrasticha in Ovidii Metamorph. libros XV, quibus access. Virgilii Solis figuræ elegantissimæ *Francof., ap. Georgium Corvinum*, 1563, in-4 obl., rel. pleine en v. antiq. à nerfs, fil., tr., dent. intér., tr. dor. (*Kœhler.*)

> Suite de 356 figures gravées sur bois par VIRGILE SOLIS, avec des entourages variés et pleins d'originalité et de délicatesse. Les épreuves sont de premier tirage. La seconde édition parut en 1568. Un exemplaire de ce livre fut payé 41 fr. à la 2e vente Quatremère.

1602. Pitture del Doni academico Pellegrino, nelle quali si mostra di nuova inventione : Amore, Fortuna, Tempo, Castità, etc., divise in due trattati. *Padova, Gratioso Perchacino*, 1564, pet. in-4, *grandes capitales historiées*, dem.-rel., dos et coins de vél., dos à nerfs.

> Très-bel exemplaire d'un livre rare. Il s'y trouve le second *traité*, qui manque à plusieurs exemplaires.

1603. La Alamanna di M. Ant. Franc. Oliviero Vicentino. *Venetia, Vicenzo Valgrisi*, 1567, 2 vol. pet. in-4, gros caractères ronds, figures sur bois, vél.

> Le poëme d'Olivieri, qui n'eut que cette édition, est si rare et si peu connu, qu'on ne le trouve point mentionné, non plus que le nom de l'auteur, dans le Tiraboschi et dans d'autres bibliographes italiens, tels que Fontanini et Apostolo Zeno, qui ont cependant réparé les omissions de leurs devanciers. Ginguené avait fini par avoir connaissance de cette singulière épopée. « Elle a, dit-il, en sa faveur une fort belle édition, qui est l'unique et qui est devenue rare et chère. » En effet, ce beau livre s'est vendu jusqu'à 6 liv. 8 sh. Heber (*voir Brunet*). C'est peut-être la plus magnifique production des presses vénitiennes, au XVIᵉ siècle. Son mérite principal consiste dans la largeur et la beauté du papier, dans une admirable justification et surtout dans les TRENTE-SIX FIGURES GRAVÉES SUR BOIS dont elle est ornée. Le sujet du poëme étant la ligue protestante de Smalcalde terrassée par l'empereur Charles-Quint, les gravures nous représentent, d'une façon large et tout à fait originale, les scènes les plus mouvementées des batailles et de la vie des camps, avec une grande variété de physionomies et de costumes. Outre ces figures et un portrait de l'auteur, on trouve, à chaque volume, un très-remarquable frontispice renfermant dans le milieu le portrait de *Charles-Quint* à cheval. — Notre exemplaire est grand de marges et l'un des plus beaux qui se puissent rencontrer, sauf un raccommodage à un feuillet. Il contient, paginé séparément, à la fin du tome II, le petit poëme l'*Origine d'amore*, et une pièce de vers sur la guerre d'Italie de 1557.
>
> La *Alamanna* et ses figures manquent à la riche collection xylographique de M. Ambr.-Firmin Didot.

1604. TORTOREL ET PERRISSIN. Premier volume contenant quarante tableaux ou histoires diverses qui sont mémorables touchant les guerres, massacres et troubles advenus en

France en ces dernières années. Le tout recueilly selon le tesmoignage (*sic*) de ceux qui y ont esté en personne et qui les ont veus, lesquels sont pour traits (*sic*) à la vérité. In-fol., v. br., fil. à comp. (*Reliure du commencement du xvii° siècle.*

PRÉCIEUSE SUITE D'ESTAMPES HISTORIQUES, GRAVÉES SUR BOIS ET SUR CUIVRE PAR TORTOREL ET PÉRISSIN. « Premier et seul volume qui ait paru de cette suite si curieuse sous le triple rapport de l'histoire des costumes et de l'art... » (Brunet, *Manuel du libraire.* IV, 892.) Cet exemplaire passe pour être *UN DES PLUS BEAUX D'ÉPREUVES* que l'on connaisse. Les planches étaient publiées et vendues pièce à pièce à mesure qu'elles étaient gravées : c'est ce qui explique la rareté de ces estampes populaires, qui tombant ainsi dans des mains peu conservatrices, ont fini par être entièrement détruites. Nous allons donner une description exacte des planches de notre exemplaire, en marquant avec soin les divers états et l'ordre dans lequel elles se trouvent placées.

1. Premier volume. Le titre en caractères typographiques se trouve au milieu d'un cartouche gravé sur cuivre, au bas duquel se lit : *Persinus* (sic) *fecit.*

2. Mercurialle tenue aux Augustins à Paris, 1559. *Perrissin fecit,* 1570 (grav. *s. cuivre*).

3. Tournoy où le Roy Henry II fut blessé à mort, 1559. Au bas : *Perrissim* (sic) *fecit,* 1570 (grav. *s. cuivre*).

4. La mort du roy Henry deuxiesme, 1559 (grav. *s. bois*).

5. Anne du Bourg bruslé à S. Iean en Grève, 1559, (grav. *sur bois*).

6. L'entreprinse d'Amboise descouverte, 1560. *I. Tortorel fecit,* (grav. *s. bois*).

7. L'exécution d'Amboise, 1560. L'initiale P. (Perissin) se trouve au bas de la planche dans le coin gauche, (grav. *sur bois*).

8. Colloque tenu à Poissy, 1561. *I. Tortorel fecit.* (grav. *s. cuivre*).

9. L'assemblée des trois Estats tenus à Orléans, 1561. *I. Tortorel fecit,* 1570 (grav. *s. cuivre*).

10. Le massacre fait à Cahors en Querci, 1561. *I. Tortorel fecit,* et dans le coin gauche, au bas, le monogramme de *Perissin* (grav. *sur bois*).

11. Le massacre fait à Vassy, 1562, avec le monogramme de *Perissin* au bas dans le coin droit (grav. *s. bois*).

12. Le massacre fait à Sens en Bourgogne, 1562. *Perrissin fecit,* 1570. (grav. *s. cuivre*).

13. La prinse de Valence en Dauphiné, 1562. Monogramme de *Perissin* dans le coin gauche (grav. *s. cuivre*).

14. Le massacre fait à Tours par la populace, 1562. Monogramme de *Perissin* au bas à gauche (grav. *s. bois*).

15. La prinse de la ville de Montbrison au pays de Forest, 1562. *I. Tortorel fecit* (grav. *s. bois*).

16. La desfaite de S. Gilles en Languedoc (grav. *s. cuivre*).

17. L'ordonnance des deux armées de la bataille de Dreux, 1562 (grav. *s. cuivre*).

18. La première charge de la bataille de Dreux, 1562. *I. Tortorel fecit* et monogramme de Perissin au bas dans l'assise du moulin (grav. *s. bois*).

19. La deuxième charge de la bataille de Dreux. *I. Tortorel fecit* (grav. *s. cuivre*).

20. La troisième charge... Dans le coin gauche du bas, monogramme formé des lettres I. D. G. (grav. *sur bois*).

21. La quatrième charge... (grav. *sur cuivre*).

22. La retraite de la bataille de Dreux (grav. *sur cuivre*).

23. Orléans assiégé, 1563. Monogramme T. P. (*Tortorel et Perissin*), au bas dans une pierre, un peu à droite (grav. *s. cuivre*).

24. Le duc de Guise est blessé à mort, 1563. I. *Perrissin fecit* (grav. s. bois).

25. L'exécution du S. Jean Poltrot, 1563. Monogramme de Perissin au bas à gauche, (grav. s. cuivre).

26. La paix faite en l'Isle aux bœufz, pres Orléans, 1563. Monogramme T. P. (Tortorel et Perissin), au bas (grav. s. cuivre).

27. La bataille de Sainct-Denis, 1567. Monogramme de *Perissin*, dans le bas un peu à gauche (grav. sur bois).

28. Le massacre fait à Nismes, 1567. Monogramme T. P. (*Tortore et Perissin*), dans le bas, un peu à gauche (grav. s. cuivre).

29. La rencontre des deux armées françoises à Gongnac près Ganat en Auvergne, 1568. Monogramme T. P. (*Tortorel et Perissin*), dans le coin du bas à gauche (grav. sur bois).

30. La ville de Chartres assiégée et battue, 1568. I. *Perissim fecit*, 1570 (grav. sur cuivre).

31. La rencontre des deux armées françoises entre Coignac (sic) et Chasteauneuf, 1569. I. *Persinus* (sic) *fecit*, 1569. (grav. sur cuivre).

32. La rencontre des deux armées françoises entre Congnac (sic) et Chasteauneuf. Monogramme de *Perissin*, dans le coin du bas à gauche, à côté I. *Tortvel* (sic) *fecit*. Composition entièrement différente du numéro précédent (grav. sur bois).

33. La rencontre des deux armées à la Roché en Lymosin, 1569. I. *Tortorel fecit*, (grav. sur cuivre).

34. Poityers (sic) assiégé, 1569. *Perrissin fecit* (grav. sur cuivre).

35. L'ordonnance des deux armées près de Moncontour, 1569. I. *Tortorel fecit*. Monogramme de *Perissin*, un peu effacé dans le coin du bas à gauche (grav. sur cuivre).

36. La desroute du camp de M. (sic) les Princes, et la desfaite des Lansquenets à Moncontour, 1569. *Perrissim* (sic) *fecit*, 1570, (grav. s. cuivre).

37. Sainct-Iean-d'Angely assiégé par le Roy Charles 9. 1569. *Perrissim* (sic) *fecit*, 1570, (grav. s. bois).

38. La surprinse de la ville de Nismes en Languedoc par ceux de la religion, 1569. I. *Tortorel fecit*, 1570, (grav. s. cuivre).

39. L'entreprinse de Bourges en Berry descouverte, 1569. *Perrissim* (sic) *fecit*, 1570, (grav. s. cuivre).

40. La rencontre des 2 armées françoyse faicte au passage de la rivière du Rosne en Dauphiné, 1570. *Perrissim* (sic) *fecit*, 1570, (grav. sur cuivre).

En résumé, voici l'état exact de notre exemplaire: 15 planches sont sur bois et 25 sur cuivre, et nous n'avons pas besoin de le faire remarquer, il y a dans notre description de notables différences avec celle donnée par M. Brunet. Ce bibliographe dit expressément que la planche 8 *n'a jamais été gravée sur cuivre*, ou du moins qu'on n'en connaît pas d'exemplaire dans cet état; notre volume où cette planche est gravée sur cuivre prouve le contraire; cette planche est donc d'une bien grande rareté. Nous avons dit plus haut que cet exemplaire passait pour l'un des plus beaux connus. Le fait est exact, et les amateurs qui connaissent à fond ce livre pourront s'en assurer facilement. Plusieurs épreuves sont d'une beauté remarquable, notamment les planches gravées sur bois, dont une suite aussi considérable est extrêmement rare. Nous avons vu plusieurs exemplaires de ce livre et personne n'ignore que certaines planches sont tellement usées, brouillées ou chargées d'encre que l'on n'y peut rien distinguer. Ces planches bien connues font le désespoir des iconophiles qui ne peuvent parvenir à les trouver au moins passables. Ces planches, quoique bien moins brillantes que les autres dans notre exemplaire, sont cependant satisfaisantes et presque belles si on les compare avec celles des autres exemplaires. Disons tout de suite que celle de l'*exécution de Poltrot*, qui est sans contredit la plus rare de toutes, se trouve ajoutée en double dans notre exemplaire, avec de notables variantes dans la légende, et que cette épreuve double est aussi belle d'épreuve qu'on le peut désirer

Outre cette planche, on en a ajouté encore deux autres, la *Prinse de Valence*, avec variantes dans la légende, et celle de la *Rencontre de La Roche en Limosin*. Cette dernière n'a pas seulement des variantes dans la légende : c'est mieux que cela, la planche est tout autre; c'est celle qui s'applique à la *bataille de Moncontour*, et qui a été vendue séparément pour la *Rencontre de La Roche*, la planche véritable étant usée. Ces 3 planches ajoutées à l'exemplaire, en forment ainsi 43 en tout ; nous ferons observer que ces 3 planches ajoutées après coup auraient besoin d'être remontées pour être mises à la hauteur des marges de l'exemplaire. — Il ne nous reste plus qu'à signaler une particularité qui recommande cet exemplaire et ajouterait beaucoup à son prix. Ce volume passe pour avoir appartenu au *ROI HENRY IV.* Aux quatre coins et au centre se voit un monogramme formé de la lettre H et de deux Y renversés. Ce monogramme est bien celui de *Henry*. En effet, dans un des fac-simile de l'*Histoire de la Bibliophilie de Techener*, se trouve le même monogramme, autour des armes de France et de Pologne, et il est hors de doute que la reliure ainsi reproduite a été exécutée pour le roi Henry III. M. Luzarche nous a fait voir encore un volume du commencement du xvii⁰ siècle, avec ce même monogramme plusieurs fois répété sur les plats de la reliure et entouré d'un semis de fleurs de lys. Le *Tortorel* n'a que le monogramme de *Henry*, et cela est-il suffisant pour en établir avec certitude la possession au roi Henry IV? C'est une question que les bibliophiles apprécieront.

1605. RECUEIL D'ESTAMPES HISTORIQUES DU XVIᵉ SIÈCLE sur les guerres de religion et les troubles de la Ligue, avec une continuation de l'œuvre de Tortorel et Perissin jusqu'au règne d'Henry IV inclusivement. — 53 pièces en 1 vol. pet. in-fol., dem.-rel., v. f. (*Thompson.*)

Ce recueil se compose premièrement d'une suite de 33 planches numérotées de 1 à 33. Ce sont des copies des planches de *Tortorel et Perissin*, réduites à 32, quelques-unes ayant paru inutiles au graveur, plus une 33ᵉ planche représentant le *Massacre de la Saint-Barthélemy*, qui est dans le recueil de Tortorel. Ces planches sont dues au burin de *Fr. Hogenbergh*, de Malines. M. Brunet dit que cette suite est peut-être plus rare en France que celle de Tortorel et Perissin, bien qu'elle soit moins chère. A cette suite de 33 planches numérotées, ont été ajoutées 20 planches du même artiste, sans numéros et qui sont une *véritable continuation de l'œuvre de Tortorel et Perissin*. Ces planches représentent la *Bataille et prise de Saint-Quentin* en 1557, pièce qui serait mieux placée en tête du recueil; — *Un portrait d'Henri III*, daté de 1575. — *La Prise de Neufchâtel*, en Normandie. — *Rouen secouru par le duc de Parme*. — *L'abjuration d'Henri IV*. — *L'attentat de Pierre Chastel*. — *Le combat de Fontaine-Françoise*. — *La reddition de Dijon*. — *La prise de Ham*. — *La prise de Doullens*. — *La prise et reprise d'Amiens*, — *La prise de Marseille pour Henri IV*. — *Les siéges de la Fère, Ardres*, — etc.... etc.... etc.... Ce recueil des plus intéressants a été colorié à l'époque même.

1606. PORTRAITS EN TAILLE-DOUCE et descriptions des siéges, batailles, rencontres et autres choses advenües durant les guerres des Pays-Bas sous le commandement des hauts et puissants seigneurs, les Estats généraux des Provinces Unies et la conduite des très-illustres princes, Guillaume prince d'Orange et Maurice de Nassau son fils, descriptes par Guill. Baudart, de Deinse en Flandre. *A Amsterdam, chez Michel Colin, marchand libraire sur l'Eau. On les vend à Pa-*

ris, chez Melchior Tavernier, au Pont-Marchant, 1616, 2 t. en 1 vol. in-4, oblong, portr. et fig. s. cuivre, rel. pleine en maroquin bleu du Levant, à nerfs, dos richement orné, fil. à compart., ornem. dorés à petits fers dans le genre de Le Gascon, avec devise au milieu, dent. intér., tr. dor. (*Capé.*)

> MAGNIFIQUE VOLUME revêtu d'une fort belle reliure de Capé, admirablement réussie. Ce recueil contient DEUX CENT QUATRE-VINGT-CINQ PLANCHES GRAVÉES, représentant tous les événe-ments advenus pendant les troubles et les guerres de religion des Flandres et des Pays-Bas au xvie siècle. Le texte est également très-important et contient de curieux détails sur l'*histoire du protestantisme dans les Flandres*. Parmi les planches qui intéressent le Nord de la France, nous citerons une très-jolie estampe du SIÉGE DE VALENCIENNES, plusieurs autres ont rapport au siége de CAMBRAI, par le duc d'Alençon, à ARRAS, à Menin, au cardinal de Granvelle, etc... On y voit l'exécution des comtes d'Egmont et de Horn, le tumulte d'Anvers, des scènes de massacre commis par les gueux, etc..., etc..., des portraits de personnages célèbres de l'époque et une foule d'autres particularités qui font rechercher ce livre, qu'il est très-difficile de trouver bien complet comme l'est notre exemplaire. — Cette édition de 1616, qui offre un texte français, contient aussi les PREMIÈRES ÉPREUVES DES FIGURES. L'édition latine citée par Brunet porte la date de 1622 et les épreuves en sont très-fatiguées. Elle a néanmoins été vendue 61 fr. chez Santaudet. Cet ouvrage est tout aussi important que celui de TORTOREL ET PERISSIN (voir le n. 1601) l'est pour l'histoire des guerres de religion en France, et il y fait naturellement suite, car on ne peut étudier d'une manière sérieuse et approfondie cette époque si agitée de la dernière moitié du xvie siècle, qui eut une si grande influence sur les sociétés modernes, sans avoir au moins une représentation graphique et exacte des événements qui s'y passèrent alors.

1607. Semideorum marinorum, nympharum Oceanitidum, naiadum, lynadumque icones delineatæ, scalptæ et editæ à Joa. Gallæo. *Antverpiæ, s. d. (circa 1590),* pet. in-4, cart.

> Suite de 35 planches, y compris le titre, le tout très-finement gravé sur cuivre et en belles épreuves. Les principaux fleuves de l'Europe figurent dans cette série de divinités aquatiques. On y voit le *Rhône,* la *LOIRE,* l'*Escaut,* avec une *vue d'Anvers,* la *Tamise,* le *Rhin,* etc., etc.

1608. Imagines septem Planetarum. *S. l., n. d. (vers 1600),* pet. in-4, dem.-rel., dos et coins de maroquin br. du Levant, à nerfs. (*Capé.*)

> Suite de 8 pièces fort joliment gravées au commencement du xviie siècle, et dédiées par THOMAS DE LEU à Maximilien de Béthune, duc de Sully. Ces charmantes gravures qu'accompagnent des scènes allégoriques font quelquefois allusion à des événements historiques. Elles sont signées de *Thomas de Leu* et *Henry Le Roy.* — Belles épreuves.

1608 *bis*. Societas Romanorum et Batavorum. *S. l.,* 1611, in-4, obl., cart.

> Suite de 36 planches gravées par *Tempesta.*

1609. Topographia variarum Regionum inventa à Math. Bril-

Hagæ-Comitum, ab H. Hondio excusa, 1614, pet. in-4 obl.; cart.

> Très-jolie suite de 28 planches, y compris le titre. Charmantes épreuves. — « Cette suite de petits paysages est gravée par Heinrich Hondius-le-Jeune. Charles Leblanc ne l'a pas connue... » (Note de M. V. Luzarche.)

1609 *bis.* Nebulo Nebulonum hoc est joco seria modernæ nequitiæ censura, qua hominum sceleratorum fraudes, doli ac versutiæ æri ærique exponuntur publice carmine iambico adornata a Joa. Flitnero. *Francofurti*, 1620, in-8, avec une quantité de curieuses fig. sur cuivre, grav. à mi-page, vél.

> Singulier recueil dans le genre du *Stultifera Navis* de Séb. Brandt.

1610. Extremi Judicii et operum misericordiæ ad corpus pertinentium icones. *Parisiis, ap. Joan. Le Clere, s. a.* (circa 1620, pet. in-4, cart.

> Suite de 9 grandes planches, y compris un titre de 7 petites figures, le tout très-finement gravé par Jean Le Clerc. — Belles épreuves.

1611. Icones et segmenta nobilium signorum et statuarum quæ Romæ exstant delineata atque in ære incisa, anno 1638, a Francisco Périer. *A Paris, chez la veufve de deffunct Périer*, in-fol., v. m.

> Ce recueil entièrement gravé se compose d'une dédicace gravée de 100 planches et de 2 ff. d'index. Exemplaire complet et conforme à la description de Brunet. — A la fin on a joint diverses planches gravées du même temps, et qui ont rapport à l'art du dessin. Ces estampes ne font pas partie de l'œuvre de François Périer.

1612. Divers embarquements faicts par S. De La Bella, et mis en lumière par Israël. *Paris, s. d.* (vers 1640), 8 pièces. — Caprice faict par De La Bella et mis en lumière par Israël. *Paris, s. d.*, 25 pièces dont 4 de costumes. — Exercices militaires, 11 pièces. — Chevaux et équitation, 8 pièces. — Ornamenti o grottesche di Stef. Della Bella, 12 pièces. — Raccolta di vasi diversi di Stef. De La Bella Fiorentino. Suite de 6 grandes et belles pièces. — Plus environ 25 pièces diverses et séparées de l'œuvre de Della Bella. — Ensemble environ 85 pièces de Della Bella, montées sur papier fort, en 1 vol. in-4 obl., dem.-rel.

1613. Nova racolta degl'obelischi et colonne antiche dell'alma città di Roma, con le sue dichiaratione date in luce da Gio. Jac. Rossi. *Roma, s. d.* (vers 1640), in-4, vél. (*Bel exempl.*)

> Suite de 18 très-belles planches gravées par *Bouhier, de Dijon.*

1614. Abrah. Bloemaert, Artis Appelleæ liber. *N. Vischer excudit. S. a.* (XVIIe siècle), 8 parties en 1 vol. in-fol., v. fauve. — (*Bel exempl.*)

> Cet ouvrage sur les arts du dessin et de la peinture par Abrah.

Bloemaert, est ENTIÈREMENT GRAVÉ et se compose de 161 planches
sur cuivre en belles épreuves.

1615. Recueil factice de 19 planch: d'après Annibal Carrache,
gravées au XVIIe siècle, représentent des métiers, des costumes et des types populaires. In-fol., cart.

Curieux volume.

1616. Recueil de 33 planches du XVIIe siècle, très-joliment
gravées, représentant des paysages, scènes de marine, scènes villageoises, vues diverses, etc., etc., en 1 vol. in-8, obl.,
dem.-rel., dos et coins de mar. r. du Lev., tr. dor.

1617. Recueil de 108 planches, (contenant les vues de plusieurs
châteaux, jardins, maisons de plaisance et paysages de France), gravées par Pérelle et de Poilly, en 1 vol. in-fol., obl., cart.

1618. Les Actions glorieuses de S. A. S. Charles, duc de Lorraine, etc., en Hongrie, Transylvanie, etc. *Paris, Séb. Le
Clerc, s. d. (vers 1690)*. Recueil de 18 planches de Séb. Le
Clerc, en très-belles épreuves tirées sur papier fort de Hollande, in-fol., v. f., dent., comp.

1619. Recueil de caricatures contre Law et sa banque, et contre d'autres personnages du temps de la Régence (ou le Grand
Tableau de la Folie). Texte franç. et holl. et fig. *Holl.*, 1720,
in-fol., v., dent. à compart.

Collection fort curieuse, composée de SOIXANTE-DIX PLANCHES bien
gravées dont quelques-unes appartiennent à Bernard Picart. On y
remarque un grand JEU DE CARTES qui manque d'ordinaire.

1620. Cabinet de l'Art de sculpture par le fameux sculpteur
Francis van Bossuit, exécuté en ivoire ou ébauché en terre,
gravées d'après les dessins de Barent Graaf, par Mattys Pool.
Amst., 1727, in-4, portr. et fig., cart.

Ouvrage entièrement gravé, composé de CIII planches délicieusement exécutées. Les épreuves sont très-belles. On y remarque deux
magnifiques portraits de Van Bossuyt et de B. de Graaf. C'est une
des plus belles publications hollandaises du XVIIe siècle.

1621. Le Arti che vanno per via nella Città di Venezia, inven-
tate ed intagliate da Gaetano Zompini. 1753, gr., in-fol. cart.,
non rogné.

Recueil de 60 grandes planches, où sont représentés les métiers
ambulants de la ville de Venise. Plusieurs scènes en sont très-ani-
mées et très-curieuses.

1622. Histoire de Joseph accompagnée de dix figures relatives
aux principaux événemens de ce fils du patriarche Jacob,

gravées sur les modèles du fameux Rembrandt par le Cte de Caylus. *Amsterdam*, 1756, pet. in-fol., fig. à l'eau-forte, cart., *non rogné*.

1623. Les principales Aventures de l'admirable don Quichotte, représentées en figures par Coypel, Picart le Romain et autres habiles maîtres, tirées de l'original espagnol de Miguel de Cervantes. *Paris, Bleuet*, 1774, 2 vol. in-8, 31 planches, dem.-rel., v. bleu.

1624. Mascarades monastiques et religieuses de toutes les nations du globe, représentées par des figures coloriées dans la plus exacte vérité, par Giacomo Carlo Rabelli. *Paris*, 1793, in-8, fig., dem.-rel.

> Ouvrage curieux. Il est accompagné de 26 planches comprenant *quarante-neuf figures de costumes, coloriées.*

1625. Vues d'Italie : DESSINS ORIGINAUX par FRAGONARD au nombre de trente-trois réunis en 1 vol. gr. in-fol., dem.-rel., dos et coins de mar. vert du Levant, à nerfs.

1626. Principes de caricatures, suivis d'un essai sur la peinture comique par Fr. Grose. *Paris, Renouard*, 1802, in-8, pap. de Hollande, avec 28 planches très-curieuses de caricatures à l'eau-forte, br., *non rogné*.

1627. Vues de Moscou, par Cadolle. *Paris, s. d.*, gr. in-fol., obl., dem.-rel. mar. bleu. (*Bel exemplaire.*)

1628. Le Carnaval allemand. Das teutsche carneval. *Mainz und Hamburg*, 1802, in-4, 7 fig. color., dem.-rel., v. bl., *non rogné*.

> Recueil de *caricatures* très-curieuses.

1629. Select views of Cumberland, Westmoreland and Lancashire by the Rev. Jos. Wilkinson. *London, Ackermann*, 1810, gr. in-fol., fig., reliure pleine en cuir de Russie, dent., fil. à compart., tr. dor.

> Belle publication composée de 48 planches, avec texte.

1630. Suite de 22 vues de la cathédrale et autres édifices de la ville et des environs de Cologne, gravées sur acier. *Cologne, s. d.*, in-4, cart., avec ornem. dorés.

1631. A descriptive Catalogue of the historical pictures of the meeting of the first reformed house, of Commons in 1833, painted on 174 square feet of canvass, the house of Lords during the trial of the late queen Caroline in 1820, etc., etc., by sir G. Hayter. *London*, 1843, gr. in-8, fig., dem.-rel., dos et coins de mar. citr., *non rogné*.

> Ce volume contient en onze planches plus de *huit cents portraits* au *trait* de personnages éminents de l'Angleterre.

1632. Fifty pen and ink sketches in exact fac simile by J. E—
H. (John Elliot Hodgkin), from a copy of Polydore Vergil's
history of England in his possession. *At London, mens. oct.,
anno 1860*, pet. in-4, imprimé en caractères antiques, avec
6 dessins fac-simile du xvie siècle, curieuse reliure en carton
chromo-lithographié, imitant parfaitement les reliures historiées du xvie siècle.

> Volume très-curieux *privately printed*, c'est-à-dire non destiné au
> commerce et tiré à quelques exemplaires seulement pour être don-
> nés en présents aux amis de l'auteur. Cet exemplaire est le seul qui
> ait jamais paru dans les ventes.

1633. I Mondi del Doni, libro primo. *Vinegia, F. Marcolini,*
1552, pet. in-4, fig. sur bois, dem.-rel. (*Bel exemplaire.*)

> Ce volume est d'une grande rareté. Bien qu'il y ait une suite à
> l'ouvrage, on n'en recherche que cette partie, qui est d'ailleurs un
> travail à part et très-complet. On ne la rencontre presque jamais,
> parce qu'elle fut de tout temps un objet de convoitise pour les ico-
> nophiles, à cause des gravures très-curieuses et des beaux portraits
> dont elle est ornée. Les portraits sont ceux de *Doni*, auteur de ce
> livre bizarre et intéressant, de *Gelli*, de l'*Arétin*, répété plus en grand
> à la page 74, du comte *Baltazar Castiglione*, de *Sansovino*, de *Mar-
> colini*, de *Burchiello*, de *Machiavel*, de *Fr. Alumno* et de *Nicolas Tar-
> taglia.*

1634. Recueil factice de 150 portraits d'hommes et de femmes
célèbres des xvie et xviie siècles, gravés par Moncornet, vers
1640, in-4, v. br.

> Suite intéressante: on y trouve des personnages Tourangeaux,
> *Rabelais, l'archevêque Le Bouthillier,* etc...., une réunion d'hommes
> et de dames de la cour de Louis XIII, quelques personnages an-
> glais, tels que *Marie Stuart,* la reine *Henriette-Marie,* le *duc de Buc-
> kingham,* etc...,, etc....

1635. LE TEMPLE DE LA GLOIRE (ou Vies et Portraits des
Reines ayant porté le nom d'Anne, par Puget de la Serre).
Paris, s. d. (vers 1640). gr. in-fol., réglé, reliure pleine en
mar. bleu du Levant, à nerfs, devise sur les plats, dent.
intér.

> Volume rare avec un très-beau frontispice gravé, des en-tête et
> culs-de-lampe en taille-douce et de magnifiques portraits en pied
> de toutes les reines et princesses ayant porté le nom d'ANNE. Cet
> ouvrage *non cité par les bibliographes* est dédié à la reine *Anne d'Au-
> triche.*

1636. Galerie Théâtrale, ou Collection des portraits en pied des
principaux acteurs des trois premiers théâtres de la capitale,
gravés par les plus célèbres artistes. *Paris, Bance, s. d.,*
3 vol. in-4, papier vél., grand nombre de portraits coloriés,
v. fauve, non rognés.

XII. — ŒUVRE DE DU CERCEAU. — ŒUVRE DE CALLOT. — OUVRAGES D'ABRAHAM BOSSE, DE TOURS, OU AVEC ILLUSTRATIONS DE CET ARTISTE.

1637. Leçons de Perspective positive par Jacques Androuet du Cerceau, architecte. *Paris, Mamert Patisson,* 1576, in-fol., mar. v., fil., tr. dor. (*Anc. reliure.*)

Avec 60 planches gravées par DU CERCEAU. On y trouve quelques vues de châteaux. La dernière planche est curieuse et représente un paysage des bords de la Loire.

1638. Theatrum instrumentorum et machinarum Jac. Bessoni Delphinatis. *Lugduni, Barth. Vincent,* 1582, in-fol., front. gr. et fig., vél.

Ouvrage curieux, qui renferme 60 planches d'eaux-fortes, à la composition desquelles DU CERCEAU lui-même avait travaillé.

1639. Trattato delle Piante et Immagini de' sacri edifizi di Terra Santa disegnate in Jerusalemme, secondo le regole della prospettiva dal R. P. F. Bernardino Amico. *Firenze,* 1620, pet. in-fol., fig. de *Callot,* vél. (*Bel exemplaire.*)

Volume rare et peu connu. Il est orné de 47 FIGURES GRAVÉES PAR LE CÉLÈBRE CALLOT.

1640. Il Solimano, tragedia del Co. Prosp. Bonarelli. *In Firenze, nella stamperia di Pietro Cecconcelli,* 1620, pet. in-4, fig., dem.-rel.

Bel exemplaire d'un livre rare et très-recherché, à cause d'un frontispice et de 5 grandes planches gravées par CALLOT. Ces belles figures sont, ici, de premier tirage, et dans l'édition originale du livre de Bonarelli, qui fut réimprimé plus tard, avec les mêmes gravures. On y trouve des scènes de défilés, d'incendies, etc.

1641. Les Misères et les Malheurs de la Guerre représentez par Jacq. Callot, noble Lorrain et mis en lumière par Israël son amy. *Paris,* 1633, pet. in-4, dem.-rel.

Suite complète de 18 planches gravées par Callot.

1642. Misère de la guerre faict par Jacques Callot et mise en lumière par Israël Henriet. *Paris,* 1636, pet. in-12, obl., dem.-rel.

Suite complète en 6 planches, plus un titre gravé par ABRAHAM BOSSE; en tout 7 pièces. Cette suite connue sous le nom de *Petites Misères de la guerre* est beaucoup plus rare que la suite des grandes *Misères de la guerre,* en 18 planches.

1643. Lux Claustri, la Lumière du Cloistre, représentée par figures emblématiques dessinées et gravées par Jacques Callot. *Paris, Fr. Langlois, dict Charlres,* 1646; pet. in-4, fig. sur cuivre de Callot, vél.

> Charmantes figures de *Callot,* avec explication en vers français au dessous de chacune d'elles. Ce ne sont point de des contrefaçons que l'on rencontre si communément dans le commerce, ce sont bien là de véritables *Callot* que nous pouvons garantir originaux et d'ancien tirage, et qui sont si rares aujourd'hui. — Bel exemplaire.

1644. Balli di Sfessania di Jac. Callot, suite de 24 pièces. — Varie figure Gorbi di Jac. Callot, 19 pièces. Ensemble 2 œuvres in-12 remontées avec soin sur papier de format in-4, obl., dem.-rel., dos et coins de mar. bleu à nerfs, tr. dor.

> Une des premières copies de ces deux suites, dont la première nous donne une variété de 40 personnages de la comédie italienne, dans des poses grotesques, et la seconde représente les infirmités du genre humain en la personne de mendiants, culs-de-jatte, crétins, bossus, etc.

1645. Callot. 8 pièces diverses. Portrait de Callot par Michel Lasne ; siége de La Rochelle, 2 pièces en travers ; débarquement et combat sur les côtes, 2 pièces en travers ; rencontre à l'épée et au pistolet, 2 petites pièces qui s'ajoutent aux *Fantaisies militaires,* etc., cah. pet. in-4.

1646. La Manière universelle de M. Desargues Lyonnois, pour poser l'essieu et placer les heures et autres choses aux cadrans au soleil, par A. Bosse. *Paris,* 1643, in-8, fig., v. br.

> M. Brunet donne par erreur la date de 1653 à ce volume.

1647. La Pratique du trait à preuves, de M. Desargues Lyonnois, pour la coupe des pierres en l'architecture, par A. Bosse. *Paris,* 1643, in-8, fig. de Bosse, v. f.

> Exemplaires en GRAND PAPIER.

1648. Traicté des manières de graver en taille-douce sur l'airin (*sic*), par le moyen des eaux-fortes et des vernis, ensemble la façon d'en imprimer les planches, etc., par A. Bosse, graveur. *Paris,* 1645, in-8, fig., v. br.

> ÉDITION ORIGINALE d'un livre souvent réimprimé. Elle est recherchée à cause de 19 belles planches gravées par Abraham Bosse, de Tours.

1649. De la Manière de graver à l'eau-forte et au burin et de la gravure en manière noire, par Abraham Bosse. *Paris, Jombert,* 1745, in-8, fig., v. marbr.

1650. Manière universelle de Desargues pour pratiquer la perspective par petit pied comme le géométral, par A. Bosse. *Paris,* 1647, in-8, 2 frontispices gravés et 123 planches d'Abrahh Bosse, v. br.

1651. Manière universelle de Desargues pour pratiquer la perspective, par A. Bosse. *Paris,* 1647, in-8, fig., v. br.

1652. Moyen universel de pratiquer la perspective sur les tableaux ou surfaces irrégulières, ensemble quelques particularitez concernant cet art et celuy de la graveure en taille-douce, par A. Bosse. *A Paris, chez ledit Bosse*, 1653, 2 part. en 1 vol. in-8, avec 132 planches gravées, dem.-rel.

> EXEMPLAIRE EN GRAND PAPIER. La 2e partie avec frontispice gravé est intitulée : « *Explication par figures et par discours des choses ci-devant dites, par A. Bosse, graveur en taille-douce. 1653.* »

1653. Moyen universel de pratiquer la perspective sur les tableaux, par A. Bosse. *Paris*, 1653, in-8, gr. papier, figure, v. br.

1654. Traité des manières de dessiner les Ordres de l'Architecture antique en toutes leurs parties avec plusieurs belles particularitez qui n'ont point paru jusques à présent touchant les bastiments de marque, comme la naturelle entresuitte des gros et menus membres de leurs degrez ou escaliers, puis le moyen d'arrester par dessin et modelle en petit, les parties d'un édifice en sorte qu'estant exécuté en grand, il fasse l'effet que l'on s'est proposé et enfin la pratique de trouver les jours ombrez et ombrages, par A. Bosse. *Paris, P. Aubouin, P. Emery et Ch. Clousier* (vers 1664), in-fol., dem.-rel.

> Ce volume est décrit par M. Brunet (I, 1128), qui l'annonce en 44 planches bien exécutées, avec le texte gravé. Il en faut 47 y compris le titre gravé, et un second titre comme dans notre exemplaire.

1655. Traité des Pratiques géométrales et perspectives enseignées dans l'Académie Royale de la Peinture et Sculpture, par A. Bosse. *A Paris, chez l'auteur*, 1665. — Les Pratiques par figures des choses dites cy devant ainsi qu'elles ont esté desseignées et expliquées dans l'Académie Royalle de la Peinture et Sculpture, par A. Bosse, de la ville de Tours. *A Paris, chez led. Bosse*, 1665. — Le Peintre Converty aux précises et universelles règles de son art avec un raisonnement abrégé au sujet des tableaux, bas-reliefs et autres ornements que l'on peut faire sur les diverses superficies des bastiments. *A Paris, par A. Bosse*, 1667. 3 ouvrages en 1 vol. in-8, fig. d'Abraham Bosse, v. br.

> Exemplaire en GRAND PAPIER.

1656. Traité des Pratiques géométrales et perspectives enseignées dans l'Académie Royale de la Peinture et Sculpture, par A. Bosse. *Paris*, 1665, 3 parties, fig. — Le Peintre Converty aux précises et universelles règles de son art, avec un raisonnement abrégé au sujet des tableaux, bas-reliefs et autres ornemens, par Abrah. Bosse. *Paris*, 1667. — A. Bosse, au lecteur, sur les causes qu'il croit avoir eües de discontinuer le cours de ses leçons géométrales et perspectives, etc.

S. l., 1666. — Discours tendant à désabuser ceux qui ont creu que l'auteur d'un traité qui a pour titre : Entretiens sur les vies et ouvrages des plus excellens peintres... avoit prétendu m'attaquer dans sa préface, par A. Bosse. *Paris*, 1668, in-8, v. br.

1657. Traité des Pratiques géométrales et perspectives enseignées dans l'Académie Royale de la Peinture et Sculpture, par A. Bosse. *Paris*, 1666, in-8, nombr. pl., v. br.

> Exemplaire en GRAND PAPIER. — Légère mouillure.

1658. Le Peintre Converty aux précises et universelles règles de son art, avec un raisonnement abrégé au sujet des tableaux, bas-reliefs et autres ornements que l'on peut faire sur les diverses superficies des bastimens ; et quelques advertissemens contre les erreurs que des nouveaux écrivains veulent introduire dans la pratique de ces arts (par A. Bosse). *Paris*, 1667, in-8, beau frontispice, v. br.

> Œuvre critique, sous forme d'entretiens familiers. La malice de l'auteur se trahit déjà dans le titre gravé.
> « Cet ouvrage, dit M. Brunet, donne de curieux renseignements sur les démêlés qu'eut l'auteur avec ses collègues de l'Académie de Peinture. Deux traités de *Perspective* y sont vivement critiqués. »

1659. Des Ordres de colonnes en l'Architecture et plusieurs autres dépendances d'icelle, par A. Bosse. *S. l. n. d.* (vers 1680), in-fol., dem.-rel.

> Bien que M. Brunet annonce 22 planches pour ce volume, il doit y avoir confusion, car il nous paraît parfaitement complet en 21 planches gravées numérotées, sauf le titre, de A à V inclusivement.

1660. Représentations Géométrales de plusieurs parties de bastiments faites par les reigles de l'architecture antique, et de qui les mesures sont reduittes en piedz, poulces et lignes, afin de s'accommoder à la manière de mesurer la plus en uzage parmy le commun des ouvriers, par A. Bosse. *Paris*, 1688, in-fol., dem.-rel.

> L'exemplaire de ce recueil d'Abraham Bosse se compose de 24 feuillets gravés par l'auteur, et non de 22, comme l'indique M. Brunet. On y trouve des motifs de décoration pour portiques, portes cochères, cheminées, etc..., etc... — Bel exemplaire.

1661. Clovis ou la France Chrestienne, poëme héroïque, par J. Desmarets. *Paris, Aug. Courbé*, 1657, in-4, fig., v. mar., dent. (*Aux armes*).

> Ce volume est orné de 26 belles gravures d'*ABRAHAM BOSSE* et de Chauveau, d'un frontispice gravé par Pitau d'après Le Brun et d'un portrait de Louis XIV à cheval.

1662. L'Œneide de Virgile, traduicte en vers héroïques, par

P. Perrin. *Paris*, 1664, 2 vol. in-12, front. gravés et fig., v.
br.

Cette édition contient un grand nombre de figures gravées par
ABRAHAM BOSSE.

XIII. ARCHITECTURE. — SCULPTURE. — PIERRES GRAVÉES,
ÉMAUX, ETC... — CATALOGUES DE DIVERS OBJETS DE CURIOSITÉ.

1663. M. Vitruvii de Architectura libri X, nuper maxima diligentia castigati atque excusi, additis Julii Frontini de aque-
ductibus libris. *Florentiæ, hæredes Philippi Juntæ*, 1552,
in-8, fig. s. bois, dem.-rel., vél., tr. dor. et ciselée.

1664. Remarques sur l'Architecture des anciens, par Winckel-
mann. *Paris*, 1783, in-8, br.

1665. Alberti Dureri pictoris et architecti præstantiss. de ur-
bibus, arcibus, castellisque condendis, ac muniendis rationes
aliquot, præsenti bellorum necessitati accommodatissimæ.
Parisiis, Christ. Wechelus. 1535, in-fol., figures sur bois,
cart.

> Bel exemplaire, à toutes marges, d'un livre rare et recherché,
> comme tous les ouvrages d'Albert Durer. On lui doit le texte et les
> figures.

1666. Archéologie chrétienne, ou Précis de l'histoire des
monuments religieux du moyen-âge, par l'abbé Bourassé,
Tours, 1841, in-8, fig. br.

1667. Dictionnaire de l'Architecture du moyen-âge, par A.
Berty. *Paris*, 1845, in-8, nombr. fig. sur bois dans le texte,
br.

1668. Essai sur l'Architecture des Arabes et des Maures, en Espagne, en Sicile et en Barbarie, par Girault de Prangey.
Paris, 1841, in-4, fig., avec 29 planch. gravées sur acier,
rel. en toile gaufr.

> Exemplaire, avec un envoi autographe de l'auteur à M. Romieu.

1669. Description des cinq Ordres de colonnes à sçavoir Tus-
cane, Dorique, etc... contrefaictes selon leur simétrie et
l'art de massonnerye par Hans Bloem, l'on a adjousté plusieurs
termes et colonnes ornez et enrichis suivant leur ordre, tirez du très-renommé Vuendel Dieterling, au service des maçons, menuisiers, peintres, orfebvres, graveurs, etc. *Amst.*,
1634, avec de belles planches d'après Dieterlin. — Institutio
Artis Perspectivæ, auctore Henrico Hondio. *Hagæ Comitum*,

1622, avec 43 pl. gravées. — Perspective par Hansen Len-
cker (en allemand). *Nuremberg*, 1571, fig. s. bois. — Leçons
de Perspective positive, par Jacques Androuet Du Cerceau,
architecte. *Paris, Mamert Patisson, 1576*, avec 60 planches
curieuses gravées par *Du Cerceau.* — Jac. Peletarii Cenoma-
ni in Euclidis elementa demonstrationes. *Lugduni, 1557* ; 5
ouvr. en 1 vol. pet. in-fol., cart.

1670. Architectura, la haulte et fameuse science consistante en
cincq manières d'édifices ou fabriques... sont encore ad-
joinctes plusieurs magnifiques et superbes bastimens à l'antique, comme aussi quelques édifices et structures à la façon
moderne, inventé par Jean Vredeman Frison et son fils Paul
Vredeman. *Henric. Hondius sculps. (La Haye), 1606*, in-
fol., obl., cart.

1671. Manière de bastir pour toutes sortes de personnes, par P.-
le Muet. *Paris, Melch. Tavernier, 1623*, in-fol., front. gr. et
fig., dem.-rel.

1672. Le Secret d'Architecture découvrant fidèlement les traits
géométriques, couppes et dérobemens nécessaires dans les
bastimens, par Mathurin Jousse de la ville de La Flèche. *La
Flèche, G. Griveau, 1642*, in-fol., fig. s. bois, dem.-rel.

1673. Memorabilia de Turribus ex historia excerpt. a Chr.
Gottl. Ungero. *Lipsiæ, 1691*, pet. in-4, dem.-rel., mar. r.

   Très-bel exemplaire.

1674. Peintures antiques inédites, précédées de recherches sur
l'emploi de la peinture dans la décoration des édifices sacrés
et public chez les Grecs et chez les Romains par Raoul Ro-
chette. *Paris, 1836*, in-4, fig. coloriées, cart., non rogn.

1675. Méthode pour faire une infinité de desseins différens,
avec des carreaux mi-partis (*sic*) de deux couleurs par une
ligne diagonale, ou observations du P. Dom. Douat, Religieux Carme de la province de Toulouse, sur un mémoire
du P. Séb. Truchet. *Paris, 1722*, in-4, fig., v. br.

1676. Encyclopædia of cottage, farm, and villa architecture
and furniture, by J. C. Loudon. *London, 1833*, gr. in-8,
avec près de 2000 gr., cart., n. rogn.

1677. Traité complet, théorique et pratique de la peinture en
bâtiments, de la vitrerie, de la dorure, etc., par R. Maviez.
Paris, 1836, in-8, dem.-rel., mar. citr., tête dor., non
rogné.

1678. Documents relatifs aux œuvres de Michel Colombe (sculpteur Tourangeau du xve siècle), exécutées pour le Poitou,
l'Aunis et le pays Nantais, publ. par Benj. Fillon. *Fonte-*

nay-le-Comte, 1865, in-4, pap. vergé, dem.-rel., non rogné.

1679. Vie d'Edme Bouchardon, sculpteur du Roi. *Paris*, 1762,
pet. in-8, dem.-rel., dos et coins de mar. viol. du Levant, à
nerfs, doré en tête, *non rogné*.

1680. Éloge historique de Coustou l'aîné, sculpteur ordinaire
du Roy, auquel on a joint des descriptions raisonnées de
quelques ouvrages de peinture et de sculpture. *Paris*, 1737,
in-12, v. m.

1681. Galerie des Antiques, ou esquisses des statues, bustes et
bas-reliefs, fruit des conquêtes de l'armée d'Italie, par Legrand. *Paris, Renouard*, 1803, in-8, gr. pap. vél., front.
gr., et 92 pl., dem.-rel. mar. r., non rogn.

1682. Gemmæ et sculpturæ antiquæ depictæ ab Leonardo Augustino Senensi, addita earum enarratione a Jac. Gronovio.
Franequeræ, 1694, 2 part. en 1 vol. pet. in-4, front. gr.,
portr., 268 pl., v. br.

> L'ouvrage d'Agostini est un des plus recherchés pour l'histoire
> des antiquités de l'art païen. La *figure priapique* n° 36 de la seconde
> partie ne manque point à notre exemplaire, comme cela arrive
> souvent.

1683. Traité des Pierres gravées, par P. J. Mariette. *Paris, imprimerie de l'auteur*, 1750, 2 vol. in-folio, fig., v. marbr.,
fil.

> Bel exemplaire.

1684. Description des principales pierres gravées du cabinet
de S. A. S. Mgr le duc d'Orléans (par les abbés Le Blond et
De La Chau). *Paris*, 1780, 2 vol. pet. in-fol., portr., fig. de
Cochin, dem.-rel.

1685. Notice historique sur les émaux, les émailleurs, leurs divers ouvrages et les procédés de fabrication en usage à Limoges, par Maurice Ardant. *Limoges*, 1842, in-8, br.

1686. Notice des Émaux exposés dans les galeries du musée du
Louvre, par De La Borde. Histoire et descriptions. *Paris*,
1852, in-8, gr. papier vergé de Hollande, dem.-rel., dos et
coins de cuir de Russie, à nerfs, non rogné.

1687. Recherches sur l'histoire de la peinture sur émail dans
les temps anciens et modernes, et spécialement en France,
par L. Dussieux. *Paris*, 1844, in-8, br.

1688. Benvenuto Cellini. Traité de l'Orfèvrerie, traduit de l'ital.
par Eug. Piot. *Paris*, 1843, gr. in-8, br.

1689. The bronze doors of the cathedral of Gnesen, by Alex.
Nesbitt. *S. l. n. d.*, gr. in-8, avec *fac-simile*, dem.-rel., dos
et coins de mar. r., tête dorée.

1690. Museum diluvianum quod possidet Joh. Jac. Scheu-
chzer. *Tiguri*, 1716, petit in-8, front. gravé, v. m.

1691. Recueil d'ouvrages curieux, ou Description du cabinet de
Grollier, de Servière. *Lyon*, 1719, in-4, fig., v. gr.

1692. Catalogue raisonné d'une collection considérable de diverses curiosités en tous genres contenues dans les cabinets de feu M. Bonnier de la Mosson, par E. F. Gersaint.
Paris, 1744, in-12, dem.-rel.

1693. Détail général de toutes les raretez et varietez qu'on
trouve chez André Béague, marchand, demeurant dans la
maison qui fait le coin des petites Halles, où pend pour enseigne l'acteur Romain, sur la petite Place à Lille en Flandre. *Lille*, 1755, in-12, dem.-rel., v. antiq.

> Livre rare et des plus singuliers, qui nous donne une juste idée
> du commerce de bric-à-brac au xviii⁰ siècle. Le magasin du sieur
> Béague, est un véritable capharnaum de raretés et curiosités de
> toute nature : porcelaines, médailles, miroirs, montres, tableaux,
> statues, automates, pierres, coquillages, serpents en bouteille, ani-
> maux empaillés, croix, mitres, chapes, etc., etc. Tout s'y rencontre
> dans un pêle-mêle souvent comique. On y trouve même un assor-
> timent de linges neufs pour hommes et pour femmes, de bonnets,
> chapeaux, etc. Le propriétaire de ces objets ne dédaigne point de
> mêler l'imagination à la science dans la description qu'il nous donne
> de chaque chose. Notre charlatan Lillois paraît craindre les filous.
> Sa devise grotesque est : *« Oculis sit licentia, pax manibus. »* On peut
> tout se permettre avec les yeux, mais on doit tenir les mains en
> repos.

1694. Catalogue du cabinet d'histoire naturelle, de tableaux
et d'antiquités de M. le duc de Caylus. *Paris*, 1772, in-8,
cart.

1695. Catalogue d'une riche collection de coquilles, agathes,
pierres précieuses, bijoux, tableaux, dessins et estampes,
bronzes, terres cuites, porcelaines, livres et autres objets
curieux, de feu M. Jacqmin, joaillier du Roi. *Paris, Joullain*,
1773, in-12, dem.-rel., dos et coins de mar. citr. du Levant,
à nerfs, non rogné.

1696. Notice des tableaux et autres articles curieux du cabinet
de Pierre Grand-Pré, par Paillet, 1809. — Notice des tableaux et curiosités de Cl. Tolozan. Ensemble, 2 broch. pet.
in-8.

1697. Catalogue d'un beau choix de livres, composant le cabinet de feu M. Claude Jos. Clos, ancien lieutenant-général
criminel et de police. *Paris, Tilliard*, 1812. — Catalogue de

tableaux précieux des plus célèbres peintres des trois écoles, marbres, bronzes, etc., de feu M. Clos, par H. Delaroche. *Paris*, 1812, in-8, v. rac., dent., tr. dor.

1698. Catalogue des objets d'art qui composent la collection Debruge-Duménil. *Paris*, 1849, gr. in-8, dem.-rel., dos et c. de mar. citr., du Lev.

XIV. — ARTS ET MÉTIERS.

1699. Réglemens sur les Arts et Métiers de Paris, rédigés au xiii⁰ siècle, et connus sous le nom du livre des Métiers d'Étienne Boileau, publ. pour la prem. fois en entier, d'après les MSS. de la bibliothèque du Roi et des archives, par G. B. Depping. *Paris, Crapelet*, 1837, in-4, br.

1700. Les Arts et Métiers à Poitiers, pendant les xiii⁰, xiv⁰, et xv⁰ siècles, par de La Fontenelle de Vaudoré. *Poitiers*, 1837, in-8, br.

1701. C'est chou que Jehans li Barbyeres et Jakenies Enghebiers ont paijet pour les enfans des Carbaus puis le diemenche deuant le Candeler l'an M.ccc.xviij (1318)... — Ce sont les dettes ke on doit a Jehan Turc lorfèvre. — C'est cou de quoi Willaume de Waudripont et Libiers li vilains wellent marcander. — Ce sont les dettes que on devoit a Katerine vaive de Jehan de Lile espesier au jour que ses maris trespassa le plus justement que elle le puet savoir. — C'est li comptes que Colars de Bailluel et Colars de Castillon gouvreneur des enfans le petit Mestre ont fait des biens desdis enfans as eskievinz de Tournay depuis le v⁰ jour de juing l'an xxxvij jusques au iiij⁰ jour de may l'an xxxviij (1338). — C'est li contes que li tiestamenteur Jehan Despres on fait as eskievins de Tournay pour Magnon, fille doudit Jehan des aagié des biens de le dites... qui fu l'an Mil ccc et xxxviij... — C'est les dettes ke Rogiers Koces devoit qui il ala de vie a mort. — Ce con paijet au commandement de messeigneurs les Eskievins. — C'est chou c'on doit a le femme Jehan le Flamenc dou Bruille... — C'est cou que Jehans li capeliers de le grande rue... doit. — C'est cou que Jakemes de Hersiaus li boulenghiers doit. — C'est chou ke Bauduins Katine avoit au jour ke il se remaria. — C'est li yventores des biens Gillion Normans... — C'est li comptes que font Pierait Thibaut et Guillebaut Louvel exécuteurs dou testament ordenance et derraine volente de Jehan de Wastines a leur chevalier segneur et maistre Guillaume Mauterne sergent d'armes du Roy nostre sire et prevost de Tournay... l'an de grace mil trois cens soixante et viij... pre-

somerement le vendue des bons meubles en la manière qui
s'ensuit, — in-4, v. bleu, fil. à comp. dent. ....

MANUSCRIT DU XIVe SIÈCLE SUR VÉLIN, comprenant 14
comptes originaux en LANGUE VULGAIRE de l'époque. Cette réunion
factice est des plus curieuses et des plus intéressantes pour l'histoire de la vie privée et domestique des familles, ainsi que du commerce et de l'industrie au moyen-âge. Il y a là une mine inépuisable de détails intimes que l'on ne retrouverait pas ailleurs. Le 3e
document est un marché détaillé passé avec un entrepreneur de
bâtisse; il est question de la construction de trois tourelles, avec
force détails, sur l'épaisseur du bois, des chevrons, le genre de toi-
ture, etc..., etc... Ailleurs ce sont d'autres corps d'état qui fournissent leur bilan, c'est-à-dire leur état commercial. Voici venir l'or-
fèvre, l'épicier, le boulanger, le chapelier. Ce dernier doit à Jehan
le capelier, iij d. lvi sols, mais il lui a donné un gage « de coi il a iij
quarlrons de capiaus (de feutre) en wages ki sont à parfaire... Il y a aussi
la somme qu'il paie pour son loyer. Voici une partie du chapitre
de ses créances. C'est son confrère Gilles li capeliers qui lui doit IX
livres qu'il lui a souscrit en trois paiements « a payer a iij paiemens
dont il a cyrographe. » Notre chapelier prête sur gages. En voici la
preuve : « Et se doit Gillote Aigeline XXs. de cou qu'en wages i sour-
cot fouret de cler bleu, une plice, i capron fouret et i warcolet, et por ces
XXs. doit elle ravoir tous ces wages. » Où veut-on avoir une peinture
plus saisissante et plus fidèle de la vie sociale au XIVe siècle ? Nous
allions oublier le dernier compte, il n'y a pas de procès-verbal
d'officier ministériel, plus exact et plus circonstancié. C'est une véritable vente publique de meubles et effets, avec les prix d'adjudication et les noms des acquéreurs. Le compte précédent n'est pas
moins curieux: dans cet inventaire figurent des chemises, des nap-
pes, des chaudrons, des bouteilles, etc..., etc... avec leur estimation en livres, sols et deniers. Les documents de ce genre sont
très-rares, parce qu'on les a détruits presque tous à une certaine
époque, comme inutiles. Nous ne saurions trop répéter combien ils
sont intéressants et quel grand parti on en peut tirer. C'est avec les
rares matériaux de cette sorte, que l'on ne trouve plus, que Monteil a pu composer son admirable *Histoire des François des divers
états*. Ajoutons que presque tous ces comptes se composant chacun
de plusieurs feuillets sont remarquables par leur écriture, et que
ce sont de précieux monuments de la langue vulgaire parlée dans
le nord de la France au XIVe siècle.

1702. Le Moyen de devenir riche et la manière véritable par laquelle tous les hommes de la France pourront apprendre à
multiplier et augmenter leurs thrésors et possessions, avec
plusieurs excellens secrets, par maistre Bernard Palissy, de
Xaintes, ouvrier de terre et inventeur des rustiques figulines
du Roy. *Paris, Rob. Fouet, 1636.* — Seconde partie du Moyen
de devenir riche, contenant les discours admirables de la nature des eaux et fontaines, tant naturelles qu'artificielles, des
fleuves, puits, cisternes, estangs, marez, etc... de l'alchimie
des métaux, de l'or potable, des sels végétatifs ou génératifs,
des terres d'argile, de l'art de la terre, de son utilité, du feu,
de la marne, etc..., par M. Bernard Palissy. *Paris, 1636,* 2
tom. en 1 vol. in-8, vél.

Bel exemplaire d'un livre rare et recherché.

1703. De l'Art de la Verrerie où l'on apprend à faire le verre, le cristal et l'émail, les perles, les pierres précieuses, la porcelaine, etc...., la méthode de peindre sur le verre et en émail, etc..., par Haudicquer de Blancour. *Paris*, 1697, p. in-8, fig., v. gr.

> Haudiquer de Blancourt fut condamné aux galères sur l'accusation intentée contre lui d'avoir fabriqué de faux titres au détriment de quelques familles. (Chalmel, Histoire de Touraine, IV, page 156.)

1704. Art de la Verrerie de Neri, Merret et, Kunckel, avec le secret des vraies porcelaines de la Chine et de Saxe, avec la manière de préparer les émaux, de peindre sur verre, etc... (trad. par le baron d'Holbach). *Paris*, 1752, in-4, fig., v. marbr.

1705. Collections towards a history of Pottery and Porcelain an the 15 th. 16 th. 17 th. and 18 th. centuries, by J. Marryat. *London*, 1850, gr. in-8, fig., cart., non rogné, en perc. angl.

> Belle publication sur les anciennes faïences.

1706. Traité des Arts Céramiques, ou des poteries, considérés dans leur histoire, leur pratique et leur théorie, par Alex. Brongniart, 2ᵉ édit. augmentée par Alph. Salvétat. *Paris*, 1854, 2 gros vol. in-8, fig., br.

1707. Recherches sur l'usage et l'origine des tapisseries à personnages dites historiées, depuis l'antiquité jusqu'au XVIᵉ siècle inclusivement, par Ach. Jubinal. *Paris*, 1840, gr. in-8, rel. pleine en mar. rouge du Levant, fil. à compart., devise sur les plats, dos orné, dent. intér., tr. dor.

> TRÈS-BEL EXEMPLAIRE en *Papier de Hollande*. Un des dix exemplaires tirés sur ce papier.

1708. Dictionnaire raisonné universel des arts et métiers, par l'abbé Jaubert. *Paris, Didot*, 1773, 5 vol. in-8, v. m.

XV. — CUISINE. — ALIMENTS. — BOISSONS. — USAGES DE LA TABLE.

1709. Apitii Celii de re Coquinaria lib. decem. *Impressum Venetiis per Bernardinum Venetum. (circa 1497),* pet. in-4, lettres rondes, dem.-rel.

> « Cette édition, dit Brunet, est peut-être plus ancienne que celle
> » de 1498. Elle ne contient que le traité d'*Apicius*, quoique le titre
> « indique de plus *Suetonius De claris grammaticis... De claris rheto-*
> « *ribus.* ». Nous ajouterons que cette édition, vendue 15 sh. Pinelli,
> se trouve difficilement. Exemplaire grand de marges et bien conservé.

1710. Apicii Cœlii de opsoniis et condimentis sive arte coquinaria libri X, cum notis M. Listrii. *Amstel.*, 1709, in-8, fr. gravé, cart.

1711. Les Dons de Comus ou les délices de la table. *Paris*, 1739, in-12, frontisp. gravé par Labas, v.

1712. Festin joyeux ou la cuisine en musique, en vers libres (par Lebas). *Paris*, 1738, 2 tom. en 1 vol. in-12, musique notée, v. rac.

1713. Histoire de la vie privée des Français depuis l'origine de la nation jusqu'à nos jours, par Le Grand d'Aussy. *Paris*, 1782, 3 vol. in-8, v. marbr.

> Recherches des plus curieuses sur la cuisine et la chasse au moyen-âge. Voici quelques titres extraits de la table des matières : Amiens, renommé pour ses canards. — Angleterre, renommée pour son cochon salé. — Anon, le chancelier du Prat en faisait servir à sa table. — Armes à feu usitées pour la chasse. — Aubervilliers, renommé pour ses navets. — Battues pour le loup. — Bayonne, renommée pour ses jambons. — Cérémonies pour la réception des Bouchers. — Boudins connus au XIIIe siècle. — Antiquité de la Bouillie, estimée chez les Moines. — Cérémonies pour la réception des Boulangers. — Privilége sur les légumes dont jouissait à Paris le bourreau. — Etablissement des Chaircuitiers. — Passion des ecclésiastiques pour la chasse. — Chasse des Rois. — Chasse aux filets réputée ignoble. — Chiens de chasse les plus estimés. — Art de sonner du cor de chasse. — Echalottes d'Etampes. — Chiens de Flandres renommés au XIIIe siècle. — Henry IV prononce peine de mort contre les braconniers. — Marrons de Lyon. — Jambons, commerce qu'en faisoient les Gaulois. — Rigueur avec laquelle Louis XI défend la chasse à la noblesse. — Goûts de Louis XIII pour la chasse, a perfectionné la vénerie, a ranimé la chasse du loup. — Le Mans, renommé pour ses andouilles. — Catherine de Médicis inspire à ses fils le goût de la chasse. — Cerises de Montmorency. — Pains usités à Paris aux XIIe et XIIIe siècles. — Volaille interdite aux moines. — Usage de marquer ou d'armorier l'argenterie. — Règlements des conciles et des rois sur l'ivrognerie. — Emailleurs de Limoges. — Porcelaine de Saxe, de Sèvres, etc... — Pays d'Auge, usait du cidre au XIIIe siècle. — Sortes de bières connues au XIIIe siècle. — Brasseries chez les moines. — Goût des femmes pour la fauconnerie. — Huîtres de Bordeaux. — Asperges mangées en salade, — etc..., etc..., etc....

1714. L'ancienne Alsace à table, étude historique, archéologique (et anecdotique) sur l'alimentation, les mœurs et les usages épulaires de l'ancienne province d'Alsace, par Ch. Gérard. *Colmar*, 1862, gr. in-8, br.

> Ce livre est farci de détails et d'historiettes culinaires. Nous mentionnerons au hasard : — Richesse de la chasse antique. — La choucroute, — le coq de bruyère, — le pâté de foie gras, — les escargots. — Une naïveté de Mlle de Montpensier. — Influence d'une carpe du Rhin sur un financier de l'école de Fouquet. — Retour de la pêche, — la truite des Vosges, — la friture, son caractère et son importance dans les mœurs, — les différents vins, bières, etc. — Régime des chanoines du chapitre de Strasbourg au IXe siècle. — Un état de dépenses de bouche en 1478. — Mets favoris de quelques fortes têtes. — Ce qu'il fallait pour nourrir un archiduc autrichien. — Les champignons. — Mets anciens et singuliers. — Les caves historiques. — Vilain usage emprunté à l'Angleterre. — La musique épulaire, etc., etc.

1715. Juliani Palmarii de vino et pomaceo, libri duo. *Parisiis,*
   Guill. Auvray, 1588, in-8, cart.

> Curieux traité sur le vin et le cidre de Normandie, par Julien le
> Paulmier, médecin de Caen. — Vendu 24 fr. Pluquet, 29 fr. Crozet.

1716. Tractatus novi de potu caphé, de Chinensium thé et de
   chocolata. *Parisiis, P. Muguet,* 1685, in-12, fig., cart.

1717. Lettre sur la bière (par Creudal, médecin). *Valenciennes,*
   Gab. Henry, 1734, in-8 de 61 pag., grand pap., br. en cart.,
   non rogné.

> Traité très-curieux et fort peu connu en raison de sa rareté. L'au-
> teur appelle la bière *« un pain liquide. »*

1718. Theses ex universa Vinosophia quas in antiquissima ac
   celeberrima Vinoversitate Weni-Biriensi humoribus ac ve-
   nerationi humidissimi liquidissimi omnibusque humentibus
   titulis perfundendissimi Domini Biberii comitis Palatini in
   Trinck-hausen, etc... solemni disputationi proposuit liqui-
   dissimus orator Vinandus Bieira. *Vinobergœ, sumptibus*
   Vinophyli (circa 1750). — Vino fumosissima Bacho-inaugu-
   rato promotio in Vinosophia. *S. l.* (circa 1750), 2 part. en
   un vol. pet. in-8, br., *non rogné.*

> Singulière facétie sur le vin, la bière et les ivrognes.

1719. L'OEnologie, poème didactique en quatre chants, suivi
   de notes historiques (la plupart sur les meilleurs vins et notamment sur les bons crus de France), par M. T... (Trambly)
   de Mâcon. *Châlon-s.-S.,* 1820, in-12, br.

1720. Libro nuovo nel qual s'insegna il modo d'ordinar Ban-
   chetti, apparecchiar tavole fornir palazzi, et ornar camere
   per ogni gran principe et far d'ogni sorte di vivanda seconda
   la diversita de i tempi, cosi di carne, come di pesce... composta per M. Christoforo di Messisbugo. *Vinetia, L. Spi-*
   neda, 1617, in-8, d.-rel.

1721. Le Cannaméliste français, ou Nouvelle instruction pour
   ceux qui désirent d'apprendre l'office (mets, liqueurs, fruits,
   confitures, pâtisseries, rafraîchissements, etc., etc., termes
   de l'art culinaire, etc.), rédigé en forme de dictionnaire,
   avec la manière de dessiner et de former toutes sortes de
   contours de tables, etc., par Gilliers. *Nancy,* 1751, in-4, fig.,
   cart., *non rogné.*

> Volume contenant de curieux détails sur la manière de servir à
> table chez les grands seigneurs au xviiie siècle.

1722. Almanach des gourmands, ou Calendrier nutritif, suivi
   de l'itinéraire d'un gourmand dans divers quartiers de Paris,
   anecdotes gourmandes, etc., par un vieux amateur (Grimod
   de la Reynière). *Paris,* 1803, pet. in-18, front. gr., reliure

pleine en mar. bl. du Lev., à nerfs, fil., dent. int., tr. dor. (*Très-bel exemplaire.*)

1723. L'École des gourmands, vaudeville en un acte par Chazet, Lafortelle et Francis. *Paris*, 1804, in-8, br.

1724. La Gastronomie, poëme par G. Berchoux. *Paris*, 1819, in-18, fig., v. rac.

1725. Le Livre d'or des métiers. Histoire des hôtelleries, cabarets, hôtels garnis, restaurants et cafés, et des anciennes communautés et confréries d'hôteliers, de marchands de vin, etc., par Francisque Michel et Ed. Fournier. *Paris*, 1851, 2 vol. gr. in-8, br., avec un recueil de planches.

Répertoire intéressant, composé avec amour par deux gaillards compères en farfouillage et babillage.

XVI. — MUSIQUE. — CHORÉGRAPHIE. — BALLETS.

1726. Note sur quelques instruments de la musique des Hébreux, d'après un manuscrit du ixe siècle, par A. Lemarchand. *Angers*, 1853, in-8, fig., br.

Tiré à petit nombre.

1727. Variorum auctorum commentatio de recta theologiæ hymnodicæ conformatione. *Tubingæ, Frid. Pflicke*, 1734, pet. in-4, dem.-rel., à nerfs, dos et coins de mar. rouge. (*Très-rare.*)

Recherches profondes et curieuses sur la musique sacrée chez les Juifs et dans la chrétienté. Cet opuscule substantiel, hérissé de documents précieux, se termine par une étude des hymnes et de la musique dans les temples protestants. L'auteur avoue, dans sa préface, qu'il a été séduit par la grandeur, la beauté, l'excellence de son sujet, aussi bien que par la rareté des écrivains qui ont cherché à l'approfondir. Aussi, croyons-nous qu'il a épuisé la matière.

1728. Dictionnaire liturgique, historique et théorique de plainchant et de musique d'église au moyen âge et dans les temps modernes, par M. J. d'Ortigue. *Paris, Potier*, 1854, in-4, musique notée, d.-rel., à nerfs, dos et coins de mar. vert du Levant.

1729. Office de Pâques ou de la Résurrection, accompagné de la notation musicale et suivi d'hymnes et de séquences inédites, publié pour la première fois d'après un manuscrit du XIIe siècle de la bibliothèque de Tours, par Victor Luzarche. *Tours*, 1856, gr. in-8, papier vélin teinté, fac-simile, br.

Savante publication, tirée à petit nombre.

1730. Über die Lais, Sequenzen und Leiche, von Ferd. Wolf.

Heidelberg, 1841, in-8, fig., d.-rel., dos et coins de mar. bl. du Lev., tête dorée, non rogné.

> Ouvrage important pour l'histoire du chant, de la chanson et de la notation musicale au moyen-âge. Il est accompagné de 22 planches de fac simile, de paléographie et de notations musicales tirées des manuscrits les plus précieux des bibliothèques de l'Europe. — D'anciens monuments de la langue et de la littérature française du moyen-âge sont recueillis là en partie pour la première fois tels que le *Lai du Cornet, fabliau du Mantel Mautaillé*; une chanson de Gautier de Coinsi; *Prophétie des abus des prestres, moines et rasez sur le chant de Letabundus*, la complainte d'Hughues de Lincoln, la légende de sainte Eulalie, en langue romane; des lais de Guill. de Machault, *li lais Ernoul le Vielle de Gastinois*, etc..., etc....

1731. Les Pièces de clavessin, composées par Le Bègue, organiste du roy et de l'église Sainct-Méderic. *Paris* (vers 1675), in-4 obl., v. br.

> Curieux frontispice, représentant un grand nombre d'instruments de musique.

1732. Motets pour la chapelle du roy, imprimez par ordre de Sa Majesté. Livre du roy pour le quartier de M. Gervais. *Paris*, 1740, in-4, pap. de Holl., mar. vert, fil., dent., tr. dor. (*Ancienne reliure aux armes royales.*)

> Tiré à petit nombre et pour l'usage particulier de la cour de Versailles.

1733. Effets de l'air sur le corps humain, considérés dans le son ou discours sur la nature du chant, par M*** (le marquis de Mezières). *Amst. et Paris*, 1760, pet. in-8, front. gravé et joli portr. en médaillon, cart. antiq.

> L'envoi liminaire de cet opuscule est *entièrement gravé*.

1734. De la Musique considérée en elle-même et dans ses rapports avec la parole, les langues, la poésie et le théâtre. *Paris*, 1785, in-8, v. marbr.

1735. Des Représentations en musique, anciennes et modernes (par le P. Menestrier). *Paris*, 1681, in-12, v. br.

1736. Airs de la Comédie françoise. *Paris*, P. Ribou, 1704, 2 tom. en 1 vol. in-4 obl., front. gravés, v. f., tr. dor. (*Anc. reliure.*)

> Cet exemplaire a appartenu à un des descendants de la famille de *Guill. Rouillé*, le célèbre imprimeur tourangeau établi à Lyon au XVIᵉ siècle et que les bibliographes appellent *Roville* ou *Rouille*. On lit sur le plat de la reliure le nom de « MADAME ROVILLÉ » en lettres capitales dorées. Encore une preuve de plus que le nom de cette famille tourangelle s'orthographie avec un accent à la fin.

1737. Alcione, tragédie mise en musique par Marais. *Paris*, 1706, in-4, front. gr., obl., v.

1738. Iphigénie en Tauride, tragédie mise en musique par

MM. Desmarets et Campra. *Paris, Ballard*, 1711, in-4 obl.,
v. m.

1739. Arion, tragédie en musique, par Matho, ordinaire de la
musique du roy (paroles de Fuselier). *Paris, Ballard*, 1714,
in-4, obl., br., non rogné.

1740. Etat actuel de la musique du roi et des trois spectacles
de Paris (par Vente). *Paris*, 1767, in-18, mar. r., fil., tr. dor.
(*Anc. reliure.*)

1741. Etat actuel de la musique du roi et des trois spectacles
de Paris (opéra, comédie française et comédie italienne).
Paris, 1774, pet. in-12, fig. de Moreau et de Marillier, v. r.,
fil., tr. dor.

> Comprenant le nom des acteurs et actrices et de tout le personnel,
> le titre des pièces, et autres particularités intéressantes.

1742. Mémoires historiques sur Raoul de Coucy; on y a joint
le recueil de ses chansons en vieux langage (du XIVe siècle),
avec la traduction et l'ancienne musique (publ. par De La
Borde). *Paris, Ph. D. Pierres, imprimeur du roy*, 1781,
2 tom. en 1 vol. in-18, tiré pet. in-8, très-grand pap., portr.
et fig., v. rac.

> Exécution typographique admirable, dans le genre des plus belles
> éditions de Cazin. — Bel exemplaire.

1743. Premier livre d'airs sérieux et à boire, à 2 et 3 parties,
par M. De Lalo. *Paris, Ballard*, 1684, in-16 obl., bordure
gravée sur bois autour des titres, musique notée, dem.-rel.,
mar. bl.

1744. Motets à I, II et III voix sans symphonie et avec symphonie, par Campra, gravés par Cl. Roussel. *Paris, P. Ribou*, 1706, in-4 obl., front. gr., v.

1745. Amusement des dames, ou Nouveau recueil de chansons
choisies. *La Haye*, 1756, in-12, musique notée, v. m.

> Recueil peu commun.

1746. Apothéose de Rameau, scènes lyriques, paroles de M***
(Amanton et Ligeret), musique de M*** (Deval). *Dijon,
Causse*, 1783, in-8, br.

1747. La Danse ancienne et moderne, ou Traité historique
de la danse, par de Cahusac. *La Haye*, 1754, 3 vol. pet.
in-12, v. m.

1748. De la Danse, par Moreau de Saint-Méry. *Parme, Bodoni*,
1803, pet. in-8, cart., non rogné.

1749. Recueil de contredances mises en chorégraphie, par

M. Feuillet, maître et compositeur de dance. *Paris, 1706,* in-12, figures et musique, bas.

> Volume rare, entièrement gravé.

1750. Les Caractères des contredanses pour apprendre seul à faire toutes les figures qui composent les contredanses; par Malpied. *Paris, S. d.* (xviiie siècle), in-8, texte et figures gravés, cart. antiq.

> Ouvrage entièrement gravé, composé de V et 34 planches de chorégraphie.

1751. Des Ballets anciens et modernes selon les règles du théâtre (par le P. Menestrier). *Paris,* 1682, in-12, v. br.

1752. Ballet des Argonautes où estoit représenté Guelindon dans une caisse, comme venant de Provence, et Robinette dans une gaine comme estant de Chastellerault. Ce jeudy vingt-troisième jour de Ianvier mil six cens quatorze, au Louvre. *Paris, H. Bourriquant,* 1614, pet. in-8, cart. à la Brad.

1753. Le Grand Ballet de la Reyne (ou les Festes de Iunon la Nopcière), dancé au Louvre le 5 de mars de l'an 1623. *Paris, René Giffart,* 1623, pet. in-8, rel. pleine en mar. vert du Levant, à nerfs, fil., large dentelle à petits fers, dent. intér., tr. dor.

> Ballet très-rare. Les vers sont signés de *Bois-Robert.* Très-bel exemplaire.

1754. Les Nymphes Bocagères de la Forest Sacrée, ballet dancé par la Reyne en la salle du Louvre. *Paris, Math. Henault,* 1627, pet. in-8, rel. pleine en mar. vert du Levant, à nerfs, fil., large dentelle à petits fers, dent. intér.; devise sur les plats, tr. dor.

> Pièce très-rare et en belle condition. Elle est en *vers français* et signée *Bois-Robert.*

1755. L'Europe galante, ballet en musique. *Paris, Chr. Ballard,* 1699, in-4, obl., v.

1756. Les Festes de Thalie, ballet en musique par Mouret. (*Paris*), *Christ. Ballard,* 1720. — La Critique des Festes de Thalie, nouvelle entrée par Mouret. *Paris,* 1714, 2 tom. en 1 vol. in-4, obl. v. m.

> Le Sr Mouret avait le titre d'ordinaire de madame la duchesse du Maine.

1757. Les Festes Grecques et Romaines, ballet en musique par Collin de Blamont, sur-intendant de la Musique du Roy. *Paris, Ballard,* 1723, in-4, obl., v.

1758. Les Élémens, ballet dansé par le Roy dans son palais des Tuileries. *Paris, Ballard*, 1725, in-4 obl., v.

1759. Les Amours des Dieux, ballet héroïque mis en musique par Mouret, Musicien de la Chambre du Roy. *Paris* (1727), 4 entrées en 1 vol. in-4, obl., v. m.

1760. Recueil des Comédies et Ballets représentés sur le Théâtre des Petits Appartemens pendant l'hiver de 1747 à 1748. *Paris, Ballard, imprimés par exprès commandement de Sa Majesté*, 1748-49, 10 pièces en 1 fort vol. in-8, papier de Holl., front. gr. et fig. de Cochin, v. marbr.

> Recueil très-recherché. La musique y est notée.

XVII. — HISTOIRE DES MODES ET DU COSTUME. — COIFFURE. — OUVRAGES SUR LA BARBE ET LES CHEVEUX.

1761. Histoires des Vestales, avec un traité du luxe des Dames Romaines, par Nadal. *Paris, Ve Ribou*, 1725, in-12, v. mar.

> On y trouve quelques détails intéressants sur la coiffure des dames romaines, sur leurs habillements, sur le fard qu'elles employaient, etc., sur la licence des soldats, etc. — Avec l'*ex-libris* du chevalier de la Cressonnière.

1762. Exercitatio historico-moralis de vestitu, præcipue pallio veterum philosophorum auctore J. H. Burgmanno. *Jenæ*, 1733, pet. in-4, dem.-rel., mar. bleu.

> Très-intéressant et rare. Dans le même volume se trouve une lettre en latin, de Guill.-Fr. Walch., touchant les vêtements des premiers chrétiens.

1763. Les Manteaux, recueil (par de Caylus). *La Haye (Paris)*, 1746, 2 tom. en 1 vol. in-12, front. gravé, v. fauve. (*Aux armes.*)

> Nous n'hésitons point à classer dans l'histoire des modes cet exemplaire du plus ingénieux ouvrage de Caylus. C'est un badinage, il est vrai, mais plein d'érudition, et développé au-delà des limites ordinaires d'un simple jeu d'esprit. La seconde partie, surtout, contient de curieux détails, tirés des écrivains les plus sérieux de l'antiquité, sur l'origine et les formes diverses et successives de l'habillement, sur le *pallium*, sur les manteaux des anciens philosophes, sur les manteaux des saints, sur les vêtements des Hébreux, des premiers chrétiens, etc. sur le *court-mantel* des chevaliers, etc., etc.

1764. Histoire des inaugurations des rois, empereurs et autres souvenirs de l'univers (par dom Charles Bévy). *Paris*, 1776, in-8, v. fauve, fil., tr. dor. (*Anc. reliure.*)

> Ouvrage orné de nombreuses figures représentant les différents costumes depuis l'origine de la monarchie française.

1765. Le Tailleur Sincère, contenant ce qu'il faut observer pour bien tracer, couper et assembler toutes les principales pièces qui se font dans la profession de tailleur, par le S' B. Boullay. *Paris, Ant. de Rafflé*, 1671, in-8, figures, dem.-rel.

> Livre instructif, curieux et fort rare, vendu 51 fr. Gancia. La table des *Habits d'honneur et Pièces de chef-d'œuvre* contient le manteau royal, la chape du Saint-Père, le manteau de chanoine, le cappo de page, la casaque de trompette de gendarme, etc., etc. — C'est un monument peu connu de l'histoire du costume en France.

1766. Essais historiques sur les modes et la toilette française, par le chevalier de *** (Villiers). *Paris*, 1824, 2 tom. en 1 vol. in-18, fig., dem.-rel., v. vert.

1767. Le Blason des Basquines et Vertugalles (en vers), avec la belle remonstrance qu'ont faict quelques Dames quand on leur a remonstré qu'il n'en failloit plus porter. *Lyon*, 1563, in-8, papier de Hollande, dem.-rel., dos et coins de v. antiq., non rogné. (*Bauzonnet.*)

> Réimpression faite chez Pinard en 1833, d'après l'exemplaire unique. Il n'en a été tiré que 50 exemplaires en tout, dont 5 seulement sur papier de Hollande.

1768. Edict du Roy, portant défenses à toutes personnes de quelque qualité qu'ils soyent de porter en leurs habillemens aucuns draps ny toiles d'or ou d'argent, clinquans et passemens. *Paris, Mamert Patisson*, 1601, pet. in-8, cart. antiq.

> Pièce rare.

1769. Origine du Rouge que portent les Dames, conte dédié au beau sexe. *Paris*, 1759, in-12, dem.-rel., v.

1770. Satyre sur les cerceaux, paniers, criardes et manteaux-volans des femmes, et sur leurs autres ajustemens (en vers). *Paris, C. L. Thiboust*, 1727, in-12, cart. antiq.

> Opuscule rare attribué au chevalier de Nisard. — Exemplaire rempli de témoins.

1771. Histoire de la Crinoline au temps passé, par Alb. de la Fizelière, suivie de la satyre sur les cerceaux, paniers par de Nisard, et de l'indignité et extravagance des paniers, par un prédicateur. *Paris*, 1859, in-12, fig. en chromo-lithographie, dem.-rel., dos et coins de mar. citr. à nerfs, doré en tête, non rogné.

1772. Histoire de la Dentelle. *Paris*, 1843, gr. in-12, fig., br.

1773. Essai historique, anecdotique sur le parapluie, l'ombrelle et la canne, par M. Cazal. *Paris*, 1844, in-12, br.

1774. Hadr. Junii Animadversorum libri VI, ejusd. de coma commentarium. *Basileæ*, 1556, in-8, vélin.

> Ouvrage très-curieux qui se compose de deux parties. Il est ques-

tion, dans la première, de toutes les choses les plus singulières que pouvait embrasser la vaste érudition de cet auteur. La seconde partie est un traité complet, très-savant et très-intéressant de la *Barbe et des Cheveux*, avec les questions les plus utiles, les plus minutieuses, les plus étranges, les plus délicates qui s'y rapportent ; le tout assaisonné de citations et d'anecdotes tirées des historiens, des conteurs, des poëtes et de la Bible.

1775. De Barba et Coma observationum liber. *Parisiis, de Bordeaux*, 1579, pet. in-8, dem.-rel., dos et coins de mar. bleu du Levant.

> Opuscule rare et bien conservé, sur la barbe et les cheveux. — Grandes marges.

1776. Ant. Hotomanni Pogonias, sive de Barba dialogus. *Lugduni-Batavorum, ex officina Plantiniana*, 1586, pet. in-8, cart. antiq.

> Dissertation curieuse sur la barbe et les cheveux. Cet opuscule a été imprimé à Leyde où avait été transporté momentanément l'établissement typographique de Plantin, pendant les troubles des Pays-Bas.

1777. Traité de la Nature des cheveux et de l'Art de coeffer, par Tissot, coëffeur, dédié au beau-sexe. *Paris*, 1776, in-12, br., *non rogné*.

1778. Pogonologie, ou Histoire philosophique de la Barbe (par Dulaure). *Constantinople (Paris)*, 1786, fig. — La Pogonotomie ou l'Art d'apprendre à se raser soi-même, par J. Perret. *Paris*, 1769, 2 ouvrages en 1 vol. in-12, fig., dem.-rel., v. fauve, *non rogné*.

> On trouve à la suite de la *Pogonologie*, la réimpression d'un peti poëme rare : *L'Exilé à Versailles*.

1779. Eloge des Perruques, enrichi de notes plus amples que le texte, par le docteur Akerlio (J. Nic. Marie de Guerle). *Paris, an 7 (1799)*, in-12, dem.-rel., cuir de Russie à nerfs, tête dorée, *non rogné*.

1780. Eloge de la Coiffure à la Titus pour les dames, contenant quelques observations sur les coiffures modernes dites à la grecque, romaines, etc..... par J.-N. Palette, coiffeur. *Paris*, 1810, in-8, cart. à la Brad.

1781. Histoire des Révolutions de la Barbe des Français, depuis l'origine de la monarchie. *Paris*, 1826, pet. in-12, fleurons, vignettes et lettres grises des Elzévirs.

> Tiré à très-petit nombre par le bibliophile Motteley, et très-joliment imprimé à l'instar des Elzevier.

XVIII. — ÉQUITATION. — CONNAISSANCE DES CHEVAUX. — FÊTES ÉQUESTRES.

1782. LIBRO DE MARCHI de Cavalli, con li nomi di tutti li principi et privati signori, che hanno razza di Cavalli. *Vinetia*, 1588, pet. in-12, fig., rel. pleine en maroquin bleu du Levant à nerfs, devise sur les plats, dent. intér., tr. dor. (*Capé*)

> Volume rare. Il y est question de tout ce qui regarde les remèdes à donner aux chevaux et la manière de les marquer et de les entretenir. Les nombreuses figures des Marques des chevaux rendent cet ouvrage particulièrement curieux. — Très-bel exemplaire.

1783. Hippostologie, c'est à dire, discours des os du cheval, par Jehan Heroard, conseiller, médecin ordinaire et secretaire du Roy. *Paris, Mamert Patisson*, 1599, in-4, frontisp. et fig. gravées s. cuivre, vél.

> Bel exemplaire d'un livre curieux et rare, que l'on peut placer à côté de la *Chasse du roi Charles IX*. On lit au bas du titre gravé ces mots : *Regis opus*, et le passage suivant de la dédicace au roi Henry IV indique suffisamment la part tout au moins d'inspiration ou de conception qu'aurait eue Charles IX à cet ouvrage : «.... Le feu roy Charles lequel sur toutes choses prenoit un singulier plaisir à ce qui est de l'art vétérinaire, duquel le subjet principal est le corps du cheval, me commanda quelque mois avant son decez d'y employer une partie de mon estude.... le feu roy (Henry III) me commanda de poursuivre..., C'est cette pièce, Sire, seule de reste du naufrage que les autres ont faict en ceste ville durant ces derniers troubles, et réservée par ma bonne fortune à vostre Majesté,... etc.... etc....»

1784. LE CAVESSON FRANÇOYS, recherché et mis en usage par Baltasar Prevost, Sieur de la Tigerie, gentilhomme Poictevin, dédié à M. le grand escuyer de France. *A Poictiers, par Charles Pignon et Catherin Courtois, imprimeurs*, 1610, pet. in-4, frontispice et fig. grav. en taille-douce, mar. br. à nerfs, dent. intér., tr. dor.

> VOLUME FORT RARE sur les chevaux. Il n'est pas signalé par les bibliographes et a échappé aux recherches de M. Brunet. Ce livre très-curieux se termine par une « ordonnance de MM. les maire, eschevins et bourgeois de la maison de ville de Poictiers sur l'approbation des lettres de privilége du Cavesson François, inventé par le sieur de la Tigerie. » Le sieur de la Tigerie, demeurant à Poitiers, près Sainct Supplicien, permet à Philippes Botté, maître éperonnier, ayant pour enseigne sur sa boutique : *Le Cavesson François*, de fabriquer et faire lesdits Cavessons François. « *Et pour le regard de la façon de selles de la susdite invention nouvelle, ledit sieur de la Tigerie se sert de maistre Laurens Soyer.... Il a pour enseigne sur sa boutique : La Selle Françoise.* »

1785. La Perfettione del Cavallo, libri tre di Fr. Liberati. *Roma*, 1669, in-4, fig., vél.

> Ouvrage rare, dans lequel on enseigne tout ce qui se rapporte aux chevaux de race. Il contient plus de 300 marques de chevaux appartenant aux grandes familles d'Italie.

1786. Les Arts de l'homme d'épée, ou le Dictionnaire du gentilhomme, contenant l'art de monter à cheval. *La Haye, Moetjens,* 1680, in-12, fig., vél.

1787. Nouvelle méthode et invention extraordinaire de dresser les chevaux et les travailler selon la nature, par Guill. Cavendish, comte de Newcastle. *Brusselle, Foppens,* 1694, pet. in-8, v.

1788. Description du Manége moderne dans sa perfection, expliqué par des leçons nécessaires et représenté par des figures exactes, depuis l'assiette de l'homme à cheval jusqu'à l'arrest, accompagné aussi de divers mords, pour bien brider les chevaux, par le baron d'Eisenberg. *S. l.,* 1727, in-fol., 60 planches de Bernard Picart, y compris le frontispice gravé, vél. cordé de Holl.

> « *Edition originale,* qui a l'avantage de contenir les premières épreuves » (*Brunet*). — Bel exemplaire. On y a réuni un recueil factice de 26 belles planches comprenant 90 figures de *chevaux* et de *costumes,* gravées par *P. Troschel,* dans le xviie siècle, pour le fameux ouvrage *De re equaria,* de Simon Winter. Cette suite très-remarquable de figures comprend toutes les variétés d'étalons, et peut être considérée comme la meilleure partie d'un livre qui est encore à composer : *L'art de faire saillir les chevaux,* avec figures analogues au sujet.

1789. La parfaite connoissance des Chevaux, leur anatomie, par J. de Saunier. *La Haye,* 1734, gr. in-fol., fig., cart., *non rogné.*

> Cet important ouvrage contient 61 planches très-bien gravées.

1790. Manuel du Cavalier, qui renferme les connoissances nécessaires pour conserver le cheval en santé et pour le guérir en cas de maladie, par le baron de Sind. *Paris,* 1766, pet. in-12, fig., v. m., fil.

1791. Le Parfait Écuyer (de la connoissance du cheval, de la cure des chevaux, de la ferrure, etc.), par A. de Weyrother. *Bruxelles,* 1768, 2 vol. in-8, br. non rognés.

1792. Le Parfait Cocher, ou l'Art d'entretenir et conduire un équipage en ville et en campagne, avec une instruction aux cochers sur les chevaux de carrosse, leurs maladies et remèdes propres à leur guérison, édition augmentée de la façon de monter à cheval, de les conduire en voyage, de s'en servir à la chasse aux chiens courants, etc. (par le duc de Nevers, publ. par La Chesnaye des Bois). *Liége,* 1777, in-8, v. marbr.

> Edition la plus complète de ce traité, qui renferme d'excellentes choses. On y remarque un beau frontispice gravé, qui représente un carrosse, une petite voiture et des costumes de cette époque

1793. La Science et l'Art de l'Equitation, démontrés d'après la nature, ou théorie et pratique de l'équitation, par Du

Paty de Clam. *Yverdon*, 1777, in-8, avec 9 belles planches, dem.-rel.

1794. L'Equitation des gens du monde; promenades à cheval, par M. Rigault de Rochefort, édition augmentée de l'Equitation des Dames. *Paris, A. Boulland*, 1830, in-18, rel. pleine en v. bl., à nerfs, fil. dent. à fr. (*Bel exemplaire.*)

1795. Relatione della Giostra a campo aperto fatta in Siena da' signori buomini d'arme Sanesi alla real presenza de' serenissimi prencipi di Toscana. *Siena*, 1602, pet. in-4, dem.-rel., mar. rouge.

> Rare et curieuse relation de ces fêtes équestres.

1796. La Brillante Journée, ou le Carrousel des galans Maures, entrepris par Mgr le Dauphin, avec la comparse, les courses et des madrigaux sur les devises. *Se vendra à Versailles, le jour du carrousel, et se débite à Paris chez la Vve Blageart*, 1685, pet. in-4, cart.

> Volume rare.—On ne trouve guère, à cette date, de descriptions ou programmes imprimés des fêtes qui n'avaient pas encore eu lieu. L'auteur de ce programme nous semble avoir reçu de quelques personnes de haut rang ce que nous appelons des détails officiels. On y lit avec *intérêt* les noms des quatre-vingts chevaliers qui firent les courses.

XIX. — CHASSE. — FAUCONNERIE ET OISELLERIE. — PÊCHE.

1797. Oppiani de Piscibus libri V, ejusdem de Venatione libri IIII. *Venetiis, in œdibus Aldi*, 1517, in-8, vél. (*Bel exemplaire.*)

> EDITION PRINCEPS du traité de la Chasse d'Oppien. Fr. d'Asola en a été l'éditeur. Cette édition est *rare et recherchée*, dit M. Brunet.

1798. Observations sur la traduction du traité de la Chasse de Xénophon, par J.-B. Gail (par Et. Clavier.) — (Réponse à la Réponse de J.-B. Gail à la critique de son traité de la Chasse, par E. Clavier. (*Paris, s. d.*), in-8, br.

> Tirage à part, à petit nombre, du *Magasin Encyclopédique* de Millin.

1799. Jani Vlitii Venatio novantiqua. (*Lugduni-Batavorum*), *ex officina Elzeviriana*, 1645, pet. in-12, frontisp. gravé, rel. pleine en mar. bleu du Levant, à nerfs, dent. intér., tr. dor. (*Duru.*)

> SUPERBE EXEMPLAIRE très-grand de marges et très-pur de ce volume recherché. On y trouve réunis, avec amples commentaires cynégétiques, les auteurs anciens sur la chasse et la pêche.

1800. Poëme sur la Chasse, de Gratius, trad. du latin en vers français, par J. A. Jaquot. *Paris, 1854,* gr. in-8, br. (*Tiré à petit nombre.*)

1801. J. Cæsaris Bulengeri, Juliodunensis, de Venatione Circi et Amphitheatri. *Parisiis,* 1598. — De Circo Romano, ludisque circensibus, ac Circi et Amphitheatri Venatione, liber. *Lutetiæ,* 1598; 2 ouvr. en 1 vol. in-8, vél.

1802. Rei Rusticæ libri IV, universam rusticam disciplinam complectens una cum appendice oraculorum rusticorum... item de Venatione, Aucupio atque Piscatione compendium auctore D. D. Conrado Heresbachio. *Coloniæ Agrippinæ,* 1573, in-8, v. fauve, fil.

> Le traité sur la CHASSE ET LA FAUCONNERIE que l'on trouve à la fin de l'ouvrage de Conrad d'Heresbach est fort curieux.

1803. Notes bibliographiques concernant les ouvrages du duc de Nardo (Bélisaire Aquaviva), sur la vénerie et la fauconnerie, par J.-B. Huzard. *Paris,* 1835, in-8, br.

> Tiré à petit nombre.

1804. Rimedio de' Giucatori, composto per il R. P. Piet. di Cobarubias, nel quale con l'autorità de' sacri dottori s'insegna a giuocare sensa offesa di Dio, di lingua spagnuola tradotto dal Sig. Al. Ulloa. *Venetia, V. Valgrisi,* 1541, pet. in-8, vél.

> Ouvrage fort curieux, qui renferme, en 195 pages substantielles, non-seulement la théorie, mais, en quelque sorte, l'esthétique de tous les jeux. Il est divisé en trois parties, correspondant à trois genres de divertissements : humains, diaboliques et spirituels. Les mascarades y sont défendues et décrites tout ensemble. Les délassements permis sont nombreux, et occupent une grande place dans ce livre. Mais l'auteur met au premier rang, parmi toutes les espèces de récréations utiles et ingénieuses, le *noble jeu des Echecs*; nous en rappelant les règles, en suivant pas à pas toutes les pièces dans leurs mouvements, leurs attributions et leurs succès; nous le faisant même considérer comme l'image fidèle de la société civile, de la vie de famille, et des vertus cardinales. Suit une agréable dissertation sur la danse, qui doit toujours être honnête, pour conserver son excellence et idéale beauté. Quelles en sont les attitudes et actions figurées, comme il les faut rigoureusement ? *LA CHASSE* remplit quatre chapitres. — *Différentes espèces de chasses.* — Tableaux et réflexions. — Dans quels cas la *Chasse* est-elle permise, et à quelles personnes ? — Dans quels lieux peuvent-elles chasser ? — Faits singuliers de CHASSE ET DE FAUCONNERIE. M. Brunet mentionne l'original de ce livre, qu'il donne, lui aussi, comme une œuvre curieuse et bien faite, mais sans en faire connaître la substance. Il paraît d'ailleurs ignorer absolument l'existence de cette édition et traduction italienne.

1805. Natalis Comitum Veneti de Venatione libri IIII, Hier. Ruscellii scholiis brevissimis illustrati. *Venetiis, apud Aldi filios,* 1551, pet. in-8, rel. pleine en v. fauve à nerfs, dos orné, fil., dent. intér., tr. dor. (*Thompson.*)

> Edition rare du poëme sur la Chasse de Noël Le Comte ou Conti. On trouve difficilement ce poëme imprimé à part de la Mythologie du même auteur. — Bel exemplaire.

1805 *bis*. Cento giuochi liberali et d'ingegno novellamente da M. Innocentio Ringhieri gentilhuomo Bolognese ritrovati et in X libri descritti. *Bologna, Anselmo Giaccarelli, 1551,* in-4, vél.

> Volume peu commun, qui resta longtemps fort à la mode, même en France, au xvi⁰ siècle. Il fut traduit dans notre langue par Hubert Philippe de Villiers. On remarque dans ce curieux ouvrage les jeux de l'amant et de l'amante, de l'amour, des anges, etc., le JEU DE LA CHASSE, etc. Cette édition originale contient cinquante jeux qui n'ont pas été traduits en français.

1806. LA VÉNERIE DE IAQUES DU FOUILLOUX, gentilhomme, seigneur dudit lieu, pays de Gastine en Poitou, dédiée au Roy tres-chrestien Charles neufiesme de ce nom, avec plusieurs receptes et remedes pour guerir les chiens de diverses maladies, plus l'adolescence de l'autheur. *A Poitiers, par les De Marnefz et Bouchetz, frères, sans date,* in-4, lettres italiques, fig. sur bois, dem.-rel.

> ÉDITION TRÈS-RARE ET INCONNUE A BRUNET. En voici la description. Les pièces liminaires sont comprises en 4 feuillets non chiffrés. Au verso du titre, une grande gravure sur bois représente Du Fouilloux offrant son livre à Charles IX, à genoux, éperonné, avec sa trompe de chasse au côté et suivi de son chien. En regard, folio 2, recto, la dédicace; au verso l'extrait du privilége, daté du 28 décembre 1560. Les folios 3 et 4 contiennent la table des chapitres imprimée en lettres rondes. Le texte se compose de 295 pages chiffrées; le verso du dernier feuillet est blanc. Comme on le voit, cette édition ne se rapporte nullement, comme description, aux autres éditions in-4o, avec dates, citées par Brunet. Elle doit avoir paru parallélement avec l'in-folio sans date, qui est reconnue comme la première et la même année, c'est à-dire en 1561. Elle est plus rare encore que l'in-folio, car on n'en connaît aucune adjudication; les collections Solar, Double, Yemeniz et autres, si riches en raretés bibliographiques, ne la possédaient pas. L'exemplaire est grand de marges.

1807. La Chasse Royale, composée par le Roy Charles IX, tres-utile aux curieux et amateurs de chasse, publ. par H. Chevreuil. *Paris, Potier,* 1858, in-12, pap. de Holl., br.

1808. Traitté de la Vénerie, par feu M. Budée, trad. en françois par Loys Le Roy dict Regius, publ. pour la première fois par H. Chevreuil. *Paris,* 1861, pet. in-8, pap. vergé, br.

1809. La Chasse du Loup, par Jean de Clamorgan, Sʳ de Saane, en laquelle est contenue la nature des loups et la manière de les prendre, tant par chiens, filets, piéges qu'autres instrumens, le tout enrichy de plusieurs figures et pourtraicts representez apres le naturel, au Roy Charles IX. *S. l., pour Iaques du Puis,* 1589, in-4, fig. s. bois, dem.-rel., mar. vert du Levant, à nerfs, fil. (*Bel exemplaire.*)

1810. Della Caccia, poema del signor Erasmo di Valvasone. *Bergamo, Comin Ventura,* 1591, in-8, fig. sur bois, vél.

> Bel exemplaire de la première édition du poëme de Valvasone sur la chasse. Vendue jusqu'à 60 fr. Elle est ornée d'un grand nombre de curieuses figures, où sont représentées des scènes de chasse et de fauconnerie.

1811. La Caccia, poema di Erasmo di Valvasone. *Milano,* 1808, in-8, dem.-rel.

1812. Delle Caccie di Eugenio Raimondi libri IV. *Napoli, Lazaro Scoriggio,* 1626, pet. in-4, frontisp. gravé et grandes figures représentant des scènes de chasse et de pêche, vél.

> Bel exemplaire de cette édition recherchée. Les figures en sont très-naïves et très-nombreuses.

1813. Delle Caccie di Eugenio Raimondi Bresciano libri IV. (*Venetia,* 1630), pet. in-4, fig., parch.

> Edition peu connue, à laquelle plusieurs chasses ont été ajoutées par l'auteur.

1814. Le Caccie delle fiere armate e disarmate, e degl' animali quadrupedi, volatili ed aquatici, di Eugenio Raimondi Bresciano. *Venezia,* 1785, in-8, fig., d.-rel.

1815. La Lode della caccia, exercitio di Greg. Leti. *S. l., Gast. Femie,* 1664. — La Lode della guerra, et il biasmo della pace, del medes. *S. l.,* 1664, 2 ouvr. en 1 vol. pet. in-12, vél.

1816. Arrest de la Cour de Parlement de Tolose, portant permission à toute sorte de personnes de chasser, ensemble l'édit de François Ier, portant la liberté des chasses. *Tolose,* 1670. — Arrest du parlement portant deffences à toute sorte de personnes, de chasser dans ses forêts et domaines, même dans les biens des particuliers, de tendre des lacets, tonnelles, traincaux, baroles et autres instrumens à peine du fouet. *Tolose,* 1679. — Extrait des registres du Parlement portant inhibitions et défences à toute sorte de personnes, de contrevenir à l'ordonnance de Sa Majesté, faite au sujet de la chasse. *Toulouse,* 1686, pet. in-4, cart. antiq.

1817. Traité du Droit de chasse (par de Launay). *Paris, G. Quinet,* 1681, in-12, v. br.

1818. La Chasse (poëme par Ch. Perrault, de l'Académie françoise), à M. de Rosières. *Paris, Coignard,* 1692, in-12, dem.-rel., mar. v. du Lev., à nerfs. (*Thompson.*)

> Édition originale. — Rare.

1819. Dissertatio juridica de furibus ferarum. *Helmstadii,* 1715, pet. in-4, br.

> Opuscule intéressant et rare, touchant le braconnage et le droit de chasse. L'auteur y blâme la sévérité de quelques princes qui ont édicté des peines excessives contre les braconniers, et fait des considérations générales et judicieuses sur la chasse du cerf, du chevreuil, du lièvre, du loup, etc.

1820. L'Art de toute sorte de chasse et de pêche avec celui de guérir les chevaux, les chiens et les oiseaux, et un dictionnaire de la chasse et de la pêche; avec une explication des termes de la fauconnerie mis en dialogue. *Lyon,* 1730, 2 vol. in-12, v.

1821. Les Dons des enfans de Latone : la Musique et la Chasse du Cerf, poëmes dédiés au Roy (par J. de Serré de Rieux). *Paris, Prault*, 1734 (avec les tons de chasse et fanfares notés), in-8, fig., v.

1822. Manuel des Chasses, ou Dissertation sur le droit de chasse, etc. *Blois*, 1762, in-12, br., *non rogné*.

1823. L'Ecole de la Chasse aux chiens courans, par Le Verrier de la Conterie, précédée d'une Bibliothèque historique et critique des théreuticographes. *Rouen*, 1763, 2 tom. en 1 vol. in-8, fig. s. bois et musique gravée de fanfares, v. marbr. *(Bel exemplaire.)*

1824. Traité de Vénerie et de Chasse (par Goury de Champgrand.) *Paris*, 1769, 2 tom. en 1 vol. in-4, fig., v. rac.

1825. Dictionnaire théorique et pratique de Chasse et de Pêche (par Delisle de Sales). *Paris*, 1769, 2 vol. in-8, v. m.

1826. Essai historique et légal sur la Chasse (par Marchand, avocat). *Londres (Paris)*, 1769. — Almanach des gens de bien (par Montjoie). *Paris*, 1797. — Un trait de la vie de Charlemagne, nouvelle. *Paris*, 1810, etc., ens. 4 ouvr en 1 vol. factice pet. in-12, v. jasp.

> L'*Essai historique sur la chasse* est très-estimé. Il contient un bon mémorial des principaux termes de chasse.
> L'*Almanach des gens de bien* pour l'année 1797 est d'une grande importance pour l'histoire de la révolution. On y trouve la liste très-exacte des conventionnels qui ont voté la mort de Louis XVI, de ceux qui ont voté la réclusion ou le bannissement, de ceux qui se sont abstenus, etc., et le genre de mort qui les a frappés; une quantité de poésies composées en l'honneur de Louis XVI et de Marie-Antoinette, etc., etc.
> La nouvelle intitulée, *Un trait de la vie de Charlemagne* est une allégorie assez rare et point connue, sur la séparation de l'Empereur Napoléon et de l'impératrice Joséphine.

1827. Essai sur la Chasse au fusil, avec des règles et instructions pour parvenir à bien tirer (par Magné de Marolles). *Paris*, 1782, in-8, br.

1828. La Chasse au fusil, avec les enseignemens et connoissances nécessaires pour chasser utilement les différentes espèces de gibier, la manière de dresser les chiens de plaine, le détail de plusieurs chasses particulières à quelques provinces, etc... (par Magné de Marolles). *Paris*, 1788, in-8, fig., v. marbr.

> Exemplaire avec le *supplément* et l'*addition au supplément*.

1829. L'Art du valet de limier, avec la manière la plus simple de dresser un chien de plaine, et diverses recettes pour guérir les chiens, auquel on a joint un état des différens rendez-vous de chasse du roi et des princes, par Desgraviers. *Paris, Prault*, 1784, 2 part. en 1 vol. in-12, d.-rel., mar. vert, tête dor., *non rogné*.

1830. Dictionnaire de toutes les espèces de chasses. *Paris, Agasse*, 1795, in-4 à 2 col., cart., non rogné, et atlas de planches.

1831. The Chace, a poëm by Will. Somerville. *London, C. Corrall*, 1807, pet. in-12, cart. à la Brad.

1832. La Pipée, ou la Chasse des dames, poëme en IV chants, par Pe... de Pr. (Perrin de Précy). *Paris*, 1808, in-18, v. rac.

1833. Le Parfait chasseur, ou Traité général de toutes les chasses, par Aug. Desgraviers. *Paris*, 1810, in-8, fig., d.-rel.

1834. Les Cynégétiques françaises, ou l'École du chasseur, poëme en quatre chants. *Paris*, 1821, in-8, br.

1835. Manuel des chasseurs, ou Code de la chasse, par le chevalier Blanc Saint Bonnet. *Paris*, 1821, in-8, br.

1836. Traité complet de la chasse au fusil. *Paris*, 1823, in-12, avec 8 planch., v. rac.

1837. Il Falconiere di Jac. Aug. Tuano, coll' uccellatura a vischio di P. Angelo Bargæo. *Vinezia*, 1735, gr. in-4, fig., cart., *non rogné*.

> Les figures et vignettes qui accompagnent ce traité de la Fauconnerie de de Thou sont fort jolies. Le texte latin *De Re accipitraria* se trouve en regard du texte italien.

1838. Les Ruses innocentes, dans lesquelles se voit comment on prend les oyseaux passagers et les non passagers, et de plusieurs sortes de bêtes à quatre pieds, avec les plus beaux secrets de la pêche dans les rivières et dans les estangs, et un traité très utile pour la chasse, et la manière de faire tous les rets et filets... le tout divisé en V livres, avec les figures, ouvrage très-curieux, utile et récréatif, par F. F. F. R. D. G. (frère François Fortin, religieux de Grammont), dit le Solitaire inventif. *Paris, Ch. de Sercy*, 1688, in-4, nombr. fig. s. bois, v. gran. (*Aux armes du comte de Toulouse*.)

> Bel exemplaire. — Les figures sont *intactes* ce qui est rare, car on les trouve généralement fatiguées et en partie déchirées. — LES MARGES SONT EXTRÊMEMENT GRANDES comme on peut s'en assurer en le comparant avec l'exemplaire suivant, qui est déjà lui-même très-grand.

1839. Les Ruses innocentes, etc. *Paris, Ch. de Sercy*, 1688, in-4, fig. s. bois, v. m.

> Exemplaire grand de marges.

1840. Alfabeto di secreti medicinali... con l'arte facile d'uccellare e pescare, del sign. Lazaro Grandi. *Bologna*, 1667, in-8, d.-rel.

1841. Instruction pour élever, nourrir, dresser, instruire et penser toutes sortes de petits oyseaux de volière, avec un petit traité pour les maladies des chiens. *Paris*, 1674, pet. in-12, d.-rel., v. antiq.

1842. Dictionnaire universel d'agriculture et jardinage, de *fauconnerie, chasse, pêche,* cuisine et manége, donnant des règles pour la volerie, la chasse et la pêche et des remèdes pour les oiseaux de fauconnerie, les chevaux et les chiens de chasse dans leurs maladies (par De La Chesnaye des Bois, l'auteur du Dictionnaire de la noblesse). *Paris*, 1751, 2 vol. in-4, fig., v. marbr. (*Bel exemplaire.*)

1843. L'Uccellatura, poema dell' abate G. Guarinoni. *Bergamo*, 1760, in-8, br. en cart.
>Curieux poëme sur la fauconnerie.

1844. Dictionnaire théorique et pratique de chasse et de pêche (par Delisle de Sales). *Paris*, 1769, 2 vol. in-8, v. marbr.

1845. Les Serins, poëme didactique, ou Traité complet pour l'éducation des serins, par l'abbé Béraud. *Paris, Mercier de Compiègne*, 1795. — Le Pain Bénit, poëme, et autres pièces fugitives, par Marigny. *Paris, Mercier*, 1795, 2 ouvr, en 1 vol. in-18, v. f., fil.

1846. Trattato delle malatie degli uccelli e dei diversi metodi di curarle, del dott. L. Bossi. *Milano*, 1822, in-8, front. gr., d.-rel.

1847. Aviceptologie française, ou Traité général de toutes les ruses dont on peut se servir pour prendre les oiseaux, avec une collection considérable de figures et de piéges propres à différentes chasses, par Bulliard. *Paris*, 1822, in-12, fig., d.-rel., v.

XX. — EXERCICES GYMNASTIQUES. — ESCRIME. — JEUX DIVERS.

1848. TROIS DIALOGUES DE L'EXERCICE DE SAUTER et voltiger en l'air, avec les figures qui servent à la parfaicte demonstration et intelligence dudict art, par le Sr Archange Tuccaro, de l'Abruzzo, au royaume de Naples, dédié au roy. *A Paris, chez Cl. de Monstr'œil, tenant sa boutique en la cour du palais*, 1599, in-4, réglé, fig. sur bois, rel. pleine en mar. bleu du Levant, à nerfs, ornements aux angles et au

centre, avec guirlande de feuillages et devises, dent. intér.,
tr. dor. (*Capé.*)

SPLENDIDE EXEMPLAIRE d'un livre très-rare et des plus curieux.
La reliure de Capé est une des mieux réussies de cet artiste. La
conservation du volume est admirable ; les marges sont remplies de
témoins et la grande et si curieuse planche sur bois se déployant
du *saut des cerceaux*, qui manque si souvent où se trouve presque
toujours déchirée, y est intacte.—Bien que l'auteur soit italien, l'original de cet ouvrage a été écrit en français. Archange Tuccaro, après
avoir été gymnaste et équilibriste de l'empereur Maximilien, fut attaché au roi de France Charles IX dont il faisait le divertissement
aux fêtes publiques et entrées solennelles : « ce à quoy Sa Majesté
prenoit un singulier plaisir. » C'est ainsi qu'il figure aux cérémonies et
magnificences célébrées à MÉZIÈRES, pour le mariage de ce prince
avec la reine Isabelle. La scène se transporte ensuite en TOURAINE,
dans le château d'*Honoré de Beuil, sieur de Fontaines,* où le roi est
reçu par le châtelain du lieu et par sa femme, descendante des *La
Trémouille,* avec des prodigalités et un luxe inouïs. Ce ne sont que
chasses, concerts en musique, ballets, spectacles, jeux, exercices et
divertissements de toute sorte. « *En ce dit lieu... dans une grande et
spacieuse sale qui regardoit sur un jardin le plus beau, le plus gentiment
comparti qui soit en Touraine,* » maître Tuccaro, devant une nombreuse assemblée, se livre à ses ébats favoris, et enseigne aux nobles seigneurs la théorie et les règles de son art. Archange Tuccaro,
discourant par journée à la façon de Boccace, apprend les secrets
de son noble exercice à la courtoise assemblée, sans oublier « *l'architecture de quelques admirables sauts qu'il avoit nouvellement inventez,* »
le tout en *quatre-vingt-huit poses différentes, représentées par autant de
grandes figures* très-curieuses, remarquablement dessinées et gravées
sur bois. — C'est, comme on voit, un livre fort curieux et qui passe
fort rarement dans les ventes. Il mérite à bon droit d'être recherché.
Déjà chez Mac-Carthy, il avait été remarqué et atteignit alors le
prix de 70 fr.

1849. L'Art de nager, par Thévenot. *Paris,* 1782. — Supplément à la IVᵉ édition de l'art de nager de Thévenot, par Le
Roux. *Paris,* 1782, 2 ouvr. en 1 vol. pet. in-12, fig. à l'eau
forte, v. f.

1850. NOBLEZA DE LA ESPADA, cuyo esplendor se expressa en
tres libros, segun ciencia, arte y esperiencia, por el maestro
de Campo D. Francisco Lorenz de Rada. *Madrid, en la imprenta real,* 1705, 3 tom. en 2 vol. in-fol., front. gr. et fig.,
d.-rel., vél.

Ouvrage curieux et fort rare, inconnu à Brunet. La première partie, qui traite de la science de l'épée, se compose de 204 pages,
non compris 15 feuillets pour le frontispice gravé, le titre, la table
et les préliminaires, dans lesquels on remarque des approbations
et une dédicace de l'auteur au *Verbe de Dieu incarné.* La seconde
partie comprend VI feuillets pour le titre et le prologue au lecteur, 330 pages de texte et 2 feuillets pour la table. On compte dans
la troisième partie, qui est toute pratique, 622 pages, outre le frontispice gravé, le titre et 3 feuillets de table. L'ouvrage entier, d'une
belle impression, comme toutes les œuvres sorties de l'imprimerie
royale de Madrid, contient 97 planches bien gravées.

1851. Il vero maneggio di Spada d'Alessandro Senese, gentil

huomo Bolognese. *Bologna*, 1660, pet. in-fol., belles fig. en taille-douce de G. Mitelli, d.-rel., vél., *non rogné*.

Ouvrage curieux et peu connu sur l'escrime et le maniement de l'épée. — Bel exemplaire.

1852. Joa. Meursii Græcia ludibunda, sive de ludis Græcorum liber, accedit Dan. Souteri Palamedes. *Lugd.-Batav., ex officina Elzevir.*, 1625, in-8, vél. de Holl.

Livre rare sur les jeux des anciens et en particulier sur le *jeu des échecs.* — Bel exemplaire.

1853. Battaglia de 'scacchi de Monsig. Vida, ridotta in ottava rima da Girolamo Zanucchi da Conigliano. *Trevigi, Ang. Mazzolini*, 1589, in-4, vél.

A la suite de ce poëme sur les *Echecs*, on trouve, relié dans le même volume, une *Dispute* ingénieuse, en italien, sur la préséance de l'homme ou de la femme, imprimée également à Trévise, dans la même année, chez *Ange Mazzolini*.

1854. I campeggiamenti degli scacchi, o sia nuova disciplina d'attacchi, difese, e partiti del giuoco degli scacchi, stratagemme et inventioni del dottor Fr. Piacenza. *Torino*, 1683, pet. in-4, fig., d.-rel., vél.

Un des plus rares traités du jeu des échecs ordinaire et du grand jeu des échecs.

1855. Le Jeu des eschets, traduit de l'italien de Gioachino Greco, Calabrois. *Paris, N. Pepingué*, 1669, pet. in-12, joli cart. antiq.

1856. Le Jeu des eschets, trad. de l'italien de Gioachino Greco, Calabrois. *Paris*, 1713, pet. in-12, v.

1857. Cento giochi liberali, et d'ingegno novellamente da M. Innocentio Ringhieri ritrovati. *Bologna*, 1551, in-4, vél.

Édition originale.

1858. Trattato del giuoco della Palla di messer Antonio Scaino da Salo, diviso in III parti. *Vinegia, Giolito*, 1555, fig. sur bois. — Dialogho de' giuochi che nelle vegghie Sanesi si usano di fare del Materiale Intronato. *Venetia*, 1609, in-8, vél. (*Bel exemplaire.*)

1859. Gioielo di Sapienza, nel quale si contengono mirabili secreti, dato in luce da me Ant. Quintino. *Genova*, 1613, in-8, cart.

Livret très-rare, dont la matière est des plus curieuses. Ce sont tantôt des jeux d'esprit, tels que le problème d'une dame tenant un enfant dans ses bras, et disant que c'est le *fils de son fils et le frère de son mari*, tantôt des farces de société ou le secret de quelque invention plaisante; d'autres fois, des scènes singulières de pugilat ou de combat à l'épée; le tout orné de naïves figures gravées sur bois, dont le plus grand nombre représentent des joueurs d'épée, de sorte qu'on pourrait encore ranger ce petit ouvrage dans une autre catégorie. Les livres de cette espèce étaient autrefois très-recherchés et de grand usage. Il ne faut point s'étonner de ce que très-peu soient parvenus jusqu'à nous.

1860. Il nobile et dilettevol gioco del Sbaraglino, novellamento dato in luce da M. Mauritio Bartinelli cittadino di Novara. *Milano, G. B. Bidelli*, 1619, pet. in-12, cart.

> Volume rare, dont l'auteur a choisi pour sujet le jeu de trictrac, comme étant le moins fatigant et le plus convenable à tout homme distingué, même aux ecclésiastiques et aux religieux.

1861. La Maison académique, contenant un recueil général de tous les jeux divertissans pour se réjouyr agréablement dans les bonnes compagnies, par le Sr D. L.M*** (La Marinière). *Paris, Rob. de Nain*, 1654, pet. in-12, joli front. gr., vél.

1862. Histoire des fripons, ouvrage nécessaire aux honnestes gens, pour se préserver des Grecs qui sçavent corriger la fortune au jeu (par le chev. Goudar). *Amsterdam*, 1773, 2 tom. en 1 vol. in-12, front. gr., br., *non rogné*.

1863. Divertissement des princes et seigneurs de la cour de France, par Bellenger (1745). — Gros in-4, cuir de Russie.

> Ce volume est une espèce de combinaison monogrammatique formée de plus de 2000 feuillets, dont les uns sont restés blancs et les autres ne contiennent autre chose qu'un nombre en chiffres romains entrelacés et placés isolément au milieu des pages. Il serait bien difficile de découvrir l'application exacte de ces nombres uniformes à un jeu quelconque. Et cependant l'inventeur de ce grimoire, fait à la main, semble avoir fort diverti la cour et la ville, comme l'attestent le titre pompeux qu'il a donné à son énorme volume, et les 4 permissions authentiques dont on peut lire l'énoncé sur l'une des gardes, et qui lui furent octroyées dans quelques villes de la Bourgogne, etc.

BELLES-LETTRES

I. — LINGUISTIQUE.

Origines. — Langues anciennes. — Langues orientales. — Langues grecque et latine.

1864. L'Harmonie étymologique des langues, en laquelle par plusieurs antiquitez et étymologies de toute sorte, se démonstre évidemment que toutes les langues sont descendues

de l'hébraïque, par Est. Guichard. *Paris*, 1610, gr. vol. in-8,
vél.

1865. Apollonius Dyscole, essai sur l'histoire des théories
grammaticales dans l'antiquité, par E. Egger. *Paris*, 1854,
in-8, br.

1866. Histoire naturelle de la parole, ou Précis de l'origine du
langage et de la grammaire universelle, par Court de Gebelin. *Paris*, 1776, in-8, fig., v. marbr. (*Bel exemplaire.*)

1867. Hermes, ou Recherches philosophiques sur la grammaire
universelle, trad. de l'anglois de J. Harris, par F. Thurot.
Paris, 1796, in-8, d.-rel. v. m. rog.

1868. Chr. Bén. Michaelis dissertatio philologica, de vocum
seminibus, ac litterarum significatione hieroglyphica. *Halæ-
Magd.*, 1709, pet. in-4, d.-rel., mar. r.

Nouvelles hypothèses d'étymologie, véritables origines des mots
hébraïques, etc., etc., etc.

1869. Essai sur les hiéroglyphes égyptiens, par P. Lacour.
Bordeaux, 1821, gr. in-8, pap. de Holl., fig., br.

Tiré à petit nombre.

1870. Dissertatio qua de primæva linguæ hebrææ antiquitate
probabiliter disseritur, a Chr. Aug. Bode. *Halæ-Magd.*, 1747.
— De scholis et academiis vet. Hebræorum dissertatio a P.
Car. Dumor. *Wirceburgi*, 1782, 2 opusc. en 1 vol. pet. in-4,
d.-rel., mar. citr.

1871. Chr. Siegm. G. Luccæ dissertatio de Chaldæo Syrismis,
Rabbinismis et Persismis. *Wittembergæ*, 1726, pet. in-4, d.-
rel., mar. bl.

1872. Philologia aphoristica, in qua sententia philologorum
præstantissimorum de lingua Ebrea, græce et latine mo-
mentis breviter et perspicue proponitur, in orbem emissa
litterarium a M. D. G. Plærrio. *Budissæ*, 1721, pet. in-4, d.-
rel., mar. bl.

1873. Linguæ Sinarum Mandarinicæ hieroglyphicæ grammatica duplex, latine, et cum characteribus Sinensium, authore
Steph. Fourmont. *Parisiis*, 1742, in-fol., v. m.

Ce savant ouvrage contient un catalogue des livres chinois de la
Bibliothèque du roi aujourd'hui *Bibliothèque impériale.*

1874. Th. Erpenii Rudimenta linguæ arabicæ. *Lut.-Pari-
sior.*, 1638, in-8, vél.

1875. Le Jardin des racines grecques (sic) mises en vers françois (par Cl. Lancelot), avec un recueil alphabétique des
mots français tirez de la langue grecque. *Paris, P. Le Petit,*
1657, in-12, front. gr., vél.

Édition originale.

1876. M. Joh. Mich. Langii exercitatió philologica de differen-
tia linguæ Græcórum veteris et novæ, sive barbaro-græcæ.
S. l., 1707, pet. in-4, d.-rel., mar. bl., à nerfs.

1877. Isidori Hispalensis episcopi originum libri XX ex antiquitate eruti et Martiani Capellæ de nuptiis philologiæ et
Mercurii libri IX, uterque præter Fulgentium et veteres
grammaticos, variis lectionibus et scholiis illustratus opera
atque industria B. Vulcanii. *Basileæ et væneunt Parisiis
apud Jac. du Puys*, 1570, in-fol., vél.

Très-bonne édition.

1878. De Fatis latinæ linguæ, auct. And. Jul. Dornmeier. *Halæ
Magdeb.* (1704). — De Analogia linguæ latinæ, gallicæ ac
italæ, cum docta græca antiqua, auct. J. C. Goebelio. *Lipsiæ*
(1754), 2 ouvr. en 1 vol. pet. in-4, d.-rel., mar. r.

Pièces rares et intéressantes. La seconde surtout contient des recherches importantes pour l'étude de la LANGUE FRANÇAISE.
Des analogies lumineuses et inattendues y frappent quelquefois le
lecteur le plus éclairé.

1879. Nomenclator omnium rerum propria nomina variis lin-
guis explicata indicans, Hadr. Junio medico auctore. *Parisiis, sub circino aureo, excudebat Antverpiæ Chr. Plantinus*, 1567, in-8 à 2 col., rel. pleine en veau fauve, fil., dos
à nerfs, dent.

Très-bel exemplaire. On trouve là, rassemblée en huit langues,
et dans un seul volume, la nomenclature complète de tous les arts
et de toutes les sciences, avec la définition de tous les termes qui
y sont appropriés, tels que, par exemple, la bibliographie, l'anatomie, la chasse, la pêche, l'aviceptologie, l'art culinaire, la bota-
nique, la médecine, l'ameublement, l'architecture, la géométrie, les
mathématiques, la musique, l'art militaire, la joaillerie, etc., etc.
Nicod ne put mieux faire et reproduisit ce grand travail dans son
célèbre *Trésor de la langue française*.

1880. Petit Jardin pour les enfans et profitable pour aprendre
le latin, distingué par chapitres et selon l'ordre alphabétique, commençant par les vocables françois, par Jean Fontaine. *A Lion, Ch. Pesnot*, 1581, in-8, cart.

Édition rare, et qui est sans doute la première de ce livre. M. Brunet ne l'a point connue, et ne cite qu'une édition de 1598, composée, ainsi que la nôtre, de 104 pages, et vendue 14 fr. 50 c. chez
Coste.

1881. Les Déclinaisons des noms et verbes que doivent sçavoir
entièrement par cœur les enfans, ausquels on veult bailler
entrée à la langue latine, ensemble la manière de tourner
les noms, pronoms, verbes, supins, etc... (par Rob. Estienne).
Paris, Rob. Estienne, 1584. — Principes et premiers élémens
de la langue latine, par lesquels tous jeunes enfans seront
facilement introduits à la cognoissance d'icelle. *Paris, R.*

Estienne, 1585. — Principia linguæ latinæ. *Paris., R. Stéphanus*, 1584, in-8, d.-rel. (*Bien conservé.*)

Dans le même volume : Distiques de Caton, lat.-fr. *Rob. Estienne,* 1585. — Donatus de partibus orationis, 1585. — etc....

1882. Dictionarium puerorum. — Item le Petit Dictionnaire des mots français, ainsi qu'il les faut escrire, avec les manières de parler plus nécessaires tournées en latin pour les enfans. *S. l.* (*Genève*), *G. de Laimarie*, 1586, 2 part. en 1 vol, in-8, vél.

Bel exemplaire de ce curieux lexique, composé d'après la méthode de Robert Estienne. — Des feuillets sont encore non coupés.

1883. J. A. Comenii janua aurea reserata linguæ latinæ. *Lugd.- Batav., ex officina Elzeviriorum*, 1641, pet. in-16, reliure pleine en mar. vert du Levant, à nerfs, dent. intér.; tr. dor. (*Duru.*)

Charmant exemplaire d'un petit livre que l'on trouve bien rarement en aussi belle condition. L'impression en est remarquable, et par l'exiguité de son format c'est un des livres les plus menus qui soient sortis des presses des Elsevier. En un mot c'est un petit bijou.

1884. Dictionnaire étymologique et raisonné des racines latines (par Court de Gebelin). *Paris*, 1780, in-8, dem.-rel., dos et coins de mar. bleu du Levant, à nerfs, tête dorée, non rogné.

1885. La Guerre grammaticale, par André Guarna de Salerne, trad. en français par H. B. G. *Poitiers*, 1811, in-12, br.

II. — *Langues celtique, gauloise et tudesque. — Langue romane. — Langue française. — Autres langues de l'Europe.*

1886. Joa. Picardi Toutreriani de Prisca Celtopœdia libri V, quibus admiranda priscorum Gallorum doctrina et eruditio ostenditur. *Parisiis*, 1556, in-4., v.

Ouvrage curieux et d'une grande importance pour l'étude des langues et d es étymologies. — Vendu jusqu'à 25 fr.

1887. Antiquité de la nation et de la langue des Celtes, autrement appelez Gaulois, par le R. P. dom Paul Pezron, ancien abbé de la Charmoye (près Châlons-en-Champagne). *Paris*, 1703, in-12, v. br.

On trouve à la fin de ce volume un petit dictionnaire *celtique.*

1888. Godof. Guil. Leibnitii collectanea etymologica, illustrationi linguarum, veteris celticæ, gallicæ, etc., inservientia, cum præfatione G. Eccardi. *Hanoveræ*, 1717, 2 tom. en 1 vol. in-8, vél. de Holl. (*Bel exemplaire.*)

1889. Grammaire françoise-celtique ou françoise-bretonne, qui contient tout ce qui est nécessaire pour apprendre par les règles la langue celtique ou bretonne. *Rennes*, 1738, pet. in-8, v.

1890. Dictionnaire étymologique (français-celte) de la langue française, par Court de Gébelin. *Paris*, 1768, in-4, cart.

1891. Elémens de la langue des Celtes goinérites ou bretons, par Le Brigant, avocat à Tréguier. *Strasbourg*, 1779, pet. in-8, cart., *non rogné*.

1892. Nouveau dictionnaire, ou Colloque français et breton à l'usage des diocèses de Tréguier et Léon. *Morlaix*, 1786, in-12, cart.

1893. Origines gauloises, celles des plus anciens peuples de l'Europe, puisées dans leur vraie source, ou Recherches sur la langue, l'origine et les antiquités des Celto-Bretons de l'Armorique, par La Tour d'Auvergne-Corret. *Paris, an V* (1797), in-8, dem.-rel.

1894. Recherches historiques et littéraires sur la langue celtique, gauloise et tudesque, par M. J. de Bast. *Gand*, 1816, 2 vol. pet. in-4, br.

1895. Etudes sur l'antiquité de la langue celtique, par Collier-Bordier. *Chartres*, 1860, in-8, br.

1896. Monuments des anciens idiomes gaulois, par H. Monin. *Besançon*, 1861, in-8, br.

1897. Elnonensia. Monuments des langues romane et tudesque dans le ixe siècle, contenus dans un ms. de l'abbaye de St-Amand, publ. par Hoffmann de Fallersleben, avec une trad. et des remarques par Willems. *Gand*, 1837, in-4, pap. vél., cart., non rogné.

1898. Eléments de la grammaire de la langue romane avant l'an 1000, précédés de recherches sur l'origine et la formation de cette langue, par Raynouard. *Paris*, 1816, in-8, d.-rel., v. f.

1899. Grammaire de la langue romane, par Raynouard. *Paris*, 1816, in-8, v. porphyre. (*Bel exemplaire.*)

1900. Recherches sur l'ancienneté de la langue romane, par Raynouard. *Paris*, 1816, in-8, br.

1901. Influence de la langue romane rustique sur les langues de l'Europe latine, par Raynouard. *Paris*, 1836, gr. in-8, br.

1902. Histoire de la langue romane (roman provençal), par F. Mandet. *Paris*, 1840, in-8, br.

1903. Glossaire de la langue romane, rédigé d'après les mss. de la Bibliothèque impériale, contenant l'étymologie et la signification des mots usités dans les XI, XII, XIII, XIV, XV et XVI° siècles, par J. B. Roquefort. *Paris, Crapelet*, 1808, 2 vol. in-8, front. gr., d.-rel., mar. r. du Levant, à nerfs, dorés en tête, non rognés.

> Excellent livre. — Bel exemplaire.

1904. Glossaire roman-latin du XV° siècle, extrait de la bibliothèque de Lille, par Emile Gachet. *Bruxelles*, 1846, in-8, br.

1905. Dictionnaire du vieux langage français, contenant aussi la langue romane ou provençale et la normande du IX° au XV° siècle, par Lacombe. *Paris*, 1767, 2 vol. in-8, v. marbr.

1906. Petit vocabulaire latin-françois du XIII° siècle, extrait d'un ms. de la bibliothèque d'Evreux, par A. Chassant. *Paris*, 1857, in-12, pap. vergé, br.

1907. Caroli Bovilli liber de differentiâ vulgarium linguarum et gallici sermonis varietate, quæ voces apud Gallos sint factitiæ et arbitrariæ, vel barbariæ, quæ item ab origine latina manarint; de hallucinatione gallicanorum nominum. *Parisiis, Rob. Stephanus*, 1533, pet. in-4, cart.

> Un des plus anciens traités d'étymologie de la langue française. L'explication des noms de nos provinces y offre notamment beaucoup d'intérêt aux philologues et aux géographes. — Ch. de Bouvelles était d'origine picarde. Son livre est encore curieux à cause de ses travaux sur les diversités de la prononciation de notre langue au XVI° siècle en plusieurs endroits de la France.

1908. TRAICTÉ DE LA CONFORMITÉ du langage françois avec le grec, divisé en III livres, dont les deux premiers traictent des manières de parler conformes, le troisième contient plusieurs mots françois, les uns pris du grec entièrement, les autres en partie, c'est-à-dire en ayans retenu quelques (*sic*) lettres par lesquelles on peult remarquer leur étymologie, avec une préface remonstrant quelque partie du désordre et abus qui se commet aujourdhuy en l'usage de la langue françoise; en ce traité sont descouverts quelques secrets tant de la langue grecque que de la françoise, duquel l'auteur est Henri Estienne. *À Paris, par Robert Estienne, imprimeur du roy*, 1569, in-8, rel. pleine en mar. citr. du Levant, à nerfs, fil., ornements et milieux en mar. mosaïque et à pet. fers, devise sur les plats, dent. int., tr. dor. (*Capé*.)

> MAGNIFIQUE EXEMPLAIRE très-grand de marges et parfaitement conservé. C'est un livre superbe et sans défauts et dans une reliure du meilleur goût et des mieux réussies.

1909. Conformité du langage françois avec le grec, par H. Estienne, publ. par L. Feugère. *Paris*, 1853, in-12, br.

1910. Hypomneses de Gallica lingua peregrinis eam discentibus necessariæ : quædam vero ipsis etiam Gallis multum profuturæ, autore Henrico Stephano, qui et gallicam patris sui grammaticen adjunxit ; Cl. Mitalerii Epist. de vocabulis quæ Judæi in Galliam introduxerunt. *S. l. (Genevæ), H. Stephanus*, 1582, in-8, vél.

> Un des plus rares volumes d'Henry Estienne. Ce livre curieux et important pour l'histoire de la langue française, était déjà difficile à trouver dès le commencement du xviie siècle. M. Brunet n'en a cité qu'une adjudication, assez ancienne, et qui se monte à 30 fr.

1911. GRAMERE (sic). *A Paris, de l'imprimerie d'André Wechel*, 1562, in-8, rel. pleine en mar. br. du Levant, à nerfs, fil. à compart. genre Grolier, dent. int., tr. dor.

> TRÈS BEL EXEMPLAIRE de l'ÉDITION ORIGINALE de la fameuse grammaire de *P. de La Ramée*. Elle diffère des suivantes par une orthographe des plus bizarres que l'auteur avait d'abord voulu introduire, mais qu'il abandonna en partie, l'ayant reconnue d'un usage impraticable. « Cette singularité, dit Brunet, donne du prix à ce « petit volume, devenu d'ailleurs fort rare. » (*Manuel du libraire*, IV, 1099.)

1912. Les Œuvres de Claude Fauchet. *Paris*, 1610. — Recueil de l'origine de la langue et poésie françoise, ryme et romans, plus les noms et sommaire des œuvres de CXXVII poëtes françois vivans avant l'an MCCC. *Paris*, 1610, in-4, v. marbr.

> Ouvrage recherché ; exemplaire bien complet. Le volume est en bonne condition, malgré une piqûre à qq. ff. dans la marge du fond.

1913. Le Vray orthographe françois, contenant les reigles et préceptes infaillibles pour se rendre certain, correct et parfaict à bien parler françois, par le Sr de Palliot. *Paris, Nic. Rousset*, 1608, in-4 obl., vél.

1914. Invantaire des deux langues françoise et latine, assorti des plus utiles curiositez de l'un et de l'autre idiome, par le P. Phil. Monet (Savoisien). *Lyon*, 1635, in-fol., v. br.

> Ouvrage curieux et peu commun. Il est indispensable pour l'étude approfondie des gallicismes à rendre en des expressions et tours élégants de la langue latine. Le P. Monet fit faire un grand pas à la science lexicographique. Il surpassait beaucoup en sagacité et en critique Nicod et les deux Estienne, dont il forme le complément tout à fait nécessaire. — Légères mouillures, mais très-grand de marges.

1915. CURIOSITEZ FRANÇOISES, ou Recueil de plusieurs belles propriétez, avec une infinité de proverbes et quolibets, pour l'explication de toutes sortes de livres, par Ant. Oudin.

Paris, Ant. de Sommaville, 1640, in-8 de plus de 600 pag., v. f.

Un des plus curieux livres de linguistique qui existent. On y trouve un glossaire complet des expressions proverbiales du bas peuple de Paris sous Louis XIII, des trivialités de cabaret à l'époque où Colletet, Saint-Amant, d'Audiguier et autres bons poëtes crottés fréquentaient les tripots des piliers des Halles. Le langage imagé des mauvais lieux, pour ne pas dire l'argot, se trouve là pris sur le vif. Rien n'est amusant comme ce dictionnaire, et tout y est dit avec tant de naïveté et de bonhomie, qu'on ne fait pas attention aux expressions ordes, et qu'on y voit plus qu'un extrême intérêt de curiosité étymologique. — Volume rare. — Exemplaire grand de marges.

1916. Synonimes et épithètes françoises, recueillies et disposées selon l'ordre de l'alphabet, par A. D. M. (de Montméran). *Paris, Guignard.* 1658, pet. in-12, vél.

1917. La Politesse de la langue françoise pour parler purement et écrire nettement, par Noël François, prédicateur du roy. *Bruxelles, Balth. Vivien,* 1663, pet. in-12, vélin de Hollande.

Edition elzévirienne. — Bel exemplaire.

1918. Nouvelles observations sur la langue françoise, où il est traitté des termes anciens et inusitez, et du bel usage des mots nouveaux, par damoiselle Marguerite Buffet. *Paris,* 1668, pet. in-12, v.

Ouvrage rare. Il est fort singulier en ce que l'auteur, « faisant profession d'enseigner aux dames l'art de bien parler et de bien écrire, » y relève une foule d'expressions du petit peuple qui sont totalement inconnues aujourd'hui, tient pour vicieuses des locutions devenues depuis lors très-usuelles, etc. Une partie du volume est remplie par les éloges des plus savantes dames.

1919. Avantages de la langue françoise sur la langue latine, par Le Laboureur. *Paris, G. de Luyne,* 1669, in-12, mar. r., fil. à comp., tr. dor. (*De Seuil.*)

1920. Deffense de la langue françoise, par Charpentier. *Paris, Cl. Barbin,* 1676, pet. in-8, v. br. fil.

1921. Dictionnaire étymologique de la langue françoise par Ménage, avec les origines françoises de Caseneuve, les additions du P. Jacob, le vocabulaire hagiologique de l'abbé Chatelain, les étymologies de Huet, Le Duchat, etc. On y a ajouté le dictionnaire des termes du vieux françois, ou Trésor des Recherches de Borel, augmenté des mots qui y étoient oubliés extraits des dictionnaires de Monet et de Nicot, etc., publ. par Jault. *Paris,* 1750, 2 vol. in-fol., v. m.

1922. ETYMOLOGIES FRANÇAISES par L. G. (Louis Giry ?) adressées à M. l'abbé Ménage, à Paris. Pet. in-fol., demi-rel., non rogné.

MANUSCRIT AUTOGRAPHE DU XVIIe SIÈCLE, composé d'environ 115 pages. C'est un recueil complet de toutes les *difficultés de l'Étymologie française* jusqu'à la lettre Z inclusivement. Il a dû être d'un grand secours à l'auteur du *Dictionnaire étymologique*. On sait que l'avocat et savant philologue Louis Giry était lié d'étroite amitié avec Ménage ; aussi pensons-nous pouvoir lui attribuer cet important travail qui est signé des initiales L. G. et adressé sous forme de lettres à Ménage.

1923. Essay d'une parfaite grammaire de la langue françoise, par le P. Laur. Chifflet. *Cologne, P. Le Grand,* 1680, pet. in-12, vél.

1924. Nouvelle et parfaite grammaire françoise où l'on trouve en bel ordre tout ce qui est de plus curieux pour la pureté, l'orthographe et la prononciation de cette langue, par le R. P. Chifflet. *Paris, au Palais, chez J. Pohier,* 1687, in-12, v. br.

1925. DICTIONNAIRE FRANÇOIS, contenant les mots et les choses, par Richelet. *Genève, J. H. Widerhold (imprimerie du château de Dullier au pays de Vaud),* 1680, 2 tom. en 1 vol., in-4 à 2 col., vél.

ÉDITION ORIGINALE, SANS SUPPRESSIONS NI RETRANCHEMENTS. Elle est très-curieuse et très-recherchée. Elle fit un grand scandale, et l'on en interdit l'entrée en France. Ce qui constitue la véritable nouveauté et singularité de ce livre n'a jamais été bien signalé dans les catalogues. Le dictionnaire de Richelet se distingue de toutes les œuvres de lexicographie, non-seulement par la libre définition des mots obscènes et par des exemples très-peu chastes *tirés de l'usage et des bons auteurs,* mais encore et surtout par la bizarrerie et la méchanceté de nombreux passages où il donne pleine carrière à son imagination paradoxale, et même à ses rancunes. On voit partout percer le causeur et le frondeur, sous le philologue. Esprit naturellement observateur, indépendant et plein de vivacité, de finesse et de verve primesautière, il abandonne rarement le ton goguenard. Il semble vouloir se roidir contre la nécessité d'écrire la longue et monotone liste des mots français. Mais le cadre d'un dictionnaire n'étant point favorable au nouvelliste, notre homme se contente de gloser et railler. Et ce point-là est peu connu. Voici quelques échantillons de ses malices. Au mot BIBUS, *terme de mépris.* Colletet est un poëte de *bibus,* c'est-à-dire c'est un pauvre poëte, un méchant poëte. — *Pucelage* et *Pucelle.* On dit que le pucelage en matière de fille, est le ragoût des sots. — Une pucelle de quinze ans est un friand morceau, mais ce morceau est un peu rare en ce siècle, où à quinze ans nos filles sont des femmes faites. — VOLUME: Feu La Serre, de burlesque mémoire, a fait plusieurs *volumes* qui vont tous à la chaise percée. — FOURBE: Il est *fourbe* comme un Italien. — Du Clérat est un *fourbe* de la première classe. — NORMANDIE. Une des plus riches provinces de France, et celle après le *Dauphiné* où il y a de plus grands fourbes et de plus grands coquins, etc...., etc....., — et quantité d'autres aménités de ce genre, d'expressions licencieuses, avec définitions congruantes au sujet, qu'il est impossible de citer : tout cela joint à une anecdote où l'on assure que la plupart des exemplaires que l'on introduisait en fraude furent saisis et brûlés et firent pendre un libraire (voir le catalogue Libri) : tels sont les motifs qui ont fait placer cette première édition parmi les curiosités bibliographiques.

1927. Dictionnaire françois, contenant les mots et les choses, par Richelet. *Suivant la copie imprimée à Genève, chez J.-H. Widerhold (Amsterdam, Vve de Daniel Elzevier), 1685, 2 tom. en 1 vol. in-4, à 2 col., titre rouge et noir, d.-rel., mar. rouge du Levant à nerfs, dos orné, tr. dor. (Bel exemplaire.)*

Seconde édition originale, aussi rare que la première et beaucoup mieux imprimée. Elle est exécutée avec les caractères de *Daniel Elzévir*. Elle reproduit exactement la première et contient tous les PASSAGES SUPPRIMÉS ou adoucis plus tard. Ni Brunet, ni Pieters, n'ont connu cette édition remarquable, qui mérite d'être recherchée.

1928. Essais d'un Dictionnaire universel, par Ant. Furetière. *Amst., H. Desbordes, 1685, in-12, v.*

Opuscule beaucoup plus rare que le grand Dictionnaire de Furetière, dont il est le prospectus très-détaillé, en 313 pages.

1929. Essais d'un Dictionnaire universel contenant généralement tous les mots françois tant vieux que modernes et les termes de toutes les sciences et des arts, recueilli et compilé par Messire Antoine Furetière, abbé de Chalivoy, de l'Académie françoise. *Amsterdam, 1685.* — Factum pour Messire Antoine Furetière, abbé de Chalivoy, contre quelques-uns de l'Académie françoise. *Amst., 1685.* — Second factum pour Messire Ant. Furetière. *Amst., 1686, pet. in-12, v. br.*

1930. Le Génie de la langue françoise, par le Sr D*** (d'Houry). *Paris, 1685, in-12, v. br.*

1931. LE DICTIONNAIRE DE L'ACADÉMIE FRANÇOISE, dédié au Roy. *Paris, J.-B. Coignard, 1694, 2 vol.* — Le Dictionnaire des arts et des sciences, par M. D. C. (Thomas Corneille.) *Paris, J.-B. Coignard, 1694, 2 vol. Ensemble 4 vol. in-fol. v. br.*

PREMIÈRE ÉDITION rare et recherchée ; elle a une tout autre disposition que les suivantes. Les mots dérivés et composés y sont rangés après les mots primitifs, lesquels ressortent en gros caractères. — Bel exemplaire dans sa première reliure. Il est difficile de rencontrer, surtout dans la même reliure, le Dictionnaire des arts et sciences, réuni à l'autre, auquel il fait suite, selon l'intention des membres de l'Académie française.

1932. Le Dictionnaire des Halles (par Artaud). *Bruxelles, Fr. Foppens, (Troyes ?) 1696, in-12, vél.*

Volume rare et très-recherché, dans lequel on trouve l'explication d'un grand nombre de proverbes vulgaires, de locutions triviales et d'expressions grossières ou familières. Ce sont les *Excentricités* de la langue française à l'époque du grand siècle.

1933. Des mots à la mode et des nouvelles façons de parler, avec un discours en vers sur les mêmes matières (par de Callières). *Paris, Cl. Barbin, 1692, in-12, rel. pleine en*

y. fauve à nerfs, fil. à compart.; dos orné. (*Bel exemplaire.*)

Paris, 1835, 2 vol. in-8, br.

Édition originale d'un livre plein de sens et de mesure. Plus d'un auteur y pourrait encore apprendre à se défier des nouvelles locutions, lesquelles ne sont pas toutes mentionnées dans les *Excentricités du langage français.*

1934. Des mots à la mode (par de Callières). *Lyon, Th. Amaulry,* 1693, in-12, bas.

1935. Dictionnaire comique, satyrique, critique, burlesque, libre et proverbial, par Philib. Jos. Le Roux. *Amsterdam,* 1750, 2 part. en 1 vol. in-8, v. marbr.

1936. Dictionnaire comique, etc..., par Leroux. *Pampelune,* 1786, 2 vol. in-8, cart., *non rognés.*

Rare dans cet état.

1937. Dictionnaire Néologique à l'usage des beaux esprits du siècle, par un avocat de province (Jean-Jacques Bel, conseiller au Parlement de Bordeaux). *S. l. (Bordeaux),* 1726, in-12, v. m.

La Motte, le P. Berruyer, les journalistes de Trévoux, Crébillon, Moncrif, Fontenelle, Rollin, Voltaire et autres sont critiqués dans cet ouvrage.

1938. Synonymes françois, leurs différentes significations et le choix qu'il en faut faire pour parler avec justesse, par l'abbé Girard. *Paris,* 1736, in-12, mar. r., fil., dent., tr. dor. (*Anc. reliure.*)

Très-bel exemplaire.

1939. Dictionnaire national et anecdotique, pour servir à l'intelligence des mots dont notre langue s'est enrichie depuis la Révolution, etc., par M. de l'Épithète (Chantreau). *Politicopolis,* 1790, in-8, dem. rel. mar. r. du Levant à nerfs, fil., tête dorée, *non rogné.*

1940. Néologie, ou Vocabulaire de mots nouveaux, à renouveler, ou pris dans des acceptions nouvelles, par L. S. Mercier. *Paris,* 1801, 2 vol. in-8, portr., v. jasp.

Ouvrage curieux par l'esprit satirique et les personnalités hardies qui s'y mêlent sans cesse aux choses de pure érudition.

1941. Dictionnaire raisonné des Onomatopées françaises, par Ch. Nodier. *Paris,* 1808, in-8, dem.-rel.

1942. Grammaire des Grammaires, par Girault Duvivier. *Paris,* 1819, 2 vol. in-8, mar. br. du Lev., tête dorée.

1943. Dictionnaire étymologique de la langue française où les mots sont classés par familles, par B. de Roquefort; précédé d'une dissertation sur l'étymologie, par Champollion-Figeac. *Paris*, 1829, 2 vol. in-8, br.

Bel exemplaire de cet ouvrage estimé.

1944. Examen critique des Dictionnaires de la langue françoise, par Charles Nodier. *Paris, Delangle*, 1829, in-8, br.

1945. Glossaire français polyglotte, dictionnaire historique, étymologique, raisonné et usuel de la langue française et de ses noms propres, par MM. L. Godeau, A. Péan, L. Plée, H. G. Cler et Gérard. *Blois*, 1846, gr. in-4, dem.-rel., dos et coins du mar. bleu du Levant à nerfs, tête dorée, non rogné.

Ce dictionnaire très-curieux n'a pas été continué. Le premier volume a seul paru.

1946. Récréations Philologiques, ou Recueil de notes pour servir à l'histoire des mots de la langue française, par F. Génin. *Paris*, 1856, 2 vol. in-8, dem.-rel., mar. r.

Excellent ouvrage devenu rare.

1947. Tableau de la marche et des progrès de la langue et de la littérature françaises depuis le commencement du XVIe siècle jusqu'en 1610, par Ph. Chasles. *Paris*, 1828, in-4, cart.

1948. Dictionnaire, colloques ou dialogues en quatre langues: flamen, françois, espaignol et italien, avec les conjugaisons et instructions contenantes la manière de bien prononcer et lire les langues susdites ; œuvre tres utile à tous marchans et autres de quelque estat qu'ilz soyent. *En Anvers, chez Iehan Withaye*, 1571, in-16, obl., vél.

1949. Arte da grammatica da lingua Portugueza, por Ant. Jose dos Reïs Lobato. *Lisboa*, 1797, pet. in-8, v. m.

1950. Compendium grammaticæ Germanicæ Nath. Duesii, Gall. Ital. et Germ. glossodidascali. *Amstelod., Dan. Elsevier*, 1668, pet. in-8 de 155 pag.

1951. Rideri Dictionarium severiore trutina castigatum in quo (præter ea quæ olim elaboravit Franciscus de Sacra Quercu) etyma innumera supplentur, syntaxis singularum vocum adjicitur, etc., etc., oper. et horis succisivis N. Gray. *Londini, Adam Islip*, 1626. — Riders Dictionarie as it was heretofore corrected, whereunto is annexed a Dictionary Etymologicall, by Francis Holyoke. *London, Ad. Islip*, 1626, 2 vol. pet. in-4, dem.-rel., dos et coins de v. antiq., à nerfs.

Très-curieux dictionnaire. — Bel exemplaire.

1952. Recherches sur les langues anciennes et modernes de la

Suisse, et principalement du pays de Vaud, par Elie Bertrand. *Genève*, 1758, in-8, v. marbr. (*Bel exemplaire.*)

1953. Vocabolario grammatica et orthographia de la lingua volgare d'Alberto Acharisio da Cento. *Stampato in Cento, in casa de l'autore del mese di Zugno*, 1543, pet. in-4, dem.-rel., v. antiq.

> Bel exemplaire d'un ouvrage rare. Il est indispensable à ceux qui désirent comprendre les passages difficiles du Dante, de Pétrarque et de Boccace, c'est-à-dire tout le génie de la langue italienne.

1954. Prose di Bembo. *Vinegia*, 1547, in-8, cart.

> Seconde édition originale de cet ouvrage classique, tant de fois réimprimé. Elle n'est citée ni par Haym, ni par Brunet. Celui-ci en mentionne plusieurs postérieures.

1955. Osservationi nella volgar lingua di Lodov. Dolce. *Vinegia, Gab. Giolito*, 1550, in-8, vél.

> Édition originale de l'ouvrage qui fixa le mieux les lois de la langue toscane, au xvie siècle. Il eut, en treize ans, huit éditions. L'auteur, par un étrange scrupule, se ruina presque à retirer autant qu'il put les exemplaires des premières éditions, à cause des erreurs qui lui étaient échappées.

1956. Le Richezze della lingua volgare sopra il Boccacio di M. Fr. Alunno da Ferrara, con le dechiarationi, regole, osservationi, et aggiuntovi le cadenze overo desinenze di tutte le voci del detto Boccacio e del Petrarcha. *Vinegia*, 1557, in-4, 2 col., vél.

> Edition la plus complète et la première de ce format. L'ouvrage d'Alunno équivaut, comme recherches et comme étendue, à tous les travaux de nos philologues Ménage, Vaugelas, Richelet, Le Duchat, Bouhours, etc. Il est considéré, en Italie, comme le meilleur dictionnaire de la vieille langue toscane, dont tous les mots et toutes les expressions les plus élégantes sont rangés là, par ordre alphabétique. Ce fut l'*Alunno* qui, en dehors de ses autres connaissances, porta au plus haut point de perfection l'art du dessin au trait, de la miniature et de la calligraphie.

1957. Le Osservationi della lingua volgare di diversi huomini illustri. *Venetia, F. Sansovino*, 1562, 5 part. en 1 vol. in-8, vél.

> Sansovino a réuni dans cet excellent recueil les meilleurs traités de lexicographie et de grammaire italienne qui eussent paru dans le xvie siècle. On sait quelle autorité ont acquise, en pareille matière, Fortunio, Acarisio, Jac. Gabriele, Rinaldo Corso. Ce volume renferme intégralement leurs travaux, précédés des fameuses *Prose* du Bembo.

1958. Giunta fatta al Ragionamento degli articoli et de verbi di Messer Pietro Bembo. *Modona, per heredi di Corn. Gadaldino*, 1563, pet. in-4, vél.

> Cet ouvrage, qui est rare, a pour auteur le fameux écrivain Modenais Louis Castelvetro, adversaire du Caro, et victime de quelques calomnies, qui le forcèrent de s'expatrier à Lyon. Ce fut là qu'un

jour, le feu ayant pris à la maison qu'il habitait, il ne poussa que ce cri : *Sauvez ma poétique.* Critique sévère, indépendant et opiniâtre, il ne ménageait personne ; et, de même, par exemple, que notre Richelet et notre Fréron, il mêlait facilement l'invective et la satire à des questions de littérature et de grammaire. Pour exemple, ce livre contient plus d'un trait à l'adresse du Bembo, auteur des *Prose.*

1959. Nomenclature françoise et italienne, ou les noms appellatifs de toutes les choses, par Ant. Oudin. *Paris, Sommaville,* 1643, pet. in-12, v. f.

1960. Le Guidon de la langue italienne, par Nathanaël Duez, avec trois dialogues familiers, la comédie de la Moresse, les complimens italiens et une guirlande de proverbes. *Amsterdam, Dan. Elzevier,* 1670, in-8, v. br.

Cette édition, de 1670, donnée par Daniel Elzevier, n'est pas connue de Brunet. Elle est fort belle. (Note de *M. V. Luzarche.*)

1961. Nouvelle Grammaire italienne, contenant une parfaite instruction de cette langue, avec l'usage du dictionnaire et du choix des bons autheurs italiens, ensemble un bon recueil de chansons italiennes, par le S' Placide. *Paris, Est. Loison,* 1671, in-12, v.

PATOIS ET DIALECTES.

Ouvrages de divers genres composés dans les divers idiomes de la France et de l'Italie.

1962. Rapport sur la nécessité et les moyens d'anéantir les patois et d'universaliser l'usage de la langue française, par Grégoire, suivi du décret de la Convention Nationale. *Paris* (1794), pet. in-8, br.

Pièce rare, dont l'idée fut dans la suite, très-judicieusement et très-spirituellement réfutée et ridiculisée par Charles Nodier.

1963. Introduction dar Vuez devot composet gat S. Frances de Sales. *Montroulez (Morlaix). P. de Ploësquellec,* 1727, in-8, bas.

Traduction en dialecte breton de l'*Introduction à la Vie dévote.* — Volume rare.

1964. Heuryou Brezonec, ha latin composet quen e pros quen e guers e faver ar Bopl simpl, gant an autrou Briz-hac augmantet. *E Quemper, Y. I. L. Derrien,* in-8, de près de 700 pages., cart. antiq.

En langue bretonne ou gaélique. Publié par Toussaint de Saint-Luc, évêque de Quimper.

1965. Instruction var an Excellanc, ar Froez, an Indulgeançou
bras hac an Deveryou at Vreuriez ar Rozera, quen ordinal
quen perpetuel, gant Meditationou ha Pedennouigon devot
var ar Mysteryou anezan. *Quemper, Derrien, s. d. (vers
1760)*, in-8, de 446 pages.

> En langue bretonne.

1966. Preparationou d'ar Maro, composet e Gallec, gant an Tad
Crasset Jesuit, hac augmantet eus a Gantic ar Maro, etc. gant
Dom Charles ar Bris. *Quemper, 1784*, pet. in-8, cart. antiq.

> En dialecte bas-breton.

1967. Reflexionou profitabl var ar Finvezou diveza eus an deu,
evit instruction ar Bopl (gant Dom Charles ar Bris). *Quemper,
s. d. (XVIII᷍ siècle)*, pet. in-8, cart. antiq.

> En dialecte bas-breton. — Ouvrage curieux, sur les quatre-fins
> dernières. Les réflexions y sont accompagnées d'exemples intéres-
> sants et souvent terribles, tirée des SS. Pères et des légendaires.

1968. Choége Nehué a Gannenneu spirituel aveit Pedein, mê-
deinil ha trugairecat Doué, ha sehuel en esprit hac er galon
trema zou. *E Guénet, 1829*, in-12, br.

> En langue bretonne.

1969. Reflexionou christen var Revolution Franç, rimet evit
instruction ar vretonet, gant an A. Lay, person Perros-Gui-
rec, epad e exil e Brô-Sauz. *E Montroulez, 1836*, in-8, br.

> En vers bas-bretons.

1970. Rimes Guernesiaises par un Câtelain. *Londres, s. d.*,
in-8, fig., dem. rel., mar. br.

> En patois des îles de la Manche. — Poésies intéressantes et qui
> fournissent de curieuses observations aux philologues. Elles sont
> accompagnées de vignettes sur bois, d'une expression naïve, qui
> font connaître les mœurs de l'île de Guernesey et le sens de ses
> légendes.

1971. Rimes et Poésies Jersiaises de divers auteurs, réunies et
mises en ordre par A. Mourant. *Jersey, 1865*, pet. in-8, cart.

> En dialecte des îles de la Manche.

1972. Dialogue de trois vignerons du païs du Maine sur les
misères de ce temps, par Jean Sousnor, sieur de la Nichi-
lière. *Au Mans, par Gervais Olivier, 1628*, pet. in-12, mar.
rouge, fil., dos à la fanfare, tr. dor. *(Ancienne reliure.)*

> TRÈS-BEL EXEMPLAIRE de ce livre rare, dont une grande
> partie est en PATOIS MANCEAU.

1973. Essai sur le patois Lorrain des environs du comté du
Ban de la Roche, par Oberlin. *Strasbourg, 1775*, in-8, v.
mar.

1974. Recherches sur le patois de Franche-Comté, de Lorraine et d'Alsace, par Fallot. *Montbeliard*, 1828, in-12, br.

1975. Chan Heurlin, ou les Fiançailles de Fanchon, poëme patois messin, en sept chants, par Brondex et Mory, de Metz. *Metz*, 1841, in-8, br.

1976. Noei Borguignon de Gui Barôzai (par La Monnoye). *Ai Dioni, ché Abranlyron de Modène*, 1776, in-8, br., *non rogné.*

> En patois bourguignon. — Édition la plus complète, avec le glossaire.

1977. Dialôgue entre M. Jaiquemar, sai fanne et son gaçon, trotò soneu de l'église Notre Dame de Dijon, au seujet dés incendie qui son arrivai cé jor darei, par Regreb. *Dijon*, 1846. — Ein Barôzai de lai rue Sain-Felebar es Barôzai ses aimins, su lés aifaire du Tan. *Dijon*, 1845, 2 pièces. in-12, br.

> Piéces de vers en patois bourguignon, tirées à petit nombre.

1978. Essay d'un Dictionnaire Comtois-François (par Mme Brun). *Besançon*, 1753, in-8, mar. r., fil.
> Volume rare.

1979. La Bernarda Buyandiri, tragi-comedia. *Paris, Techener*, 1840, in-8, br. (*Tiré à 60 exemplaires.*)

> Réimpression d'une comédie en patois lyonnais, qui était devenue rarissime.

1980. Le plaisant discours d'un médecin savoyart, emprisonné pour avoir donné advis au duc de Savoye, de ne croire son devin. *S. l.*, 1600, pet. in-8, cart. antiq.

> Pièce rarissime. C'est une très-curieuse complainte sn vers et en PATOIS SAVOISIEN.

1981. DISCOURS VÉRITABLE d'un usurier de Remilly en Savoye, lequel c'est (*sic*) pendu et estranglé, avec le licol de sa iument, le 16 may 1604, avec sa complainte en rime savoyarde. *S. l.*, 1604, pet. in-8, curieuse figure s. bois s. le titre, cart. antiq.

> Pièce rarissime, avec une complainte en *patois savoisien*. — Cet exemplaire est jusqu'à présent unique, étant le seul connu.

1982. De quelques imitations patoises des Fables de La Fontaine, par E. Ruben. *Limoges*, 1861, gr. in-8, br.

1983. J. Foucaud. Poésies en patois limousin, édition philologique, augmentée d'une vie de Foucaud, d'une étude sur le patois limousin..., d'une traduction littérale, de notes et d'un glossaire, par E. Ruben. *Limoges*, 1866, gr. in-8, br.

1984. Fâves da Lafontaine, mettowes ès Ligeois. *Lige*, 1851, in-8, br.

Fables de la Fontaine en dialecte liégeois.

1985. DISCOURS des choses mémorables advenues à Caors et païs de Quercy en l'an M.CCCC.XXVIII extraict des annales consulaires dudict Caors, dédié à MM. les consuls de lad. ville. *A Caors, par Jacques Rousseau, imprimeur*, 1586, in-8 vél.

Volume fort rare en langue vulgaire ou PATOIS DE CAHORS. C'est aussi l'un des premiers livres imprimés dans cette ville.

1986. Recueil de Poëtes Gascons. — Las obros de Pierre Goudelin. — Les Folies du sieur Le Sage, de Montpellier. — L'embarras de la Fieiro de Beaucaire, en vers burlesques vulgaris, per Jean Michel de Nismes. *Amsterdam, Dan. Pain*, 1700, 3 tom. en 2 vol. pet. in-8, frontisp. gravé, v. br.

1987. Las obros de Pierre Goudelin, augmentados noubelomen de forço pessos, ambé le Dictionnari sur la Lengo Moundino. *Toulouso*, 1774, in-12, portr. et frontisp. gr., br. *non rogné*.

1988. Poésies languedociennes et françaises d'Auger Gaillard, dit Lou Roudié de Rabastens, publ. par Gust. de Clausade. *Albi*, 1843, in-12, port., br.

1989. Poésies diverses, patoises et françoises, par M. P** A. P. D. P. (Peyrot, ancien prieur de Pradinac). *En Rouergue*, 1774, pet. in-8, dem.-rel.

En patois *rouergais*. « Ce volume, dit Barbier, a été imprimé à Villefranche-de-Rouergue, par Vedeilhié, à qui est adressée l'épitre dédicatoire, aussi anonyme. »

1990. Le Miral Moundi, pouemo en bint et un libré (par le P. Napian, jésuite). *Toulouse*, 1781, in-12, br., *non rogné*.

Poëme très-estimé, en *patois toulousain*, avec un dictionnaire.

1991. OEuvres d'Arnaud Daubasse, peignier en corne (né à Moissac-sur-le-Tarn). *Villeneuve, chez le citoyen Currius fils, imprimeur*, M.D.CC.LXXXXXVI (1796?). In-8, br., non rogné.

Une grande partie de ces poésies sont en *patois de l'Agennais*. — Ce volume est très rare et à peine connu dans le pays qui l'a produit. Il est probable que l'édition a été mise tout entière au pilon ; les quelques exemplaires qui ont échappé à la destruction n'ont passé que dans les ventes de Paris. Un de ces exemplaires fut revendu aux enchères, à Londres, il y a quelques années à peine, au prix de 5 livres sterl. (125 francs).

1992. Poésies Basques de Bernard Dechepare, publ. d'après l'édition de Bordeaux, 1545, et trad. pour la première fois en français (texte en regard de la traduction). *Bordeaux*, 1847, in-8, br.

Tiré à petit nombre.

1993. Fablos causidos de Jean La Fontaine. Fables choisies de J. La Fontaine, mises en vers gascons, par un Bordelais, M. Bergeret. *Paris*, 1816, in-12, br.

1994. Grammaires provençales de Hugues Faidit et de Raymond Vidal de Besaudun (xiiie siècle), publ. par L. Guessard. *Brunsvic et Paris*, 1858, in-8, dem.-rel., v. antiq. à nerfs, doré en tête, non rogné.

1995. Rétablissement du texte de la Divina Commedia, XXVIe chant du Purgatoire où le troubadour Arnaud Daniel s'exprime en vers provençaux, par Raynouard. *Paris*, 1835, br., in-4.

Tirage à part à petit nombre.

1996. Leis Magnans, pouèmo didactique en quatre chants, par Diouloufet. Les vers à soie, poème didactique. *Aix*, 1819, in-8, v. fauve.

1997. La Fournigo et lou Griet, pouèmo prouvençaou en 3 chants (lengagi d'Azai), par Marius Decard. *Aix*, 1857, in-16, broch.

1998. (Œuvres facétieuses et dramatiques de Ruzzante.) Piovana, comedia. — Rhodiana comedia stupenda, etc. — Fiorina, comedia non meno arguta che piacevole. — Vaccaria, comedia. — Anconitana, comedia, cosa che d'amor tratta, et non puo se non porger diletto. — Tre orationi recitate in lingua rustica. — Due dialoghi sententiosi, arguti et ridiculosissimi. — Dialogo facetissimo et ridiculosissimo, recitato a Fossou alla caccia. *In Vinegia, appresso Giov. Bonadio*, 1565, ensemble 8 opusc. en 1 vol. in-8, vél.

Réunion très-difficile à former de ces pièces curieuses, avec pagination et titres séparés. Les comédies de Ruzzante renferment toutes une grande variété de types, de tons et de mœurs, empruntés à la société bourgeoise de la fin du xve siècle; au peuple villageois; à la classe moins noble des ménétriers, mendiants, pêcheurs et matelots; enfin, au monde encore plus infime et plus infâme des voleurs, ruffians, filles publiques, etc. Quant à l'intérêt que nous offrent les dialogues et discours, il est constaté par l'imprimeur lui-même, qui a la bonté de nous dire que toutes ces choses sont pleines d'invention et d'esprit, et moult plaisantes. Nous répéterons que la réunion de ces livrets se trouve difficilement aussi complète, et qu'on rencontre rarement le *Dialogue très-facétieux* de la fin, qui n'est composé que de 12 feuillets, y compris le titre. On voit, par les détails précédents, que ce recueil contient des SPECIMENS DE TOUS LES DIALECTES DE L'ITALIE; ce qui nous le fait ranger dans les patois. Pour les éditions originales du théâtre de Ruzzante, desquelles on n'a jamais vu, même chez La Vallière et de Soleinne, une réunion aussi complète; nous renvoyons à la section du théâtre italien, dans ce même catalogue.

1999. Il meo Patacca, overo Roma in feste nei trionfi di Vienna, poema giocoso nel linguaggio romanesco di Giuseppe Berneri. *In Roma*, 1695, in-8, dem.-rel. (*Témoins*.)

Première édition de ce poëme écrit en *ottava rima*, et dans les patois du *Transtevère* et de la campagne de *Rome*, sur la délivrance de

Vienne. Cette édition rare et très-estimée a été payée 55 fr. chez
Libri. Ce poëme ne comprend pas moins de 429 pages. Il y a sur
les marges un vocabulaire des mots les plus difficiles, et l'auteur,
dans sa préface, explique en quoi le dialecte du Transtévère et des
paysans des environs diffère du langage ordinaire du peuple romain, pour les idiotismes, les figures, la prononciation, etc.

2000. Opere di Giulio Cesare Cortese in lingua Napoletana.
Napoli, 1666, in-12, vél.

Édition la plus complète des œuvres de ce poëte, qui sont écrites
en *dialecte napolitain*. « On trouve dans ce recueil: *La Rosa, farola,*
« une des meilleures pièces de ce genre qu'ait produites l'Italie; la
« *Vaiasseide, po'éma heroïco,* et plusieurs autres petits poëmes. »(*Brunet.*)

2001. Lo Tasso Napoletano zoe la Gierosalémme Liberata de lo
Sio Torquato Tasso votata a llengua nosta da Grabiele Fasa-
no. *Napole,* 1689, in-fol., fig., vél.

En *dialecte napolitain*. — Première édition.

2002. Cli' n' ha' cervel hapa gamb, o sia la liberatione di Vienna assediata dall' armi Ottomane, poëmetto giocoso di Lotto
Lotti. *Parma, gli Heredi del Vigna,* 1685, in-8, fig., vél.

Volume rare. C'est un petit chef-d'œuvre d'épopée badine. L'auteur y décrit fort plaisamment le siége de Vienne par les Turcs, et
leur fuite précipitée, le tout illustré de jolies figures gravées à l'eau
forte. Mais ce qui donne un intérêt particulier à ce poëme héroï-comique, écrit dans le dialecte bolonais, c'est la multitude de nuances qui font là, de ce dialecte, une langue mixte et tout à fait originale. Dans l'intention de l'auteur, on y peut étudier une foule de
mots, de phrases, d'accents, d'exclamations, de proverbes ramassés
dans tous les carrefours et à toutes les portes de la ville de Bologne, sans compter mille locutions plus difficiles à comprendre,
empruntées aux hameaux et villages, aux magnaneries et filatures,
etc.

2003. Cli' n' ha' cervel hapa gamb, o sia la liberatione di Vienna assediata dall' Armi Ottomane poëmetto giocoso di Lotto
Lotti in lingua popolare Bolognese. *Parma,* 1685, in-8, fig.
curieuses, cart.

En patois bolonais.

2004. La Liberazione di Vienna assediata dalle Armi Ottomane,
poëmetto giocoso, e la Banzuola, dialoghi sei del dottore
Lotto Lotti, in lingua popolare Bolognese. *S. l. n. d.* (xviii siècle), in-8, front. et 12 figures, dem.-rel., vél.

En dialecte de Bologne.

2005. Bulogna jubilant, puema strampalà, fatt pr' gl' algrezz
d'la liberazion d' Vienna, presa d' Buda, etc., etc., da Zorz
Burliton Pueta poc' accort. *Ferrara, B. Pomatelli,* 1688, pet.
in-8, cart.

En patois de la populace de Bologne.

2006. Rimedi per la Sonn da liezr alla Banzola, dialoghi del

dottor Lotto Lotti nel suo idioma naturale Bolognese, dedicati alle oneste donne e cittadine di Bologna per le veglie invernali. *Milano, C. F. Gagliardi*, 1703, pet. in-4, front.
grav., cart.

Poésies en patois de Bologne. Le frontispice représente un cercle
de femmes.

2007. Rime di Pr. la Sonn da liezr alla Banzola. Dialoghi del
dottor Lotto Lotti, dedicati alle oneste donne e cittadine di
Bologna per le veglie Invernali. *Modona, B. Soliani*, 1712,
pet. in-8, cart.

Ces poésies sont écrites dans l'idiome bolonais.

2008. Rimedi per la Sonn da lezr alla Banzola, etc. *Modena*,
1740, pet. in-4, cart.

2009. La Chiaglira dla Banzola o per dir mii fol divers tradutt
dal parlar Napulitan in lengua Bulgnesa per rimedi innucent
dla Sonn, e dla malincuni, dedica' al merit singular del no-
bilissm dam de Bulogna. *Bulogna, F. Pisarr*, 1742, in-4,
front. gravé, dem.-rel.

Recueil de contes ou nouvelles en patois de Bologne. — Très-
curieux *Novelliere*.

2010. Al trionf di Mudnis pr' una segia tolta ai Bulgnis, poema ridicol traspurtà in lingua Bulgneisa da un' accademicu
dal Tridell. *In Modna, per i ered d' Bertelmi Sulian*, 1767,
in-4, curieuses figures sur bois de la grandeur de la page,
dem.-rel.

Parodie du poëme de Tassoni en dialecte bolonais.— Inconnu à
Brunet.

2011. Dialog tra Jusfet, e Martin, publica da Luvigelt Gnexabon
Republican. *Al s' vend da Pirin Stanzun sott' al Porta dla
Mort. S. l. n. d.* six dialogues en 1 vol. in-8, dem.-rel.
(*Rare.*)

Ces dialogues *politico*-burlesques, en patois bolonais, trahissent
les émotions des Italiens à l'arrivée des troupes françaises comman-
dées par Bonaparte.

2012. I piacevoli et ingenosi discorsi in piu lettere compresi,
e ne la lingua antica volgari dechiariti per Andr. Calmo. *Vinegia, Barthol. Cesano*, 1550, pet. in-8, cart.

Édition non citée et que nous *pensons* être la première. Ces fantaisies curieuses sont écrites pour la plupart, dans les dialectes pa-
douan et vénitien. L'auteur s'y est permis, ainsi, de grandes licences.

2013. Lettere di M. Andr. Calmo. *Venetia*, 1563, 3 tom. en 1 vol.
in-8, vél.

Très-curieuse correspondance, en *dialecte vénitien du xvie siècle.*
Il y a des facéties et des anecdotes.

2014. Lettere di M. Andr. Calmo. *Vinegia*, 1572, 4 tom. en 1 vol. pet. in-8, cart.

> Édition la plus complète. La quatrième partie comprend les lettres d'amour et les poésies badines *en dialecte vénitien*, adressées à plusieurs grandes dames du temps.

2015. Le Miserie del Mundo, con le Desgrazie, Facende, e Furbarie de tutti, Fantasie veneziane di Gnesio Basapopi. *In Vinezia*, 1673, pet. in-12, br., *non rogné*.

> Quatrains satyriques, en *dialecte vénitien*. L'auteur passe en revue tous les métiers, et ne voit partout que fourberies et misères. Il s'étend plus volontiers sur les vices des femmes, et nous donne une description piquante de leurs *vêtements à la française*. Plus de huit pages sont remplies de détails sur les ruses, fraudes, paroles et manœuvres des put...

2016. Scaramuzza, poema piacevole in vernacolo familiar veneziano, di Giamb. Bada. *Venezia*, 1791, in-16, br.

> En dialecte vénitien.

2017. Il Goffredo del Tasso cantà alla Barcariola del Dott. Tom. Mondini. *Venezia*, 1790, 2 vol. in-12, dem.-rel. vél., *non rognés*.

> Traduction rimée dans le *patois des gondoliers*. L'original est en regard.

2018. Naspo Bizaro, con la zonta del lamento, che'l fa per haverse peulio de haver sposao Cate Bionda Biriota. *Trevigi*, 1664, in-12, vél.

> Poésies mêlées de *jargon des marins de l'Adriatique*. Exemplaire un peu mouillé.

2019. Delle Rime in lingua Rustica Padovana di Magagno, Menon, e Begotto. *In Venetia e poi in Vicenza*, 1620, 4 part. en 1 vol. in-8, rel. pleine en mar. vert du Levant, à nerfs, fil. à compart., dent. intér.

2020. Il Goffredo del Signor Torquato Tasso travestito alla Rustica Bergamasca da Carlo Assonica Dottor. *Venetia*, 1670, in-fol., dem.-rel.

> Traduction en patois de Bergame très-estimée en Italie. Le texte du *Tasse* est en regard.

2021. Varon Milanes de la lengua de Milan, e Prissian de Milan de la parnonzia Milanesa. *Milano*, 1750, in-8, portrait sur le titre, vél.

> En dialecte milanais. — Bel exemplaire.

2022. La Gerusalemme Liberata travestita in lingua milanese (da Domenico Balestrieri). *Milano*, 1772, in-fol., gr. pap. de Holl., vél.

> En patois milanais. — Exemplaire avec envoi de l'auteur.

2023. Gramatica Piemontese del medico Maurizio Pipino. *Torino, Reale Stamparia*, 1783, in-8, avec un très-beau portr. — Vocabolario Piemontese del M. Pipino. *Torino*, 1783. — Ensemble 2 vol. in-8, v. m.

> A la fin se trouve un recueil de proverbes en dialecte piémontais.

2024. Cittare Zeneize di Gian-Giacomo Cavalli, ricorretta, accresciuta, e presentata al sereniss. Lorenzo de Mari doge d¹ Genova. *Genova*, 1745, in-8, vél.

> En dialecte génois.

2025. Ra Gerusalemme deliver à dro Signor Torquato Tasso, traduta da diversi in lengua zeneize. *In Zena, in Ra Stamparia de Tarigo*, 1755, 2 vol. in-8, br., *non rognés*.

> Curieuse traduction en *dialecte génois*, avec le texte italien en regard.

2026. Ro Chittarrin, o sæ strofoggi dra Muza de Steva de Franchi, nobile Patricio Zeneize. *Zena*, 1772, in-8, cart.; *non rogné*.

> Sonnets en dialecte génois. Ils sont précédés de quelques règles de l'orthographe et de la prononciation génoises.

IV. — RHÉTORIQUE. — ELOQUENCE. — HARANGUES; ORAISONS FUNÈBRES.

2027. Rhetores Græci. *Venetiis, Aldus*, 1513, 2 tom. en 1 vol. in-fol., vél.

> Édition rare et recherchée. — Exemplaire très-beau de marges.

2028. Hermogenis ars oratoria absolutissima et libri omnes (gr.-lat.) cum comment. Gasp. Laurentii. *Genevæ*, 1614, in-8, mar. rouge, fil. à compart., riche dent. à petits fers, milieu orné, tr. dor. (*Anc. reliure.*)

> Bel exemplaire, remarquable par sa reliure de LE GASCON, parfaitement conservée.

2029. Isocratis orationes et epistolæ (gr.-lat.). *Parisiis, Buon*, 1615, in-8, vél., fil.

> Exemplaire de JACQ.-AUGUSTE DE THOU, avec sa signature autographe sur la garde du volume.

2030. D. Longini de Sublimitate libellus (gr.-lat.), ed. T. Faber. *Salmurii, Lenerius*, 1663, in-12, vél.

2031. D. Longinus de Sublimitate (gr.-lat.), edid. Pearce. *Londini, Tonson*, 1724, in-4, grand pap. v., fil.

2032. Ciceronis Rhetorica ad Herennium. *Lugd., S. Gryphius,* 1546, in-16, mar. citron, fil. à comp., tr. dor. (*Rel. du XVIe siècle.*)

2033. Vita di Cicerone scritta da Messer Leonardo Bruni. *Parma, Bodoni,* 1804, in-8, gr. pap. de Hollande, cart., *non rogné.*

Chef-d'œuvre de typographie.

2034. F. Andreæ Valladerii abbatis S. Arnulphi (Metensis, patria Foresii), partitiones oratoriæ seu de oratore perfecto opus. *Parisiis,* 1621, in-8, frontisp. grav., par L. Gaultier, vél.

2035. De lactea Livii ubertate, auctore J. H. Parreidt. *Lipsiæ,* 1746, pet. in-4, dem.-rel., mar. viol.

Excellent traité du style fleuri et oratoire. Les expressions un peu singulières du titre sont des figures heureuses, pour marquer l'élégance, le nombre, l'harmonie et la diction coulante d'un grand écrivain. Dans le même volume, on trouve des leçons et remarques inédites sur Tite-Live, extraites par J. Gebhard, de trois manuscrits de la Bibliothèque Palatine.

2036. De recitationibus veterum, tractatus, a J. M. Sontag. *Altorfii,* 1697, pet. in-4, dem.-rel., mar. bleu.

Excellent traité de déclamation, destiné surtout aux comédiens et aux poëtes. — Bel exemplaire.

2037. Pet. Castellani Magni Franciæ Eleemosynarii vita, auctore P. Gallandio, Steph. Baluzius edidit. *Parisiis,* 1674, in-8, v. (*Aux armes de Caumartin.*)

A la fin : *Le Trespas, obsèques et enterrement de François premier et les Deux Sermons funèbres prononcez l'ung à Nostre-Dame de Paris, l'autre à Sainct-Denys,* par Pierre du Chastel, évêque de Mâcon.

2038. Oraison funèbre ès obsèques de feu Messire François Olivier en son vivant chevalier et chancellier de France, prononcée à S. Germain de l'Auxerrois, le vingt-neufieme d'apvril 1560. *Paris, M. de Vascosan,* 1561, in-8, cart.

2039. Oraison funèbre du tres hault, puissant et tres chrestien Roy de France, Charles IX, piteux et débonnaire, propugnateur de la Foy, et amateur des bons esprits prononcée en l'Eglise Nostre Dame en Paris, le XII de juillet M. D. LXXIIII, par A. Sorbin dit de Saincte Foy. *Paris, Guill. Chaudière,* 1574. — Seconde oraison funèbre de Charles IX, prononcée en l'Eglise S. Denys, par A. Sorbin. *Paris,* 1574, 2 tom. en un vol. pet. in-8, cart. antiq.

2040. La Remonstrance faite par M. le Garde des Sceaux en l'assemblée des Estats. *Orléans, Metayer,* 1588, in-8, cart. antiq.

Cette pièce se termine par un sonnet signé de Seb. Rouillard, de Melun.

2041. Harangue d'action de grâces pour la paix, prononcée en la ville de Vervin, le dernier jour de May 1598, par devant le tres illustre et tres reverend cardinal de Florence, légat de nostre S. Père en France, par M. Marc Lescarbot, avec poëmes sur la paix du mesme autheur. *Paris, Fed. Morel*, 1598, pet. in-8 de 37 pag., cart. antiq.

La plus rare des productions de Marc Lescarbot, de Vervins. A la fin on remarque deux cartouches gravés par *Jean Cousin*.

2042. Mausolée Royal dressé pour l'immortelle mémoire d'Henry IV, dans l'Eglise de Sainct Jean de Lyon, par le P. Jaques Georges, de la Compagnie de Jésus. *Lyon, P. Rigaud*, 1610, in-8, dem.-rel., mar. n.

2043. Harangue funèbre sur la vie et trespas de tres haute et tres vertueuse princesse, Diane légitimée de France, duchesse d'Angoulême, comtesse de Ponthieu, douairière de Montmorency, etc., par Mathieu Morgues, nommé à l'abbaye de Condon. *Paris, Cl. Percheron* (vers 1620), petit in-8 de 68 pag., cart. (*Rare.*)

2044. Jac. Magistri Savignæi viri nobiliss. Abrincensis ecclesiæ cononici et scholæ Sylvanæ in Cadomensi academia moderatoris, laudatio funebris Ant. Gosselini pietate et studio edita. *Cadomi*, 1632, pet. in-4, vél.

A la fin se trouvent des pièces de poésie française *de la composition de M. Guerente, docteur en médecine à Rouen.* Il parait d'après l'une de ces pièces que *le sieur de Savigny tous les ans faisoit tenir le Puy de la Conception de la Vierge.*

2045. Harangue de Mgr l'archevesque de Rouen, primat de Normandie faite au Roy, en sa réception à Gaillon et recueillie par quelqu'un des assistans, amateur de la Royauté et de la Province, le vingtiesme février 1650. *Paris, Matth. Colombel*, 1650, pet. in-4, joli cart. antiq.

Pièce rare.

2046. Harangue faite à l'ouverture du Parlement de Provence, par M. le baron de la Roquette, second président audit Parlement, au mois d'octobre 1651. *Paris*, 1651, pet. in-4, joli cart. antiq.

Pièce rare. — Elle est restée inconnue à M. Moreau, qui l'a omise dans sa *Bibliographie des Mazarinades.*

2047. Harangue faite au Roy et à la Reyne dans la ville de Melun, par les députez de ces provinces. *Paris, Mich. Blondeau*, 1652, pet. in-4, joli cart. antiq.

2048. Oraison funèbre en l'honneur de très-haut et puissant prince Messire Louis de Valois, Duc d'Angoulesme, comte de Ponthieu....., lieutenant-général pour le Roy en Provence, par Philippes Gourreau, prieur de Villers le Bel. *Paris, Jacob Chevallier* (1653), in-4 de VIII et 81 pag.

2049. Recueil de discours, harangues, etc. Pet. in-12, vél.

> Discours prononcé par Luillier, curé de S.-Louis dans l'isle Nostre-Dame à la réception du corps de feu Mess. Alex. Bontemps, intendant des chasteau, parcs, domaines et dépendances de Versailles, etc. *Paris*, 1701. — Panégyrique de S. Hilaire, evesque de Poitiers, prononcé par l'abbé Bastide dans l'église de S. Hilaire du Mont. *Paris*, 1705. — Discours prononcez à l'Académie Françoise le 12 aoust 1674, avec quelques ouvrages de poésie qui y furent leus le mesme jour. *Paris*, 1674. — Discours prononcez à l'Académie Françoise, à la réception de M. de Mesmes. *Paris*, 1677. — Discours de la douceur de l'esprit, sur les paroles données par l'Académie Françoise pour le prix d'éloquence de l'année 1685. *Paris*, 1685. Ensemble 9 discours ou pièces de vers.
>
> La première pièce a peu de marge. Le reste de ce recueil, qui est en très-bon état, se compose de discours de Fléchier, de Huet, de l'abbé Tallemant, de Mesmes, de Benserade, et de poésies de Quinault, de Perrault, de Furetière, de l'abbé Cotin, etc., le tout en *éditions originales*.

2050. Les OEuvres diverses de M. Patru de l'Académie françoise contenant ses plaidoyers, harangues, lettres, vies de quelques-uns de ses amis et des remarques sur la langue françoise. *Paris (Hollande)*, 1692, 2 vol. pet. in-8, front. gravé, vél. de Hollande. (*Bel exemplaire.*)

2051. Oraisons funèbres composées par Mess. Jacq. Bén. Bossuet, evesque de Condom. *Paris, Cramoisy*, 1680, in-12, v. br.

> Troisième édition originale des oraisons de Bossuet. — Elle est rare et ne contient encore que deux oraisons funèbres, celles de la *Reine de la Grande Bretagne*, et de *Henriette d'Angleterre*, duchesse d'Orléans.

2052. Discours à la louange de Louis XV, par le P. Eutrope, religieux carme, et aumônier du Château-Trompette. *Bordeaux*, 1746, in-8, cart., *non rogné*.

2053. Oraison funèbre de très-haute, très-puissante et très-excellente princesse Henriette-Louise-Marie-Gabrielle-Françoise de Bourbon-Condé, madame de Vermandois, abbesse de l'abbaye royale de Beaumont-lès-Tours, par l'abbé Bruyas, vicaire-général du diocèse de Tours. *Paris*, 1773, in-4, cart. antiq.

2054. Discours sur la Pucelle d'Orléans et sur la délivrance d'Orléans, prononcés dans l'église cathédrale de la même ville, les 8 mai 1759 et 1760, par de Marolles, prêtre. *Orléans et Paris* (1780), in-8, br.

V. — POÉSIE.

Introduction à la Poésie des anciens. — Poëtes grecs et latins anciens.

2055. De essentia poësis Biblicæ opus, auctore J. Fr. Rissmann. *Vitembergœ*, 1765, pet. in-4, dem.-rel., mar. bleu du Levant.

Bel exemplaire d'un opuscule intéressant et rare.

2056. Les sentimens du jeune Pline sur la Poésie, tirez de quelques-unes de ses lettres, par de Fourcroy. *Paris*, 1661, pet. in-12, v.

Le titre de cet ouvrage ne dit qu'une partie de ce qu'il contient. On y trouve des *stances* et *sonnets* sur la liberté, sur la vie champêtre, etc., les *sentimens d'un Romain sur la condition des esclaves*, etc. etc.

2057. Disputatio de Poetis Cyclicis, auctore Christ. Betzelio. *Altorfii*, 1714, pet. in-4, dem.-rel., dos et coins de mar. citr.

Excellente monographie. L'auteur érudit reconstitue avec beaucoup de sagacité et de justesse la division et l'histoire des poëtes *cycliques* chez les Grecs, fixe le véritable sens de ce mot appliqué à des poëtes et à de certaines espèces de vers, et nous donne d'intéressants détails sur les *Rhapsodes* et les *Agystes*.

2058. M. Corn. Diet. Koch, de moribus poetarum duæ disputationes academicæ. *Helmstadii*, 1701, 2 part. en 1 vol. pet. in-4, dem.-rel., mar. viol.

2059. De poetarum (quodam sermone) dissertatio, auct. Georg. Dieterico. *Vitemb.*, 1703. — De exilio poetarum cum veterum tum recentiorum, dissert. auct. Jo. Chr. Layriz. *Baruthi*, 1706. — De coronatione poetarum dissertat., auct. Jo. Guil. Pertsch. *Baruthi*, 1705. — De poetis, rituque eos coronandi dissertat., auct. Jo. Chr. Geier. *Ien.*, 1677. — Ens. 4 opusc. en 1 vol. pet. in-4, dem.-rel., mar. v.

Curieuses dissertations. Le terme grec employé dans la première est également intraduisible en latin et en français. Il s'agit de cette espèce de condescendance avec laquelle les poëtes, chez tous les peuples, ont usé d'un langage accommodé aux idées de la foule. Les exemples en sont nombreux et intéressants. Cette disposition générale et très-marquée à toutes les époques pourrait être appelée le *Popularisme* des poëtes.

2060. Casus poetarum tragici enumerat. ab E. Weber. *Vitembergæ*, 1714, pet. in-4, dem.-rel., mar. viol.

Opuscule singulier et rare. On y rapporte la fin tragique d'un grand nombre de poëtes, depuis Homère, Hésiode et Sapho, jusqu'à Bembo et Thomas Morus. C'est assez dire que ce sujet intéressant est convenablement traité, avec toutes ses divisions. En effet, après une étude approfondie des traditions, des histoires, des monnaies et des épitaphes de nos modernes cimetières, l'auteur nous donne l'énumération développée et substantielle de poëtes morts malheureusement de trois différentes manières : 1º de mort volontaire, 2º par accident ou dans la guerre, 3º par la violence, comme martyrs ou victimes.

2061. HOMERI ILIAS græce, cum commento Cl. Nauloti Avalonensis. Gros in-fol., n. rel.

MANUSCRIT GREC DE LA FIN DU XVᵉ SIÈCLE, pour une par-

tie, et du xvɪᵉ pour l'autre. Le commencement de ce manuscrit ressemble parfaitement par son papier, ses ornements rubriqués et sa
calligraphie, aux éditions des Alde de la fin du xvᵉ siècle; la seconde
moitié du volume est d'une écriture plus négligée et d'une autre
main. Là paraît commencer le commentaire. De cette même écriture du xvɪᵉ qui est celle de Jacq. Naulot, se trouvent des annotations
en marge du texte d'Homère. A la fin du manuscrit on lit cette
inscription latine qui prouve que Jacq. Naulot n'a fait que revoir
un texte écrit avant lui : « *Anno Christi* 1573 *hunc legens agnovit librum Naulotus Vallensis Avallonæus simul et Hæduus. Cl. Naulot.* »
On sait combien les manuscrits grecs sont rares.—Celui-ci, sauf la
reliure, est d'une parfaite conservation.

2062. Homeri Ilias et Odyssea (gr.-lat.) et in easdem scholia
Didymi. *Lugd.-Batav., Hakius,* 1656, 2 vol. in-4, frontispice gravé, v. éc., fil.

> Edition imprimée par les Elzévirs. Exemplaire de l'académicien
> *Dortous de Mairan*, avec sa signature.

2063. Homeri opera quæ exstant omnia græce et latine, cur.
J. H. Lederlino. *Patavii,* 1744, 2 vol. in-8, v. mar., fil.,
tr. dor.

2064. L'Iliade d'Homère, nouvelle traduction (par de la Val-
térie.) *Suivant la copie (Hollande, à la Sphère),* 1682, 2
part. en un vol. in-12, jolies fig. à l'eau-forte, grav. par
Schoonebeek, v., fil.

2065. L'Odyssée d'Homère trad. en françois avec des remarques par Mme Dacier. *Paris,* 1756, 4 vol. in-12, v. marbr.
(*Bel exemplaire.*)

2066. De Homero dissertationes duæ, auctorib. J. Schmutzero,
et Th. Ch. Harl. *Gœttingæ et Lipsiæ,* 1753-1762, 2 opusc. en 1
vol. pet. in-4, dem.-rel., mar. bleu.

> Curieuses et singulières dissertations. Dans la première, on exa-
> mine si HOMERE ETAIT EUNUQUE; et dans la seconde, il est traité
> du Destin en particulier, et de la Théogonie d'Homère, d'une ma-
> nière générale.

2067. Orphei Argonautica, hymni, libellus de lapidibus et fragmenta (gr.-lat.) curante G. Chr. Hambergero. *Lipsiæ,* 1764,
in-8, v. marbr.

2068. Animadversiones philologico-criticæ in Musæum, auctore C. F. Hindenburg. *Lipsiæ* (1763); pet. in-4, dem.-rel.,
mar. viol.

> Analyse et extraits choisis du beau poëme de Musée: *Les amours
> de Héro et Léandre*, précédés d'un éloge de la poésie et des meil-
> leurs poëtes.

2069. L'Expédition des Argonautes, ou la Conquête de la Toi-
son d'Or, par Apollonius de Rhodes, trad. par Caussin. *Paris, an V* (1797), in-8, v. gr.

2070. PINDARI Olympia, Pythia, Nemea, Isthmia; cœterorum

octo Lysicorum carmina (gr.-lat.). *S. l., Henr. Stephanus,*
1586, 2 tom. en 1 vol. in-24, allongé, rel. de la fin du xvi⁰
siècle en mar. ol., fil. à compart., bordure à petits fers, dos
et plats semés de fleurs de lys et ornés de marguerites, tr.
dor.

> Livre peu commun, surtout avec les deux parties. Nodier faisait
> le plus grand cas de ces petites éditions. Avec quel enthou-
> siasme n'eût-il pas accueilli notre volume qui a appartenu à MAR-
> GUERITE DE NAVARRE, première femme de Henri IV, dite la
> REINE MARGOT, si connue par son amour pour les lettres et sur-
> tout pour la poésie ! — La jolie reliure de ce livre se compose d'une
> dentelle ou guirlande de palmes et de feuillages, dans le genre des
> ornements de l'époque Henry IV, dits *à la fanfare ;* les plats sont
> couverts d'un semis de fleurs de lys. le milieu est formé par deux
> branches de laurier réunies en ciutre, au haut et au bas desquelles
> on remarque deux grosses marguerites très-apparentes, et entou-
> rées de fleurs de lys, emblèmes parlants de la *Reine Margot.* Sur le
> dos, la même fleur, entourée de lys est placée au centre d'une façon
> très-visible. — C'est une des reliures les plus authentiques qui aient
> été exécutées pour la reine Marguerite. — Au verso du titre on voit
> le cachet de la bibliothèque d'une abbaye.

2071. Pindari Olympia, Nemea, Pythia, Isthmia (gr.-lat.). *Oxo-
nii, e theatro Sheldoniano,* 1697, in-fol., v. *(Bel exempl.)*

> Très-bonne édition.

2072. Mythologiæ Pindaricæ specimen, auct. J. Chr. F. Gœt-
schel. *Erlangæ,* 1790, pet. in-4, dem.-rel., mar. bl.

2073. Callimachi Cyrenæi hymni, cum latina interpretatione
a viro Cl. Ant. Mar. Salvinio etruscis versibus, nunc primum editis, redditi. Accedit poemation de Coma Berenicis
ab eodem græce suppletum et a Catullo versum, etc. *Florentiæ,* 1764, in-8. v. marb. *(Bel exemplaire.)*

2074. Vetustissimorum authorum Georgica, Bucolica et Gnomica poëmata quæ supersunt (Hesiodus, Theocritus, Bio, Mos-
chus et alii), gr.-lat. (edente Joa. Crispino Atrebatense). *S.
l. (Genevæ), Joa. Crispinus* (1569), 3 part. en 1 vol. in-16,
réglé, vél.

> Cette jolie édition des poëtes bucoliques grecs est publiée et im-
> primée par Jean Crespin, savant avocat d'ARRAS, qui pour cause de
> protestantisme, fut obligé de se réfugier à Genève où il s'établit
> imprimeur.

2075. Gnomographi: Theognidis, Phocylidis, Pythagoræ, So-
lonis, aliorumque veterum poëtarum Gnomica (gr.-lat.).
S. l. (Genevæ), apud Crispinum (Atrebatensem) (circa 1570),
in-16, réglé, vél.

2076. De Theocriti stylo, auct. Jac. Gering. *Lipsiæ* (1710), pet.
in-4, dem.-rel., mar. vert du Lev.

2077. Anacreontis et Sapphonis carmina (gr.-lat.), cum not.
Tan. Fabri. *Salmurii, R. Pean,* 1680, pet. in-12, portraits
ajoutés, v. éc., fil., tr. dor.

2078. Anacreontis Teii carmina græce, e recens. G. Baxteri, cum notis. *Lipsiæ*, 1776, in-8, v. marbr.

2079. Anacreontis Odæ (græce). *Parmæ, Bodoni*, 1793. — Poesie di Anacreonte recate in versi italiani da Eritisco Pilenejo (il P. Pagnini). *Parma, Bodoni*, 2 tom. en 1 vol. in-4, gr. pap. de Hollande, br., non rogné.

> Chef-d'œuvre d'impression.

2080. Imitation en vers des odes d'Anacréon, suivie de poésies diverses, par Mérard St-Just. *Paris*, 1799, in-18, br., non rogné.

> Les notes de la fin sont instructives et curieuses. — Tiré à très-petit nombre comme tous les ouvrages de Mérard St-Just.

2081. Odes d'Anacréon, trad. en vers sur le texte de Brunck, par J.-B. de S.-Victor. *Paris*, 1818, in-8, fig., dem.-rel., v. antiq.

2082. Moschi et Bionis idyllia quæ quidem exstant omnia (gr.-lat.). *Brugis Flandrorum, excudebat Hubertus Goltzius*, 1565, petit in-4, vél. de Holl.

> « Les poésies de Bion et de Moschus avaient été jusqu'alors con-
> « fondues avec celles de Théocrite. dans plusieurs éditions de ce
> « poëte : elles sont réunies pour la PREMIÈRE FOIS dans le recueil
> « ci-dessus, lequel est assez rare, » (Brunet, I, col. 949).) — Ce vo-
> lume est sorti de la presse particulière qu Hubert Goltzius. savant
> antiquaire et habile graveur avait établie dans sa maison à Bruges.

2083. Bionis et Moschi idyllia (græce, latine et gallice), ex recensione N. Schwebelii, cum animadversionibus et notis diversorum. *Venetiis*, 1746, in-8, frontisp. gravé, v. marbr.

> Très-bonne édition.

2084. Lycophronis Chalcidensis Alexandra, poëma obscurum (gr.-latine), Joa. Meursius recensuit et libro commentario illustravit. *Lugduni-Batavorum, ex officina Ludov. Elzevirii (excudebat Joa. Balduinus)*, 1599, in-8, vél.

> Un des premiers livres portant le nom des Elseviers, qui n'étaient alors que libraires.

2085. Hymnes de Synésius, trad. du grec en français avec le texte en regard, par Grégoire et Collombet. *Paris et Lyon*, 1836, in-8, br.

2086. T. Lucretii Cari de rerum natura libri VI. *Lutetiæ Parisior., Coustelier*, 1744, 1 tome en 2 vol. in-12, fig. de Duflos, v. marbr., fil., tr. dor.

2087. Catullus, Tibullus, Propertius. *Lutet.-Paris. Barbou*, 1754, in-12, fig., v. marbr., fil., tr. dor.

2088. Caii Val. Catulli carmina, edid. Amar. *Parisiis, Lefèvre*,

1821, in-32, papier vélin, rel. pleine en v. fauve, gauf., fil.,
dos à nerfs, dent. (*Lesné.*)

2089. Catulle, traduction nouvelle en vers (par Michel de Marolles). *Paris*, 1676. — Tibulle, chevalier romain, dont les
œuvres poëtiques consistent en IV livres, traduction en vers
par M.D.M.A.D.V. (Michel de Marolles, abbé de Villeloin).
Paris, 1678. — Properce, trad. en vers (par le même). *Paris*,
1678. — L'Achileyde de Stace, poëme délicieux achevé en
cinq livres, contenant toute l'histoire de la jeunesse
d'Achille, traduction en vers avec le commencement de la
Thébaïde (par le même). *Paris*, 1678, in-4, v. br.

2090. Propertius cum commentariis Philippi Beroaldi. *Bononiæ, Benedictus Hectoris et Plato de Benedictis*, 1487, in-fol.,
vél.

> Édition rare, citée par Brunet. Elle est admirablement imprimée
> en beaux caractères ronds.

2091. Sex. Aur. Propertii elegiarum libri IV. — Cornel. Galli
fragmenta. *Lugd.-Batav. (Parisiis, Coustelier)*, 1743, in-12,
front. et vignettes, v. marbr., fil., tr. dor. (*Bel exemplaire.*)

2092. Sext. Aur. Propertii carmina, edidit Amar. *Parisiis*,
1821, in-32, pap. vél., v. gauf., fil., dent. (*Lesné.*)

2093. P. Virgilii Maronis opera (cum quinque commentar.:
Servii, Donati, Landini, Mancinelli et Calderini). *Impressum
regia in civitate Argentinens. ordinatione, eliminatione; ac
relectione Sebast. Brandt, operaque et impensa non mediocri
magistri Johannis Grieninger*, 1502, in-fol., figures sur bois,
v. br.

> Édition ornée de 217 figures très-remarquables par leur naïveté
> et leur exécution. Plusieurs sont de la grandeur des pages. Entre
> autres singularités, on voit les Grecs assiégeant Ilion avec des ca-
> nons, des couleuvrines et autres engins d'artillerie.

2094. P. Virgilii opera. *Lugd.-Batav., ex off. Elzeviriana*, 1636,
pet. in-12, carte et front. gravé, vél.

2095. P. Virgilius Maro. *Amstelodami, ap. Joa. Janssonium*,
1655, in-16, front. gravé, br., *non rogné*.

> Jolie édition, imprimée avec de petits caractères elzeviriens,
> presque microscopiques.

2096. Publ. Virgilius Maro. *Parisiis, P. Didot*, 1798, in-12,
pap. vél., dem.-rel., v. fauve, *non rogné*.

2097. I sei primi libri dell' Eneide di Virgilio, tradotti (in rime
Toscane da Madonna Aurelia Tolomei de Borghesi). *Venetia,
Comin de Trino*, 1540, 6 part. en 1 vol. pet. in-8, quantité
de curieuses fig. s. bois, vél. (*Bel exemplaire.*)

2098. De verecundia Virgilii disputatio, auctore Joh. Aug.
Starck. *Gœttingæ*, 1763, pet. in-4, dem.-rel., mar. bleu.

Elargissant, autant que possible, le sujet singulier de cette controverse, l'auteur passe en revue tous les écrivains grecs et latins qui n'ont point mérité, comme Virgile, le titre de *Poetæ Virgines*.

2099. Quintus Horatius Flaccus cum comment. J. Bond. *Amstelodami, Dan. Elzevir.*, 1676, pet. in-12, titre gravé, vél.

Bonne édition de l'Horace des Elsevier. Exemplaire avec témoins.

2100. Q. Horatii Flacci poëmata, cum notis J. Bond. *Aurelianis, Couret de Villeneuve*, 1767, in-12, v. m.

Très-jolie imitation de l'Horace des Elsevier. Cette édition est très-correcte.

2101. Quintus Horatius. *Londini typis C. Corrall, impensis Pickering*, 1820, in-64, maroquin lie-de-vin, tr. dor.

Très-bel exemplaire de l'un des plus rares volumes de la collection Pickering, dont l'exécution typographique est admirable comme on sait. Cet exemplaire est d'ancien tirage avec le frontispice gravé et le portrait, qui manquent ou sont très-fatigués d'épreuves dans les exemplaires que la spéculation a mis dans le commerce depuis quelques années.

2102. Q. Horatii Flacci opera, edid. Amar. *Parisiis, Lefevre*, 1821, in-32, fig., v. gauf., fil., dent. (*Lesné.*)

2103. Q. Horatii Flacci opera omnia recensuit et illustravit Frid. Guil. Doering. *Lipsiæ*, 1824, 2 vol. in-8, rel. pleine en v. fauve, fil., dent.

Très-bel exemplaire.

2104. De Philosophia Horatii libell., auctore Jo. Ern. Grünero. *Coburgi*, 1777, pet. in-4, dem.-rel., mar. bl.

2106. Publ. Ovidii Nasonis opera. *Amstel., typis Lud. Elzevirii*, 1652, 3 vol. in-16, front. gravé, vél. de Hollande.

Charmante édition. — Bel exemplaire.

2107. Les XV Livres de la Métamorphose de d'Ovide, poëte très élégant contenants l'Olympe des Histoires poëtiques, trad. du latin en françois. *Paris, H. de Marnef*, 1574, pet. in-16, fig., vél.

Edition rare. Elle contient plus de 200 petites figures gravées sur bois.

2108. D. Junii Juvenalis et Auli Persii Flacci Satyræ. *Amstelodami, typis Dan. Elzevirii*, 1671, in-16, vél., *non rogné*.

Exemplaire dans son état primitif, ABSOLUMENT NON ROGNÉ. On sait combien il est rare de trouver des Elzeviers dans cette condition exceptionnelle.

2109. Dec. Jun. Juvenalis Satirarum libr. V. *Lutet.-Par., Barbou*, 1754, in-12, fig. et vign., mar. rouge, fil., tr. dor.

Bel exemplaire en *ancienne reliure*.

2110. Avienus, Arati Phœnomena, Germanicus, Arati fragmenti et Sereni versus de variis curandis morbis. *Venetiis, arte et ingenio Antonii de Strata Cremonensis,* 1488, fig. s. bois, lettres rondes. — Clarissimi viri Hyginii poeticon astronomicon fœliciter incipit. *Impressum est presens opus per Erhardum Radtolt de Augusta, Venetiis,* 1485, in-4, lettres rondes, fig. s. bois, in-4, vél.

> Editions rares. Les exemplaires sont parfaitement conservés, sauf une piqûre dans la marge. C'est par erreur que M. Brunet annonce que l'*Hyginus* est imprimé en caractères gothiques.

2111. Cl. Claudiani quæ exstant, Nic. Heinsius recensuit, ac notas addidit. *Lugduni-Batavorum, ex officina Elzeviriana,* 1650, 2 tom. en 1 vol. pet. in-12, front. grav., vél.

> La bonne édition du Claudien des Elseviers. — Joli exemplaire.

2112. Cl. Claudiani opera quæ exstant omnia, cum notis variorum. *Amstel.,* 1760, in-4, v. fauve.

2113. Statii Papinii Neapolitani Sylvæ, Thebais et Achilleis, *Basileœ, Henricus Petrus,* 1531, in-8, rel. pleine en mar. bl. du Levant, à nerfs, fil. à compart., dent. intér., tr. dor.

> Très-bel exemplaire.

2114. M. Aurelii Olympii Nemesiani eclogæ IV et T. Calpurnii Siculi eclogæ VII cum notis diversorum. *Mittaviœ,* 1774, in-8, br.

2115. Sidonii Apollinaris poema aureum eiusdemq. epistole. *Impressum Mediolani, per magistrum Uldericum Scinzenzeler, impensis venerabilium dominorum Presbyteri Hyeronimi de Asula necnon Ioannis de Abbatibus Placentini,* 1498, in-fol., dem.-rel.

> ÉDITION PRINCEPS avec date. Elle est rare et recherchée. Vendue 69 fr. Coste; 76 fr. Borluut; 3 liv. (75 fr.) Libri, et jusqu'à 12 liv. 12 sh. (315 fr.); Roxburghe.

2115 *bis.* Itinéraire de Rutilius Claudius Numatianus, où son retour de Rome dans les Gaules; trad. en français avec commentaires, par F. Z. Collombet. *Paris et Lyon,* 1842, in-8, br.

2116. Incipit Aratoris subdyaconii carmen in Actus Apostolorum. Hymnus Sedulii, in-4, cart.

> MANUSCRIT DU XVe SIÈCLE. Initiales rubriquées.

2117. Poelæ Minores, Sabinus, Calpurnius, Gratius Faliscus,

Nemesianus, Valerius Cato, Vestritius Spurinna, Lupercus Servastus, Arborius, Pentadius, Eucheria, Pervigilium Veneris, texte et traduct. par Cabaret-Dupaty. *Paris, Panckoucke,* 1842, in-8, br.

VI. — POETES LATINS DU MOYEN AGE. — POETES LATINS MODERNES. —

POESIES MACARONIQUES.

2118. Magnencii Rabani Mauri de laudibus sancte Crucis opus eruditione, versu prosaque mirificum. *Phorcheim, in œdibus Thome Anshelmi, Martio mense,* 1503, pet. in-fol., dem.-rel., vél.

> EDITION PRINCEPS de ce poëme de Raban Maur, célèbre à cause des formes contournées et maniérées qui y sont imposées à des vers rétrogrades en divers sens. En conséquence ce volume, du reste très-bien imprimé en rouge et noir, est remarquable à cause de la singulière disposition typographique d'une partie du texte.

2119. Gilleberti Carmina, ex codice Sec. XII Bibliothecæ Regiæ Burgundicæ nunc primum edid. L. Tross. *Hammone,* 1849, in-8, cart., n. rogn.

2120. 𝕱loretus/ cum commento. *Venale habetur Rothomagi in officina Michaelis Angier et Johannis Mace ad oras pontis eiusdem urbis atque Cadomi in parochia sancti Petri iuxta pontem, necnon Redonis prope ecclesiam sancti Salvatoris. (In fine). Floreti glosa ROTHOMAGI impressa opera M. PETRI OLIVIER, ibidem iuxta ecclesiam sancti Viviani moram trahentis finit feliciter.* 1508, pet. in-4, gothique, vél.

> Edition très-rare. — L'imprimeur Pierre Olivier était originaire de Lorraine.

2121. 𝕿heodolus inter sacros codices connumerandus una cum dilucida ac familiari expositione nuperrime impressus Cadomi per Laurentium Hostingue... *Succinctissima explanatio Theodoli impressa CADOMI impensa Michaelis Angier et Johannis Mace bibliopolarum huiusce universitatis Cadom. opera v'ro LAURENTII HOSTINGUE,* 1509, pet. in-4, gothique, cart. antiq.

2122. Rosetum Memoriale (versibus latinis) super Bibliam. Pet. in-4, dem.-rel., mar. bl.

> MANUSCRIT DU XIIIe SIÈCLE SUR VÉLIN, parfaitement conservé avec lettres peintes. C'est un très-curieux abrégé de la Bible en vers latins, composé au moyen âge, et entièrement différent de l'ouvrage intitulé *Aurora* ou *Biblia metrificata* de Pierre de Riga.

2123. **In̄bectiba** cetus feminei, contra mares (edita per magistrum Joh. Motis, Neapolitanensem sancte Sedis apostolice secretarium) cum tractatulo de remedio contra concubinas et conjuges (per modum abreviationis libri Matheoli a Petro de Corbolio archidiacono Senonensi et ejus sociis compilatum). *Absque nota (sed Lugduni, circa 1500),* pet. in-8, gothique à longues lignes, cart. antiq., *non rogné.*

> *ÉDITION FORT RARE NON CITÉE* de ces deux poëmes fort curieux. Rien n'égale la crudité de langage que l'on remarque dans l'œuvre de P. de Corbeil. Cette œuvre surpasse, d'un bout à l'autre, les vers les plus forts de la célèbre satire de Juvénal contre les femmes. Voici, d'ailleurs, ce qu'en dit Brunet : « Les passages curieux de ces deux petits poëmes, qui sont rapportés dans le catal. de La Vallière, prouvent que le premier est très-satirique, et le second passablement obscène. » (*Manuel du libr.*, t. III, col. 1928.) Notre exemplaire est parfaitement conservé et NON ROGNÉ.

2124. **BELLUM CONTRA ANGLOS ET DE GESTIS JOANNÆ DARC.** — In-fol., réglé, rel. pleine en mar. br. du Levant, à nerfs, fil., dent. intér., anc. tranche dorée et ciselée.

> *PRÉCIEUX MANUSCRIT INÉDIT DE LA FIN DU XVe SIÈCLE OU DU COMMENCEMENT DU XVIe SIÈCLE*: C'est un long poëme épique en vers latins, divisé en III livres et tout à fait inconnu sur les guerres de la France du temps de Charles VI et Charles VII. La *Pucelle* y est célébrée au 2e livre, avec les rois d'Angleterre Henry V et Henry VI. Ce manuscrit écrit sur papier, d'une belle écriture gothique, très-lisible, est de la plus parfaite conservation. Il a appartenu au P. Loire, qui a mis sur la garde une intéressante note, mais dont la fin est entachée d'erreur. Il attribue, vaguement il est vrai, ce poëme à Buchanan, ce qui est impossible. D'abord, cette composition n'est pas dans les œuvres de ce poëte, et l'écriture date des dernières années du xve siècle : c'est tout au plus si on pourrait reculer l'âge de ce manuscrit vers 1520. Il est de toute évidence que ce manuscrit, si toutefois ce n'est pas la copie d'un manuscrit plus ancien, comme nous le pensons, a été écrit sous le règne de Louis XII ou dans les premières années du règne de François Ier. Buchanan, né en 1506, ne pouvait avoir composé à 14 ou 16 ans une pareille œuvre, et tout le monde sait qu'il ne produisit que beaucoup plus tard. Nous avons ouï dire que ce manuscrit aurait été dédié et présenté à Georges d'Amboise. Cela est probable, bien qu'on ne nous en ait pas fourni de preuves bien positives ; et cette tradition ou cette opinion, comme l'on voudra, confirme le jugement que nous avons porté sur l'âge de l'écriture de ce volume. Quoi qu'il en soit, c'est un beau et intéressant manuscrit sur une des périodes les plus agitées de notre histoire. Le premier feuillet est décoré d'une grande et très-belle lettre ornée de diverses couleurs, sur fond d'or. Le poëme commence ainsi :
> « Bella Caledonii pandens scelerata tyranni
> « Et Morine gentis fractas crudeliter urbes.....

2124 bis. La Nancéide ou la Guerre de Nancy, poëme latin de Pierre de Blarru (composé à la fin du xve siècle sur la défaite et mort de Charles le Téméraire, devant Nancy en 1477), avec traduct. française, un exposé du système de ponctuation et d'abréviations suivi au moyen-âge, etc..., par Ferd. Schütz. *Nancy,* 1840, 2 vol. in-8, fig., br.

2125. Octavii Cleophili Fanensis opera nunquam alias impressa. .
Anthropotheomachia, historia de bello Fanensi et quædam
alia. *Imprimebat Fani Hieron. Soncinus*, 1516, pet. in-8,
vél.

> Poésies rares et fort curieuses. Vendues 1 l. 7 sh. (33 fr. 75 c.),
> Heber.

2126. Joa. Francisci Camoeni Perusini Miradoniæ libri duo,
continentes æglogas, epithalamium, elegias, etc. *Impressum
Venetiis per Guil. de Fontaneto Montisferrati*, 1520, pet.
in-4, bordure gravée sur bois autour du titre, cart.

> Volume rare et non cité par les bibliographes.

2127. Zodiacus vitæ pulcherrimum opus atque utilissimum.
Marcelli Palingenii Stellati poetæ...feliciter incipit. *Venetiis,
Bernardinus Vitalis impressit (circa 1531); in-8, vél. (Grandes
marges.)*

> Première édition de ce poëme curieux. Elle est si rare, que les
> bibliographes, et M. Brunet lui-même, ne l'ont jamais vue, et ne la
> mentionnent que d'après Prosper Marchand.

2128. Quinque illustrium poetarum Ant. Panormitæ, Ramusii,
Pacifici Maximi, Jo. Joviani Pontani, Joan. Secundi lusus
in Venerem. *Parisiis, (Molini)* 1791, in-8, v. éc., fil., tr.
dor.

2129. Tabulæ poeticæ Joannis Murmellii Ruremundensis pleraque alia. *Lugduni, Steph. Doletus*, 1544, in-8, rel. pleine
en mar. r. du Levant, à nerfs, dent. int., *non rogné.*

> Opuscule rare, imprimé par le célèbre *Estienne Dolet*. Exemplaire
> dans un état exceptionnel, encore NON ROGNÉ.

2130. Lutetiæ Parisiorum descriptio authore Eustathio a Kno-
belsdorf Pruteno. *Parisiis, Wechel*, 1543, in-8, vél. de
Hollande.

> Curieuse description, en vers latins, de Paris sous François Ier.

2131. Hieronymi Faleti de Bello Sicambrico libri IV, et ejusdem
alia poemata. *Venetiis (ap. filios Aldi)*, 1557, pet. in-4, gr.
papier, rel. en peau de truie, estampée et historiée. (*Rel. du
XVIe siècle.*)

> Volume rare et d'une très-remarquable impression. Il porte l'an-
> cre aldine.

2132. L. Franc. Ducatii Trecæi Præludiorum lib. III. *Parisiis, 1554, in-8, vél. (Bel exemplaire.)*

2133. Carmina poetarum nobilium Jo. P. Ubaldini studio con-
quisita. *Mediolani, ap. Ant. Antonianum*, 1563, in-8,
vél.

> « Collection difficile à trouver, » dit Brunet. — Bel exemplaire.

2134. De Theavilla capta, Mich. Hospitalii carmen. *Parisiis, E. Morel*, 1558, pet. in-4, cart.

> Pièce rare sur la prise de Thionville. — Bel exemplaire.

2135. Michaelis Hospitalii Galliarum Cancellarii carmina. *Amstelod.*, 1732, in-8, front. gr., vél. de Holl.

> Très-belle édition des poésies du chancelier de l'Hospital, et la meilleure, d'après Brunet.

2136. Hospitalii carmina. *Amst.*, 1732, in-8, portr., v. m.

2137. Hieronymi Angeriani Neapolitani Erotopægnion. *Parisiis*, 1582, in-16, réglé, v.

> Recueil de poésies galantes publié par Louis Marteau, de Rouen (*Lud. Martellus Rotomag.*), et dédié à Ch. Magnart, avocat au parlement de Rouen.

2138. Metaphrasis poetica librorum aliquot sacrorum auctore Jac. Aug. Thuano. *Cæsaroduni Turonum, apud Jametium Messorium typographum regium*, 1588, 3 tom. en 1 vol. pet. in-8, vél.

2139. Theodori Bezæ Vezelii poemata juvenilia. *Sine loco et anno (ad insigne Capitis Mortui)*, in-16, mar. vert, fil., tr. dor. (*Anc. reliure.*)

> Edition recherchée des poésies badines de Théodore de Bèze. Elle a été publiée vers la fin du xvie siècle et est connue sous le nom d'*Edition à la Tête de Mort*, à cause d'une *tête de mort couronnée* qui se trouve au bas de la bordure gravée sur bois du titre.

2140. Septem illustrium virorum poemata. *Antuerpiæ, ex officina Plantiniana*, 1660, in-8, br., *non rogné*.

> Bel exemplaire. — Rare dans cet état.

2141. Jani Pannonii poetarum sui seculi facile principis poemata quæ uspiam reperiri potuerunt omnia. *Trajecti ad Rhen.*, 1784, 2 vol. in-8, d.-rel.

2142. Delitiæ CC Italorum poetarum hujus superiorisque ævi illustrium, collectore Ranutio Ghero (Jano Grutero). *Francof.*, 1608, 2 gros vol. pet. in-12, mar. rouge, fil. (*Ancienne reliure.*)

2143. Quatuor Clariss. virorum satyræ : Nic. Rigalti Funus parasiticum; Just. Lipsii Satyra Menippœa, somnium; P. Cunæi Sardi venales; Jul. Imp. Cæsares a P. Cunæo translati. *Lugd.-Batav., ex off. Marciana*, 1620, pet. in-12, mar. vert, fil., dos orné, tr. dor. (*Anc. reliure.*)

> Bel exemplaire d'un volume qui entre dans la collection des Elzeviers, car Van den Marse a imprimé plusieurs livres très-remarquables pour ces derniers.

2144. Ant. Milliei, Lugdunensis e Soc. Jesu Moyses Viator, seu
imago Militantis Ecclesiæ Ecclesiæ Mosaicis peregrinantis
synagogœ typis adumbrata. *Lugduni, Gabr. Boyssat,* 1636,
in-8, vél.

2145. Le Roi de la Basoche, poème latin inédit de Philib. Gi-
rinet, trad. en français, avec des notes, par C. Breghot dn
Lut. *Lyon*, 1838, in-8, br.

> Opuscule très-curieux qui ne fut tiré qu'à *cent exemplaires*. Giri-
> net, *Forésien*, était oncle du célèbre Papyre Masson. Ce poëme,
> composé dans le milieu du XVIe siècle, est une charmante idylle sur
> l'élection de Gautier, roi de la Basoche de Lyon.

2146. Pauli Thomæ (Engolismensis) sacra poemata. *Engo-
lisma, Cl. Rézé,* 1633, in-4, front. gravé par I. E. Lasné,
mar. v., fil. *(Anc. reliure.)*

> Volume rare. L'auteur Paul Thomas, écuyer Sr. des Maisonnettes,
> était conseiller du Roy, au siége présidial d'Angoumois, maire et
> capitaine d'Angoulême.

2147. Laur. Le Brun Nannetensis e Soc. Jesu Ecclesiastes
Salomonis paraphrasi poetica explicatus. *Parisiis, Cramoisy,* 1653, in-12, bas. avec dor. à petits fers, tr. dor.

> Parmi les pièces du recueil, on remarque une partie intitulée:
> « *Musæ Turonenses* » sur la mort de Bertrand d'Echaus, archevêque
> de Tours, et surtout un poëme très-curieux en deux livres sur le
> CANADA et les mœurs des sauvages de la *Nouvelle-France.*

2148. Attrebatum expugnatio, carmen (auctore Petro Halle).
Parisiis, 1641, pet. in-4, cart. antiq.

> Poëme très-rare sur le siége d'Arras.

2149. Francisci Vavasseur e Soc. Jesu, Theurgicon, sive de miraculis Christi libri IV. *Parisiis, sumptibus P. le Petit,* 1645,
pet. in-12, vél.

> Admirable volume imprimé par les Elzevier de Leide, pour le
> compte du libraire P. Le Petit, de Paris. Ce poëme est dédié à Su-
> blet des Noyers et la préface est datée de *Bourges,* 1644.

2150. Pybracius Caroli Fevret, J. C. Divionensis. *Nannetis,
Vidua P. Doriou,* 1650, in-8, cart. antiq.

> Cette traduction en vers latins des quatrains de Pibrac par Ch. Fe-
> vret, de Dijon, est rare et peu connue.

2151. Jacobi Mosanti Briosii poemata. *Cadomi,* 1663, in-8,
v. m.

> Poésies latines de Moisant de Brieux littérateur distingué. Elles
> font connaître beaucoup de personnages de la Normandie, particu-
> lièrement de Caen, auxquel elles sont adressées par l'auteur.

2152. Nugæ venales, sive thesaurus ridendi et jocandi. *S. l.,
ap. Neminem,* 1689, pet. in-12, fig., vél.

> Cette édition contient le *Pugna porcorum,* poëme singulier dont
> tous les mots commencent par la lettre P. La figure s'y trouve.

2153. Ren. Rapini Hortorum lib. IV. *Parisiis, Cramoisy,* 1666, in-12, front. gr., v. br.

> Le P. Rapin naquit à Tours en 1621.

2154. Ren. Rapini Soc. Jes. Hortorum libr. IV. *Neapoli, J. Raillard,* 1685, pet. in-12 allongé, front. gr., v., fil.

> Edition peu connue et fort jolie. Elle est imprimée avec des caractères aussi nets et beaucoup plus menus que nos Cazin. Cet exemplaire porte derrière le titre un *envoi autographe* du P. Fraguier à Philippe de Bretonvilliers.

2155. Renati Rapini Hortorum libri IV et cultura Hortensis; Hortorum historiam addid. G. Brotier. *Parisiis, Barbou,* 1780, in-12, front. gr., v. marbr., fil., tr. dor.

2156. J. B. Santolii selecta carmina. *Parisiis, D. Thierry,* 1670, in-8, mar. r., fil., doubl. de tabis, fil., tr. dor. (*Anc. reliure aux armes de Colbert de Torcy.*)

> Très-bel exemplaire avec un *ex dono* de l'auteur.

2157. Aviarium, seu de educandis avibus carmen, autore Jo. Roze, e Soc. Jes. *Burdigalæ, S. Boé,* 1700, pet. in-8, cart.

> Le P. Roze était né à Tours, en 1670, d'un fabricant d'étoffes de soie. Il séjourna longtemps à *Saintes* où il professa les humanités et habita ensuite *Bordeaux.* Ce modeste poète peut être comparé à Ovide pour l'élégance et la facilité.

2158. Pet. Dan. Huetii et Cl. Fr. Fraguerii carmina. *Parisiis, Fr. Didot,* 1729, in-12, v. fauve, fil., dos orné. (*Ancienne reliure.*)

> Bel exemplaire.

2159. Huetii et Fraguerii carmina. *Parisiis,* 1729, in-12, v.

2160. Recentiores poetæ, latini et græci selecti quinque curis Jos. Oliveti collecti ac editi. *Lugd.-Batav.,* 1744, in-8, v. jasp., fil. (*Bel exemplaire.*)

> Les cinq poètes dont les œuvres sont recueillies là sont: *Huet, Fraguer, Boivin, Massieu, Olivet* et *La Monnoye.*

2161. Cordier (poète Orléanais), poésies latines (publ. par F. Dupuis). *Orléans,* 1853, pet. in-8, papier de Hollande, br.

> Tiré à petit nombre.

2162. Columbus, carmen epicum authore Ubertino Carrara Soc. Jesu. *Augustæ, M. Wolff,* 1730, in-8, bas.

> Poëme curieux et peu connu sur Christophe Colomb et la découverte de l'Amérique.

2163. Filio meo cantus (auctore P. Ant. Cl. Papion, Turonensi). *S. l. n. d. (mais imprimé avec les caractères de Fournier, vers 1780),* pet. in-8 de 23 pag., br.

> Ce poëme latin est de Pierre-Antoine-Claude Papion, financier et manufacturier, né à Tours en 1713 et mort aveugle dans la même ville en 1789. Cette pièce est ainsi désignée par Chalmel (Histoire de Touraine, IV, 369) : « *Filio meo cantus.* In-8, sans frontispice. Poëme qui est plutôt une espèce d'épître en 556 vers élégiaques... » Suit une citation de 10 vers que nous retrouvons page 19 de cet opuscule. Pour un ouvrage du fils de Papion, voir le no 1154 de ce catalogue.

2164. Merlini Cocaii poetæ Mantuani Macaronicorum poemata. *Venetiis, J. Variscus,* 1561, in-16, fig. s. bois singulières de la grandeur de la page, v., dent. à fr., fermoirs.

2165. Opus Merlini Cocaii, poetæ Mantuani Macaronicorum, Zanitonella, Phantasiæ Macaronicon, Moscheæ facetus liber, etc. *Venetiis, apud Bevilacquam,* 1613, in-12, fig. sur bois, dem.-rel.

2166. Opus Merlini Cocaii poetæ Mantuani Macaronicorum. *Amstelod., Abr. a Someren,* 1692, pet. in-8, portr. et curieuses fig. grav. s. cuivre à mi-page, v.

2167. Opus Merlini Cocaii poetæ Mantuani Macaronicorum. *Amstelodami, Abr. a Someren,* 1692, pet. in-8, jolies et curieuses fig. sur cuivre à mi-page, dem.-rel.

2168. Histoire Macaronique de Merlin Coccaie, etc. *Paris, T. du Bray,* 1606 (1734), 2 vol. pet. in-12, v., marbr.

2169. Histoire Maccaronique de Merlin Coccaie, prototype de Rabelais, avec l'horrible bataille des mouches et des fourmis. *S. l.,* 1734, 2 vol. pet. in-12, br., *non rognés.*

> Rare dans cet état exceptionnel.

2170. De Arte Bibendi libri III, autore Vincentio Obsopeo, quibus adjunximus de arte jocandi libros quatuor Matthiæ Delii Hamburgensis. *Francof. ad Mœnum,* 1578. — Grobianus et Grobiana de Morum simplicitate libri III, in gratiam omnium Rusticitatis amantium conscripti per Frid. Dedekindum. *Francof.,* 1575. — Antonius de Arena provençalis de bragardissima villa de Soleriis ad suos compagnones qui sunt de persona friantes, bassas dansas et branlos practicantes una cum epistola ad fallatissimam suam garsam Janam Rosœam pro passando tempus... *Impressatum in bragardissima villa de Parys per discretum hominem, magistrum Iulium Delfinum de Piemontum (pro Galeoto a Prato), de anno mille cincentum et septanta quatuor* (1574). 3 ouvr. en 1 vol. in-8, vél. bl., fil., dos orné, tr. dor.

2171. Antonius de Arena provençalis, de bragardissima villa

de Soleriis ad suos compagnones studiantes qui sunt de persona friantes, bassas dansas et branlos practicantes... his posterioribus diebus grassis augmentatus et a mandatis Conardorum abbatis Yo de Rhotomago in lucem envoyatus. *Stampatus in stampatura stampatorum,* 1670, in-12, d.-rel.

Édition rare de ces poésies macaroniques.

2172. Nova novorum novissima, sive poemata stilo Macaronico conscripta, quæ faciunt crepare lectores ob nimium risum, et saltare capras et simias composita per Bart. Bollam Bergamascum. *S. l.,* 1604, pet. in-8, v. br.

Macaronées fort singulières, et dont plusieurs sont licencieuses, en latin, italien et patois bergamesque. Ces opuscules étant imprimés sur un mauvais papier, tous les exemplaires en sont comme le nôtre fortement piqués de roux.

2173. Magistri Stopini poetæ Ponzanensis Capriccia Macaronica. *Venetiis, Jac. Sarzina,* 1636, pet. in-12, vél.

2174. Magistri Stopini poetæ Ponsanensis Capriccia Macaronica. *Venetiis,* 1723, pet. in-12, cart., br., presque *non rogné.*

Poésies macaroniques des plus recherchées. Ce sont des élégies, des énigmes, des épigrammes et des satires. Il y règne une assez grande licence. La première pièce est intitulée *De Malitiis putanarum.*

2175. Magistri Stopini poetæ Ponzanensis Capriccia Macaronica, cum nova appendice et additione jucundæ Macharonicæ elegia in captura Stephoni sub allegorico nomine Ursi aliorumque grassatorum forum Julii elapso proximo anno infestantium. *Venetiis, Pezzana,* 1788, in-8, br. en cart., *non rogné.*

2176. Du Langage factice appelé macaronique, par Ch. Nodier. *Paris,* 1834, br. in-8.

2177. Macaroneana, ou Mélanges de Littérature Macaronique des différents peuples de l'Europe, par Oct. Delepierre. *Paris, Crapelet,* 1852, in-8, br.

VI. — POÉSIE FRANÇAISE.

Introduction à la Poésie française. — Poètes français depuis l'origine de la langue jusqu'à l'époque de Villon. — Poètes français depuis Villon jusqu'à nos jours.

2178. Art poétique reduict en abrégé en singulier ordre et souveraine méthode pour le soulas de l'aprehension et récréation des espritz, faict et composé par maistre Claude de

Boissière, Daulphinois. *Imprimé à Paris, par Annet Brière,* 1554, pet. in-8, cart.

2179. Catalogue des livres composant la bibliothèque poétique de M. Viollet-Leduc, avec des notes bibliographiques, biographiques et littéraires sur chacun des ouvrages catalogués, pour servir à l'histoire de la poésie en France. *Paris,* 1843-47. 2 vol. in-8, dem.-rel., v. bleu, à nerfs.

2180. Des Troubadours et des Cours d'amour, par Raynouard. — *Paris,* 1817, in-8, dem.-rel., mar. bleu.

2181. Des Troubadours et des Cours d'amour, par Raynouard. *Paris,* 1817, in-8, br.

2182. Histoire littéraire des Troubadours, contenant leurs vies, les extraits de leurs pièces, et plusieurs particularités sur les mœurs, les usages, et l'histoire du xiie et du xiiie siècle (par Millot). *Paris,* 1774, 3 vol. in-12, dem.-rel.

2183. Recherches sur les épopées romanesques des Troubadours, par Raynouard. (*Paris*) 1833, broch. in-8.

> Tiré à part, à petit nombre.

2184. Des Formes primitives de la versification des Trouvères dans leurs épopées romanesques, par Raynouard. *Paris,* 1833, broch. in-8.

> Tiré à petit nombre.

2185. Fragment d'un poëme en vers romans sur Boëce, imprimé en entier pour la prem. fois d'après le ms. du xie siècle qui se trouvait à l'abbaye de Fleury, ou Benoit-sur-Loire, publ. avec notes, traduction interlinéaire (par Raynouard). *Paris,* 1817, in-8, fac-simile, br.

2186. Charlemagne, an anglo-norman poëm of the twelf century, now first published with an introduction and a glossarial index by Francisque Michel. *London, W. Pickering,* 1836, pet. in-8, fac-simile du manuscrit, cart. en per. angl., non rogné.

> Poëme chevaleresque ou chanson de geste, en vieux français ou dialecte anglo-normand du xie siècle. — Tiré à petit nombre et rare en France.

2187. La Chevalérie Ogier de Danemarche, par Raimbert de Paris, poème du xiie siècle, publ. pour la première fois d'après les manuscrits (par les soins de M. Barrois). *Paris, Techener,* 1842, gr. in-4, avec deux fac-simile du manuscrit admirablement réussis, tirés sur peau de vélin et enluminés en or et en couleurs, dem.-rel. maroq. r. à nerfs. (*Bel exemplaire.*)

> Un des rares exemplaires tirés de ce format sur TRÈS-GRAND PA-

PIER. La justification de l'édition est l'in-8. Ce poëme, composé de
13055 vers de dix syllabes, est sans contredit, l'œuvre la plus intéressante du moyen âge, au point de vue de la langue et de l'histoire.

×**2188. Maistre Wace's St Nicholas.....** La vie de Saint Nicolas,
par Maistre Wace, en vieux français du XIIᵉ siècle, publ. d'a-
près le Ms. d'Oxford, par le Dʳ Nic. Delius. *Bonn*, 1850, in-
8, cart., non rogné.

2189. Le Poëme de Roncevaux, traduit du roman en françois,
par J. L. Bourdillon. *Dijon, Frantin*, 1840, in-8, br.

> Tiré à petit nombre.

2190. Fabliaux ou Contes du XIIᵉ et du XIIIᵉ siècle (publ. d'a-
près les manuscrits par Legrand d'Aussy). *Paris*, 1779, 3 vol.
— Contes Dévots, Fables et Romans anciens pour servir de
suite aux Fabliaux, par Legrand (d'Aussy). *Paris*, 1781, 1 vol.
— Ensemble 4 vol. in-8, v.

2191. Vie du Pape Grégoire le Grand, légende française publiée
pour la première fois (d'après un ms. de la bibliothèque de
Tours avec un *fac-simile*), par Victor Luzarche. *Tours*, 1857,
in-18, pap. vergé, br.

> Précédé d'une savante introduction de l'éditeur.

×**2191 bis.** La Vie de la Vierge Marie de maître Wace, publiée
d'après un manuscrit inconnu aux premiers éditeurs, suivie
de la Vie de S. Georges, poëme inédit du même trouvère,
(publ. par V. Luzarche). *Tours*, 1859, in-12, gr. pap. vergé
de Holl., br.

> Tiré à petit nombre.

2192. Le Roman du Saint Graal (en vers du XIIIᵉ siècle), publ.
pour la première fois par Francisque Michel. *Bordeaux*,
1841, pet. in-8, pap. de Hollande, br.

> Publié à petit nombre et aux frais de MM. Gustave Brunet et
> Fr. Michel.

2193. Poésies de Marie de France, poëte anglo-normand du
XIIIᵉ siècle, ou recueil de lais, fables et autres productions
de cette femme célèbre, par B. de Roquefort. *Paris*, 1820,
2 vol. in-8, cart.

2194. La Complainte d'Outre-Mer et celle de Constantinople,
par Rutebeuf (XIIIᵉ siècle), publ. et mises au jour par Ach.
Jubinal. *Paris*, 1834, in-8, dem.-rel., dos et coins de v. fauv.
à nerfs, doré en tête, non rogné.

2195. La Bataille et le Mariage des VII arts, pièces inédites (en
vers) du XIIIᵉ siècle en langue romane, publ. pour la première fois par Ach. Jubinal. *Paris*, 1838, in-8, cart., n. rog.

> Tiré à petit nombre.

2196. Le Sermon de Guichard de Beaulieu (xiii⁰ siècle), publ.
pour la première fois d'après le ms. de la Bibliothèque du
Roi. *Paris, Techener*, 1834, in-8 gothique, dem.-rel., mar. r.,
tête dorée, non rogné. (*Niédrée.*)

> Un des *dix exemplaires sur papier de Chine*.

2196 *bis*. Ci commence le Romanz de Florre et de Blanche-
Flor. In-fol., cart.

> Manuscrit de 104 pages. C'est une copie de la main de Méon,
> faite d'après un manuscrit du xiii⁰ siècle, qui appartenait à l'ab-
> baye de St-Germain-des-Prés.

2197. Œuvres complètes de Rutebeuf, trouvère du xiii⁰ siècle,
rec. et mises au jour pour la prem. fois par Ach. Jubinal.
Paris, 1839, 2 vol. in-8, dem.-rel., mar. viol.

2198. Mémoires historiques sur Raoul de Coucy ; on y a joint
le recueil de ses chansons en vieux langage, avec la traduction et l'ancienne musique (par de la Borde). *Paris, Pierres*,
1781, 2 vol. in-18, format Cazin, portr. et musique notée,
cart., *non rognés*.

2199. La Complainte et le Jeu de Pierre de la Broce, chambellan de Philippe-le-Hardi, qui fut pendu le 30 juin 1278, publ.
par Ach. Jubinal. *Paris, Techener*, 1835, in-8, br.

2200. Le Miracle de Théophile mis en vers au commencement du xiii⁰ siècle, par Gautier de Coinsy, publié pour la
prem. fois d'après un manuscrit de la bibliothèque de
Rennes, par D. Maillet. *Rennes*, 1838, in-8, br.

2201. Li Fablel dou dieu d'amours, publié pour la prem. fois
par Ach. Jubinal. *Paris, Techener*, 1834, in-8, br.

> Tiré à cent exemplaires seulement.

2202. Jongleurs et Trouvères, ou choix de saluts, épîtres, rêveries et autres pièces légères des xiii⁰ et xiv⁰ siècles, publ.
pour la première fois par Ach. Jubinal, d'après les mss. de
la Bibliothèque du roi. *Paris*, 1835, in-8, br.

2203. Recueil de chants historiques français depuis le xii⁰ jusqu'au xviii⁰ siècle, publ. par Leroux de Lincy. *Paris*, 1841-42,
2 vol. in-12, br.

2204. Oraysons très-dévotes, plaisantes et bien composées en
l'honneur de la royne de paradis, publiées par Alph. Chassant. *Evreux s. d.*, in-8, gr. papier de Holl. gothique, br.

> Réimpression de pièces du xiii⁰ et du xv⁰ siècle, faite à petit
> nombre.

2205. Le Tombel de Chartrose et le Chant du Roussigneul,
poëmes mystiques du xiv⁰ siècle, publ. par Eug. de Beaurepaire. *Caen*, 1854, in-8, br.

> Tiré à petit nombre.

2206. LE ROMAN DE LA ROSE, par Guill. de Lorris et Jean de Meung. In-fol., dem.-rel., v. antiq.

MANUSCRIT DU XIV° SIÈCLE SUR VELIN, écrit à deux colonnes, et présentant un excellent texte, très-pur. On a coupé des lettres ornées en deux ou trois endroits, et il y a une lacune à la fin.

2207. La Fontayne des Amoureux de science, par Jean de la Fontayne de Valenciennes. 1413. — Les Remonstrances de nature à l'Alchymiste errant, autheur Jean de Méhung. — Extrait du Romant de la Rose où J. Clopinel dit de Mehung, parlant des faits de la nature et de l'art escript... — Le Sommaire philosophique de Nicolas Flamel. — Vers qui sont en un tableau attaché à un pilier de Nostre-Dame-de-Paris, vis-à-vis la statue de S. Cristophle. In-4, réglé, vél.

MANUSCRIT DU XVII° SIÈCLE d'une très-bonne écriture.

2208. Le Chevalier Ancian, roman de chevalerie en vers français du XIV° siècle. In-fol., dem.-rel., dos et coins de mar. v. du levant.

Copie faite sur le manuscrit original, qui n'a pas encore été publié. Ce poëme chevaleresque commence ainsi :

Une fois pieça chevauchoye.
Entre Pont de Cé et Angiers
. . . .

2209. POÉSIES DU ROI CHARLES VI. Cy commancent les enfances nostre sire et partye des miracles quil fist en son enfance et si comaucent en la maniere qui ensuyt par vers rimes translatez de latin en francois par le roy Charles VI... *Expliciunt infantie Salvatoris.* — Cy ensieut la passion de notre doulx Sauveur Jhucrist en Romans lequel nous doint vivre en cest siecle en telle maniere comme il scet que mestier nous est... *Explicit gloriosissima passio domini nostri ihu xpi.* — Quatrains ou sentences morales et proverbiales en vers français. In-fol., dem.-rel.

MANUSCRIT FRANÇAIS DU XV° SIÈCLE. Tout y est curieux et rare, mais rien ne surpasse en curiosité les *Enfances nostre Sire... en vers rimés par le roi* Charles VI, qui sont tout à fait inconnues et qui n'ont jamais été publiées, même par extraits. Jusqu'à présent on ne savait pas que ce monarque eût produit d'œuvre littéraire. Ce manuscrit prouve qu'il était poëte, comme d'autres rois de France. — Nous avons vérifié si les *Enfances nostre Sire* présentaient le même texte que les *Infantiæ Salvatoris*, en vers français anonymes que l'on trouve à la suite de quelques manuscrits de la Bible en vers français. Ce texte est entièrement différent et n'a aucun rapport avec le nôtre. Malgré toutes nos recherches nous n'avons pu découvrir soit dans les catalogues spéciaux, soit dans les bibliothèques, aucun manuscrit de ces poésies attribuées à Charles VI. Notre manuscrit est donc UNIQUE et c'est un précieux monument de la poésie française à cette époque. — Une tache dans le bas des trois premiers feuillets.

2210. Les Vaux de Vire d'Olivier Basselin et de Jean Le Houx, publ. par J. Travers. *Paris*, 1833, in-18, br.

2211. Alain Charlier, étude bibliographique et littéraire, par
G. Mancel. *Bayeux*, 1849, in-8, br.

> Tiré à petit nombre.

2212. LA PRISON D'AMOUR (en prose et en vers). In-4, mar.
viol., fil. à comp., dos orné.

> MANUSCRIT FRANÇAIS DU XVᵉ SIÈCLE, SUR VÉLIN, d'envi-
> ron 100 feuillets. Il est fort curieux et très-bien conservé. La calli-
> graphie en est belle et il est rehaussé de lettres ornées en or et en
> couleurs.

2213. OEuvres de Fr. Villon, avec les remarques de diverses
personnes (édition donnée par Formey, qui y a ajouté les remarques de Le Duchat). *La Haye, Moetjens*, 1742, pet. in-8,
dem.-rel.

> « Cette édition, dit Brunet, est préférable à celle de Coustelier,
> « parce que l'éditeur y a joint de nouvelles notes, quelques frag-
> « ments inédits, des mémoires touchant Villon, par Prosp. Mar-
> « chand, etc. »

2214. OEuvres de maistre François Villon, corrigées et augmentées d'après plusieurs manuscrits qui n'étoient pas connus, accompagnées de variantes par J. H. R. Prompsault.
Paris, 1835, in-8, br.

2215. OEuvres de Fr. Villon, publ. par Prompsault. *Paris*,
1835, in-8, br.

2216. Le Débat de deux demoyselles, l'une nommée la Noyre et
l'autre la Tannée, suivie de la Vie de Saint Harenc et d'autres
poésies du XVᵉ siècle (le débat et procès de nature et de jeunesse, le débat du vin et de l'eau, etc.) avec des notes et un
glossaire (publ. par de Bock). *Paris, Didot*, 1825, in-8, br.

2217. Recueil des plus belles pièces des poëtes françois depuis
Villon jusqu'à Benserade (publ. par Fontenelle). *Paris*, 1752,
6 vol. pet. in-12, v. m.

2218. Les Poësies de Martial de Paris, dit d'Auvergne. *Paris,
Coustelier*, 1724, 2 vol. in-12, v. éc., fil.

2219. Les Poësies de Guillaume Cretin. *Paris, Coustelier*, 1723,
pet. in-8, v. fauve.

> Parmi les poésies de Crétin se trouve une pièce intitulée : « Dé-
> *bat entre deux dames, sur le passe-temps des chiens et oyseaulx.* »

2220. DANSE MACABRE, poëme du XVᵉ siècle en vieux vers
français. In-4, dem.-rel., v. r.

> MANUSCRIT DU XVᵉ SIÈCLE d'une écriture cursive. Le texte est tout

à fait différent de celui que présentent les imprimés et nous paraît inédit. Il commence ainsi :

> « Créature raisonnable
> Qui désire vie éternelle,
> Tu as chy doctrine notable
> Pour bien finer vie mortelle
> La Danse Macabre s'apelle
> Que chacun à danser aprent.
> A l'homme et femme est naturelle
> Mort n'espargne petit ne grant. »
>
> . . . .

La dernière page finit par ces mots un peu effacés : « Chest a frere Robert..... cordelier. »

2221. La grande Danse Macabre des hommes et des femmes, historiée et renouvelée de vieux gaulois en langage le plus poli de nostre temps. *Troyes*, 1728, in-4, figures sur bois cart.

2222. Ce livre est et fort profitable document du saige Salomon quil a faict pour enseigner et endoctriner son filz Rouland comme il se debvoit regir et gouverner es biens temporelz pour et afin que par iceulx il puisse estre substanté et nouriz et du superflu et residu il en donne pour lhonneur de la passion de Nre seigneur Jhus Xpît au pouvres et indigens...

> Fini est icy et parfaict
> Le profitable livre en effect
> Que le saige Salomon composa
> Et a son filz pour vray donna
> Pour le régir et gouverner
> Parquoy vous viel bien adviser
> Que en usies honnestement
> En y pansant diligemment

La grande Pronostication en vers des laboureurs durant a tous jours, mes sans fin, faicte et composée par les anciens pour usage de sçavoir moulte utile et profitable.—Pour despriser le monde et avoir souvenence de Dieu (huitains). In-4, allongé, rel. pleine en mar. vert du Levant, à nerfs, dent. intér.

TRÈS-CURIEUX MANUSCRIT DE POÉSIE FRANÇAISE DU COMMENCEMENT DU XVIe SIÈCLE EXÉCUTÉ SUR VÉLIN. Le *Livre de Salomon* est divisé en 28 parties. La composition nous paraît dater de l'époque de Gringore, c'est-à-dire de la fin du XVe siècle, ainsi que celle des Huitains *pour despiter le monde*. Quant à la *grande pronostication* également en vers, elle est d'une époque moins ancienne et a été ajoutée sur des feuillets de vélin qui étaient restés en blanc entre les deux poëmes.

2222 bis. La Légende de maistre Pierre Faifeu, mise en vers par Charles Bourdigné. *Paris, Coustelier*, 1723, pet. in-8, v. br.

La dernière moitié du volume contient les *Poésies diverses de Jehan Molinet, chanoine de Valenciennes.*

2223. Les XXI épistres Dovide translatées de latin en françoys, par Rev. pere en dieu Monseigneur Levesque Dangoulesme (Octavien de S.-Gelais). *Ilz se vendent en la grand salle du Palays, en la boutique de Galliot du pre marchant libraire,* 1528, pet. in-8, fig. s. bois, mar. r., fil., dent., tr. dor. (*Derome.*)

> Volume rare, exécuté en lettres rondes. — L'exemplaire est grand de marges, mais le titre est doublé.

2224. Les anciennes et modernes Genealogies des Roys de France et mesmement du roy Pharamond avec leurs épitáphes et effigies (en vers, par Jehan Bouchet). *On les vend à Paris en la grand rue sainct Jacques a lenseigne de Lelephant,* 1541, in-8, gothique, fig. s. bois, dem.-rel.

> Bien conservé.

2225. La Complainte douloureuse du nouveau marié (par Pierre Gringore). *Paris, Didot,* 1830, in-8, gothique, pap. de Hollande, br.

> Réimpression gothique tirée à très-petit nombre.

2226. IAN MAROT DE CAEN sur les deux heureux voyages de Gênes et Venise, victorieusement mys a fin par le tres chrestien Roy Loys Douziesme de ce nom, Pere du Peuple, et véritablement escriptz par iceluy Ian Marot, alors poëte et escrivain de la tres magnanime Royne, Anne, Duchesse de Bretaigne et depuys valet de chambre du tres chrestien Roy François premier du nom... *Ce present livre fut acheve dimprimer le XXII jour de Janvier MD.XXXII* (1532) *pour Pierre Roufet, dict le Faulcheur par* MAISTRE GEUFROY TORY *de Bourges, imprimeur du Roy.* Pet. in-8 de CI*(101) ff. chiffrés, mar. n. à nerfs, fil. à compart., dent. intér., tr. dor.

> Edition très-rare exécutée en lettres rondes. C'est la plus ancienne que l'on connaisse de ces poésies. Elle a été publiée par Clément Marot qui y a joint une *Epistre au Roy...* *faisant mention de la mort de Ian Marot, son père, autheur de ce livre.*

2227. Clément Marot. *A Lyon, par Iean de Tournes,* 1558, in-16, portr. grav. s. bois de Clément Marot en médaillon sur le titre, rel. pleine en mar. r. du Levant, à nerfs, ornem. sur les plats, dent. intér., tr. dor. (*Capé.*)

> Edition rare et recherchée, très-joliment exécutée en caractères ronds. Elle est ornée d'un grand nombre de charmantes petites figures sur bois gravées à mi-page par Bernard Salomon dit le *Petit-Bernard.*

2228. Les OEuvres de Clément Marot, de Cahors en Quercy, valet de chambre du Roy. *Rouen, Cl. Le Villain,* 1615, in-12, vél.

2229. Les OEuvres de Clément Marot de Cahors, valet de chambre du Roy. *La Haye, Adr. Moetjens,* 1700, 2 vol. pet. in-12, rél. pleine en mar. bleu du Levant, à nerfs, dos orné, dent. intér., tr. dor. (*Duru.*)

> TRES-BEL EXEMPLAIRE de la bonne édition du Clément Marot Elzevier. M. Brunet, dans son Manuel (III, 1458), dit qu'il est diffi-cile de s'en procurer des exemplaires bien conservés de marges et dont les feuillets n'aient pas une teinte rousse. Celui que nous an-nonçons est très-grand de marges et n'a aucun des inconvénients signalés.— Vendu 96 fr., Pixerécourt ; 120 fr., La Bedoyère ; 180 fr., Solar.

2230. OEuvres de Clément Marot, avec les ouvrages de Jean Marot et de Michel Marot, avec les pièces du différend de Clément avec François Sagon (publ. par l'abbé Lenglet Du-fresnoy). *La Haye,* 1731, 6 volumes pet. in-12, br., *non ro-gnés.*

> Bel exemplaire, rare dans cette condition.

2231. OEuvres de Clément Marot, avec notes historiques et glossaire, publ. par Auguis. *Paris,* 1823, 5 vol. in-18, dem.-rel., dos et coins de mar. br. du Levant, à nerfs, dor. en tête, non rognés.

> Bel exemplaire.

2232. Evvres de Lovize Labé, Lionnoise, surnommée la Belle Cordière. *Brest, Michel,* 1815, in-8, dem.-rel., dos et coins de cuir de Russie, doré en tête, non rogné.

> Édition exécutée avec beaucoup de soin et tirée à très-petit nom-bre. Elle est devenue rare. Exemplaire en *grand papier fin* d'An-nonay.

2233. Les grands regretz et complainte de ma damoyselle du pallais. *S. l. n. d.,* pet. in-8, gothique, br.

> Fac-simile sur papier ancien d'une pièce rarissime, tirée seule-ment à quelques exemplaires.

2234. Les dix premiers livres de l'Iliade d'Homère, prince des poëtes, traduictz en vers françois par Hugues Salel abbé de St-Cheron. *Paris, Jeh. Longis,* 1555, in-8, vél.

2235. Les Livres d'Hésiode, poëte grec, intitulez les OEuvres et les Jours, nouvellement traduictz (en vers françois) par R. Le Blanc. *Paris, Jacq. Bogard, demourant a l'image S. Christofle devant le collége de Cambray* (1547), pet. in-8 carré, rel. pleine en mar. r., fil. à compart., tr. dor.

> Volume rare

2236. L'AMIE DES AMIES, imitation d'Arioste (en vers françoys) divisee en quatre livres par Berenger de la Tour d'Albenas en Vivarez. *A Lyon, de l'imprimerie de Robert Granjon,* 1558, in-8, rel. pleine en cuir de Russie, à nerfs, dos orné, fil., dent., tr. dor. (*Thompson.*)

> Poésies très-rarés, imprimées entièrement EN *CARACTÈRES DITS DE CIVILITÉ.* Exemplaire très-grand de marges.

2237. PRÉCEPTES NUPTIAUX de Plutarque... traduictz et faictz en Rithme françoyse par Jacques de la Tapie d'Aurilhac (*sic*), dediez a tres illustre princesse la Royne Daulphine. *A Paris, de l'imprimerie de Richard Breton, 1559,* in-8, rel. pleine en mar. r. du Levant, à nerfs, fil. à comp. et entre-lacs, dent. intér., tr. dor. (*Lortic.*)

> LIVRE FORT RARE, IMPRIMÉ ENTIÈREMENT EN CARACTÈRES DE CIVILITÉ. Exemplaire de la plus grande beauté.

2237 bis. OEuvres poëtiques de Mellin de S. Gelais. *Lyon, Ant. de Hardy, 1574,* in-8, v. fauve.

> Première édition sous cette date.

2238. Les OEuvres françoises de Ioachim Du-Bellay, gentil-homme Angevin, et poëte excellent. *Paris, Féd. Morel, 1573,* in-8, vél.

2239. Les OEuvres et Meslanges d'Estienne Jodelle, S^r du Ly-modin (publ. par Ch. de La Mothe). *Paris, Nic. Chesneau et Mamert Patisson, 1574,* in-4, v. gaufr.

2240. Oraison de Jaques Tahureau au Roy, de la grandeur de son règne, et de l'excellence de la langue françoyse; plus quelques vers du mesme autheur dediez à Mme Marguérite. *Paris, Vve Maurice de la Porte, 1555,* in-4, vél.

2241. La Complainte de France. *Imprimé nouvellement, 1568,* in-8, br.

> Réimpression exactement conforme à l'édition originale, publiée à Chartres par M. Duplessis et tirée seulement à 48 exemplaires. — Un des HUIT en papier de Hollande.

2242. Joa. Aurati Lemovicis poetæ poematia. *Lutet.-Paris., G. Linocier, 1586,* 2 tom. en 1 vol. in-8, cart., tr. dor.

> Avec un beau portrait de Dorat, au verso du titre, gravé en taille-douce à la manière de Thomas de Leu par Rabel. — Cette édition rare du fameux Dorat, le chef de la Pléiade et le maître de Ronsard, renferme aussi ses poésies françaises. On y trouve, ainsi que dans la partie latine, les plus curieux détails sur cette époque si tragique et si extraordinaire de notre histoire. — Deux des piè-ces de vers qui sont adressées à Dorat, dans les liminaires, sont si-gnées par des DAUPHINOIS: l'un se nomme J. Vincent, probable-ment Vincent, du Crest Arnauld en Dauphiné, et l'autre P. A. Balmé ou Baumé « P. A. Balma, Delphinas. »

2243. LES OMONIMES, Satire des mœurs corrompues de ce siè-cle, par Antoine du Verdier, homme d'armes de la compa-gnie de M. le Seneschal de Lyon. *Lyon, Ant. Gryphius, 1572,* in-4, rel. pleine en mar. vert du Levant, à nerfs, fil. à pet. fers et à riches compart. à la Grolier, avec devise au centre, dent. intér., tr. dor.

> BEL EXEMPLAIRE, EXTRÊMEMENT GRAND DE MARGES.

2244. LES PREMIÈRES ŒUVRES DE PHILIPPE DES PORTES, au Roy de Pologne. *A Paris, de l'imprimerie de Robert Estienne*, 1573, in-4, réglé, mar. olive, fil. à comp., plats et dos très-richement dorés avec semis de lettres entrelacées, tr. dor. (*Reliure du* XVI* siècle.*)

> MAGNIFIQUE EXEMPLAIRE EN GRAND PAPIER, de la plus belle édition de Desportes. Le chiffre entrelacé qui se trouve répété sur le dos et les plats du volume serait, selon M. V. Luzarche, celui de *CATHERINE DE MÉDICIS*. Ce chiffre serait formé des lettres C. et M. répétées deux fois de manière à présenter toujours ces lettres, de quelque manière que le volume soit tourné. Catherine de Médicis, comme on sait, variait souvent son chiffre ; le monogramme qui se trouve sur ce volume ne figure pas parmi ceux que nous connaissons de cette princesse; aussi n'avons-nous jusqu'à présent d'autre autorité que celle de M. Luzarche. Quelle que soit la provenance de ce Desportes, c'est un précieux volume, revêtu d'un des plus beaux spécimens de l'art de la reliure au XVI* siècle. On sait combien il est rare de trouver des reliures de ce genre sur des livres intéressants et surtout SUR UN POETE FRANÇAIS DE PREMIER ORDRE. Quant au volume en lui-même, c'est le PLUS SPLENDIDE EXEMPLAIRE DE DESPORTES que l'on puisse rencontrer. Il est admirablement conservé, et REMPLI DE TEMOINS. Les marges en sont vraiment extraordinaires ; elles mesurent 246 millimètres de hauteur sur 170 millimètres de largeur.

2245. La Légende et Description du Bonnet quarré, avec les propriétez, composition et vertuz d'iceluy (en vers). *Lyon, P. Huzart*, 1578, in 8, pap. de Holl., br.

> Réimpression faite par M. Veinant, et tirée à *trente exemplaires* seulement.

2246. Etude sur Amadis Jamyn, poëte du XVI* siècle, né à Chaource, près Troyes, son temps, sa vie, ses œuvres, par E. Berthelin. *Troyes*, 1859, in-8, pl. de fac-simile, dem.-rel. non rogné.

> Tiré à très-petit nombre et non mis dans le commerce.

2247. Les Œuvres (poëtiques) de Scévole de Sainte-Marthe. *Paris, Mamert Patisson*, 1579, in-4, rel. pleine en mar. rouge du Levant, à nerfs, fil. et entrelacs genre XVI* siècle sur les plats, dent. intér., tr. dor. (*Lortic.*)

> PRÉCIEUX EXEMPLAIRE ayant appartenu à l'auteur lui-même, Scévole de Sainte-Marthe, dont la signature autographe se voit au bas du titre. Le volume porte en outre des additions et corrections autographes de la même main ; le feuillet 94 qui contient une pièce de vers de Remy Belleau, reproduite deux fois par erreur, a été supprimé dans tous les exemplaires, ce qui les fait regarder comme incomplets. Ce feuillet avec sa pagination se trouve dans cet exemplaire.

2248. Les Œuvres (poëtiques) de Scévole de Sainte-Marthe. *Paris*, 1629.—La Vie de Scévole de Sainte-Marthe, par Gabr. Michel, Sr de Roche-Maillet. *Paris*, 1629.—Oraison funèbre de Scévole de Sainte-Marthe, président et trésorier-général de France à Poictiers, prononcée en l'église de S. Pierre de Lou

dun, par M. Urbain Grandier, curé de ladite église et chanoine de Saincte Croix, le 11 de septembre 1623. *Paris, 1629.*
— Oraison funèbre sur le decez de Scévole de Ste Marthe,
par Théophraste Renaudot, prononcée au palais de Loudun,
le 5 jour d'avril 1623 en présence des officiers et autres notables personnes de la mesme ville. *Paris,* 1629. In-4, vél.

2249. Joa. Edoardi du Monin, Burgundionis Gvani Beresithias,
sive mundi creatio. *Parisiis, J. Parant,* 1576, in-8, vél.

> Poésies latines et FRANÇAISES de Jan Edoard du Monin, né à Gy
> en Franche-Comté. Elles sont dédiées à Mess. Ph. Hurault de
> Chiverny.

2249 *bis.* Les Mimes, enseignemens et proverbes de Jan Ant. de
Baïf. *Paris, Mamert Patisson,* 1581, pet. in-12, mar. br.,
dent. intér.

2250. L'Idée de la République de François de Béroalde Sr de
Verville. En ce poëme est discouru du devoir de chascun,
de ce qui concerne la police en son entier, etc. *Paris, Th.
Joüan,* 1584. — Dialogue de la Vertu, par le même. *Ibid.,*
1584, 2 part. en 1 vol. pet. in-12, reliure pleine en mar. bleu
du Levant, à nerfs, devise sur les plats, dent. intér., tr. dor.

> Selon Brunet, ce volume est un des ouvrages les plus rares du
> fécond écrivain Tourangeau.

2251. Deux Dialogues, l'un de l'honneste amour et l'autre de
la bonne grâce (avec les poésies amoureuses dudict auctuer),
par F. B. de Verville. *Paris, Galiot Corrozet,* 1602, pet. in-
12, rel. pleine en mar. grenat du Levant, à nerfs, dos orné,
fil., dent. intér., tr. dor. (*Lortic.*)

> Un des plus rares ouvrages de Béroalde de Verville, Tourangeau.
> Très-bel exemplaire.

2252. Les Œuvres de Guillaume du Buys Quercinoys. *Paris,
Guill. Bichon,* 1585, in-12, vél.

> Poëte très-rare. Exemplaire extrêmement haut de marges.

2253. Perse traduict en vers françois par forme de paraphrase,
par Guillaume Durand, de Senlis. *Parisiis, D. Du Pré,* 1586,
in-8, rel. pleine en mar. vert du Levant, à nerfs, devise sur
les plats, dent. intér., tr. dor.

> Bel exemplaire d'un livre rare. Cette seconde édition dédiée à
> Pierre Chevalier, évêque de Senlis, a été revue, corrigée et aug-
> mentée par Guill. Durand *devant sa mort.*

2254. Notice sur P. de Brach, poëte Bordelais du xvie siècle,
par Reinhold Dezeimeris. *Paris,* 1858, in-8, portr. d'après
Thomas de Leu, br.

2255. Joa. Bonefonii patris, Arverni opera omnia, avec les imitations françoises de Gilles Durant, nouvelle édition corrigée

et augmentée de plusieurs fragmens qui n'avoient point encore paru. *Amstelodami, ex officina Wetsteniana,* 1726, in-12, rel. pleine en mar. rou. du Levant, à nerfs, fil., dent. intér., tr. dor.

Jean Bonnefons l'auteur de ces charmantes poésies, naquit à Clermont en Auvergne en 1554. Il exerça à Bar-sur-Seine la charge de lieutenant général dès 1584. — Gilles Durant, Sr de la Bergerie, est un des poëtes français du xvie siècle, les plus suaves et les plus naïfs que l'on puisse lire. Tout dans ses vers respire la grâce et la mignardise. Outre ses Imitations en vers français de la *Pancharis* et autres pièces de Bonnefons, ce volume est presque entièrement rempli par ses *Gayetez amoureuses,* des chansons, des odes, etc., etc. — Cette édition est la plus complète de toutes. Bien qu'elle porte la rubrique d'Amsterdam, les caractères et les fleurons indiquent d'une manière certaine que ce volume est imprimé en France. Nous pensons même qu'il a été publié par le libraire Coustelier et que B. de La Monnoye n'y a point été étranger. Nous ferons encore observer que ce bel exemplaire contient le carton de 8 pages pour les pièces retranchées, carton qui manque quelquefois.

2256. Ode sacrée de l'Église Françoise sur les misères de ces troubles huicliesmes depuis vingt-cinq ans en ça. *Imprimé nouvellement,* 1586, in-8, br.

Réimpression publiée à Chartres par M. Duplessis, et tirée seulement à 48 exemplaires. — Un des HUIT en papier de Hollande.

2257. Cantique d'action de grâces, pour la deffaicte et dissipation de l'armée d'Espagne en l'an 1588. *Imprimé à Harlem, par Gilles Romain,* 1588, in-8, v. fauve, fil., dos orné, tr. dor. *(Mackenzie.)*

Bel exemplaire d'un livre curieux et fort rare. Ce cantique est « une paraphrase du psaume 50 appliquée à la dispersion de l'invincible *Armada* de Philippe II, roi d'Espagne. A cette pièce, « d'un poëte protestant, on a réuni des *sonnets* à son altezze Henri III, « au roi de Portugal, à M. le prince d'Orange, Guillaume de Nassau, etc.; un poëme latin intitulé *Calliope,* et adressé à la reine « d'Angleterre, Elisabeth, etc., toujours sur les événements de cette « époque. Ce recueil de pièces rares et anonymes est extrémement « curieux. » Tel est le jugement qu'en porte Viollet-Leduc, auquel cet exemplaire a appartenu. — Quant à l'auteur, il est certain qu'il est originaire du nord de la France. Dans la préface du poëme de *Calliope,* il raconte que la fortune contraire le conduisit de CALAIS jusqu'en Zélande, et de là en Brabant. Il dit aussi avoir fait imprimer par Plantin quelques ouvrages français qu'il avait composés dans sa jeunesse. Nous pensons donc pouvoir attribuer ces poésies à Jean-François Le Petit, greffier de BETHUNE, réfugié dans les Pays-Bas, pour cause de religion. (Voir *Brunet,* au mot *sonnets.*)

2258. Les Ballieux des ordures du monde. *Rouen, Abr. Cousturier,* s. d., in-8, papier vergé, dem.-rel., dos et coins de mar. viol., non rogné.

Réimpression d'un livre extrêmement rare, faite à Chartres par les soins de M. Duplessis et tirée à 32 exemplaires seulement. — Exemplaire de Viollet-Leduc.

2259. Ode à M. de Chastillon, comte de Coligni, admiral de Guyenne, sur la version de son nom, par Lallier, publ. d'après un ms. du xvi₀ siècle, par F. Saulnier. *Rennes*, 1851, in-8, br.

> Tiré à 25 exemplaires seulement, et non mis dans le commerce.

2260. Les Quatrains du seigneur de Pybrac, trad. de langue françoise en langue italienne, quatrain pour quatrain, par le Sʳ de Sainct Jullite. *Paris*, 1621, in-8, cart. antiq.

2261. La Henriade et la Loyssée de Sébastian Garnier. *Sur la copie imprimée à Blois en 1594. (Paris, Musier, 1770)*, in-8, dém.-rel.

2262. Le Testament de la Ligue (en vers). *S. l.*, 1594, in-8, br.

> Réimpression figurée, faite à Chartres par les soins de M. Duplessis et tirée à 32 exemplaires conformes en tout, même pour le papier (qui est du xviᵉ siècle), à l'édition originale.

2263. L'AMOUR DE LA BEAUTÉ du Sʳ du Croset Forésien, divisé en IV livres où sont introduits six bergers maistrisez de l'amour de six pucelles, lesquelles après plusieurs discours accompagnez d'élégies, chansons, sonnets et stances, récitent quatre histoires convenables à ce temps, plus une églogue qui exprime naïfvement et les misères de la guerre et la force de l'amour. *Rouen, Raph. du Petit Val, 1600*, in-12, v. fauve. *(Aux armes du comte de Toulouse.)*

> Très-rare. — A la fin se trouvent les *Meslanges poétiques* de du Crozet. — C'est à peine si l'on connaît deux exemplaires de ce volume.

2264. Le Pétrarque en rime françoise, par Philippe de Maldeghem, seigneur de Leyschot. *Bruxelles, R. Velpius, 1600*, pet. in-8, vél.

2265. Recueil des plus anciennes chansons de l'Escalade (1602). *Genève, s. d.*, in-12, br.

> Avec des chansons en patois du canton de Vaud et du Chablais.

2266. La Fricassée Crotestyllonnée, réimpression textuelle faite sur l'édition de Rouen, 1604, précédée d'un avant-propos de Philomneste Junior, et enrichie d'annotations de M. Epiphane Sidredoux, président de l'Académie de Sotteville-lès-Rouen, etc. *A Rouen (Genève)*, 1867, in-12, grand papier de Hollande, br., non rogné.

> Edition tirée, en tout, à *cent exemplaires*, et totalement épuisée.

2267. La Bergère Uranie, ou la revivance du vray amour (par M. Favre). *Paris, J. Gesselin*, 1605, in-12, dem.-rel.

> En prose et en vers. — Dédié à *Marguerite de Croy*, comtesse de Boussu.

2268. LE PARNASSE des plus excellens poëtes de ce temps (recueilli par d'Espinelle). *Paris, Matth. Guillemot*, 1607, gros in-12, charmant frontispice gravé par Léonard Gaultier, rel. pleine en mar. rouge du Levant, à nerfs, dos richement orné, fil. et dorures avec devise sur les plats, dent. intér., tr. dor. (*Capé.*)

> TRÈS-BEL EXEMPLAIRE. Ce recueil contient une quantité de pièces de poésies qui n'ont été rassemblées que là. Elles sont signées de *Bertaut*, de *Du Perron*, de *Porchères*, de *Malherbe*, de *Motin*, de *Vauquelin des Yveteaux*, de *Montchrestien*, du sieur *d'Hemery d'Amboise*, de *Maynard*, de *de La Roque*, de *Berthelot*, de *Deixmier*, de *Sponde*, etc., etc. On y trouve des pièces de tout genre, pièces historiques: *Discours au Roy allant en* PICARDIE. — *Sur la blessure du Roy et le parricide de Jean Chastel.* — *Stances sur la prise d'*AMIENS. — *Pour le Roy allant en* LIMOSIN, etc... — Des pièces amoureuses: *Que ce n'est pas amour que d'aymer sans jouyr.* — *Stances en faveur des filles, contre les femmes.* — *Mespris des dames et de leur amour,* etc., etc.

2269. LES DÉVOTS ÉLANCEMENS du poëte chrestien présentés au Roy Henri IV, par Alphonse de Rambervilliers. *Paris, Périer, 1610,* pet. in-12, front. gr. et fig. de Thomas de Leu et de Jean de Weert, v., fil., tr. dor.

> Volume curieux et fort rare. Il est orné de 27 belles planches gravées par Th. de Leu et J. de Weert. La figure de Henri IV est reproduite dans quelques-unes de ces images mystiques dont le dessin original, au rapport de quelques bibliographes, appartiendrait au poëte lui-même. (Voy. le long article de Brunet, à l'article *Ramberoilliers*.) — La planche peut-être la plus curieuse se trouve en regard des *Stances dédicatoires*. Elle est de *Thomas de Leu*, et représente le roi HENRY IV, couronné et revêtu du manteau royal, à ses genoux, MARIE DE MÉDICIS, lui offrant un livre, probablement celui du poëte son protégé. — Les épreuves sont très-belles. Exemplaire dans sa première reliure.

2270. Les Satyres du Sr Régnier. *Paris, N. et J. de La Coste,* 1635, in-8, vél.

> Cette édition contient d'austres satyres et folastreries assez graveleuses de *Sigogne* et de *Bertelot*, qui depuis ont été retranchées.

2271. OEuvres de Mathurin Régnier, avec les commentaires, précédées de l'histoire de la Satire en France, par Viollet-Leduc. *Paris, Desoer,* 1822, in-18, dem.-rel., v. antiq., *non rogné.*

> Bel exemplaire de cette jolie édition.

2272. OEuvres de Régnier, avec commentaires par Viollet-Leduc. *Paris, Desoer,* 1823, in-8, br.

2273. Essai sur les Satires de Mathurin Régnier (1573-1613), par James de Rotschild. *Paris,* 1863, in-8, pap. vergé, br.

> Tiré à petit nombre.

2274. Avant-Chants alaigres de Navières G. S. (gentilhomme Sedanois) (en vers), sur les Alliances Royales et réjouyssances publiques précédentes les solennitez du mariage des enfans des plus célèbres et augustes roys de l'Europe (sur le maria[...]

ge de Louis XIII). *Paris, F. Bourriquant,* 1612, in-8, cart.
à la Brad., titre doré.

> Avec un joli portrait sur bois de Louis XIII enfant, au verso du
> titre. Ch. de Navières était poëte, musicien et capitaine de la jeu-
> nesse de Sedan. Cette pièce rare a échappé aux recherches de l'abbé
> Bouilliot qui n'en fait pas mention dans la liste détaillée des œuvres
> de ce poëte qu'il donne dans la *Biographie ardennaise.*

2274 *bis.* Les secondes œuvres poëtiques et tragiques de Jehan
Prevost, advocat en la basse Marche. *Poictiers, Julian Thoreau*
1613. — Apothéose du Très-Chrestien roy de France et de
Navarre, Henry III, par J. Prevost, advocat au Dorat. *Poictiers,* 1613, 2 tom. en un vol. in-12, cart. antiq.

2275. Les OEuvres poëtiques de Joach. Bernier de la Brousse.
Poictiers, Julian Thoreau, 1617, in-12, vél.

> Volume très-rare. — L'exemplaire est à toutes marges et très-
> bien conservé. Le titre a été refait.

2276. Le premier (second et troisiesme) livre de la Muse Folas-
tre, recherchée des plus beaux esprits de ce temps. *Troyes,
Nic. Oudot,* 1617, 3 tom. en un vol. in-24, v.

> Recueil de toute rareté, surtout complet. Le premier titre est
> doublé. Quelques feuillets sont un peu effleurés. Les beaux exem-
> plaires valent de 250 à 300 fr.

2277. Meslanges poëtiques, tragiques, comiques et autres diverses de l'invention de L. D. L. F. (Louis De La Faille ?) à la
France. *Lyon, Ambr. Travers,* 1624, in-8, v. marbr.

> Recueil rare et peu connu. Il se compose de la *Franciade,* tragé-
> die par le sieur *de Grossepierre;* les *Desguisés,* comédie (ou les *Amours*
> d'Olivier Galnad, étudiant à l'université de Toulouse, fils de Pierre
> Galand, bourgeois de Valence en Dauphiné); la fontaine de *Gentilly*
> (près Paris), en trois livres ; la fontaine de *Saint-Font* ; la *Perdrix,*
> le *Flascon,* les *Goguettes,* Meslanges, etc., etc. — Quelques biblio-
> graphes attribuent, nous ne savons sur quelles preuves, [ce recueil
> à *Jean Godard, Parisien,* ancien procureur au bailiage de Ribémont.
> Les initiales du titre ne répondent guère à ce nom.

2278. Les OEuvres poëtiques de Mre François de Malherbe.
Paris, Ant. de Sommaville, 1642, pet. in-12, vél.

2279. Les Poésies de Malherbe, avec les observations de ménage. *Paris, Cl. Barbin,* 1689, in-12, v.

2280. Le Juvénal François composé par Jaques Le Gorlier
(gentilhomme Champenois), écuyer Sr de la Grand Court.
Paris, Cl. Collet, 1624, in-8, frontisp. gravé par Melchior
Tavernier et beau portr. de l'auteur, vél.

> Volume très-curieux et rare. Ce n'est pas une traduction de Ju-
> vénal comme le titre pourrait le faire supposer; ce sont des satires
> en vers et en prose contre les mœurs et les gens du temps. — Contre
> les cocus volontaires. — Contre les dineurs excessifs et des mala-
> dies qui suivent la gourmandise. — Equipage de chasse des dames

d'amour. — Meute de chasseuses. — Plaisante chasse de trois dames qui ne prirent rien. — Raillerie contre un jeune homme qui contente les lubriques désirs d'une vieille. — Réprimande pour ceux qui ne se cachent pas en leurs plaisirs vénériques. — Misères de ces bons maris qui croient que leurs femmes les encornent par nécessité. — Curieuse recherche comme le cocuage est honorable presque chez toute sorte de nations, — etc..., etc..., etc....

2281. L'Orphée Sacré du Paradis qui par les mélodieux accords de plusieurs préceptes moraux, sentences exquises et conceptions théologiques enchante doucement les brutales affections du vice et en désabuse les esprits mondains, par C. Girard, prestre et advocat ecclésiastique, à Mgr Dinet, evesque de Mâcon. *Lyon, Jonas Gautherin,* 1627, in-8, beau frontisp. gravé, rel. pleine en v. rose, à nerfs, fil., tr. dor.

Poésies singulières et rares.

2282. La Semaine d'Argent, contenant l'histoire de la seconde création ou restauration du monde (poëme en sept journées), dédié au prince de Sedan. *Sedan, par Jacques de Turenne, imprimeur de Son Excellence,* 1629, in-8, v. éc., dent.

Bel exemplaire d'un livre très-rare. — Abel d'Argent était originaire de la Cerleau dans les Ardennes.

2283. Les OEuvres de Théophile. *Rouen, J. de La Mare,* 1632, in-8, bas.

2284. Les OEuvres de Théophile. *Paris, Ant. de Sommaville,* 1661, 3 tom. en un vol. pet. in-12, v. br.

Exemplaire *rempli de témoins,* de l'édition la plus jolie et la plus complète de Théophile.

2285. Les OEuvres de Théophile. *Paris, N. Pépingué,* 1662, pet. in-12, v. br.

2286. Le Parnasse Satyrique du Sr Théophile avec le recueil des plus excellens vers satyriques de ce temps. *Gand,* 1861, 2 vol. in-16, pap. vergé, dem.-rel., v. fauve à nerfs, non rognés.

Bel exemplaire. Reliure uniforme avec l'article suivant.

2287. Le Cabinet Satyrique, ou Recueil parfait des vers piquans et gaillards de ce temps tiré des secrets cabinets des Srs de Sigognes, Regnier, Motin, etc... *Gand,* 1859, 3 vol. in-16, pap. vergé, dem.-rel., v. fauve à nerfs, non rognés. (*Bel exemplaire.*)

Réimpression à petit nombre et depuis longtemps épuisée dans le commerce.

2288 Les Nopces de Vaugirard, ou les Naisvetez champestres,

pastorale dédiée à ceux qui veulent rire, par L. C. D. *Paris,* 1638, in-8, v. m.

Ce volume de poésies manque à beaucoup de collections. Un exemplaire a été vendu 19 fr. 50 cent., de Soleinne. — Quelques feuillets mal pliés sont un peu courts en tête.

2289. Recueil de divers rondeaux. *Paris, Aug. Courbé,* 1639, pet. in-12, front. gravé, rel. pleine en mar. vert du Levant, à nerfs, dos orné, fil. à comp., dent. intér., tr. dor.

Joli exemplaire.

2290. Les OEuvres poëtiques de maistre François Philon, contenant la traduction des douze livres de l'OEneide de Virgile et autres pièces. *Agen, Jean Gayau,* 1640, in-8, rel. pleine en mar. bl. du Levant, dent. intér., tr. dor. (*Lortic.*)

Poésies rares et très-curieuses. Très-bel exemplaire à toutes marges, rempli de témoins.

2291. La vie, les travaux, la grace et la gloire de la Vierge Sacrée (en vers), par le Sr Régnier. *Paris, Fr. Piot,* 1641, pet. in-8, rel. pleine en maroquin vert, fil., dos orné, dent., tr. dor. (*Capé.*)

Très-bel exemplaire.

2292. Les Chansons de Gaultier Garguille. *Rouen, Dav. Ferrand,* 1643, pet. in-12, front. gravé s. bois, vél.

Edition très-rare de ces chansons égrillardes. Elle est restée inconnue à M. Brunet. — On sait combien sont rares ces anciens recueils de chansons populaires, avidement dévorées par le bas peuple à cause des gros mots qui en forment les refrains ; aussi les exemplaires sont-ils presque toujours fatigués, déchirés ou incomplets.

2293. Les Chansons folastres et récréatives de Gaultier Garguille, nouvellement revues, corrigées et augmentées oultre les précédentes impressions. *Paris, Claudin,* 1858, in-16, pap. vergé, portr., br.

Tiré à petit nombre et totalement épuisé.

2294. Jardin des Muses où se voyent les fleurs de plusieurs agréables poésies. *Paris, Ant. de Sommaville et Aug. Courbé,* 1643, pet. in-12, rel. pleine en mar. r. du Levant, à nerfs, dos orné au pointillé, fil. à comp., dent. intér., tr. dor. (*Lortic.*)

Très-joli recueil renfermant une foule de pièces curieuses qui n'ont été rassemblées que là. A la page 61, on remarque des poésies sur la *chasse.* Très-bel exemplaire.

2295. L'Imitation de Iesus-Christ, traduite et paraphrasée en vers françois, par P. Corneille. *Imprimée à Rouen, par L. Maurry pour Robert Ballard,* 1656, in-4, front. gravé et fig., préparé pour la reliure.

Première édition de trois livres réunis. Exemplaire très-beau de marges.

2296. L'Imitation de Jésus-Christ, trad. et paraphrasée en vers françois, par P. Corneille. *Imprimée à Rouen par L. Maurry pour Rob. Ballard*, 1658, pet. in-4, frontispice gravé et fig. de Chauveau, v. br.

Seconde édition originale.

2297. Les OEuvres du sieur de Saint-Amant. *Paris, Touss. Quinet*, 1642-43, 3 tom. en un vol. in-4, vél.

Très-bel exemplaire, contenant le fameux *Caprice du C.* pièce libre qui forme 6 feuillets chiffrés à part, et qui sont ajoutés à la fin de la 3e partie. Ces feuillets supplémentaires manquent dans la plupart des exemplaires; et comme ils se trouvent placés après le mot *fin* et n'ont pas de signature, le volume peut paraître complet au premier abord, quand l'on ne connaît pas cette particularité. — Signalons encore un *carton*. La page 123 de la 3e partie s'y trouve en double, avec quelques légères différences typographiques.

2298. Les OEuvres du Sr de Saint-Amant. *Paris, M. Bobin*, 1665, pet. in-12, v. br.

« La Guérin dont il est parlé à la page 166 était la mère de la « femme de Molière. Ceci me paraît n'avoir été connu d'aucun des « bibliographes de Molière. »
(Note de M. Luzarche.)

2299. Moyse Sauvé, idyle héroïque du sieur de Saint Amant, à la sérénissime Reyne (Christine) de Pologne et de Suède. *Leyde, Jean Sambix (Bonaventure et Abraham Elsevier)*, 1654, pet. in-12, front. gravé, rel. pleine en mar. rouge du Levant, à nerfs, dos orné, fil., dent. int., milieu orné avec devise, tr. dor. (*Capé.*)

Véritable Elsevier de Leyde admirablement imprimé. Exemplaire très-grand de marges, revêtu d'une charmante reliure.

2300. Les Chevilles de Me Adam (Billaut), menuisier de Nevers. *Paris, Touss. Quinet*, 1644, in-4, avec un beau portrait d'Adam Billaut gravé par Daret, vél.

Bel exemplaire avec témoins d'une édition recherchée. On y trouve la préface de l'abbé de Marolles sur les *Chevilles*.

2301. OEuvres de Me Adam Billaut, menuisier de Nevers. *Paris*, 1806, in-12, dem.-rel.

2302. Recueil de quelques vers burlesques (par Scarron). *Paris*, 1643, frontisp. gravé par Cl. Mellan. — Typhon, ou la Gigantomachie, poëme burlesque dédié à Mgr l'Eminentissime cardinal Mazarin (par Scarron). *Paris*, 1644, curieux frontisp. gravé, 2 part. en un vol. in-4, vél.

ÉDITIONS ORIGINALES. — Beaux exemplaires.

2303. Le Virgile Travesty, en vers burlesques de M. Scarron, dédié à la Reyne. *Paris, Touss. Quinet*, 1648, in-4, fig. de Chauveau, v. m., fil.

ÉDITION ORIGINALE.

2304. Recueil des OEuvres burlesques de Scarron. *Jouxte la copie, à Paris, chez T. Quinet (Bruxelles, Foppens)*, 1655, pet. in-12, front. gravé, vél.

Première édition, admirablement imprimée avec de petits caractères elzéviriens. — « Ce joli volume, dit Pieters, sort évidemment des presses de Fr. Foppens. » Vendu 57 fr. Renouard. — Légère piqûre dans la marge.

2305. OEuvres de Scarron, édition augmentée de quantité de pièces omises dans les éditions précédentes. *Amsterdam, Wetstein,* 1752, 7 vol. pet. in-12, fig. de Folkema, rel. pleine en v. antiq., à nerfs, fil. et fers à fr.

Jolie édition recherchée. C'est aussi, comme l'indique le titre, celle qui est la plus complète.

2306. La Suite du Virgile Travesty (en vers). *Bordeaux, Guill. de la Court,* 1674, pet. in-12, v. br.

Volume peu commun. L'épître dédicatoire est signée de l'initiale I ou J.

2307. Jardin d'Epitaphes choisis, où se voyent les fleurs de plusieurs vers funèbres, tant anciens que nouveaux, tirez des plus fleurissantes villes de l'Europe, par P. Guillebaud, d'Angoulême. *Paris, G. Méturas,* 1648, in-12, vél.

Volume rare où se trouvent recueillies de très-curieuses épitaphes de personnages célèbres que l'on ne trouve que là.

2308. Le Paranimphe du Roy (en vers) par Nicolas Iamin, Tourangeau. *Paris, Nicolas Gasse,* 1649, in-4, cart. (*Bel exemplaire.*)

2308 bis. Le Départ des Alemands et Polonois du chasteau de Meudon, en vers burlesques. *Paris, J. Guillery,* 1649, pet. in-4, joli cart. antiq.

2309. La Bastille conquise, poëme héroïsatiro-comique, divisé en X chants où se voit l'histoire entière de tout ce qui a précédé, accompagné et suivi le blocus de Paris entrepris par le cardinal Mazarin contre le Parlement en 1649, pet. in-8, v. marbr.

MANUSCRIT INÉDIT DU XVIIᵉ SIÈCLE, fort curieux, sur un épisode des plus intéressants relatif aux troubles de la Fronde. — Environ 400 pages d'une bonne écriture.

2310. Le Premier (second et suivants) Courrier François traduit fidellement en vers burlesques. *Paris, Cl. Boudeville,* 1649, 12 parties en un vol. in-4, vél.

Très-curieux *Journal historique en vers* dans le genre de la *Muse de Loret.* — Bel exemplaire, *bien complet.*

2311. Les Bergeries de Me Honorat de Bueil, Sr de Racan. Paris, 1698, in-12, cart.

2312. Les OEuvres de M. Honorat de Beuil, chevalier seigneur de Racan. *Paris, Coustelier, 1724, 2* vol. in-12, v. marbr.

2313. OEuvres complètes de Racan, publ. par Tenant de Latour. *Paris, P. Jannet,* 1857, 2 vol. in-16, rel. en perc., non rognés.

2314. Le Courier burlesque (par St-Julien). *Paris,* 1650, pet. in-12, curieux frontispice gravé, dem.-rel. dos et coins de mar. br. du Lev., à nerfs, fil., tr. dor., *non rogné. (Petit.)*

Poëme rare, surtout dans cette condition.

2315. L'Eslite des Bouts-Rimez de ce temps, contenant ceux de Bois-Robert, Benserade, La Calprenède, Tristan, Sarrazin, l'abbé de Laffemas, Montreuil, Gillet, Des Marets, de St-Julien et plusieurs autres. *Imprimé à Paris et se vend au Palais,* 1651, in-16, v. br., fil.

2316. Le Vainqueur de la Mort, ou Jésus mourant, poëme de P.L.B. (Bigres). *Paris, Ch. de Sercy,* 1652, in-8, fig., mar. rouge à nerfs, fil. à compar., dent. intér., tr. dor. (*Koehler.*)

Très-bel exemplaire d'un poëme que l'on trouve rarement avec les figures gravées par *CALLOT.* C'est une suite dite *Petite Passion* de ce maître.

2317. Les OEuvres poëtiques du Sr Dalibray divisées en vers bachiques, satyriques, héroïques, amoureux, etc. *Paris, J. Guignard,* 1653, in-8, v. f.

2318. Epigrammes du Sr Colletet, avec un discours de l'Epigramme. *Paris, L. Chamhoudry,* 1653, pet. in-12, v. br.

Dans le même volume: *Projet pour l'histoire du R. P. Maignan... à tous les sçavans et particulièrement à ceux de l'ordre des Minimes. Sur la copie, A***,* 1703.

2319. Alaric ou Rome vaincue, poëme héroïque dédié à la Serenissime Reyne de Suède par M. de Scudéry, gouverneur de Nostre-Dame-de-la-Garde. *Imprimé à Bruxelles (par François Foppens), et se vend à Paris, chez Augustin Courbé,* 1656, in-12, frontisp. gravé, portr. et fig., v. br., fil.

Jolie édition imprimée avec des caractères elzéviriens, avec fleurons à la tête de buffle. On sait que Foppens rivalisait avec les Elzevier et que ses volumes qui sont d'une remarquable exécution, se joignent à la collection de ces célèbres imprimeurs.

2320. Ægidii Menagii poëmata. — Poésies françoises de G. Menage. *Parisiis, Courbé,* 1656, pet. in-8, v. br., fil.

Très-jolie édition admirablement imprimée.

2321. La Pucelle ou la France délivrée, poëme par Chapelain. *Paris, Courbé,* 1656, in-fol., portr. par Nanteuil et fig. d'Abrah. Bosse, v.

> Dans le même volume : *Les Œuvres (poétiques) du P. Lemoyne. Paris,* 1672, fig.

2322. LA PUCELLE ou la France délivrée, poëme héroïque par Chapelain. *Suiv. la copie (Hollande, Elzev.),* 1656, pet. in-12, front. gravé et fig. à chaque chant, rel. pleine en mar. r. du Levant à nerfs, dos orné, fil., milieux dent. intér., tr. dor. (*Lortic.*)

> Jolie et rare édition qui fait partie de la collection des Elzevier. — Charmant exemplaire.

2323. La Pucelle ou la France délivrée, poëme héroïque par Chapelain. *Paris, Courbé,* 1657, in-12, jolies fig. de Campion, v. antiq., à nerfs.

2324. La Pucelle, par Chapelain. *Paris, Courbé,* 1657, in-12, fig., v. br.

2325. Poésies de Chevreau. *Paris, Sommaville,* 1656, in-8, m. r., dent., tr. dor. (*Anc. reliure.*)

> Urbain Chevreau était de Loudun. Ses poésies se composent d'odes, de sonnets, d'épigrammes, de chansons, de madrigaux, etc... — On y trouve encore deux *Ballets* composés pour la reine Christine de Suède et dansés à Stockholm, des pièces adressées à Adam Billault, à Balzac, à une religieuse possédée (à l'occasion de l'affaire d'Urbain Grandier), etc..., etc...

2326. OEuvres meslées de Chevreau. *La Haye, Adr. Moetjens,* 1697, en 2 vol. in-12, portr., v. gran.

2327. Recueil de diverses poésies des plus célèbres autheurs de ce temps, contenant la Belle Gueuse, la Belle Aveugle, Métamorphose des yeux de Phillis, la Souris, Amaranthe au cours, poésies de M. de Chaudeville, la Dame Fardée, Requeste du Pont-Neuf, etc., etc. *Paris,* 1657, 2 tom. en un vol. pet. in-12, vél.

> Bel exemplaire. — La 2e partie, qui n'est pas tomée, est rare et manque souvent.

2328. LA LYRE DU JEUNE APOLLON, ou la Muse naissante du petit de Beauchasteau (François-Mathieu Chastelet). *Paris, de Sercy,* 1657, 2 tom. en un vol. in-4, réglé, jolis portraits de dames et seigneurs de la cour, gravés par Montcornet et Fresney, dem.-rel., dos et coins de cuir de Russie, à nerfs (*Bel exemplaire.*)

> Recueil de vers d'un jeune improvisateur âgé de 10 ans, qui n'était pas sans talent. En tête se trouve une préface du poëte Maynard. Notre volume, qui est réglé et très-grand de marges, est beau-

coup plus complet que les autres que l'on connaît. En effet, M. Brunet indique VINGT-DEUX PORTRAITS, pour que le livre soit complet, tandis que nous en comptons VINGT-SEPT, tous en belles épreuves du temps. Nous ferons encore remarquer que nous possédons en double le feuillet 10 qui contient un carton composé d'un *impromptu à la reine Christine*, ce feuillet a été ajouté après coup dans quelques exemplaires seulement, et cette particularité n'a pas encore été signalée que nous sachions.

2329. Claude le Petit, sa fin tragique en place de Grève, à Paris, et ses ouvrages par Ed. Tricotel. *Paris*, 1863, in-8, br.

2330. Poésies choisies de MM. Corneille, Benserade, Boisrobert, de Scudéry, Sarrazin, Bertaut, etc., etc. *Impr. à Rouen et se vendent à Paris, chez Ch. de Sercy*, 1660, 5 vol., pet. in-12, front. gr., v.

> Bel exemplaire de cette collection recherchée, dite *Recueil de Sercy*.

2331. Diverses Poésies de Iean Regnaut de Segrais, gentilhomme normand. *Paris, Ant. Sommaville*, 1659, pet. in-12, vél.

> Édition originale, dédiée à Mademoiselle de Montpensier.

2332. OEuvres diverses de Segrais. *Amst., Fr. Changuion*, 1723, 2 tom. en 1 vol. in-8, portr., v.

> Mémoires, anecdotes, poésies, la Princesse de Paphlagonie, et l'Histoire de l'isle imaginaire.

2333. Guerre comique (des rats et des grenouilles, poëme), dédiée à Mme de Lyonne. *Paris, Cl. Barbin*, 1668, in-12, v. br.

2334. David, poëme héroïque, dédié à Mgr le chancelier, par le Sr Lesfargues. *Paris*, 1660, in-12, frontisp. gravé et fig. de Chauveau, vél.

> Bel exemplaire de ce poëte, l'une des victimes du satirique Boileau.

2335. David, poëme par le Sr Lesfargues. *Paris*, 1660, in-12, fig., vél. de Holl.

2336. Poésies nouvelles et autres œuvres galantes du sieur de C... (Cantenac). *Paris*, 1662, pet. in-12, front. gravé, v. br.

> C'est dans ce volume que se trouve l'*Occasion perdue*, pièce galante attribuée à Pierre Corneille.

2337. Recueil de quelques pièces nouvelles et galantes tant en prose qu'en vers. *Cologne, P. du Marteau (Holl., Dan. Elsevier, à la Sphère)*, 1663, pet. in-12, rel. pleine en mar. bl. du Lev. à nerfs, fil. à compart., devise sur les plats, dent. intér., tr. dor.

> Première édition fort jolie, et l'un des Elzeviers les plus recher-

chés. Ce volume contient le Voyage de Bachaumont et de Chapelle;
le sonnet du duc de Savoye à Mlle de Valois, et sa réponse; les
madrigaux sur une belle religieuse; Plainte de la France à Rome,
par CORNEILLE, etc., etc.; — des pièces de Benserade, Scarron et
autres beaux esprits du temps. On y trouve, page 175, une pièce
de BOILEAU qui parut bien avant ses autres œuvres, les pages
suivantes sont remplies par des anecdotes satiriques et des épigrammes contre *Boileau*.

2338. L'Ovide en belle humeur, par le S' Dassoucy. *Paris,*
Est. Loyson, 1664, pet. in-12, front. grav., v. br.

2339. Ovide en belle humeur, travesty en vers burlesques par
Dassoucy. *Paris, Quinet,* 1664, frontisp. gravé. — Le Jugement de Paris, travesty en vers burlesques (par le même).
Paris, 1664. — Le Ravissement de Proserpine, poëme burlesque de M. Dassoucy. *Paris,* 1664, 3 tom. en un vol. pet.
in-12, v. br.

2340. Le Nouveau Parnasse des Muses galantes, ou les divertissemens de la poësie françoise. *Paris,* 1665, in-12, vél.

   Ce recueil peu commun et recherché contient les « *Idylles du sieur*
   de Rampalle, » l'une des victimes de Boileau.

2341. La Ville de Paris, en vers burlesques, contenant les Galanteries du Palais, la Chicane des Plaideurs, les Filouteries
du Pont-Neuf, l'Éloquence des Harangères de la Halle,
l'Adresse des Servantes qui ferrent la Mule, etc..., par le
S' Berthaud, augmentée de nouveau de la Foire Sainct-Ger-
main, par le S' Scarron. *Paris, Ant. Rafflé,* 1665. — Le Tra-
cas de Paris, ou la seconde partie de la Ville de Paris, en
vers burlesques, contenant la Foire Saint-Laurent, les Ma-
rionettes, le Départ des Coches, l'Afféterie des Bourgeoises
de Paris, les Mauvais Lieux qu'on fait sauter, les Crieurs
d'eau-de-vie, les Aveugles, les Gobelins, les Estrennes, etc...,
et diverses autres descriptions plaisantes et récréatives. *Pa-*
ris, 1666, 2 tom. en un vol. pet. in-12, dem.-rel., mar. citr.
à nerfs, fil.

   La seconde partie de ce curieux volume est fort rare et manque
   dans la plupart des exemplaires. — Elle a été publiée par le poëte
   Colletet, si ridiculisé par Boileau.

2342. Poésies diverses du S' Furetière. *Paris, Th. Joly,* 1664.
pet. in-12, rel. pleine en mar. rouge du Levant, à nerfs, fil.,
dent. intér., tr. dor.

   Bel exemplaire.

2343. Le Voyage de Mercure, satyre (en vers), par Furetière.
Paris, 1669, in-12, v. m.

   Exemplaire de Viollet-Leduc.

2344. Les Œuvres de Montreuil (lettres et poésies). *Paris, Cl.*
Barbin, 1666, pet. in-12, portr., v. br.

2345. Les Œuvres galantes de Mme la comtesse de B... (Brégy). *Imprimé a Leyde (chez les Elsevier) et se vend à Paris*, 1666, pet. in-12, rel. pleine en mar. vert du Lev., à nerfs, fil. à fr., dent. intér., tr. dor.

2346. LA MUSE DAUPHINE, adressée à Mgr le Dauphin, par le Sr de S. (Subligny). *Paris, Th. Jolly*, 1668, in-12, rel. pleine en mar. rouge du Levant, à nerfs, dos orné, fil., devise et milieux ornés, dent. intér., tr. dor. (*Capé.*)

MAGNIFIQUE EXEMPLAIRE. La *Muse Dauphine* est une très-curieuse *Gazette rimée*, sur les bruits de la cour et de la ville, dans le genre de la *Muse historique* de Loret. — Volume rare.

2347. Poésies chrestiennes de l'abbé Cotin. *Paris, P. Le Petit*, 1668, in-12, v.

2348. Les Récréations poétiques, amoureuses et galantes, par le Sr Du Four (médecin). *Paris*, 1669, in-12, front. gr., bas.

2349. Recueil d'épigrammes des plus fameux poëtes latins mis en vers françois par le Sr Du Four. *Paris*, 1669, in-12, v. br.

A la fin se trouvent des épigrammes de *Marbeuf*, de *Ste-Marthe*, de *Passerat*, de *Rouxel*, etc..., etc...

2350. Recueil de poésies de divers autheurs, contenant la Métamorphose des yeux de Philis changez en astres..., la Belle Gueuse..., la Riche Laide..., la Vieille Amoureuse, etc. *Paris, A. Besoigne*, 1670, pet. in-12, rel. pleine en v. fauve, à nerfs, dos orné, fil., compart. à pet. fers, tr. dor.

Très-bel exemplaire d'un recueil curieux.

2351. Métamorphoses d'Ovide en rondeaux, par Benserade. *Paris, Imprimerie Royale*, 1676, in-4, jolies fig. à mi-page.

2352. Métamorphoses d'Ovide en rondeaux (par Benserade). *Jouxte la copie (Hollande, à la Sphère)*, 1677, pet. in-12, vél.

Jolie et rare édition qui fait partie de la collection des Elsevier.

2353. Les Œuvres de Bensserade. *Paris, Ch. de Sercy*, 1697, 2 vol. in-12, frontispices gravés, v. fauve.

Isaac de Benserade naquit à Lions-la-Forêt, près des Andelys en Normandie. Son père était huguenot.

2354. La Pharsale de Lucain, en vers françois, par Brébeuf. *La Haye, Arn. Leers (à la Sphère)*, 1683, pet. in-12, jolies fig. à l'eau-forte, vél. de Holl.

Petite édition peu commune très-bien imprimée avec des caractères elzéviriens.

2355. Les Œuvres de M. Sarasin (avec la préface de Ménage, etc.). *Paris, Nic. le Gras*, 1685, 2 vol. in-12, v. marbr.

2356. Nouvelles OEuvres de M. Sarrazin. *Paris, Cl. Barbin,* 1674, 2 tom. en 1 vol. in-12, v. br.

> Edition originale, dédiée à Boileau.

2357. Le Faut-Mourir, et les excuses inutiles qu'on apporte à cette nécessité, par Jaques Jaques, chanoine d'Ambrun. *Lyon, P. Thened,* 1707, pet. in-12, frontispice gravé, v. br.

2358. CONTES et Nouvelles en vers, de M. de La Fontaine. *Paris, L. Billaine,* 1669, pet. in-12, v.

> TROISIÈME ÉDITION ORIGINALE et l'un de ces très-rares exemplaires qui furent BRULÉS PAR L'ÉDITEUR lui-même, parce que, selon l'avis de M. Brunet, *la Servante justifiée* finit à la page 519, par deux lignes obscènes dont Charles Nodier avait eu connaissance, mais qu'il n'avait pas osé copier. Ce passage se trouve intégralement dans cet exemplaire. — Cette édition contient *trois contes nouveaux en texte original,* ainsi que la *Dissertation sur Joconde* et la *Coupe enchantée.* — La note de M. Brunet se trouve confirmée par l'auteur des *Sentimens critiques sur La Bruyère* (1701), qui dit (page 301) : « Que le libraire qui s'était d'abord chargé de ces *Contes* en eut du scrupule, et qu'il brûla, par le conseil de son directeur, tous les exemplaires qui lui restaient. » M. Walckenaër, qui fait autorité en pareille matière, rapporte cette anecdote à la présente édition de 1669.

2359. Recueil de Poésies chrestiennes et diverses, dédiées à Mgr le Prince de Conti par de La Fontaine. *Paris, P. Le Petit,* 1671, 3 vol. in-12, frontisp. gr., v. br. (*Edition originale*).

> « Recueil composé avec goût, dit Brunet. Il renferme plusieurs
> « morceaux qu'on chercherait vainement ailleurs.... Le troisième
> « volume, qui forme un recueil à part, ne se trouve que rarement
> « réuni aux deux autres. » (*Manuel,* t. III, p. 763.)

2360. Poëme du Quinquina, et autres ouvrages en vers de M. de La Fontaine. *Paris, D. Thierry et Cl. Barbin,* 1682, in-12, v. fauv., fil., tr. dor. (*Armoiries.*)

> ÉDITION ORIGINALE. Bel exemplaire.

2361. Ouvrages de prose et de poësie des sieurs de Maucroy et de La Fontaine. *Suiv. la copie,* 1688, 2 tom. en 1 vol. in-12, v.

2362. OEuvres de La Fontaine, nouvelle édition revue, mise en ordre et accompagnée de notes par C. A. Walckenaer. *Paris, Lefèvre,* 1827, 6 vol. in-8, pap. vélin, portr., rel. pleine en mar. bleu, à nerfs, fil. à compart., petits fers, devise sur les plats, doublés de mar. vert pomme, fil. à comp. et pet. fers, tr. dor.

2363. Opuscules inédits de Jean de La Fontaine, publ. par de Monmerqué. *Paris,* 1820, in-8, br.

2364. Histoire de la vie et des ouvrages de J. de La Fontaine, par C. A. Walckenaer. *Paris*, 1820, in-8, porte., dem.-rel., v. bleu.

2365. Satires du sieur D*** (Despréaux). *Paris, Fréd. Léonard,* 1667, pet. in-12 de 74 p., plus 12 pag. pour les pièces liminaires, cart.

SECONDE ÉDITION ORIGINALE des Satires de Boileau. « Elle est plus rare que la première, dit Brunet; l'avis au lecteur y a « reçu une addition considérable, et le *Discours au Roy* y est placé « avant les Satires. » — Cette édition contient les 7 premières satires de Boileau.

2366. Satires du sieur D*** (Despréaux). *Paris, Cl. Barbin,* 1668, in-8, front. gravé, m. viol.

TROISIÈME ÉDITION ORIGINALE des Satires de Boileau. — Elle est augmentée des satires VIII et IX et Du discours sur la satire. Cette édition est beaucoup plus rare que les deux premières. M. Berriat-Saint-Prix n'avait pu la découvrir. Elle manquait aussi à M. Walckenaer.

2367. Satires du sieur D*** (Despréaux). *Paris, L. Billaine, Thierry, Léonard et Barbin,* 1668, pet. in-12 de 14 pages, plus 1 feuillet pour le privilège.

Sur le titre on lit: *Quatrième édition.* C'est la PREMIÈRE ÉDITION de la satire VIII, qui seule remplit ce fascicule, par une singularité que nous ne trouvons signalée nulle part. Il est probable que les éditeurs crurent devoir mettre une pagination à part à cette huitième satire, dans quelques exemplaires de leur édition collective des 7 premières, pour la vendre ainsi aux personnes qui possédaient déjà celles-ci.

2368. Satires du sieur D*** (Boileau-Despréaux). *Paris, L. Billaine,* 1669, front. gravé. — Epistre au Roi. *S. l. n. d.* (édition originale). — IIe Epistre au Roi du sieur D*** (Despréaux). *Paris, Cl. Barbin,* 1672, in-12, vel.

Quatrième édition originale.

2369. Epistre au Roi du sieur D*** (Boileau-Despréaux). *Paris,* 1670, in-4, cart.

Edition originale de ce format.

2370. IIe Epistre au Roi du sieur D*** (Despréaux). *Paris, Cl. Barbin,* 1672, in-12, cart.

Edition originale de la 2e épître au roi.

2371. OEuvres diverses du sieur D*** (Boileau-Despréaux). *Paris, L. Billaine,* 1675, in-12, fig. de Landry, vel. (*Bel exemplaire.*)

EDITION ORIGINALE in-12 des épîtres III et IV, de l'Art poétique et des IV premiers chants du Lutrin. L'Epître à Guilleragues y paraît aussi pour la première fois.

2372. OEuvres diverses du sieur D*** (Despréaux), avec le traité du Sublime. *Paris, D. Thierry,* 1683, 2 tom. en 1 vol.

in-12, figur., maroq. r., fil. à compart., dent., tr. dor. (*De Seuil.*)

Cette édition est augmentée des épitres VI, VII, VIII et IX, et des Ve et VIe chants du *Lutrin*. — Exemplaire du duc d'Orléans avec le timbre de la bibliothèque du château d'Eu, sur le titre.

2373. OEuvres diverses du sieur D*** (Boileau-Despréaux). *Paris, D. Thierry*, 1685, in-12, fig., v. br.

Cette édition renferme de plus que les précédentes, quelques épigrammes et le *Remerciement a l'Académie françoise*.

2374. Epistres nouvelles du sieur D*** (Despréaux). *Paris, D. Thierry*, 1698, in-4, cart.

Edition originale des épitres X, XI et XII.

2375. OEuvres diverses du sieur D*** (Despréaux). *Paris, D. Thierry*, 1701, 2 vol. in-12, fig., rel. pleine en mar. bleu du Levant, à nerfs, devise sur les plats, dent. intér., tr. dor.

Très-bel exemplaire de la dernière édition donnée du vivant de Boileau. Dans la préface, Despréaux déclare y avoir apporté tous ses soins, ajoutant que c'est la plus châtiée, la plus correcte et son *édition favorite*. Cette préface est d'ailleurs un modèle de modestie et de bon goût. Ajoutons que l'édition de 1701 contient *vingt nouvelles épigrammes* ou autres petites pièces : l'arrêt relatif à Aristote, les lettres à d'Ericeyra et à Perrault et les remarques de Boivin sur Longin.

2376. Les mêmes œuvres. *Paris*, 1701, 2 volumes in-12, fig., v.

2377. OEuvres diverses du sieur Boileau-Despréaux, avec le traité du Sublime, nouvelle édition, revue et augmentée de diverses pièces nouvelles. *Amsterdam. H. Schelte (au Quærendo)*, 1702, 2 tom. en 1 vol. in-8, fig. vél. de Hollande.

Edition très remarquable par son impression et par les jolies figures dont elle est ornée. Elle contient de plus que les précédentes, les passages des poëtes latins imités par l'auteur, le *Chapelain décoiffé*, que Boileau n'avait pas inséré dans la nouvelle édition de ses œuvres faite à Paris, et enfin les deux satires qui lui étaient faussement attribuées. C'est à tort que M. Brunet donne cette édition comme étant du format in-12. — Très-bel exemplaire.

2378. Les mêmes OEuvres, nouvelle édition, revue et de beaucoup augmentée. *Paris, Esprit Billiot*, 1713, 2 vol. in-12, portr. et jolies fig. de Gillot, rel. pleine en mar. bleu du Levant janséniste, à nerfs, dent. intér., tr. dor. (*Bel exemplaire.*)

Edition commencée par Boileau et terminée après sa mort, par Renaudot et Valincourt.

2379. La Vie de Boileau-Despréaux, par Des Maizeaux. *Amsterdam, H. Schelte*, 1712. — Boileau aux prises avec les Jésuites et des éclaircissemens sur les œuvres de ce poëte. *Cologne, héritiers de P. Marteau*, 1705, front. gravé. — OEuvres posthumes de Boileau-Despréaux, de l'Académie Françoise et historiographe du roi Louis XIV enlevées du cabinet de l'auteur après sa mort. *Amsterdam*, 1711, pet. in-8, v.

2380. La Défense du poëme héroïque, avec quelques remarques sur les œuvres satyriques du sieur D*** (Despréaux), dialogues en vers et en prose (par Jean Desmarets, l'abbé Testu et le duc de Nevers). *Paris, J. Le Gras*, 1675, in-8, v.

2381. Boloeana, ou pensées choisies de Nic. Boileau-Despréaux, avec les poësies du P. Sanlecque (publ. par Montchesnay). *Paris*, 1776, in-12, v. marbr.

2382. Essai sur Boileau-Despréaux, par Portier, de l'Oise. *Paris*, 1804, in-8, br.

2383. Le Triomphe de Pradon sur les Satires du sieur D*** (Despréaux). *La Haye*, 1686, curieux frontispice satyrique. — Nouvelles remarques sur tous les ouvrages du sieur D*** (Despréaux) (par Pradon). *La Haye, Jean Strik*, 1685, 2 ouvr. en 1 vol. in-12, cart. antiq.

2384. Lutrigot, poëme héroïque (par Bonnecorse, l'une des victimes de Boileau). *Sur l'imprimé, Marseille, Ch. Brebion*, 1686, in-12, cart. antiq.

Petite piqûre dans le bas de la marge.

2385. Nouveau Recueil de diverses poésies du chevallier d'Aceilly (de Cailly). *Paris, Michel Brunet*, 1671, in-12, rel. pleine en mar. bleu du Levant, à nerfs, devise sur les plats, dent. intér., tr. dor.

Édition peu commune et la plus complète de ces poésies. Il s'y trouve notamment des poésies préliminaires, dans lesquelles on plaisante l'auteur de ce qu'il avait marqué au frontispice de sa première édition, que son livre se donnait au Palais.

2386. L'Elite des poésies héroïques et gaillardes de ce temps. *A Paris, imprimé cette année* (vers 1670), pet. in-12, v. f., fil.

Volume rare. Bel exemplaire avec témoins.

2387. Recueil de diverses pièces comiques, gaillardes et amoureuses. *Suivant la copie (Hollande)*, 1671, pet. in-12, rel. pleine en mar. vert du Levant, à nerfs, fil. plats, à riches compartiments, dent. intér., tr. dor.

Jolie édition, qui fait partie de la collection des Elzévier. Ce volume piquant et recherché contient des pièces curieuses telles que les amans trompez et les Dames enlevées. — Le Praticien amoureux. — L'Assemblée des Filous et des filles de joye. — L'Assemblée des maistres d'hostel, le jour de la my-caresme. — Le Cavalier grotesque, — etc..., etc..., etc....

2388. Entretien de l'âme chrétienne, divisé en trois parties, par

M. Toniet, prestre. *Lyon, J. Radisson, 1672, pet. in-12, d.-rel., mar. n.*

> Ce volume se compose presque tout entier de *Chansons chrétiennes,* chantées sur des airs un peu trop profanes, tels que l'*Amant de Iesus* sur l'air: *Ie ne sçay si je suis yvre;* l'*Octave du S. Sacrement* sur l'air *Qu'en dis-tu Jean de Nivelle? — etc..., etc...*

2389. Emanuel, ou Paraphrase évangélique, comprenant l'histoire et la doctrine des quatre évangiles, poëme chrestien dédié à Mme la duchesse de Rohan, par Philippes Le Noir. *Saumur, René Pean, 1678, in-8, v. br.*

2390. Nouveau Choix de pièces de poésie (par Duval, Tourangeau). *La Haye, H. Van Bulderen, 1715, 2 vol. pet. in-8, v. (aux armes du duc de Richelieu.)*

> Bel exemplaire d'un recueil curieux dans lequel se trouvent réunies un grand nombre de pièces jusqu'alors inédites de PERRAULT, de LA FONTAINE, de d'*Aceilly,* du *duc de Nevers,* de *Madame Deshoulières,* etc..., etc.... Là se trouve aussi la première pièce de *Voltaire,* sous le nom d'*Arouet:* « Le Vrai Dieu, ode par M. Arouet. »

2391. Madrigaux de M. D. L. S. (de la Sablière). *Paris, Cl. Barbin, 1680, in-12, v. br. (Edition originale.)*

2392. Madrigaux de M. de La Sablière. *Paris, Duchesne, 1758,* in-16 carré, texte encadré en rouge, et fleurons tirés en r., v. marbr.

> Jolie édition.

2393. Billets en vers de M. de Saint-Ussans. *Paris, Guignard,* 1688, in-12, fig., v.

> Recueil curieux. Il contient des épîtres adressées à Ménage, à Racine, à Boileau, etc., des devises, des épigrammes et des chansons.

2394. Contes mis en vers par M. D... et poésies diverses. *Cologne, P. Marteau, 1688, pet. in-8, v. (Bel exemplaire.)*

> Les murailles ont des oreilles. — Trop gratter cuit. — La vertu monachale. — Est bien caché à qui le cul voir. — La Méprise heureuse; — etc..., etc....

2395. CHANSONS A BOIRE, Chansons galantes, Chansons et Noëls historiques, Vaudevilles et Chansons satiriques sur des airs d'opéra, etc.... In-fol., dem.-rel., dos et coins de mar. bleu du Levant, à nerfs, tr. dor.

> BEAU ET CURIEUX MANUSCRIT INÉDIT DE LA FIN DU XVIIe SIÈCLE, composé de plus de 600 pages d'une écriture très-nette et très-belle. On y trouve les détails les plus curieux et les plus intimes sur les seigneurs et les dames de l'époque. Beaucoup de ces pièces ne le cèdent en rien, pour les gaillardises, au célèbre recueil de Maurepas. Toutes ces chansons sont remarquables, très-spirituelles et bien choisies, au point que l'on pourrait à bon droit nommer ce recueil LA FLEUR DES CHANSONS HISTORIQUES ET AMOUREUSES DU XVIIe SIÈCLE. A la fin se trouve une table détaillée où ces chansons sont classées par genre avec les premiers mots du refrain ou de chacune d'elles. En voici un court extrait qui pourra en don-

ner une idée. — Bon, bon, que le vin est bon. — De Guise est si sage. — Eust-on cru que la Barentin. — Je vous perds donc belle Des Brosses. — Le petit comte de Tallard. — Or escoutez la noble histoire. — Ah! monsieur l'apothicaire! J'aime un brun depuis deux jours. — Marquis vous soupirez. — Ma mére, mariez-moi. — Un dit qu'amour est si charmant. — Ta femme, mon compère. — Admirons le jus de la treille! — Beuvons à nous quatre! — Je gage de boire. — Le bon curé de Creteil. — Laquais verse à boire! — Ah madame Anrai! — boire et fumer. — Ce c.. qui paraît si charmant. — Frère Lubin pour un escu. — Le jour de ses nopces. — Testigué! Si je la tenois! — Une dame allant dans un coche. — Le plaisir de boire ensemble. — Quel spectacle indécent se présente à mes yeux. — Souverain juge de police. — Un cocu dedans Nostre-Dame. — Viens Bacchus à mon aide. — etc..., etc...; etc...

2396. Satires, ou Réflexions sur les erreurs des hommes et les nouvellistes du temps (par P. Ducamp, Sr d'Orgas). *Paris, Gab. Quinet,* 1690, in-12, front. gravé, v. br.

Bel exemplaire.

2397. Le Porte-Feuille de Monsieur L. D. F *** (De La Faille, ancien capitoul et auteur des Annales de Toulouse). *Carpentras, Dominique Labarre, imprimeur,* 1694, in-12 de VIII et 170 pag., v. br.

Ce volume peu commun est signalé par M. P. Deschamps comme le plus ancien livre connu avec date certaine imprimé à *Carpentras.*

2398. Satyres nouvelles (par Senecé). *Paris, P. Aubouyn,* 1695, in-12, v. br.

ÉDITION ORIGINALE. Bel exemplaire. Senecé, né à Mâcon, descendait en ligne directe de la famille des *Bauderon de Senneçey.*

2399. Les Véritez plaisantes, ou le Monde au naturel (attribuées à Dutuit, avocat au Parlement de Normandie). *Rouen, Maury,* 1702, in-12, v.

Recueil peu commun de petites pièces et contes en vers. — La fille à marier. — La fausse dévote. — Epithalame d'un musicien et d'une musicienne. — L'homme riche du côté de sa femme. — Dialogue en musique. — Le cocu vindicatif. — L'indiscrétion monacale. — etc... etc...

2400. Geneviève (de Brabant), ou l'Innocence reconnue, trad. et en vers imitée, par Monsieur Desalesses, prêtre et curé de Peyrusse (en Rouergue). 1705. — In-8, parch.

MANUSCRIT INÉDIT DU COMMENCEMENT DU XVIIIe SIÈCLE, composé de 160 pages d'une très-bonne écriture. Très-curieux comme style et comme versification.

2401. La Muse mousquetaire, œuvres posthumes de M. le chevalier de Saint Gilles. *Paris,* 1709, in-12, v. f.

2402. Les Amusemens de Mgr le duc de Bretagne, dauphin, avec le discours sur sa mort et autres petites pièces, par Tré-

pagne de Ménerville, curé de Suresne et de Puteaux. *Paris*,
1712, in-12, front. gr. et musique, v. br.

2402 bis. Odes de La Motte. *Paris*, 1713, 2 tom. en 1 vol. in-8,
front. gr., v. f. (*Ancienne reliure.*)

> Bel exemplaire aux armes du *Comte de Plelo*, diplomate français,
> tué au siège de Dantzig. Il était d'origine bretonne, de la famille
> des Brehan et avait pour devises *Brehan*, *Foy de Brehan*. — *Fides
> Brientensium*.

2403. Nouveau recueil de poésies héroïques et gaillardes de ce
tems, augmenté de plusieurs pièces curieuses. S. l., 1718,
in-12, v.

2404. Nouveau recueil des épigrammatistes françois depuis
Marot jusqu'à présent, par B. L. M. (Bruzen la Martinière).
Amsterdam, Wetstein, 1720, 2 vol. in-12, front. gravé par
B. Picart, v. marbr. (*Bel exemplaire.*)

2405. OEuvres mêlées de M. de R. B. (Rosel Beaumont), contenant diverses pièces en vers et en prose, et un grand nombre
de contes. *Amsterdam*, 1722, pet. in-8, v. m.

2406. La Ligue, ou Henry le Grand, poëme épique par M. de
Voltaire. *A Genève, chez Jean Mokpap (Rouen, Viret)*, 1723,
in-8, br., non rogné.

> Edition originale de la *Henriade*. Elle présente des différences
> très sensibles avec le texte définitif de ce poëme. L'ordre n'est plus
> le même, des passages entiers n'ont plus été reproduits, d'autres ont
> été ajoutés ; c'est en un mot un livre tout à fait différent du poëme
> de la *Henriade* tel qu'on le connaît. — Rare dans cet état.

2407. Les Philippiques (par La Grange Chancel). — In-4, mar.
r., doubl. de tabis, dent. semée d'étoiles et de moitiés de
fleurs de lys, tr. dor. (*Anc. reliure.*)

> MANUSCRIT DU XVIII° SIÈCLE (vers 1720), composé de 143 pages,
> d'une belle et large exécution. Le texte est accompagné d'excel-
> lentes notes en regard, formant une espèce de clef, ce que l'on ne
> trouve pas toujours dans les premières copies de ces odes satiriques.

2408. Les Philippiques divisées en trois odes, avec leurs nottes
(et autres poésies de La Grange-Chancel). *Paris*, 1723, in-4,
v. f., tr. dor. (*Anc. reliure.*)

> MANUSCRIT DU XVIII° SIÈCLE d'une bonne écriture. C'est une
> des premières copies de ces sanglantes satires dirigées contre le
> régent, que l'on se communiquait en cachette, et qui faisaient sur-
> tout les délices de la *Petite Cour* de la duchesse du Maine. — Ad'inté-
> rieur se trouve l'ex-libris de la maison de Bouillon.

2409. Eglogues de Virgile, traduites en vers françois par le
P. J. B. L. Gresset, de la Compagnie de Jésus (préc. d'une
ode à M. de Chapt, archevêque de Tours). *Tours, Masson*,
1730, in-12, br., non rogné.

> Un des premiers essais de l'auteur de *Vert-Vert*, alors âgé de vingt

ans. Cet opuscule original, composé de 38 pages, ne fut tiré qu'à
très-peu d'exemplaires.

2410. Le Roman Comique (de Scarron), mis en vers par Le
Tellier d'Orvilliers. *Paris,* 1733, 2 tom. en 1 vol. in-12, v.,
fil. (*Armoiries.*)

2411. OEuvres diverses de M. L. de Chaulieu. *Amsterdam,
Châtelain,* 1733, 2 vol. in-8, v. f.

> Exemplaire en *grand papier.*

2412. Poésies-anecdotes de la minorité de Louis XV. — In-
fol., dem.-rel., dos et coins de mar. rouge du Levant, non
rogné.

> MANUSCRIT DU XVIIIe SIÈCLE, d'une belle écriture, contenant
> des pièces satiriques et scandaleuses en partie inédites. Des anno-
> tations en marge donnent la clef et des noms de personnages ainsi
> attaqués.

2413. Les Dons des enfants de Latone : la musique et la chasse
du cerf (par Serré de Rieux). *Paris,* 1734, in-8, front. gr.,
fig. et musique notée, v. m.

> Bel exemplaire.

2414. Almanach du Diable, contenant des prédictions très-
curieuses et absolument infaillibles pour l'année 1738. *Aux
Enfers* (1738), in-12, dem.-rel. mar. r.

> Satires et facéties en vers, par l'abbé Quesnel, neveu du célèbre
> père Quesnel.

2415. CHANSONS-ANECDOTES (Recueil de) sur plusieurs personnes de marque. — 1744, pet. in-4, dem.-rel., dos et coins
de mar. br. du Lev., à nerfs, tête dorée, non rogné.

> MANUSCRIT INÉDIT DU XVIIIe SIÈCLE, exécuté avec beau-
> coup de soin. Il contient des chansons héroïques et populaires, avec
> les AIRS NOTÉS. La plupart se rapportent aux succès de l'armée
> française et de l'armée espagnole. Quelques-unes sont satiriques,
> telles que les trois dans lesquelles on attaque Mme de Châteauroux,
> maîtresse de Louis XV, et la duchesse de Lauraguais, sa sœur ; une
> autre, dirigée contre les Savoyards, qui sont appelés *Ramoneux;* la
> première et la plus maligne du recueil est à l'adresse d'Amelot de
> Chaillou, ministre des affaires étrangères, qui venait d'être révoqué.
> Enfin on trouve dans ce beau manuscrit une foule de pièces inté-
> ressantes et curieuses sur les hommes et les choses du temps.

2415 bis. Recueil de pièces choisies sur les conquêtes et la
convalescence du roy. *Présenté à Sa Majesté, par David
l'aîné,* 1745, in-8, frontisp. gravé par Cochin, v. marbr.,
fil.

2416. Nouvelles étrennes utiles et agréables, contenant un
recueil de chansons morales et d'emblesmes, sur de petits

airs et vaudevilles connus. *Paris, Lottin,* 1749, in-16, musique notée, v. éc., fil., tr. dor.

« Ce petit ouvrage est de Mme Massuau, religieuse de l'abbaye de Voysin, diocèse d'Orléans. » (Note de M. V. Luzarche.)

2417. Recueil de Calotines. — 7 vol. pet. in-4, v. m.

MANUSCRITS DU XVIIIe SIÈCLE, d'une très-bonne écriture, contenant une quantité considérable de pièces de circonstance, badines, satiriques, politiques, allégoriques, etc... Beaucoup de ces pièces n'ont pas été imprimées. — Très-bonne conservation.

2418. Recueil complet de vaudevilles et airs choisis, qui ont été chantés à la Comédie françoise depuis l'an 1659 jusqu'à l'année présente 1753. *Paris,* 1753, in-8, musique notée, cart. antiq.

Entièrement gravé.

2419. Poésies variées de M. de Coulanges, divisées en IV livres. *Paris,* 1753, in-12, charmant front. gr. par Eisen, vél. (*Bel exemplaire.*)

2420. La Mandrinade, poëme en quatre chants, en vers burlesques. *S. l.,* 1755, in-12, br., *non rogné.*

Poëme rare sur les exploits de Mandrin et sa fin tragique. C'est une sorte de complainte fort bien rimée. Cette édition est bien imprimée.

2421. La Muse limonadière, ou Recueil d'ouvrages en vers et en prose, par Mme Bourette, cy-devant Mme Curé. *Paris,* 1755, 2 vol. in-12, v. m.

2422. Poëme sur la religion naturelle et sur la destruction de Lisbonne, par M. de V*** (Voltaire). *S. l.* 1756, in-8, dem.-rel., dos et coins de mar. vert, tête dorée, *non rogné.*

Edition originale.

2423. Pièces fugitives de François de Neufchâteau en Lorraine, âgé de quatorze ans, associé des Académies de Dijon, de Marseille, de Lyon et de Nancy. *Neufchâteau, Monnoyer,* 1766, in-12, dem.-rel., v. f., à nerfs. (*Bel exemplaire.*)

2424. OEuvres diverses de Grécourt. *Luxembourg,* 1767, 4 vol. in-12, dem.-rel.

2425. OEuvres diverses de M. de Grécourt. *Londres, s. d.* (XVIIIe siècle), 7 vol. pet. in-12, frontisp. encadr., veau marbr.

2426. OEuvres complètes de Grécourt, édition augmentée d'un grand nombre de pièces qui n'avoient jamais été imprimées. *Luxembourg (Tours), an X* (1802), 8 vol. in-18, br., *non rognés.*

2427. La Torréide, ou les Fêtes foraines (poésies). *Plaisance,*

1768. — Le Sage, ode, par M. Chauvet. *Amst.*, 1763, 2 tom. en 1 vol. in-8, dem.-rel.

2428. Le Vice puni, ou Cartouche, poëme par Grandval (suivi du Dictionnaire argot), édition dans laquelle il y a dix-sept figures. *Paris*, 1768. — Opuscules poétiques de Feutry. *La Haye*, 1771, 2 ouvr. en 1 vol. in-8, v. marbr.

2429. LES BAISERS, précédés du Mois de Mai (par Dorat). *La Haye et Paris*, 1770, in-8, papier fort, dem.-rel., dos et coins de mar. vert du Levant, à nerfs, fil., doré en tête, *non rogné*.

> Avec de charmantes figures et culs-de-lampe gravés par Eisen et Marillier. Bel exemplaire en GRAND PAPIER.

2430. Les Baisers, suivis du Mois de Mai, poëme (par Dorat). *Genève (Paris, Cazin)*, 1777, in-18, front. gr., mar. r., fil., dent., tr. dor. (*Anc. reliure.*)

> Très-bel exemplaire.

2431. Phrosine et Mélidor, poëme en IV chants. *Messine et Paris*, 1772, jolies fig. d'Eisen. — Le Déserteur, drame par Mercier. *Paris*, 1770, fig. de Marillier, in-8, v. marbr.

2432. OEuvres poétiques : histoire de Daphné, poëme dédié aux nymphes du Palais-Royal; le Bois de Boulogne, poëme; les Deux Circassiennes. S. l. (*Paris*), 1771, in-8, dem.-rel., mar. r.

2433. Epître (en vers) sur les avantages des femmes de trente ans, par de Murville. *Paris*, 1775, in-8, une jolie gravure, br., non rogné.

2434. La Pucelle d'Orléans (par Voltaire). *A Londres, chez les héritiers des Elzévirs, Blaew et Vascosan (Paris, Cazin)*, 1773, pet. in-18, front. gravé, mar. rouge, fil., tr. dor. (*Anc. reliure.*)

2435. Recueil manuscrit et choisi de pièces fugitives... recueilli par Mᵐᵉ Bouret de La Haïe, fermière générale, mis en ordre en 1776. — In-4, v. f., fil.

> MANUSCRIT DU XVIIIᵉ SIÈCLE d'une belle écriture renfermant une foule de pièces badines.

2436. Romances, par M. Berquin. (*Paris*, 1776), pet. in-8, fig. et musique, mar. r., fil., tr. dor. (*Anc. reliure.*)

> Ce volume, imprimé sur papier de Hollande, est orné de charmantes figures de Marillier.

2437. Fables, par Boisard, de l'académie de Caen. S. l., 1777, 2 vol. in-8, fig. de Monnet, br., *non rognés*.

2438. Le Petit Chansonnier françois, ou Choix des meilleures chansons, sur des airs connus (par Sautreau de Marsy). *Genève*, 1778, in-8, joli frontisp. gravé par Moreau, veau marbr.

2439. Le Fond du Sac, ou Restant des babioles de M. X*** (Nogaret), membre éveillé de l'académie des Dormans. *A Venise, chez Pantalon-Phébus (Paris, Cazin)*, 1780, 2 tomes en 1 vol. in-18, front. gravé et charmantes fig. a mi-page, v. fauve.

2440. Tangu et Félime, poëme en IV chants, par de La Harpe, de l'Académie française. *Paris*, 1780, in-12, front. gravé et charmantes fig. de Marillier, v. marbr.

2441. Le Petit Chansonnier françois, ou Choix des meilleures chansons sur des airs connus. *Genève et Paris*, 1780, 3 vol. in-8, front. gravés, br., *non rognés*.

2442. Opuscules de M. le chevalier de Parny. *Londres (Rheims, Cazin)*, 1781, in-18, front. et charmantes fig. de Marillier, v. éc., fil., tr. dor.

2443. OEuvres d'Evariste Parny. *Paris*, 1808, 5 vol. in-18, papier vél., v. rac. (*Bel exemplaire.*)

2444. Colomb dans les fers, à Ferdinand et Isabelle, après la decouverte de l'Amérique ; épître qui a remporté le prix de l'Académie de Marseille, précédée d'un précis historique sur Colomb, par le chevalier de Langeac. *Londres et Paris*, 1782, in-8, fig. par Marillier, papier de Hollande, br., *non rogné*.

2445. Les Jardins, ou l'Art d'embellir les paysages, poëme de l'abbé De Lille. *Rheims, Cazin, libraire*, 1782, in-18, joli titre et fig. grav. par Cochin ; mar. rouge, fil., tr. dor. (*Anc. reliure.*)

Bel exemplaire.

2446. Le Temple de Gnide (en vers) *S. l. n. d. (Paris, imprimerie de Pierres*, 1783), pet. in-8 de 83 pag., pap. vél., mar. r., fil., dent. intér., tr. dor. (*Anc. reliure.*)

Très-bel exemplaire d'un livret rarissime, composé par le cardinal Boisgelin de Cucé, mort archevêque de Tours. Il fait partie du *Recueil de pièces diverses* de ce prélat, publié sous la rubrique de *Philadelphie*. C'est néanmoins un livre complet, avec titres, signatures et pagination à part.

« Cet ouvrage, dit M. Brunet, a été tiré à un si petit nombre d'exemplaires, qu'il y a peu de livres modernes aussi rares que celui-ci. »

2447. Les plus courtes folies sont les meilleures, ou le Passe-

Temps des dames, élite des plus jolis contes en vers. *Paris* (1783), in-18, charmantes figures gravées; br., *non rogné*.

2448. Contes théologiques et gaillards, imités de Piron, par Voltaire, le chevalier de Boufflers, Patrat, Favart, Saurin, etc., suivis des litanies des catholiques du dix-huitième siècle et de poésies érotico-philosophiques, ou recueil presque édifiant. *A Paris, se vend aux Chartreux, chez le portier*, 1784, in-8, dem.-rel., dos et coins de mar. bleu du Levant, à nerfs, *non rogné*.

> D'après les notes de Barbier et de Viollet-Leduc, le principal auteur de ce recueil serait le chevalier du Busca. — Ce recueil a été publié par le général *Pommereul*, alors préfet d'Indre-et-Loire, ensuite préfet du Nord, puis Inspecteur-général de la librairie.

2449. La Sutori-juri-manie, conte (en vers). *Londres*, 1784, in-8, pap. de Holl., br., *non rogné*.

2450. OEuvres complètes de Vadé, ou Recueil des opéra comiques, parodies et pièces fugitives de cet auteur, avec les airs, rondes et vaudevilles. *Londres*, 1785, 6 vol. in-18, br., *non rognés*.

2451. Bergeries par M. Maréchal (Sylvain). *Paris*, 1770, pet. in-12, br., *non rogné*.

2452. OEuvres de M. le chevalier de Boufflers. *Paris, Dufart*, 1795, in-18, fig., dem.-rel., v. f.

> Exemplaire en papier vélin, avec *figures avant la lettre*.

2453. L'Art d'aimer et poésies diverses de Bernard. *Paris, Didot, an III*, in-8, fig. d'Eisen et Helman, papier vélin, v. rac., dent., tr. dor.

2454. Chansons anacréontiques, etc.; du Berger Sylvain (Sylvain Maréchal). *Paris, s. d.* (xviiie siècle), in-18, charmant front. gravé et vignettes, br., *non rogné*.

2455. Chansons choisies, avec les airs notés. *Genève (Cazin)*, 1782, 4 vol., front. gravé. — Nouveau recueil de chansons choisies, avec les airs notés. *Genève (Cazin)*, 1785, 4 vol., front. gravé. — Le Chansonnier moderne. *Paris*, 1807, 1 vol. Ensemble 9 vol. in-18, v. éc.

> Collection rarement aussi complète. *Le Chansonnier moderne*, quoique à la date de 1807, est imprimé avec les caractères de *Cazin*.

2456. L'Anti-Chartreux, poëme chrétien. *S. l.*, 1786, in-8, br., *non rogné*.

> Violente satire contre l'Ordre des Chartreux, leur règle et leur manière de vivre.

2457. Autant en emporte le vent, ou Recueil de pièces un peu... un peu... on le verra bien (par Louis Laus de Boissy).

*A Gaillardopolis, et se trouve chez... chez ceux qui l'achète-
ront, 1787, 2 tom. en 1 vol. in-18, br., non rogné.*

> Recueil de contes en vers et en prose. Ce volume, qui peut se
> joindre à la collection Cazin, nous parait être sorti des presses de
> Couret de Villeneuve ou de Jacob, à Orléans.

2458. Mon Serre-Tête, ou les Après-Souper d'un petit commis,
brochure comme il y en a tant (par Mercier de Compiègne,
commis de la marine). *A Frivolipolis (Compiègne, L. Bertrand), chez moi et chez les marchands de nouveautés,
1788, in-12, v. porph.*

> Exemplaire de l'auteur lui-même, Mercier de Compiègne, ainsi
> que l'indique cette note autographe sur le titre : « *Ex libris autoris
> C. F. X. Mercier de Compiègne, commis de la Marine à Versailles en*
> 1788. » Plus bas, Mercier de Compiègne ajoute cette note : « *Impri-
> mé chez Louis Bertrand, à Compiègne.* » — Recueil de contes en vers,
> de chansons et de pièces satyriques. — Les Amours de Magdeleine.
> — Ronde de table. — Le Sort des femmes. — La Fraise et l'Œuf,
> conte. — Chanson sur les fichus. — La Queue du Chat ou l'Origine
> des Femmes, etc., etc., etc...

2459. Poésies (par Mérard Saint Just). *Par tout et par tous
les temps (Paris, Didot, vers 1789), pet. in-12, dem.-rel.,
v. fauve, à nerfs, doré en tête, non rogné.*

> Tiré à petit nombre. — Bel exemplaire.

2460. Les Soupers du jeudi, ou Etrennes à ces dames. *Paris,
Prault, 1789, in-12, cart., non rogné.*

> Recueil de chansons et de contes en vers.

2461. Les Bijoux des Neuf Sœurs. *Paris, 1790, 2 vol. pet.
in-12, papier de Holl., jolies fig. de Gaucher et Le Barbier,
v. v., fil.*

> Recueil de contes en vers.

2462. Almanach littéraire, ou Etrennes d'Apollon, contenant
de jolies pièces en prose et en vers, des saillies ingénieuses,
des variétés piquantes et des anecdotes curieuses, par
d'Aquin, cousin de Rabelais. *Paris, 1791, pet. in-12, front.
gravé, br.*

2463. Folies Nationales (en vers), pour servir de suite à la
Constitution en vaudevilles, par M. Marchant. *A Paris, chez
les libraires royalistes, 1792, in-24, front. gr., rel. pleine
en mar. br. du Lev., à nerfs, dent. int., tr. dor.*

2464. La Jacobinéide, poème héroï-comi-civique. *Paris,
1792, in-18, avec un grand nombre de curieuses caricatures
révolutionnaires, dem.-rel., v. f.*

> Ce poëme satirique est accompagné de notes piquantes et ins-
> tructives, dans lesquelles on peut puiser de sérieux documents.

2465. Recueil de poésies patriotiques et de société, dédié à l'Assemblée Nationale, par Fardeau. *Paris*, 1792, in-18, demrel., mar. r. du Lev., à nerfs, fil.

2466. La République en Vaudevilles, précédé d'une notice des principaux événemens de la Révolution pour servir de calendrier à l'année 1793. *Paris*, 1793, in-24, rel. pleine en mar. br. du Levant, à nerfs, dent. intér., tr. dor.

2467. Chronique Infernale, grand conseil extraordinaire à l'occasion de l'arrivée de Pelletier de S.-Farjeau, Marat, Beauvais, Gorsas, Lafayette, les vingt-deux Brissotins et Philippe-Egalité.

> Sur terre ils causaient de l'horreur,
> Au diable même, ils ont fait peur.

Au Tartare, et se trouve à Bruxelles chez les marchands de nouveautés et dans les poches de ceux qui veulent rire, pour se distraire de leurs malheurs, 1793, in-8, demi-rel., v. bl., non rogné.

> Pamphlet curieux et rare, composé en grande partie de *chansons*.

2468. Révolutions lyriques, ou le Triomphe de la Liberté française composé de diverses ariettes et vaudevilles. *Paris* (1793), in-8, musique notée à chaque feuillet, cart.

> Entièrement gravé.

2469. Almanach des Muses, année 1793. In-12, front. gr., rel. pleine en mar. bleu du Levant, à nerfs, dent. intér., tr. dor.

> Très-bel exemplaire de l'année la plus rare de la collection. Elle commence par l'*Hymne des Marseillois*, signé par M. Rougez (*sic*).

+2470. Hymnes pour toutes les fêtes nationales et décadaires, avec l'indication des airs connus qu'on peut adapter aux hymnes dont la musique n'est pas encore gravée. *Tours. Corneille (imprimerie de Mame fils)*, s. d. (vers 1793), in-18, br., non rogné.

+2471. Anthologie Patriotique, ou Choix d'hymnes, chansons, romances, vaudevilles et rondes civiques. *Paris, an III* (1794), front. gravé. — Recueil d'hymnes républicaines qui ont été chantées aux fêtes républicaines. *Paris, an II* (1793), front. gravé. — Le Temple de la Liberté, poëmes, odes et chansons patriotiques par C. Mercier de Compiègne. *Paris, an III* (1794). — Les Concerts républicains, ou Choix lyrique et sentimental. *Paris, an III* (1794), fig. de Queverdo. — 4 ouvrages en 1 vol. in-18, v. rac.

+2472. Ode sur la mort de Marie-Antoinette d'Autriche, reine de France et de Navarre, par un gendarme. *S. l.*, 1793, in-8, joli cart. à la Brad.

> Curieuse complainte sur la Reine.

2473. Le Chansonnier de la Montagne, ou Recueil de chansons, vaudevilles, pots-pourris et hymnes patriotiques, par différens auteurs. *Paris* (1794), in-18, br.

2474. La Lyre de la Raison, ou hymnes, cantiques, odes et stances à l'Être Suprème, pour la célébration des fêtes décadaires. *Paris, an III* (1794), in-18, frontisp. gravé, cart.

2475. Chansonnier de la République pour l'an 3e. *Paris, an III* (1794), in-18, frontisp. gravé et portraits, bas.

    La *Marche des Marseillais* se trouve dans ce recueil.

2476. Les Concerts Républicains (recueil de chansons). *Paris,* 1795, in-18, fig. de Queverdo, br., non rogné.

2477. La Muse Républicaine. *Amsterdam, Holtrop,* 1795, in-12, br., non rogné.

    Très-rare. Ce chansonnier républicain ne fait double emploi avec aucun autre. Il ne contient pas la *Marseillaise,* mais se compose de pièces patriotiques ayant trait principalement aux faits d'armes des républicains Français dans les Flandres et les Pays-Bas.

2478. Les Nuits de la Conciergerie, rêveries mélancoliques et poésies d'un proscrit, fragmens échappés au vandalisme (par Mercier de Compiègne.) *Paris,* 1795, in-18, br., *non rogné.*

2479. Le Plaisir, poëme en VI chants, par feu le comte d'Estaing. *Paris, Mercier de Compiègne,* 1796, in-18, br., non rogné.

2480. Les Troubadours modernes, ou Amusemens littéraires de l'armée de Condé (rec. et publ. par de Termouville). *Constance,* 1797, in-8, front. gr., non rogné.

2481. Galatée, pastorale, imitée de Cervantes (par Florian). *Paris, Guillaume, an VII,* in-16, portr. et charmantes figures de Guyart, mar. vert, dent., tr. dor. (*Anc. reliûre.*)

2482. Contes en vers et quelques pièces fugitives. *Paris,* 1797, pet. in-8, front. gravé, br., non rogné.

2483. Les Deux Bossus, ou le Bal du Diable, conte (en vers), suivi d'une épître aux auteurs de la Décade, par Arm. Charlemagne. *Paris,* 1798, in-8, br.

2484. Le Pétrarque français, poésies de société, par P. C. Aubry. *Tours, Plas et Mame (germinal, an VI,* 1798), in-18, br.

2485. Le Pétrarque français.... seconde édition. *Tours, s. d.,* in-18, br.

2486. Les Petites Heures de Cythère, recueil de chansons, romances, vaudevilles, etc. *Paris* (1799), in-18, front. gr., br., n. rog.

2487. Chansonnier des jolies femmes, ou Recueil de vaudevilles. *Paris*, 1800, in-18, fig., br.

2488. OEuvres de Lombard de Langres. *La Haye*, 1801, in-8, v. rac.

    Exemplaire en GRAND PAPIER DE HOLLANDE,

2489. Roland Furieux en vers français, poëme imité de l'Arioste, par C. H. Laborie, professeur au collége de Perpignan. *Perpignan*, 1802, in-12, grand papier, br.

2490. OEuvres de Bertin. *Paris, Froment*, 1823, 2 tom. en 1 vol. in-32, portr., v. gauf., fil. (*Lesné.*)

2491. La Nature sauvage et pittoresque, poëme en trois chants, par Houdan-Deslandes. *Paris*, 1808, in-18, portr., br.

    Houdan-Deslandes naquit en 1754, à Vernou, près Tours.

2492. Epître à mon ami Eug..., par M. Gilles-Blaise Nicodème, homme de lettres. *A Mirebeau, de l'imprimerie de l'Académie*, 1810, pet. in-8, br.

    Pièce fort rare avec une épigraphe tirée de *Meursius*.
    C'est une *Priapée* en vers tirée à quelques exemplaires seulement et pour les amis de l'auteur.

2493. Virgile en France, ou la Nouvelle Enéide, poème héroï-comique en style franco-gothique, pour servir d'esquisse à l'histoire de nos jours, par Le Plat du Temple. *Offenbach*, 1810, 2 vol. in-8, dem.-rel.

    Ouvrage rare, dont le texte et les notes sont également très-curieux. Les exemplaires en furent saisis par la police française et en partie détruits. Cependant les noms de presque tous les souverains, princes, généraux, prélats, pairs, ministres, etc., se trouvent comme ironiquement placés dans le tableau des Souscripteurs, qu'on ne lit point sans intérêt.

2494. Les Grelots de Momus, chansonnier des spectacles. *Paris* (1812), in-18, front. gravé, dem.-rel.

2495. Invention de l'Imprimerie, poëme suivi de la Fête-Dieu, par A. M. (A. Mame). *Angers, Aug. Mame*, 1813, in-8, br.

2496. La Diligence, ou les Amours de 36 heures, poëme badin, suivie du Changement de garnison, poëme par M. d'Etalleville. *Paris*, 1815, in-18, br.

2497. Les Danaïdes, étrennes malignes, contenant Bobèche à l'Opéra, pot-pourri, les Statuts pour l'Académie Royale de musique, etc......, à l'usage des bobèches tant de la capitale que des provinces. *Paris*, 1818, in-18, fig. coloriée, dem.-rel., dos et coins de mar. roug. du Levant, à nerfs, doré en tête, non rogné.

2498. Poésies de S. Edmond Géraud, suivies de six romances, par P. M. Lorredano. *Paris*, 1818, in-18, pap. vél., fig., **v.** bl., fil., dent.

2499. La Tabellionide, ou le Contrat Perdu, poëme héroï-comique en trois chants, par un clerc campagnard. *S. l. n. d.* (vers 1820), in-8, br.

   Tiré à petit nombre.

2500. Caquire, parodie de Zaïre, en cinq actes et en vers, par M. de Vessaire, dernière édition considérablement emmerd.. *A Chio, de l'imprimerie d'Avalons, s. d.*, in-8, cart. à la Brad.

2501. La Belle au bois dormant, poëme suivi d'élégies, par P. Fé de Barqueville. *Paris*, 1825, in-18, dem.-rel., mar. br. du Lev., à nerfs, tête dorée, n. rogné.

2502. Le Bœuf-Gras, poëme héroï-comi-tragique, par Ch. Audigé de Preuilly. *Paris, s. d.*, in-16, obl., cart.

2503. Poésies de Charles Nodier, rec. et publ. par N. Délangle. *Paris, Délangle*, 1829, in-16, dem.-rel., v. antiq.

2504. Poésies de Ch. Nodier. *Paris, Delangle*, 1829, in-16, br.

2505. Guerre à Morphée, ou le Triomphe de l'Insomnie, nouveau souffle de vie du vieux conteur Aristénète (Félix Nogaret). *Paris*, 1829, in-8, br.

   Avec envoi autographe signé de *Fel. Nogaret à Raynouard.*

2506. Le Nouvel Adam Billaut, ou Recueil des poésies de J.-Ch. Jouvenot, ancien artisan serrurier. *Baume*, 1831, in-12, br.

2507. Iambes, par Auguste Barbier. *Paris, Urb. Canel*, 1832, in-8, br. (*Edition originale.*)

2508. Le Bonhomme Popule, poëme burlesque en six chants, par A. Lagarde et X. Navarrot. *Pau*, 1836, in-24, br.

2509. Contes facétieux (en vers), et autres poésies, par Aug. Martin. *Paris*, 1842, in-12, dem.-rel., mar. viol.

2510. Prédictions extraordinaires du grand Abracadabra, découvert dans les Odes et Ballades par Victor Hugo. *Paris* (1842), in-18, titre gravé, dem.-rel., dos et coins de mar. rou. du Lev., doré en tête, non rogné.

2511. Les Cariatides, par Théodore de Banville. *Paris*, 1842, in-12, br.

   Premier Recueil de ce poëte fantaisiste, alors âgé de dix-neuf ans. Ce volume établit sa réputation. Notre exemplaire porte son *ex-dono* autographe sur la couverture.

2512. Le Myosotis, par Hégésippe Moreau, avec pièces posthumes inédites. *Paris, Charpentier*, 1845, in-12, br.

2513. Tours délivré (en 1589, poëme), par J.-C. Renault. *Tours*, 1847, broch., pet. in-8.

VIII. — POÈTES ITALIENS.

2514. Rime di diversi antichi autori toscani (Dante Alighieri, Cino da Pistoia, Dante da Maiano, fra Guittone d'Arezzo, etc.). *Vinegia, fratelli da Sabio,* 1532, pet. in-8, front. gr., vél.

> Volume rare et recherché. C'est là que parurent pour la première fois les Rimes de Guitton d'Arrezzo, poëte du xii° siècle, qui fixa les règles du sonnet. Ces belles poésies, qui occupent le huitième livre du recueil, étaient si difficiles à trouver, que la réimpression qui en fut donnée en 1828 parut comme une véritable révélation aux amateurs d'anciens chefs-d'œuvre.

2515. DANTE. Comedia del divino poëta Fiorentino Dante Alighieri (con commento di Christoforo Landino)... *Fine del comento di Christoforo Landino Fiorentino sopra la Comedia di Danthe poëta excellentissimo, Et impresso in Vinegia per Octaviano Scoto da Monza,* 1484, in-fol., reliure pleine en maroquin rouge du Levant, à nerfs, fil. à comp., dent. et ornements à fr., avec devise sur des plats, dent. intér., tr. dor. (*Capé.*)

> *TRÈS-BEL EXEMPLAIRE* d'une édition fort rare, surtout en aussi splendide condition. Sur le recto du dernier feuillet se trouve la marque de l'imprimeur, tirée en rouge.

2516. Danthe Alegieri Fiorentino (revisto per el reverendo maestro Piero di Figino)... *Impressa in Venetia per Matheo di Chodecha da Parma,* 1493, in-fol., fig. s. bois au trait, cuir de Russie.

> Très-bonne édition. On y remarque un grand nombre de figures sur bois et des bordures au trait exécutées d'après des dessins de Mantegna.

2517. Danthe Alighieri Fiorentino historiado. *Venezia, Piero de Zuanne di Quarengii da Palazago Bergamasco,* 1497, in-fol., fig. s. bois au trait, vél.

> Autre édition rare, qui reproduit le texte de la précédente, également ornée de figures sur bois au trait. Les trois derniers feuillets sont refaits à la plume.

2518. Dante, con nuove et utili ispositioni. *In Lyone, appresso Gugl. Rouillio,* 1552, in-16, fig. sur bois, mar. rouge du Levant, à nerfs, fil., dent. intér.

> Jolie édition, peu commune, sortie des presses de Guill. Rouillé, célèbre imprimeur d'origine tourangelle qui s'établit à Lyon. Elle est ornée de grandes et curieuses figures gravées sur bois, avec l'originalité et la finesse du Petit-Bernard.

2519. Il Petrarcha, con l'espositione di Giov. Andr. Gesualdo,

Vinegia, Gabr. Giolito, 1553, 2 tom. en 1 vol. in-4, front. gr. et figures en bois pour les *Trionfi*, parch.

> « Edition belle et soignée; c'est une des plus estimées qui existent de ce commentaire. » (*Brunet*, t. IV, col. 552.)
> Elle est ornée de jolies vignettes sur bois, de frontispices et de curieuses lettres historiées. Le commentaire est imprimé en caractères menus et dans une justification très-agréable à l'œil. M. A. Firmin Didot a placé ce beau volume dans sa collection xylographique. Parmi les figures qui décorent les *Trionfi*, on remarque surtout le *Triomphe de la Mort*. Nous avons déjà fait connaître l'opinion de Brunet au sujet de cette édition; nous citerons, en finissant, les lignes suivantes de Haym, le bibliographe italien : *Questa è la più bella edizione col Gesualdo di tutte le altre...*, p. 127.

2520. Commento utilissimo sopra la canzone di Fr. Petrancha (nuova inventione di Stefano Moresino). *Milano, Gio. Ant. da Borgo*, 1559, pet. in-4, caract. ital., portrait de l'auteur sur le titre.

> Tous les anciens écrits relatifs à Pétrarque sont extrêmement rares. (*Voir Brunet*). Celui-ci a échappé aux recherches de tous les bibliographes.

2521. OEuvres choisies de François Pétrarque, trad. du latin et de l'italien en françois avec des mémoires sur sa vie, et des notes ou dissertations, etc... (par l'abbé de Sades). *Amsterdam (Avignon)*, 1764, 3 vol. in-4, br., *non rognés*.

2522. Il Petrarchista, dialogo di Messer Nicolo Franco, nel quale si scuoprono nuovi secreti sopra il Petrarca... *Vinetia, Giolito*, 1543, pet. in-8, vél.

2523. Jac.-Phil. Tomasini Patavini episcopi Æmoniensis Petrarcha redivivus, integram poetæ celeberr. vitam iconibus ære cælatis exhibens, accessit Nobiliss. Feminæ Lauræ brevis historia, etc. *Patavii*, 1650, pet. in-4, fig., vél.

> Cet ouvrage est des plus intéressants par les recherches minutieuses auxquelles la vie de Pétrarque y a donné lieu, et par les 18 figures dont il est orné, sans compter 1 portrait du poëte et 2 portraits de Laure de Noves. On remarque là une vue de la vallée de Vaucluse et de l'habitation de Pétrarque, différentes scènes de sa vie et de ses promenades à AVIGNON, son tombeau, et jusqu'à des meubles qui lui avaient appartenu.

2524. An historical and critical essay on the life and character of Petrarch with a translation of a few of his sonnets. *Edinburgh*, 1810, in-8, dem.-rel., dos et coins de mar. vert.

2525. FEO BELCHARI. Jesus. Laude facte e composte da più persone spirituali a honore dello omnipotente Iddio e della gloriosa Vergine Madonna Sancta Maria (sono questi autori : Feo Belchari, Leonardo Giustiniano da Vinegia, Francesco d'Albizo, etc.) *Impresso nella magnifica citta di Firenze per Ser.*

Francesco, Bonaccorsi nell anno 1485, pet. in-4, lettres rondes, vél.

> Edition très-rare d'un recueil d'hymnes et de noëls destinés à être chantés dans les *Mystères.* La plupart sont du poëte Belcari, qui excella dans la composition de ces drames religieux. Un exemplaire de ce livre relié en maroquin s'est vendu 100 fr. chez *Libri.* Le nôtre est grand de marges. Bien que le dernier feuillet soit doublé sans nécessité, on peut en faire facilement un très-beau livre.

2526. Rime diverse di molti excellentiss. autori nuovamente raccolte (da L. Domenichi). *Vinetia, Giolito,* 1549, in-8, dem.-rel.

2527. Stanze di diversi illust. poeti raccolte da M. Lodovico Dolce. *Vinegia Giolito,* 1580, pet. in-12, vél.

> Charmante édition de ce recueil estimé. L'impression s'en rapproche de celle de nos poëtes français de la même époque.

2528. Gli Asolani di Messer Pietro Bembo. *In Vinegia, nelle case d'Aldo Romano et d'Andrea Asolano,* 1515, pet. in-8, bas.

> Seconde édition originale de cet ouvrage célèbre. Elle est rare et contient l'Epître dédicatoire à *Lucreze Borgia,* qui fut supprimée et ne se trouve même pas dans tous les exemplaires de la première édition.

2529. Arcadia di M. Giac. Sannazaro Nobile Napolitano. *S. l.,* 1530, pet. in-8, cart.

> Edition rare et non citée par les bibliographes (*Voir Gamba, Brunet,* etc.). Le titre est imprimé en rouge et noir, avec une petite figure sur bois. Une autre figure occupe le verso du premier feuillet.

2530. Epistole di Luca de Pulci Fiorentino. *In Venetia, per Zorzi di Rusconi,* 1518, in-8, lettres rondes, cart.

> Edition rare, et qui n'a pas encore passé dans les ventes. Une autre, de la même année, est portée dans le catalogue Capponi. Celle-ci est ornée d'une figure sur bois assez curieuse. Quelques légères mouillures.

2531. Opere di Girolamo Benivieni..., con una canzona dello Amor celeste et divino, col commento dello ill. conte Gio. Pico Mirandolano. *Venetia, N. Zopino,* 1522, pet. in-8, front., dem.-rel.

> Volume rare. L'auteur était très-lié avec le célèbre Savonarole. La prose et les vers sont également consacrés, dans cet ouvrage, à ce que l'on pourrait appeler la métaphysique de l'amour. A voir la tournure d'esprit de cet écrivain, on reconnaît le rêveur mystique et novateur qui fit l'apologie de *Savonarole.* Un beau frontispice, qui représente des scènes de chevalerie, orne cette rare édition. Légères mouillures à quelques feuillets.

2532. Gelosia del Sole. Opera volgare di Girolamo Britonio di Sicignano intitolata Gelosia del Sole. *Venetia, M. Sessa,* 1531, in-8, cart.

2533. Tre primi canti di battaglia del divino P. Aretino. *S. l.
n. d. (circa l'anno* 1538), pet. in-8, pet. fig. de chevalerie gr.
sur bois, cart.

> Edition rare, et non citée par les bibliographes. Les figures en
> sont d'une naïveté tout à fait primitive. Cet ouvrage de l'Arétin est
> le moins connu de ses essais dans le genre épique. Le bord de deux
> feuillets réenmargé.

2534. Dialogi maritimi di M. Gio. Jac. Bottazzo, et alcune rime
maritime di Nic. Franco et d'altri diversi spiriti dell' Academia degli Argonauti. *Mantoua, Jac. Ruffinelli,* 1547, in-8,
vél.

> Volume rare et non cité.

2534 *bis.* Il Vendemmiatore, poemetto di Luigi Tansillo, e la
Priapea, sonetti lussuriosi-satirici di Niccolò Franco. *A Pe-
King, nel* XVIII *secolo,* pet. in-8, v. éc., fil., tr. dor.

2535. Opere Toscane di Luigi Alamanni, al christianissimo Re
Francesco primo. *Firenze (Giunti),* 1532, in-8, cart.

> Edition originale, rare. Exilé de Florence, Alamanni composa la
> plupart de ces belles poésies en France, où il fut protégé par Fran-
> çois Ier.

2536. La Coltivatione di L. Alamanni, al Christianiss. Re Fran—
cesco Primo. *Fiorenza,* 1549, in-8, vél.

> Edition originale de ce format. Personne n'ignore le mérite de ce
> poëme fameux, qui est resté le chef-d'œuvre du genre, en Italie.

2537. Tutti i trionfi, carri, mascherate, o canti carnascialeschi
andati per Firenze dal tempo del Magnifico Lorenzo de Medici. *Cosmopoli (Lucca),* 1750, 2 vol. in-8, front. gravés et
portraits, dem.-rel., v.

> Edition la plus complète de ce recueil très-curieux, composé des
> chants carnavalesques de 47 poëtes italiens, y compris Laurent le
> Magnifique, le prince brillant et lettré qui mit tant de pompe à
> toutes les fêtes de son règne, et même aux divertissements du Car-
> naval. Cette édition, ornée d'un grand nombre de portraits et d'un
> double frontispice représentant des scènes de bacchanales et de
> priapisme, contient les 54 *Canzoni* d'Ottonajo, autrefois retranchés
> de la première édition (1559). Malgré la variété infinie que l'on re-
> marque dans les titres de ces pièces héroïques, érotiques, bachiques
> et bouffonnes, il est des sujets qui reviennent souvent et sont
> traités de façons diverses. Ainsi chaque poëte, presque, arrive d'a-
> bord avec son *Chant des Dames* et son *Chant des Chasseurs.*

2538. Rime della signora Tullia di Aragona et di diversi a lei.
Vinegia, Gabr. Giolito, 1547, pet. in-8, v. gaufr. (*Rel. du*
XVIe *siècle.*)

> Première édition. Elle est rare, selon Brunet. Le même imprimeur
> donna, dans la suite, plusieurs autres éditions de ces poésies esti-
> mées.

2539. Tempio alla divina signora Donna Giovanna d'Aragona, fabricato da tutti i piu dotti et gentili Spirti, et in tutte le lingue principali del Mondo (ordinato da Girol. Ruscelli). *Venetia, Plinio Pietrasanta*, 1555, 2 part. en 1 vol. in-8, vél.

> Poésies rares et non citées.

2540. L'Alessi, con due canzoni et altre rime di Gius. Betussi. *Pavia, Fr. Moscheni*, 1553, pet. in-8, dem.-rel.

> Opuscule très-rare. Les bibliographes ne l'ont point mentionné parmi les pièces fugitives de cet auteur, ami de l'Arétin, et son élève. Il fut certainement inconnu à Charles Nodier, qui avait cependant recherché avec soin les œuvres de Betussi.

2541. Le Satire alla Carlona di Messer Andrea da Bergamo (Pietro Nelli). *Vinegia, Gherardo, e frat. Stagnini*, 1546-65, 2 vol. pet. in-8, vél. (*Edition originale.*)

> Satires fort libres, et très-estimées pour l'élégance et le naturel qui les distinguent. Elles sont mêlées de *Capitoli* bernesques et de pièces plus sérieuses et plus mordantes. L'auteur, qui était de Sienne, les publia d'abord, comme on voit, sous le nom d'André de Bergame, pour échapper aux investigations que pouvaient causer les traits méchants, les obscénités et les libertés plus graves dont elles sont pleines. Parmi les morceaux les plus curieux, nous signalerons l'*Eloge de la Corne*, adressé à Cornaro, les *Peccadilles des avocats*, la *Beauté et l'utilité d'un grand nez*, deux *Capitoli* adressés à l'Arétin, mais surtout la satire très-longue et très-remarquable du *Rire de la Mort*, qui pourrait fournir les sujets variés d'une *Danse des Morts*, d'un nouveau genre. Cette première édition est très-rare, et ne se trouve presque jamais complète, les deux volumes ayant paru à 19 ans d'intervalle. Haym, qui est le bibliographe le plus sobre de développements et d'appréciations, en juge comme nous : « Ces satires, dit-il, sont très agréables, et on ne peut plus difficiles à trouver. »

2542. Il Goffredo del S. Torquato Tasso. *Venetia, Fr. de Franceschi Senese*, 1583, pet. in-4, v. fauve, fil. (*Anc. reliure de Boyet.*)

> Edition rare, inconnue à Gamba et à Brunet. M. Libri ne la possédait pas, et n'avait qu'une réimpression de 1593 — Bel exemplaire aux armes d'Armand Bazin de Besons, évêque d'Aire.

2543. Il Goffredo del Sign. T. Tasso travestito alla Rustica Bergamasca da Carlo Assonica. *Venetia*, 1670, in-fol. à 2 col., bas.

> Edition originale de cette traduction de la *Jérusalem délivrée* en *vers patois bergamesques*. Elle fut réimprimée en 1678. L'original est en regard.

2544. La Gerusalemme conquistata di Torquato Tasso. *Roma, Gug. Facciotti*, 1593, in-4, rel. pleine en mar. r. à nerfs, dent. intér., tr. dor. (*Delaunay.*)

> Première édition, rare et recherchée. Il s'y trouve, comme on sait, trois stances qui furent supprimées par arrêt du Parlement de

Paris, comme attentatoires à l'honneur des rois Henri III et Henri IV.

2545. Vita di Torquato Tasso, scritta da Gio-Battista Manso Napolitano. *Vinetia*, 1621, pet. in-12, mar. vert, dos orné, tr. dor. (*Ancienne reliure.*)

TRÈS-BEL EXEMPLAIRE de Soubise.

2546. ORLANDO FURIOSO di M. Lodovico Ariosto. *Venetia, Vincenzo Valgrisi*, 1568, belles figures s. bois, dont quelques-unes de la grandeur de la page, et avec entourages variés, in-4, riche reliure vénitienne du xvi⁰ siècle en mar. citr., dos orné, dent., milieux, recouvrements en mar. avec dent., tr. dorée et ciselée.

CURIEUSE RELIURE VÉNITIENNE, parfaitement conservée, et d'un style très-original : les marges sont de tous côtés garanties, par des rebords en maroquin doré et ainsi renfermées comme dans une boîte. Rien n'y manque, pas même les cordons ou lacs du temps en soie verte, pour attacher le volume et le maintenir contre l'action de la température. — Cette édition est l'une des meilleures et des plus remarquablement imprimées du poëme de l'Ariosto.

2547. Orlando furioso di Lod. Ariosto, con gli argomenti di Lod. Dolce. *Venetia, Horatio de Gobbi*, 1580, in-8, curieuses figures sur bois, v. br.

Edition à deux colonnes, imprimée avec de jolis caractères, et très-menus. Les figures y sont en belles épreuves.

2548. Orlando furioso di Lod. Ariosto. *Orléans, Couret de Villeneuve*, 1785, 3 vol. in-8, dem.-rel.

2549. Orlando furioso de Lud. Ariosto, traduzido en romance castellano par Don Hier. de Urrea. *Lyon, Guill. Rouillé*, 1556, pet. in-4, à 2 col., fig. sur bois, vél.

Traduction rare de l'Ariosto en vers espagnols. Les figures sur bois sont dans le genre des illustrations du Petit-Bernard. L'épître de Guill. Rouillé au traducteur Jérôme de Urrea est en français.

2550. La Morte di Ruggiero continuata a la materia de l'Ariosto, per Gio.-Batt. Pescatore da Ravenna. *Venetia*, 1548, pet. in-4, à 2 col., figures sur bois vél.

Bel exemplaire d'un poëme chevaleresque difficile à trouver en bon état.

2551. Il Brandigi del capitan Clemente Pucciarini Aretino, poema che continua la materia de l'Ariosto. *Vinetia, Gio. Ant. Rampazetto*, 1602, pet. in-4, fig. s. bois, cart.

Edition la plus complète et la plus recherchée de ce poëme de chevalerie. La première, de 1596, n'a que 16 chants au lieu de 28. Notre volume contient DIX-HUIT GRANDES PLANCHES en bois, curieusement gravées.

2552. Orlando innamorato del signor Matteo Maria Boiardo

conte di Scandiano. *Venetia, Comin da Trino di Monferrato,* 1565, 2 part. en 1 vol. in-4, fig. sur bois, vél., tr. dor. et cis.

> Édition peu commune. La seconde partie est le quatrième livre et la continuation de l'œuvre de Boiardo de Scandian, par l'Agostini, revus par Domenichi.

2553. Orlando innamorato di Matteo Boiardo, rifatto da Franc. Berni. *Parigi, Molini,* 1768, 4 vol. in-12, portr., v. m.

2554. Tibaldeo. Di M. Antonio Tibaldeo Ferrarese l'opere d'Amore, con le sue stanze nuovamente aggiunte. *Vinegia, Agost. Bindoni,* 1550, in-8, dem.-rel.

2555. Il primo libro dell' opere burlesche di M. Fr. Berni, di Gio. della Casa, del Varchi, del Mauro, di M. Bino, del Molza, del Dolce, e del Firenzuola. *Firenze,* 1555, 2 part. en 1 vol. in-8, vél.

> Recueil rare et fort curieux des principaux *Capitoli* de Berni et de toute sa pléiade spirituelle et impudique.

2556. Rime et prose di M. Gio. della Casa. *In Fiorenza, Giunti,* 1564, in-8, v. gr., fil., tr. dor. (*Derome.*)

2557. Rime di diversi nobilissimi et eccellentiss. autori, in morte della signora Irene delle sign. di Spilimbergo. *Venetia,* 1561, in-8, vél.

2558. All' illustrissimo et eccelentiss. S. Fabiano de Monti, cento sonetti di M. Anton. Francesco Rainerio gentilhuomo Milanese. *Milano, Gio. Antonio Borgia,* 1553, in-4, vél.

> Bel exemplaire d'un livre rare, imprimé avec un caractère italique singulier. Dans la seconde partie, on trouve des stances écrites sur les perfections corporelles des princesses et des grandes dames de la ville de Milan, avec les noms de ces belles dames. Le poète Rainerio mourut assassiné.

2559. Rime de gli academici Occulti con le loro imprese et discorsi. *Brescia,* 1568, in-4, grand papier fort, front. gr. et 13 pl., dem.-rel., *non rogné.*

> Recueil fort rare contenant les poésies des Membres de l'Académie des *Occultes,* qui est peut-être, en effet, la moins connue des innombrables sociétés littéraires de l'Italie. On remarque là, supérieurement gravés sur cuivre, leurs emblèmes et leurs blasons. Le frontispice est une figure priapique d'un genre tout à fait remarquable.

2560. De' Poeti Siciliani di D. Gio. Vintimiglia, libro nel quale si tratta de' poeti bucolici, e dell' origine, e progresso della Poesia nell' Isola di Sicilia. *Napoli,* 1663, pet. in-4, v. br.

2561. La Morte del Duca et del Cardinale di Guisa, e come fu poi ucciso Henrico Terzo di Valois, il tutto raccolto in ottava

rima e diviso in due parti da Rafaele Toschano. — Pet. in-8,
cart.

> MANUSCRIT DU XVI° SIÈCLE, composé de 52 pages. Nous
> avons tout lieu de croire que ce curieux poëme sur l'assassinat des
> Guises et la mort d'Henry III est inédit. En tête se trouve une urne
> funèbre peinte au lavis. Tache d'encre dans le coin de la marge du
> bas.

2562. Le rime burlesche sopra varii et piacevoli soggetti, in-
drizzate a diversi nobili signori da M. Giovanfrancesco Ferrari. *Venetia*, 1570, in-8, vél.

2563. Ciriffo calvaneo di Luca Pulci, con la giostra del Magnifico Lorenzo de Medici, insieme con le Epistole composte dal
Medesimo Pulci. *Fiorenza, Giunti*, 1572, in-4, vél., fil.

> Livre rare et qui offre surtout de l'intérêt à cause de la *Giostra*
> de L. de Médicis.

2564. Rime di M. Francesco Coppetta de' Beccuti Perugino.
Venetia, 1580, pet. in-8, dem.-rel.

> Recueil très-estimé en Italie. Le Coppetta, qui mourut jeune, est
> un poëte lyrique de premier ordre; il composa aussi quelques vers
> érotiques où il y a de la passion et des *Capitoli bernesques*, tels que
> l'*Eloge d'une Chatte*. Le recueil de ses poésies est resté inconnu aux
> bibliographes Fontanini, Zeno et Tiraboschi; mais il est cité par
> Haym dans sa notice des livres rares.

2565. Poésie del Sig. Hercole Tasso filosofo, composte da lui,
in sua giovanile età. *Bergamo, Comin Ventura*, 1593, in-8,
cart.

> Ouvrage très-rare inconnu à Haym, à Brunet, à Ginguené et à tous
> ceux qui se sont occupés de bibliographie et d'histoire littéraire. Il
> eut sans doute un grand succès, à cause de la pureté et de l'élé-
> gance du style, à cause du tour original de l'esprit de l'auteur, vé-
> ritablement amoureux fou d'une jeune personne qui s'appelait *Vir-
> ginia Blanchi*. Plus passionné que Pétrarque, il a toute la fougue et
> en même temps toute la simplicité ingénue de Remy Belleau et de
> Vauquelin de La Fresnaye. Notre volume est composé de 72 feuil-
> lets à toutes marges. Çà et là, on remarque une table ingénieuse
> de mathématiques et de cabale, ou une figure exprimant l'amour
> du poëte, son espoir, sa douleur, les traits et les vertus de sa mai-
> tresse. Dans une de ces figures, gravées sur bois, lui-même est re-
> présenté couché au milieu des flammes.

2566. Rime di Luigi Groto Cieco d'Hadria. *In Venetia*, 1595,
pet. in-12, cart.

2567. Rime d'Ansaldo Ceba. *Padova, Fr. Bolzetta*, 1596, in-8,
vél.

2568. La Bella Mano di Giusto de' Conti Romano senatore e
una raccolta delle rime antiche di diversi Toscani. *Firenze*,
1715, in-12, rel. pleine en mar. r. du Levant, à nerfs, dent.
int., *non rogné*.

> Bel exemplaire. — Rare dans cet état.

2569. Sonetti, Canzoni, Canzonette, Cantate, etc., di Francesco Maria Grazzini.-Carmina latin., etc. (*Circa l'anno* 1789), in-f., vél.

> MANUSCRIT AUTOGRAPHE de l'auteur. Ces poésies, qui n'ont jamais paru, non plus que les lettres également autographes dont elles sont accompagnées, semblent avoir été préparées pour l'impression.

2570. Lo Armidoro di Giovanni Soranzo. *Milano*, 1611, in-4, vél.

> Ce poëme héroïque est peu commun et estimé en Italie. Soranzo a composé, ainsi qu'Andreini, un poëme sur Adam, devenu fort rare.

2571. Il Nascimento di Venetia, poema del sign. Ces. Cremonino. *Bergamo*, 1617, pet. in-8, vél.

2572. Rime di Fulvio Testi, all' invittissimo Principe Carlo Emanuello, duca di Savoia. *Modona, Giul. Cassian*, 1617, in-8, front. gr. et joli portr., vél., fil., tr. dor.

> Première édition de ces poésies. — Bel exemplaire.

2573. Dialoghi de' giovinetti e fanciulli. Pet. in-8, vél.

> MANUSCRIT DU XVIIe SIÈCLE, composé de plusieurs milliers de vers italiens. Ce sont des dialogues fort naïfs et plaisants sur le lever et le coucher, sur les différents jeux de l'enfance et de l'adolescence, sur les vêtements, sur la cuisine, sur les proverbes, sur le jeu de cartes, etc., etc.
>
> On trouve dans ce recueil une foule de détails de mœurs, de termes usuels, de locutions populaires, qui constituent l'histoire intime du xvie et du xviie siècle.

2574. Opere poetiche del dottor Gio. Battista Lalli da Norsia. (La Franceide, la Moscheide, Gerusalemme desolata, Rime giocose, Rime del Petrarca in stil burlesco, etc.) *Milano*, 1630, 2 part. en 1 vol., pet. in-12, cart.

> La *Franceïde*, divisée en 6 chants, est le plus long badinage qui existe sur ce que les Italiens appellent le *Mal français*.

2575. Il Cimiterio, epitafij Giocosi di Gio.-Franc. Loredano e di Pietro Michiele. *S. l.*, 1645; pet. in-12, vél.

> Bel exemplaire d'un livret curieux. On y remarque, parmi 300 épitaphes satiriques et parfois licencieuses, celles d'un *âne*, d'un *hermaphrodite*, d'une *mouche*, d'un *charlatan*, d'un *cornard*, d'une *p...*, d'une *bohémienne*, d'une *fourmi*, de *priape*, d'un *voleur*, d'un *notaire*, d'une *jolie femme*, d'une *m...*, d'un *poëte*, etc., le tout jeté dans un pêle-mêle comique et inattendu, — souvent même avec les noms propres de personnes connues des lecteurs de ce temps-là.

2576. Il Conquisto di Granata del signor Girol. Gratiani, con gli argomenti del signor Flam. Calvi. *Modana, Soliani*, 1650, in-4, à 2 col., v. br.

> Première édition de ce poëme héroïque. Elle est devenue rare. Les éditions suivantes ne contiennent pas les sommaires de Calvi.

2577. Dio, uno, trino, creatore, uomo, figliuolo di Maria, paziente e triomphante, sonetti, ed inni del signor Francesco de Lemene. *Bologna, s. d. (vers 1660)*, in-12, v. br.

> Poésies religieuses, suivies de scènes profanes destinées à être mises en musique.

2578. Le Pazzie de' Savi, overo il Lambertaccio, poëma tragico-eroicomico di Bartolomeo Bocchini. *Bologna*, 1669, pet. in-12, cart.

2579. La Babilonia distrutta, dell' excell. Sr Scip. Herrico. *Bassano*, 1681, pet. in-16, cart., non rogné.

> Jolie édition de ce poëme héroïque. Elle est ornée d'une quantité de figures sur bois.

2580. L'Eneide travestita del signor Gio. Batt. Lalli. *Venetia*, 1682, pet. in-12, vél.

> Ce volume doit être recherché à cause d'une quantité de locutions bizarres et de mots bas empruntés au langage populaire, et qui ne peuvent s'apprendre que dans une semblable bouffonnerie.

2581. Le Sfortunate venture d'Idrena, e di Lisarda Rè dell' India, poemo d'Angelo Schietti. *Vinetia*, 1683, pet. in-4, cart.

> Poème allégorique, dans lequel les scènes d'amour contribuent à la moralité de la fable, comme le voulait aussi l'auteur du *Télémaque*.

2582. Marfisa Bizarra di Gio.-Battista Dragoncino da Fano. *In Padova et in Bassano, s. d.* (xviiie siècle), pet. in-8, à 2 col., dem.-rel., *non rogné*.

> Poëme chevaleresque dont toutes les anciennes éditions sont très-recherchées. Celle-ci est de la fin du xviie siècle. L'auteur de cette épopée déclare, dans la seconde stance du premier chant, qu'il a emprunté son poëme à un auteur français. Il l'a tiré sans doute de l'un de nos plus anciens romans de chevalerie.

2583. Les Animaux parlans, poème épique en 26 chants, de J.-B. Casti, trad. librement de l'italien en vers français, par L. Mareschal. *Paris*, 1819, 2 vol. in-8, portraits, dem.-rel., mar. bl. du Lev., à nerfs, tête dorée, non rognés.

IX. — POÈTES ESPAGNOLS, PORTUGAIS, ANGLAIS, ALLEMANDS.

2584. Espagne poëtique, Choix de poésies castillanes depuis Charles-Quint jusqu'à nos jours, par Don Juan Maria Maury. *Paris*, 1832, 2 vol. in-8, br.

2585. Primera, segunda y tercera partes de la Araucana de Don Alonso de Ercilla y Cuñiga, cavallero de la orden de Santiago. *Anvers, Pedro Bellero*, 1597, in-12, vél.

2586. La Hermosura de Angelica con otras diversas rimas de Lope de Vega Carpio. *Madrid, J. de la Cuesta,* 1605, 2 part. en 1 vol., pet. in-8, vél.

> Seconde édition originale de l'*Hermosura*, de la *Dragontea*, et de quelques autres poésies héroïques de ce fécond écrivain. Jamais auteur ne fut autant répandu chez un peuple. Cela nous peut faire comprendre la rareté de ses premières éditions. — Notre livre est bien conservé, malgré une piqûre. Il y a même des témoins.

2587. Obras de Garcilaso de la Vega. *Madrid, Ant. de Sancha,* 1788, in-16, front. gr., v. fauve, dent.

> L'impression et le format de ce volume le rendent tout à fait conforme à ceux de la collection *Cazin.*

2588. Rimas de Lupercio idel dotor Bartolome Leonardo de Argensola. *En Zaragoza, en el Hospital Real i general de Nuestra Senora de Gracia, ano* 1634, pet. in-4, texte encadré, v.

> Première édition de ces poésies estimées.

2589. Poesias varias. Ano 1631, in-4, vél. (*Rel. espagnole.*)

> MANUSCRIT DU XVIIe SIÈCLE. Le titre ci-dessus est dans un joli cartouche de l'époque peint au lavis. Ce manuscrit se compose de près de 500 pages d'une belle écriture. Ce sont des poésies de circonstance en espagnol, par divers auteurs, des pièces de vers historiques, etc., etc... Curieux et intéressant recueil parfaitement conservé.

2590. Fantasias de un susto, por Don J. Martinez de Moya. *Madrid,* 1738, pet. in-8, vél.

> Ouvrage curieux. Cette édition, peu commune, renferme une longue nouvelle de Zurita y Haro, intitulée *Meritos disponen premios,* dans laquelle on n'a point fait usage de la lettre A.

2591. Suenos Morales, visiones y visitas de Torres con Don Francisco de Quevedo, por Madrid, corregidos y aumentados con la Barca de Aqueronte, residencia infernal de Pluton, correo del otro mundo, etc., por el Doctor Don Diego de Torres Villaroel. *Madrid,* 1791, pet. in-4, dem.-rel.

2592. Parnasso Lusitano. *Paris,* 1826-27, 5 vol., pet. in-32, papier vél., rel. pleine en mar. bleu, à nerfs, fil. à compart., tr. dor. (*Purgold.*)

> Très-bel exemplaire en charmante condition.

2593. Os Lusiadas, poema epico de Luis de Camoens. *Paris,* 1823, in-32, fig., v. antiq., fil., non rogn.

2594. Epodos que conte'm sentenças uteis a todos os homens, a's quaes se accrescentao Regras para a boa educaçao de hunc Principe, composto tudo na lingua latina por Diogo de Teive, traduzido na vulgar em verso solto por Fr. de Andrade. *Lis-*

boa, 1786, in-12, rel. pleine en veau fauve, à nerfs, fil., *non rogné.*

> Bonne édition de ces vieilles poésies. Elle est conforme à l'édition de 1565, laquelle est devenue introuvable. Bel exemplaire.

2595. O Uraguay poema de Jose Basilio da Gama. *Lisboa, na regia officina typographica,* 1769, in-8, fig., v. gr., tr. dor.

2596. Malaca Conquistada pelo grande Affonso de Albuquerque, poëma heroico de Francisco de Sa de Menezes. *Lisboa,* 1779, in-4, v. marb.

2597. Paradise Lost, a poem, the author John Milton, to which is added Paradise regain'd. *London (Paris, Cazin),* 1783, 3 vol. in-18, v. éc., fil., tr. dor.

> Les classiques anglais imprimés par Cazin ne sont pas communs.

2598. The life of John Milton, with conjectures on the origin of Paradise Lost, by Will. Hailey. *Basil,* 1799, in-8, dem.-rel., v. rose.

2599. Calliope, selection of ballads legendary and pathetic. *London,* 1808, pet. in-18, mar. r., fil., large dent., tr. dor. (*Bozérian.*)

2600. Hudibras, poëm written in the time of the late wars (by Sam. Butler). *London,* 1709, 3 tom. en 1 vol. in-8, portr. et fig. singulières, v., fil.

> Edition peu commune du poëme d'Hudibras.

2601. The poetical works of Alex. Pope. *London,* 1819, in-18, front. gr., dem.-rel. cuir de Russie, à nerfs, non rogné.

> Très-jolie édition. Bel exemplaire.

2602. The poetical works of John Gay. *Edinburgh,* 1777, 3 t. en 1 vol. in-12, figures, rel. pleine en v. gaufr., dent.

> Charmant volume.

2603. The poetical works of Robert Dodsley. *London* (1797), pet. in-12, fig., rel. pleine en v. vert, fil., dent. à fr. (*Vogel.*)

> Jolie édition. — Bel exemplaire.

2604. The poëtical works of Nic. Rowe. *London,* 1796, pet. in-12, fig., rel. pleine en v. viol., fil., dent. à fr. (*Vogel.*)

> Charmante édition. — Très-bel exemplaire.

2605. Cider, a poëm by John Philips, with notes provincial and explanatory. *London,* 1791, in-8, front. gravé, cart.

> Curieux poëme sur le cidre, et la manière de le fabriquer.

2606. The Works of Robert Burns, publ. by Ja. Currie. *Lon-*

don, 1824, 3 tom. en 1 vol. in-8, portr., rel. pleine en v. fauve, à nerfs. fil. à compart., milieux, dos orné, dent. intér., tête dorée, non rogné.

> Très-bel exemplaire.

2607. Musarion ou la Philosophie des Grâces, poëme en III chants de Wieland, trad. par De Laveaux. *Basle*, 1780, in-8, papier de Hollande, charmantes figures de St-Quentin, br., *non rogné.*

X. — THÉATRE.

Théâtre des Grecs et des Latins. — Auteurs dramatiques latins du moyen âge et des temps modernes.

2608. Sophoclis tragœdiæ septem una cum omn. scholiis Camerarii, et annott. H. Stephani. *S l., excud. H. Stephanus*, 1568, in-4, v. m.

> Édition très-estimée pour sa correction.

2609. Sophoclis tragœdia Philoctetes (gr.-lat.), stylo ad veteres tragicos latinos accedente quam proxime fieri potuit a Q. Sept. Florente Christiano. *Lutetiæ, Fed. Morellus*, 1586 — Æschili tragœdia Septem-Thebana (gr.-lat... *Lutetiæ, Morel.*, 1585, 2 ouvr. en 1 vol. pet. in-4, grand papier réglé, vél.

> Bel exemplaire, avec un envoi de FLORENT CHRÉTIEN, le précepteur d'Henri IV. Cet ENVOI AUTOGRAPHE DE CINQ LIGNES, au bas du titre, est daté de *VENDOME*, juillet 1586.

2610. Specimen observationum criticarum in Ajacem et Electrum Sophoclis ex collatione codicis ms. edid. J. Fr. Heusinger. *Ienæ*, 1745, pet. in-4, dem.-rel., mar. bleu.

2611. De Euripidis Hecuba, subjunctis observationibus in ejusdem tragici Andromacham, disputat Chr. Fr. Ammon. *Erlangæ*, 1788, pet. in-4, dem.-rel., mar. bleu.

> Histoire du drame. — Dissertation sur le lieu de l'action, etc. — Remarques philologiques, etc.

2612. De Ingenio Sophoclis dissertatio philologica, auctore J. Besenbeck. *Erlangæ*, 1739. — Pro comœdia commovente commentatio, auctore Chr. F. Gellerto. *Lipsiæ*, 1751, 2 opusc. en 1 vol. pet. in-4, dem.-rel., mar. bleu.

2613. Aristophanis, facetissimi comœdiæ (græce). *Francofurti, Brubachius*, 1544, in-8, mar. viol., fil., dent.

2614. Théâtre d'un poëte de Sybaris, trad. pour la première

fois du grec, avec des commentaires, des variantes et des notes, pour servir de supplément au théâtre des Grecs. *Sybaris* (*Paris, Cazin*), 1788, 3 vol. in-18, v. éc., fil., tr. dor.

2615. PLAUTI comœdiæ XX, recens. singulari diligentia formulis excusæ ex emendationibus, atque commentariis Bernardi Saraceni, Joannis Petri Vallæ, etc. *Impress. Venetiis per Lazarum Soardum*, 1511, in-fol., fig. sur bois, reliure pleine en maroquin vert du Levant, à nerfs, fil. et riches compartiments à la Grolier, dent. intér.

> TRÈS-BEL EXEMPLAIRE et à toutes marges d'une édition très-rare et dont on connaît à peine cinq exemplaires bien complets. Elle se recommande d'ailleurs par un excellent commentaire, et se distingue de toutes les éditions anciennes par plusieurs centaines de jolies figurines gravées sur bois, qui représentent les scènes bouffonnes et les costumes de la comédie antique. On y remarque aussi un très-beau frontispice. Un exemplaire a été payé jusqu'à 166 francs à la vente Béarzi.

2616. Plauti Comœdiæ. *Venetiis, Aldus*, 1522, pet. in-4, rel. pleine en mar. rouge du Levant, à nerfs, fil. à fr., dent. intér., tr. dor. (*Hardy*.)

> Très-bel exemplaire d'une édition rare et estimée. Un des volumes les moins communs de la collection Aldine.

2617. Plauti Comœdiæ. *Venetiis, Aldus*, 1522, pet. in-4, vél. (*A toutes marges.*)

> Bel exemplaire.

2618. Plauti Comœdiæ, cum nott. Camerarii et cæter. *Antverpiæ, ex offic. Chr. Plantini*, 1566, un vol. en 2 tom. in-16, v. éc., fil., tr. dor.

> Edition admirablement imprimée en lettres rondes par le célèbre Plantin, Tourangeau de naissance. Très-bel exemplaire.

2619. Plauti comœdiæ XX. *Amst., Lud. Elzevir.*, 1652, in-16, front. gr., v. br.

> La seule édition du Plaute des Elsevier.

2620. TERENTIUS cum directorio vocabulorum et sententiarum artis comice, glosa interlineari et commentariis. *Immpressum* (sic) *in imperiali ac urbe libera Argentina per magistrum Joannem Grüninger accuratissime nitidissimeque elaboratum...*, 1496, in-fol. avec quantité de figures sur bois très-curieuses, représentant des théâtres et représentations dramatiques au XV⁰ siècle, v. fauve.

> Bel exemplaire d'une édition rare et recherchée.

2621. Terentius, cum directorio vocabulorum, sententiarum artis comice, glosa interlineari, commentariis a Donato, Guidone Ascensio... *Impressum in imperiali ac libera urbe*

*Argentina per Ioannem Grüninger. Ad illam formam ut
intuenti iocundior atque intellectu facilior esset, per Ioannem Curtum ex Eberspach redactum, anno a nativitate
domini 1499, in-fol., fig. s. bois, dem.-rel., vél.*

> Edition rare et très-curieuse, remarquable par un grand nombre
> de figures sur bois singulières de l'école d'Albert Dürer et de Lu-
> cas Cranach; représentant en costumes du moyen-âge, tantôt à mi-
> page, tantôt de la grandeur entière du volume des scènes dramati-
> ques et l'agencement des théâtres tel qu'il était au XVᵉ siècle. —
> Exemplaire bien conservé.

x 2622. Terentius a M. Ant. Mureto emendatus. *Lugduni, apud
Gul. Rovillium,* 1559, in-8, réglé, rel. pleine en mar. r. du
Levant, fil., riches compart. à la Grolier sur les plats, dent.
intér., tr. dor.

> Très-bel exemplaire. — L'imprimeur, Guill. Rouillé était origi-
> naire de Touraine.

2623. TERENTIUS a M. Ant. Mureto, locis prope innumerabi-
libus emendatus. *Antverpiæ, ex officina Chr. Plantini,* 1574,
in-16, réglé, bordure gravée s. bois autour du titre, riche
reliure du XVIᵉ siècle, en maroquin vert, mosaïque, compartiments et entrelacs à la Grolier sur le dos et sur les plats,
tr. dor. et ciselée.

> CHARMANT SPECIMEN DE RELIURE DE LA RENAISSANCE.
> Ce petit bijou est de la plus parfaite conservation. Tout y est in-
> tact, et ce volume n'a été l'objet d'aucune restauration. Les orne-
> ments du dos et des plats sont d'un goût exquis Au milieu se trou-
> vent les armes de la famille du chancelier Du Prat. Cette reliure
> a été exécutée pour ANTOINE DU PRAT, IVᵉ du nom, seigneur de
> Nantouillet, baron de Toury, reçu prévôt de Paris le 19 février
> 1553. Pendant la session des Etats de Blois fut jugé, par le roi en
> personne, un grand procès qui donna lieu au *célèbre édit des Secondes
> Noces.* Anne d'Alègre, veuve d'Antoine Du Prat, IIIe du nom, sei-
> gneur de Nantouillet, s'était remariée à Georges de Clermont-
> d'Amboise, marquis de Gallerande, et avait disposé en faveur de ce
> dernier de tous ses biens au préjudice des huit enfants qu'elle avait
> eus de son premier mariage. Le roi rendit justice à l'avantage de
> la famille du chancelier, dont cet Antoine Du Prat, IVᵉ du nom,
> était l'aîné des descendants.

2624. P. Terentii Comœdiæ, ex recens. Heinsiana. *Amstel., ex
off. Elzeviriana,* 1661, pet. in-12, front. gravé, mar. bleu,
fil., dos orné, tr. dor. (*Derome.*)

> Très-bel exemplaire de cette jolie édition.

2625. P. Terentii Comœdiæ. *Londini, Brindley,* 1744, pet. in-
12, mar. citron, fil., tr. dor. (*Reliure ancienne.*)

> TRÈS-BEL EXEMPLAIRE, dans une charmante reliure parfaitement
> conservée.

2626. Les Comédies de Térence, avec la traduction et les remarques de Madame Dacier. *Rotterdam, Fritsch,* 1717,
3 vol. pet. in-8, fig. au trait de Bernard Picart, v. br.

2627. L. et M. Annæi Senecæ tragœdiæ. *Amstelod., Dan. Elsevier*, 1678, in-16, vél., *non rogné.*

Rare dans cette condition. — C'est la seule édition de Sénèque, le tragique, qui ait été publiée par les Elsevier.

2628. Num Thespis tragœdiæ auctor haberi possit, auctoribus J. J. Menone Valett, ac J. Chr. Fr. Goetschel. *Erlangæ*, 1788, 2 part. en 1 vol. pet. in-4, dem.-rel., mar. viol., à nerfs.

Pièces intéressantes pour l'étude des origines du théâtre.

2629. J. Cæs. Bulengeri de Circo Romano Circensibusque ludis, liber. *Lutetiæ-Parisior.*, 1598, in-8, vél.

Avec la signature autographe du ministre Daniel Chamier, au bas du titre, datée de 1598.

2630. Idée des spectacles anciens et nouveaux, des anciens : cirques, amphithéâtres, théâtres, naumachies etc. ; des nouveaux : comédie, bal, mascarades, carrousels, joustes, exercices et revues militaires, feux d'artifice, entrées des Rois et des Reynes, par M. D. P. (Michel de Pure). *Paris*, 1668, pet. in-12, rel. pleine en mar. rouge du Levant, à nerfs, devise sur les plats, dent. intér., tr. dor.

2631. Théâtre de Hrotsvitha, religieuse allemande du xe siècle, trad. pour la prem. fois en français, avec le texte latin, par Ch. Magnin. *Paris*, 1845, in-8, fig. s. bois, dem.-rel., mar. vert du Levant, tête dorée, non rogné.

2632. Comœdiæ ac tragœdiæ aliquot ex novo et vetere Testamento desumptæ : adjunximus prœterea duas lepidissimas comœdias, mores corruptissimi seculi elegantissime depingentes. *Basileæ*, 1540, pet. in-8 de 708 pp., dem.-rel.

Ce recueil contient dix pièces de théâtre. — Vendu 20 francs chez Soleinne.

XI. — THÉATRE FRANÇAIS.

Théâtre Français du moyen-âge. — Auteurs dramatiques depuis les Mystères jusqu'à nos jours.

2633. Théâtre Français au moyen-âge (xie-xive siècles), publ. d'après les MSS., par Monmerqué et Francisque Michel. *Paris, Didot*, 1842, gr. in-8, à 2 col., br.

2634. Adam, représentation de la chute du premier homme, imitation libre (en vers) de la première partie du drame anglo-normand du xiie siècle que M. Victor Luzarche a publié d'après un ms. de la bibliothèque de Tours (par M. Da-

vid). *Paris*, 1855, in-8, reliure pleine en mar. br. du Levant,
à nerfs, fil., dent. intér., tête dorée, non rogné.

> Très-bel exemplaire tiré sur grand papier vergé de Hollande. On
> y a joint une longue lettre autographe de l'auteur, adressée à M. Lu-
> zarche. Cet ouvrage tiré à petit nombre, pour des amis seulement,
> n'a pas été mis dans le commerce.

2635. Les Miracles du Mont S. Michel, fragm ent d'un mystère
du XIV° siècle, pub. avec introduction, par Eug. de Beaurepaire. *Avranches*, 1862, in-8, grand pap. de Holl., titre rouge
et noir, br.

> Tiré à très-petit nombre.

2636. Recueil de Farces, Softies et Moralités du XV° siècle, réunies pour la prem. fois et publ. avec des notices et des notes
par P. L. Jacob, bibliophile. *Paris*, 1859, in-16, pap. vergé,
cart. en perc., non rogné.

2637. La Farce de Pates Ouaintes, pièce satyrique représentée
par les écoliers de l'université de Caen, au carnaval de 1492,
publ. d'après un ms. contemporain, par T. Bonnin. *Evreux*,
1843, in-8, pap. de Holl., fac-simile, br.

2638. LE MYSTERE de la vie et hystoire de Monseigneur Sainct
Martin lequel fut Archevesque de Tours : contenant comment il fut converty a la foy chrestienne, puis convertit
ceux de Millan et plusieurs autres, aussi y sont plusieurs
autres beaux miracles faictz par son intercession qui seroient
longs à racompter : finablement comment il mourut sainctement, et est ce present mystere a cinquante et trois per-
sonages. *Imprimé nouvellement à Paris*, s. d., pet. in-8,
gothique, pap. de Hollande, reliure pleine en mar. vert du
Levant, à nerfs, fil., dent. et pet. fers avec devise sur les
plats, doublé de mar. rouge, fil. avec large dentelle a pet.
fers et compart. intér., tr. dor.

> Réimpression *fac-simile* par feu M. Silvestre, d'après l'exemplaire
> unique de la bibliothèque de Chartres. — TRÈS-BEL EXEM-
> PLAIRE.

2639. La Farce de Maistre Pierre Pathelin, avec son testament
à quatre personnages. *Paris, Coustelier*, 1723, in-12, v.
éc., fil.

2640. La Farce de Pathelin, avec son testament. *Paris* Durand,
1762, in-8, cart.

2641. La Farce des poures Deables, à VII personnages, c'est à
sçavoir la Reformerelle, le Sergent, le Prebstre, la Fille des-
bauchée, l'Amant vérolé et le Moyne. *S. l. n. d.*, pet. in-8,
pap. de Holl., br.

> Réimpression faite par Techener à 76 exemplaires.

2642. Les Mal Contentes, farce joyeuse à IV personnaiges, c'est
asçavoir : la jeune Fille, la Maryée, la femme Vesve, et la
Religieuse. *Paris, Techener, s. d.*, pet. in-8, pap. de Hollande, br.

> Tiré seulement à 76 exemplaires.

2643. De la Mise en scène des Mystères, et du Mystère de la
Passion, par Paulin Paris. *Paris*, 1855, broch. in-8.

> Tirage à part, à très-petit nombre.

2644. Relation de l'ordre de la triomphante et magnifique
monstre du Mystère des SS. Actes des Apostres, par Arnoul
et Simon Greban, ouvrage inédit de Jacq. Thiboust, Sr de
Quantilly, suivie de l'inventaire de la Sainte Chapelle de
Bourges, publ. par Labouvrie. *Bourges*, 1836, in-8, pap.
vélin, br.

2645. Les Tragédies de Robert Garnier, conseiller du Roy,
lieutenant-général criminel au siége présidial et senechaus-
sée du Maine. *Rouen, Raph. du Petit Val*, 1605, in-12, frontisp. gravé par L. Gaultier, vél.

2646. Pyrrhe, tragédie (en vers) de J. Heudou, Parisien. *Rouen,
Raph. du Petit Val*, 1599, pet. in-12, parch.

2647. Acoubar, tragédie, tirée des Amours de Pistion et For-
tunie en leur voyage du Canada, par maistre Jacques du
Hamel, advocat en la cour de Parlement. *Rouen, Raph. du
Petit Val*, 1611, in-12, cart. antiq.

> Pièce très-rare et bien conservée. La dédicace est adressée au
> poëte *Philippe Des Portes*, abbé de Thiron.

2648. Tragi-comédie de l'empereur Henry et Kunegunde, représentée par les estudians de la Compagnie de Jésus, à Malines, le 5 juillet. *Anvers*, 1616, pet. in-4, cart.

2649. Tragédie de l'empereur Anastase, qui sera représentée
par les estudians de la grande Escole, le 3 de juillet 1618, à
trois heures après midy, au séminaire. *Malines*, 1618, pet.
in-4, cart.

2650. Théodoricus, tragédie à représenter par la jeunesse du
collége de la S. de Jés. à Malines, le 11 de septembre 1618.
Malines, H. Lacy, 1618, pet. in-4, cart., *non rogné*.

2651. Les Tragédies de Ant. de Montchrestien, sieur de Vaste-
ville, plus une bergerie et un poëme de Susane. *Rouen,
Jean Petit, s. d.* (vers 1620), in-8, front. gravé et port., mar.
r., fil., tr. dor.

> Édition la meilleure et la plus complète.

2652. La Justice d'Amour (en vers), à la séréniss. princesse Marie de Bourbon, princesse de Carignan, par Borée. *Lyon,* 1627. — Tyr et Sidon, tragi-comédie, divisée en deux journées (par J. de Schelandre). *Paris, Rob. Estienne,* 1628. — La Climène, tragi-comédie pastorale, par le sieur De La Croix. *Paris,* 1629, in-8, v. m. (*Aux armes du comte de Toulouse.*)

> *Tyr et Sidon* est une pièce fort rare. L'exemplaire est piqué. La fin du privilége manque à la *Climène* de De La Croix.

2653. Alfonse le grand et pieux roy de Galice, représenté par la jeunesse de la Compagnie de Jésus à Hal. *Bruxelles,* 1628, pet. in-4, cart.

2654. Les travaux d'Ulysse, tragé-comédie (*sic*) tirée d'Homère, par J. G. Durval. *Paris, P. Ménard,* 1631, in-8, vél. (*Rare.*)

> Pièce fort curieuse par la bizarrerie et la rapidité du dialogue. Cet exemplaire contient, paginées à part, d'autres poésies de l'auteur.

2655. Le Thyeste de M. de Monléon (tragédie en vers). *Paris, P. Guillemot,* 1638, frontisp. gravé. — La Lucresse, tragédie (en vers), par Urbain Chevreau, de Loudun. *Paris, Quinet,* 1637. — Les Occasions perdues, tragi-comédie, par Rotrou. *Paris, Quinet,* 1635, in-4, vélin de Hollande. (*Éditions originales*).

2656. Le Cid, tragi-comédie, par M. Corneille. *Suivant la copie (Leyde, Bonavent. et Abrah. Elsevier),* 1656, pet. in-12, cart. antiq.

> Véritable Elsevier, admirablement imprimé. Bel exemplaire.

2657. Recueil de 20 pièces originales relatives à la pièce du Cid de Corneille, 1637-38, in-8, v. marbr. (*Réunion curieuse.*)

> Observations sur le Cid (par Scudéry). *A Paris, aux despens de l'autheur,* 1637. — Lettre apologétique du sieur Corneille contenant sa response aux Observations faites par le sieur Scudéry sur le Cid. *S. l.,* 1637. — La voix publique à M. de Scudéry sur les Observations du Cid. *Paris,* 1637. — Lettre de M. de Balzac à M. de Scudéry sur ses Observations du Cid et la response de M. de Scudéry à M. de Balzac, avec la lettre de MM. de Scudéry à l'Académie françoise. *Paris,* 1638. — Lettre à *** sous le nom d'Ariste. *S. l, n, d.* (*vers* 1638). — La preuve des passages alleguez dans les observations sur le Cid, par M. de Scudéry. *Paris,* 1637. — Response de *** à *** sous le nom d'Ariste. *Paris,* 1637. — Lettre pour M. de Corneille contre les mots de la lettre sous le nom d'Ariste. *S. l. n. d.* (*vers* 1638). — Lettre apologitique (*sic*) du sieur Corneille, 1637. — Lettre du sieur Claveret au sieur Corneille soy disant autheur du Cid. *Paris,* 1637. — L'amy du Cid à Claveret. *Paris,* 1637. — Le jugement du Cid, composé par un bourgeois de Paris, marguillier de sa paroisse. *S. l. n. d.* (*vers* 1637). — L'autheur du vray Cid espagnol à son traducteur françois (pièce en vers). *S. l. n. d.* (*vers* 1637). — Lettre de M. de Scudéry à l'illustre Académie. *Paris,* 1637. — Discours à Cliton sur les Observations du Cid, avec un traicté de la disposition du poëme

dramatique et de la prétendue règle de vingt-quatre heures. *Paris,
s. d. (vers 1638).* — Les fautes remarquables en la tragi-comédie du
Cid. *Paris, 1637.* — Epistre familière du sieur Mayret au sieur Corneille sur la tragi-comédie du Cid. *Paris, 1637.* — Lettre du désin-
téressé au sieur Mayret. *S. l. n. d. (vers 1638).* — Le souhait du Cid
en faveur de Scudéry : une paire de lunettes, pour faire mieux ses
observations. *S. l., 1637.* — L'incognu et véritable amy de MM. de
Scudéry et Corneille. *S. l., 1637.*

2658. La Mort de Pompée, tragédie (par Pierre Corneille). *Paris, Ant. de Sommaville et Aug. Courbé, 1644, pet. in-12, v.*
(Edition originale.)

2659. Andromède, tragédie, représentée avec les machines sur
le théâtre royal de Bourbon (par P. Corneille) *Rouen, L.
Maurry, et Paris, Ch. de Sercy, 1651, petit in-12, dem.-re-
liure.*

> EDITION ORIGINALE. Elle est plus rare que l'édition in-4 qui parut
> la même année.

2660. Nicomède, tragédie (par P. Corneille). *Rouen, L. Maurry,
et Paris, G. de Luynes, 1653, pet. in-12, dem.-rel.*

> Edition originale de ce format.

2661. D. Sanche d'Arragon, comédie héroïque (par P. Corneille). *Paris, G. de Luynes, 1653, pet. in-12, dem.-rel.*

> Edition originale de ce format.

2662. D. Sanche d'Arragon, comédie héroïque (par P. Corneille). *Suivant la copie (Leyde, Bonavent. et Abrah. Elsevier), 1656, pet. in-12, cart.*

> Véritable Elsevier de Leyde, admirablement imprimé. Exemplaire
> à toutes marges, avec témoins.

2663. Sertorius, tragédie, par M. Corneille. *Suivant la copie
(Leyde, Bonaventure et Abraham Elsevier), 1662, petit in-12,
cart.*

> Véritable Elsevier de Leyde admirablement imprimé. — Bel
> exemplaire.

2664. Le Théâtre de P. Corneille, reveu et corrigé par l'autheur. IIIe partie. *Imprimé à Rouen et se vend à Paris, chez
Aug. Courbé, 1660, in-8, front. gravé et fig., v. br.*

> Volume difficile à trouver d'une édition rare et recherchée. —
> Bel exemplaire.

2665. Le Théâtre de P. Corneille, revu et corrigé par l'autheur.
*A Rouen et se vend à Paris, chez L. Billaine, 1664, 3 vol.
in-8, fig., cart.*

> Edition recherchée. Les frontispices gravés portent la date de
> 1660.

2666. Le Théâtre de P. Corneille, reveu et corrigé par l'autheur,

IVe partie. *Paris, L. Billaine.* 1666, in-8 de IV et 252 pages, n. rel.

Ce volume supplémentaire sert tantôt à compléter l'édition de 1660 et tantôt celle de 1664. Il est très-rare. — Exemplaire grand de marges.

2667. Poëmes dramatiques de T. Corneille. *Imprimés à Rouen et se vendent à Paris,* 1661, 2 vol. in-8, fig., v. br. et bas.

2668. Note sur les descendants de Corneille, par le baron de Stassart. *Bruxelles,* 1851, br. in-8, avec tableau généalogique.

Tiré à petit nombre et rare en France.

2669. Le Théâtre de M. Quinault. *Suivant la copie. (Amsterdam, Abrah. Wolfgang, au Quærendo),* 1663-97, 3 vol. pet. in-12, vél.

Très-jolie édition qui fait partie de la collection des Elsevier. Toutes les pièces sont de *première date.* Un a ajouté à cet exemplaire un 3e volume, comprenant les pièces suivantes : *Bellerophon.* Suiv. la copie (Amst. Wolfgang), 1671. — *La Mère Coquette ou les Amans brouillez.* Suiv. la copie (Amst. Wolfgang), 1666. — *Astrate, roy de Tyr,* Suiv. la copie (Amst. Wolfgang), 1665. — *Pausanias, tragédie.* Amst., Ant. Schelte (au Quærendo), 1697. — Ces pièces ne font pas partie des volumes de 1663, et n'ont paru que successivement après coup, aux deux dates que nous indiquons. Ces dernières pièces ne se trouvent presque jamais réunies.

2670. Le Mariage impromptu, comédie, ou la Rage guérie, en un acte en prose. 1638, pet. in-8, v. fauve. (*Anc. reliure.*)

MANUSCRIT DU COMMENCEMENT DU XVIIe SIÈCLE, composé de 164 pages, d'une écriture soignée. Cette pièce est du meilleur comique, et nous la regardons comme un chef-d'œuvre de dialogue et de style. Nous irons plus loin : Molière, dans ses premiers essais, n'a pas dû mieux réussir. Cette comédie, qui n'a pas été imprimée, est l'œuvre d'un écrivain très-remarquable, pour ne pas dire d'un maître. Elle aurait été composée à l'intention de quelques familles bourgeoises, dont les mœurs, les caractères et le langage y sont reproduits avec une vérité frappante, au moyen d'une intrigue très-simple. Il s'agit de guérir une jeune fille de la passion des chiens, en lui donnant une grande peur d'être devenue enragée. En voici le début :

ACTE PREMIER.

SCÈNE I.

ERGASTE, *seul,*

« Non, ie ne saurois plus tenir à toutes ces extravagances, et il faut « absolument que ma fille guérisse, ou qu'elle ou moy désertions la « maison. A-t-on iamais ouy parler d'un entêtement si terrible? « J'aurois paine à le croire si ie ne le voyais tous les iours. On peut « bien aimer les chiens, mais il est une mesure à toutes choses. « Pour moy, ie ne vous le cèle point, ma fille, ie vous croy folle et ie « ne croy pourtant pas que vous soyez sortie d'un père fou . . . . »

2671. Les Fascheux, comédie de J. B. P. Molière, représentée sur le théâtre du Palais-Royal. *Suivant la copie (Leyde, Bonav. et Abraham Elsevier)*, 1662, pet. in-12, cart.

> Première pièce de Molière imprimée par les Elsevier. Elle a paru ainsi séparément, immédiatement après l'apparition de l'édition originale de Paris, et la même année. La première édition des œuvres de Molière, imprimée par les Elsevier, ne parut, comme on sait, que 13 ans après, en 1675. — Cette pièce des *Fâcheux* est un chef d'œuvre de typographie, et l'exemplaire est grand de marges et parfaitement conservé.

2672. LE MISANTROPE (*sic*), comédie par J. B. P. de Molière. *Paris, J. Ribou*, 1667, pet. in-12, dem.-rel.

> EDITION ORIGINALE. — Très-rare.

2673. Les OEuvres de Monsieur de Molière, tome VII. *Paris, D. Thierry et Cl. Barbin*, 1675, in-12, v. br.

> Ce volume qui complète l'édition de *Paris*, 1674, est fort rare. Il contient l'ÉDITION ORIGINALE du MALADE IMAGINAIRE. — Bel exemplaire.

2674. Les OEuvres de Monsieur Molière. *Amsterdam, Jacq. le Jeune (Daniel Elsevier)*, 1679, 5 vol. — Les OEuvres posthumes de Monsieur de Molière, enrichies de figures en taille-douce. *Amsterdam, Jacques le Jeune (à la Sphère)*, 1684, 1 vol., fig. — Ensemble 6 vol. pet. in-12, front. gravé, vél.

> Jolie édition recherchée du Molière des Elsevier. — Exemplaire bien complet, avec le volume complémentaire des œuvres posthumes, qui est de bonne date. Ce dernier volume porte la signature de l'abbé de Marolles, sur le titre.

2675. Les OEuvres de Monsieur de Molière. *Paris, Den. Thierry, Cl. Barbin et P. Trabouillet*, 1681, 5 vol. — Les OEuvres posthumes de M. de Molière. *Lyon, Jacq. Lions*, 1690, 1 vol. — Ensemble 6 vol. in-12, v. br.

> Edition rare. C'est une contrefaçon faite à Lyon. Exemplaire dans sa reliure du temps, uniforme, avec le sixième volume contenant les œuvres posthumes, qui ne fut imprimé que beaucoup plus tard pour faire suite à l'édition.

2676. LES OEUVRES DE MONSIEUR DE MOLIÈRE revues, corrigées et augmentées. *Paris, Denys Thierry, Cl. Barbin et P. Trabouillet*, 1682, 8 vol. in-12, fig. de Brisart et de Sauvé, cart.

> PREMIÈRE ÉDITION COMPLÈTE DE MOLIÈRE, rare et très-recherchée. Elle fut donnée après sa mort sur ses manuscrits par Vinot et La Grange, ses amis. Les tomes VII et VIII se composent de pièces jusqu'alors inédites. Cette excellente édition a servi de base comme texte à toutes les éditions suivantes. L'exemplaire est bien complet, bien conservé et TRÈS-GRAND DE MARGES.

2677. Les OEuvres de Monsieur de Molière, revues, corrigées et augmentées du Médecin Vengé et des épitaphes les plus curieuses sur sa mort. *Lyon, Jacq. Lions*, 1692, 9 tom. en 8 vol. in-12, portr. et fig., rel. pleine en mar. brun du Levant, à nerfs, fil., milieux ornés avec devise, dent. intér., tr. dor.

TRÈS-BEL EXEMPLAIRE d'une édition curieuse et peu commune; c'est la reproduction de celle de 1682, avec certaines additions toutefois indiquées sur le titre, plus la *Vie de Molière*, par Grimarest, qui paraît ici pour la première fois et forme le IXᵉ tome.

2678. Les Œuvres de Molière (revues par Vinot et La Grange). *Paris, D. Thierry, Cl. Barbin et P. Trabouillet,* 1697, 8 vol. in-12, fig. de Brisart et de Sauvé, rel. pleine en mar. rouge du Levant, à nerfs, fil., devise sur les plats, milieu, dent. intér., tr. dor.

Cette édition reproduit page pour page et ligne pour ligne la fameuse édition de 1682, donnée après la mort de Molière, sur ses manuscrits, par ses amis. Le libraire-éditeur, ayant subi de grandes pertes par suite des nombreuses contrefaçons qu'on avait faites de cette édition, et surtout de l'incendie du collége de Montaigu qui avait anéanti les exemplaires de 1682 qui lui restaient en magasin, obtint dès 1692 un nouveau privilége de vingt années pour cette réimpression. Ainsi, moins de dix ans après sa publication, les huit volumes de 1682 étaient déjà une rareté. Ce fait est consigné dans le privilége à la fin du tome Iᵉʳ de 1697.

2679. Le Opere di G. B. P. di Molière, tradotte da Nic. di Castelli. *Lipsia,* 1740, 4 vol. pet. in-12, portr. et fig., rel. pleine en mar. bleu du Levant, à nerfs, fil., tr. dor.

Traduction curieuse et peu commune de Molière. Elle contient dans toute son intégrité la fameuse SCÈNE DU PAUVRE, dans le Festin de Pierre. — Vendu jusqu'à 150 francs chez Solar.

2680. La Vie de M. de Molière (par de Grimarest). *Paris,* 1705, in-12, portr. gravé par Audran, v. br.

2681. La Vie de M. de Molière (par Grimarest). *Paris,* 1705, in-12, reliure pleine en v. fauve, à nerfs, fil., devise sur les plats, dent. intér., tr. dor.

Charmant exemplaire.

2682. Observations sur la comédie et sur le génie de Molière, par L. Riccoboni. *Paris,* 1736, in-12, v. fauve. (*Anc. reliure.*)

2683. L'Esprit de Molière, ou Choix de maximes, pensées, caractères, portraits et réflexions tirés de ses ouvrages, avec un abrégé de sa vie, un catalogue de ses pièces, le temps de leurs premières représentations, et des anecdotes relatives à ces pièces (par Beffara). *Paris, Lacombe,* 1777, 2 vol. in-12, v. marbr.

2684. Mémoires sur Molière et sur Mme Guérin, sa veuve, suivis des mémoires sur Baron et sur Mlle Lecouvreur, par l'abbé d'Allainval. *Paris,* 1822, in-8, br.

2685. Histoire de la vie et des ouvrages de Molière, par J. Taschereau. *Paris*, 1825, in-8, portr. et fac-similé, dem.-rel., v. bl.

2686. Molière et sa troupe à Rouen (1658), par F. Bouquet. *Rouen*, 1865, broch. in-8.

> Tiré à petit nombre.

2687. Les Fragmens de Molière, comédie (par Champmeslé).— *Paris, Ribou*, 1682, in-12, dem.-rel., mar. v. du Lev., à nerfs, fil.

> Edition originale. Cette pièce se compose de divers fragments de Molière arrangés ensemble.

2688. Molière le Critique et Mercure aux prises avec les philosophes. *En Hollande*, 1709, pet. in-8, br. en cart., *non rogné.*

> Rare, surtout dans cet état.

2689. Molière à la nouvelle salle, ou les Audiences de Thalie, comédie en un acte et en vers libres, par une Société de gens de lettres (par La Harpe). *Paris*, 1782, in-8, dem.-rel., dos et coins de v. fauve, à nerfs, tête dor.

> Précédé d'une curieuse préface et d'une *Lettre d'un amateur de spectacle.*

2690. L'Ecuyer ou les faux nobles mis au billon, comédie du temps, dédiée aux vrais nobles de France, par le Sr de Claveret. *A Paris, et se vend au Palais*, 1665, pet. in-12, cart. à la Brad.

2691. La Femme juge et partie, comédie (en vers), par Montfleury. *Paris, J. Ribou*, 1669, pet. in-12, vél. (*Edition originale.*)

2692. Les OEuvres de M. de Champmélé. *Paris, Ribou*, 1668-1683, ensemble 5 pièces en 1 vol. in-12, v. fauve. (*Ancienne reliure.*)

> Recueil formé à l'époque même, entièrement en éditions originales, savoir: *Délie*, pastorale. repr. sur le th. du Palais-Royal, 1668. — *La Rue Saint-Denys*, 1682. — *Les Fragmens de Molière*, 1682. — *Les Grisettes*, 1683. — *Le Parisien*, 1683. Quelques-unes de ces comédies sont à toutes marges et presque *non rognées*. On sait que La Fontaine a mis du sien dans plusieurs pièces de Champmélé, notamment dans *Délie*. Quant aux *Fragmens de Molière*, il faut réellement les considérer comme une œuvre originale du grand comique, et la rechercher pour la réunir aux autres, puisque ce sont des fragments du Festin de Pierre, arrangés par Champmélé. Or le *Festin de Pierre* ne fut publié qu'en 1682.

2693. Les Grisettes, ou Crispin chevalier, comédie (par Champmeslé). *Paris*, 1683, in-12, cart. (*Edition originale.*)

2694. OEUVRES DE RACINE. *Suivant la copie. (Amsterdam,
Abraham Wolfgang, au Quærendo)*, 1678, 2 vol. pet. in-12,
fig., vél.

Fort jolie édition qui fait partie de la collection des Elseviers.
— Exemplaire avec témoins.

2695. OEUVRES DE RACINE. *Suivant la copie, (Amsterdam,
Abraham Wolfgang, au Quærendo)*, 1682, 2 vol. pet. in-12,
frontispices gravés et fig. à chaque pièce, rel. pleine en mar.
rouge du Levant, à nerfs, dos orné, fil., dent. intér., tr. dor.
(Capé.)

MAGNIFIQUE EXEMPLAIRE de cette charmante édition qui fait
partie de la collection des Elsevier. Elle est tout aussi bien imprimée que celle de 1678 et est également recherchée. (Voir Brunet.)
— Vendu 101 fr., Chardin; et 120 fr. de Soleinne.

2696. OEuvres de Racine. *Suiv. la copie (Amst., Wolfgang)*,
1682, 2 vol. pet. in-12, fig., vél.

2697. OEUVRES DE RACINE. *Paris, Cl. Barbin*, 1687, 2 vol. in-
12, frontispices gravés et fig., dem.-rel., tr. dor.

Bel exemplaire d'une édition rare. Les anciennes marges sont
restées intactes, les volumes ayant été simplement recouverts sur la
reliure de l'époque. — Très-grand de marges. Hauteur: 163 mill. 1/2.

2698. OEUVRES DE RACINE. *Paris, P. Trabouillet*, 1697, 2
vol. in-12, frontispices gravés et fig., rel. pleine en mar. vert
du Levant, à nerfs, fil., dent. intér., tr. dor. *(Capé.)*

DERNIÈRE ÉDITION ORIGINALE, revue par Racine lui-même. C'est la
meilleure et la plus complète de toutes, comme texte. Elle contient de plus que les autres *Esther, Athalie* et quatre cantiques. Notre
exemplaire qui est MAGNIFIQUE DE MARGES, est parfaitement
complet et conforme à la description de Brunet, avec cette différence toutefois, que les feuillets préliminaires de chaque volume
occupent 6 feuillets au lieu de 5 indiqués par Brunet. Ou M. Brunet
n'aura vu que des exemplaires incomplets, ou, ce qui est plus probable, il faut attribuer cette divergence à une de ces nombreuses
erreurs typographiques qui déparent la dernière édition du *Manuel
du libraire*.

2699. Alexandre le Grand, tragédie (par J. Racine). *Paris,
Th. Girard*, 1672, in-12, cart.

Seconde édition originale.

2700. Andromaque, tragédie (par Racine). *Paris, H. Loyson*,
1673, in-12, vél.

SECONDE ÉDITION ORIGINALE, plus rare encore que la première. Très-bel exemplaire.

2701. La Folle Querelle, ou la Critique d'Andromaque, comédie (par de Subligny). *Paris, Th. Jolly*, 1668, in-12, reliure

pleine en mar. bleu du Levant, à nerfs, devise sur les plats,
dent. intér., tr. dor.

On sait que la tragédie d'*Andromaque*, de Racine, parut pour la
première fois en cette même année 1668. — Cette critique du temps
contre l'un des chefs-d'œuvre de Jean Racine est fort rare.

2702. Esther, tragédie (par Racine). *Paris, D. Thierry*, 1689,
in-12, réglé, fig., cart.

EDITION ORIGINALE. — Bel exemplaire.

2703. Athalie, tragédie (par Racine). *Paris, D. Thierry*, 1692,
in-12, fig., cart.

EDITION ORIGINALE de ce format. — Belles marges.

2704. Britanico, tragedia de M. Juan Racine, traducida en prosa castellana por don Saturio Iguren, y puesta en verso por
don Thomas Sebastian, y latre. *Zaragoza, Moreno*, 1764, in-
4, vél.

Curieuse traduction en prose, puis en vers espagnols d'un des
chefs-d'œuvre de Racine.

2705. Mémoires sur la vie de Jean Racine. *Lausanne et Genève*,
1747, 2 tom. en 1 vol. pet. in-12, v. br.

La 2ᵉ partie contient le recueil des lettres de Racine, la correspondance de Boileau-Despréaux avec Racine et quelques lettres de
madame de Maintenon.

2706. Les OEuvres de Pradon. *Paris, Th. Guillain*, 1688, in-
12, reliure pleine en mar. bleu du Levant, à nerfs, devise
sur les plats, dent. intér., tr. dor.

Réunion de toutes les pièces de Pradon en *éditions originales*, de
1674 à 1688. On y a ajouté en tête un titre collectif, avec la date
de la dernière pièce. La fameuse *Phèdre* du rival et détracteur de
Racine se trouve dans ce recueil, qui est bien complet. — Bel
exemplaire.

2707. Les OEuvres de Poisson. *Paris, J. Ribou*, 1679, in-12,
frontisp. gravé et fig., v. br.

Edition originale du théâtre complet de Raymond Poisson. Elle
paraît avoir été inconnue à M. de Soleinne. (Note de M. Luzarche.)

2708. Les OEuvres de Poisson. *Paris, J. Ribou*, 1679, in-12,
v. br.

2709. OEuvres de Hauteroche. *La Haye, Adr. Moetjens (à la
Sphère)*, 1682, avec un titre général daté de 1693, ensemble
7 pièces en 1 vol. pet. in-12.

Recueil peu commun, dont toutes les pièces peuvent entrer dans
la collection des Elzevirs.

2710. Les Apparences Trompeuses, comédie par le Sᵣ de Hauteroche. *Paris, 1673. (Edition originale.)* — Le Soupé mal aprêté (par de Hauteroche). *Paris, Quinet, s. d.* — L'Escole des Jaloux ou le Cocu Volontaire, comédie par A. J. Montfleury. *Sur la copie, 1705.* — Le Mariage de rien, comédie par de Montfleury. *Paris, 1705.* — La Coquette et la Fausse Prude, comédie (par Baron). *Paris, 1687. (Édition originale.)* — Cartouche ou les Voleurs, comédie par Le Grand, comédien du Roy. *Bruxelles, Réné le Trotteur, 1722.* — 6 pièces en 1 vol. in-12, dem.-rel.

2711. Le Martyre de saint Gervais, poëme dramatique par F. de Cheffault, prestre, C. (curé) de S. Gervais. *Paris, A. Raflé, 1685,* in-12, cart.

> Volume rare.

2712. Les OEuvres de Dancourt, ornées de danses et de musique. *La Haye, 1706,* 6 vol. pet. in-12, front. gr., vél. de Holl.

2713. Les OEuvres de Dancourt. *Paris, Ribou, 1711,* 6 vol. in-12, fig., v. m.

2714. L'Esté des Coquettes, comédie par Dancourt. *Paris, 1691,* pet. in-12, cart. (*Edition originale.*)

2715. Le Légataire Universel, comédie (par Regnard). *Paris, P. Ribou, 1708,* frontisp. gravé et jolie figure sur le titre. — La Critique du Légataire Universel (par le même). *Paris, 1708,* in-12, vél.

> EDITIONS ORIGINALES. *Le Légataire Universel* est un des chefs-d'œuvre de Regnard; et c'est avec le *Joueur* la plus rare et la plus recherchée de ses pièces en édition originale, surtout quand la critique s'y trouve réunie.—Exemplaire très-grand de marges, rempli de témoins.

2716. Les OEuvres de M. Regnard. *Paris, Prault, 1750,* 4 vol. pet. in-12, v. fauve. (*Anc. reliure.*)

2717. Le Théâtre Italien, ou le Recueil de toutes les scènes françoises qui ont été jouées sur le théâtre italien de l'Hôtel de Bourgogne (par Gherardi). *Genève, Jacques Dentand, 1695,* in-12, rel. pleine en mar. rouge du Levant, à nerfs, fil. à compart., devises sur les plats, dent. intér., tr. dor.

2718. Le Nouveau Théâtre Italien ou Recueil général des Comédies représentées par les Comédiens italiens ordinaires du Roi. *Paris, 1733-36,* 9 vol. in-12, musique gravée, v. mar.

2719. Le Curieux Impertinent, comédie en vers, par Néricault Destouches. *Paris, 1710,* in-12, rel. pleine en mar. vert du Levant, à nerfs, devise sur les plats, dent. intér., tr. dor.

> Edition originale.

2720. L'Obstacle Imprévu ou l'Obstacle sans obstacle, comédie

en cinq actes par Néricault Destouches. *Paris*, 1734, in-12,
dem.-rel., dos et coins de mar. rouge du Levant. (*Edition
originale.*)

2721. Le Médisant, comédie en vers et en cinq actes par Néricault Destouches. *Paris*, 1734, in-12, dem.-rel., dos et coins
de mar. r. du Levant. (*Edition originale.*)

2722. Le Philosophe marié, ou le Mary honteux de l'être, comédie en vers en cinq actes par Néricault Destouches. *Paris*,
1734, in-12, dem.-rel., dos et coins de mar. r. du Levant, à
nerfs. (*Edition originale.*)

2723. Le Dissipateur ou l'Honneste Friponne, comédie par Néricault Destouches. *Paris*, 1736, in-12, rel. pleine en mar. vert
du Levant, devise sur les plats, dent. intér., tr. dor. (*Edition originale.*)

2724. Le Glorieux, comédie en vers, en cinq actes par Néricault Destouches. *Paris*, 1740, in-12, dem.-rel., dos et coins
de mar. r. (*Edition originale.*)

2725. Le Théâtre de la Foire ou l'Opéra Comique contenant les
meilleures pièces qui ont été représentées aux foires de S.
Germain et de S. Laurent, par Le Sage et d'Orneval. *Amster-
dam, Z. Chatelain*, 1722-34, 10 vol. in-12, fig. de Bernard
Picart, Bonnart et de Poilly et musique gravée, v. fauve.
(*Anc. reliure.*)

2726. Nouveau Théâtre de la Foire ou Recueil de pièces, parodies et autres, représentées sur le théâtre de l'Opéra-Comique
depuis son rétablissement, avec les airs, etc. *Paris*, 1755-58,
4 vol. in-8, musique notée, br., *non rognés*.

2727. Recueil de Parades. 3 vol. in-8, v. m.

    MANUSCRIT DU XVIIIᵉ SIÈCLE, d'une très-bonne écriture,
provenant de la bibliothèque d'Alexandre Duval, auteur dramatique et membre de l'Académie française, né à Rennes.
    Voici les titres de quelques-unes de ces parades : *Léandre fiacre,
la Confiance des cocus, Blanc et noir, la Vache et le veau, le Courrier
de Milan, la Pomme de Turquie, l'Amant cauchemar, le Rapatriage, l'Enfant rouge*, etc., etc.

2728. Théâtre de La Haye ou Nouveau Recueil choisi et meslé
des meilleures pièces du théâtre françois et italiens. *La Haye*,
1750-51, 5 vol. pet. in-8, v. marbr. (*Bel exemplaire.*)

2729. Coligni, ou la St.-Barthélemy, tragédie. *Amst.*, 1740. —
Les Impromptus de l'Amour, comédie en un acte, en vers,
par de Merville. *Paris*, 1742. — Adam et Eve, tragédie nouvelle imitée de Milton (par Tanevot. *Amst., F. Mortier*, 1742.

— Mahomet, tragédie, par M. de Voltaire. *S. l.*, 1742. (*Edition originale.*) — Antoine et Cléopâtre, tragédie (par Boistel). *Paris*, 1743, etc., etc. Ensemble 9 pièces en 1 vol. in-8, v.

2730. Nouveau Théâtre François. François II, Roi de France, en cinq actes, (par le président Hénault). 1747, in-8, v. m.

2731. Pièces de théâtre en vers et en prose (par le président Hénault). *S. l.*, 1770, in-8, grand papier, vignettes d'Eisen, v. porph. (*Bel exemplaire.*)

2732. Cornélie, Vestale, tragédie (par le président Hénault et L. Fuselier). *Imprimée à Strawberry-Hill (par Kirgate)*, 1768, in-8, pap. de Holl., br., *non rogné*.

> Volume rare imprimé à la presse particulière d'Horace Walpole, dans sa résidence de *Strawberry Hill*, près de Londres. Ce livre ne fut tiré qu'à un petit nombre d'exemplaires dont la moitié restèrent entre les mains de l'auteur. « Cette tragédie, dit Barbier (*Dict. des Anonymes*), est très-rare même en Angleterre. »

2733. L'Isle déserte, comédie en un acte et en vers. *Paris, Duchesne*, 1758, in-8, musique et beau frontispice gravé par Le Mire, d'après Cochin, dem.-rel., dos et coins de v. fauve, à nerfs.

2734. Théâtre du P. d'Apremont, capucin. 1759-60, in-8, vél., *non rogné*.

> MANUSCRIT DU XVIII° SIÈCLE, AUTOGRAPHE ET INÉDIT. Il contient les pièces suivantes : Le Séminaire de Luçon. — Le Faux Revenant. — Memnon. — Fortune manquée de Colin et Colette. (Manquent quelques pages dans cette pièce.) — Le Missionnaire captif. Festin manqué. — Le Panier magique, le Faux Cordelier et le Directeur victime du respect humain. — Conversion de l'abbé de Suze, 1760. — Ces pièces composées en vers et accompagnées d'airs très-profanes sont très-curieuses.

2735. L'Eunuque ou la fidèle infidélité, parade en vaudevilles, mêlée de prose et de vers par *** (par Grandval). *A Montmartre* (1767), in-8, curieux frontisp. gravé à l'eau-forte, dem.-rel., v. fauve, non rogné. (*Thouvenin.*)

2736. L'Amour filial, comédie en un acte et en vers, par J.-J. Rolland, gouverneur de la ville de Château-Regnault, représentée pour la première fois à Nantes par les comédiens de M. le duc d'Aiguillon, le 16 janvier 1768. *Nantes, v° Valar*, 1768, in-8, br.

2737. Henri IV à St-Quentin, drame en prose et en deux actes, avec des notes historiques, par M. Klairwal. *St-Quentin, F. Théod. Hautoy*, 1779, in-8, br., r.

2738. Théâtre d'amour. *A Cythère et à Paris, chez Cailleau,*
1783, 2 vol. in-18, br., *non rognés.*

> L'Amour quêteur. — Vénus pélerine. — L'Hymen ou le Dieu
> Jaune. — La Rose et le Bouton. — Colinette ou la Vigne d'amour.
> — Le Naufrage d'amour, etc., etc.

2739. L'Optimiste, comédie en cinq actes et en vers, par Collin
d'Harleville. *Paris, Prault,* 1788, in-8, dem.-rel., v. antiq.

> Bel exemplaire de la *première édition.* — Les scènes de cette co-
> médie se passent en TOURAINE.

2740. Malice pour malice, comédie en trois actes et en vers,
par J. F. Collin d'Harleville. *Paris* (1794), in-8, dem.-rel.,
v. antiq.

2741. Les Mœurs du jour, ou l'École des jeunes femmes, comédie en cinq actes et en vers, par Collin d'Harleville. *Paris,*
1800, in-8, dem.-rel., v. ant.

> Edition originale.

2742. La Cour Plénière, héroï-tragi-comédie, par l'abbé de
Vermond. *A Baville et à Paris, chez la veuve Liberté,* 1788,
in-8, cart.

2743. Le Lever de Baville, drame héroïque en 3 actes, par
Messire Jean-George Le Franc de Pompignan, archevêque
de Vienne, ci-devant Grand-Observateur pour le Ministère
en Dauphiné (préc. d'une épître au marquis d'Agoult), rédigé par l'auteur de la Cour Plénière (l'abbé de Vermond).
A Rome, 1789, in-8 de 55 pages, br.

2744. Pierre-le-Grand, comédie en IV actes, et en prose, mêlée de chants, par Bouilly. *Tours, L.-M.-F. Légier,* 1790,
in-8, dem.-rel., dos et coins de v. fauve.

2745. Histoire secrète et anecdotique de l'insurrection belge
ou Vander-Noot, drame historique en V actes et en prose.
Bruxelles, 1790, in-8, br., *non rogné.*

2746. La Journée du Vatican ou le Mariage du Pape, comédie-
parade en trois actes avec ses agréneus. *A Turin, de l'imprimerie aristocratique, aux dépens des réfugiés français,*
1790, in-8, dem.-rel.

2747. Nicodème dans la lune, ou la Révolution pacifique, par
le cousin Jacques (Beffroy de Reigay). *Paris,* 1791. — Nicodème dans le soleil, parodie de Nicodème dans la lune. *Paris* (1791), in-8, bas.

2748. La Révolution Française, pièce en 3 actes, pour être représentée aux jours de fêtes civiques et décades, par de jeunes

citoyens..., par C. Thiébaut, citoyen d'Epinal, actuellement citoyen à Nancy. *Nancy, Hœner* (1793), in-8, dem.-rel.; non rogné. —

2749. Les Prisonniers Français à Liége, comédie et fait historique par C.-J. Guillemain. *Paris, s. d.* (vers 1793), in-8, cart. antiq.

2750. Les Brigands de la Vendée, opéra-vaudeville en deux actes, mêlé de combats et incendie. *Paris,* 1793, in-8, br.

2751. Le Souper des Jacobins, comédie en un acte, en vers, par Armand Charlemagne. *Paris* (1794). — L'Habitant de la Guadeloupe, comédie en trois actes, en prose, par Mercier. *Brux.,* 1794, 2 pièces en 1 vol. in-8, dem.-rel.

2752. Recueil de pièces de théâtre en 1 vol. in-8, v. f.

> Abufar ou la Famille arabe, tragédie par Ducis. *Paris, an III,* 1794 (*édition originale*). — L'Intérieur des comités révolutionnaires, par Ducancel, 1794. — Médiocre et rampant par L. B. Picard, 1797. — Agamemnon, tragédie par Le Mercier, 1797. — La Petite Naunette (par Beffroy de Reigny), 1796. — Il faut un état ou la revue de l'an VI, etc.

2753. Tactique des Cannibales ou des Jacobins, comédie en un acte et en prose, précédée et suivie de quelques morceaux ayant trait à la Révolution. *A Paris, et dans les autres villes principales,* 1795, in-8, br.

2754. La Mort de Louis XVI, tragédie en trois actes, suivie de son testament et d'une lettre à son confesseur. *Paris,* 1796, in-8, dem.-rel., dos et coins de v. antiq., doré en tête, *non rogné.*

2755. La Mort de Louis XVI, tragédie suivie de son testament et d'une lettre à son confesseur (par Aignan et Berthevin). *Paris,* 1797, in-18, cart., non rogné.

2756. La Mort de Marie-Antoinette d'Autriche, tragédie en V actes et en vers. *Paris,* 1797, in-18, portraits, reliure pleine en veau fauve, à nerfs, fil. à compart., dent. intér., tr. dor.

> Charmant exemplaire.

2757. Charlotte Corday, ou la Judith moderne, tragédie en trois actes et en vers. *Caen,* 1797, in-18, portrait, reliure pleine en v. fauve, à nerfs, fil. à compart., dent. intér., tr. dor.

> Par une singulière licence, l'auteur de cette tragédie, peu d'années après l'événement historique qu'il met en scène, place l'action des deux premiers actes dans la ville de Caen, et fait assassiner Marat au troisième acte, dans le camp de ennemis qui assiégent la ville (?). — Charmant exemplaire, avec le portrait de Charlotte Corday qui manque souvent.

2758. Charlotte Corday, ou la Judith moderne, tragédie. *Caen,* 1797, in-8, joli portr. de Charlotte Corday, br., *non rogné.*

> Les scènes se passent en partie dans la ville de Caen ; cette pièce est peu commune.

2759. Les Détenus au Calvaire d'Angers, ou la Générosité récompensée par l'amour, drame par le citoyen Papin. *Angers, Mame frères, an* V(1797), in-8, cart. antiq.

2760. Demonville, ou les Vendéens soumis, drame en deux actes et en vers, par le C^{en} Privat. *Rennes, s. d.,* in-8, br.

> La scène est à la Roche-Servière.

2761. Le Brigand Cœur-de-Tigre, ou la Forêt des Trois-Cavernes, comédie en 4 actes, à grand spectacle, mêlée de pantomime, ornée de marches, combats, évolutions militaires et embrasemens (par le citoyen Simonet-Rozellecourt). *Au Mans, Monnoyer,* 1797, in-8, dem.-rel., v. fauve. (*Bel exemplaire.*)

2762. Robespierre, tragédie en cinq actes et en vers, par un ci-devant Belge. *Paris,* 1807, in-8, br.

2763. René-Descartes, trait historique en deux actes, par le citoyen Bouilly. *Paris, an* V, in-8, br.

2764. Le Lac au père Guillaume, ou la Querelle de Famille, prologue allégorique en un acte, représenté par les élèves de l'école de Pont-le-Voy, sur le théâtre de la dite école, le 30 floréal, an IX, jour d'une fête solennelle donnée pour la paix continentale, suivi d'un ballet analogue à la fête, par un membre du Lycée. *Blois* (1801), in-8, br.

2765. Le Mariage du Capucin, comédie par Pelletier-Volméranges. *Paris,* 1803, in-8, cart. antiq.

2766. Bastido et Jaussioni, ou les Criminels de Tortosa, tragi-comédie en prose et en trois actes, par M. M. L. S... D... et L. C... *Liége,* 1818, in-8, dem.-rel., v. f. (*Simier.*)

> Pièce curieuse, dont les personnages sont pris dans l'affaire Fualdès.

2767. Lucrèce, tragédie par F. Ponsard. *Paris,* 1843, in-12, dem.-rel., dos et coins de cuir de Russie, *non rogné.*

XII. — AUTEURS DRAMATIQUES ITALIENS, PORTUGAIS, ANGLAIS, ETC...

2768. Comedia di Bernardo Divitio da Bibiena, intitolata Calandra. *Roma,* 1524, pet. in-12, cart.

> Une des trois premières éditions de cette comédie célèbre et

fort libre, qui fit une révolution dans le théâtre italien. Apostolo
Zeno pense que c'est l'*édition originale*.

2769. Comedia nuova del magnifico et celeberrimo poeta signor
Galeotto marchese dal Carretto intitulata Tempio de Amore.
Vinetia, N. Zopino, 1524, pet. in-8, cart.

> Édition rare d'une pièce très-fameuse par son ampleur et par sa
> singularité. Il n'y figure pas moins de 42 personnages.

2770. La Potione, comedia facetissima et dilettevole in diverse
lingue, ridotta de Messer Andrea Calmo. *Vinegia,* 1552, in-8,
cart.

> Edition originale.

2771. Anconitana, comedia del famoso Tasco Ruzante. *Vineggia,
Stephano di Alesi,* 1551, in-8, cart.

> Edition originale.

2772. Moschetta, comedia del famosissimo Ruzante. *Venetia,*
1551, in-8, cart.

> Edition originale.

2773. Vaccaria, comedia del nominatissimo Tasco Ruzzante.
Vinegia, 1551, in-8, cart.

> Edition originale.

2774. Rhodiana, comedia stupenda et ridiculosissima piena d'ar-
gutissimi moti, composta per il famosissimo Ruzzante. *Vinegia, Steph. di Alessi,* 1553, pet. in-8, cart. (*Rare.*)

> Edition originale d'une comédie très-singulière, ainsi que les 4
> précédentes. Elle est remplie de pointes et de quiproquo plaisants.
> Chaque personnage y parle un dialecte différent, savoir vénitien,
> bolonais, bergamasque, padouan, etc.

2775. Fiorina, comedia di Ruzante novamente venuta in luce.
Venegia, Stef. di Alessi, 1552, pet. in-8, cart.

> Edition originale de cette pièce encore plus rare que la *Rhodiana*
> du même auteur. Une édition de 1557 de la même comédie, reliée
> en maroquin et réunie à deux autres pièces de Ruzzante, a été
> vendue 51 fr. chez de Soleinne, qui ne connaissait pas plus notre
> volume que la première édition de la *Rhodiana.*

2776. La Sophonisba del Trissino. *Vicenza, Tolomeo Janiculo,*
1529, pet. in-4, dem.-rel. (*A toutes marges.*)

> Edition rare, imprimée avec des italiques singulières et remar-
> quablement belles, dans lesquelles les o sont marqués par des omé-
> gas grecs. Vendu 17 fr., Reina.

2777. La Spagnolas, comedia del S. Scarpella Bergamasco et
altre diverse lingue de personnaggi cosa bellissima e giocosa,
autore Andrea Calmo. *Vinetia,* 1557, in-8, cart.

> Pièce rare et curieuse, écrite dans les dialectes vénitien, berga-
> masque, italo-grec, etc.

2778. Descrizione dell' apparato della comedia et intermedii
d'essa recitata in Firenze il giorno di S. Stefano l'anno 1565
nella gran sala del palazzo di Francesco Medici, nelle sue reali
nozze. *Fiorenza, Giunti*, 1566, pet. in-8, dem. rel.

2779. Gli affetti ragionamenti famigliari di M. Bernardino Pino
da Cagli. *Vinegia, Jac. Simbeni*, 1570, pet. in-8, vél.

    « Ouvrage très-singulier. Il tient à la fois de la comédie, du conte
et de la dissertation dialoguée. Certains passages en sont grave-
leux; comme dans toutes les productions de cet auteur peu connu,
lesquelles sont devenues fort rares. » Dialogues curieux que Brunet
indique comme étant une pièce de théâtre et qu'il faudrait plutôt
ranger parmi les *conteurs libres.* » (Note de M. V. Luzarche.)

2780. La Strega, comedia d'Ant. Fr. Grazini, detto il Lasca.
Vinetia, B. Giunti, 1582, pet. in-12, dem.-rel., vél.

    Édition rare d'une comédie célèbre.

2781. Tragedie di M. Gio. Bat. Giraldi Cinthio. *Vinetia, Giul.
Ces. Cagnacini*, 1583, 9 tom. en 1 vol. in-8, portr., vél.

    Réunion difficile à former des neuf tragédies de Giraldi, ayant
chacune un portrait, un titre et une pagination à part. La première
et le chef-d'œuvre de ce poëte est *Orbeck,* un drame effrayant, tiré
de ses propres nouvelles, comme c'est maintenant la coutume chez
nos romanciers. Elle dépasse en horreurs de toute nature les plus
noires conceptions que le théâtre dut, quelque temps après, à Shakspeare et, plus tard, à ses nombreux imitateurs. Aussi fut-elle un
grand événement à la cour de Ferrare, car elle sortait audacieuse-
ment et bruyamment de l'ornière suivie jusque là par les tragiques
italiens, beaucoup plus routiniers que les comiques. *Orbeck* est un
éclair dans les ténèbres de la vieille école. Le meurtre, l'adultère,
l'inceste, le suicide, le parricide, les souffrances aiguës, tous les
moyens d'épouvante inspirés par la fatalité antique se mêlent ici
avec les sites merveilleux, les chants lugubres, les fantômes et
autres éléments de terreur créés, dans les temps modernes, par la
sombre imagination des poëtes du Nord. *Orbeck* est donc une œuvre
tout à fait extraordinaire, d'une vigueur et d'une originalité incon-
testable, et qui mérite d'être plus connue.

2782. L'ADAMO, sacra rappresentatione di Gio.-Battista Andrei-
no. *Ad instanza di Geronimo Bordoni, in Milano,* 1613, pet.
in-4, fig. sur cuivre, rel. pleine en mar. vert du Levant, à
nerfs, dos orné, fil. à compart., pet. fers, devise sur les plats,
dent. intér., tr. dor.

    TRÈS-BEL EXEMPLAIRE d'un livre rare et recherché. On sait
que Milton a pris dans ce drame biblique la première idée du *Paradis Perdu,* et ce motif l'a fait ranger parmi les curiosités littéraires.
Le volume est rempli de gravures singulières, qui représentent
surtout des scènes d'animaux, de démons et de satyres. Vendu
120 fr. chez Nodier, et 157 fr. chez de Soleinne.

2783. La Conversione della Beata Margarita da Cortona, sorella
nel Terz' ordine del Serafico S. Francesco, composta dal P.
G. Gottardi. *Genova* (1637), in-8, vél.

    (b) Pièce dramatique, non citée par les bibliographes. Elle est dédiée
à Mᵐᵉ Brignole de Sales. Elle tient de la tragédie, au mystère, et

même de la sottie; car on y remarque une partie comique, tout à fait
digne d'intérêt, surtout dans une pièce consacrée à la vie déréglée et
à la conversion d'une nouvelle Madeleine. — Volume rare. Quelques
mouillures, mais grand de marges; on peut en faire un bel exemplaire.

2784. Drammi musicali e tragedie di Fr. Sbarra. *Bologna, Ve-
nétia e Lucca,* 1652-62, 5 tom. en 1 vol. pet. in-12, vél.

> Réunion peu commune de 6 opérettes et tragédies de ce poëte,
> en éditions originales. *La Moda,* Bologne, 1652. — *La Verità raminga,
> e'l Disinganno,* Bologne, 1654. — *La Tirannide dell' Interesse,* Venise,
> 1662. — *La Corte,* Lucques, 1657. — *Alessandro il vincitor di se stesso.*
> Lucques, 1654.

2785. La Rappresentatione di S. Alessio. *Bologna,* 1671. —
Rappresentatione di S. Lucia, vergine e martire. *Bologna,*
(vers 1660). — La Rappresentatione di S. Agatha vergine e
martire di nuova corretta e ridotta a facile recitatione. *Bologna* (vers 1660). — Rappresentatione delli martirii della
gloriosa verg. e martire S. Dorotea nuovamente composta à
beneficio universale. *Bologna* (vers 1660). — Ensemble
4 pièces en un vol. pet. in-12, fig. s. bois, cart.

> Représentations dramatiques dans le genre des anciens mystères.
> — Exemplaires parfaitement conservés.

2786. La Sulamitide, Boschereccia Sagra di Neralco Pastore
Arcade. *Roma ed in Bologna, Lelio dalla Volpe,* 1733, in-8,
vél.

> Edition originale de cette pièce. Elle est rare et est restée incon-
> nue à Brunet, à moins qu'il ne désigne que par erreur une édition
> de 1740. Cet ouvrage singulier a été réimprimé plusieurs fois. C'est
> le *Cantique des cantiques* transposé, pensée pour pensée, en vers ita-
> liens, sous la forme d'un drame en quatre actes, dont les personna-
> ges sont la *Sulamité, Salomon,* une *Dame compagne de la Sulamite,* un
> *Berger confident de Salomon,* un *Capitaine* avec des gardes, un *Chœur
> de jeunes filles de Jérusalem, de Bergers et de Bergères,* et enfin le *Peu-
> ple.* La scène se passe dans les châteaux de Salomon, près de Jéru-
> salem, et dans le désert. Rien de plus gracieux, de plus doux, de plus
> amoureux que cette composition. Le drame est suivi d'une savante
> analyse du *Cantique des cantiques.* Ce livre curieux n'est point décrit
> dans les bibliographies et les ouvrages de littérature.

2787. Il Toscanismo e la Crusca, o sia il cruscante impazzito,
tragi-comedia giocosa e novissima. *Venezia,* 1739, in-8,
dem.-rel. (*Très-rare.*)

> Allégorie pleine d'érudition et de sel. Les siècles les plus litté-
> raires de l'Italie, ainsi que les principales académies avec leurs en-
> fants, sont personnifiés dans cette longue comédie, où chaque per-
> sonnage discourt de la langue toscane. Plusieurs locutions et voca-
> bles de bonne souche y sont définitivement fixés au nom de l'Aca-
> démie de la *Crusca.*

2788. Alveitaria de Parnazzo. *Lisboa,* 1772. — Entremez (de
1772 à 1803). Ensemble 26 pièces en 1 vol. pet. in-4, dem.-

rel. à nerfs, dos et coins de mar. violet du Levant, tête dorée, *non rogné.*

> Recueil factice de feuilles volantes, très-difficiles à rassembler. Il y a là un échantillon de tous les genres dramatiques de la littérature portugaise, depuis la pastorale mythologique telle que le *Combat des Trois Graces*, jusqu'à une sorte de proverbe en action et vaudeville comme le *Poëte pauvre*, etc., etc. —Bel exemplaire.

2789. The Works of Shakespeare from the text of Johnson, Steevens and Reed, with a biographical memoir by W. Harvey. *London* (1825), gr. in-8, à 2 colonnes, portr., fig. s. bois dans le texte, et fig. de Thompson, tirées à part sur *papier de Chine*, rel. pleine en cuir de Russie à nerfs, fil. et fers à fr., dent. intér., tr. dor. (*Simier.*)

> Cette édition est très-bien imprimée en petits caractères. On y trouve un glossaire. Les figures sont au nombre de plus de *deux cents.*

2790. Marino Faliero doge of Venice, an historical tragedy in V acts, with notes; the prophecy of Dante, a poem, by Lord Byron. *London, Murray,* 1821, in-8, dem.-rel., dos et coins de cuir de Russie, à nerfs, doré en tête, non rogné.

2791. La Présomption punie, comédie traduite de l'allemand du baron de ***. *Prague, Fréd. Gretz*, 1743, in-8, dem.-rel., dos et coins de v. fauve, à nerfs.

2792. Théâtre du prince Clénerzow, Russe, trad. en français par le baron de Bléning. *Paris*, 1771, 2 vol. in-8, front. gravés, v. fauve. (*Anc. reliure aux armes.*)

XIII. — HISTOIRE DU THÉATRE. — ART DU COMÉDIEN. —
OUVRAGES POUR ET CONTRE LE THÉATRE.

2793. Histoire du Théâtre François, depuis son origine jusqu'à présent, avec la vie des plus célèbres poëtes dramatiques, et un catalogue raisonné de leurs pièces, accompagnés de notes historiques et critiques (par les frères Parfaict). *Paris,* 1734-49, 15 vol. in-12, v. (*Bel exemplaire.*)

2794. Histoire comparée du Théâtre et des Mœurs en France, dès la formation de la langue, par Onésime Leroy. *Paris,* 1844, in-8, dem.-rel., dos et coins de mar. bl. du Lev., à nerfs, tête dor., non rogné.

> Bel exemplaire avec un *ex dono autographe* de l'auteur, adressé à M. Victor Luzarche, *digne conservateur de la Bibliothèque de Tours.*

2795. Essais historiques sur l'origine et les progrès de l'art dramatique en France. *Paris,* 1784, 3 vol. in-18, dem.-rel., v. antiq.

2796. Essai sur la mise en scène, depuis les Mystères jusqu'au *Cid*, par Em. Morice. *Paris*, 1836, in-12, cart.

Répertoire des Trouvères. — Entremets. — Entrées des rois de France. — Les Confrères de la Passion. — Les Mystères à Paris et dans les provinces. — Un *libretto* en 1402. — Les Machines et machinistes. — Animaux mis en scène. — Décors. — Répétitions. — Annonces du spectacle. — Budget d'un mystère ou d'une féerie dans le xvᵉ siècle. — L'Abbé des Cornards. — La Mère Folle de Dijon. — Les Grands Diables d'Aix. — Les Sotties, etc., etc.

2797. Recherches historiques, bibliographiques, critiques et littéraires sur le théâtre de Valenciennes, par G. A. J. H. (Hécart). *Paris*, 1816, in-8, portr., br., non rogné.

Ouvrage tiré à petit nombre et devenu rare. Il est rempli de documents précieux pour l'histoire du théâtre en France. On y trouve une analyse et des extraits d'un *Mystère* inconnu aux bibliographes, lequel fut représenté à Valenciennes devant une princesse de Condé, ainsi qu'un grand nombre de détails sur des noms de comédiens, sur des frais de représentation, etc. — Cet exemplaire contient les feuillets d'additions, de corrections et de tables, imprimés après coup et qui manquent dans beaucoup d'exemplaires.

2798. La Vie de Scaramouche, par le Sʳ Angelo Constantini, comédien ordinaire du roy dans sa troupe italienne, sous le nom de Mezetin. *Jouxte la copie imprimée, à Paris, à l'hôtel de Bourgogne*, 1695, pet. in-12, fig., reliure pleine en veau fauve, à nerfs, fil. à compartiments, devise sur les plats, dent. intér., tr. dor.

2799. Mémoires pour servir à l'histoire des spectacles de la Foire, par un acteur forain (par les frères Parfait). *Paris*, 1743, 2 t. en 1 vol. in-12, front. gravé, v.

Excellent ouvrage. — Exemplaire du savant abbé Goujet.

2800. Mémoires pour servir à l'histoire des spectacles de la Foire... *Paris*, 1743, 2 vol. in-12, v. marbr.

2801. Histoire du théâtre de l'Opéra-Comique (par Desboulmiers). *Paris*, 1769, 2 vol. in-12, dem.-rel.

2802. Histoire de l'Opéra-Comique (par Desboulmiers). *Paris*, 1769, 2 vol. in-12, v. marbr.

2803. Recherches historiques et critiques sur quelques anciens spectacles, et particulièrement sur les mimes et sur les pantomimes (par Boullanger de Rivery). *Paris*, 1751, in-12, v. fauve.

Exemplaire de Cousin-Despréaux, avec sa signature.

2804. Le Théâtre du Collége d'Avranches dans le courant des xviiᵉ et xviiiᵉ siècles, par Eug. de Robillard de Beaurepaire. *Avranches*, s. d., in-8, br.

Tiré à très-petit nombre.

280 5. Deburau. Histoire du théâtre à quatre sous, pour faire suite à l'Histoire du Théâtre-Français (par Jules Janin). *Paris*, 1832, 2 vol. in-12, vignettes, reliure pleine en mar. bleu du Lev., à nerfs, devise sur les plats, dent. intér., tr. dor.

> Très-bel exemplaire, relié sur brochure. On a conservé jusqu'à l'originale couverture imprimée de ces deux volumes, devenus rares aujourd'hui.

2806. Réflexions historiques et critiques sur les différents théâtres de l'Europe, par L. Riccoboni. *Paris*, 1738, in-8, v. m.

2807. Appel à toutes les nations de l'Europe des jugements d'un écrivain anglais, ou Manifeste au sujet des honneurs du pavillon entre les théâtres de Londres et de Paris (par Voltaire). *S. l.*, 1761, in-8, br., non rogné.

2808. Les Trois Théâtres de Paris, ou Abrégé historique de l'établissement de la Comédie Françoise, de la Comédie Italienne, et de l'Opéra, par Des Essarts. *Paris*, 1777, in-8, br.

2808 *bis*. Les Trois Théâtres de Paris..., par Des Essarts. *Paris*, 1777, in-8, br.

2809. Abrégé de l'histoire du Théâtre françois, par De Mouhy. *Paris*, 1780, 3 vol. in-8, portr., v. m.

2810. Bibliothèque du Théâtre français depuis son origine (par Marin et le duc de la Vallière). *Dresde*, 1768, 3 vol. pet. in-8, v. marbr.

2811. Anecdotes dramatiques, comprenant toutes les pièces de théâtre qui ont été jouées à Paris ou en province jusqu'à l'année 1775, les anecdotes, bons mots, etc., auxquels ont donné lieu les représentations, etc., les noms de tous les auteurs, acteurs, etc. (par l'abbé de la Porte). *Paris*, 1775, 3 vol. in-8, v. m.

> Exemplaire de Boissy-d'Anglas, avec sa signature autographe sur une des gardes.

2812. Dictionnaire dramatique, contenant l'histoire des théâtres, les règles du genre dramatique..., les notices des meilleures pièces, etc. (par Valleyre). *Paris*, 1776, 3 vol. in-8, v. marbr.

2813. Annales dramatiques, ou Dictionnaire général des théâtres, par une Société de gens de lettres. *Paris*, 1812, 9 vol. in-8, dem. rel.

2814. Almanach général de tous les spectacles de Paris et des provinces, contenant une notice exacte de tous les spectacles

de la capitale, depuis l'Opéra jusqu'aux cafés les plus célèbres, etc., etc. *Paris*, 1791, pet. in-12, v. r., fil.

> La critique des pièces et la diffamation des acteurs et actrices
> sont les parties les plus longues et les plus piquantes de ce livre.

2815. Les Spectacles de Paris et de toute la France. *Paris*,
1793, in-24, bas.

> Année rare.

2816. La Nouvelle Lorgnette des spectacles, par Fabien Pillet, et
autres. *Paris*, 1801, in-18, front. gr., dem.-rel.

2817. Vérités à l'ordre du jour, ou Nouvelle Critique raison-
née tant des acteurs et actrices des théâtres de Paris que des
pièces qui y ont été représentées. *Paris*, an VI, in-18, dem.-
rel., dos et coins de mar. vert du Levant, à nerfs, doré en
tête, non rogné.

2818. L'Opinion du parterre, ou Revue des théâtres français,
de l'Académie impériale de musique, de l'Opéra-Comique,
de l'Impératrice, de l'Opéra-Buffa, du Vaudeville, de la
Porte-Saint-Martin, et de Montausier, par Vallerau. *Paris*,
1806, pet. in-18, dem.-rel., mar. bleu du Lev., doré en
tête, non rogné.

2819. Dictionnaire théâtral, ou douze cent trente-trois vérités
sur les directeurs, régisseurs, acteurs, actrices et employés
des divers théâtres, confidences, etc. *Paris*, 1825, in-12, br.

2820. La Pratique du théâtre, œuvre très-nécessaire à tous
ceux qui veulent s'appliquer à la composition des poëmes
dramatiques, qui font profession de les réciter en public, etc.
(par Hédelin, abbé d'Aubignac). *Paris*, *Sommaville*, 1657,
pet. in-4, v. br.

2821. La Déclamation théâtrale, poëme didactique en trois
chants, précédé d'un discours (par Dorat). *Paris*, 1766. — La
Danse, précédée de notions historiques sur la Danse (par
Dorat). *Paris*, 1767. — Lettre de Valcour à son père, épître
d'Ovide à Julie (par Dorat). *Paris*, 1767; ensemble 3 ouvrages
en 1 vol. in-8, grand papier, frontispice et charmantes figures gravées par Eisen, v. marbr., fil.

2822. Du Théâtre, ou Nouvel Essai sur l'Art dramatique (par
Mercier). *Amsterdam*, 1773, in-8, dem.-rel., dos et coins de
mar. vert du Levant, à nerfs, fil., non rogné.

2823. Observations sur l'Art du comédien, ouvrage destiné aux
jeunes acteurs et actrices, par le Sʳ D*** (D'Hannetaire), ancien comédien. *S. l.*, 1774, in-8, v. m., fil.

2824. Discours sur la Comédie (par le P. Le Brun). *Paris,* 1694. — Maximes et Réflexions sur la Comédie, par Jacq. Bén. Bossuet. *Paris,* 1694 (*édition originale*). — Sentimens de l'Église et des SS. Pères pour servir de décision sur la comédie et les comédiens (par Coutel). *Paris,* 1694. — 3 ouvr. en 1 vol. in-12, v. br.

2825. Maximes et Réflexions sur la Comédie, par J. Bén. Bossuet. *Paris, J. Anisson,* 1694, in-12, v. br. (*Édition originale.*)

2826. Réflexions sur la Comédie et sur les Spectacles profanes. *Rennes, v° N. Audran,* 1731, pet. in-8, cart. antiq.

2827. De la Réformation du Théâtre, par Louis Riccoboni. *S. l.,* 1743, in-12, v. br.

2828. Recueil de pièces sur le Théâtre. In-12, v. marbr.

> Essai sur la Connoissance des théâtres françois (par Duclairon). *Paris,* 1751. — Nouvelles Observations au sujet des condamnations prononcées contre les comédiens, par Fagan. *Paris,* 1751. — Le Code lyrique, ou règlement pour l'Opéra de Paris, avec des éclaircissements historiques (par de Querlon). *A Utopie, chez Thomas Morus.* (*Paris*) 1743. — Observations sur le théâtre, dans lesquelles on examine avec impartialité l'état actuel des spectacles de Paris, par M. de Chevrier. *Paris, Debure,* 1755, etc.

2829. Libertés de la France contre le pouvoir arbitraire de l'excommunication, ouvrage dont est spécialement redevable aux sentimens généreux et supérieurs de Mlle Clai*** (Clairon) (par Huerne de la Mothe, avocat). *Amsterdam* (*Paris*), 1761, in-12. (*Aux armes de Duras.*)

> Ce livre fut condamné à être brûlé par la main du bourreau au pied du grand escalier du Palais, et son auteur rayé du tableau de l'ordre des avocats. (Voir Barbier, n° 10, 470.)

2830. Études morales. Recherches sur l'invention des caractères, sur l'usage des mœurs et sur les causes du ridicule dans la comédie, par M. Quétant. 1777, pet. in-fol., v. m. fil.

> MANUSCRIT INÉDIT DU XVIIIe SIÈCLE, composé de 536 pages. Le fonds en est très-intéressant et très-varié, et le style remarquable. Le traité de morale, dans lequel abondent des anecdotes peu connues, est suivi d'un cours complet de littérature et de style, où l'on retrouve encore une foule de traits piquants, d'aperçus ingénieux, de bons mots, d'historiettes plaisantes. L'article des néologismes et des façons de parler vicieuses au XVIIIe siècle, mérite particulièrement l'intérêt. Enfin, à la page 355, commence un TRAITÉ DE LA COMÉDIE, qui est sans contredit, un modèle du genre. Il est divisé en 39 chapitres, dont huit sont relatifs à la MUSIQUE ET A L'OPÉRA. Au sujet de ce traité, M. Luzarche a joint au volume la note suivante:
>
> « M. de Soleinne possédait un manuscrit du même ouvrage, et « regrettait beaucoup que les 52 premières pages en fussent per-« dues. Notre manuscrit est également autographe, et de plus il est « complet. »

XIV. — FABLES ET APOLOGUES.

2831. Æsopi Phrygis Fabulæ et Luciani Samosatensis Dialogi,
Isocratis Orationes duæ, Cebetis tabula, etc. (gr. et lat.).
Edimburgi in œdibus Rudimanni, 1747, in-8, mar. vert, fil.,
tr. dor. (*Ancienne reliure.*)

> Très-bonne édition. — Bel exemplaire.

2832. OEuvres de M*** contenant plusieurs fables d'Esope mises
en vers. *Paris, Barbin*, 1670, in-12, v. br.

> Exemplaire de JAMET DE LUNÉVILLE, avec notes et corrections de
> sa main.

2833. Phædri Fabulæ et P. Syri Sententiæ. *Parisiis, ex typographia regia*, 1729, in-24, front. gravé, v. gr., dent., tr.
dor.

> Charmante édition bien connue des bibliophiles. Elle est impri-
> mée en caractères presque microscopiques, les plus petits qu'on
> eût fondus jusqu'alors.

2834. **Speculum Sapientie** beati Cirilli epi || scopi al's
quadripartitus apologieticus. || vocatus In cuius quidéz pro-
verbiis om || nis et totius sapientie speculum claret. || Felici-
ter incipit. *Absque nota* (*sed THOLOSÆ, TYPIS SCHOY-
FERIANIS*, circa 1476), in-4, gothique à longues lignes au
nombre de 26 par page pleine, cart.

> *ÉDITION PRÉCIEUSE ET FORT RARE*, l'un des plus anciens
> monuments typographiques de *TOULOUSE*, capitale du Langue-
> doc. Elle est décrite dans le *Magasin encyclopédique* de Millin, to. II,
> année 1806. Le P. Adry, l'auteur de cet article, la regardait avec
> raison comme la PREMIÈRE ÉDITION de ce recueil d'apologues.
> M. Brunet avait d'abord combattu cette opinion, mais était devenu
> moins affirmatif depuis que le rédacteur de la *Bibliotheca Grenvilliana*
> avait soutenu avec chaleur l'opinion du P. Adry. (Voir Brunet, IV-
> 463.) L'illustre bibliographe eût modifié tout à fait son opinion s'il
> avait vu le volume. Son argument reposait sur la présence de si-
> gnatures au bas des cahiers, or cette édition est *sans chiffres, récla-
> mes, ni signatures.* Cette question de priorité d'édition maintenant
> tranchée, il s'agit d'établir quel peut en être le lieu d'impression.
> M. Adry avait reconnu dans ce volume les caractères de P. Schoyf-
> fer de Mayence. Le rédacteur de la *Bibliotheca Grenvilliana* l'attri-
> buait dubitativement, il est vrai, à J. Koelhoff de Lubeck, impri-
> meur à Cologne. Nous allons essayer de démontrer quel peut en
> être le véritable imprimeur.
> La bibliothèque de la ville de Toulouse possède trois volumes de
> format petit in-4, dont le papier et les caractères sont en tout sem-
> blables à ceux du *Speculum Sapientie*. L'un d'eux, *Barbatia de fide
> instrumentorum*, porte la date de 1476 et la souscription *Tholose est
> impressa.*
> Les caractères employés dans l'impression de ces trois volumes et
> du *Speculum* ressemblent tout à fait à ceux de P. Schoyffer de
> Mayence : on retrouve là avec quelques lettres mélangées, il est
> vrai, la plupart des types et surtout des capitales caractéristiques

de ce célèbre typographe; et en ce point, le P. Adry avait parfaitement raison quand il avançait que le *Speculum* était exécuté avec le matériel de Schoyffer. Le papier et le tirage viennent seuls modifier un peu cette assertion.

Le papier d'abord ne ressemble nullement à celui de qualité très-forte et très-blanche qui distingue toutes les impressions de Mayence et de Cologne au xve siècle. Le filigrane de la pâte est un *croissant*, marque qui n'a jamais été employée sur les bords du Rhin ni en Allemagne, et qui, au contraire, caractérise les papiers du midi de la France et particulièrement de Toulouse à cette époque. Quant au tirage, il n'est pas aussi régulier que dans les impressions de Mayence, et l'encre surtout en est bien moins noire et moins brillante. Ces considérations paraîtront puériles au premier abord, mais sont cependant très-importantes; car ces diverses nuances seules peuvent établir une différence entre les produits de diverses presses exécutés avec des types identiques; on reconnaît à ces légers indices la main-d'œuvre d'ouvriers exercés ou le résultat des tâtonnements d'un typographe qui débute. On a la preuve que Fust et Schoyffer entretenaient des rapports avec Toulouse. Un exemplaire des Offices de Cicéron, imprimé par ces derniers, et donné dès 1466 par Fust lui-même, à Louis de Lavernade, président du parlement de Toulouse, sert à constater que les deux associés cherchaient déjà à appeler l'attention du premier magistrat de Toulouse sur l'art admirable dont ils se faisaient les vulgarisateurs. Ce fait est consigné de la main de Louis de Lavernade, sur son exemplaire des Offices, qui est aujourd'hui conservé à la bibliothèque de Genève. D'après ces données, n'est-il pas naturel de supposer qu'à la sollicitation, et sous la haute protection de Louis de Lavernade, le personnage le plus influent de la contrée, des ouvriers typographes auront été envoyés de Mayence à Toulouse pour y établir l'art de l'imprimerie? L'université de Toulouse était alors dans toute sa splendeur, et grands étaient ses besoins intellectuels. Il ne suffisait plus d'un simple dépôt des impressions de Mayence, comme Fust et Schoyffer en avaient établi dans d'autres centres littéraires, et qu'ils faisaient tenir par leurs facteurs, comme à Angers et ailleurs. La distance était énorme de Mayence à Toulouse, et il fallait produire sur place et en temps utile des livres dont le débit était assuré d'avance. — Dans cette restitution du *Speculum sapientiæ* aux presses toulousaines dirigées, selon toute probabilité, par des ouvriers de Schoyffer, nous sommes complétement d'accord avec M. Desbarraux-Bernard, l'homme le plus compétent en pareille matière. C'est à ce savant bibliographe que l'on doit d'avoir définitivement vidé la question de *Tholosa*, dont quelques-uns, sans réflexion, voulaient faire *Tolosa* d'Espagne, tandis qu'il est incontestablement prouvé que la mention de *Tholosa* sur les livres imprimés du xve siècle ne peut s'appliquer qu'à TOULOUSE en France. Les rapports des imprimeurs de Mayence avec le président du parlement de Toulouse, l'emploi des caractères de Schoyffer à Toulouse, sont autant de faits nouveaux que nous signalons aux bibliographes, et qui ne manqueront certes pas de piquer leur curiosité. — Conformément à la description de Brunet, description empruntée au P. Adry, notre volume se compose de 119 feuillets. C'est 120 qu'il faut dire, comme le fait remarquer M. Desbarraux-Bernard, en y comptant le premier feuillet blanc. On a ajouté à quelques exemplaires un cahier de 8 feuillets, contenant le *Speculum* de St Bernard, exécuté avec les mêmes caractères. Ce supplément, qui porterait ainsi à 128 le nombre des feuillets, n'est pas précisément obligatoire. Il n'est pas dans notre exemplaire, et manque également à celui de M. Desbarraux-Bernard.

2835. **Gesta Romanorum** cum applicationibus moralilatis ac mislicis. *Parisiis, Jeh. Petit,* 1521, in-8 gothique à longues lignes, v. gaufr.

> Recueil fort intéressant d'historiettes, de contes et d'apologues, empruntés à la littérature sacrée, aux traditions orientales et aux récits merveilleux du moyen-âge.

2836. Regimen Moralitatis... *Impressum Bamberge (circa 1480)*, in-4, gothique, rel. pleine en mar. r. du Lev., à nerfs, dent. intér., tr. dor. (*Duru.*)

> VOLUME DE TOUTE RARETÉ. C'est un fablier populaire en vers latins avec la traduction interlinéaire en vers allemands. Le titre «*Regimen moralitatis*» est imprimé en lettres de forme extrêmement anciennes, qui nous paraissent avoir appartenu au matériel primitif D'ALBERT PFISTER, imprimeur à Bamberg vers 1460. Au dessous on remarque deux petites xylographies très-curieuses et fort naïves de rudesse. — Exemplaire parfaitement conservé.

2837. Pandulphi Collenucii Pisaurensis Apologi quatuor : Agenoria, Misopenes, Alithia, Bombarda. *Argentorati, in œdibus Math. Schurerii*, 1511, pet. in-4, lettres rondes, mar. r., à nerfs, dent. intér., tr. dor. (*Delaunay.*)

> Édition rare de ces curieux apologues, dont l'auteur fut étranglé l'an 1500, à Pesaro sa patrie, pour avoir aidé César Borgia à s'emparer de cette ville. On lui doit une des meilleures histoires de Naples. — Cet exemplaire des *Apologues* de Collenuccio est d'une parfaite conservation.

2838. Ethica Mythologica, sive Dissertatio de fabularum poeticarum sensu morali, auctore Andr. Christ. Eschenbachio. *Altdorfi*, 1688, pet. in-4, dem.-rel., mar. bleu.

2839. **La Fleur** de Vertu auquel est traicté de l'effect de plusieurs vertus et vices contraires a icelles en induysant a ce propos les dictz et sentences des sainctz docteurs et philosophes avec les exemples a ce concordées... *On les vend au Palais en la gallerie en allant a la chancellerie en la boutique de Jehan Longis (imprimé par Denys Janot)*, 1532, in-8, gothique, fig. s. bois, réglé, rel. pleine en mar. br. du Lev., à nerfs, fil., milieux ornés, dent. intér., tr. dor. (*Lortic.*)

> Très-bel exemplaire d'un curieux et très-rare recueil d'apologues moraux. Les figures sur bois très-naïves qu'on remarque en tête de chaque exemple sont tirées d'un autre recueil de fables, publié précédemment par Denys Janot.

2840. Esbatiment (sic) moral des Animaux. *A Anvers, chez Phil. Galle*, s. d. (1578), in-4, v. fauve, fil. a compart., dent. intér., tr. dor. (*Petit.*)

> Livre fort rare. Ce sont des fables en vers français, au nombre de 125, accompagnées d'autant de fort jolies figures emblématiques représentant le sujet de la fable. Le texte est de Pierre Heyns. Les épreuves sont belles. — Vendu 88 fr., Berlin; 99 fr., Veinant; et 190 fr., Solar.

2841. Fables choisies, mises en vers par M. de La Fontaine.

Paris, D. Thierry et Cl. Barbin, 1678-79, 4 vol. — Fables
choisies, cinquième partie. *Paris, Cl. Barbin,* 1694, 1 vol.
— Ensemble 5 vol. in-12, fig. à mi-page, v. marbr.

Edition originale.

2842. SOURCES DES FABLES DE LA FONTAINE. Variorum loca
auctorum e quibus fabularum argumenta sumpsit Fontanius,
Æsopo tamen, Phædro, Avieno omissis utpote communiori-
bus manibusque omnium tritis. Avec cette épigraphe : *« La-
tericiam accepi, Marmoream relinquo.* » *Lut. — Parisiorum,*
1797, très-petit in-4, rel. pleine en mar. rouge du Levant, à
nerfs, fil. à fr., dent. intér.

MANUSCRIT AUTOGRAPHE ET INÉDIT DU P. ADRY, de l'Oratoire, composé d'environ 500 pages. Ces recherches très-intéres-
santes sont suivies d'autres recherches du P. Adry, également inédites sur les fabulistes orientaux,

2843. Fables ou Histoires allégoriques, par Mme de Villedieu.
Paris, Cl. Barbin, 1670, in-12, cart. (*Edition originale.*)

2844. FABLES NOUVELLES dédiées au Roy, par M. de la Motte,
de l'académie françoise. *Paris, Grég. Dupuis,* 1719, in-4,
frontispice gravé, et charmantes figures à mi-page, gravées
par Coypel, Gillot et Tardieu, mar. rouge, fil., tr. dor. (*Anc.
reliure.*)

TRÈS-BEL EXEMPLAIRE EN GRAND PAPIER DE HOLLANDE.
Les épreuves des figures sont superbes.

2845. Recueil de fables choisies dans le goût de La Fontaine,
sur de petits airs et vaudevilles connus, notés à la fin pour
en faciliter le chant (par le P. Valette). *Paris,* 1749, in-16,
musique notée, v. écaille, fil., tr. dor.

2846. Fables nouvelles, par Ganeau, de la Société littéraire de
Châlons-sur-Marne. *Paris,* 1760, pet. in-8, v. m.

2847. Fables par Boisard, de l'Académie de Caën. *S. l.,* 1777,
2 vol. in-8, charmantes figures de Monnet et S.-Aubin, br.,
non rognés.

2848. Fables originales françois et anglois, ornées de figures
en taille-douce. *Londres et Bruxelles,* 1772, 2 vol. in-12,
frontisp. gravé, et quantité de fig. sur cuivre, grav. au trait,
pap. de Holl., br., *non rognés.*

2849. Fables de Philbert-Louis Orry, marquis de Fulvy. *A Madrid, de l'imprimerie de Sancha,* 1798, pet. in-8, br., *non
rogné.*

Tiré à très-petit nombre et rare, surtout en France.

2850. La Filosofia morale del Doni, tratta da molti scrittori.

con modi dotti e piacevoli, novelle, motti, argutie et sententie. *Venetia, 1567, in-8, vél.*

« La meilleure de toutes les éditions. » (Note de M. V. Luzarche.)

2851. Fables de Gritti. Chansons et Apologues de Lamberti (trad. en vers français avec le texte ital. en regard). *Padoue, 1819, in-12, cart., non rogné.*

2852. Las Obras del illustre señor don Antonio de Guevara obispo de Mondoñedo predicador y chronista... *Fue impresso en la muy leal y muy noble villa de Valladoli por industria del honrado impressor de libros Juan de Villaquiran, 1545,* pet. in-fol., gothique à 2 colonnes, vél.

Edition rare.

2853. L'Horloge des Princes, recueilly par Dom. Ant. de Guévare, trad. de castillan en françois par R.-B. de Grise. *Lyon, P. Rigaud, 1608, in-16, cart.*

Ce gros recueil, qui ne comprend pas moins de 1500 pages, est bon à consulter à cause d'une quantité d'apologues, parmi lesquelles notre grand fabuliste a trouvé la première idée de son *Paysan du Danube* et bien d'autres traits.

2854. Le Pancha-Tantra, où les Cinq Ruses, fables du Brahme Vichnou-Sarma, aventures de Paramarta, et autres contes indiens, trad. par l'abbé Dubois. *Paris, 1826, in-8, dem.-rel.*

XV. — ROMANS GRECS ET LATINS.

2855. Les Amours pastorales de Daphnis et de Chloé (traduction d'Amyot). *S. l. (Paris, Coustelier), 1745, pet. in-8.* figures gravées par Audran, sur les dessins du régent Philippe d'Orléans, mar. r., fil., dent., tr. dor. (*Anc. reliure.*)

Le titre gravé de cette édition porte la date de 1718, ce qui prouve qu'elle est enrichie des figures originales de la fameuse édition dite *du Régent,* publiée sous cette date. La planche des *Petits Pieds* s'y trouve.

2856. Les Amours pastorales de Daphnis et Chloé (trad. par Amyot). *S. l. (Paris), 1745, pet. in-8 tiré in-4, fig. du Régent, v. écaille, fil., tr. dor.*

Un des rares exemplaires tirés sur GRAND PAPIER de format in-4. Comme dans l'exemplaire précédent, les figures sont les planches originales du Régent, avec la date de 1718 pour le frontispice gravé. La gravure dite des *Petits Pieds* s'y trouve également.

2857. Les Pastorales de Longus, ou Daphnis et Chloé, traduction de Messire Jacques Amyot, revue, corrigée, complétée, de nouveau refaite en grande partie par Paul-Louis Courier, vigneron (Tourangeau). *Paris, 1821, in-8, v., dent.*

2858. L'Histoire ethiopique de Heliodorus, contenant dix livres, traictant des loyalles et pudiques amours de Theagenes Thessalien et Chariclea Ethiopienne (trad. par Jacques Amyot, évêque d'Auxerre). *Paris, J. Longis et Rob. le Mangnier,* 1560, in-16, dem.-rel.

2859. Achillis Tatii Erotica seu de Clitophontis et Leucippes amoribus libri viii, ex bibliotheca Cl. Salmasii (gr.-lat.). *Lugd. Batavor., apud Hegerum,* 1640, pet. in-12, frontisp. gravé, vél.

> Véritable Elsevier de Leyde, très joliment imprimé.

2860. Ach. Tatii Erotika (gr.-lat.). *Lugd.-Batav., Hegerus,* 1640, pet. in-12, front. gr., vél.

> « Jolie édition, beaucoup meilleure que les précédentes... Elle se joint à la collection des Elsevirs. » (Voir Brunet.)

2861. L. Apuleii Metamorphoseos, sive lusus Asini lib. XI, etc. *Veneliis, in Ædibus Aldi,* 1521, in-8, dem.-rel.

> Cet exemplaire de la bonne édition de l'Apulée des Alde est bien complet. On y trouve l'Alcinous en grec, fascicule de 27 feuillets qui manque très-souvent. Des exemplaires se sont vendus souvent de 70 à 100 fr.

2862. L'Ane d'or d'Apulée, précédé du Démon de Socrate, traduction avec le latin en regard, par J. A. Maury. *Paris, J. F. Bastien.* 1822. 2 vol. in-8, fig., br.

2863. Amours d'Euryale et de Lucrèce, nouvelle trad. du latin d'Enéas Sylvius Piccolomini, depuis pape sous le nom de Pie II. *Paris, Crapelet,* 1800, in-12, v. jaspé, dent.

XVI. — ROMANS DE CHEVALERIE.

2864. Li Romans de Garin le Loherain, publ. par P. Paris. *Paris, Téchener,* 1833, in-12, br.

2865. Le Roman de Fierabras, en provençal, publ. par Becker. *Berlin,* 1826, in-4, dem.-rel., non rogné.

> Tirage à part et à très-petit nombre, des Mémoires de l'Académie de Berlin. Rare en France.

2866. Li Romans de Parise la Duchesse, publ. pour la première fois d'après le MS. unique par F. G. de Martonne. *Paris, Téchener,* 1836, in-8, pap. de Hollande, dem.-rel., dos et coins de mar. amaranthe du Levant, à nerfs, non rogné. (*Petit.*)

> Bel-exemplaire.

2867. Roman du Comte de Poitiers, publ. pour la prem.

fois d'après le manuscrit unique de l'Arsenal, par Francisque Michel. *Paris, Silvestre*, 1831, in-8, dem.-rel., dos et coins de cuir de Russie, à nerfs, doré en tête, non rogné.

Tiré à 125 exemplaires seulement, tous numérotés. Celui-ci est sur papier vélin.

2868. Histoire de Gilion de Trasignyes et de dame Marie, sa femme, publiée d'après le MS. de la bibl. de l'Université d'Iéna, par L. B. Wolff. *Paris et Leipsic*, 1839, in-8, br.

Roman de chevalerie écrit dans le xv° siècle et édité pour la première fois.

2869. Mélusine, par Jean d'Arras, édition conforme à celle de 1478. *Paris, Jannet*, 1855, in-16, pap. vergé, br.

2870. Sensuit lystoire du noble prince nommé Palanus conte de Lion que par sa vaillance et prouesse délivra la royne Dangleterre faulcement accusée du sénéchal comme cy après trouverez escript bien au long et dautres belles choses dignes de mémoire. *On vent lesditz livres à Lion sur le Rosne chez Loys Perrin demourant en rue Damboise*, 1833, in-8, gr. pap. de Holl., cart., non rogné.

Ce roman de chevalerie a été tiré à 120 exemplaires tous numérotés. Il a été mis en lumière pour la première fois par Alfr. de Terrebasse, d'après le ms. de la bibliothèque de l'Arsenal.

2871. Histoire du noble et vaillant chevalier Paris, et la belle Vienne fille du Dauphin de Viennois, fort plaisante et grande récréation à ceulx qui se délectent à lire des histoires (publ. par M. Alf. de Terrebasse, d'après les MSS.) *Lyon, Perrin, et Paris, Crozet*, 1835, in-8, pap. de Hollande, titre encadré, fig. s. bois et fac-simile, cart., non rogné.

Tiré seulement à 125 exemplaires, tous numérotés.

2872. Histoire et plaisante cronicque du Petit Jehan de Saintré, de la jeune dame des Belles Cousines sans autre nom nommer (par de la Salle, Tourangeau) avec deux autres petites histoires de Messire Floridan et de la belle Elinde et l'extrait des cronicques de Flandres, ouvrage enrichi de notes critiques, historiques et chronologiques, d'une préface sur l'origine de la chevalerie et des anciens tournois, etc... (publ. par Guellette). *Paris, P. J. Bienvenu*, 1724, 3 vol. pet. in-12, v. (*Bel exemplaire.*)

2873. Histoire de Pierre de Provence et de la belle Maguelonne. *Liège*, 1787. — Histoire de Robert le Diable, duc de Normandie. *Liège*, 1787. — Histoire de Richard Sans Peur, duc de Normandie, fils de Robert le Diable. *Liège*, 1787. — Histoire de Fortunatus, 1787. — Histoire des enfans de Fortunatus, 1787. — Histoire de Jean de Calais, 1787. — Les Quatre

Fils d'Aymon, 1787. Ensemble 7 parties en 3 vol. in-12, v. rac.

2874. Nouvelle Histoire de Pierre de Provence et de la Belle Maguelonne. *Paris, Costard,* 1770. — Histoire de Jean de Calais. *Paris, Lacombe,* 1770, pet. in-8, v. marbr.

2875. Histoire de Jean de Paris, roy de France. *Troyes, Yves Gyrardon,* 1672, pet. in-8, fig. sur bois, cart. antiq.

Petit roman de chevalerie, un des plus rares volumes de la collection Troyenne.

2876. Le premier (et second) livre de la plaisante et délectable histoire de Gériléon d'Angleterre, contenant les haults faicts d'armes et chevaleureuses prouesses avec les amours d'iceluy, nouvellement mis en françois par Estienne de Maisonneufve, Bordelois. *Paris,* 1582-86, 2 tom. en un vol. in-8, v. fauve, fil., dos orné, tr. dor. (*Anc. reliure.*)

2877. Lhystoire plaisante et recreative faisant mention des prouesses et vaillances du noble Syperis de Vinevaulx et de ses dix sept filz. *S. l. n. d.,* in-16, gothique, br.

Réimpression faite par les soins de feu M. Silvestre.

2878. L'histoire et ancienne cronique de Gerard d'Euphrate, duc de Bourgogne, traitant pour la pluspart, son origine, jeunesse, amours et chevalereux faits d'armes, avec rencontres et aventures merveilleuses de plusieurs chevaliers et grans seigneurs de son temps. *Lyon, Ben. Rigaud,* 1580, in-16, v. fauve, fil. (*Derome.*)

2879· Ancienne Chronique de Gérard d'Euphrate, duc de Bourgogne, traitant, pour la plupart, son origine, jeunesse, amours et chevalereux faits d'armes, avec rencontres et aventures merveilleuses de plusieurs chevaliers et grands seigneurs. *Paris,* 1783, 2 vol. in-12, v. m. (*Bel exemplaire.*)

2880. La Cronique du tres vaillant et redouté Dom Flores de Grèce surnommé le Chevalier des Cignes, second filz d'Esplandian, empereur de Constantinople, histoire non encore ouye, mais belle entre les plus recommandées, mise en françoys par le seigneur des Essars, Nicolas de Herberay (publ. par Cl. Colet, Champenois). *Anvers, Jean Waesberghe,* 1561, pet. in-4, charmantes figures sur bois signées du monogramme d'A. Van Londerzele, vél.

Très-Bel exemplaire d'un roman de chevalerie fort rare. Il n'en existe pas d'édition gothique, comme on sait. L'impression en est remarquable.

2881. Histoire du très-vaillant et redouté Dom Florès de Grèce,

surnommé le Chevalier des Cignes, second fils d'Esplandian,
empereur de Constantinople, mise en françois par le S^r des
Essars, Nicolas de Herberay. *Paris, G. Robinot*, 1573, in-8,
cart. antiq.

Petit roman de chevalerie peu commun. Un peu rogné en tête.

2882. Thrésor de tous les livres d'Amadis de Gaule, contenant
les harangues, epistres, concions, lettres missives, cartels,
complaintes, etc..., et autres choses plus excellentes pour
instruire la noblesse françoise. *Lyon, J. Ant. Huguetan,*
1603, 2 tom. en un vol. in-16, vél.

2883. Libro d'arme, e d'amore, chiamato Leandra, figliuola
del Gran Soldano di Babilonia, la quale per amore si preci-
piti giù da un alta Torre, nel quale si narra li gran fatti di
Rinaldo, e Orlando etc. *In Lucca, s. d.*, in-8, à 2 col., fig.
s. bois, vél.

Ce roman et poëme de chevalerie est tiré de la Chronique de Tur-
pin.

2884. Libro del Peregrino (da J. Caviceo). *Venetia, Fratelli li
Rusconi e Nic. Zoppino*, 1524, in-8, fig., vél.

Edition très-rare de ce roman si souvent réimprimé. Elle est ornée
de jolies figures gravées sur bois. Cette édition n'est point connue
de M. Brunet, qui mentionne celles de 1526, 1527, 1531, 1533 et 1538,
en constatant leur rareté.

2885. Erasto dopo molti secoli ritornato al fine in luce et con
somma diligenza dal greco fedelmente tradotto in italiano.
Mantova, 1516, in-8, vél.

Edition rare de ce roman, qui est une imitation du livre des *Sept
Sages de Rome*.

2886. Girone il Cortese di Luigi Alamanni. *Vinegia, Comin da
Trino*, 1549, pet. in-4, front. gr. et curieuses figures sur
bois, vél.

Seconde édition originale de ce roman de chevalerie en vers.

2887. Splandiano, e le sue prodezze, scritte fidelmente dal
maestro Helisabatte et recate dalla ingua spagnuola a questa
nostra volgare. *Venetia, Franç. Lorenzin da Turino*, 1550,
in-8, parch.

Ce roman de chevalerie est la première suite des quatre livres
d'Amadis de Gaule.

2888. Palmerino d'Inghilterra figliuolo del rè don Duardo, ove
si contano gli gran fatti in arme, che egli fece per amore
della infanta Polinarda figliuola di Primaleone. *Vinegia,*

Franç. Portonaris da Trino, 1555, in-8, mar. r., fil., tr. dor. *(Anc. reliure.)*

Edition rare d'un célèbre roman de chevalerie. Quoiqu'on lise *Fin du premier livre*, le *Palmerin* est complet, mais sans le *Floriano*, qui en est la suite.

2889. Il Palmerino di Lod. Dolce. *Venetia, Gio. Batt. Sessa,* 1561, in-4, parch. *(Rare.)*

Première édition de ce roman de chevalerie composé dans le genre d'Amadis de Gaule. Exemplaire très-beau de marges.

2890. Primaleone figliuolo di Palmerino, di M. Lod. Dolce. *Venetia, Gio. Batt. et March. Sessa,* 1562, in-4, front. gr., v. rac.

Première édition.

2891. La famosa et degna historia de gli invitti cavalieri don Cristaliano di Spagna, et Lucescanio suo fratello, figliuoli dell'Imperatore di Trabisonda, tradotta in lingua italiana. *S. n. (Venet.,* 1557), 2 tom. en un vol. in-8, vél.

2892. Drusian dal Leone nel quale si tratta delle Battaglie dopo la morte de' Paladini. *In Verona et in Padova, per Seb. Sardi, s. d. (vers* 1640), in-8 à 2 col., fig. s. bois, cart., *non rogné.*

Bel exemplaire d'un livre rare. C'est une édition populaire d'un poëme chevaleresque des plus recherchés. Elle est imprimée en très-petits caractères et contient de naïves figures gravées sur bois.

2893. Historia del Cavalier perduto di Pace Pasini. *Venetia,* 1644, pet. in-4, dem.-rel.

2894. AMADIS DE GAULA. Los Quatro Libros de Amadis de Gaula nuevamente impressos y hystoriados. *Acaban se aqui los quatro libros del efforçado e muy virtuoso cavallero Amadis de Gaula fijo del rey Perion y de la reyna Elisena, en los quales se fallan muy por estenso las grandes aventuras y terribles batallas que en sus tienpos por el se acabaron e vencieron e por otros muchos cavalleros assi de sulinaje como amigos suyos. El qual fue impresso en la muy inclita y singular ciudad de Venecia, por Maestro Juan Antonio de Sabia impressor de libros, a las expesas de M. Juan Batista Pedrazano e compaño Mercadante de libros esta al pie del puente de Rialto, e tiene por enseña una torre.* 1533, 4 tomes en un vol. in-fol., figures sur bois, v., tr. dor.

EDITION TRÈS-RARE du texte original de l'AMADIS DE GAULE, ROMAN DE CHEVALERIE, bien connu et très-recherché. Cette belle édition est exécutée à longues lignes en lettres rondes. Chaque livre possède un titre particulier imprimé en *grosses lettres gothiques rouges*; au dessus se trouve une grande gravure sur bois. Au commencement sont 6 feuillets non chiffrés. Au verso du premier de ces feuillets dont le recto est occupé par le premier titre, on trouve le *Prohemio del corigidor de las letras mal endera çadas* et la table des chapitres.

Le texte a CCCL feuillets chiffrés, au recto du dernier desquels se lit la souscription si curieuse que nous avons rapportée ci-dessus, et plus bas l'avis suivant : « *Fue revisto, corrigiendolo de las letras que trocadas delos impressores eran, por el vicario del Valle de Cabeçuela Francisco Delicado natural de la Peña de Martos* » ; le verso de ce dernier feuillet est entièrement blanc. — L'exemplaire est grand de marges et dans son ancienne reliure. — Vendu 50 livres (1,250 fr.), Stanley ; 30 livr. (750 fr.), Blandford ; 26 livr. 10 sh. (662 fr. 50 c.), Libri, etc...

2895. El Cavallero Determinado traduzido de lengua francesa en castellana por Don Hernando de Acuña, y dirigido al Emperador Don Carlos Quinto Maximo Rey de España, nuestro Señor. *En Anvers, en casa de Iuan Steelsio*, 1555, in-8, fig. s. bois, vél.

Ce livre dédié à l'empereur Charles-Quint est une traduction en vers castillans du CHEVALIER DÉLIBÉRÉ D'OLIVIER DE LA MARCHE, roman de chevalerie qui retrace les hauts faits et gestes de Charles le Téméraire, duc de Bourgogne. On y remarque VINGT BELLES GRAVURES SUR BOIS d'une grande vigueur et d'une composition vraiment magistrale, signées du monogramme A, que les uns attribuent à *Antoine Sylvius ou Silvyns*, graveur, né à Anvers en 1525, et que d'autres donnent pour la marque d'*Assuérus Van Londerzeele*. La dernière planche représente le combat du *Chevalier Délibéré* contre la Mort ; en regard se trouve la devise de La Marche : TANT HA SOUFFERT LA MARCHE. — Vendu 6 livr. (150 fr.), Libri, en 1859.

2896. La Prison damoure/ laquelle traicte de lamour de Leriano et Laureole, faict en Espaignol puis translate en tusquan et nagueres en langage françois, ensemble plusieurs choses singulières a la louenge des dames... *Cy fine ce present livre intitulé la prison damour de Loriano à Laureole. Imprimé nouuellement a Paris Lan mil cinq cens vingt et sept. Et fut achevé d'imprimer le vingt et unisme* (sic) *iour de May*. In-8, *gothique*, figures sur bois très-curieuses, dem.-rel.

Volume très-rare et bien conservé. Cet ouvrage curieux est en prose et en vers. Au feuillet Ll (verso): « *Sensuyvent vingt raisons pourquoy les hommes sont obligez aux dames...* » — Les figures sur bois que l'on remarque dans ce livre sont fort curieuses et tirées, pour la plupart, d'anciens romans de chevalerie français.

2897. La muy lamentable conquista y cruenta batalla de Rhodas, nuevamente facada de latin en lengua Castellana por el bachiller Christoval de Arcos, clerigo cura de la sancta yglesia de Sevilla. *Medina del Campo, Francisco del Canto*, 1571, in-8, fig. s. bois, lettres rondes, vél.

Petit roman de chevalerie en langue castillane. — Rare et recherché.

2898. De l'Usage des Romans (et principalement de ceux de chevalerie), où l'on fait voir leur utilité et leurs différens caractères, avec une bibliothèque des Romans, par Gordon de

Percel (Lenglet Du Fresnoy). *Amsterdam*, 1734, 2 vol. in-12, v. marbr., fil.

> Aventures de la Madona et de François d'Assise. — Aubigné, son histoire remplie d'obscénités. — Bibliothèque d'un curieux qui n'est composée que de livres sur l'Immaculée Conception. — Champion des Dames de Martin Franc. — Contes impurs sont proscrits. — Gerson écrit contre le Roman de la Rose. — Bibliothèque de Gaston de France. — Urbain VIII pape envoie des bouquets aux jolies femmes de Rome. — Abbaye des Cornards, — etc.., etc...

2899. Storia ed analisi degli antichi Romanzi di Cavalleria e dei poëmi Romanzeschi d'Italia, con dissertazioni sull'origine, sugl'istituti, sulle cerimonie de' Cavalieri, sulle corti d'amore, sui tornei, sulle giostre ed armature de' Paladini, sull' invenzione e sull'uso degli stemmi, con figure tratte dai monumenti d'arte del dottore Giulio Ferrario. *Milano*, 1828-29, 4 vol. in-8, fig., cart., *non rognés*.

> Ouvrage important sur les Romans de chevalerie, les Tournois, la Noblesse, etc... — Le 4e volume se compose en entier d'une bibliographie spéciale de la matière.

2900. Notice sur le roman en vers des Sept Sages de Rome. *Paris, Techener*, 1839, in-8, br.

> Tiré à 65 exemplaires.

2901. Disquisitio de inclyto libro poetico Theuerdanck, auctore H. Bottlies. *Altdorfii*, 1737, pet. in-4, fig., dem.-rel., mar. br.

> Dissertation très-intéressante et très-nourrie de documents historiques, littéraires, bibliographiques et d'extraits curieux, sur le fameux poëme chevaleresque le *Teurdanck*, composé par Melchior Pfinzing à l'occasion du mariage de Maximilien Ier avec la princesse Marie de Bourgogne. C'est par erreur que Brunet attribue cette dissertation à J. D. Kœler, qui présida seulement la séance académique dans laquelle fut mis en lumière ce beau travail.

2902. Les Mystères de la chevalerie et de l'amour platonique au moyen-âge, par E. Aroux. *Paris*, 1858, in-8, br.

2903. Des Dragons et des serpens monstrueux qui figurent dans un grand nombre de récits fabuleux ou historiques, par Eusèbe Salverte. *Paris*, 1826, in-8, br.

XVII. — ROMANS FRANÇAIS.

2904. Œuvres de maistre François Rabelais, docteur en médecine, contenant cinq livres de la vie, faits et dits héroïques de Gargantua et de son fils Pantagruel, plus la Prognostication pantagrueline avec l'oracle de la Dive Bacbuc et le mot de la Bouteille, de nouveau veu et augmenté. *Lion, P. Es-*

tiart, 1571, 4 tom. en 1 vol. in-16, bordure gravée sur bois
autour du titre, rel. pleine en mar. br. du Levant, à nerfs,
devise sur les plats, dent. intér., tr. dor. (*Capé.*)

> Très-jolie édition, imprimée en petits caractères très-nets. Elle est
> rare et très-recherchée.

2905. Les OEuvres de Fr. Rabelais, avec la clef et l'explication
de tous les mots difficiles. *S. l. (Bruxelles, Foppens)*, 1659
(*pour* 1669), gr. in-12, titre rouge et noir, v. br., tr.
dor.

> Edition Elzévirienne, et la plus jolie qui ait été imprimée à Bru-
> xelles. Elle est rare et surtout bien conservée et reproduit page
> pour page la célèbre édition de 1663. Elle a été plusieurs fois con-
> trefaite. Mais notre exemplaire est du premier tirage et en tous
> points conforme à la minutieuse description que M. Brunet a donnée
> de la bonne édition. Les bibliophiles savent qu'elle contient la
> *Clef de Rabelais*, laquelle ne se trouve ni dans l'édition de 1663, ni
> dans les réimpressions qui en ont été faites. — Bel exemplaire rem-
> pli de *témoins*.

2906. Les OEuvres de Fr. Rabelais. *Bruxelles*, 1659, 2 vol. in-
12, v. br.

> Cette édition est une contrefaçon de la précédente.

2907. Les OEuvres de M. François Rabelais, docteur en médecine, augmentées de la vie de l'auteur et de quelques remarques sur sa vie et sur l'histoire. *S. l., à la Sphère (Amsterdam, Daniel Elsevier)*, 1663, 2 vol. pet. in-12, mar. rouge,
fil., tr. dor. (*Anc. reliure.*)

> Joli exemplaire de la bonne date du Rabelais des Elsevier. C'est
> un livre rare et fort recherché, quand il est grand de marges et de
> premier tirage, comme celui-ci.

2908. OEuvres de maître François Rabelais (publ. par Le Duchat). *Amsterdam, Bordesius*, 1711, 5 vol. pet. in-8, fig., v.
gran., fil.

2909. OEuvres de maître François Rabelais, avec des remarques historiques et critiques de M. Le Duchat. *Amsterdam,
J. Fréd. Bernard*, 1741, 3 vol. in-4, fig. de Bernard Picart,
v. marb., fil.

> Edition très-recherchée à cause des belles figures de Bernard Pi-
> cart dont elle est ornée.

2910. Le Rabelais moderne, ou les OEuvres de M⁰ François
Rabelais, avec des éclaircissemens historiques pour l'intelligence des allégories contenues dans le Gargantua et dans
le Pantagruel (par l'abbé de Marsy). *Amsterdam*, 1752,
8 vol. pet. in-12, mar. rouge, fil., tr. dor. (*Anc. reliure.*)

2911. Les OEuvres de François Rabelais, docteur en médecine.
Genève (Paris, Cazin), 1782, 3 vol. in-18, joli portr. de Ra-

belais, gravé par De Launay, mar. rouge, fil., tr. dor. (Anc.
reliure.)

Joli exemplaire en belle condition. C'est un des auteurs les plus
rares, les plus recherchés et les mieux imprimés de la charmante
collection de Cazin.

2912. OEuvres de Fr. Rabelais, édition augmentée de plusieurs
extraits des chroniques admirables du puissant roi Gargantua, ainsi que d'un grand nombre de variantes et de deux
chapitres inédits du Ve livre. publ. par L. Jacob (Paul Lacroix), bibliophile. *Paris, Charpentier, 1841* in-12, reliure
pleine en cuir de Russie, à nerfs, fil. et riches compartiments
à la Grolier, avec devise, doublé de mar. bl., fil. à compart.
à l'intérieur, tr. dor.

Très-bel exemplaire.

2913. Esprit de Rabelais, contenant les principaux traits de
Gargantua, Pantagruel, Panurge et autres héros des œuvres
de cet auteur. *Paris, an.II* (1793), in-8, cart. antiq.

2914. Notice sur deux anciens romans intitulés les Chroniques
de Gargantua (par Jacq. Ch. Brunet). *Paris, Silvestre,* 1834,
in-8, br.

2915. Des Matériaux dont Rabelais s'est servi pour la composition de son ouvrage, par Ch. Nodier. *Paris,* 1835, broch.
in-8.

2916. Essais d'études bibliographiques sur Rabelais (par Gust.
Brunet.) *Paris, Techener,* 1841, in-8, br.

Tiré seulement à 60 exemplaires.

2917. L'Amant Résuscité de la mort d'amour en V livres, par
Théodose Valentinian Françoys. *Lyon, Maurice Roy et Loys
Pesnot,* 1548, in-4, v. f. (*Anc. reliure.*)

Volume très-rare. Ce petit roman, charmant de grâce et de naïveté, est dédié par l'auteur à sa *Marguerite.* En tête de la dédicace,
on remarque deux très-curieux portraits à mi-corps, gravés sur bois,
de l'auteur et de sa bien-aimée en costumes de l'époque. Exemplaire
aux armes du comte de Toulouse.

2918. L'Endymion de Gombauld. *Paris, Buon,* 1626, in-8,
front. gravé et jolies fig. de Crispin de Pas, vél.

2919. Les Amours d'Anaxandre et d'Orasie, où sont entremes-
lées les aventures d'Alcidaris, de Cambaye et les amours de
Pyroxène, par le Sr de Bois-Robert. *Paris,* 1629, in-8, front.
gr., vél.

François Bois-Robert Métel, né à Caen vers 1592, fut l'un des

premiers membres de l'Académie Françoise, dont il avait donné
l'idée à Richelieu. C'était un étrange ecclésiastique. Il aimait avec
fureur le jeu, la table et les bons mots. En tête de cet ouvrage on
remarque une lettre de BALZAC *à une dame de qualité*, qui n'a pas été
reproduite ailleurs, que nous sachions.

2920. Polexandre (par Gomberville). *Paris, T. du Bray*, 1632,
2 gros vol. in-8, réglés, bas.

2921. Polexandre, reveüe, changée et augmentée en cette
dernière édition (par de Gomberville). *Paris, Courbé*, 1645,
5 vol. in-8, frontispices gravés par Abraham Bosse, de Tours,
v., fil.

2922. La Polyxène de Molière. *Paris*, 1632, 2 vol. in-8, v.

> Curieux roman du temps de Louis XIII. — Aux armes du comte
> de Toulouse.

2923. Les Amours des Déesses, avec les Amours de Narcisse,
livre enrichy d'un grand nombre de figures, et dédié à Leurs
Altesses de Lorraine, par le Sr. de La Serre. *Paris*, 1633,
gros vol. in-8, portraits et figures, dem.-rel., parch.

> Volume rare. On le recherche à cause du portrait de *Nicolle*, du-
> *chesse de Lorraine*, attribué à Crispin de Pas ; ce portrait est le seul
> qui ait été gravé de cette princesse.

2924. Le Roman de Mélusine, par M. L. M. D. M. *Paris, P.
Rocolet*, 1637, in-8, cart.

> Ce roman anonyme est l'ouvrage *d'une dame que ses vertus font es-
> timer*, ainsi qu'il est dit dans l'épître dédicatoire du libraire à Mlle.
> Séguier.

2925. La Vraye histoire comique de Francion, composée par
Nic. de Moulinet, gentilhomme Lorrain (Ch. Sorel). *Leyde,
H. Drummond*, 1721, 2 vol. in-12, frontisp. gravés et fig.,
v. br.

2926. Relation de ce qui s'est passé dans la nouvelle découverte du royaume de Frisquemore (par Ch. Sorel). *Paris,
Louis Billaine*, 1662, in-12, vél.

2927. Les Nouvelles, ou les Divertissemens de la princesse
Alcidiane, par Mme de La Calprenède. *Paris, de Sercy*, 1661,
in-8, br., *non rogné*.

> Volume rare dans cette condition exceptionnelle.

2928. Artamène ou le Grand Cyrus, dédié à Madame la duchesse de Longueville, par M. de Scudéry (du Hâvre), gouverneur de Nostre Dame de la Garde. *Paris, Courbé*, 1653-
54, 10 gros vol. in-8, front. gravés, portr. et fig. de Chau-

veau, v. fauve, dos doré en plein à la Padeloup. (*Ancienne reliure.*)

> Bel exemplaire, tout à fait complet, grand de marges et bien conservé de ce roman célèbre. On sait qu'il est très-difficile d'en trouver des exemplaires convenables, qui ne soient pas mélangés de diverses éditions. Celui que nous cataloguons ici est tout de la même édition et dans sa reliure du temps. C'est un véritable exemplaire d'amateur et il serait difficile d'en trouver un plus beau.

2929. Mathilde (d'Aguilar) (précéd. des Jeux), à Monsieur frère unique du roy (par Madeleine de Scudéry). *Paris,* 1667, in-8, frontisp. gravé par Chauveau, v. br. (*Édition originale.*)

> Cette élégante composition fut souvent réimprimée. C'est le roman le moins prolixe, le plus touchant et le mieux écrit de cette femme célèbre. Vendu 20 francs, Solar.

2930. Histoire du temps, ou Relation du royaume de coquetterie extraite du dernier voyage des Hollandois aux Indes du Levant. *Paris, Ch. de Sercy,* 1654, pet. in-12, vél. (*Bel exemplaire.*)

> Voyage imaginaire, dont l'auteur est l'abbé d'Aubignac. On y remarque une grande et très-curieuse carte du royaume de Coquetterie, qui manque dans la plupart des exemplaires. Allégorie spirituelle et ingénieuse.

2931. Olynthie, par Salomon de Priezac, Sr de Saugues. *Paris, Phil. Darbisse,* 1655, in-8 de près de 700 pag., v. br.

2932. Histoire d'Ismenie et d'Agesilan, ensemble le fragment de l'histoire de Berenice et d'Alcidor, et le Blason des herbes et des fleurs. *Cologne, H. Demen,* 1668, pet. in-12, d.-rel., v. antiq., à nerfs.

> Le Blason des herbes et des fleurs qui se trouve à la fin du volume est une pièce très-curieuse.

2933. Le Romant Comique, par Scarron. *Leiden, Jean Sambix (à la Sphère),* 1665, pet. in-12, vél.

> Edition rare qui fait partie de la collection des Elsevier.

2934. Le Roman bourgeois, ouvrage comique (par Furetière). *Paris, Cl. Barbin,* 1666, in-8, rel. pleine en veau fauve, à nerfs, dos orné, fil. à compart., petits fers, devise sur les plats, dent. intér.; tr. dor.

> EDITION ORIGINALE, peu commune. Cet exemplaire contient le beau *frontispice gravé* qui manque la plupart du temps.

2035. Le Roman bourgeois, par feu M. de Furetière. *Nancy, J. B. Cusson,* 1713, in-12, fig., v. marbr.

2936. Amitiez, amours et amourettes, par Le Pays, édition

augmentée de la Zélotyde, histoire galante. *Paris, Ch. de
Sercy*, 1685, in-12, rel. pleine en mar. r. du Lev., à nerfs,
fil., devise sur les plats, dent. intér., tr. dor.

> Très-bel exemplaire.

2937. Le Marquis de Chavigny (par Boursault). *Paris, Edme
Martin*, 1670, in-12, charmant front., très-finement gravé
par Landry; vél.

> Édition originale. — Bel exemplaire.

2938. Le Prince de Condé (par Boursault). *Paris*, 1683, in-12,
v. br. (*Édition originale.*)

2939. Les Aventures de Renaud et d'Armide, par M. L. C. D.
M. (le chevalier de Méré). *Paris, Cl. Barbin*, 1678, in-12; v.
br.

> Édition originale.

2940. LA PRINCESSE DE CLÈVES (par Mme de La Fayette). *Paris,
Cl. Barbin*, 1678, 4 tom. en 2 vol. in-12, rel. pleine en mar.
Bl. du Levant, à nerfs, dos orné, fil. à comp., milieux ornés,
dent. intér., tr. dor. (*Lortic.*)

> EDITION ORIGINALE, très-rare. Charmant exemplaire.

2941. La Princesse de Clèves (par Mme de La Fayette). *Paris
(Hollande), Cl. Barbin*, 1678, 4 tom. en 1 vol. pet. in-12,
front. gravé, vél.

> Édition rare qui fait partie de la collection des Elsevier. Elle
> porte la même date et a le même nombre de pages que l'édition ori-
> ginale de Cl. Barbin, à ce point qu'elle est confondue avec cette
> dernière par ceux qui n'ont pas été à même de comparer les deux
> éditions entre elles. Les lettres ornées et le fleuron à la tête de
> buffle, souvent répété, dénotent que ce volume est imprimé avec le
> matériel typographique des Elsevier. Les caractères sont identiques
> avec ceux employés dans le *Traité de la Politique de France de Paul
> Hay du Chastelet* et du *Scaligerana*, qui portent la rubrique d'*Utrecht,
> Pierre Elsevier.*

2942. La Princesse de Clèves (par Mme de La Fayette). *Paris,
Cl. Barbin*, 1689, 4 tom. en 2 vol. in-12, v. marbr.

> Seconde édition originale. C'est une copie exacte de la première;
> elle est imprimée également en gros caractères. — Bel exemplaire.

2943. Lettres à Mme la marquise *** (de La Fayette), sur le sujet
de la princesse de Clèves (par Valincourt, de S. Quentin). *Paris, Cramoisy*, 1678, in-12, v. br.

> Cette dissertation critique sur la *Princesse de Clèves* a été revue en
> manuscrit, par le P. Bouhours. — Bel exemplaire.

2944. Ravissement de l'Hélène d'Amsterdam, contenant des

accidens étranges, tant d'amour que de la fortune, arrivez à
une demoiselle d'Amsterdam, en plusieurs endroits du
monde. *Amsterdam, Tim. ten Hoorn,* 1683, pet. in-12, fig.,
vél.

> Petit volume très-rare et fort joliment imprimé avec fleurons et
> caractères elzéviriens. Non cité par les bibliographes.

2945. Annales galantes de Grèce (par Mme de Villedieu). *Paris,
Cl. Barbin,* 1687, 2 vol. in-12, v. (*Bel exemplaire.*)

2946. Tarsis et Zélie (par Le Vayer de Boutigny, et rev. par
l'abbé Souchay). *La Haye, Adr. Moetjens,* 1720, 6 tom. en
3 vol. pet. in-8, jolies figures, v. marbr. (*Aux armes.*)

> Très-bel exemplaire.

2947. AVANTURES DE TÉLÉMAQUE (suite du quatrième livre
de l'Odyssée d'Homère, ou les), fils d'Ulysse (par Fénelon).
Paris, veuve de Cl. Barbin, 1699, in-12, dem.-rel.

> EDITION ORIGINALE DU TÉLÉMAQUE. C'est le fameux et si
> rare fragment, dont l'impression fut arrêtée par la police de
> Louis XIV, qui en détruisit presque tous les exemplaires. Ce frag-
> ment, comme on sait, ne va que jusqu'à la page 208. L'exemplaire
> est très-grand de marges et de la toute première édition, exactement
> conforme en tous points à la minutieuse description du *Manuel du
> libraire.* Hauteur : 159 millim.

2948. Les Avantures de Télémaque, par feu Mess. Fr. de Salignac de la Motte Fénelon. *Paris, Fl. Delaulne,* 1717, 2 vol.
in-12, portr. et fig., rel. pleine en mar. r. du Lev., à nerfs,
fil., dent. intér., tr. dor. (*Hardy.*)

> Superbe exemplaire de l'*édition originale*, conformé au manuscrit. —
> Grandes marges, belles épreuves. Un léger raccommodage très-
> habilement fait à un feuillet.

2949. Les Avantures de Télémaque, par Fénelon. *Paris, J.
Barbou,* 1757, 2 vol. in-12, fig., v. m.

> Bel exemplaire d'une édition très-correcte, très-jolie et ornée de
> nombreuses figures gravées par Lebas.

2950. Critique générale des aventures de Télémaque (par
Gueudeville). *Cologne, héritiers de P. Marteau (à la Sphère),*
1700-1701, 3 tom. en 1 vol. pet. in-12, frontispice gravé,
vél.

> Quelques-uns attribuent cette curieuse critique à Pierre Faydit,
> prêtre de *Riom.* Celui-ci est l'auteur de la *Télémacomanie.*

2951. Le Télémaque moderne, ou les Intrigues d'un grand
seigneur pendant son exil (par de Grandchamp). *Cologne,
Ant. d'Egmond (à la Sphère),* 1701, in-12, cart., *non
rogné.*

2952. Galanterie d'une religieuse mariée à Dublin. *Cologne, les héritiers de P. Marteau*, 1704, pet. in-12, cart.

2953. LE DIABLE BOITEUX (par Lesage). *Paris, veuve Barbin,* 1707, in-12, front. gravé, rel. pleine en mar. r. du Levant, à nerfs, dos orné, fil. à compart. et milieux, dent. intér., tr. dor. (*Lortic.*)

> *EDITION ORIGINALE*, très-rare. C'est un des classiques français les plus difficiles à trouver en édition originale. *SUPERBE EXEMPLAIRE*, LE PLUS GRAND DE MARGES QUE L'ON CONNAISSE.

2954. LE DIABLE BOITEUX (par Lesage), 2ᵉ édit. *Paris, veuve Barbin*, 1707, in-12, front. gravé, rel. pleine en mar. rouge du Levant, à nerfs, dos orné, fil., dent. intér., tr. dor. (*Lortic.*)

> SECONDE ÉDITION ORIGINALE du Diable Boiteux. Elle parut immédiatement après la première qu'elle reproduit exactement, même pour le frontispice gravé. *EXEMPLAIRE MAGNIFIQUE*, à toutes marges, rempli de témoins.

2955. Le Diable boiteux (par Lesage). *Paris, veuve Barbin,* 1707, in-12, front. gravé, v. br.

> SECONDE ÉDITION ORIGINALE, presque aussi rare que la première. On sait que la première avait paru la même année, et fut épuisée en un jour.
> Exemplaire très-grand de marges et bien conservé, dans sa première reliure.

2956. Le Diable boiteux, par Lesage. *Amsterdam, P. Mortier,* 1747, 2 vol. in-12, fig., v. marbr. (*Bel exempl.*)

2957. Le Diable boiteux, par Le Sage. *Paris, Damonneville,* 1756, 3 tom. en 2 vol. pet. in-12, fig., v. marbr.

> Charmante édition. Elle est ornée de jolies figures et elle contient les *Béquilles* du *diable boiteux*, par Bordelon, et les *Entretiens des cheminées de Madrid* et *Une journée des Parques*, par Le Sage.

2958. Histoire de Gil Blas de Santillane, par M. Le Sage. *Paris, veuve Ribou,* 1732-35, 4 vol. in-12, fig., v. marbr.

> ÉDITION ORIGINALE COMPLÈTE. Les livres VII, VIII, IX, X, XI et XII paraissent pour la première fois. Exemplaire bien conservé.

2959. Le Bachelier de Salamanque, par Le Sage. *Paris, Valleyre,* 1736, in-12, v. br.

> ÉDITION ORIGINALE peu commune de cet ouvrage de Le Sage.

2960. Histoire d'Estévanille Gonzalez, surnommé le garçon de bonne humeur, tirée de l'espagnol par Le Sage. *Paris, Prault,* 1734, 2 tom. en 1 vol. in-12, v. m.

> ÉDITION ORIGINALE d'un ouvrage plein de finesse et de bonne hu

meur. Plusieurs passages en sont très-plaisants, et ne le cèdent guère aux meilleurs morceaux de *Gil-Blas*, qui est beaucoup plus connu.

2961. **Les Aventures de Robert chevalier dit de Beauchêne,** capitaine de flibustiers dans la Nouvelle France, rédigées par Le Sage. *Maestricht*, 1783, 2 vol. in-12, fig., br., *non rognés.*

2962. **Le Solitaire Espagnol, ou Mémoires de D. Varasque de Figueroas.** *Leyde, B. Vander Aa*, 1740-1750, 2 vol. pet. in-8, br., *non rognés.*

    Roman très-peu connu, composé dans le goût du *Gil-Blas.*

2963. **Voyages et Aventures de Jaques Massé** (par Simon Tyssot de Patot). *Cologne*, 1710, in-12, portr., v. marbr.

2964. **Mahmoud le Gasnevide, histoire orientale,** fragment traduit de l'arabe, avec des notes (composé par Melon). *Rotterdam*, 1729, in-8, v. fauve. (*Anc. reliure.*)

2965. **Les Amazones Révoltées, roman moderne en forme de parodie** sur l'histoire universelle et la fable, avec des notes politiques sur les travaux d'Hercule, la chevalerie militaire et la découverte du Nouveau-Monde, etc., par Don Luis Le Maingre de Bouciquault. *Rotterdam*, 1730, in-12, mar. v., fil., tr. dor. (*Anc. reliure*)

2966. **MANON LESCAUT. Suite des Mémoires et Avantures d'un** homme de qualité qui s'est retiré du monde (ou Histoire de Manon Lescaut et du chevalier des Grieux, par l'abbé Prévost). *Amsterdam (Rouen)*, 1733, in-12, rel. pleine en mar. citron du Levant, à nerfs, dent. intér., tr. dor.

    ÉDITION ORIGINALE de ce roman célèbre. Bel exemplaire presque à toutes marges. Vendu 40 francs chez Solar.

2967. **Histoire de Mme la comtesse des Barres. A Mme la marquise de Lambert.** *Bruxelles, Fr. Foppens*, 1736, pet. in-12, v. br.

    « Édition recherchée, dit M. Brunet; il est difficile d'en trouver de beaux exemplaires. » C'est le récit des aventures galantes et romanesques de l'abbé de Choisy déguisé en femme. On y trouve des récits licencieux qui rappellent le rôle de Faublas.

2968. **Les Vrais Plaisirs, ou les Amours de Vénus et d'Adonis.** *Paphos*, 1748. — La Belle Allemande, ou les Galanteries de Thérèse (par Villaret, selon les uns, et par d'autres attribué à Bret). *S. l. n. d.* — Histoire de Mme la comtesse des Barres, à Mme la marquise de Lambert. *Bruxelles, François Foppens.* 1736. — Le Préjugé vaincu, comédie. *Paris*, 1747. —

L'Amant auteur et valet. *Paris*, 1740. — La Joye imprévue,
comédie. *Paris*, 1738, in-12, v. marbr., fil.

> Suivant une note manuscrite, les *Vrais Plaisirs* seraient une my-
> thologie à falbalas et à paniers comme les Dieux du dessin de Bou-
> cher. Mais l'ouvrage le plus curieux de ce recueil est sans contredit
> l'*Histoire de la Comtesse des Barres*, qui est une très-curieuse relation
> des aventures galantes de l'abbé de Choisy déguisé en femme.

2969. Histoire de Mlle Cronel, dite Frétillon (Mlle Clairon), ac-
trice de la comédie de Rouen, écrite par elle-même (par
Gaillard de la Bataille, comédien). *La Haye et Paris*, 1740-
42, 3 part. en 1 vol. pet. in-12, v.

> Première édition de ce libelle scandaleux.

2970. Histoire de Mme de Luz (par Duclos). *La Haye*, 1741,
2 part. — Lettre sur l'histoire de Mme de Luz. *La Haye*,
1740. — Lettre à l'auteur, etc. *La Haye*, 1741. 3 ouvr. en 1
vol. in-12, v. m. (*Aux armes de Fleuriau de Morville*.)

2971. Acajou et Zirphile, conte (par Duclos, de l'Académie
française). *A Minutie (Paris)*, 1744, in-4, jolies figures, v.
fauve. (*Anc. reliure au chiffre de Soubise*.)

2972. Mémoires de M. le marquis de St-***, ou les Amours
fugitifs du cloître. *Amst.*, 1747, 2 tom. en 1 vol. in-12, grand
papier, v. marbr.

> Ce volume est dédié au comte de Montjoye, en reconnoissance
> « des bontés particulières » dont il avait honoré l'auteur, pendant
> son séjour à *Chambéry*.

2973. Elisabeth, reine d'Albion, narration épique en XII livres
(par le baron de Bielfeld). In-fol., vél. vert, non rogné.

> MANUSCRIT DU XVIIIe SIÈCLE, composé d'environ 700 pages
> d'une belle écriture. Il est inédit.

2974. Néraïr et Melhoë, conte ou histoire, ouvrage orné de dis-
gressions (*sic*) (par de Blanes). *Imprimé à ***, et se vend à ***,
l'an de l'âge de l'auteur 40 (vers 1747)*. 2 vol. in-12, v. fauve.
(*Anc. reliure*.)

> Bel exemplaire.

2975. Cléon, rhéteur cyrénéen, ou Apologie d'une partie de
l'histoire naturelle, traduit de l'italien (composé par Thorel
de Campigneulles). *Amsterdam*, 1750. — Histoire du prince
Apprius, extraite des fastes du monde depuis sa création,
manuscrit persan trouvé dans la bibliothèque de Shah-Hus-
sain, roi de Perse..., traduction françoise par Esprit (par de
Beauchamps), gentilhomme provençal servant dans les trou-

nes de Perse. *La Haye*, 1729, 2 ouvr. en 1 vol. pet. in-8, v.
fauve. (*Ancienne reliure.*)

Romans allégoriques, dont le sujet roule tout entier sur une équi-
voque obscène, à l'imitation de l'école italienne, dite *Bernesque*.

2976. Cléon, ou le Petit-Maître avec pensées sur les petits-
maîtres anciens et modernes (par de Campigneulles.) *La
Haye*, 1757, in-12, br. *non rogné*.

2977. Relation du Monde de Mercure (par le chevalier de Béthune). *Genève*, 1750, 2 tom. en 1 vol. pet. in-12. front.
gravé, br. en cart., *non rogné*.

2978. Le Roman du jour, pour servir à l'histoire du siècle
(par le chevalier d'Arcq). *Londres*, 1754, 2 tom. en 1 vol.
pet. in-8, v. marbr. (*Bel exemp.l*)

2979. Le Bijou d'Autheuil, ou l'Epouse à la mode. — La Paysanne damée, ou la Femme infidelle. — L'Aburl de Chaillot.
— La Nymphe de Surène, épouse à la mode. — L'Amour
outragé vengé par l'amour, in-8, v. marbr.

MANUSCRIT DU XVIIIe SIÈCLE, d'une très-bonne écriture et
bien conservé.

2980. Candide, ou l'Optimisme, trad. de l'allemand du Dr Ralph
(composé par Voltaire). *S. l.*, 1759, in-12, v. marb.

Edition originale du chef-d'œuvre de Voltaire.

2981. Les Amours de Mirtil. *A Constantinople*, 1761, front.
et fig. de Gravelot. — Mélanges de différentes pièces de littérature en vers et en prose, avec l'histoire de Mlle de Cerni
(par Th. Le Fèvre, de Rouen). *A Chambéry, et se trouve à
Lyon*, 1761, 2 ouvr. en 1 vol. pet. in-8, v. m.

2982. Histoire de Jenni, ou le Sage et l'Athée, par Sherloc,
trad. par M. de la Caille (par Voltaire, suivi d'autres pièces
satyriques, badines, etc.). *Londres*, 1775, in-8, dém.-rel.,
mar. r. du Lev., à nerfs, dor. en tête, *non rogné*.

Edition originale, très-bien imprimée. — Bel exemplaire.

2983. Les Amours de Carite et Polydore, roman traduit du
grec. *Paris*, 1760, pet. in-8, v. marbr.

Suivant la préface, l'auteur de ce roman serait une femme d'Epidaure nommée Pamphila qui vivait du temps de Néron et qui serait citée par Diogène Laërce, Suidas et Photius. Il n'en est rien,
c'est un remarquable pastiche de l'abbé BARTHÉLEMY. Barbier, dans
son Dictionnaire des Anonymes, raconte que l'avocat Beaucousin,
qui revit les épreuves de ce roman, était si persuadé que Castanier
d'Auriac en était l'auteur, qu'il jeta au feu dans un accès de colère
un exemplaire de la réimpression de 1795, portant le nom de Barthélemy.

2984. La Vie du fameux Père Norbert, ex-capucin, connu aujourd'hui sous le nom de l'abbé Platel, par l'auteur du Colporteur (Chevrier). *Londres, J. Nourse.* 1763, in-12, dem.-rel., mar. vert du Levant, à nerfs, doré en tête, non rogné.

2985. Les Amusemens des dames de B*** (Bruxelles), histoire honnête et presque édifiante, composée par feu le chevalier de Ch***, et publiée par l'auteur du Colporteur (Chevrier). *A Rouen, chez Pierre le Vrai, place de la Pucelle d'Orléans, près le Mont-Orgueil, vis-à-vis la petite rue de l'Etiquette,* s. d. (XVIIIe siècle) 3 part. en 1 vol. in-12, v. marbr.

2986. Tanzaï et Néadarné, histoire japonaise (par Crébillon fils). *A Pékin, chez Lou-Chou-Chu-La, imprimeur de Sa Majesté Chinoise.* 1758, 2 vol. pet. in-12, v. m.

2987. Lettres Athéniennes, extraites du portefeuille d'Alcibiade (par Crébillon fils). *Londres (Paris),* 1771, 4 vol. in-8, v. m.

Ouvrage le plus curieux de l'auteur du *Sopha*.

2988. Les Bijoux indiscrets (par Didérot). *Au Monomotapa (Paris),* s. d. (XVIIIe siècle), 2 vol. in-12, jolies fig., v. éc., fil. (*Bel exemplaire.*)

Edition originale.

2989. Nitophar; anecdote babylonienne, pour servir à l'histoire des plaisirs (par de Maucomble). *Paris,* 1768, in-12, v. marbr., fil. (*Bel exemplaire.*)

2990. Nadir, histoire orientale, roman moral et politique, applicable aux mœurs du jour (par le chevalier de Montdorge). *La Haye,* 1769, pet. in-8, front. gr. et vign., v. m.

2991. L'An deux mil quatre cent quarante (par Mercier). *Londres,* 1771, in-8, dem.-rel.

2992. Supplément au Roman Comique, ou Mémoires pour servir à la vie de J. Monnet, ci-devant directeur de l'Opéra-Comique à Paris, de l'Opéra de Lyon et d'une comédie françoise à Londres, écrits par lui-même. *Londres,* 1772, 2 vol. in-12, portr., dem.-rel., dos et coins de mar. bleu, à nerfs, *non rognés.*

Ouvrage singulier et peu connu.

2993. Les Lauriers ecclésiastiques, ou Campagnes de l'abbé *** (par le chevalier de La Morlière). *A Luxuropolis, de l'imprimerie du clergé,* 1774, in-12, rel. pleine en mar. bleu du Levant, à nerfs, fil., dent., tr. dor. (*Bel exemplaire.*)

2994. Les Malheurs de l'Inconstance, ou Lettres de la marquise de Syrcé et du comte de Mirbelle. *Amst. et Paris*, 1772, 2 tom. en un vol. in-8, grand papier, fig. de Queverdo, mar. vert, fil., tr. dor. (*Anc. reliure*.)

> EXEMPLAIRE DE MÉRARD ST-JUST avec ses armes, et sa devise « l'honneur et l'amour » sur les plats. Les livres provenant de la bibliothèque de cet aimable écrivain sont très-recherchés et passent rarement dans les ventes. — Le titre d'une des parties manque à cet exemplaire.

2995. La Gazette de Cythère, ou Avantures galantes et récentes, arrivées dans les principales villes de l'Europe (par Bernard, Hollandois). *Londres*, 1774, frontisp. gravé. — Précis historique de la vie de Mme la comtesse Du Barry. *Paris*, 1774, portrait. Ensemble 2 ouvr. en un vol. in-8, v. marbr.

> Barbier, *Dictionnaire des Anonymes*, n° 6938, indique ce livre à la date de 1775. Nous croyons qu'il y a là erreur ou tout au moins qu'il n'a pas connu cette édition, antérieure d'une année à celle qu'il annonce.

2996. Lettres de Mylady Catesby, par Mme Riccoboni. *Paris*, 1780, pet. in-18, v. porph., fil., tr. dor.

> Charmant volume, portant l'*ex-libris* de M. de Cangey, gentilhomme de la Chambre du comte d'Artois. — Imprimé par Didot avec les caractères de la jolie collection dite du *comte d'Artois.*

2997. Ann'quin Bredouille, ou le Petit Cousin de Tristram Shandy, œuvre posthume de Jacqueline Lycurgues, actuellement fifre-major au greffe des menus derviches (par Gorgy). *Paris*, 1792, 6 vol. in-18, fig., jolie reliure pleine en veau fauve, à nerfs, fil. à compart., dent. intér., tr. dor.

> Charmant exemplaire, en superbe condition.

2998. Ann'quin Bredouille (par Gorgy). *Paris*, 1792, 6 vol. in-18, fig., br.

2999. Herman d'Unna, ou Aventures arrivées au commencement du xve siècle, dans le temps où le tribunal secret avoit sa plus grande influence, par J. Nic. Et. de Bock. *Metz*, 1792, 2 vol. in-12, v. m.

3000. Histoire de Rose d'Amblainville, ci-devant religieuse de l'ordre de Citeaux, ou les Abus du pouvoir paternel, par L. C. César de Massilian. *Paris*, 1796, pet. in-18, fig., br.

3001. Les Aphrodisiaques (Mirima, histoire galante, par Fromaget; le prince Apprius, par de Beauchamps, Margot la Ravaudeuse, par Fougeret de Monbron; Nocrion, conte allobroge, par de Caylus; Cléon, par Thorel de Champigneulles). *Paris*, 1797, 3 tom. en un vol. in-18, dem.-rel., v. fauve. (*Thompson*.)

> Publié par Mercier de Compiègne.

3002. Les Aventures du docteur Faust et sa descente aux enfers, trad. de l'allemand (de Fréd.-Max. Klinger, Major du corps provincial des cadets au service de Russie). *Amst.*, 1798, pet. in-8, fig., dem.-rel., mar. br., a nerfs.

> Première édition de ce roman satyrique et licencieux, qu'il ne faut pas confondre avec la vieille légende de Faust. Il eut jusqu'à cinq éditions dans l'espace de deux ans. Celle-ci est devenue rare.

3003. L'Ecole des Pères, par N. E. Rétif de la Bretonne. *Paris*, 1776, 3 vol. in-8, v. marbr.

> Exemplaire de *Duché*, avec un charmant *ex-libris* gravé par Marillier et sa signature.

3004. Le Fin Matois, ou Histoire du Grand Taquin (par Restif de la Bretonne). *La Haye*, 1776, 3 vol. in-12, cart.

3005. Le Nouvel Abailard, ou Lettres de deux amans qui ne se sont jamais vus (par Rétif de la Bretonne). *En Suisse*, 1779, 4 vol. in-12, v. marbr.

3006. La Découverte australe par un homme-volant, ou le Dédale français (par Retif de la Bretonne). (*Paris*), 1781, 4 tom. en 2 vol. in-12, fig., v. marbr.

> Une des plus bizarres productions de Rétif-La-Bretonne. Il y a une quantité d'estampes où sont représentés, dans une nudité absolue, des hommes-chevaux, des hommes-ours, des hommes-grenouilles, des hommes-oiseaux, des hommes-cochons, etc...

3007. La Découverte australe par un homme-volant, ou le Dédale français (par Rétif de la Bretonne). *Leipsick* (*Paris*), s. d., 4 vol. in-12, figures curieuses, dem.-rel., v. bl.

3008. La Femme dans les trois états de fille, d'épouse et de mère, par Rétif de la Bretonne. *La Haye*, 1783, 3 vol. in-12, cart.

3009. La Paysanne Pervertie, où les Dangers de la ville (par Rétif de la Bretonne). *La Haye* (*Paris*), 1784, 4 vol. in-12, fig., dem.-rel., bas.

3010. Les Françaises, ou 34 exemples choisis dans les mœurs actuelles, propres à diriger les filles, les femmes, les épouses et les mères (par Restif de la Bretonne). *Paris*, 1786, 4 vol. in-12, fig., v. rac.

3011. Les Parisiennes, ou XL caractères généraux pris dans les mœurs actuelles (par Restif de la Bretonne). *Paris*, 1787, 4 vol. in-12, fig., dem.-rel., bas.

3012. Tableaux de la bonne compagnie, ou Traits caractéristiques, anecdotes secrètes, politiques, morales et littéraires, recueillies dans les sociétés du bon ton, pendant les années 1786 et 1787 (par Restif de la Brétonne). *Paris*, 1787, 2 tom. en 1 vol. pet. in-12, nombr. figures de Moreau, dem.-rel., v. fauve. (*Thompson.*)

3013. Le Drame de la vie (par Restif de la Bretonne). *Paris*, 1793, 5 vol. in-12, br., *non rognés.*

3014. Paul et Virginie, par Bernardin de Saint-Pierre, avec une notice inédite sur sa vie écrite par lui-même. *Paris, Lefèvre,* 1828, pet. in-18, figures, rel. pleine en v. viol., à nerfs, fil. à compart., dent. intér.

3015. Voyage autour de ma chambre, par M. le C. X*** O. A. S. D. S. M. S. (le comte Xavier de Maistre, officier au service de Sa Majesté Sarde). *Paris, Dufart,* 1799, in-18, une figure, dem.-rel.

    ÉDITION ORIGINALE de ce livre célèbre. Elle est très-difficile à rencontrer.

3016. Le Peintre de Saltzbourg, journal des émotions d'un cœur souffrant, par Ch. Nodier. *Paris*, 1803, in-12, frontisp., cart., non rogné.

    Ce volume, devenu rare, est l'une des meilleures compositions de la jeunesse de Nodier. Il avait alors 22 ans.

3017. Histoire du Roi de Bohême et de ses sept châteaux (par Charles Nodier). *Paris, chez les libraires qui ne vendent pas de nouveautés, s. d. (Delangle,* 1830), in-8, pap. vélin, fig., dem.-rel., mar. bleu du Lev., tête dorée, non rogué. (*Bel exemplaire.*)

3018. Les Amours pudiques d'Henri et d'Emma, par Jean-Jos. Pithoud de Sorin. *Paris, uniquement chez l'auteur, à l'hospice des Incurables*, 1803, in-12, dem.-rel., mar. viol., non rogné.

3019. Six Mois de constance ou l'Intrigue Parisienne. S. l., M. D. CCCXIV, pet. in-8 de 295 pages, rel. en cuir de Russie, à nerfs, fil., dent. intér.

    Manuscrit d'une jolie écriture. C'est un charmant petit roman épistolaire, accompagné de curieux petits dessins à la plume et au lapis.

3020. Ourika (par Mme la duchesse de Duras). *Paris. Ladvocat*, 1824, in-12, gr. papier vélin, dem.-rel., v. vert.

    Véritable édition originale de cette jolie nouvelle, puisque celle de l'Imprimerie Royale, tirée seulement à 40 exemplaires, n'était point destinée au public.

XVII. — ROMANS FRANÇAIS HISTORICO-SATIRIQUES.

3021. Histoire des Amours de Henry IV, avec diverses lettres escrites à ses maistresses et autres pièces curieuses. *Leyde, Jean Sambix (Elsevier), 1663, pet. in-12, vél.*

> Volume peu commun et très-joliment imprimé. — Exemplaire grand de marges.

3022. Histoire des Amours de Henry Quatrièsme escrite par Louise de Lorraine, princesse de Conty. In-4, v., fil. (*Aux armes de Sully.*)

> MANUSCRIT DU XVIIᵉ SIÈCLE, d'une très-bonne écriture.

3023. Histoire amoureuse des Gaules (par Roger de Rabutin, comte de Bussy). *A Liége, s. d., (vers 1662), pet. in-12 de 190 et 69 pag., plus 3 pag. pour la clef, rel. pleine en mar. rouge du Levant, à nerfs, fil. à compart., milieu, orné avec devise, dent. intér., tr. dor. (Capé.)*

> ÉDITION ORIGINALE de ce roman satyrique, avec des passages qui ont été retranchés dans la plupart des autres éditions. La clef est très-ample et donne les noms réels des personnages de la cour de France auxquels il est fait allusion. M. Walckenaer considérait cette édition comme la première de toutes. Notre exemplaire est conforme à la description de Brunet. L'éminent bibliographe a raison en doutant qu'elle soit sortie des presses des Elsevier : nous la croyons imprimée en France.

3024. Histoire amoureuse des Gaules, par le Cte de Bussy Rabutin. *S. l., 1764, 5 vol. pet. in-12, v. m. (Bel exemplaire.)*

3025. Les Amours de Mme d'Elbeuf, nouvelle historique, contenant plusieurs anecdotes du cardinal de Richelieu. *Amst., 1739, in-8, v. marb.*

3026. Histoire galante de M. le comte de Guiche et Madame. *Jouxte la copie (Hollande), 1667, pet. in-12, cart. antiq.*

3027. Les Amours du Roy et de Mademoiselle de La Vallière. In-8, vél.

> MANUSCRIT DU XVIIIᵉ SIÈCLE.

3028. Le Passe-Temps royal, ou les Amours de Mademoiselle de Fontange. *S. l. (Hollande, vers 1680), pet. in-12, rel. pl. en cuir de Russie, fil.*

3029. Plusieurs mémoires et fragmens concernans l'histoire de Madame la Duchesse d'Orléans. *Guillelmus Imbert scripsit duodecimo kalendas Julii, 1685, in-4, dent.-rel., v. fauve, à nerfs.*

BEAU MANUSCRIT DU XVIIᵉ SIÈCLE, en partie INÉDIT. Il contient, outre *plusieurs passages supprimés* dans l'histoire des amours de la duchesse d'Orléans et du comté de Guiche, imprimée en Hollande, la *suite inédite* de cette histoire.

3030. Histoire (secrète et galante) de Madame de Chastillon. — Histoire (galante) de Madame de Monglas et de Bussy. In-4, dém.-rel., dos et coins de mar. bleu du Levant, à nerfs, non rogné.

> MANUSCRIT DU XVIIᵉ SIÈCLE composé de 122 pages. On y trouve une foule d'anecdotes galantes, des lettres d'amour de hauts personnages de l'époque, etc., etc... Il y a une lacune à la fin de l'histoire de Mme de Monglas.

3031. Histoire du Palais-Royal, ou les Amours du Roy Louis le Grand. — L'Histoire de l'Amour feinte du Roy pour Madame. — Histoire de M. le Marquis de Vardes. — Discours ou Sermon prononcé à la vesture de Madame de La Vallière, par M. l'evesque d'Aire, le 2ᵉ jour de juin 1674. In-8, jolie rel. pleine en veau fauve, à nerfs, fil. à fr., non rogné.

> MANUSCRIT DU XVIIᵉ SIÈCLE, en parfait état de conservation. — Détails piquants et anecdotes curieuses sur les galanteries de Louis XIV et des gentilshommes de la cour de France.

3032. Les Avantures de Jules César et de Murcie dans les Gaules, ou le Modèle de l'amour parfait (par Lesconvel). *Paris,* 1695, in-12, v.

3033. Histoire amoureuse de France, par M***. *Bruxelles, P. Dobbeléer (à la Sphère),* 1708, pet. in-12, rel. pleine en v. fauve, à nerfs, fil. à compart., petits fers, dent. intér., tr. dor.

> Volume curieux et peu commun.

3034. Nouvelle Ecole publique des finances, ou l'Art de voler sans ailes par toutes les régions du monde. *A Paris, chez Robert le Turc, rue d'Enfer, à la Hache d'or,* 1707, 2 tom. en un vol., pet. in-12, rel. pleine en mar. r. du Levant, à nerfs, fil., dent. intér., tr. dor.

> Bel exemplaire de ce livre curieux, qui est un roman satyrique contre les financiers et les traitants. Ce livre est rempli d'anecdotes amusantes, galantes et scandaleuses : Histoire d'un Partisan et de ses amours avec une fille de l'Opéra. — Le prince d'Elbeuf devient amoureux de la petite Le Maire. — Histoire du frère Laurent, lequel, après avoir été 22 ans moine et fraudé plusieurs années les droits du Roy, par le moyen de la Besace est pris sur le fait, quitte le froc, devient commis, trompe les fermiers, etc., etc. — Le Carnaval des financiers. — Histoire d'un traitant général qui, de fils d'un charretier étoit parvenu au suprême degré de la finance. — Histoire d'une débauche outrée d'un fils de partisan. — Histoire du fils d'un maçon de Rouen et ses amours à la financière, etc., etc., etc....

3035. Les Galanteries des Rois de France (par Vanel). *Cologne, P. Marteau, s. d. (vers 1710),* 3 vol. pet. in-12, frontispices gravés et fig., v. marb.

3036. Histoire de Mlle de la Charce, de la maison de la Tour du Pin en Dauphiné, ou Mémoires de ce qui s'est passé sous le règne de Louis XIV. *Paris*, 1731, in-12, bas.

3037. Les Soupers de Daphné et les Dortoirs de Lacédémone, anecdotes grecques (par de Querlon). *Oxfort*, 1740, in-12, dem.-rel., mar. viol.

> Exemplaire auquel se trouve ajoutée sur un feuillet séparé une clef imprimée avec les noms véritables des personnages mis en scène dans cette satire galante. Ampelide désigne le financier SAMUEL BERNARD; d'*Albionice*, Mlle LA TOUCHE; le *Prince d'Arménie*, le ROI; la *femme d'Aristomaque*, la PRINCESSE DE ROHAN; la *femme du vice-préteur*, Mme HÉRAULT, etc., etc., etc.

3038. Mémoires secrets pour servir à l'histoire de Perse (par Pecquet). *Amsterdam*, 1745, pet. in-8, v. mar., fil.

> Bel exemplaire, tiré sur *papier fort*, de ce roman satyrique. Il a appartenu à M. *de Sartines*, lieutenant de police, qui y a mis son *ex-libris*.

3039. Le Roi Guiot, histoire nouvelle, tirée d'un vieux manuscrit poudreux et vermoulu (par Vesque de Putlingen). *S. l.*, 1791. — Une Nuit de Babylone. *Kehl et Paris*, 1789. — Pigmalion ou la Statue animée (par Deslandes). *Londres*. *Harding*, 1741. 3 ouvr. en un vol. pet. in-12, dem.-rel.

> Le *Roi Guiot* est une satire violente de la cour du Régent et des amours de Louis XV.

3040. Zoroastre, histoire traduite du chaldéen (publ. par le chevalier de Méhégan). *Berlin*, 1751, in-12, mar. rouge, fil., dos orné. (*Anc. reliure.*)

> Ouvrage rare. C'est un roman satyrique, à allusions acerbes contre des personnages du temps. Son auteur fut envoyé à la Bastille pour l'avoir composé. — Bel exemplaire.

3041. Vie privée du maréchal de Richelieu, contenant ses amours et intrigues, et tout ce qui a rapport aux divers rôles qu'a joués cet homme célèbre pendant plus de 80 ans (par Fauré, secrétaire de M. de Fronsac). *Paris*, 1791, 3 vol. in-8, dem.-rel.

XVIII. — ROMANS ÉTRANGERS.

3042. Fiammetta del Boccacio. *Stampato in Fiorenza per li Heredi di Philippo di Giunta*, 1524, in-8, cart. à la Bradel.

> Edition rare. Exemplaire de *Paul-Louis Courier*.

3043. L'Amorosa Fiammetta di M. Gio. Boccacio. *Vinetia, Dom. Farri*, 1589, pet. in-12, caract. ital., dem.-rel., dos et coins de mar. violet, dos à nerfs. (*Ducastin*.)

3044. LA FIAMMETTE AMOUREUSE de M. Iean Bocace gentilhomme Florentin, contenant d'une invention gentile, toutes
les plainctes et passions d'amour, faicte françoise et italienne, par G. C. D. T. (Gabriel Chapuys, de Touraine). *Paris,
Abel l'Angelier*, 1585, in-12, rel. pleine en mar. rouge du
Levant, à nerfs, dos orné, fil., dent. intér., tr. dor. (*Trautz-
Bauzonnet.*)

> Exemplaire très-grand de marges et en belle condition.

3045. La Theseyde, du Sr Jean Boccace, gentilhomme Florentin,
contenant les belles, chastes et honestes amours des deux
ieunes chevaliers Thébains, Arcite et Palemon, histoire non
moins belle et docte que plaisante et utile. *Paris, Abel l'Angelier*, 1597, in-12, v. br., tr. dor.

3046. Petit Traité de Arnalte et Lucenda (ou l'Amant mal traité
de sa maîtresse, trad. de l'italien de Barth. Maraffi, par Nicolas de Herberay, Sr des Essarts). *A Lyon, par Eustace Bar-
ricat*, 1555, in-16, vél.

> Charmant petit roman d'amour. Edition rare.

3047. Il diavolo storico critico politico espotto sotto la figura
del diavolo guercio in lega col diavolo zoppo contro 'l diavolo gobbo, trattenimento curioso, è morale di venti e una
sera, ricavato dal francese. *In Venezia*, 1723, in-12, fig.,
cart., *non rogné*.

> Roman critique, satirique et politique, imité du *Diable Boiteux*.

3048. Histoire de Bertholde, trad. de l'italien de J. C. Croci.
La Haye, 1752, tom. en 1 vol. pet. in-12, front. grav. et
fig., cart.

3049. I promessi sposi di Alessandro Manzoni. *Paris, Crapelet*,
1828, 3 tom. en 1 vol. gr. in-12, v. bleu, fil., dent., dos orné,
tr. dor. (*Bel exempl.*)

3050. Pastores de Belen, prosas y versos divinos, de Lope de
Vega Carpio. *En Brussellas*, 1614, in-12 de 638 pages, vél.

3051. Vida y Hechos del ingenioso don Quixote de la Mancha,
compuesta por Mig. de Cervantes Saavedra. *Madrid, Manuel
Martin*, 1782, 4 vol. in-8, fig. s. bois, parch.

3052. Histoire de l'Admirable Don Quichotte de la Manche, trad.
de l'espagnol de Michel de Cervantes (par Filleau de St-Mar-
tin). *Paris, David*, 1741, 6 vol., fig. — Suite nouvelle et véritable de l'Histoire et des Aventures de l'incomparable Don
Quichotte de la Manche, trad. d'un manuscrit espagnol de
Cid Hamet Benengeli, son véritable historien. *Paris*, 1741,
5 vol., fig. — Histoire de Sancho Pansa, alcade de Blandan-

da. *Paris*, 1741, 1 vol., fig. — Nouvelles Aventures de l'Admirable DonQuichotte de la Manche, composées par le licencié Alonso Fernandez de Avellaneda. *Paris*, 1738, 2 vol., fig. Ensemble 14 vol. in-12, fig., reliure uniforme en v. marbr. (*Aux armes.*)

Très-bel exemplaire.

3053. La Nina de los embustes Teresa de Mançanares, natural de Madrid, por don Alonso de Castillo Solorzano. *Barcelona, Geronymo Margarit*, 1632, pet. in-8, br.

Un des plus rares ouvrages de ce fécond romancier.

3054. La Vie de Lazarille de Tormes, ses fortunes et ses adversitez traduite en vers françois, par le S' de B***. *Paris, L., Chamhoudry*, 1653, in-4, dem.-rel.

Rare et curieux.

3055. Voyages de Gulliver (trad. de l'anglais de Swift par l'abbé Desfontaines). *Paris, Ve Coustelier*, 1727, 2 vol. in-12, fig., v.

Edition originale.

3056. Le Conte du Tonneau, par le Dr Swift, trad. de l'anglais (par Van Effen). *La Haye*, 1757, 2 vol. in-12, front. grav. et fig., v. marbr.

3057. The History and adventures of Jos. Andrews, and his friend Abr. Adams, by Fielding. *London*, 1818, pet. in-12, v. fauve, fil. (*Bel exemplaire.*)

3058. The History of Tom Jones, a foundling, by H. Friedling. *London*, 1819, 2 vol. in-18, fig., gauf., fil. (*Lesné.*)

3059. The Aventures of Roderick Ramdom, by T. Smolett. *London*, 1814, in-18, fig., rel. pleine en v. antiq., fil. (*Lesné.*)

3060. The History and adventures of an Atom, by Dr. Smollet. *London, s. d.*, in-18, dem.-rel., dos et coins de mar. violet, fil.

3061. The Vicar of Wakefield, by Goldsmith. *Chiswick*, 1822, in-18, fig. sur bois dans le texte, dem.-rel., v. antiq., à nerfs, n. rogn.

3062. A Sentimental Journey through France and Italy, by L. Sterne. *Chiswick, Whitingham*, 1821, in-18, rel. pleine en v. antiq., fil., dos orné, tr. dor. (*Hering.*)

Charmant exemplaire de l'une des plus jolies éditions du *Voyage sentimental*.

3063. Night thoughts on life, death and immortality, by Edw. Young. *London*, 1821, pet. in-18, fig., v. gauf., fil. (*Lesné.*)

3064. The History of Nourjahad, by Sheridan, and Almoran

and Hamet, by Dr. Hawkesworth. *London, J. Walker*, 1814, in-18, fig., v. gauf., fil. (*Lesné.*)

3065. Lives of the Novelists, by Walt. Scott. *Paris, Didot*, 1825, 2 tom. en 1 vol. in-12, dem.-rel. v. bl., n. rogn.

XIX. — CONTES ET NOUVELLES.

3066. In hoc Codri (Urcei) volumine continentur Orationes seu sermones ut ipse appellabat, epistole, Silve, Satyre, Ecloge, Epigrammata. *Venundantur Parisiis a Joa. Parvo*, 1515, pet in-4, lettres rondes, titre rouge et noir, dem.-rel.

> Edition très-rare, tout à fait conforme à l'original, c'est-à-dire que les passages obscènes n'y ont pas été supprimés, ainsi que nous l'avons vérifié. Elle contient la vie de Codrus Urceus, philosophe, poëte et conteur le plus étrange qui ait jamais écrit et parlé ; car ses contes les plus hardis ont été débités du haut de sa chaire de professeur, à des élèves avides de s'instruire, tout en *s'esbaudissant et s'esclaffant de rire.* L'auteur anonyme des *Mémoires littéraires* imprimés à La Haye en 1716 lui a consacré 80 pages, desquelles nous citerons quelques mots d'appréciation et de critique :
> « .... Codrus rapporte vers la fin de ce discours (le 6e), deux his-
> « toires, dont l'une surtout est telle, qu'il n'y a point de contes
> « dans Ouvile, point d'épigrammes dans le *Cabinet satyrique*, point
> « d'obscénités sur les théâtres des farceurs, qui soient plus capables
> « d'offenser la pudeur. »

3067. LES CENT NOUVELLES nouvelles (attribuées au roi Louis XI), suivent les Cent Nouvelles contenant les cent histoires nouveaux qui sont moult plaisans à raconter en toutes bonne compagnie par manière de joyeuseté. *Cologne, P. Gaillard*, 1701, 2 vol. pet. in-8, front. gravé et fig. à mi-page de Romeyn de Hooghe, v. gran., fil.

> TRÈS-BELLES ÉPREUVES. Cet exemplaire est dans sa première reliure et parfaitement conservé. On sait combien il est difficile de trouver ce livre en bel état, et surtout des exemplaires dont les gravures ne soit pas atteintes ou effleurées sur le côté, les planches étant un peu plus grandes que la justification typographique. Cet inconvénient n'existe pas dans notre exemplaire dont les marges sont très-grandes, surtout sur le côté. Les deux volumes sont REMPLIS DE TÉMOINS.

3068. Les Cent Nouvelles nouvelles... *Cologne, P. Gaillard*, 1701, 2 vol. pet. in-8, fig. de Romeyn de Hooghe, v. m., fil.

> Edition recherchée à cause des naïves et vigoureuses eaux-fortes de Romeyn de Hooghe. Les figures de cet exemplaire sont TIRÉES A PART et hors texte.

3069. Les Cent Nouvelles nouvelles... *La Haye*, 1733, 2 vol. pet. in-12, v. éc., fil. (*Bel exempl.*)

3070. Les Cent Nouvelles nouvelles, avec d'excellentes figures en taille-douce, gravées sur les dessins du fameux Romain de Hooghe et retouchées par B. Picart le Romain. *Cologne, P. Guillard, 1736*, 2 vol. pet. in-8, front. gravé et quantité de belles figures à mi-page, v. marbr. (*Belles épreuves.*)

3071. Cymbalum mundi, ou Dialogues satyriques sur différents sujets, par Bonaventure des Periers. *Amsterdam, 1711.* — Contes et nouvelles, et joyeux devis de Bonaventure des Periers. *Amst., 1711,* 2 tomes. — Ensemble 3 tom. en 1 vol. pet. in-12, v. f.

3072. Les Contes ou les Nouvelles récréations et joyeux devis de Bonaventure des Periers, avec des notes historiques et critiques de M. de la Monnoye. *Amst., 1735,* 3 vol. pet. in-12, front. gravé, v. gr.

   Exemplaire avec le frontispice gravé qui manque presque toujours et possédant le feuillet (p. 6, t. ii) généralement supprimé. Ce passage renferme un huitain assez libre : « *De la réponse de Margot Noiraud à un gentilhomme qui avait couché avec elle,* » que la susceptibilité de quelques lecteurs força l'éditeur à faire disparaître et à remplacer par un carton.

3073. La Nouvelle fabrique des excellens traits de vérité, livre pour inciter les resveurs tristes et merancoliques (sic) à vivre de plaisir, par Philippe d'Alcripe, Sʳ de Neri en Verbos. *Imprimé cette année,* pet. in-12, v. fauve, fil. (*Ancienne reliure.*)

   Recueil rare et recherché de contes normands très-facétieux. Cet exemplaire contient le carton de 4 ff. qui manque souvent. Cette édition est due aux soins d'un médecin nommé Adrien l'Archevesque qui la fit imprimer à Rouen chez Viret, vers 1732.

3074. Le Moyen de parvenir, contenant la raison de tout ce qui a été, est et sera (par Béroalde de Verville). *Nulle part, 1000 700 38 (1738),* 2 vol. pet. in-12, v. marbr.

3075. Le Moyen de parvenir (par Béroalde de Verville, chanoine de Saint Gatien de Tours), nouvelle édition (publ. par Lenglet du Fresnoy, avec une dissertation de La Monnoye). *S. l., 10007 0073 (1773),* 2 vol. pet. in-12, frontispice gravé, v. éc.

3076. Les Contes et discours d'Entrapel, par le feu seigneur de la Hérissaye (Noël du Fail), gentilhomme Breton. *A Rennes, pour Noël Glamet, de Quimpercorentin, 1598,* in-12, v. f. (*Reliure ancienne.*)

   Edition rare. Exemplaire de *Guyon de Sardière.*

3077. Les Contes et discours d'Entrapel, par Noël du Fail, Sʳ de la Hérissaye, gentilhomme Breton. *S. l., 1732,* 2 vol. pet. in-12, v. gr.

3078. Discours d'aucuns propos rustiques facécieux et de singulière récréation, ou les Ruses et finesses de Ragot, capitaine des gueux, etc., par Léon Ladulfi (Noel du Fail), Sʳ de La Hérissaye, gentilhomme Breton. S. l. (Paris), 1732, pet. in-12, v.

3079. LES CONTES et discours facétieux recueillis par le Sʳ Favoral où sont plusieurs rencontres subtiles pour rire en toutes compagnies. Paris, J. Corrozet, 1615, pet. in-12, rel. pleine en mar. br. du Levant, à nerfs, dos orné, fil., dent. intér., tr. dor. (Lortic.)

Conteur très-rare. — Très-bel exemplaire.

3080. Les Nouvelles françoises, où se trouvent les divers effects de l'amour et de la fortune (le pauvre généreux, les mal-mariez, la sœur jalouse, les trois ainants, la recognoissance d'un fils). Paris, 1623, 2 part. en 1 vol. in-8, v. br.

Aux armes du comte de Toulouse.

3081. Après-Dinées et propos de table contre l'excez au boire et au manger, pour vivre longuement, sainement et sainctement, avec douze propositions pour passer plaisamment et honestement les jours des quaresmeaux, par le R. P. Ant. de Balinghem. S. Omer, Ch. Boscart, 1624, in-8, dem.-rel., mar. r.

Rare et recherché. — Exemplaire grand de marges.

3082. Les Rencontres funestes, ou Fortunes infortunées de nostre temps, par J. P. Camus, ev. de Belley. Paris, 1644, in-8, vél.

Un des ouvrages les moins connus du second évêque de Belley. Nous le classons dans les livres des conteurs, parce qu'il a beaucoup de ressemblance avec certaines nouvelles tragiques de Boccace et de la reine de Navarre. L'auteur y a mêlé même des détails drôlatiques, comme dans l'histoire d'un « Bourgeois adultère qui, « estant demeuré veuf, entretenoit à pot et à feu une concubine « sous la qualité de servante, etc., etc. »

3083. Le Courrier facétieux, ou Recueil des meilleures rencontres de ce temps. Lyon, 1668, in-8, front. gravé, vél.

Conteur rare. — Ce livre est rarement complet et en bon état à cause de la mauvaise nature du papier qui n'a pu résister à un long usage. Exemplaire grand de marges. — Ce recueil a été vendu 43 fr. à la vente Nodier.

3084. L'Elite des contes du sieur d'Ouville. La Haye, 1703, 2 vol. pet. in-12, v. m., à nerfs, fers anciens.

3085. Contes et Nouvelles en vers de La Fontaine. Amst., Desbordes, 1717, 2 vol. pet. in-12, fig., rel. pleine en mar. v. du Levant, à nerfs, dent. intér., tr. dor.

3086. Contes et Nouvelles en vers, par de La Fontaine. *Amst.*, 1732, 2 vol. pet. in-8, figures à mi-page d'après Romeyn de Hooghe, v. gran.

3087. Contes et Nouvelles en vers, de La Fontaine. *Amsterdam*, 1745, 2 vol. pet. in-8, jolies figures à mi-page, v. marbr., fil., tr. dor.

3088. **CONTES ET NOUVELLES** en vers, par M. de La Fontaine. *Amsterdam (Paris, Barbou)*, 1762, 2 vol. in-8, portraits de La Fontaine et d'Eisen, culs-de-lampe de Choffart et fig. d'Eisen, Le Mire et autres, mar. rouge, fil., tr. dor. *(Aux armes.)*

> EDITION DITE DES FERMIERS GÉNÉRAUX. Très-bel exemplaire en ancienne reliure et de premier tirage. A cette occasion M. Brunet dit : « On est généralement persuadé, mais à tort, que le premier tirage des gravures de ce livre se reconnaît aux figures du *Cas de conscience* et du *Diable de Papefiguière*, lesquelles offrent des nudités qui ensuite auraient été cachées au moyen de quelques travaux faits aux deux planches. »

3089. Contes Nouveaux en vers (par de Saint-Glas). *Paris, P. Trabouillet*, 1678, in-12, cart. antiq.

> Ces contes sont de Saint-Glas, abbé de Saint-Ussans. On comprend qu'il ne les ait pas signés comme les ouvrages précédents ; car il déclare lui-même, dans une curieuse préface, qu'il les a composés à l'imitation des *Contes de* La Fontaine. Ajoutons que personne mieux que lui n'a pu approcher de ce modèle.

3090. Le Facécieux, drolifique et comique réveil-matin des esprits mélancoliques, contenant des récréations les plus agréables et divertissantes de ce temps. *A Vaudémont, chez Jean Tapage, demeurant chez Madame Carillon.* 1715, in-12, vél.

> Recueil de contes et de fantaisies tabariniques. C'est exactement le même livre, page pour page et ligne pour ligne, que *La Gallerie des curieux, contenant en divers tableaux les chefs-d'œuvre des plus excellens railleurs de ce siècle par Gérard Bontemps. Lyon, André Olier,* 1671. Le titre seul a été changé et c'est la même édition ainsi que nous avons pu le comparer.

3091. Les Facecieuses rencontres de Verboquet, pour resjoüir les melancoliques... contes plaisans pour faire passer le temps. *Troyes, Nicolas Oudot,* 1672. — Les Débats et facecieuses rencontres de Gringalet et de Guillot Gorgeu son maistre. *Troyes, Nic. Oudot,* 1676. — Les Statuts, reigles et ordonnances du Sr Gringalet, touchant la conversion et police humaine donnez en l'assemblée dernière, tenue par son commandement, le quarante neufiesme 100273000. *S. l.,* 1673, pet. in-12, mar. vert, fil., tr. dor. *(Ancienne reliure.)*

3092. Griselidis, nouvelle, avec le conte de Peau d'Asne et celuy des Souhaits Ridicules (par Ch. Perrault, de l'Académie françoise). *Paris, Coignard*, 1694, in-12, cart. antiq.

Peau d'Asne et les Souhaits ridicules ont chacun un titre et une pagination séparés, et sont ici en ÉDITIONS ORIGINALES.

3093. Livre sans nom, divisé en cinq dialogues (par Cotolendi). *Paris*, 1695, in-12, front. gravé, v. br.

Volume curieux et singulier. La matière de ce livre n'est guère que de galanterie et de médisance. Les intrigues des femmes espagnoles y ont la plus large part. On y trouve de jolies anecdotes, des observations malignes, des réparties plaisantes. Nous citerons : *L'Histoire d'une femme vieille, laide et méchante, — la Plaisanterie dite sur les filles de Montpellier, — les Maximes d'un prodigue, en 13 commandements, — Ce que deux filles dirent en voyant dans les jardins de Fontainebleau deux jeunes courtisans, — De deux dames et plusieurs choses jolies dites par la fille d'une d'elles. — D'un moine consolateur des veuves, — Arrest donné en vers en faveur de deux dames qui faisoient galanterie..., etc.*

3094. Histoires plaisantes et récréatives, avec quelques jolies pièces de poésie, par Matth. Monchan, maître de langues à Hannover. (*Hanovre*), *N. Forster*, 1714, pet. in-12, vél.

3095. Historiettes galantes, tant en prose qu'en vers (publ. par S. Hyacinthe). *La Haye*, 1730, pet. in-8, v. marbr.

Ouvrage peu commun, dans lequel on trouve, entr'autres historiettes: *La Maladie de l'Amour. — Le Rival cocher. — Les Bas verts. — Les Ventouses. — La Feinte provençale. — Le Carrosse embourbé. — L'Ex-cocu, nouvelle historique. — La Respiration facilitée, (conte breton),* etc., etc.

3096. Académie galante, contenant diverses histoires très-curieuses. *Amsterdam*, 1732, 2 part. en 1 vol. pet. in-12, v. f.

3097. Avantures galantes et divertissantes du duc de Roquelaure, ou le Momus françois, augmenté d'un bon nombre d'aventures plus curieuses que les précédentes. *Amsterdam, veuve Desbordes*, 1734, in-12, mar. rouge, fil. à compart., tr. dor. (*Simier.*)

Bel exemplaire d'une édition recherchée.

3098. Le Momus françois, ou les Aventures divertissantes du duc de Roquelaure. *Cologne, P. Marteau*, 1759, pet. in-12, papier fort, br., *non rogné*.

3099. Les Avantures divertissantes du duc de Roquelaure. *Versailles*, 1789, in-18, portr. et fig., br., *non rogné*.

Edition recherchée, à cause des nombreuses et curieuses figures dont elle est ornée.

3100. Almanach Nocturne à l'usage du grand monde, par

Mᵐᵉ la marquise D. N. N. C. (le chev. de Neuville-Montador).
A Nuitz, chez Serotin Luna, au Vesper (Paris), 1740, pet.
in-12, cart.

> Curieux ouvrage. Il contient, entr'autres singularités, douze
> *historiettes nocturnes.*

3101. Chronique burlesque, ou Recueil d'histoires divertissantes et d'avantures comiques arrivées de fraîche date dans
les païs voisins. *Londres (La Haye), P. du Noyer,* 1742, pet.
in-12, v., fil.

> Recueil très-piquant et peu connu de contes égrillards, dont l'ac-
> tion pour la plupart du temps se passe en PICARDIE. — Les planteurs
> de cornes en idée et les cocus imaginaires. — Histoire du mariage
> d'un Rév. Père jésuite avec une de ses dévotes. — Caractère des
> Mondidériens. — Trait d'un savetier de *Montdidier* au lit de la mort.
> — Procès d'un charpentier de la même ville avec sa femme. — His-
> toire du curé d'Agenv** fameux désorceleur. — Traits plaisans de
> maître François, curé de *Mezicour*. — Tour de maître Gonin des
> Carmes de l'ancienne Samarobrige. — Les Carmes d'*Abbeville* se
> trouvent de l'Ancien Testament malgré eux. — Le Cordelier au gros
> bras. — Simplicité *Champenoise*. — M. l'abbé Hoche-Prunes et
> M. l'abbé Trousse-Cottes, etc..., etc..

3102. Le Passe-Temps agréable, ou Nouveau choix de bons
mots, de pensées ingénieuses, de rencontres plaisantes, de
gasconnades, de contes divertissans, d'historiettes galantes, etc. *Amst. et Leipzig, Arkstée et Merkus,* 1743, 2 vol.
pet. in-8, front. gravés, v. marbr. (*Bel exemplaire.*)

3103. Les Gascons en Hollande, ou Aventures singulières de
plusieurs Gascons. *S. l. (Hollande),* 1747, 2 vol. in-8,
v. m.

> Aventures galantes, subtilités, gasconnades, etc. Cet ouvrage
> n'est mentionné ni par Barbier, ni par Brunet.

3104. Origine du rouge que portent les dames, conte dédié au
beau sexe. *Paris,* 1759, in-12, dem.-rel.

3105. Contes de Guillaume Vadé (composé par Voltaire). *S. l.,*
1764, in-8, v. marbr.

> Edition originale.

3106. Les Mille et Une Folies, contes français par M. N***
(Nogaret). *Amsterdam et Paris,* 1771, 4 vol. in-12, v. marbr.
(*Bel exemplaire.*)

3107. Amusement curieux et divertissant, propre à égayer
l'esprit, ou Fleurs de bons mots, contes à rire, etc., recueilli
par Ducry, jadis imprimeur de l'escadre du roi à l'expédition de Minorque. *Paris et Marseille,* 1773, 2 vol. in-12, br.,
non rognés.

3108. Contes mis en vers par un petit-cousin de Rabelais

(d'Aquin de Chateaulyon). *Paris*, 1775, in-8, fig. et vignettes
d'Eisen, v. marb.

> Bel exemplaire. Dans le même volume : *Œuvres mêlées du S.****
> (*Travenol, Amsterdam*, 1775).

3109. Contes Nouveaux en vers, suivis de quelques pièces fugitives. *Maestricht*, 1775, in-8, dem.-rel.

> Le Robinet. — Les Bandeaux de l'Amour. — Le Cornet. — La
> Branche cassée. — La Généalogie. — Le Sac du bonhomme. —
> Les Talons rouges, etc., etc...

3110. Le Petit-Neveu de Bocace, ou Contes nouveaux en vers
(par Willemain d'Abancourt). *Amsterdam*, 1777, in-8, br.,
non rogné.

3111. RECUEIL DES MEILLEURS CONTES mis en vers. *Londres* (*Paris, Cazin*), 1778, 4 vol. in-18, charmantes figures
à mi-page, mar. r., fil., tr. dor. (*Anc. reliure.*)

> Belles épreuves.

3112. Le Porte-Feuille Lyonnois, ou Bigarrures provinciales,
trouvées par un Q... ni cuirassé, ni mitré, mais botté. *Minorque, aux dépens du gouvernement*, 1779, 2 tom. en 1 vol.
in-8, v. m.

> Recueil très-piquant. Voici un extrait de la table des matières :
> *Chiens de Chasse.* — *Partie de Chasse.* — La Novice décampée. —
> Promenade de l'isle Barbe. — Histoire de l'assassinat du sieur Du-
> four, colporteur. — Monstrum horrendum, etc., etc...

3113. Nouvelles nouvelles en vers. *A Philadelphie*, 1779, in-
12, v. éc.

> Contes facétieux et galants. — Le Droit du Seigneur. — Le Départ
> de la garnison. — Les Deux Trous. — Le Sérail mis en liberté. — Les
> Œufs du Meunier. — Le Pucelage. — Es-tu là? — La Farce, etc., etc...

3114. Les Augustins, contes nouveaux (en vers). *Rome* (*Londres*), 1779, 2 tom. en 1 vol. pet. in-12, v. marbr.

> L'auteur de ces contes est Ant.-Pierre-Augustin de Piis, fonda-
> teur, avec Barré, du théâtre du Vaudeville.

3115. Contes Nouveaux (en vers). *London*, 1781, in-12, vign.,
joli cart. antiq.

> Volume ENTIÈREMENT GRAVÉ avec cette épigraphe : « Dans un conte
> parfois la vérité se trouve. » — Extrait de la table des matières : —
> Conte qui n'en est pas un. — Le Lit nouveau. — Le Confesseur
> comme il y en a. — Bon mot de Piron. — Conte que toute personne
> trop scrupuleuse ne doit pas lire. — Conte, ah! que tout le monde
> peut lire. — Et puis, fiez-vous aux dévotes! — Les bons
> moiens ou histoire d'une sage-femme de Paris, etc., etc...

3116. Les Passe-Temps du boudoir, ou Recueil nouveau de

contes en vers. *A Gallipoly, chez la veuve Turban,* 1785, in-12, dem.-rel., mar.

Recueil peu commun. Exemplaire relié sur brochure , rempli de témoins.

3117. OEuvres badines du comte de Caylus. *Amst. et Paris,* 1787, 11 vol. in-8, fig. de Marillier, v. éc., dent.

3118. Les Historiettes du jour, ou Paris tel qu'il est, ouvrage qui contient un grand nombre d'anecdotes qui n'avaient jamais été imprimées, recueillies et publ. par Nougaret. *Londres,* 1787, 2 vol. in-12, br., *non rognés.*

×3119. Contes en vers de Félix Nogaret. *Paris,* 1797, 2 tom. en 1 vol. in-8, dem.-rel., v. fauve. (*Thompson.*)

3120. Contes dérobés par M*** (Nogaret). *A Venise, chez Pantalon-Phébus (Paris),* 1803, in-12, br.

3121. Amusemens des eaux de Passy, par Lasolle. *Paris,* 1787, 3 vol. in-12, v. m.

Exemplaire du savant *Boissonade,* avec sa signature sur le titre : *Boissonade, à Passy.*

3122. Contes sages et fous, par Mme *** (de Princen). *Strasbourg,* 1787, 2 tom. en 1 vol. pet. in-12, dem.-rel.

3123. Les Contes de mon bisaïeul, tirés des Annales secrètes de la Cour de Thémis. *Lausanne et Paris,* 1788, 2 vol. in-12, v. éc.

Le Magistrat vertueux. — L'Avocat en bonne école. — Le Procureur-fiscal perverti. — Le Président corrigé par amour. — Le Chancelier vigilant, etc., etc...

3124. Nouvelles galantes et tragiques, fragmens pour servir à l'histoire du siècle qui a précédé la Révolution, recueillies par Mercier de Compiègne. *Paris, de l'imprimerie de l'auteur,* 1795, in-18, br.

3125. Les Contes en vers et en prose de l'abbé de Colibri, ou le Souper, conte, composé de mille et un contes. *Paris, Didot, an VI,* 2 vol. in-18, br., *non rognés.*

3126. Les Balivernes amusantes et récréatives. *Paris, an VIII.* — Le Bréviaire des Enfans de la joie, à l'usage des personnes qui aiment à rire. *Paris, an IX,* front. gr., 2 ouvr. en 1 vol. in-18, dem.-rel.

3127. Contes en vers par un Vendéen. *Aux Sables d'Olonne,*

Ferré et Seveno, imprimeurs, 1810, pet. in-12, br., *non rogné.*

> Le Frère quêteur.—La Peine du talion.—Le Nouveau cas de conscience. — L'Innocente. — Le Tailleur et sa femme.—Les Enfants du curé, etc., etc...

3128. Zulma et trois nouvelles, précédé d'un essai sur les fictions, par Mme de Stael Holstein. *Londres,* 18|3. — Réflexions sur le suicide, par la même. *Londres,* 1813, 2 ouvr. en 1 vol. in-8, pap. vél. dem.-rel., mar. v.

3129. Histoire, ou Recherches sur l'origine des contes, par Paul Gudin. *Paris,* 1803, 2 tom. en 1 vol. in-8, dem.-rel.

> Contes de Moïse. — Contes des Trouvères.—Le Rustre qui gagne Paradis en plaidant, conte. — Utilité des contes aux xiie et xiiie siècles. — Romans de chevalerie. — Des papes et des conciles censurent le Décaméron et ne le condamnent jamais tout entier. — Histoire de la dame et du chevalier qui forniquent sur l'autel. — Le Pogge. — Les Cent Nouvelles nouvelles. — Straparole. — Des Periers. — Rabelais. — G. Chapuis. — Cholières. — G. Bouchet. — Béroalde de Verville.— D'Ouville, etc., etc...

3130. Lettres sur les contes de fées attribués à Perrault et sur l'origine de la Féerie (et des romans de chevalerie), (par Walckenaër). 1826, in-12, dem.-rel., v. antiq. (*Bel exemplaire.*)

XX. — CONTEURS ITALIENS OU NOVELLIERI. — CONTEURS ESPAGNOLS, ANGLAIS, ETC.

3131. Novelliero italiano (raccolto da Girolamo Zanetti). *Vinezia, Pasquali,* 1754, 4 vol. in-8, dem.-rel., v. antiq.

> Edition estimée. On y a réuni les conteurs des meilleures époques : Boccace, Sacchetti, le Peccorone, Firenzuola, Parabosco, Giraldi, Bandello, Straparole, etc., etc...

3132. Il Decamerone di M. Gio. Boccaccio, etc. *Firenze, Her. di Ph. di Giunta,* 1527, in-4, grand papier, dem.-rel., vél.

> Réimpression *fac-similé* faite à Venise, en 1729, de la célèbre édition des Junte de 1527, qui est un livre introuvable et « en grande recommandation auprès des bibliophiles » dit Brunet. Cette réimpression a été elle-même tirée à petit nombre. Elle a été exécutée aux frais de Smith, consul anglais à Venise.

3133. Il Decameron di Messer Giovanni Boccaci, ricorretto in Roma, et emendato seconde l'ordine del Sacro Conc. di

Trento. *In Fiorenza, nella Stamperia dei Giunti,* 1573, in-4, dem.-rel.

> Edition renommée à cause de sa correction. Elle est devenue rare, parce qu'elle fut avidement recherchée des ecclésiastiques, qui pouvaient ainsi se permettre la lecture des contes gaillards. Les passages ayant trait aux gens d'église en ont été adoucis, dénaturés ou retranchés par l'ordre du pape Grégoire XIII, dont elle porte le privilége. Il est curieux de voir comme le chef-d'œuvre de Boccace a été ainsi travesti *ad majorem Cleri gloriam.*

3134. Il Decameron di Messer Giovanni Boccacci. *Vinezia, per li Giunti di Firenze,* 1585, pet. in-4, vél.

> Edition très-correcte et d'une belle exécution. C'est la troisième avec la révision de Salviati.

3135. Il Decameron di Messer Giovanni Boccacci cittadino Fiorentino. *In Amsterdamo (Daniel Elsevier),* 1665, pet. in-12, v. éc., fil.

> Edition très-jolie et recherchée, conforme à la description de Brunet. Hauteur : 5 p. 3 lig. — Exemplaire de Morel-Vindé.

3136. Il Decamerone di Giovanni Boccacio. *Firenze,* 1820, 5 vol. in-18, dem.-rel., v. f.

3137. Le Décaméron de maistre Jean Bocace, traduict d'italien en françois par maistre Antoine le Maçon. *Paris, Cl. Gautier,* 1579, 1 vol. en 2 tom. in-16, fig. sur bois, mar. rouge, fil., tr. dor. (*Ancienne reliure.*)

> Edition jolie et rare. Elle a l'avantage de n'être point châtrée, comme le furent la plupart des éditions ultérieures de cette traduction célèbre. — Exemplaire de *Guyon de Sardière.*

3138. Il Pecorone di Ser Giovanni Fiorentino. *Milano,* 1804, 2 vol. in-8, portr., br.

> Bonne édition de cet écrivain, qui est, sans contredit, le premier des conteurs italiens, après Boccace.

3139. Novelle di Franco Sacchetti. *Firenze (Napoli),* 1724, 2 vol. gr. in-8, vél.

> Ces nouvelles, écrites avec une grande pureté de style, sont pleines d'enjouement et de finesse. L'auteur, qui était contemporain de Boccace, ne copia point ce maître. Il voulut moins généraliser. Il employa plus volontiers la langue du peuple, pour raconter de petits événements bourgeois, dont bien souvent il avait été témoin lui-même. On y acquiert une connaissance complète de plusieurs tours, images et proverbes de la langue toscane. Beaucoup de passages en sont trop libres, il est vrai, mais tous nous peuvent initier aux mœurs et au caractère des Florentins du xive siècle.

3140. Novelle di F. Sacchetti. *Firenze (Napoli),* 1724, 2 vol. in-8, vél.

3141. Il Decamerone di Francesco Argelati. *Bologna*, 1751, 3 vol. in-8, v. éc., fil.

3142. La Prima e la seconda Cena, novelle di Antonio-Francesco Grazzini detto Il Lasca, alle quali si aggiunge una Novella della terza Cene, che unitamente colla prima ora per la prima volta si da alla luce, colla vita dell'autore. *In Londra (Parigi)*, 1756, in-8, v. rac., dent.

> C'est la meilleure édition de ces curieuses nouvelles, Le Lasca est très-populaire en Italie. Quelques-unes de ses poésies en anciennes éditions se payent au poids de l'or.

3143. La Prima e la seconda Cena, novelle di Grazzini detto il Lasca. *Londra*, 1756, in-8, v. gr.

3144. Hecatommithi, overo cento novelle di M. Gio. Batt. Giraldi Cinthio. *Vinetia, Fabio et Agost. Zopini fratelli*, 1580, 2 vol. pet. in-4, vél.

> Edition rare de ces célèbres contes, et nouvelles, qui furent traduits en français par Gab. Chapuis, Tourangeau.

3145. Hecatommithi, overo cento novelle di Gio. Batt. Giraldi Cinthio. *Venetia, Evangelista Deuchino*, 1608, 2 tom. en 4 vol. pet. in-4, vél.

> Exemplaire très-grand de marges.

3146. Les Discours fantastiques de Justin Tonnelier, composés en italien par J. Bapt. Gelli, academie florentin et nouvellement traduits en françoys par C. D. K. P. (Claude de Kerquifinen, Parisien). *Paris, Guill. Le Noir*, 1566, in-16, titre avec bordure gravée sur bois, lettres rondes, v. gr., fil.

> Conteur très-rare, et qu'il est difficile de trouver en bon état. L'édition en est charmante. On peut comparer cet ouvrage aux *Dialogues de Tahureau*, pour la verve et la diversité des détails, si intéressants sur les mœurs du XVI siècle.

3147. Pistolotti amorosi del Doni, con alcune altre lettere d'amore di diversi autori. *Vinegia, Gab. Giolito de Ferrari*, 1552, in-8, cart.

> Edition originale de l'un des premiers ouvrages de ce conteur fécond. L'on y trouve quelques nouvelles, et l'on y remarque une grande planche à la page 17.
> Ce livre provient de la bibliothèque de *Paul-Louis Courier*, le fameux conteur, pamphlétaire et *vigneron* Tourangeau.

3148. I Marmi del Doni, acad. peregrino. *Vinegia, Fr. Marcolini*, 1552-53, 4 tom. en 1 vol. in-4, fig. sur bois, vél.

> « Les 46 gravures sur bois de ce beau volume sont exécutées par différentes mains, d'après les dessins de Garfagnino. Le portrait de Marcolini, admirablement gravé, se trouve au f. 15 de la quatrième partie. » (Voir le catalogue de M. Ambroise Didot.)
> Les *Marmi* sont le livre le plus gai, le plus intéressant et le plus varié de ce brillant conteur.

3149. Il Cancellieri del Doni, libro della memoria. *Vinegia*, 1562. — Il Cancellieri del Doni, libro dell'eloquenza. *Vinegia*, 1562, 2 tom. en 1 vol. pet. in-4, bas.

Première édition de ce curieux ouvrage, semé d'anecdotes et de bons mots.

3150. Lettere facete e piacevoli di diversi grandi huomini, raccolte per M. Dionigi Atanagi. *Vinetia*, 1582, pet. in-8, vél.

Bonne édition de ce recueil facétieux et curieux, qui renferme des Nouvelles.

3151. Lettere facete et piacevoli di diversi grandi huomini, racc. per Dio Atanagi. *Venetia*, 1565, in-8, parch.

3152. Lettere facete et piacevoli, per Dioni Atranagi è Franc. Turchi. *Vinegia*, 1601, 2 tom. en 1 vol. in-8, vél.

«Bel exemplaire de l'édition la plus complète de ce curieux recueil, « qui contient des Nouvelles, et peut se classer parmi les conteurs « italiens. » *(Note de M. V. Luzarche.)*

3153. Il Libro del Perchè colla pastorella del Cav. Marino è la novella dell' Aug. Gabriello. *In Pelusio*, MMM. D. XIV (1744?), pet. in-12, v. éc., fil.

3154. I Trattenimenti di Scipion Bargagli, dove da vaghe donne e da giovani huomini rappresentati sono honesti, e dilettevoli giuochi, narrate novelle e cantate alcune amorose Canzonette. *Vinetia, appresso B. Giunti*, 1587, pet. in-4, bas.

Première édition, rare et recherchée en Italie. Ce singulier traité peut être également classé dans les nouvelles ou dans les dissertations sur l'amour. Les Italiens considèrent Scipion Bargagli comme un des plus charmants conteurs du xvie siècle.

3155. Lettere amorose e Romanzi di M. Girolamo Parabosco. *Venetia*, 1571, 4 tom. en 1 vol. pet. in-8, vél.

3156. Detti et fatti piacevoli et gravi di diversi principi, filosofi, et cortigiani, raccolt. dal Guicciardini et ridotti à moralità. *Venetia*, 1588 pet. in-8, v. f.

3157. Historiettes divertissantes tirées de Guiccardin et d'autres auteurs, avec diverses plaisanteries et plusieurs dialogues italiens et françois, par le Sr Pompe. *Paris*, 1693, in-12, v. m.

3158. Le Tredici piacevolissime notte di Straparola. *Vinetia*, Zanetto Zanetti, 1608, in-8, fig. sur bois, vél.

Edition peu commune des fameuses *Nuits de Straparole*, qui furent traduites en français dès le milieu du xvie siècle. Elle se distingue par de petites figures en bois intercalées dans le texte.

Une note du temps, écrit en latin au bas du titre, met ce volume au rang des livres dont la lecture doit être défendue, mais seulement aux femmes, *« sed mulieribus tantum. »*

3159. Les Facétieuses Nuicts du S' Iean François de Straparole, avec les fables et énigmes, racontées par deux jeunes gentils-hommes et dix damoiselles, trad. en françois par Jean Louveau (d'Orléans) et Pierre de Larivey, Champenois. *Lyon, P. Rigaud.* 1611, 2 vol. in-16, vél.

> Edition rare

3160. La Pazzesca Pazzia de gl' huomini e donne di corte Innamorati, ovvero il Cortigiano Disperato, di Gab. Pascoli da Ravenna. *Venetia,* 1608, pet. in-8, vél.

> « Ce petit volume peu connu n'est qu'une longue nouvelle
> « écrite avec des développements qui rappellent quelquefois la ma-
> « nière de la *Célestine. (Note de M. Luzarche.)*

3161. La Floresta Spagnola, ou le Plaisant Bocage, contenant plusieurs contes, gosseries, brocards, cassades et graves sentences (rec. par Melchior de Santa Cruz). *Bruxelles, R. Velpius,* 1614. — La Joya en conceptos morales, por Seb. Fern. de Camara. *En Brussellas,* 1616, 2 ouvr. en 1 vol. in-8, v. br.

> Curieux recueil de Proverbes et de petits contes.

3162. Il Novelliere Castigliano di Michel de Cervantes Saavedra, tradotto dal signor Gugl. Alessandro. *Venetia, Barezzi,* 1629, in-8, vél.

3163. Novelas amorosas, y exemplares, compuestas por doña Maria de Zayas y Sotomayor, natural de Madrid. *Zaragoça,* 1637, in-4, v. mar.

> Volume rare. Maria de Zayas est le plus amusant des conteurs
> espagnols. Scarron lui doit plusieurs nouvelles divertissantes.

3164. Les Nouvelles amoureuses et exemplaires composées en espagnol par cette merveille de son sexe Dona Maria de Zayas y Sotto Maior, et trad. en nostre langue par Anthoine de Méthel, escuïer sieur d'Ouville. *Paris,* 1656, in-8, vél.

3165. The history of the Seven Wise Mistresses of Rome, containing seven days entertainment in many pleasant and witty tales or stories, adorned with many pretty pictures. *(London) J. Hodges,* 1748, in-12, curieuses figures sur bois, reliure pleine en mar. br. du Levant, à nerfs, dent. intér., tr. dor.

> Très-bel exemplaire de ce curieux recueil de contes populaires.

XXI. — FACÉTIES, PIÈCES BURLESQUES, DISSERTATIONS SINGULIÈRES, PLAISANTES ET ENJOUÉES.

3166. Stultitiæ laudatio, D. Erasmi declamatio. *Londini (Parisiis, *Barbou*), 1765, in-12, front. gravé, mar. r., fil., tr. dor. (*Anc. reliure.*)

3167. Eloge de la folie, par Erasme, trad. par Gueudeville, avec les notes de Gérard Listre. *Amsterdam*, 1728, in-8, fig. d'après Holbein, v. br.

3168. Le Fébricitant philosophe, ou l'Eloge de la fièvre-quarte, où il est doctoralement prouvé le bonheur de l'avoir, etc., trad. du latin de Guill. Ménape, par de Gueudeville, ouvrage très-sérieux-comique. *La Haye*, 1743, front. gravé. — Le Gouteux en belle humeur, ou l'Eloge de la goute, ouvrage héroïque, historique, politique, critique, comique, etc., par Et. Coulet, mis au jour par Gueudeville. *La Haye*, 1743, 2 ouvr. en 1 vol. in-12, v.

3169. Ger. Bucoldiani pro ebrietate oratio. *Coloniæ*, 1529, pet. in-8, v. m.

On a relié dans le même volume : *Discours et Entretiens bachiques.* Pièce sans date, mais du xviii° siècle.

3170. J. F. Matenesi critices Christianæ libri duo de ritu bibendi super sanitate Pontificum, Cæsarum, Principum, Ducum, Magnatum, Amicorum, Amicarum, etc. *Coloniæ*, 1610, in-8, avec une planche, vél.

Singulier et rare traité de l'intempérance bachique. Très-curieuses recherches sur les grands buveurs historiques, depuis les héros d'Homère jusqu'à Luther. Le pot ou la coupe du joyeux moine de Wittemberg, dite *Catéchisme de Luther*, y est représentée à sa juste mesure, par une grande planche d'un pied de longueur, qui manque à presque tous les exemplaires!

3171. Amphitheatrum seriorum jocorum Farræi Hebi nobilis a Speriga, libris XXX epigrammatum constructum, pleraque pars in Loïolas, Scoppios, Crutseros, Canebos, Sangas, Blovios, Bouarscos et id genus alios. *Hanoviæ*, 1613, in-8, vél. de Holl.

Volume curieux et peu commun. On peut consulter sur cet ouvrage Teissier, Éloge de M. de Thou, t. Ier, pag. 342. *Farræi Hebi nobilis a Speriga* est l'anagramme de *Barthius a Gasperis Barthii Berolinæi.* »

3172. Facetiæ facetiarum, hoc est joco-seriorum fasciculus. *Francofurti ad Mœnum* (sed typis *Amstelodamensibus*), 1615, pet. in-12, v. m. (*Témoins.*)

Première édition. Elle est jolie, et doit être recherchée, parce que, outre l'élégie sur l'ivresse, la dissertation sur les Vierges, le traité du Baiser, etc., etc., elle contient l'Art de plaisanter, l'art de boire, et d'autres pièces qui ne se trouvent pas dans l'édition de 1645.

3173. Pedis admiranda (aut. J. d'Artis). *Parisiis, P. Billaine*, 1619, pet. in-8, dem.-rel.

3174. Dissertationum ludicrarum et amœnitatum scriptores varii. *Lugd.-Batav.*, *Hegerus* (*typis Elzeviriorum*), 1638, pet. in-12, front. gravé, vél.

3175. Eloge de l'Ane, traduction libre du latin de Dan. Heinsius, par Coupé. *Paris*, 1796, in-18, br.

3176. Opizii joco-serii dissertatio juridica de eo quod justum est circa spiritus familiares fœminarum hoc est Pulices. *Liberovadi, ad insigne Mortialis*, 1684, pet. in-12, v.

3177. Opizii Jocoserii (Schliffleri) dissertatio juridica de eo, quod justum est circa spiritus familiares fœminarum, hoc est pulices..., cui annexa actio injuriarum nasi contra podicem. *Amst.*, 1743, in-4, br. r.

3178. Bileamus ejusdemque Asina loquens, auctore Joa. Kruden. *Wittenbergæ*, 1702, pet. in-4, dem.-rel., mar. vert d'eau, à nerfs.

> Opuscule très-rare dont l'auteur, qui était très-versé dans le grec et l'hébreu, traite comme en se jouant les questions les plus délicates et les plus ardues. Il examine, par exemple, *comment on doit écrire le nom du prophète Balaam,* — *pourquoi Baluam allait à cheval sur une ânesse,* — *pourquoi l'ânesse sortit de son chemin,* — *pourquoi, avec quel instrument et combien de fois Balaam frappa l'ânesse,* — *si l'ânesse lui parla en langue syriaque,* — *combien de temps Balaam garda l'ânesse,* — *si l'ange la tua,* — *si Balaam avait eu un commerce impur avec son ânesse,* AN CUM ASINA SUA COIVERIT, etc.

3179. Dissertationes de laudibus et effectibus Podagræ. *S. l.* (1715), pet. in-4, fig., v. br.

> Livre rare et curieux, rempli d'érudition et d'agrément. Il est orné d'un curieux frontispice et de VINGT-CINQ PLANCHES, de la grandeur des pages, représentant diverses postures et aventures de goutteux, par lesquelles on démontre que la goutte est tempérante, innocente, chaste, sédentaire, obéissante, majestueuse, pénitente, point curieuse, etc., etc.

3180. Le Petit Thresor latin des ris et de la joye dédiés aux révérends pères de la Mélancolie. — Nugæ Venales sive thesaurus ridendi et jocandi. *Londres* (*La Haye*), 1744, pet. in-12, fig., v. marbr.

> Recueil rare sous ce titre. On y trouve le *Pugna Porcorum*, poëme macaronique dont tous les mots commencent par la lettre P; le *Canum cum Catlis certamen*, autre jeu poétique dont tous les mots commencent par la lettre C; les *Crepundia poëtica*, etc., etc...

3181. Traicté de la bonne et mauvaise langue, par Jean de Marconville, gentilhomme Percheron. *Paris, J. Dallier*, 1573, in-8, dem.-rel., v. f., *non rogné*.

3182. Procez et amples examinations sur la vie de Caresme-Prenant. *S. l.* 1609, pet. in-8, pap. vergé, br.

> Curieuse facétie. Réimpression à petit nombre.

3183. Subtiles Conceptions des plus excellens esprits, tant des siècles passez que du nostre (par Hier. Garimbert). *Paris, P. Mettayer, 1610*, in-12 d'environ 700 pag., v. porph.

Ce volume est dédié à *Le Masson, archidiacre de Caën, en l'église de Bayeux.*

3184. LES FANTAISIES DE BRUSCAMBILLE, contenant plusieurs discours, paradoxes, harangues et prologues facecieux (par Des Lauriers, Champenois). *Paris, J. Millot, 1615*, in-8, front. gravé, v. fauve, fil., tr. dor.

Edition rare. Le frontispice gravé est fort curieux et représente Bruscambille sur la scène avec ses acolytes. On voit au bas, le public de l'hôtel de Bourgogne applaudissant à ses lazzis.

3185. Les nouvelles et plaisantes Imaginations de Bruscambille, en suitte de ses Fantaisies, par le S. D. L. Champ. (le Sr Des Lauriers, Champenois). *A Bergerac, chez Martin la Babille, 1615*, in-12, allongé, dem.-rel., mar. rouge.

Volume très-rare et bien conservé. — Ce recueil fort curieux diffère entièrement du précédent. Il se compose de 42 morceaux du même genre satirique, scatologique et gaillard. Le nom de *Bergerac* qu'on lit sur le titre n'est pas tout à fait supposé. L'ouvrage est dédié à Henry de Bourbon, gouverneur de Guyenne. Il aurait été imprimé, selon nous, à *Bordeaux* par *Gilbert Vernoy*, qui venait de quitter la petite ville de *Bergerac* où il exerçait antérieurement la profession d'imprimeur.

3186. LES PLAISANTES IDÉES DU Sr MISTANGUET, docteur à la moderne, parent de Bruscambille, ensemble la Généalogie de Mistanguet et de Bruscambille. *Arras, par Antoine Berger, 1617*, pet. in-12, rel. pleine en mar. r. du Levant, à nerfs, dos orné, dent. intér., fil., tr. dor. (*Lortic.*)

Recueil facétieux de la plus grande rareté. Superbe exemplaire très-grand de marges.

3187. L'Apparition du colonel Gallatis au colonel Hessy son successeur. *Paris, 1619*, in-8 de 22 pag., cart. antiq. (*Très-rare.*)

Piéce facétieuse dans laquelle, sous prétexte de donner les nouvelles des affaires du temps, on s'abandonne (et c'est ce qu'il y a de plus clair) à une verve toute rabelaisienne. Elle commence par une dissertation bachique, et se termine par un propos grivois.

3188. La Descente de Tabarin aux enfers, avec les opérations qu'il y fit de son médicament pour la bruslure, durant ce caresme dernier, et l'heureuse rencontre de Fritelin à son retour. *Paris, 1621*, in-8, pap. vergé, fig. s. bois s. le titre, br.

Réimpression à petit nombre, faite chez Didot, vers 1832.

3189. Le Porte-Nouvelles ou Me Guillaume, venant de l'autre monde, racontant les choses esmerveillables qu'il y a veües des Rebelles François, comme il a parlé aux Quatre Fils Aymon et ce que luy a dit Renaud de Montauban. *Lyon, P. Roussin*, 1621. — Révélation de Maistre Guillaume est an une nuict au grand couvent des Cordeliers de Paris. *S. l. n. d. (vers 1622).* — Songe de Maistre Guillaume avec un réci. général de tout ce qui s'est passé dans Montauban. *A Lyon, pour Nicolas de Chauny, 1621.* 3 pièces en 1 vol. pet. in-8, mar. rouge, tr. dor.

3190. Les Grands Jours tenus à Paris par M. Muet, lieutenant du Petit Criminel. *S. l. (Paris),* 1622, pet. in-8 de 32 pag., d.-rel. dos et coins de mar. bleu du Lev., à nerfs. (*A toutes marges.*)

> Pièce rare et des plus curieuses. C'est une facétie rabelaisienne, avec tout l'attirail des mots singuliers empruntés à la Bazoche, à la foire, aux tréteaux de Tabarin et de Mondor, ainsi qu'aux mauvais lieux. Elle est bien écrite, et renferme une foule de traits de bonne humeur, des citations ingénieuses et plaisantes, des expressions proverbiales, des allusions fines mais parfois indécentes à des magistrats, des avocats, des procureurs et des personnages politiques du temps. C'est en somme une gausserie très-spirituelle et fort amusante où le sérieux se mêlant agréablement au comique judiciaire nous donne une fidèle et originale peinture des mœurs et du peuple parisien sous Louis XIII.

3191. Le Jardin Récréatif pour les beaux esprits et amateurs de la vertu, mis en lumière par vostre serviteur Iean l'Escuelle, où est contenu plusieurs beaux secrets, au bénéfice de vos grandeurs. *S. l.,* 1627, pet. in-8, cart. antiq.

> Recueil de secrets tabariniques et facétieux. — Pour faire dire aux femmes en dormant tout ce qu'elles ont fait et dit depuis un mois sans qu'elles se réveillent. — Autre secret admirable pour se garder de dormir quatre ou six mois sans préjudice du corps. — Pour faire d'un coup d'arquebuze tomber les oyseaux tous plumez. — Pour se réveiller la nuict à telle heure que l'on voudra. — Pour faire suivre les chiens après soy, — etc., etc.

3192. Le Vagabond, ou l'Histoire et le Caractère de la malice et des fourberies de ceux qui courent le monde aux despens d'autruy, avec plusieurs récits facétieux sur ce sujet pour déniaiser les simples. *Paris,* 1644, in-8, v. marbr.

> Des diverses espèces dés gueux vagabonds. — Des Béats. — Des Fourbes. — Des sonneurs de cloches. — Des coquins. — Des épileptiques. — Des vendeurs de reliques. — Des diseurs de contes, — etc., etc.

3193. Bouquet récréatif cueilly dans les parterres des bons railleurs de ce temps, par Gérard Bontemps, prince souverain de la Raillerie et grand ennemy de la Mélancolie. *Paris,* 1646, pet. in-8 de 48 pag., dem.-rel.

3194. Harangues burlesques sur la vie et sur la mort de divers animaux, dédiées à la Samaritaine du Pont-Neuf, par Monsieur Raisonnable. *Paris*, 1651, in-8, v. éc., fil.

> Eloge de l'âne. — Eloge du coq. — Le ver à soye. — L'escargot révolté contre l'homme. — Eloge de la mousche. — Apologie du pou, — etc. Livre très-rare, suivant Viollet-Leduc.

3195. L'Erudition enjouée, ou Nouvelles scavantes, satyriques et galantes, écrite à une dame françoise qui est à Madrid, (par Mlle L'Héritier). *Paris, Ribou*, 1703, 3 tom. en 1 vol. in-12, cart.

> Ouvrage singulier, dans lequel s'entassent pêle-mêle l'anecdote et critique littéraire, les petits vers, les dissertations scientifiques, les histoires de revenants, etc. Il est peu commun.

3196. La Vengeance contre soi-mesme, et le Chat amoureux, contes en vers, par M. D*** (Mme Durand). *S. l.*, 1712, in-12, cart.

3197. Histoire de Pierre de Montmaur, professeur royal en langue grecque de l'Université de Paris, par M. de Sallengre. *La Haye*, 1715, 2 vol. pet. in-8, fig. satyriques, vél.

3198. L'Art de ne point s'ennuyer, par Deslandes. *Paris*, 1715, in-12, v.

3199. Grenier à sel pour l'esprit, ouvert à quiconque veut s'amuser et s'instruire, par Rousselet fils. *Paris*, 1729, in-12, v. éc., dent.

3200. Discours prononcé par Mlle Perette de la Babille, présidente de l'Académie des Femmes scavantes en présence de Sa Hautesse Madame Henroux, princesse du Marché, douairière du Moulin, marquise du Four, comtesse de la Fontaine et autres lieux, dans la grand sale du palais de Tourne-à-tous-vents. *Lyon, Ant. Jos. Dejussieu*, 1736, in-8, frontisp. gravé, dem.-rel., mar. r. (*Thouvenin.*)

3201. Les Etrennes de la St-Jean (par Caylus, Grosley et autres). *Troyes, Ve Oudot*, 1742, in-12, portr. gravé s. bois et titre tiré en bleu, papier fort, v. marbr.

3202. Le Livre de quatre couleurs. *Aux Quatre Eléments, de l'imprimerie des Quatre Saisons*, 4444 (1744), in-12, cart.

> Imprimé en encres de quatre couleurs différentes.

3203. Les Entretiens de la Truche, ou les Amours de Jean Barnabas et de la mère Roquignard (prose et vers). *Paris*, 1745. — Pasquille nouvelle sur les amours de Lucas et Claudine. *Paris* (vers 1740). — Le Miroir de patience, ou la Misère des clercs de procureur, dédié à M. le Chancelier de la Bazoche (satyre). *Paris*, 1754. — La Confession publique d'un brocanteur, aventure extraordinaire, arrivée au mois de novembre 1769, sur un vaisseau parti de l'Amérique pour S.-

Malo. *Amsterdam, 1776, 4 opusc. en 1 vol. in-12, dem.-rel.*

> Facéties rares et curieuses. La dernière, sous forme de récit, à
> trait aux fourberies de toutes sortes des brocanteurs, notamment
> des marchands de tableaux, dont on raconte quelques tours de fri-
> ponnerie, ingénieux et singuliers. La coutume dite de la *révision*
> n'y est pas oubliée.

3204. Sermon pour la consolation des Cocus, suivi de plusieurs
autres, comme celui du curé de Colignac, prononcé le jour
des Rois, celui du R. P. Zorobabel, etc. *A Amboise, chez Jean
Coucou, à la Corne de Cerf, 1751.* — Le Cocu consolateur.
Sermon d'un Cordelier à des voleurs qui lui demandoient
de l'argent ou la vie. *L'an du Cocuage, 5810, in-12, br.*

> Cette édition a été exécutée à Blois vers 1820, et est due, paraît-il,
> aux soins de M. L. de la Saussaye, numismate et archéologue dis-
> tingué.

3205. Mémoires pour servir à l'histoire de la Calotte (par de
Margon, Gacon, l'abbé Desfontaines, Aymon, etc.). *Aux
Etats Calotins, de l'Imprimerie Calotine. Paris, 1752-54, 6
tom. en 4 vol. pet. in-12, v. m.*

3206. Essai historique, critique, philologique, politique, moral, littéraire et galant sur les lanternes, leur origine, leur
forme, leur utilité, etc..., par une Société de gens de lettres
(Dreux du Radier, Jamet, l'abbé Lebeuf, Caylus et autres). *A
Dole, chez Lucnophile et Comp., 1755, in-12, dem.-rel., dos
et coins de mar. brun du Levant, à nerfs, doré en tête, non
rogné.*

3207. Mémoires de l'Académie des sciences, inscriptions et
belles-lettres, etc., nouvellement établie à Troyes en Champagne (par Grosley et Le Fèvre). *Troyes, 1756, 2 tom. en
1 vol. in-12, front. gravé, v. marbr. (Bel exemplaire.)*

> Dissertation sur un ancien usage (de la rue du Bois, à Troyes). —
> Sur les enseignes. — Proverbe des 99 moutons. — Sur l'usage de
> battre sa maîtresse. — Mémoire en faveur des idiômes provin-
> ciaux, — etc.

3208. Réflexions sur les grands hommes qui sont morts en
plaisantant (par Deslandes). *Amsterdam, 1758, in-12, v. éc.,
fil.*

> Edition la plus recherchée : elle est augmentée d'épitaphes et au-
> tres pièces curieuses.

3209. Les Eternueurs, poëme parodi-comico-burlesque. *Amsterdam, 1758, in-12, vignettes. joli cart. antiq.*

> Ouvrage ENTIÈREMENT GRAVÉ.

3210. La Berlue, (par Poinsinet de Sivry). *Londres, 1760, gr.*

in-12, rél. pleine en mar. vert du Levant, à nerfs, fil., *non rogné*.

Très-bel exemplaire.

3211. Le Livre à la mode, nouvelle édition marquetée, polie et vernissée (par Caraccioli). *En Europe (Paris)*, 100070060 (1760), in-8, br., *non rogné.*

Le plus piquant des ouvrages de cet écrivain. Il est entièrement imprimé en rouge. On le trouve plus difficilement que le *Livre des quatre couleurs*, par le même.

3212. Recueil des Facéties Parisiennes pour les six premiers mois de l'an 1760. *S. l.* (1760), in-8, v. marbr., fil. (*Bel exemplaire.*)

Mémoire pour le Sʳ Gaudou, entrepreneur des spectacles sur les boulevards de Paris contre le Sʳ Ramponeau, ci-devant cabaretier à la Courtille.—L'Assemblée des Monosyllabes, les pour, les que, les qui, les quoi, les oui et les non en vers. — Extrait des nouvelles à la main de la ville de Montauban, en Quercy.—etc., etc.

3213. Amusette des Grasses et des Maigres, contenant douze douzaines de calembourgs, avec les fariboles de M. Plaisantin, les subtilités de la comtesse Tation, et les remarques de l'abbé Vue, rédigée par une Société de Caillettes (attribué au Marquis de Bièvre). *Au Cap de Bonne-Espérance, et se trouve à Paris, chez la libraire qui donne trois-livres pour quarante-cinq sols. S. d.* (vers 1760), pet. in-12, front. gravé et fig. représentant un salon de société au xviiiᵉ siècle, dem.-rel.

3214. L'A B C, dialogue curieux trad. de l'anglais de M. Huet. *Londres*, 1762. — Les Honnêtetés littéraires. *S. l.*, 1767.— Les Colimaçons du Rév. Père L'Escarbotier par la grâce de Dieu, capucin indigne et cuisinier du grand couvent de la ville de Clermont en Auvergne. *S. l.*, 1768, in-8, v. éc.

3215. Les Capucins sans barbe, histoire napolitaine. *Amsterdam*, 1762, in-12, cart. antiq.

3216. Almanach philosophique, en quatre parties, suivant la division naturelle de l'espèce humaine en quatre classes, par un auteur très-philosophe. *A Goa, chez Dominique Ferox, impr. du Grand Inquisit., à l'auto-da-fé, rue des Foux (Paris)*, 1767, pet. in-12, v. éc.

3217. Eloge funèbre et historique de très-court, très-épais et très-adroit citadin Maître Nicodème Pantaléon Tire-Point, bourgeois de Paris, maître et marchand tailleur d'habits, etc., prononcé par Boniface Prêt-à-Boire, son premier garçon et associé. *S. l.* 1776, in-8, br., non rogné.

3218. Eloge de la Paresse, dédié à un moine. *Madrid (Paris)*, 1778, in-8, cart.

3219. L'Art de désopiler la rate, *sive de modo cacandi prudenter*, en prenant chaque feuillet pour se t...... le d......., entremêlé de quelques bonnes choses (par Panckoucke). *A Gallipoli de Calabre, l'an des folies 175884 (1784)*, in-12, d.-rel.

> Édition la plus complète de ce recueil amusant, sérieux et utile tout à la fois. Il y a en effet de tout dans cet ouvrage, et surtout beaucoup de renseignements bibliographiques. Qui s'attendait à trouver là le premier essai d'un catalogue des Elsevier, des éditions dites *Variorum* et *ad usum Delphini*, de bonnes notices sur quelques éditions curieuses du concile de Trente, sur la bonne édition de Daphnis et Chloé, des extraits de livres rares, singuliers et peu connus? Ces articles, qui en font un véritable *Analecta Biblion*, ne sont pas dans toutes les éditions de l'*Art de désopiler la rate*. On y trouve encore d'excellentes analyses de tous les vieux sermonnaires burlesques, des Maillard, des Menot, des Barelette, etc., ainsi que des anciens légendaires. Il y a aussi des pièces archéologiques et des morceaux scatologiques, tels que celui *d'un bon railleur sur la perte d'un étr...* Le XVIIIᵉ siècle n'a pas été oublié non plus et mainte anecdote égrillarde a trouvé place dans ce recueil sans pareil, qui justifie bien son titre.

3220. Mémoires littéraires de Montmartre (par le chevalier du Coudray). *Paris*, 1786, in-12, figures d'ânes, cart., *non rogné*.

> Badinage instructif et fort plaisant. Il fut tiré à un petit nombre d'exemplaires.

3221. Les Etrennes de mon cousin, ou l'Almanach pour rire, année 1788, par M. C. D. *A Falaise et à Paris* (1788), in-12, joli frontisp. gravé, v. fauve.

3222. Almanach de la Samaritaine, avec ses prédictions, pour l'année 1788, à MM. les Parisiens. *Au château de la Samaritaine et se trouve à Paris*, 1788, pet. in-12, front. gravé, dem.-rel., dos et coins de mar. br. du Levant, à nerfs, doré en tête, non rogné.

3223. Les Dîners de M. Guillaume, avec l'histoire de son enterrement, par l'auteur de la vie de Voltaire (l'abbé Duverney). *S. l.*, 1788, in-12, front. gravé, dem.-rel., dos et coins de mar. vert du Lev., à nerfs, tête dorée, *non rogné*.

3224. Sermon sur l'éternité et la propriété du limon, prononcé dans un cercle de patriotes, le 22 février 1789 et trouvé dans les papiers de feu l'abbé de Montléon, grand-vicaire de S.-Papoul. *Au Palais-Royal*, 1789, in-8, br.

3225. Almanach des petits génies, rédigé par deux grands esprits Alain et Desmazures, recueil comique contenant l'hist. du patron Jean, des complaintes, les lavements, une manière de manger les gigots de mouton, les amours de Cadet Giraudier, quelques contes anonymes, etc... *Aux Broteaux, de*

l'imprimerie de Michault, à l'enseigne de Pierre Scize, 1790,
pet. in-12, v. éc., fil.

3226. Facéties du vicomte de Mirabeau. *A Côte-Rôtie, de l'imprimerie de Boivin* (1790), 2 tom. en 1 vol. in-12, rel. pleine
en v. fauve, à nerfs, dos orné, fil. à compart., pet. fers,
dent. intér., tr. dor.

3227. Dictionnaire national et anecdotique, pour servir à l'intelligence des mots dont notre langue s'est enrichie depuis la
révolution, etc., dédié à MM. les Représentans de la commune de Ris, par M. de l'Épithète, élève de feu M. Beauzée,
académicien mort de l'Académie françoise (par Chantreau).
A Politicopolis (Paris), 1790, in-8, dem.-rel., v. antiq.

> Ouvrage curieux, plein d'indications ironiques et d'allusions plai-
> santes. Voyez surtout l'explication de ces mots *Roi des Français,
> adresse, veto, constitution,* — la définition du mot *Guillotine,* — la
> notice alphabétique et raisonnée des cinquante-neuf journaux qui
> se publiaient à l'époque où parut ce livre. — Bel exemplaire.

3228. Éloge du pou, de la boue et de la paille, dédiés à bien
des gens, et autres pièces par C. Mercier de Compiègne. *Paris, an VII,* in-18, br.

3229. Éloges du pou, de la boue et de la paille, etc., par C. Mercier de Compiègne. *Paris,* 1798. — Éloge du pet, dissertation anatomique et philosophique sur son origine, son antiquités, ses vertus, sa figure, les honneurs qu'on lui a rendus
chez les peuples anciens, et les facéties auxquelles il a donné
lieu, par le même. *Paris,* 1798, une curieuse figure du Dieu
Pet. — Éloge du Sein des femmes (par le même). *Paris,*
1800, 3 ouvrages en 1 vol. in-18, dem.-rel., v.

3230. La Calotine ou la Tentation de saint Antoine, poëme épi-
cyni-satyri héroi-comique et burlesque en sept chants et en
vers libres, mille et unième édition considérablement dimi-
nuée et singulièrement enrichie de notes délicieusement amusantes (par Mercier de Compiègne). *A Memphis (Paris), l'an
5800 (1800),* in-18, cart., *non rogné.*

3231. Adieux à l'Univers, ou mon départ pour l'autre monde,
mauvaise plaisanterie par un mourant qui ne fut membre
d'aucune académie. *Toulouse,* 1815, in-8, cart., non rogné.

3232. Histoire des révolutions de la barbe des Français depuis
l'origine de la monarchie (par Ch. Motteley, bibliophile).
Paris, 1826, in-16, br.

> Petit opuscule imprimé avec soin avec lettres grises et vignettes
> à l'instar des Elsevier.

3233. Les Grotesques, fragments de la vie nomade, recueillis par un archéologue, petit-fils de Turlupin. *Paris*, 1838, in-12, jolies fig. s. bois, rel. pleine en v. fauve, à nerfs, fil., dent. intér., non rogné. (*Bauzonnet.*)

3234. Mémoire pour servir à l'histoire de l'Ordre de la Boisson, avec un avis de frère Belle-Humeur, par un membre actif de l'ordre de la Treille. *Nancy*, 1864, in-8, pap. vergé, cart., non rogné.

   Tiré à petit nombre.

3235. Mondi celesti, terrestri et infernali, de gli academici Pellegrini composti dal Doni. *Vinegia, Giolito*, 1562, in-8, v. m.

3236. Mondi celesti, terrestri et infernali, composti da M. Anton. Fr. Doni. *In Vicenza, app. gli heredi di Perin*, 1597, 2 tom. en 1 vol. in-8, vél.

   Edition rare, et contenant le livre des *Sept Enfers*, sur le titre duquel on voit le portrait de Doni.

3237. Les Mondes célestes, terrestres et infernaux, le monde petit, grand, imaginé, meslé, risible des sages et fols, l'enfer des escoliers, des mal mariez, des putains et ruffians, des soldats et capitaines poltrons, des piètres docteurs, des usuriers, des poëtes et compositeurs ignorans tirez des œuvres de Doni, Florentin, par Gabr. Chappuis, Tourangeau. *Lyon, Barth. Honorat*, 1578, in-8, fig. s. bois, v. gran. (*Bel exemplaire.*)

3238. La Zucca del Doni Fiorentino. *Vinetia, Gir. Polo*, 1589, in-8, cart.

   Bonne et rare édition de ces facéties recherchées.

3239. La Sinagoga de gl' Ignoranti, formata da Tom. Garzoni da Bagnacavallo. *Pavia*, 1589, pet. in-8, dem.-rel.

   Ouvrage facétieux, rempli d'érudition, et le moins connu de tous ceux de Garzoni, dont la plupart ont été traduits dans notre langue.

3240. Scelta di facetie motti, burle e buffonnerie di diversi, cioè del Piovano Arlotto, del Gouella, etc. *Vinetia, Alessandro Vecchi*, 1606, pet. in-12, vél., fil., tr. dor.

   Edition recherchée. Elle est ornée d'un portrait sur le titre, et se termine par un supplément imprimé en caractères italiques, lequel contient des *Facéties* tirées de divers auteurs.

3241. Della famosissima compagnia della Lesina, dialogo, capitoli, e ragionamenti. *Venetia, Barezzo Barezzi*, 1600, pet. in-4, dem.-rel. cuir de Russie.

   Edition rare de ces facéties tant prônées et répandues dès la fin du xvi⁰ siècle.

3242. Ragionamenti fantastici di Francesco Andreini da Pistoia comico geloso, detto il capitano Spavento, posti in forma di dialoghi rappresentativi. *Vinelia*, 1612, pet. in-4, portr., parch.

> Edition rare. Elle est restée inconnue à M. Brunet, qui, faute de l'avoir eue sous les yeux, a commis de graves erreurs dans sa description.

3243. Le Bravvre del capitano Spavento divise in molti ragionamenti di Fr. Andreini. *Venetia*, 1624, in-4, vél.

3244. Consigli de gli animali, cioè ragionamenti di Agnolo Firenzuola, aggiuntovi un Discorso di F. Jeronimo Capugnano, etc., etc. *Vinetia, Barezzi*, 1622, 3 opusc. en 1 vol. in-8, vél.

> Curieux traités sur l'esprit et la langue des animaux. On trouve à la fin onze discours de divers auteurs, à la louange de plusieurs animaux qu'ils avaient connus, tels que l'éloge d'un âne appelé *Travaglino*, celui d'un cheval nommé *Passamonte*, les éloges d'une pie, d'un singe, d'un coq, d'un chien, etc. La dissertation de Jérôme Capugnano roule sur une quantité de sujets délicats ou singuliers, comme, par exemple. de savoir quel est le langage des damnés, des démons, des âmes qui sont aux limbes ou dans le purgatoire, ce qu'il faut penser du serpent qui trompa Eve et de l'âne qui parla à Balaam, etc.

3245. La Sage-Folie, fontaine d'allégresse, mère des plaisirs, reyne des belles humeurs, pour la deffense des personnes joviales, à la confusion des archisages, etc. La délectable folie, support des capricieux, soulas des fantasques, nourriture des Bigearres, pour l'utilité des cerveaux foibles, et retenuë des boutadeux, trad. d'Ant. Spelte, par L. Garon. *Rouen*, 1635, 2 part. en 1 vol. pet. in-12, vél.

3246. Il Pulice di Gio.-Ant. Moschetti. *Venetia*, 1625, pet. in-12, front. gravé, vél.

3247. Histoire de Bertholde, traduction libre de l'italien de C. Croci. *La Haye (Paris)*, 1752, 2 tom. en 1 vol. pet. in-12, front. gravé, v. m., fil.

3248. Mogiganga de Mogigangas, papelon de papelones, manifesto de manifestos, idea de ideas, reflexion de reflexions, cuento de cuentos, miscelanea de todo surtimiento, fiesta de Capa, y Espada, Tramoyas, y Cascabel gordo, sueno fantastico, historico, prognostico, y juridico, en que se reprensta lo que e fuè, es y serà. *Lisboa, en Milan, s. d.* (XVIIe siècle), pet. in-4, cart.

3249. An essay on the art of ingeniously tormenting with proper rules for the exercise of that pleasant art, humbly adressed to the master, husband, wife, friend, etc... with

some general instructions for plaguing all your acquain-
tance. *London*, 1757, in-8, front. gravé, v. f.

XXII. — FACÉTIES SCATOLOGIQUES.

3250. Histoire secrette du Prince Croqu'étron et de la Princesse
Foirette (suivie de chansons, contes et devis scatologiques).
*A Guinguenaude, chez Vincent d'Avalos, et Fleurimont Mor-
dant, rue du Gros visage, à l'enseigne du Privé Conseil,
attenant l'Hôtellerie de la Fleur* (1701), pet. in-12, vél.

3251. Le Grand Mistère, ou l'Art de méditer sur la garde-
robe, etc., par l'ingénieux docteur Swift (trad. par Desfontaines). *La Haye*, 1729, pet. in-8, br., *non rogné*.

3252. L'Art de méditer sur la chaise percée, avec un projet
pour bâtir et entretenir des latrines publiques dans la ville
et fauxbourgs de Paris. *A Dublin, de l'imprimerie du docteur Swift*, 1743, in-12, bas.

3253. L'Esclavage rompu, ou la Société des Francs-Péteurs
(attribué à Le Corvaisier). *A Porde-Polis (Caën), à l'enseigne
du Zéphire-Artillerie*, 1756, in-12, dem.-rel.

    Avec cette épigraphe : **Liberté *est notre devise*.** Dans le même vo-
lume : « *L'esprit et la chose* (par Marchand et Desboulmiers), s. l.,
1768. »

3254. L'Art de péter, essai théori-physique et méthodique, à
l'usage des personnes constipées, des personnages graves et
austères, des dames mélancoliques, etc. (par Hurtault). *En
Westphalie, chez Florent-Q, rue Pet-en-Gueule, au Soufflet,*
1776, in-12, fig., v., fil.

3255. La Pétarade, poëme en IV chants, ouvrage posthume de
l'abbé R******* (Roubaud). *Paris, an VII*, pet. in-8, cart., *non
rogné*.

3256. Eloge du Pet, dissertation historique, anatomique et
philosophique sur son origine, son antiquité, ses vertus, sa
figure, les honneurs qu'on lui a rendus chez les peuples anciens, etc..., par C. F. Mercier de Compiègne. *Paris, an VII*
(1798), in-18, frontisp. gravé, br., *non rogné*.

3257. La Chézonomie, ou l'Art de ch..., poème didactique en
IV chants, par Ch. R*** (Rémard, ancien bibliothécaire de
Fontainebleau). *A Scóropolis (Paris), Merlin*, 1806,
in-12, br.

    Badinage fort bien rimé.

3258. Berthe, ou le Pet mémorable, anecdote du ixe siècle, par L. D. L. (Lombard de Langres); suivie d'autres contes en vers par le même auteur (la chandelle à Chirapas, le valet confesseur, etc.). *Paris*, 1808, in-16, dem.-rel.

3259. La Crépitonomie, ou l'Art des pets, poëme didactique en trois chants (avec notes), par D... de St-P***. *Paris*, 1815, in-18, br.

3260. Caquire, parodie de Zaïre, en cinq actes et en vers, par M. de Vessaire, dernière édition, considérablement emmerdée. *A Chio, de l'imprimerie d'Avalons*, s. d., in-8, dem.-rel., dos et coins de v. fauve.

3261. Le Conservateur de la santé, volume incomparable, renfermant l'art de péter et de chier, suivi de pièces odoriférantes sur diverses matières de bon goût, etc. *A Moncuq, (Guyenne), à l'enseigne du Gros Prussien, près des Quatre-Vents*, s. d. — Le Nouveau Merdiana, ou Manuel des facétieux et bons chieurs, recueil de poésies et d'anecdotes propres à certain usage journalier. *A Merdianopolis, chez la Mère des Vidangeurs, rue de la Torchette*, s. d., 2 ouvr. en un vol. gr. in-8, br.

> Le premier ouvrage est tiré sur papier de couleur jaune, le second sur papier rose. Tous deux sont tirés sur grand papier.

3263. Les Francs-Péteurs, poëme en quatre chants préc. d'un aperçu histor. sur la Société des Francs-Péteurs, fondée à Caen dans la première moitié du xviiie siècle, et suivi de notes hist., phil. et crit. *Caen*, 1853, in-18, br.

> Tiré à petit nombre.

3264. Bibliotheca Scatologica, ou Catalogue raisonné des livres traitant des vertus, faits et gestes de Messire Luc (à rebours). *Scatopolis (Paris)*, 1850, in-8, br.

3265. Anthologie Scatologique, recueillie et annotée par un bibliophile de cabinet. *A Paris, près Charenton, chez le libraire qui n'est pas triste, imprimé en l'ère de carnaval de 1000 800 602*, in-16, pap. vergé, br.

3266. La Murtoleide fischiate del Cav. Marino, con la Marineide, risate del Murtola. *In Spira, appresso Henrico Starckio*, 1629. — Le Strigliate del Sig. Robusto Pogommega. *In Spira*, 1629. — Capitoli burleschi di Cir. Magagnati, aggiontovi Giardiniero di Ces. Orsino. *In Spira*, 1629. — La Merdeide del sign. Nicolo Bobadilio. *Ibidem.* Ensemble 4 opusc. en 1 vol. pet. in-12, allongé, v. marbr. (*Bel exemplaire.*)

> Recueil curieux de poésies scatologiques et burlesques, avec une pagination qui se suit, mais avec des titres différents. On trouve très-difficilement le dernier poëme: *La Merdeide, ou la louange des E... de la ville de Madrid.* — Avec l'ex-libris de *Pupion de Tours.*

XXIII. — ÉCRITS SUR L'AMOUR ET LE MARIAGE, POUR ET CONTRE
LES FEMMES. — HISTOIRES GALANTES.

3267. Alani Varenii Montalbani Tholosatis de amore dialogus
unus. *Impressum Bononiæ, per Ioannem Antonium Plato-
nidem Benedictorum civem Bononiensem, anno Domini 1503,*
pet. in-4, lettres rondes.

> Opuscule de toute rareté et d'une très-belle impression. Deux
> interlocuteurs, Charles et Jacques y discourent de l'Amour. Cette
> composition intéressante et ingénieuse finit par les *Cent et trente
> Conceptions sur l'Amour.* Elle est dédiée à Laurent Alamand, évêque
> de GRENOBLE. On ne la trouve citée nulle part. — C'est donc un
> document précieux pour l'histoire littéraire de *Montauban,* et c'est
> le seul exemplaire qui ait jamais passé dans les ventes.

3268. Tribunal de Venus/ Ludovico Scriva cavallero
Valenciano, *Impressa en la nobilissima ciudad de Venecia,
alos doze dias del mes de april del ano 1537,* pet. in-8, gothique à longues lignes, curieux frontispice gravé sur bois,
cart. (*A toutes marges.*)

> Gothique espagnol des plus rare. Malheureusement il manque 6
> feuillets au cahier B. Voyez Brunet, au sujet de ce curieux ouvrage,
> qui est presqu'inconnu.

3269. Libro di natura d'amore di Mario Equicola, corretto da
Lod. Dolce. *Vinegia, Gab. Giolito,* 1554, in-12, vél.

> Edition rare, imprimée en caractères italiques très-fins et d'un
> choix exceptionnel.

3270. Les six livres de Mario Equicola d'Alveto, de la nature
d'amour tant humain que divin et de toutes les différences
d'iceluy, remplis d'une profonde doctrine meslée avec faci-
lité et plaisir, mis en françois par Gabriel Chappuis Tourangeau. *Lyon, J. Veyrat,* 1598, in-12, vél.

> Bel exemplaire, rempli de témoins.

3271. I tre libri d'amore di Fr. Cattani da Diaccetto. *Vinegia,
Giolito,* 1561, in-8, vél.

3272. Tre discorsi d'Aless. Farra, il primo de' Miracoli d'Amore,
il secondo della Divinità dell' huomo, etc. *Pavia,* 1564, in-8,
vél.

3273. Philosophie d'Amour de M. Léon Hébreu, contenant les
grands et hauts poincts desquels elle traicte, tant pour les
choses morales et naturelles que pour les divines et super-
naturelles, trad. d'italien en françois, par le seigneur Du
Parc, Champenois. *Lyon, Benoist Rigaud,* 1595, in-16, portr.
gravé s. bois s. le titre, vél.

3274. Della magia d'amore, composta dal Signor Guido Casoni
da Serravalledial. *Vinetia, Fabio et Ag. Zoppini*, 1591, pet.
in-4, rel. pleine en mar. r., à nerfs, dent. intér., tr. dor.

    Volume rare. Bel exemplaire avec un double portrait de l'auteur.

3275. Sei dubbi amorosi trattati academicamente ad istanza
di Dama nobile, da Gio. Fr. Loredano. *Vinetia*, 1649, pet.
in-12, cart.

    Volume peu commun. Il est orné d'un curieux frontispice repré-
sentant l'auteur agenouillé devant une statue couverte d'un grand
voile, sur lequel on lit ces deux mots fameux: *Deo ignoto*.

3276. L'Académie des Philosophes sur l'amour, par L. Laspei-
reres. *Paris*, 1642, in-8, vél.

    Curieux ouvrage divisé en trois traités: des racines d'Amour, de
la tige d'Amour, des branches et des rameaux d'Amour, lesquels
traités sont subdivisés en chapitres plus singuliers les uns que les
autres.

3277. Dictionnaire d'Amour, dans lequel on trouvera l'explication des termes les plus usités dans cette langue, par
M. de *** (Dreux du Radier). *La Haye*, 1741, in-12, v. f.

3278. Le Guerrier philosophe, ou Mémoires de M. le duc de **,
contenant des réflexions sur divers caractères de l'amour
par M. J***. *La Haye*, 1744, 2 vol. in-12, v. fauve. (*Anc. reliure.*)

    Avec l'ex-libris du duc d'Aiguillon et mention de la provenance
de la bibliothèque du château de *Vérets* en Touraine, où fut imprimé le fameux livre du *Cosmopolite*.

3279. Le Tribunal de l'amour, ou les Causes célèbres de Cythère, par le chevalier de la B*** (Bastide). *Cythère*, 1749,
2 tom. en 1 vol. in-12, front. gr., v. m.

3280. Dictionnaire contenant les anecdotes historiques de
l'amour, depuis le commencement du monde jusqu'à ce
jour (par M. Mouchet, magistrat de Troyes). *Paris*, 1788,
2 vol. in-8, dem.-rel.

3281. Histoire de la Galanterie chez les différens peuples. *Paris*, 1793, 2 vol. in-18, frontispices gravés, dem.-rel.

3282. La Doctrine des Amans, ou le Catéchisme d'amour, où
sont enseignés les principaux mystères de l'amour et le devoir d'un véritable amant. Sur toute la terre, par le privilége
exclusif: *ite et multiplicamini*. S. d. (XVIIIe siècle). — La
Messe de Gnide. *Paris, an II* (1793). — Sermon prêché à
Gnide, à la cérémonie du Mai, par le berger Sylvain (Sylvain Maréchal). S. l. n. d. Ensemble 3 pièces en 1 vol. in-18,
dem.-rel., m. r., *non rogné*.

3283. Essai sur l'Amour, par D*** (Dreux, ancien bibliothé-

caire de Tours). *Paris*, 1802, in-16, pap. de Holl., v. rac.,
dent.

3284. De l'Amour considéré dans les lois réelles et dans les
formes sociales de l'union des sexes, par P. de Senancour.
Paris, 1808, in-8, fig., v. m.

3285. Le Sacrifice de l'amour, ou la Messe de Cythère, suivi
du Sermon prêché à Gnide et d'un nouveau dictionnaire
d'amour, etc. *A Sybaris, chez l'imprimeur ordinaire du Plaisir*, 1809, in-12, br., n. rogn.

3286. Les Quinze Joyes de mariage, ou la Nasse dans laquelle
sont detenus plusieurs personnages de nostre temps, mises
en lumière par François de Rosset. *Paris, Rolet Boutonné*,
1620, curieuse figure sur le titre, v. marbr., fil.

    Edition rare des Quinze Joyes. Exemplaire de la *MARQUISE DE
POMPADOUR*, à ses armes.

3287. Les Quinze Joyes de mariage, ouvrage très-ancien auquel on a joint le Blason des fausses amours, le Loyer des
folles amours et le Triomphe des muses contre amour (publ.
par Le Duchat). *La Haye, A. de Rogissart*, 1734, in-12, v.
fauv.

3288. Traité de l'Excellence du mariage et de sa nécessité, et
des moyens d'y vivre heureux, où l'on fait l'apologie des
femmes contre les calomnies des hommes, par Jacq. Chaussé,
Sr de la Terrière. *Amsterdam, Abrah. Wolfgang*, 1685, pet.
in-12, rel. pleine en mar. br. du Levant, à nerfs, dos orné
au pointillé, fil., dent. intér., tr. dor. (*Lortic*.)

    Edition recherchée qui fait partie de la collection des Elzevier.
Superbe exemplaire.

3289. Tableau de l'Amour considéré dans l'état du mariage
(par Salocini et Venette). *Amsterdam, J. et Gilles Jansson à
Waesberge (A la Sphère)*, 1687, pet. in-12, vél.

3290. **Le plaisant livre** de noble homme Jehan Bocace
poete Florentin auquel il traicte des faictz et gestes des illustres et cleres dames. *On les vend à Paris, a lenseigne du
Loup, par Poncet Le Preux*, 1538, in-8, gothique, rel.
pleine en mar. br. du Levant, à nerfs, milieux ornés, dent.
intér., tr. dor. (*Lortic*.)

    Très-bel exemplaire.

3291. Les Arrêts d'amour, avec l'Amant rendu cordelier à l'observance d'amours, par Martial d'Auvergne, accompagnez
des commentaires juridiques et joyeux de Benoît de Court
(publ. par Le Duchat). *Amsterdam, F. Changuion*, 1731,
in-12, rel. pleine en veau fauve, fil., dent. intér., tr. dor.

3292. Henri Corneille Agrippa, sur la noblesse et excellence
du sexe féminin, etc., etc., trad. par Gueudeville. *Leiden*,
1726, 3 vol. in-12, front. gravé et portr., v. jasp., fil.

3293. La bella e dotta difesa delle Donne in verso, e prosa di
Messer Luigi Dardano, contra gli accusatori del sesso loro,
con un breve trattato di ammaestrare li figliuoli. *Vinegia*,
1554, pet. in-8, dem.-rel., vél.

> Ouvrage intéressant et rare, que Gamba a fait entrer dans les
> recueils de *Nouvelles*, parce qu'il est rempli d'anecdotes. Le portrait
> de l'auteur se voit sur le frontispice et au verso du dernier feuillet.
> — Vendu 20 fr. en mai 1860. (*Voy. Brunet.*)

3294. La Leonora, ragionamento sopra la vera bellezza di
Gius. Belussi. *Lucca, Vinc. Busdrayo*, 1557, pet. in-8, front.
gravé, vél.

> Opuscule fort rare. Dialogue savant et curieux sur toutes les con-
> ditions de la vraie beauté. Il a cela de particulier qu'on y trouve
> nommées les plus belles femmes contemporaines de l'auteur, et
> particulièrement sa maîtresse, qui est bien souvent comparée à un
> ange, sauf en de certaines choses que nos écrivains gaulois eussent
> malignement appelées *terriennes*. — Les bibliographes italiens, par-
> lant de ce livret, s'accordent tous à le dire *molto raro*. Voir en par-
> ticulier Haym.

3295. Gli ornamenti delle Donne, scritti per M. Gio. Marinello.
Venetia, 1574, in-8, dem.-rel.

> Exemplaire très-grand de marges, de la meilleure édition de ce
> livre curieux. On sait que Marinello est un examinateur souvent
> trop indiscret de la personne des Dames, auxquelles il donne lar-
> gement des conseils pour leur santé et pour leur toilette, et des
> règles pour la conservation de chacune de leurs plus secrètes
> beautés.

3296. La nobiltà et l'eccellenza delle Donne co' diffetti et man-
camenti de gli huomini, discorso di Lucretia Marinella. *Venetia*, 1601, pet. in-4, vél.

> Dissertation savantes et curieuses, dans lesquelles on cherche à
> établir, par de nombreux exemples, la prééminence morale de la
> femme sur l'homme.

3297. Ornamenti della gentil Donna Vedova, opera del Signor
Giulio Cesare Cabei. *Venetia, C. Zanetti*, 1574, in-8, dem.-
rel., vél.

3298. Dell'eccellenza della donna discorso di Hercole Filoge-
nio. *Fermo*, 1589, in-8, dem.-rel.

3299. I Donneschi difetti di Gius. Passi Ravennate. *Venetia*,
1605, in-8, vél.

3300. Theatro delle Donne letterate, del Signor Francesco
Agostino della Chiesa. *Mondovi*, 1620, in-8, vél.

> L'historien piémontais n'a point oublié de mentionner, dans cet

ouvrage peu connu, nos dames lettrées de France et de Navarre. Il
a fait précéder ses notices d'un beau discours sur la prééminence
et l'excellence du beau sexe. Della Chiesa se distingue par l'exac-
titude, la clarté et la précision.

3301. Histoires des amans volages de ce temps, où, sous des
noms empruntez, sont contenus les amours de plusieurs
princes, seigneurs, etc., qui ont trompé leurs maistresses, ou
qui ont esté trompez d'elles, par Fr. de Rosset. *Paris*, 1623,
in-8, de 640 pages, frontisp. gravé, v. br.

3302. Gynaicologia, id est de nobilitate et perfectione sexus
feminei, a J. Petr. Lotichio. *Rinthelii ad Visurgim Petr. Lu-
cius*, 1630, pet. in-8, vél.

3303. Le Tableau des piperies des femmes mondaines, où par
plusieurs histoires se voyent les ruses et artifices dont elles
se servent. *Paris, Jean Denis*, 1633, in-12, v. br.

De la beauté louable et de la beauté trompeuse. — Description
de la femme lascive. — Des ruses et artifices de la femme pour
perdre l'homme le plus sage du monde. — De la superfluité des
habits des femmes mondaines. — Invective contre la paillardise.—
Des chastiments et peines ordonnées contre les adultères, etc., etc...

3304. La galeria delle Donne Celebri di Francesco Pona. *Venetia*, 1633, pet. in-12, vél.

3305. Galeria delle Donne Celebri di Franç. Pona. *Milano*, s. d.
(vers 1640), pet. in-16, parch.

Notice curieuse de douze femmes célèbres dans l'histoire, dont
quatre lascives, quatre chastes et quatre saintes.

3306. Histoire amoureuse des Gaules, par le Cte de Bussi Rabutin. *S. l. (Paris)*, 1754, 5 vol. pet. in-12, front. gr., v. m.

3307. Ginipedia, overo avvertimenti civili per donna nobile,
di Vinc. Nolfi da Fano. *Bologna*, 1662, pet. in-12, front.
gravé, vél. (*Bel exemplaire.*)

Sages préceptes aux grandes dames, pour leur conduite en toutes
sortes d'occasions, dont pas une n'est omise par l'auteur. Il entre
dans les détails les plus minutieux sur l'hygiène, sur les repas, sur
le choix des onguents, des fleurs, des parfums et des couleurs, sur
la forme des robes, des chapeaux et des manteaux, sur les bals et
les jeux, sur les soins à donner à chaque partie du corps. Il fait
même connaître le vrai secret de la beauté.

3308. Le Secret d'estre toujours belle (par de Somaize). *Paris,
Cl. Barbin*, 1666, pet. in-12, cart.

Ce livre est de Somaize, l'auteur du *Dictionnaire des Précieuses*.
Il est bien rare, car M. Weiss dit dans l'article Somaize de la Biographie universelle : « Le *Secret d'être toujours belle*; cet opuscule
de Somaize *dont on ne connaît pas la première édition* a été réimprimé
à la suite de l'Art de conserver la santé composé par l'école de Salerne, traduit en vers françois par B. L. M. (Bruzen La Martinière).
Paris, 1777, in-12, pages 417-166. »

3309. Portrait de la Coquette (suivi de la Coquette vengée),
par De Juvenel. *Paris, de Sercy*, 1685, in-12, v. br.

> Curieuse peinture de mœurs. — Cet ouvrage est daté de *Pézenas*,
> le 30 avril 1659.

3310. Ragionamenti di Paolo-Mattia d'Oria, ne' quali si dimos-
tra la Donna, in quasi che tutte le virtu piu grandi, non
essere all'uomo inferiore. *In Francfort*, 1716, in-12, papier
fort, mar. rouge, fil., comp., plats couverts de dorures à
petits fers, dent., gardes en papier doré, tr. dor. (*Ancienne
reliure.*)

> Très-bel exemplaire d'une dissertation intéressante sur les vertus
> de la femme. C'est un livre à peine connu, et qui semble avoir été
> tiré à très-petit nombre, à l'usage d'un cercle de femmes instruites
> devisant le soir chez quelque grande dame, comme l'était Aurélia
> d'Este, duchesse de Limatola, à qui ce livre est dédié. La reliure
> est un beau spécimen de l'art italien au xviiie siècle.

3311. Recueil factice de 16 livrets populaires, imprimés à
Rouen dans la première moitié du xviiie siècle, chez P. Seyer et J. F. Behourt, la plupart écrits pour et contre les
femmes. Le tout en 1 vol. in-12, v. marbr.

> On y remarque, entre autres pièces piquantes : *La Malice des
> hommes découverte dans la justification des femmes.* — *La Malice des
> femmes, avec la farce de Martin-Bâton.* — *La Méchanceté des filles.* —
> *Catéchisme à l'usage des grandes filles, pour estre mariées.* — *Discours
> pour la consolation des cocus.* — *Sermon en faveur des cocus.* — *Les ad-
> mirables secrets d'Albert-le-Grand.* — *La Magie naturelle,* etc., etc.

3311 *bis.* Les Belles Grecques, ou l'Histoire des plus fameuses
courtisanes de la Grèce, et Dialogues nouveaux des Galantes
modernes (par Mme Durand). *Amst.*, 1721, in-12, bas.

3312. Réflexions nouvelles sur les femmes, par une dame
de la cour de France (la marquise de Lambert). *Londres*,
1730, in-12, rel. pleine en v. fauve, à nerfs, fil.; tête dor.,
non rogné.

> Volume rare et en belle condition. C'est l'ouvrage le plus diffi-
> cile à trouver de la marquise de Lambert.

3313. Mémoires historiques et secrets concernant les amours
des Rois de France (par Sauval). *A Paris, vis-a-vis le Cheval
de bronze*, 1739, pet. in-12, vél.

> Contenant : le mal de Naples et son origine. — Assemblée de
> l'Évêque de Paris et du Prévost des Marchands à ce sujet. — Taxe
> sur les maisons pour entretenir un hôpital pour ces maladies. —
> Statuts curieux dressés à ce sujet. — Henry III et le duc de
> Mayenne attaqués de ce mal. — Trésors des rois de France, etc.,
> etc...

3314. L'Art de connoître les femmes, avec des pensées libres
sur divers sujets et une dissertation sur l'adultère, par le

chevalier Plante-Amour. *Amsterdam*, 1749, pet. in-8, dem.-
rel.

3315. Cléon, rhéteur cyrénéen, ou Apologie d'une partie de
l'histoire naturelle (par Thorel de Champigneulles). *Amsterdam*, 1750, pet. in-8, v. marbr. (*Bel exemplaire.*)

3316. Voyage et Description du temple de Cythère, suivi du
Rien-de-Trop, et du Ranné et de Mascaves. *A Cythère, chez
Cupidon*, 1752, 2 tom. en 1 vol. in-12, v.

3317. Défenses du beau sexe, ou Mémoires historiques, philosophiques et critiques, pour servir d'apologie aux femmes
(par Dom Caffiaux). *Amsterdam*, 1753, 4 tom. en 2 vol. in-12,
v. marbr.

3318. Lunettes à éclaircir la vue, ou Aventure singulière arrivée récemment à Paris en un hôtel garni, et rapportée par
M. D. L., sous le nom de Quidam, et cela pour le bien des
maîtres des hôtels et des honnêtes gens qui y logent... la
source vraie des passions, des nécessités et des maux des
deux sexes, etc., poëme burlesque (par Coulon). *Amsterdam,
et se trouve à Paris chez Humaire*, 1769, in-12, mar. vert,
fil., compart., tr. dor.

> Pièce en vers. Cette piquante facétie est peu commune. Il y est
> traité principalement des vices des femmes : *Incontinence des fem-
> mes. — Dépit, malice et vengeance des femmes. — Luxure, détours, pru-
> derie et colère des femmes. — Repentir, rechute. — Représentations et in-
> vitations aux maîtres d'hôtel d'avoir l'œil sur leurs domestiques*, etc.,
> etc... C'est un tableau naïf et curieux des vices d'une certaine
> partie de la société du xviiiᵉ siècle.

3319. Lettre d'Alcibiade à Glicère, bouquetière d'Athènes,
suivie d'une épître à la maîtresse que j'aurai. *Genève*, 1764,
charmantes fig. et vignettes d'Eisen. — Lettres de Billis à
Caunus. *Paris*, 1765, fig. de Gravelot. — Lettre de l'abbé de
Rancé à un ami. *Genève*, 1765, fig. d'Eisen. — Lettre de
Caïn à Méhala, son épouse. *Paris*, 1765, fig. de Le Mire. —
Lettre de Barnevelt dans sa prison. *Paris*, 1764, vignettes
de De Longueil. — Lettre du comte de Comminges. *Paris*,
1764, fig. et vignettes d'Eisen et d'Aliamet. — Lettre de Val-
cour, chevalier françois à Zeila esclave à Constantinople. *En
France*, 1764. — Lettre de Valcour à son père. *Paris*, 1767,
fig. d'Eisen. — Réponse de Valcour à Zeila. *Paris*, 1766. —
Lettres de Gabrielle d'Estrées à Henry IV. *Paris*, 1766, fig.
d'Eisen. — Lettre de Sapho à Phaon. *Paris*, 1766, fig. de
Gravelot et culs-de-lampe de Choffart. — Lettres en vers, ou
Epîtres héroïques et amoureuses. *Paris*, 1766, fig. d'Eisen et
de Longueil. — Lettre de Julie à Ovide. *Genève*, 1766. —
Lettre d'Ovide à Julie. *S. l.*, 1767, fig. d'Eisen. — Lettre de
Caton d'Utique à César. *Paris*, 1766, fig. de Gravelot et Fes-

sart. — Le Pot-Pourri, épître à qui on voudra. *Genève*, 1764, fig. d'Eisen et de Longueil. En tout, 16 pièces ou ouvrages en 2 vol. in-8, grand papier, v. marbr., fil.

3320. La Philosophie des vapeurs ou Lettres raisonnées d'une jolie femme. *Lausanne et Paris*, 1774, pet. in-12, br., *non rogné*.

> Ce volume curieux se termine par une pièce intitulée : « *Le souper de Ninon.* »

3321. L'Art de rendre les femmes fidèles. *Paris et Genève*, 1779, 2 vol. in-12, br., *non rognés*.

3322. L'Art de rendre les femmes fidèlles. *Genève*, 1783, 2 vol. pet. in-12, br., *non rognés*.

3323. Honny soit qui mal y pense, ou Histoire des filles célèbres du xviiiᵉ siècle (par Desboulmiers). *Londres*, 1780, 6 parf. en un vol. in-12, dem.-rel.

3324. Étrennes aux Dames, contenant une notice des femmes illustrés dans les belles-lettres, et une notice des livres composés par des femmes (par J. B. Guill. Musier). *Paris*, 1763, pet. in-12, v. marbr.

> Contenant une curieuse liste de poésies composées par des femmes du xviiᵉ siècle.

3325. Porte-feuille d'un exempt de police. *Londres*, 1785, in-8, dem.-rel., v. fauve, à nerfs, doré en tête, non rogné. (*Thompson.*)

> Ouvrage piquant et peu commun. — Bel exemplaire.

3326. Recueil de pièces sur les femmes. In-8, v. marbr.

> Histoire générale des femmes, mêlée d'anecdotes. *Paris*, 1788. — Petit Traité de l'amour des femmes pour les sots (par de Champcenetz). *A Bagatelle*, 1788. — Petit Commentaire sur le titre de la petite brochure : Petit Traité de l'amour des femmes pour les sots. *A Saint-Lazare, chez Donat Gourdin, à l'enseigne de la Correction*, 1788. — Requête adressée à M. le duc d'Orléans par les demoiselles de Launay, Latierce, Labacante, et autres,-pour obtenir l'entrée du Palais-Royal, qui leur a été interdite. S. l. n. d. (vers 1786), etc... etc...

3327. L'Art de corriger et de rendre les hommes constants, par Mme la baronne de Vasse. *Paris*, 1789, in-18, br., *non rogné.*

3328. La Chasteté du clergé dévoilée, ou procès-verbaux des séances du clergé chez les filles de Paris, trouvés à la Bastille. *Rome et Paris*, 1790, 2 vol. in-8, dem.-rel.

3329. J. H. Meibomii de flagrorum usu in re medica et venerea et lumborum renumque officio, edente Cl. Mercier. *Parisiis, sumpt. Jac. Girouard*, 1792, in-18, fig., v. éc.

3330. Les Veillées du couvent, ou le Noviciat d'amour, poëme éroti-satyrique, en prose et en cinq livres, par C. F. X. M. D. C. (Claude-François-Xavier Mercier de Compiègne). *Paris*, 1793, pet. in-18, fig., dem.-rel.

3331. Histoire de la Galanterie chez les différens peuples. *Paris*, 1793, 2 vol. in-18, fig., br.

3332. Le Sérail, ou Histoire des intrigues secrettes et amoureuses des femmes du Grand-Seigneur, par Grasset Saint-Sauveur. *Paris, an IV* (1796), 2 vol. in-18, fig., cart., *non rognés.*

3333. Lucina sine concubitu, Lucine affranchie des loix du concours, ouvrage singulier, trad. de l'anglais de Johnson (John Hill), par le citoyen Moët. *Paris, Mercier de Compiègne*, 1795, in-18, v. rac.

3334. Vénus la Populaire ou Apologie des maisons de joie, trad. de l'anglois (par Mercier de Compiègne). *Paris, s. d.* (1797), in-18, dem.-rel.

3335. Essai sur la supériorité intellectuelle de la femme, dédié à S. M. Fréd.-Louise, reine de Prusse, par le chevalier Dell' Acqua. *Berlin*, 1798, pet. in-8, grand papier, dem.-rel., mar. r., fil.

3336. Eloge du Sein des femmes, ouvrage curieux dans lequel on examine s'il doit être découvert, s'il est permis de le toucher, quelles sont ses vertus, sa forme, son langage, son éloquence, les pays où il est le plus beau et les moyens les plus sûrs de le conserver (par Mercier de Compiègne). *Paris*, 1803, in-18, frontisp. gravé, br., *non rogné.*

3337. Fragmentum Petronii ex Bibliothecæ S. Galli antiquissimo MSS. excerptum, nunc primum in lucem editum, gallice vertit ac notis perpetuis illustravit Lallemandus S. Theologiæ doctor. *S. l. (Basileæ)*, 1800, pet. in-8, br.

> Ce petit volume tiré à petit nombre n'est pas du tout un fragment de Pétrone. C'est un pastiche admirable, d'un Espagnol nommé Marchena. Cette priapée est un livre rare. Voir Brunet, qui en cite une adjudication de 25 francs.

3338. Le Boudoir des Courtisanes de l'antiquité, ou Anecdotes curieuses sur ces femmes galantes. *Paris*, 1810, 2 vol. in-18, br.

3339. Des Avantages attachés à la clôture des femmes, et des Inconvénients inséparables de leur liberté, ouvrage trad. du chinois en russe, et du russe en français, par A. D. (Delpla). *Paris*, 1816, in-12, br., non rogné.

Ouvrage singulier et rare. C'est une très-violente satire contre les femmes. L'auteur semble prendre mille précautions pour présenter un livre « qui manque, dit-il, à la littérature de l'Europe. »

3340. Sermon pour la consolation des Cocus, suivi de plusieurs autres, comme celui du curé de Colignac, etc. *Amboise, J. Coucou, a la Corne de Cerf*, 1751. — Le Cocu consolateur (par Caron). Sermon d'un cordelier à des voleurs qui lui demandoient de l'argent ou la vie. 1752, le tout en 1 vol. in-12, dem.-rel., mar. orange du Lev., à nerfs, tête dorée, *non rogné*.

Réimpressions de pièces rares, faite vers 1820. Elles sont tirées à petit nombre.

3341. De la Femme sous ses rapports physiologique, moral et littéraire, par J.-J. Virey. *Paris*, 1823, in-18, dem.-rel., v. fauve, non rogné.

3342. La Vie de garçon dans les hôtels garnis, ou Cujas, Esculape et l'Amour, petite galerie galante, pittoresque, etc., faisant voir la lanterne magique des intrigues des hôtels-garnis, par un parasite logé à pouf au grenier. *Paris*, 1823, in-18, fig., br.

3343. Matinées gaillardes, curieuses et amusantes du Palais-Royal et de ses alentours, ou Récit fidèle des plaisirs et aventures dont ces lieux ont été et sont encore le théâtre, précédées des amours secrets de Mlle Julie B***, devenue comtesse de l'empire, racontés par elle-même (par Cuisin). *Paris*, 1834. — Les Fastes, Ruses et Intrigues de la galanterie, ou Tableaux de l'amour et du plaisir, par le même. *Paris*, 1834, 2 ouvr. en 1 vol. in-18, dem.-rel., v. antiq.

XXIV. — EPISTOLAIRES.

3344. CICERONIS Epistolæ ad Atticum Brutum et Quintum fratrem, cum ipsius Attici vita. *VENETIIS, NICOL. JENSON*, 1470, in-fol., lettres rondes, mar. rouge, fil., dent. tr. dor. (*Bozérian*.)

EDITION PRINCEPS, rare et précieuse. Elle est imprimée avec les caractères neufs de Nicolas Jenson, et sur un papier dit *charta maxima*, qui a toute la blancheur et toute la solidité du vélin. La justification en est vraiment admirable. Ce chef-d'œuvre d'impression fut payé 400 fr. chez Mac-Carthy et jusqu'à 540 francs à la vente La Vallière. — Bel exemplaire.

3345. C. Plinii Cœcilii Secundi Epistolarum libri X et Pane-
gyricus. *Lugd.-Batavorum, Elsevier*, 1640, pet. in-12, vél.
de Hollande.

> La bonne édition des Elzevier. — Bel exemplaire.

3346. Lettres inédites de Marc-Aurèle et de Fronton, retrou-
vées sur les palimpsestes de Milan et de Rome, trad. avec le
texte latin en regard et des notes, par A. Cassan. *Paris*, 1830,
2 vol. in-8, dem.-rel.

3347. Leonardi Bruni Arretini epistolarum lib. VIII, recen-
sente Laur. Mehus. *Florentiæ*, 1741, 2 vol. gr. in-8, vél.,
non rognés.

3348. Æneæ Silvii Epistolæ. (In fine :) *Pie II Pontificis Maximi,
cui ante summum episcopatum..., Æneas Silvius nomen
erat familiares epistolæ ad diversos in quadruplici vitæ ejus
statu transmissæ. Impensis Anthonii Koberger Nurembergæ
impressæ*, 1486, in-4, rel. du xve siècle en bois recouverte
en v. estampé et historié, les bordures représentent des scènes de chasse et au milieu on lit le premier verset de l'*Ave
Maria*.

> Cette édition des lettres d'Æneas Sylvius est plus complète que
> plusieurs autres qui parurent dans la suite. M. Brunet commet une
> erreur en lui assignant la date de 1481. Il ne l'a point décrite sans
> doute *de visu*. Elle nous paraît imprimée à Lyon où Koberger faisait
> souvent exécuter pour son compte les impressions auxquelles ne
> pouvait suffire son atelier de Nuremberg.

3349. **Epistole** Gasperini. *Absque nota (circa* 1490), in-4,
goth., cart.

3350. Jac. Sadoleti Episcopi Carpentoracti Epistolarum lib.
VI. *Coloniæ Agrippinæ*, 1580, in-8, vél.

> Exemplaire ayant appartenu au savant HUET, évêque d'Avran-
> ches, qui y a joint son *ex-libris* et UNE PAGE ENTIÈRE ÉCRITE DE SA
> MAIN.

3351. Epistolas VIII B. Martini Lutheri ex autographis primum recenset Christ. Gotl. Schwarzius. *Altorfii*, 1740, pet.
in-4, dem.-rel., dos et coins de mar. bl.

> Lettres intéressantes de Martin Luther, *moine augustin*, adressées
> à Christophe Scheurl, de Nuremberg, de 1517 à 1519. La plupart de
> ces lettres sont très-affectueuses. Nous signalerons un passage dans
> lequel il demande des nouvelles de son ami le très-grand artiste
> ALBERT DURER.

3352. Jani Nici Erythræi Epistolæ ad diversos. *Coloniæ*
(*Amstelod., Blaeu*), 1645, in-8, portr., v., fil.

> Jolie édition, ornée d'un très-beau portrait de l'auteur.

3353. H. Grotii Epistolæ ad Gallos. *Lugd.-Batav., ex off. Elze-viriana,* 1648, pet. in-12, vél.

> Lettres adressées à Aubery du Maurier, Cl. Saumaise, Denys Petau, Guill. du Vair, Fr. Aug. et Jacq.-Aug. de Thou, Jér. Bignon, Jacq. Du Puys, Peiresc, Gassendi, etc., avec quelques réponses de ces derniers en français.

3354. D. Baudii epistolæ et orationes. *Amstelodami, typis Ludovici Elzevirii,* 1654, pet. in-12, front. gravé, v. fauve.

> Bel exemplaire.

3355. Syllogé Epistolarum a viris illustribus scriptarum, collect. par Petr. Burmannum. *Leidæ,* 1727, 5 vol. in-4, vélin cordé de Hollande.

> Un des rares exemplaires tirés sur GRAND PAPIER, lesquels ont été vendus jusqu'à 96 fr. (*V. Brunet.*) L'intérêt de cet important ouvrage est bien connu des érudits. On y trouve rassemblées les plus savantes et les plus curieuses dissertations des grands philologues des XVe, XVIe et XVIIe siècles, savoir : Casaubon, Juste-Lipse, Gronovius, Passerat (de Troyes), Huet, évêque d'Avranches, Æneas Syvius, Cajetan, Camerarius, Calvin, Mélanchton, Théodore de Bèze, Gab. Naudé, Posserin, Baluze, Morus, etc., etc., etc. La matière en est très-variée : histoire, jurisprudence, usages singuliers, proverbes, blason, sorcellerie, théâtre, jeux divers des anciens et des modernes, etc. ; tout ce qui peut faire l'objet de la curiosité ou de l'étude y a trouvé place ; et la forme épistolaire, qui facilite les épanchements intimes et l'anecdote, contribue à faire de ce recueil le meilleur répertoire des choses intéressantes de la science et des lettres.

3356. Trois Lettres d'Alix de Champé, dame de Vendières, au duc de Lorraine Raoul-le-Vaillant, 1334-1346, et de l'abbaye de Beaupré, sépulture ducale. *Nancy,* 1838, pet. in-4, fig. cart.

> Ce livre n'a été tiré qu'à 100 exemplaires. Il est rempli de fleurons, lettres ornées, encadrements, marques typographiques, paysages et monuments gravés sur bois, à l'imitation des premiers essais de l'imprimerie en Lorraine.

3357. Guilielmi Houveti Carnotensis Micropœdia Epistolaris. *Væneunt (Parisiis) apud Joa. Gormontium (circa 1508),* pet. in-8 carré, cart. ant.

> Volume très-rare, par Guill. Houvet, de Chartres, et rédigé en FRANÇAIS, bien que le titre soit en latin. — C'est un très-curieux formulaire de lettres missives en *français* avec la traduction en latin.

3358. Lettres de Henri VIII à Anne Boleyn, publiées d'après les originaux de la bibliothèque du Vatican, par G. A. Crapelet. *Paris, Crapelet,* 1835, grand in-8 jésus, portr., br.

> Exemplaire en très-grand papier jésus vélin de Hollande.

3359. Nouveau Stile et Manière de composer, dicter et escrire toutes sortes d'epistres ou lettres missives, tant par responce

qu'autrement, plus les lettres amoureuses des amans pas-
sionez. *Paris, Nicolas Bonfons, 1583, in-16, vél.*

Exemplaire très-grand de marges, avec témoins.

3360. Lettres choisies du Sr de Balzac. *A Leiden, chez les Elseviers, 1652, pet. in-12, front. gravé, vél.*

Edition rare sous cette date. On y trouve la fameuse lettre de
Balzac *aux Elsevier.* Exemplaire très-grand de marges. Hauteur :
134 millim.

3361. Lettres choisies du Sr de Balzac. *Amsterdam, chez les
Elseviers, 1678, pet. in-12, front. gravé, v. br. (Bel exemplaire.)*

3362. Lettres choisies de Christine, reine de Suède, à Descartes, Gassendi, Grotius, Pascal, Bayle, au prince de Condé, etc.,
avec la mort tragique de Monadeski, son grand-écuyer, par
M. L*** (Lacombe). *A Villefranche (Paris), chez Hardi Filo-
crate, 1759, 2 t. en 1 vol. in-12, v. m. (Bel exemplaire.)*

3363. Lettres et Discours de M. de Sorbière, sur diverses matières curieuses. *Paris, Clousier, 1660, pet. in-4, v., dent.*

On lit sur l'un des plats du volume l'inscription suivante: «Ex
munific. D. D. de Rastignac, Turonens. archiep. »

3364. Lettres familières de Conrard à Félibien. *Paris, Cl. Barbin, 1681, in-12, v. br.*

3365. Lettres de M. Arnauld d'Andilly. *Paris, N. Le Gras,
1694, in-12, v.*

Ces lettres, adressées pour la plupart à de grands personnages,
sont intéressantes pour l'histoire et pour les familles. On en trouve
d'adressées à la mère du cardinal de *Retz,* au cardinal *de Retz,* à la
marquise de SENECEY sur la mort de son mari, au cardinal de *Richelieu,*
à M. de *Fabert, gouverneur de* SEDAN, aux officiers du bailliage de Mor-
tain en Normandie, à la marquise de Sablé, etc... D'autres de ces lettres ont trait à des faits militaires tels que le siége de *Gravelines,* la
prise de *Landrecies,* la bataille de *Thionville,* la défaite des Anglais
en l'île de *Ré,* la victoire navale du duc de *Montmorency* sur les *Ro-
chellois,* etc., etc.

3366. Lettres inédites de Mme de Longueville, publ. avec des
notes, par F.-G. Malvoisine (F. Grille). *Angers, 1844, in-8,
v. rac.*

3367. Quatre Lettres inédites de Mme de Maintenon, précéd. et
acc. d'un précis historique, par V. Fouque. *Paris, 1864,
in-8, br.*

3368. Lettres choisies de M. Simon, où l'on trouve un grand
nombre de faits anecdotes de littérature, publ. par Bruzen
de la Martinière. *Amsterdam, 1730, 4 vol. in-12, v.*

3369. Recueil des lettres de madame la marquise de Sévigné, à Mme la comtesse de Grignan, sa fille (publ. par le chevalier de Perrin). *Paris*, 1734-37, 6 vol. in-12, portr. — Recueil de lettres de Mme de Sévigné. *Paris*, 1785, 1 vol. — Recueil de lettres choisies pour servir de suite aux lettres de Mme de Sévigné. *Paris*, 1774, 1 vol. Ensemble 8 vol. in-12, v.

Les 6 volumes du Recueil du chevalier de Perrin forment la première édition collective des lettres de madame de Sévigné. On a ajouté à cet exemplaire un tome VII, contenant des lettres omises par le chevalier de Perrin, et un tome VIII⁰ où paraissent pour *la première fois* en recueil, diverses lettres de madame de Sévigné qui se trouvaient comprises parmi les lettres de Bussy-Rabutin. — Cet exemplaire est uniforme de reliure. — Nous ferons remarquer que M. Brunet indique la date de 1775 comme première édition du VIII⁰ volume de Sévigné ; notre exemplaire porte bien la date de 1774.

3370. Recueil des lettres de Mme la marquise de Sévigné à Mme la comtesse de Grignan (publ. par le chevalier de Perrin). *Paris*, 1738, 6 vol. in-12, portr., v.

Seconde édition du chevalier de Perrin, avec quelques changements et augmentations.

3371. Lettres de madame de S*** (Sévigné) à M. de Pomponne (sur le procès de Fouquet). *Amsterdam* (*Paris*), 1756, in-12, v. marbr.

EDITION ORIGINALE de ces lettres. — Bel exemplaire.

3372. Recueil des lettres de Mme la marquise de Sévigné à Mme la Ctésse de Grignan, sa fille. *Paris*, 1785, 8 vol. in-12, dem.-rel., dos et coins de cuir de Russie, à nerfs, *non rognés*.

Bel exemplaire de cette édition, faite avec soin et revue sur celle du chevalier de Perrin. Le 8⁰ volume contient des lettres de madame de Sévigné à madame de La Fayette, à la duchesse de Chaulnes et autres, publiées pour la première fois.

3373. Lettres de Mme la marquise de Villars, ambassadrice en Espagne. *Amsterdam*, 1760, pet. in-12, v. m.

Edition originale. Le chevalier de Perrin, éditeur des Lettres de Mᵐᵉ de Sévigné, se disposait à faire imprimer les lettres de Mᵐᵉ de Villars, lorsqu'il mourut en 1754.

3374. Lettres de madame la marquise de Pompadour, depuis 1746 jusqu'à 1752. *Londres*, 1775, 2 tom. en un vol. in-12, v. fauve, fil.

3375. Lettres Juives (par le marquis d'Argens). *La Haye*, 1742, 6 vol., front. gr. — Lettres Cabalistiques, par le même. *La Haye*, 1741, 6 vol. — Lettres Chinoises, par le même. *La Haye*, 1756, 5 vol. Ensemble 18 vol. pet. in-12, dem.-rel., *non rognés*.

3376. Lettres de feu M. l'abbé de St-Cyr à M. le Dauphin Père
de Louis Seize, pendant la campagne de Flandres, en 1747,
avec quelques fragments, — pet. in-8, v. m.

> MANUSCRIT DU XVIIIᵉ SIÈCLE, d'une bonne écriture. Avec l'*ex-libris*
> de M. de Cangey, *gentilhomme ordinaire de la Chambre de monseigneur
> le comte d'Artois.*

3377. Lettres secrettes de M. de Voltaire, publ. par M. L. B.
(Robinet). *Genève*, 1765, pet. in-8, br., non rogné. (*Edition
originale.*)

3378. Correspondance de Voltaire et du cardinal de Bernis
depuis 1761 jusqu'à 1777, publ. d'après leurs lettres originales, par le citoyen Bourgoing. *Paris, an VII*, in-8, br.

3379. Nouveaux voyages en plusieurs provinces de France, ou
Correspondances de Mme de G*** (Gauthier). *Londres et Paris*, 1787, in-12, v. m. fil.

> Ouvrage curieux, écrit sous forme de lettres, par une femme scep-
> tique. Le style en est vif, aisé et correct. Il y des anecdotes, et
> même une longue nouvelle, plusieurs fois quittée et reprise : *His-
> toire de Mlle de Lusignan.* « Page 17 et suivantes on trouve quelques
> « détails sur la ville de *TOURS* en 1787, et notamment sur l'Hôtel
> « Papion, qui était alors la maison la plus somptueuse de la ville. »
> (Note de M. Luzarche).

3380. Lettres de Mme la princesse de Gonzague sur l'Italie, la
France, l'Allemagne et les beaux-arts. *Hambourg*, 1797,
2 vol. in-8, v. m.

3381. Lettres originales de Mirabeau, écrites du donjon de
Vincennes, contenant tous les détails sur sa vie privée, ses
malheurs et ses amours avec Sophie Ruffei, marquise de
Monnier, recueillies par le cit. P. Manuel. *Paris*, 1792, 4 vol.
in-12, dem.-rel.

3382. Mélanges ou lettres de S. P. Mérard-St-Just. *Chez l'auteur*, 1794, in-18, papier vélin, br.

> Tiré à 25 exemplaires seulement, dont à peine quelques-uns sur
> papier vélin.

3383. Lettres de L. B. Lauraguais, dans lesquelles on trouve
des jugements sur quelques ouvrages; la vie de l'abbé de
Voisenon; une conversation de Champfort sur l'abbé Sieyes,
et un fragment des mémoires de madame de Brancas sur
Louis XV et madame de Chateauroux. *Paris*, 1802, in-8,
dem.-rel., v. antiq.

> Ce livre est d'autant plus intéressant qu'il ne contient que des
> causeries sans suite ni méthode, en mauvais style, mais remplies de
> bonne humeur; des dissertations singulières sur des points vulgai-
> res, des récits curieux et même parfois un peu gaillards, comme
> celui des aventures de *Mademoiselle Provost et de l'abbé d'Alègre*, lequel
> avait un nom prédestiné.

3384. Clarorum Venetorum ad Ant. Magliabechium nonnullosque alios epistolæ, ex autographis in Bibl. Magliabechiana quæ nunc publica Florentinorum est, adservatis descriptæ. *Flor.*, 1745, 2 tom. en 1 vol. in-8, bas.

Nous n'avons pas besoin de dire que ces lettres sont reproduites telles qu'elles ont été écrites, en langue italienne, malgré l'énoncé du titre, qui est latin. Chaque tome est précédé d'un résumé bibliographique. Plusieurs de ces lettres contiennent de précieux documents sur les origines et les progrès de l'imprimerie en Italie. Trompé par le titre de ce recueil, M. Brunet l'a classé dans les épistolaires modernes qui ont écrit en latin.

3385. Lettere volgari di diversi eccellentiss. huomini, in diverse materie (raccolt. da Paolo Manutio). *Vinegia, figliuoli di Aldo*, 1545-51, 2 vol. in-8, l'un cart., l'autre en dem.-rel. mar.

Ce recueil se trouve très-difficilement complet.

3386. Lettere di XIII huomini illustri (Il Tasso, Sadoleto, Ann. Caro, P. Sadoleto, vesc. di Carpentras, etc., etc.). *Vinetia*, 1554, in-8, vél.

3387. Lettere di XIII huomini illustri. *Vinetia, Comin da Trino di Monferrato*, 1564, in-8, vél.

Lettres intéressantes de Bembo, Sadolet, Laurent le Magnifique, Sannazar, Jean Boccace, Jérome de Pise, etc., etc.

3388. Lettere di XIII huomini illustri, raccolt. da Thom. Porcacchi. *Venegia, Gio. de' Cavalli*, 1565, in-8 de 959 pages vél.

3389. Lettere di diversi excellentiss. huomini, raccolte da diversi libri. *Venegia, G. Giolito*, 1554, in-8, vél.

Un des meilleurs recueils épistolaires. Il fut donné par L. Dolce, et contient beaucoup de lettres qui n'avaient jamais paru. C'est ici la première édition de ce livre, qui fut réimprimé en 1569.

3390. Lettere di Cl. Tolomei. *Vinetia, Gab. Giolito*, 1549, in-8, dem.-rel.

Ces lettres contiennent de curieuses révélations sur les mœurs italiennes au XVIᵉ siècle.

3391. Lettere di P. Bembo. *Venegia, Guall. Scotto*, 1552, 1 vol. in-8, vél.

Première édition. Elle n'est citée ni par Haym, ni par Brunet.

3392. Lettere volgari di diversi gentilhuomini del Monferrato, racc. da Messer Stef. Guazzo. *Brescia*, 1565, in-8, vél.

Première édition de ce recueil, qui fut souvent réimprimé.

3393. Lettere amorose del Mag. M. Aluise Pasqualigo. *Vinegia*, 1573, in-8 de 671 pages, parch.

3394. Lettere amorose di diversi huomini illustri, raccolte da Fr. Sansovino. *Venetia*, 1606, pet. in-8, cart.

> « Fort curieux, et inconnu à M. Brunet. » (*Note de M. Luzarche.*)

3395. Registro di lettere del cardinal Mazzarin del primo di gennaro per tutto decembre dell' anno 1648. — In-4, vél.

> MANUSCRIT DU XVIIe SIECLE d'environ 900 pages d'une bonne écriture. Ces lettres italiennes du cardinal Mazarin adressées à divers personnages de l'époque sont inédites. M. Luzarche a joint à ce manuscrit une excellente table de toutes ces lettres.

3396. Lettres intéressantes du pape Clément XIV (Ganganelli), trad. de l'italien et du latin (par Caraccioli). *Paris et Rouen*, 1776,77, 4 tom. en 4 vol. — Vie du pape Clément XIV (par le même). *Paris*, 1776, 1 vol. Ensemble 4 vol. in-12, fig., v. marbr.

> Bel exemplaire, de reliure uniforme, ayant fait partie de la bibliothèque particulière de l'un des éditeurs. *Lottin jeune* dont la signature autographe se trouve sur les volumes.

3397. Cartas eruditas de algunos literatos Españoles, publicalas de Melchor de Azagra. *Madrid*, *Ibavra*, 1775, in-8, vél.

3398. Epistles domestic, confidential, and official, from general Washington. *New-York*, 1796, in-8, portr., cart., non rogné.

XXV. — SATIRES.

3399. Lucien, de la traduction de N. Perrot, S^r d'Albancourt. *Imprimé à la Haye et se vend à Paris, chez Aug. Courbé*, 1660, 2 vol. in-8, rel. pleine en mar. bleu du Lev., à nerfs, devise sur les plats, dent. intér., tr. dor.

> Très-bel exemplaire de l'édition la plus complète et la plus recherchée. — Elle est fort joliment imprimée avec des caractères elzéviriens ; on y remarque le fleuron à la *Tête de buffle*, bien connu pour avoir été employé par les *Elsevier*.

3400. Pétrone latin et françois (trad. par Nodot). *S. l.*, 1694, 1713, 2 vol. in-12, fig., v. f. (*Anc. reliure.*)

> Aux armes de la COMTESSE DE VERRUE, dite la *Dame de Volupté*. Chacun des volumes porte sur les plats de la reliure : *Meudon*, en lettres d'or. ce qui indique la bibliothèque que Mme de Verrue avait formée à Meudon, et non la provenance d'un *Monsieur Meullon*, selon certains libraires prétentieux et ignorants. — Le titre du premier volume est doublé.

3401. Satyre de Pétrone, par M. de Boispreaux. *La Haye, J. Neaulme,* 1742, 2 tom. en 1 vol. in-8, front. gr., v. m., fil., dos orné.

> Bel exemplaire.

†3402. Epistolarum obscurorum Virorum ad Dom. M. Ortuinum Gratium volumina II, ex tam multis libris conglutinata, quod unus pinguis cocus, per X annos, oves, boves, sues, grues, passeres, anseres, etc..., coquere, vel aliquis famosus calefactor centum magna hypocausta per XX annos ab eis calefacere posset. *Londini,* 1742, 2 tom. en 1 vol. pet. in-8, dem.-rel., vél.

> Edition la meilleure de ce célèbre ouvrage d'Ulrich de Hutten, dans lequel il a donné carrière à sa verve satyrique contre les moines, contre le pape et souvent contre des personnages qui avaient été ses amis. On trouve à la fin la complainte en français de *Pierre Liset* sur son nez :
>
> « Prest à tomber par fortune
> « De la vérole importune. »
>
> Reuchlin et plusieurs autres savants du xvie siècle collaborèrent à ce livre, que Léon X condamna au feu.

†3403. Lucii Corn. Europæi Monarchia Solipsorum ad virum clarissimum Leonem Allatium (authore Melchiore Inchoffer). *Juxta exemplar Venetum (Amstelodami, Lud. Elsevier),* 1648, pet. in-12, vél.

> Véritable Elsevier ; un des volumes les plus rares de la collection de ces imprimeurs. — Bel exemplaire.

3404. L'Introduction au traité de la conformité des merveilles anciennes avec les modernes, ou Traité préparatif à l'Apologie pour Hérodote, par Henri Estiene (*sic*). *S. l.,* 1566, in-8, réglé, rel. pleine en mar. rouge, à nerfs, dent. intér., tr. dor. (*Thompson.*)

> « Edition originale, rare et recherchée, dit Brunet, parce qu'elle est la seule des anciennes éditions dont le texte n'ait pas été altéré. » — Exemplaire parfaitement conforme à la description du *Manuel du libraire.*

3405. L'Introduction au traité de la conformité des merveilles anciennes avec les modernes (par Henry Estienne). *S. l. (Genève, H. Estienne), l'an 1566, au mois de novembre,* in-8, reliure pleine en mar. bleu du Levant, à nerfs, fil., dent. intér., tr. dor.

3406. L'Introduction au traité de la conformité des merveilles... (par Henry Estienne). *S. l., l'an 1579, au mois de mars,* in-8, rel. pleine en mar. bleu du Levant, à nerfs, fil., dent. intér., tr. dor.

3407. L'Introduction au traité de la conformité des merveilles...

(par H. Estienne). *S. l., sur les Hasles, l'an* 1607, in-8, vél.

Édition rare et sans suppressions. Quoiqu'elle ne porte pas de lieu, il est certain pour nous qu'elle a été exécutée à MONTBÉLIARD par Jacques Foillet, de Tarare. Sa marque se trouve sur le titre; sa boutique et son atelier étaient établis *sous les Halles de Mont*-*béliard*, qui existent encore aujourd'hui.

3408. LE CATHOLICON D'ESPAGNE et la tenue des Estats à Paris, par Messieurs de la S. Union, avec le testament d'icelle, le tout reveu et augmenté de nouveau. *A Turin, par T. Ca*-*rabiaco*, 1594, in-8 de 184 pag., rel. pleine en mar. br. du Levant, à nerfs, ornements style XVIᵉ siècle, avec devise sur les plats, dent. int., tr. dor. (*Capé.*)

FORT BEL EXEMPLAIRE DE CETTE ÉDITION TRÈS-RARE, et d'une grande importance comme texte. Elle est soigneusement décrite par David Clément (VI, p. 451), qui indique les passages qui y ont été ou ajoutés ou changés. M. P. Deschamps, dans son *Dictionnaire de Géographie*, cite une communication que lui a transmise M. Brocard d'un passage des comptes de la ville de Langres où il est fait mention d'une somme de *deux escus* payés par la municipalité à *Me Jehan Des Preyz*, imprimeur, pour avoir imprimé le *Catholicon*. Il en conclut que cette mention doit s'appliquer à l'édition suppo-sée de Turin, *Carabiaco*, 1594. Nous connaissions ce renseignement, que M. Laboulaye, archiviste de la ville de Langres, nous avait communiqué, et que nous avons vérifié sur le registre original. Nous ne sommes pas tout à fait de l'avis de M. Deschamps. Le compte du receveur, Claude Pigney, pour cette somme de deux escus, malgré la valeur relative de la monnaie et le bas prix de la main-d'œuvre des maîtres imprimeurs au XVIᵉ siècle, ne peut s'appli-quer à ce volume de 184 pages. On ne doit pas oublier que le premier jet de la Satire Ménippée parut sous le titre de *Vertu du Catholicon d'Espagne*. C'est, suivant M. Leber, qui affirme l'avoir vu, un petit opuscule de 15 feuillets. C'est bien là, il nous semble, une de ces éditions que maître Jehan des Preyz a imprimées pour le compte de la municipalité langroise, dont le maire Jacq. Roussat était en correspondance suivie avec Henri IV. — Quant à notre édition de *Turin, Carabiaco*, il n'est pas impossible que ce soit une nouvelle édition augmentée sortie des presses langroises, quoique nous soup-çonnions plutôt Troyes ou Reims, comme son véritable lieu d'ori-gine. Le moyen le plus sûr de trancher la question serait de comparer les caractères avec ceux déjà employés dans les volumes portant le nom de Jehan des Preyz. — Nous ferons encore remarquer qu'une partie des pièces qu'on lit à la fin de cette édition ne se retrouvent plus dans les éditions suivantes. Nous citerons notamment un très-curieux dialogue intitulé: *Cacochyme ou Catéchisme du docteur Pan*-*talon et de son disciple Zani*, qui se termine par *La jeune et nouvelle chanson chantée des Moynes moinans, menans le branle, et la response des Dames d'âme joyeuse de Rheims.* Cette chanson fait allusion à la prise de *Laon* par Henri IV, et est remplie d'équivoques dans le genre de celles-ci: *Adieu* LAN *et ses douze mois; nostre Rheims et nos reins chérit, etc..., etc....*

3409. Satyre Ménippée de la vertu du Catholicon d'Espagne. *Imprimée sur la copie de ceste année* 1593, pet. in-12, fig. s. bois, mar. r., fil., dos orné, tr. dor. (*Anc. reliure.*)

3410. SATYRE MÉNIPPÉE de la vertu du Catholicon d'Espagne.

et de la tenue des Estaz de Paris, à laquelle est adiousté un discours sur l'interprétation du mot de Higuiero d'Infierno et qui en est l'autheur, avec les pourtraicts des deux charlatans et du seigneur Agnoste, plus le regret sur la mort de l'Asne, ligueur d'une damoyselle qui mourut durant le siége de Paris. *S. l.*, MDXC XIIII (1594), in-12 de XXIV et 323 p., fig. sur bois, rel. pleine en mar. olive foncé du Levant, à nerfs, dos orné, fil., ornem. style XVIe siècle, avec devise, dent. intér., tr. dor. (*Capé.*)

> FORT-BEL EXEMPLAIRE avec témoins d'une édition rare et très-bien imprimée. Bien que la date soit chiffrée MDXCXIIII, c'est bien 1594 qu'il faut lire. Si elle eut paru en 1604, comme le veulent quelques personnes, elle devrait contenir le *Supplément du Catholicon*, qui parut en 1595, et se trouve depuis dans toutes les éditions de la Satyre Ménippée.

3411. Satyre Ménippée de la vertu du Catholicon d'Espagne et de la tenve des Estats de Paris. *S. l.*, 1595, in-8, dem.-rel., v. v., à nerfs.

> Edition rare. Bel exemplaire.

3412. Satire Ménippée de la vertu du Catholicon d'Espagne et de la tenue des Estats de Paris, avec le supplément ou suite du Catholicon. *S. l.*, 1600, 2 tom. en 1 vol. pet. in-12, fig. sur bois, vél.

3413. Satyre Ménippée de la vertu du Catholicon d'Espagne, etc. *Ratisbonne, M. Kerner (Bruxelles, Foppens, à la Sphère)*, 1664, pet. in-12, fig., mar. citr., fil., tr. dor. (*Anc. reliure.*)

> Charmante édition, qui fait partie de la collection des Elsevier. Exemplaire avec les *trois figures*. On sait que presque tous les exemplaires de cette édition ne contiennent qu'une ou deux seulement de ces figures et qu'il est *très-rare* de les trouver *toutes les trois*.

3414. Satyre Ménippée de la vertu du Catholicon d'Espagne (publ. par Le Duchat). *Ratisbonne, M. Kerner*, 1699, in-8, fig., v.

> Exemplaire avec les *trois figures*.

3415. Satyre Ménippée de la vertu du Catholicon d'Espagne. *Ratisbonne*, 1726, 3 vol. in-8, fig., bas.

3416. L'Hermaphrodite de ce temps. *S. l. n. d.* (vers 1615), pet. in-8, cart. antiq.

3417. Le Courtisan à la mode. *S. l.*, 1622, pet. in-8, cart. antiq.

> Portrait satirique des muscadins du temps. — Piquants détails sur leurs mœurs, leur tournure et leurs habits.

3418. LES AVANTURES DU BARON DE FAENESTE comprinse

(sic) en quatre parties, les trois premieres reveues, augmen-
tees et distinguees par chapitres, ensemble la quatriesme
partie nouvellement mise en lumière, le tout par le mesme
autheur (par Théod. Agrippa d'Aubigné). *Au Dézert, imprimé aux despens de l'autheur*, 1630, pet. in-8, rel. pleine
en mar. rouge du Levant, à nerfs, dos doré à la Padeloup,
fil., milieux ornés avec devise, dent. intér., tr. dor. (*Capé.*)

> MAGNIFIQUE EXEMPLAIRE, en parfait état. Seule édition com-
> plète de ces dialogues qui ait paru du vivant de l'auteur, dit M. Brunet.
> C'est donc l'édition originale collective. Les trois premiers livres
> avaient paru précédemment par parties séparées. Quant à la qua-
> trième partie, elle paraît ici pour la première fois, et le texte des
> trois autres parties y est définitivement revu par Agrippa d'Aubi-
> gné. Ce volume rare et recherché, surtout quand il se trouve en
> aussi belle condition, est sorti de la presse particulière de d'Aubigné
> établie à son château de Maillé, en Poitou, et dirigée par J. Mous-
> sat, imprimeur.

3419. Les Avantures du baron de Fœneste, par Théodore
Agrippa d'Aubigné, augment. de plusieurs remarques historiques, de l'histoire secrète de l'auteur écrite par lui-même
et de la bibliothèque de maître Guillaume, enrichie de notes
par M.*** (Le Duchat). *Amsterdam (Paris, Guérin)*, 1731,
2 tom. en 1 vol. pet. in-8, joli front. gravé à l'eau-forte par
Rigaud, rel. pleine en mar. rouge du Levant, à nerfs, dos
doré à la Padeloup, fil., milieux ornés avec devise, dent.
intér., tr. dor. (*Capé.*)

> MAGNIFIQUE EXEMPLAIRE, de toute beauté. Il serait impossi-
> ble de trouver un livre d'une condition plus irréprochable. — Ex-
> cellente édition recherchée et peu commune en aussi bel état.

3420. La Description de l'isle de Portraiture et de la ville des
Portraits (par Ch. Sorel, Sr de Souvigny). *Paris, Ch. de
Sercy*, 1659. — Relation véritable de ce qui s'est passé au
royaume de Sophie, depuis les troubles excitez par la rétho-
rique et l'éloquence (par Ch. Sorel). *Paris*, 1659, 2 ouvr. en
1 vol. pet. in-12, v. br.

> Cet ouvrage de l'auteur de l'*Histoire comique de Francion* est dirigé
> contre la manie qu'on avait alors de faire des portraits en prose et
> en vers et particulièrement contre les *Divers Portraits* de Mlle. de
> Montpensier, qui venaient alors de paraître.

3421. Les Soupirs de la France esclave qui aspire après la
liberté (par Jurieu et Le Vassor). *Amsterdam*, 1689, in-4,
v. br.

> MANUSCRIT DU XVIIIe SIÈCLE, composé de 632 pages d'une bonne
> écriture.

3422. Des Satyres personnelles, traité historique et critique de
celles qui portent le titre d'Anti (par Adr. Baillet). *Paris,
Dezallier*, 1689, 2 vol. in-12, v. br.

3423. Les Heures françoises, ou les Vêpres de Sicile et les Matines de la Saint-Barthelemi. *Amsterdam, Ant. Michiels (à la Sphère)*, 1690, pet. in-12, v. br.

Ce volume qui entre dans la collection des Elsevier est très-rare. Vendu 168 fr., Sépher; 155 fr., Mac-Carthy; et 140 fr., Pixérécourt. Il a été réimprimé à cause de sa rareté, en 1852, par les soins de M. Chenu. Le titre est doublé.

3424. Le Rasibus ou le Procez fait à la barbe des Capucins, pièce satyrique, par un moine défroqué. *Cologne, P. Marteau (à la Sphère)*, 1718, pet. in-12, cart. antiq.

3425. Le Chef-d'œuvre d'un inconnu, poëme heureusement découvert et mis au jour par le docteur Chrisostome Matanasius (Thémiseuil de S. Hyacinthe). *La Haye*, 1745, 2 tom. en 1 vol. in-12, portr., v. marbr.

3426. Les Sotises du Temps, ou Mémoires pour servir à l'histoire générale et particulière du genre humain, ouvrage critique et moral, badin et sérieux, contenant les sotises qui se font journellement dans le monde, ainsi que les nouveautés curieuses et amusantes qui y paroissent. *La Haye*, 1754, 2 tom. en 1 vol. in-12, v. m.

3427. Le Porte-Feuille du R. F. Gillet, ci-devant soi-disant jésuite, ou Petit Dictionnaire, dans lequel on n'a mis que des choses essentielles pour servir de supplément aux gros dictionnaires, qui renferment tant d'inutilités (par Mentelle). *Madrid (Paris, Valade)*, 1767, in-12, rel. pleine en mar. br. du Levant, fil., dent. intér., tr. dor.

Très-bel exemplaire.

3428. Cataractes de l'imagination, déluge de la scribomanie, vomissement littéraire, hémorrhagie encyclopédique, monstre des monstres, par Epiménide l'Inspiré. *Dans l'antre de Trophonius, au pays des visions (Lyon)*, 1779, 4 vol. in-12, fig., br., *non rognés*.

Ouvrage bizarre attribué à Chassagnon, fils d'un épicier de Lyon. On y trouve des anecdotes très-piquantes et de curieuses notes bibliographiques.

3429. Histoire véritable de la vie errante et de la mort subite d'un chanoine qui vit encore, écrite à Paris par le défunt lui-même. *Mayence*, 1785, in-8, portr., br., non rogné.

3430. Le Petit Almanach de nos grands hommes (par Rivarol et Champcenetz). *(Paris)*, 1788, pet. in-12, front. gravé, d.-rel.

On ne saurait trouver, à cette date, une œuvre plus pétillante d'esprit et de gaieté. Tout Rivarol se trouve dans ce petit livre qui, d'ailleurs, fut beaucoup lu, et amusa fort la cour et la ville.

3431. Les Vautours du xviiiᵉ siècle, ou les Crésus modernes, au tribunal de l'opinion publique. *Paris*, 1798, in-18, front. gravé, dem.-rel.

3432. Dictionnaire néologique des hommes et des choses (de la Révolution), par le Cousin-Jacques (Beffroy de Reigny). *Paris*, (1800), 2 vol. in-8 à 2 col., dem.-rel.

> Le premier volume est accompagné du prospectus de cette étrange publication, remplie de définitions caustiques, de personnalités méchantes, de curieuses anecdotes, etc., etc. Elle contient plus de *vingt-cinq mille notices.*

3433. Le Tribunal d'Apollon, ou Jugement en dernier ressort de tous les auteurs vivans ; libelle injurieux, partial et diffamatoire, par une société de pygmées littéraires (par J. Rosny, Mercier de Compiègne, Nogaret, etc.). *Paris*, 1800, 2 tom. en 1 vol. in-16, v. rac.

3434. APOTHÉOSES et Imprécations de Pythagore (par Charles Nodier et Wencke). *A Crotone (Besançon)*, 1808, gr. in-4, papier vélin, dem.-rel., mar. r., non rogné.

> Cet ouvrage, écrit en style lapidaire, n'a été tiré qu'à 17 EXEMPLAIRES qui sont tous numérotés. — Voir sur ce volume une curieuse note de Brunet, d'après le catalogue de Châteaugiron.

3435. Le Rivarol de 1842, dictionnaire satirique des célébrités contemporaines, par Fortunatus. *Paris*, 1842, in-12, d.-rel., dos et coins de mar. bleu du Levant, à nerfs, non rogné.

> Volume devenu rare. Il y a du relief et de la verve dans ce croquis de 293 personnages célèbres, composé dans le goût de la *Lorgnette littéraire*, de Ch. Monselet, mais avec moins d'impartialité et de mesure.
>
> Il y a des traits acérés comme celui-ci : DEUTZ. « Juif, il s'est fait chrétien pour trouver une bienfaitrice ; chrétien, il s'est fait juif pour la vendre. »
>
> Dans un autre passage Monseigneur AFFRE est fort maltraité : on l'appelle : « Ambitieux, la tête basse. — Sacristain parvenu, portant la crosse et la mitre, » etc.., etc...

3436. Il Puttanismo Romano overo conclave generale delle Puttane della Corte. *Colonia*, 1668. pet. in-12, v. marbr. (*Bel exemplaire.*)

3437. IL MISOGALLO (l'Ennemi des Français) ; prose e rime di Vittorio Alfieri da Asti. *Londra (Firenze)*, 1799, in-8, une fig., br., non rogné.

> Volume absolument inconnu en France, où il fut tout d'abord interdit. La police française alla même atteindre jusqu'en Italie ce malheureux ouvrage, dont presque tous les exemplaires furent détruits ; de sorte que personne ne l'a pu jamais mentionner que sur la foi de l'auteur. C'est un recueil de prose et de vers inspirés par une violente haine de la France, et qui est, à notre sens, le chef-d'œuvre du poëte piémontais. Là, du moins, il n'imite pas Cicéron, ni Brutus, ni le grand Corneille. Il parle, il tonne, il éclate au na-

turel contre les Français, esclaves d'une poignée de terroristes. Jamais plus sanglantes épigrammes, plus franches et cruelles injures ni discours plus éloquents et plus terribles ne tombèrent dru et fort sur une nation. Il n'est point, certes, exempt d'injustice et d'égoïsme. Il se souvient trop de sa personne incommodée et poursuivie, de ses papiers saisis, de son argent perdu. Mais on ne peut s'empêcher de regarder plusieurs de ses sonnets vengeurs comme des modèles de verve et de bon sens, et son *Dialogue entre Robespierre et Louis XVI*, comme l'un des plus beaux morceaux d'improvisation *ab irato* qui aient jamais paru. On trouve aussi dans ce *rarissimo libro* une lettre qu'Alfieri voulait envoyer à la Convention pour réclamer son argent, ses manuscrits et ses livres, d'abord séquestrés, puis dispersés à tous les vents. Un des volumes de cette bibliothèque, un César, avec la signature d'*Alfieri*, se trouve dans ce catalogue. (Voir dans le tome II.) Alfieri n'envoya pas la lettre précitée, craignant de nuire à ses amis de France et de Toscane. Nous en traduirons les premières lignes, admirables de dédain et de fierté :

« VICTOR ALFIERI,

« Au président de la populace française.

« Victor Alfieri est mon nom; l'Italie, le lieu où je suis né: ma « patrie n'est nulle part. Mon état, c'est le culte des Muses. Ma pas- « sion dominante est la haine des tyrans; l'unique objet de ma « pensée, de ma parole et de mes écrits, c'est de combattre la ty- « rannie, toujours et partout, sous quelque aspect tranquille, ou « frénétique, ou stupide, qu'elle se montre ou qu'elle se cache. « Ayant demeuré à Paris, etc., etc..... »

La planche est très-curieuse. Elle représente des combats de cops et de poules, dont le sens allégorique est bien facile à saisir.

Nos lecteurs nous pardonneront volontiers d'avoir donné tant d'étendue à cet article: car il s'agit d'une œuvre qui serait considérée comme un mythe, si l'auteur n'en eût souvent parlé dans ses *Mémoires*. Il est bien entendu qu'on ne l'a pas réimprimée dans les œuvres posthumes d'Alfieri; de sorte que Ginguené lui-même, son biographe (*voir Michaud*), ne connaissait point du tout ce livre extraordinaire. Aussi le bon Ginguené se plaint-il de ce qu'on l'a laissé inédit. « .... On ne voit pas trop pourquoi cette exception, « dit-il avec une sorte de naïveté; il est difficile que l'auteur soit « plus anti-français dans son *Misogallo* que dans sa vie et dans ses « satires. »

Eh bien, Ginguené se trompait, car le *Misogallo*, qu'il n'avait pas vu, est beaucoup plus terrible et virulent que tout ce qu'Alfieri a produit contre la France.

3437 bis. De' Ragguagli di Parnasso del Sig. Trajano Boccalini. *Amst., Giov. Blaeu*, 1669, 2 vol. pet. in-12, beau front. gr. à l'eau-forte, v. marbr.

Ouvrage satyrique, dans lequel toutes les académies de l'Italie sont turlupinées de main de maître. Ces deux volumes, fort joliment imprimés, font partie de la collection des Elzévirs.

3438. The Reign of Humbug, a satire. *London*, 1836, in-8, cart., non rogné.

XXVI. — DIALOGUES ET ENTRETIENS.

3439. Des. Erasmi Roterod. Colloquia. *Lugd.-Batavor.*, *ex offic. Elzeviriana*, 1643, pet. in-12, front. gravé, rel. pleine en mar. rouge du Levant, fil., tr. dor.

3440. Les Colloques d'Erasme, trad. par Gueudeville. Leide
1720, 6 vol. in-12, jolies fig. à mi-page, v. gr.

3441. Les Colloques de Mathurin Cordier, trad. en françois par
Gab. Chapuis Tourangeau (avec texte en regard). Paris, J.
Libert, 1646, in-16, dem.-rel., v.

3442. Les Déclamations paradoxes, où sont contenües plusieurs
questions débattües contre l'opinion du vulgaire, traité
utile et récréatif, propre à esveiller la subtilité des esprits de
ce temps (par Ch. Estienne), reveu et enrichi d'adnotations
par Jean du Val, Aucerrois. Paris, Anth. du Brueil, 1603,
in-12, dem.-rel., mar. r.

3443. Le Pédant Converti, où dans deux dialogues ces deux
questions sont traittées, si chaque nation doit n'escrire ny ne
parler qu'en sa langue, et s'il faut qu'un jeune homme soit
amoureux. Paris, Cl. Barbin, 1663, pet. in-12, v. jasp.,
dent.

3444. Recueil général des questions traitées ès conférences du
Bureau d'Adresse sur toutes sortes de matières par les plus
beaux esprits de ce temps (par Théophraste Renaudot). Lyon,
Ant. Valançol, 1666, 6 vol. in-12 de plus de 600 pag. chacun,
front. gravé, v. br.

Du vin et s'il est nécessaire aux soldats. — S'il est plus aisé de
résister à la volupté qu'à la douleur. — Quel est le plus enclin à
l'amour, l'homme ou la femme. — Combien peut estre l'homme sans
manger. — Lequel est le meilleur de la chair ou du poisson. — Si
l'on peut prolonger la vie de l'homme par l'art. — Du cocuage. —
Des somnambules. — De la lycanthropie. — Du nouement d'éguil-
lette. — De la cabale. — Du moyen d'acquérir la noblesse. — De
la cure magnétique des maladies. — Des sorciers. — De la fureur
érotique. — De la chasse. — Des estrennes. — Des armoiries. — Des
eunuques. — Des hermaphrodites. — Des fards. — Du tabac. — S'il
est expédient aux femmes d'estre sçavantes. — Des incubes et succubes. — Pourquoy les mulets ne peuvent engendrer. — Du beu-
veur d'eau de la Foire St-Germain. — Des masques et s'il est permis
de se déguiser. — En quel âge on doit se marier. — etc., etc.,
etc.

3445. Les Entretiens de M. de Voiture et de M. Costar. Paris,
Courbé, 1655, in-4, front. gravé, v., fil.

3446. Hexameron rustique, ou les Six Journées passées à la
campagne entre des personnes studieuses (par La Mothe le
Vayer). Paris, 1670, in-12, v.

Dissertations savantes et singulières que l'on ne trouve point
dans les éditions collectives des œuvres de La Mothe le Vayer.
Parmi les questions débattues dans ce livre, celles qui offrent le
plus d'intérêt à l'érudit, le plus de détails piquants au curieux, ce
sont les suivantes: Que les meilleurs écrivains sont sujets à se mes-
prendre, par Egisthe (Chevreau). — De l'éloquence de Balzac, par Mé-
nalque (Ménage). — De l'intercession de quelques saints particuliers,
par Simonides (Théophraste Renaudot). — Des parties appelées hon-

leuses aux hommes et aux femmes), par Racemius (Bautru de Boze). Cet exemplaire est précédé d'une clef manuscrite du temps.

3447. De la Conversation, discours de M. le chevalier de Méré. *Paris, D. Thierry et Cl. Barbin*, 1677. — De l'Esprit, discours de M. le chevalier de Méré. *Paris, D. Thierry et Cl. Barbin*, 1677. — Les Agrémens, discours de M. le Chevalier de Méré. *Paris, D. Thierry et Cl. Barbin*, 1677. 3 ouvr. en 1 vol. in-12, v. br. (*Editions originales.*)

3448. Jeux d'esprit et de mémoire, ou Conversations plaisantes avec des personnes les plus distinguées de l'État, par leur génie et leur rang, avec quelques particularitez qui se sont passées sous le règne de Louis-le-Grand, par M.L.M.D.C. (le marquis de Châtre). *Cologne, chez Fréd. le Jeune (Tours)*, 1694, pet. in-8, bas.

    « Cet ouvrage du Tourangeau Brodeau de Cangé, marquis de « Châtre, est fort rare. Brunet commet plus d'une erreur en le dé- « crivant. D'abord, le livre est imprimé en France, sous la rubrique « de Cologne, et non en Hollande, comme le dit le *Manuel*, etc..., « etc.... Je crois ce volume imprimé à Tours. Il paraît être sorti « des presses qui ont mis au jour les *Quatre lettres de l'abbé de la* « *Trappe.* » (*Note de M. Luzarche.*)

3449. Entretiens sur les contes de fées (par l'abbé de Villiers). *Paris*, 1699, in-12, v. br. (*Edition originale.*)

    Le titre de cet ouvrage ne fait point assez connaître sa nature et son importance. On y trouve, pressées dans un dialogue plein de vivacité et de naturel, une foule d'observations très-fines et très-justes sur l'abus de l'esprit, sur la vanité des gens de lettres, sur les faiseurs d'anas, sur les supercheries des auteurs et des libraires.

3450. Conversations inédites de Mme la marquise de Maintenon (recueillies par Mlle d'Aumale), précédées d'une notice historique par de Monmerqué. *Paris*, 1828, in-18, br.

3451. Entretiens et Amusemens sérieux et comiques, par M. de Fontenelle, de l'Académie Françoise. *Suiv. la copie*, 1713, in-12, dem.-rel., dos et coins de mar. br. du Levant, à nerfs.

    Ce livre n'est autre chose que l'ouvrage de Du Fresny, auquel on a substitué le nom de *Fontenelle*. Les exemplaires de ce genre sont fort rares.

3452. Scènes populaires dessinées à la plume par Henry Monnier. *Paris*, 1831, in-8, fig., dem.-rel., dos et coins de mar. vert du Levant, à nerfs, tête dorée, non rogné. (*Bel exemplaire.*)

3453. Dialoghi di M. Speron Speroni. *In Vinegia, nella casa de' figliuoli di Aldo*, 1545, in-8, vél. (*Bel exemplaire.*)

    Edition rare, qui porte l'ancre des Aldes. Il y eut, au xvie siècle, plus de vingt éditions de ces dialogues, qui sont très-estimés pour leur élégance et pour l'intérêt d'utilité et de curiosité qu'ils offrent aux amateurs de la langue italienne. Les passages les plus singuliers sont ceux où l'on devise de l'amour, de la dignité des dames et de l'époque des enfantements.

3454. Dialoghi di M. Speron Speroni. *Vinegia, in casa de' figliuoli di Aldo,* 1552, in-8, vél.

3455. Dialoghi di M. Lod. Domenichi. *Vinegia, Gab. Giolito,* 1562, in-8, vél.

Ouvrage curieux où il est traité de l'amour, de la noblesse, des devises, etc., le tout mêlé d'historiettes curieuses. Le morceau le plus remarquable est un dialogue de 33 pages sur la *Typographie,* qui termine le volume.

3456. Dialoghi piacevolissimi di Nic. Franco da Benevento. *Venetia,* 1606, in-8, vél.

Cet ouvrage est des plus curieux. Il y est traité des modes, de l'amour, des jeux, des bacchanales, de la vie et des disgrâces des putains, des parasites, des comédiens, des supplices de l'enfer, de quelques livres singuliers, des fables, etc., etc., etc.

3457. Dix Plaisans Dialogues du S. Nicolo Franco, contenans le débat de Sannio et des Dieux, la harangue d'un pédant en enfer, les alquimies ou chimères pour acquérir renom, l'examen d'aucunes âmes par Caron, l'œconomie d'un serviteur qui reprend son maistre et enseigne la manière de faire argent, le récit d'aucunes requestes envoyées au ciel, la fontaine Caballine, enseignant toutes sciences. *Lyon, Jean Beraud,* 1579, in-16, mar. vert. (*Anc. reliure.*)

La préface de cette traduction est signée des initiales G. C. qui indiquent GABRIEL CHAPPUYS, d'Amboise, fécond écrivain Tourangeau du XVIᵉ siècle. Chalmel l'indique, du reste, dans la liste des ouvrages de Gabr. Chappuys.

3458. Dialogues fort recréatifs composez en espagnol et nouvellement mis en italien, alleman et françois, par Ant. Oudin. *Paris, Ant. de Sommaville,* 1650, in-8, v.

Volume fort curieux. Ces dialogues ont tant de rapport avec les anciennes farces et sotties, qu'on pourrait les ranger dans le vieux théâtre gaillard. Il faut lire surtout les scènes d'écurie, d'auberge et de corps de garde. Nous ne connaissons que la *Farce de Pathelin* et les *Caquets de l'accouchée* qui nous puissent donner aussi bien l'idée des mœurs et du langage du temps, dans un dialogue vif, original et familier, et tout parsemé de traits plaisants, de vieilles locutions populaires, et de petits contes empruntés à toutes les nations. Nous recommandons plus spécialement le *Dialogue d'un banquet entre cinq gentishommes amis, appelez Guzman, Rodrigue, don Laurent, Mendoce et Osorio, un maistre d'hostel ou escuyer de salle et un page, dans lequel il est traité des choses qui sont nécessaires à un festin,* avec des pointes subtiles et autres agréables discours, ainsi que cet autre: *Entre un sergent, un caporal et un soldat, auquel il est traité des choses appartenantes à la guerre, avec des discours fort agréables et plusieurs bons contes.* Enfin on trouverait la matière d'un joyeux conte, d'une comédie dans les aventures et entretiens de *Deux amis appelez l'un*

> *Mora et l'autre Aguilar, un garçon qui suit les mules et une hostesse, où
> il se traitte des choses qui appartiennent au voyage, avec d'autres plai-
> sans rencontres et mots facétieux.*

Ce livre amusant est très-peu connu. Il ne le faut pas confondre
avec les *Dialogues en françois et espagnol* de César Oudin. *Lyon*, 1614
et *Bruxelles*, 1663.

XXVII. — SENTENCES, ADAGES ET PROVERBES.

3459. VIRTUTUM ENCOMIA, sive Gnomæ de virtutibus : ex
poetis et philosophis utriusque linguæ, græcis versibus ad-
jecta interpretatione Henrici Stephani. (*Parisiis*) excud. *Henr.
Stephanus*, 1573, in-16, rel. pleine en mar. bleu du Levant,
à nerfs, dos orné, fil., dent. intér., tr. dor. (*Capé.*)

SUPERBE EXEMPLAIRE, d'un recueil rare, qui renferme les
meilleurs aphorismes, proverbes et définitions de la philosophie
morale des anciens.

3460. UNION DES SENTENCES DE PHILOSOPHIE. *A Paris,
de l'imprimerie de Philippe Danfrie et Richard Breton, rue
St-Jacques a l'Escrevisse*, 1559, pet. in-8, rel. pleine en mar.
rouge du Lev., à nerfs, fil. à comp. et entrelacs, dent. intér.,
tr. dor. (*Lortic.*)

IMPRIMÉ ENTIÈREMENT EN CARACTÈRES DE CIVILITÉ.
— Très-bel exemplaire d'un livre fort rare!

3461. Arabum Philosophia popularis, sive Sylloge nova Proverbiorum, a Jac. Salomone Damasceno dictata excepit Frid.
Rostgaard, ed. cum adnott. J. Cler. *Kallius. Hafniæ*, 1764,
in-8, br., *non rogné*.

3462. Proverbiorum Symmicta, Ioanne Alexandro Brassicano
Jurecons. autore, item M. Grunnii Corocottæ porcelli testamentum. (*Parrhisiis*) *excudebat, Christianus Wechelus*,
1532, in-8, cart.

Curieux et rare.

3463. Proverbiorum liber, Petro Godofredo, Carcassonensi ju-
risconsulto, autore. *Parisiis, Car. Stephanus*, 1555, pet.
in-8, vél.

Ce recueil rare et curieux d'anciens proverbes, par P. Godefroy,
de Carcassonne, s'est vendu : une livre 3 sh. (28 francs 75 c.), chez
Heber.

3464. Proverbes et Dictons populaires, avec les dits du Mercier et des marchands et les crieries de Paris aux xiiie et
xive siècles, publ. d'après les manuscrits de la Bibliothèque

du Roi, par G. A. Crapelet. *Paris, Crapelet*, 1831, gr. in-8 jésus, fig. de fac-simile, dem.-rel., dos et coins de mar. rouge du Levant, à nerfs, doré en tête, *non rogné*.

> Très-bel exemplaire tiré sur grand papier vélin jésus de Hollande.

3465. Caroli Bovilli Samarobrini proverbiorum vulgarium lib. III. *Paris, Galliot du Pré*, 1531, pet. in-8, lettres rondes, cart.

> Très-curieux et rare recueil de PROVERBES POPULAIRES FRANÇAIS. Comme dans les *Arrêts d'amour* de Martial d'Auvergne, le commentaire est en latin. Grandes marges! — Charles de Bouvelles était de Sancourt, en Picardie.

3466. Proverbia Gallicana secundum ordinem alphabeti reposita, et ab Ioa. Ægidio Nuceriensi latinis versiculis traducta, correcta et aucta per H. Sussanæum. *Parisiis*, 1558, in-8, cart. antiq.

> Recueil rare qui renferme plus de *neuf cents proverbes français*, réunis par Gilles de Noyers.

3467. Les Illustres Proverbes historiques ou Recueil de diverses questions curieuses pour se divertir agréablement dans les compagnies. *Paris*, 1660, pet. in-12, vél.

3468. Proverbes en Rimes ou rimes en proverbes (par Ph. Le Duc). *Paris*, 1665, 2 vol., pet. in-12, cart.

3469. Proverbes choisis, explication étymologique, prose et vers. *Paris. P. Ribou*, 1703, 3 part. en 1 vol. pet. in-12, cart. antiq.

> Peu commun.

3470. L'Astrologue en belle humeur, ou Almanach des beaux-esprits pour l'année bissextile 1704, contenant les Proverbes choisis, explications étymologiques, prose et vers, des recherches curieuses et singulières, et la véritable connoissance des temps et saisons. *Bruxelles, J. Léonard*, 1704, pet. in-12, cart.

> Almanach curieux et peu commun.

3471. Dictionnaire des Proverbes françois, d'après les meilleurs autheurs, par G. D. B. (George de Backer). *Brusselles*, 1710, in-8 à 2 col., titre rouge et noir, v. (*Bel exemplaire.*)

> Premier ouvrage méthodique composé sur cette matière.

3472. Dictionnaire des proverbes françois et des façons de parler comiques, burlesques et familières (par Panckoucke, de Lille). *Paris*, 1758, in-12, v. marbr.

3473. Recueil de proverbes français, latins, espagnols, italiens, allemands, hollandais, juifs, américains, russes, turcs, etc. (par d'Humières). *S. l. n. d.* (1796), in-8, br.

3474. Recueil des proverbes météorologiques et agronomiques des Cévennois, suivi des pronostics des paysans languedociens sur les changemens de temps, par M. L. A. D. F. (D'Hombres-Firmas). *Paris*, 1822, in-8, dem.-rel., v. fauve, non rogné. (*Kœhler.*)

3475. Dictionnaire des proverbes français, par de la Mésangère. *Paris*, 1823, gr. in-8, dem.-rel., mar. v., plats en toile, tête dorée, non rogné.

3476. Histoire générale des proverbes, adages, sentences, apophthegmes, accomp. de remarques critiques, d'anecdotes, par C. de Méry. *Paris*, 1828, 3 vol. in-8, br.

3477. Essai sur quelques proverbes contestés et contestables, par Th. Lorin. *Soissons*, 1850, in-8, br.

> Excellente dissertation tirée à très-petit nombre.

3478. Proverbii di Messer Antonio Cornazano in facetie. *Parigi, Didot*, 1812, in-12, pap. vél., br., non rogné.

3479. Proverbi italiani raccolti da Orlando Pescetti. *Verona* (1603). — Proverbi italiani e latini per uso de'fanciulli. *Verona*, 1602, 2 ouvr. en 1 vol., pet. in-12, parch.

3480. Nuovo thesoro de' proverbii italiani del Sign. Tomaso Buoni, cittadino Lucchese, proverbii de gli animali, detti proverbiosi, sentenze proverbiose, etc... *Venetia*, 1604, in-8, v. br.

3481. Proverbi italiani raccolti, e ridotti sotto a certi capi, e luoghi communi per ordine d'alfabetto, da Orlando Pescetti. *Vinetia, Giac. Sarzina.* —Proverbi italiani e latini del medesimo. *In Vinetia*, 1611, 2 ouvr. en 1 vol. pet. in-12, v.

> Edition la plus complète et la plus recherchée de ce recueil de proverbes. — Vendu 24 fr. 50 c., Duplessis.

3482. Quatro Dialogi di Garnero, con alcune curiosità. *S. l., Giovan. di Tornes*, 1627, pet. in-8, v.

> Recueil curieux contenant des historiettes, bons mots, dialogues populaires, etc. Il commence par les *qualités inhérentes aux hommes des divers pays*, rimées en 128 vers, et se termine par une quantité de PROVERBES VULGAIRES en langue toscane. Cet exemplaire porte l'*ex-libris* de l'abbé TUET, auteur des *Matinées Sénonoises*, qui s'en est servi avec fruit.

3483. Proverbios Morales Heraclito, de Alonso de Varros, con-
cordados por el Maestro Bartolome Ximenez Paton. *Lisboa,
Pedro Craesbeeck*, 1617, pet. in-4, vél.

> P. Craesbeeck, l'imprimeur de ce livre, était d'origine flamande. Il
> était né à *Melle*, aux environs de Gand.

3484. Refranes o Proverbios Castellanos. Proverbes Espagnols
trad. en françois, par César Oudin. *Paris*, 1659, pet. in-12,
v. marbr.

3485. Refranes. Proverbes Espagnols, par C. Oudin. *Paris*,
1659, pet. in-12, vél.

3486. Refranes, y Modos de hablar Castellanos, con los Latinos
que les corresponden, y la glosa, y explicacion de los que
tienen necesidad de ella, conquesto por Ger. Martin Caro y
Cejudo. *Madrid, Imprenta Real*, 1792, pet. in-4, reliure
pleine en maroquin vert du Levant, à nerfs, fil., dent. intér.,
tr. dor.

> Très-bel exemplaire d'un livre estimé.

3487. Proverbios de Don Iñigo Lopez de Mendoza, marques
de Santillana y las coplas de D. Jorge Manrique todo con sus
glosas. *Madrid*, 1799, pet. in-12, v. rac.

3488. Refranes de la lengua castellana. *Barcelona*, 1815, pet.
in-8, dem.-rel., v. antiq.

3489. Dictionnaire des Proverbes Danois traduits en françois.
Copenhague, 1761, in-4, dem.-rel., dos et coins de maroquin vert du Levant, à nerfs, dos orné, doré en tête, *non
rogné.*

> Très-bel exemplaire, et l'un des rares tirés sur GRAND PAPIER. Un
> cahier en papier ordinaire, qui s'y trouve intercalé, fait ressortir la
> beauté de notre volume.

3490. Select Proverbs, Italian, Spanish, French, English,
Scotish, British, etc... *London, Printed by J. H. for Philip
Monckton*, 1707, in-8, v. f.

3491. A complete collection of english proverbs; also, the
most celebrated proverbs of the Scotch, Italian, French,
Spanish, and other languages, by J. Ray. *London*, 1817,
in-12, titre rouge et noir, cart., non rogné.

XXVIII. — ANAS ET BONS MOTS.

3492. Les divers propos mémorables des nobles et illustres

hommes de la chrestienté, par Gilles Corrozet. *Paris, Galiot
Corrozet,* 1603, in-12, cart.

3493. Poggiana, ou la vie, le caractère, les sentences et les
bons mots de Pogge Florentin (par J. Lenfant). *Amsterdam,*
1720, 2 vol. pet. in-8, portr., v. m.

3493 *bis.* Poggiana. *Amst.,* 1720, 2 vol. in-8, portr., v. br.

3494. Scaligerana, ou bons mots, rencontres agréables, et remarques judicieuses et sçavantes de J. Scaliger, avec des
notes de le Fèvre et de Colomiès. *Cologne,* 1695, pet. in-8,
front., vél.

3495. L'Esprit des Essais de Montaigne. *Paris, de Serpy,* 1677,
in-12, front. gr., v.

3496. Perroniana et Thuana, ou Pensées judicieuses, bons mots,
rencontres agréables et observations curieuses du cardinal
du Perron et du président de Thou. *Cologne,* 1694, pet.
in-12, front. gravé, v. porph., fil., tr. dor. (*Bel exemplaire.*)

3497. Naudæana et Patiniana, ou singularitez remarquables
prises des conversations de MM. Naudé et Patin. *Paris,* 1701,
in-12, v. br.

3498. Sorberiana, bons mots, historiettes, jugements littéraires de M. Sorbière, etc. (rec. et mis dans l'ordre alphabétique par J. L. Colomiez), précédés de mémoires pour la vie
de MM. Sam. Sorbière et J. B. Cotelier. *Toulouse,* 1691,
in-12, v. (*Aux armes.*)

    Ce recueil abonde en remarques judicieuses, en définitions
exactes, et en bons mots comme celui-ci :
«Un ignorant me disoit qu'il aimoit fort les livres *in-folio*; et moi
in fructu, lui dis-je.»

*3499. Menagiana, ou les bons mots et remarques critiques, his-
toriques, morales et d'érudition de M. Ménage, recueillies par
ses amis (publ. par La Monnoye). *Paris,* 1715, 4 vol. — Anti-
Menagiana (par Bernier). *Paris,* 1693, 1 vol. Ensemble 5 vol.
in-12, v. br.

    Exemplaire bien complet de la meilleure édition, avec TOUS LES
CARTONS, CHANGEMENTS, CORRECTIONS, ADDITIONS ET PASSAGES SUPPRI-
MÉS. Ces pièces formant des cahiers séparés sont reliées à la fin de
chaque volume. Rare dans cet état, surtout avec l'Anti-Menagiana.

3500. Menagiana, ou les bons mots de Ménage. *Paris,* 1729,
4 vol. in-12, v.

3501. Fureteriana, ou les bons mots et les remarques, histoires

de morale, de critique, de plaisanterie et d'érudition de
M. Furetière. *Paris*, 1696, in-12, v. br.

3502. Chevræana (ou Mélanges de M. Chevreau). *Paris*, 1697-
1700, 2 vol. in-12, v.

> Le second volume de ce recueil intéressant manque souvent.
> Le *Chevræana* contient une foule de détails sur des matières cu-
> rieuses. On y trouve, entre autres, des révélations piquantes sur la
> cour de la reine Christine de Suède. Chevreau, né à Loudun, avait
> exercé, auprès de cette princesse, la charge de secrétaire des
> commandements de la Reine.

3503. Bolœana, ou bons mots de M. Boileau, avec les poésies
de Santecque. *Amsterdam*, 1741, in-12, rel. pleine en v.
fauve, à nerfs, fil. à compart., dent. intér., tr. dor.

> Très-bel exemplaire.

3504. Santeüilliana, ou les bons mots de M. de Santeüil, avec
un abrégé de sa vie (par Pinel de la Martelière). *La Haye*,
Jos. Crispin, 1710, in-12, v.

3505. La Vie et les bons mots de M. de Santeuil. *Cologne*,
Abrah. L'Enclume, 1740, 2 tom. en un vol. in-12, v. f.

3506. Parrhasiana, ou Pensées diverses sur des matières de
critique, d'histoire, de morale et de politique, par Théodore
Parrhase (Jean Le Clerc). *Amsterdam*, 1699-1701, 2 vol.
in-8, v.

3507. Maintenoniana, ou Choix d'anecdotes intéressantes, de
portraits, de pensées ingénieuses, etc..., de Mme de Maintenon, par B*** de B*** (Bosselmann de Bellemont, de Lille).
Amsterdam (Paris, Costard), 1773, 2 tom. en un vol. in-8,
v. marbr.

> Suivant une note de Barbier, qui l'avait empruntée à Beaucousin
> et au P. Adry, les *censeurs* ne voulurent pas autoriser l'impression
> de cet ouvrage : le libraire Costard fut obligé de le faire imprimer
> en province et de le vendre clandestinement à Paris ; ce qui l'a ren-
> du rare.

3508. Sevigniana, ou Recueil de pensées ingénieuses, d'anecdotes littéraires, historiques, etc., tirées des lettres de Mme de
Sévigné (par l'abbé Barral). *A Grignan*, 1768, pet. in-12,
v. m.

3509. Anonimiana, ou Mélanges de poésies, d'éloquence et
d'érudition. *Paris*, 1700, in-12, v. br.

3510. Ducatiana, ou Remarques de Le Duchat, sur divers sujets d'histoire et de littérature, recueillies dans ses mss. et
mises en ordre par M. F. (Formey). *Amst.*, 1738, 2 vol. pet.
in-8, front. gr., v. m. (*Bel exempl.*)

3511. Ducatiana. *Amst.*, 1738, 2 tom. en un vol. pet. in-8, front. gravé, v.

3512. Polissonniana, ou Recueil de turlupinades, quolibets, ré-bus, jeux de mots, allusions, allégories, pointes, expressions extraordinaires, hyperboles, gasconades, espèce de bons mots et autres plaisanteries (par l'abbé Claude Cherrier). *Amsterdam, H. Desbordes*, 1722, in-12, vél. (*Bel exemplaire*).

> Rare. — Barbier, *Dictionnaire des Anonymes*, cite ce livre à la date de 1725. Notre édition, qui lui a échappé, est antérieure de 3 années à celle qu'il signale.

3513. Vigneul-Marvilliana, ou Recueil des bons mots (anecdotes curieuses et intéressantes sur plusieurs hommes illustres), remarques historiques, critiques et littéraires de D.-N. B. d'Argonne sous le nom de Vigneul-Marville. *Amsterdam*, 1789, 2 vol. in-8, cart., *non rognés*.

> Edition peu commune de ce format.

3514. Encyclopediana, ou Dictionnaire des Ana. *Paris, Panckoucke*, 1791, in-4, dem.-rel., vél.

3515. Christiana, par C. d'Aval. (Cousin d'Avallon). *Paris*, 1802, in-18, br.

3516. Le Nouvel Angotiana, ou Recueil de bons mots attribués à la famille des Angots. *Lille, s. d.*, in-24, fig., rel. pleine en mar. bleu du Levant, à nerfs, fil., dent. intér., tr. dor.

> Très-bel exemplaire.

3517. Omniana, ou Extrait des archives de la Société des Gobe-mouches, par C. A. Moucheron (par Fortia de Piles et Guys de Charles). *Paris*, 1808, in-12, front. gravé, br.

3518. Bonapartiana, ou Recueil d'anecdotes curieuses, petite compilation pour servir à une grande histoire. *A l'isle d'Elbe et à Paris*, 1814, in-24, portr., rel. pleine en mar. vert du Levant, à nerfs, dos orné, fil. à comp., petits fers, ornem. et devise sur les plats, dent. intér., tr. dor.

> Superbe exemplaire.

3519. Galanteriana, ou Choix de propos joyeux et d'anecdotes galantes..., par un ancien capitaine de dragons. *Paris*, 1814, 2 vol. in-12, br., non rognés.

3520. Toutlemondiana, ou Feu roulant de calembourgs, jeux de mots, pointes, lazzis, etc, etc., par M. Quiproquo. *Paris, s. d.*, pet. in-18, dem.-rel., mar. citr., n. rogné.

3521. Prédicatoriana, ou Révélations singulières et amusantes sur les prédicateurs, entremêlées d'extraits piquants

des sermons bizarres, burlesques et facétieux, etc., par
G. P. Philomneste (Gabriel Peignot). *Dijon*, 1841, in-8,
dem.-rel., mar. br. du Lev., à nerfs, non rogné.

XXIX. — PHILOLOGIE. — CRITIQUE. — MÉLANGES LITTÉRAIRES. — POLYGRAPHES.

3522. **AULI GELLII** Noctium Atticarum Commentarii. *VENE-
TIIS, per NICOL. JENSON*, 1472, in-fol.; lettres rondes,
mar. r., fil., dent.

> Rarissima edizione, d'après Panzer et Sardini. « *Edition magnifique-
> ment exécutée et très-rare*, dit Brunet. » Véritable chef-d'œuvre d'im-
> pression. Les passages grecs y sont imprimés avec un *très-beau carac-
> tère grec*.
> Il n'est pas de plus bel incunable que ce volume précieux, dont on
> connaît à peine quatre exemplaires en bon état. Il en fut payé un
> 136 francs à la vente Mac-Carthy. Notre exemplaire est fort beau de
> marges et bien conservé, sauf le dernier feuillet qui a un raccom-
> modage dans le blanc, hors texte. Les initiales sont peintes, et la
> première page est décorée d'une bordure en or et en couleurs. On
> peut en faire un très-beau volume.

3523. Auli Gellii Noctium Atticarum libri undeviginti. *Venetiis, in œdibus Aldi*, 1515, in-8, v. br.

> Première édition de l'Aulu-Gelle des Alde.

3524. **MACROBII** expositio in somnium Scipionis et saturna-
liorum libri VII. *Impressi VENETIIS, opera et impensa
NICOLAI JENSON, Gallici*, 1472, in-folio, lettres rondes,
reliure pleine en mar. br. du Levant, à nerfs, fil. et riches
compartiments à la Grolier, dent. intér.

> Bel exemplaire à toutes marges. C'est l'un des plus beaux spéci-
> mens des productions typographiques en lettres rondes, de Nicolas
> Jenson. Un exemplaire de ce livre fut payé 726 francs, en 1784, à la
> vente de La Vallière.

3525. Defensio lectionis vulgaris in Diogene Laertio et Suida
de Chaldæis in Persia à Democrito auditis a J. H. Hen-
sero. *Gissæ*, 1745, in-4, dem.-rel., mar. bleu.

> Sujet aride, traité d'une façon aisée, intéressante et claire. — Bel
> exemplaire.

3526. Observationes philologicæ ad Cl. Mamertini panegyri-
cum genethliacum Maximiano Aug. dictum, auctt. E. C. Bez-
zel, J. S. Joningero, C. Schreck, A. M. Luduvuigo. *Altorfii Noricorum*, 1746, 4 part. en 1 vol. pet. in-4, dem.-
rel., mar. bleu.

3527. De Philologis quibusdam præstantioribus recentioris

maxime ævi, dissertatio, auctore J. M. Koeppelio. *Villem-bergæ*, 1739, pet. in-4, dem.-rel., mar. vert.

> Volume rare. C'est la meilleure, ou plutôt la seule bibliographie complète des philologues modernes, qui existe en aucun pays.

3528. Th. Gottfr. Fuchsii de Ephesiorum libris curiosis combustis. *Lipsiæ*, 1708, pet. in-4, dem.-rel., mar. bleu.

3529. Gabrielis Putherbei Turonici, professione Fontebraldei, Theotimus, sive de tollendis et expungendis malis libris... libri III, ad clariss. virum Petr. Remonium Rotomagensis senatus præsidem. *Parisiis, J. Roigny*, 1549, in-8, dem.-rel.

> Livre rare et très-curieux, connu par une virulente attaque contre maître François Rabelais. Les pages 180 à 183 inclusivement sont pleines d'invectives contre l'auteur de Gargantua et de Pantagruel, « *cui nec Dei metus inest, neque hominum reverentia... nidores culinarum persequitur...*, etc... » Chalmel dans son admiration pour Gabr. de Puyherbault, qui exhalait ainsi sa rage impuissante en quatre longues pages, l'appelle tout bonnement le *moderne Cicéron.* (Histoire de Touraine, IV, 401.) — Rabelais se vengea de ces injures en répondant par quatre lignes aux quatre pages, à la fin du chap. XXXII, liv. IV, de Pantagruel « *Depuis elle (Antiphysie) engendra les Matagots, Cagots et Papelars, les Maniacles Pistolets, les Demoniacles Calvins, imposteurs de Genève, les ENRAGES PUTHERBES, Briffaux, Caphars, Chattemittes, Canibales et autres monstres difformes et contrefaits en despit de nature.* »

3530. Pet. Dan. Huetii de Interpretatione libri duo. *Parisiis, Cramoisy*, 1661; in-4, v. (*Aux armes de Lamoignon.*)

3531. Avis à Ménage sur son églogue intitulée Christine, avec un remerciment à M. Costar (par Gilles Boileau, frère du satirique). *Paris, G. de Luynes*, 1657, in-12, vél.

> Critique sévère des œuvres de Costar et de Ménage. La malice de l'auteur se trahit même sur le titre, par la figure d'un paon qui fait la roue, ou peut-être d'un geai paré des plumes du paon. — On sent que Boileau-Despréaux a dû prendre part à cette œuvre ou tout au moins fournir des idées à son frère.

3532. La bibliothèque françoise de M. C. Sorel, ou le choix et l'examen des livres françois qui traitent de l'éloquence, de la philosophie, de la dévotion, et de la conduite des mœurs. *Paris*, 1664, in-12, v.

3533. Addition aux Pensées diverses sur les Comètes, en réponse à un libelle intitulé : Courte revue des maximes de morale et des principes de religion de l'auteur des pensées diverses sur les Comètes, pour servir d'instruction aux juges ecclésiastiques qui en voudront connoître. *Rotterdam*, 1694, in-12, mar. vert, tr. dor. (*Anc. reliure au chiffre de Crémeaux d'Entragues.*)

3534. Réflexions sur les divers stiles et sur la manière d'écrire ou dissertation sur les œuvres de M. de St-Évremont, avec l'examen du factum qu'il a fait pour Mme la duchesse Mazarin, contre M. le duc Mazarin son mary. *Suivant la copie,* 1700, in-8, vél.

3535. Histoire de Bayle et de ses ouvrages, par de la Monnoye. *Amsterdam, J. Desbordes,* 1716, in-12, v. fauve.

> Ce volume renferme d'excellents morceaux de critique sur Bayle, *Rabelais,* etc.; et une censure très-piquante de l'éditeur Marchand.

3536. Lettre critique sur le dictionnaire de Bayle (par l'abbé Le Clerc). *La Haye,* 1732, in-12, v. m.

> Bel exemplaire, avec l'*ex-libris* de Secousse.

3537. Eloges de quelques auteurs françois (par l'abbé Joly, Michault et autres). *Dijon, Marteret,* 1742, in-8, v. éc., fil.

3538. Mélanges historiques et philologiques par Michault, avocat au parlement de Dijon. *Paris,* 1754, 2 vol. in-12, v. marb., fil.

> Sur le véritable auteur du poëme intitulé : l'Occasion perdue et recouvrée. — Mémoires sur la vie et les ouvrages de Matth. de Montreuil. — Sur les dés de Bade. — Pelbart de Themeswart, prédicateur burlesque. — De la Fête des Fous. — Sur le Vaudeville. — Observations sur les lettres de l'Arétin. — Remarques sur la vie et les ouvrages de P. de Besse. — Extraits des mémoires manuscrits de Peiresc. — Vie et ouvrages du P. Oudin. — Denys Petau et Claude Saumaise. — Les Ambrons. — Glossaire Celtique, etc., etc...

3539. La musique de l'âme, ou l'art de dire bonjour. *Berlin,* 1759, pet. in-8, br., non rogné.

> Pièce rare et très-curieuse. Elle porte cette épigraphe tirée de Quintilien : « *Les hommes se font connaître à leur manière de parler, comme une pièce de monnoie au son qu'elle rend.* »

3540. Journal littéraire, par J. M. B. Clément, de Dijon. *Paris,* 1796-1797, 4 vol. in-8, veau fauve, dent. (*Bel exemplaire.*)

3541. Honoré de Balzac, essai sur l'homme et sur l'œuvre, par Arm. Baschet, avec notes historiques par Champfleury. *Paris,* 1852, in-12, dem.-rel., cuir de Russie, non rogné.

3542. Fragments d'histoire littéraire, à propos d'un nouveau manuscrit de chansons françaises, par Louis Passy. *Paris,* 1859, in-8, br.

> Tiré à petit nombre.

3543. La lorgnette littéraire, dictionnaire des grands et des

petits auteurs de mon temps, par Ch. Monselet. *Paris,*
1859, in-16 carré, dem.-rel., mar. citr., tête dor., non rogné.

3544. Series operarum litterariarum (in Universitate Altdorf-
fina exhibitarum). *Altdorf.* (1679-1698). Ensemble 18 opuscules en 1 vol., pet. in-4, dem.-rel., mar. bleu.

> Recueil factice de dissertations savantes, et dont la plupart seraient
> très-difficiles à trouver séparément. Toutes sont précieuses pour
> l'histoire des lettres, des arts et des sciences, chacune ayant pour
> auteur un homme d'érudition et de goût spéciaux.

3545. Stephani Baluzii Miscellanea, hoc est collectio veterum
monumentorum quæ hactenus latuerant in variis codicibus
ac bibliothecis. *Parisiis, Fr. Muguet,* 1678-1715, 7 vol. in-8,
v.

> Cet ouvrage est le véritable trésor des documents historiques et
> bibliographiques des diocèses et des principales villes de France,
> d'Allemagne, d'Italie, etc. Bulles, chartes, pièces diplomatiques,
> manuscrits intéressants, rien n'y est omis de ce que pouvait décou-
> vrir l'infatigable et savant auteur. Il donne, au commencement de
> chaque volume, une table très-ample des matières, qui facilite
> beaucoup les recherches. Un simple coup d'œil jeté sur la table
> fait connaître tout l'intérêt qu'offre cet ouvrage à toutes nos pro-
> vinces, et notamment la NORMANDIE, la Bourgogne, le DAU-
> PHINÉ et la Provence.

3546. Pièces fugitives anciennes et modernes des auteurs
connus et inconnus, et les fragmens de celles qu'on ne sçau-
roit plus trouver (attribuées à l'abbé Tricaud et à du Per-
rier, ancien garçon libraire chez Anisson). *Paris, Giffart,*
1705, in-12, bas.

> Ce volume, très-singulier, sans tomaison et composé de 99 pages,
> forme un ouvrage à part, bien qu'il puisse être considéré comme
> la quatrième partie d'un livre plus considérable et qui porte un titre
> plus général.
> Ce livret de 99 pages « est rarissime, dit Barbier, parce qu'il *fut
> supprimé dès qu'il parut...* Il n'est dans aucune de nos bibliothèques
> de Paris... Il renferme : 1o *Lettre du P. Fronteau sur l'ancien usage
> de se saluer à table et de s'exciter à boire, avec des remarques curieuses
> sur la Sainte-Eucharistie;* 2o du même, *De l'origine des paroisses et de
> l'obligation d'y assister;* 3o *Critique sur la vie de saint Castor, évêque
> d'Apt* (par de Saint-Quentin); 4o *Dissertation critique sur les Albices et
> les Albiciens, ancien peuple de Provence,* etc. (par de Saint-Quentin). »
> BARBIER, *Dictionnaire des Anonymes,* etc., 1824, tome III, pag. 38
> et 39.

3547. Mémoires de littérature (par Sallengre). *La Haye,* 1715,
4 part. en 2 tomes pet. in-8, fig., v.

> Mémoires pour servir à la vie de Guill. Postel. —Analyse du traité
> de la conformité des merveilles d'Henry Estienne. — Poésies ma-
> caroniques de Merlin Coccaie. — Mémoires sur Geoffroy Vallée. —
> Mémoires sur les premières impressions faites à Harlem. — Robert
> Estienne brûlé en effigie. — Saint François tue un homme pour

avoir le plaisir de le ressusciter. — Saint Macaire fait sept ans de pénitence pour avoir tué une puce. — Indice expurgatoire du Ménagiaua. — Monastères de Nonnains de la ville de Valence semblables aux bord... — Vie du Pogge. — Lettres anecdotes de Balzac à Saumaise. — Début comique du moyen de parvenir. — Jean du Pont-Alais, baladin des plus bouffons. — Catalogue de toutes les républiques imprimées en Hollande. — Triboulet, bouffon de Louis XII, etc., etc...

3548. Mémoires littéraires par S. D. L. R. G. *La Haye,* 1716, in-8, frontispice gravé, et portrait de Codrus Urceus, v. fauve. (*Bel exemplaire.*)

Ce recueil d'extraits de livres rares et choisis, de dissertations critiques et d'anecdotes a été attribué à Sallengre par plusieurs bibliographes, à cause de l'analogie qu'il présente avec les *Mémoires* de ce littérateur. Mais nous croyons, à ne considérer même que le style et la tournure d'esprit de l'auteur de cet ouvrage, que ce pourrait être Thémiseul de Saint-Hyacinthe. Nous noterons dans ces *Mémoires* la biographie et l'histoire critique des ouvrages de Codrus Urceus, des extraits des œuvres de Jean Marot, des dissertations sur les langues vivantes, des paraboles expliquées, des définitions littéraires et grammaticales, l'origine de certains usages, etc., etc.

3549. Mélanges d'histoire et de littérature, par M. de Vigneul-Marville (dom Bon. d'Argonne, chartreux de la chartreuse de Gaillon, diocèse de Rouen), édition augmentée par M*** (l'abbé Banier). *Paris,* 1725, 3 vol. in-12, v.

3550. Mélanges de littérature, tirez des lettres et manuscrits de M. Chapelain (par Camusat). *Paris,* 1726, in-12, v. gr., fil.

Ce volume intéresse fort les lettrés qui s'adonnent aux études critiques, principalement à cause du *Mémoire de quelques gens de lettres vivans en 1662,* dressé par ordre de Colbert. Ce sont des jugements piquants, judicieux et concis que porte Chapelain sur *Ménage, Hédelin, l'abbé de Pure, Boyer, Quinault, Thomas Corneille, Petit, Benserade, Sauval, Sénault, Huet, Fléchier, Commire, Tourangeau, P. Petit, Tourangeau, Chapelain* lui-même, *Giry, Molière,* etc.

3551. Recueil de littérature, de philosophie et d'histoire (par Jordan). *Amst.,* 1730, in-12, v.

Extraits d'ouvrages curieux, dissertations bibliographiques, anas, pièces relatives aux Jésuites.

3552. Recueil de pièces d'histoire et de littérature (par l'abbé Granet et le P. Desmolets). *Paris,* 1731-1741, 4 tom. en 2 vol. in-12, v. m., fil.

3553. Mémoires historiques, politiques, critiques et littéraires, par Amelot de la Houssaie. *Amst.,* 1737, 3 vol. in-12, v. marbr.

3554. Singularités historiques et littéraires (par dom Liron). *Paris, Didot,* 1738-40, 4 vol. in-12, v. marbr. (*Bel exemplaire.*)

3554 *bis.* Mémoires secrets de la république des lettres (par le marquis d'Argens). *Amsterdam*, 1744, 7 vol. pet. in-12, v. marbr.

> Renseignements sur Perrot d'Ablancourt. — Cocuage volontaire d'Acyndius rapporté par saint Augustin. — Marie Alacoque. — Recherches sur Albert Le Grand, blâmé pour ses saletés. — Recherches sur Bayle, sa vie et ses ouvrages. — Joachim du Bellay — Passage très-obscène de saint Bernard, père très-dévot, mis en parallèle avec un trait de la grande pudeur de Bossuet. — Délicatesse de Bossuet sur le terme de paillarde et sa modestie dans ses expressions. — Prétendu mariage de Bossuet avec Mlle de Moléon. — Éloge de La Bruyère. — Recherches sur Cordon. — Un chapelet tourné dévotement par Leibnitz le sauve d'être jeté à la mer. — Colletet, poëte françois, deux heures après la mort de sa femme, surpris avec sa servante. — Recherches curieuses sur René Descartes. — Henry Estienne. — Obscénités. — Frères de la Rose-Croix, etc., etc...

3555. Recueil A-Z (publié par Pérau, de Querlon, Mercier de Saint-Léger, de la Porte, Barbazan et Graville). *Fontenoy et Bruxelles (Paris)*, 1745-1762, 24 tom. en 12 vol. in-12, v. marbr.

> Ce recueil, bien connu par la variété et le grand nombre de documents littéraires qu'on y trouve, est rarement complet.

3556. Nouveaux mémoires d'histoire, de critique, et de littérature, par l'abbé d'Artigny. *Paris, Debure*, 1749-56, 7 vol. in-12, v. marbr.

> De quelques prétendus livres de magie. — Éloge de Huet, évêque d'Avranches. — Histoire du ministre protestant Reboul. — Sermons de Jean Boucher, sur la Ligue. — Extrait de deux ouvrages d'Artus Désiré. — Mémoires pour servir à l'histoire de Michel Servet. — Chronique scandaleuse des savants. — Histoire du meurtre de Séb. de la Ruelle, bourgmestre de Liège. — Lettre de Nicolas Pasquier sur la force et vertu des songes. — Pièces concernant le procès de Simon Morin. — Lettres de Calvin au marquis du Poët. — Histoire du démêlé de S.-Gelais et de Ronsard. — Remarques sur les deux Porchères. — Anecdotes sur Riche-Source. — Particularités sur Guill. Colletet et l'abbé Cotin. — Extrait des sermons du P. Philippe Bosquier, Montois. — Le livre intitulé : La Vie des Trois Maries. — Histoire de l'apparition de sœur Alix de Tésieux, etc., etc...

3557. Anecdotes littéraires, ou histoire de ce qui est arrivé de plus singulier et de plus intéressant aux écrivains françois, depuis le renouvellement des lettres sous François Ier jusqu'à nos jours. *Paris*, 1750, 2 vol. in-12, v.

> Tout ce que l'on connaît de singulier et de curieux touchant l'esprit, l'humeur et les habitudes de nos gens de lettres dans les XVIe, XVIIe et XVIIIe siècle, se trouve fidèlement et brièvement consigné dans cet ouvrage.

3558. Variétés historiques, physiques et littéraires, ou recherches d'un sçavant (Boucher d'Argis) contenant plusieurs pièces curieuses et intéressantes. *Paris*, 1752, 6 tom. en 3 vol. in-12, v.

> De la situation d'un palais du roi Thierry. — Sur les chansons de Thibault, comte de Champagne. — Cérémonie singulière de la rue

aux Ours, à Paris. — Remarques curieuses sur la boucherie de
l'Aport de Paris ou cérémonie du Bœuf-Gras. — De l'origine et des
privilèges du royaume d'Yvetot. — Dissertation sur l'origine du
papier et parchemin timbré, les lieux où cette formalité est établie,
son objet, ses effets, etc. — Généalogie de la maison de Lecksinski.
— Histoire des plus célèbres comédiens. — Des comédiens qui ont
été mis au nombre des saints. — Bizarrerie des modes. — Des lar-
gesses des Romains et l'ancienneté des carrosses. — Explication du
mot Bigre. — De la superstition de se trouver treize à table. — Des
prétendues influences de la Lune. — Sur la Pucelle d'Orléans. —
Du royaume de la Basoche. — Origine du *Salve Regina*. — Éclaircissemens sur le Mont-Valérien. — Dévotion des chasseurs à S. Hubert. — Mémoire au sujet de l'abbaye de Saint-Martin de Tours. —
Du choix que les musiciens ont fait de Ste Cécile pour patronne. —
Danse ecclésiastique qui se faisoit le jour de Pâques dans les églises canoniales de Besançon. — Ancienne et singulière dévotion de
la ville d'Évreux. — De quelques restes de la fête de Bacchus, etc.

3559. Récréations historiques, critiques, morales et d'érudition,
    avec l'histoire des Fous en titre d'office, par M. D. D. (Dreux
    du Radier). *Paris*, 1767, 2 vol. in-12; v. marbr.

3560. Variétés sérieuses et amusantes, par Sablier. *Amsterdam*,
    1769, 4 vol. in-12, v. marbr.

3561. Variétés littéraires, ou recueil de pièces tant originales
    que traduites, concernant la philosophie, la littérature et
    les arts (par l'abbé Arnaud et Suard). *Paris*, 1768-69, 4 vol.
    in-12, v. rac.

3562. Recueil de pièces intéressantes sur les Antiquités, la My-
    thologie, la Peinture, la Musique, l'art et la théorie de l'Ac-
    tion théâtrale, les Belles-lettres, la Philosophie, etc., traduit
    de différentes langues (par Jansen et Kruthoffer), ou Conser-
    vatoire des sciences et des arts. *Paris, s. d.* (de 1787 à 1800).
    6 vol. in-8, fig., br., *non rognés*.

    Ouvrage rempli d'érudition. Il contient des recherches sur l'ori-
gine des fables d'Homère, sur la manière de représenter la Mort
chez les anciens, sur la peinture musicale, sur les divinités ailées,
et particulièrement sur l'art du comédien, dont toutes les passions
et attitudes sont raisonnées par théorie et représentées en figures.

3563. Mélanges de Littérature et de critique, par Ch. Nodier,
    mis en ordre et publiés par Alex. Barginet, de Grenoble. *Pa-
ris*, 1820, 2 vol. in-8, dem.-rel., veau fauv.

3564. Revue rétrospective, ou bibliothèque historique, conte-
    nant des Mémoires et Documens authentiques, inédits et ori-
    ginaux pour servir à l'histoire proprement dite, à la biogra-
    phie, à l'histoire de la littérature et des arts (par M. J.
    Taschereau). *Paris, Impr. de Fournier*, 1833-37, 46 vol.
    in-8, dem.-rel. mar. viol. du Levant, dorés en tête, non ro-
gnés.

    Ce recueil est le plus intéressant et le mieux rempli qui ait paru
au xix⁰ siècle. Mais son mérite extraordinaire est, sans contredit,

l'impartialité dans le choix et dans l'exposé des documents. On ne
saurait trop recommander aux lecteurs les pièces indiquées ici .
Journal de la Ligue. — Le bourreau de Landau. — Guerre de la
Vendée. — Lettres de grâces accordées par Louis XI. — L'opéra
sous Charles IX. — Les faux monnoyeurs. — La troupe de Molière.
—Documents sur la liberté de la presse.— Napoléon et sa famille.—
Le diable de Laon. — Le Concordat de 1817. — Dépenses de
Louis XIV. — De l'adoption de la guillotine. — Histoire des Barricades. — Lettres de Marie Stuart. — Correspondance de Carrier. —
Journal de Paris (1721-1732). — Journal d'un voyage en Provence et
en Italie. — Reprise de la Floride. — Manuel de police impériale.—
Tragédies et comédies. — Origines de quelques familles. — Mémoires de Lauzun (*Marie-Antoinette vengée*), etc., etc. Tous ces documents étaient inédits avant cette publication, et ne se trouvent encore que là.

3565. Mélanges de littérature et d'histoire, recueillis et publiés
par la Société des Bibliophiles français. *Paris, Crapelet,*
1850, in-8, pap. vergé, br.

3566. De la Littérature du midi de l'Europe, par J. C. L. Si-
monde de Sismondi. *Paris*, 1813, 4 vol. in-8, dem.-reliure,
v. bl.

3567. Histoire des livres populaires ou de la littérature du col-
portage, depuis le XVᵉ siècle, par Ch. Nisard. *Paris*, 1854,
2 vol. gr. in-8, fig., dem.-rel., dos et coins de mar. roug. du
Levant, à nerfs, dorés en tête, non rognés.

    Bel exemplaire.

3568. Jo. Alb. Fabricii bibliotheca latina mediæ et infimæ
ætatis (accedunt Wipponis presb. Proverbia ad Henricum
Conradi Imp. filium; veteres rhythmi de vita monastica;
Notgeri Balbuli libellus de illustribus sacrarum scripturarum
expositoribus; supplementum Somnii Moralis Pharaonis; Jo.
Sarisberiensis carmen de membris conspirantibus, etc).
Hamburgi, 1734-35, 5 vol. in-8, vél.

3569. Sette libri de cathaloghi a varie cose appartenenti, non
solo antiche, ma anche moderne (da Ortenzio Landi). *Vinegia, Giolito*, 1552, in-8, dem.-rel., dos et coins de vél.

    « Ces mélanges historiques sont curieux et difficiles à trouver, »
dit M. Brunet. — Charles Nodier a consacré à ce volume un des
plus charmants articles de ses *Mélanges d'une petite bibliothèque.*

3570. Opuscula mythologica, physica et ethica, græce et latine
(ed. Gale). *Amst.*, 1688, in-8, front. gr., vél. de Holl., fil. à
comp. (*Aux armes de Deventer.*)

3571. Christophori Landini Florentini lib. quatuor, primus de
vita activa et contemplativa, secundus de summo bono; ter-
tius et quartus in Publii Virgilii Allegorias. (In fine) : *Has
Camaldulenses disputationes pulchrioribus typis Mathias
Schürerius artium doctor excussit in officina sua litteratoria.*

Argentorati, ann. 1508, pet. in-fol., reliure pleine janséniste, en maroquin rouge du Levant, dent. intér., tr. dor.

Très-bel exemplaire d'un livre rare, inconnu à quelques bibliographes. M. Brunet n'en cite que trois autres éditions, qu'il ne peut même décrire intégralement ni sûrement.

Celle-ci est composée de 70 feuillets à 43 lignes par page, et dont le dernier est blanc. Les signatures vont de A à L. Il y a un titre courant. Il ne faut point être surpris de la rareté de ce livre. Les *Discussions Camaldules* sont le résumé des meilleures théories de Landino sur la philosophie et sur l'art. Or Landino était l'homme le plus érudit et le plus lettré de cette illustre académie platonique fondée par lui-même, par Pic de la Mirandole et par Marsile Ficin. Il fut le précepteur et l'ami de Laurent de Médicis et de Julien, son frère, et jamais poëtes ni philosophes ne reçurent plus de faveurs du Magnifique.

3572. **Joa. Saresberiensis Policraticus, sive de nugis Curialium et vestigiis Philosophorum.** *Lugd.-Batavor.,* 1639, in-8, vélin.

3573. **Henri Corneille Agrippa de Nettesheim, sur la noblesse et excellence du sexe féminin, de sa prééminence sur l'autre sexe, et du sacrement du Mariage, avec le traité sur l'incertitude, aussi bien que la vanité des sciences, trad. par Gueudeville.** *Leiden,* 1726, 3 vol. in-12, frontispice gravé et portr., v.

3574. **Discorsi del S. Alessandro Sardo.** *Venetia, Giolito,* 1586, pet. in-8, vél.

Dissertations intéressantes divisées en 6 livres : De la Beauté. — De la Noblesse. — Poésie du Dante. — Des tremblements de terre, etc.

3575. **Joa. Marianæ e Soc. Jesu tractatus VII, de adventu B. Jacobi apostoli in Hispaniam, de Spectaculis, de Monetæ mutatione, etc.** *Coloniæ Agrippinæ,* 1609, in-fol., vél.

Bel exemplaire d'un livre rare, qui fut supprimé avec soin, et qui fut cause de l'emprisonnement de l'auteur.

3576. **Gasp. Barthi Erotodidascalus, sive Nemoralium lib. V.** *Hanoviæ,* 1625, fig. — Pornodidascalus, seu colloquium muliebre Petri Aretini : de astu nefario, horrendisque dolis, quibus impudicæ mulieres juventuti incautæ insidiantur, dialogus ex italico in hispanicum sermonem versus, de hispanico in latinum traducebat C. Barthius. *Francof.,* 1623. —Ejusd. Soliloquiorum rerum divinarum lib. Ejusd. Anacreon philosophus. *Francof.,* 1623. — Ejusdem Amabilium lib. IV. *Hanoviæ,* 1612, etc. Ensemble, 6 ouvrages en 1 vol. in-8, fig., vél.

Le *Dialogue des Courtisanes,* traduit de l'Arétin, qui termine le volume, est un opuscule fort curieux et difficile à rencontrer.

3577. **Les Œuvres d'Estienne Pasquier contenant ses recherches de la France, ses plaidoyers, lettres et œuvres meslées ainsi que les lettres de Nicolas Pasquier. *Amsterdam*, 1723, 2 vol. in-fol. à 2 colonnes, v.

Edition la meilleure et la plus complète.

×3578. Desseins de professions nobles et publiques, contenant plusieurs traités divers et rares avec l'histoire de la maison de Bourbon, par Ant. de Laval (Forésien), géographe du Roy, capitaine de son parc et château les Moulins en Bourbonnois. *Paris, Abel L'Angelier*, 1613, in-4, vél.

Bel exemplaire d'un livre très-rare. Les feuillets 383-396 contiennent une *relation de l'entrée de Henry IV à Moulins en 1595*. On y trouve une *Histoire de Bourbon* (ff. 227-282); un curieux traité ou *Examen des Almanachs, predictions, présages et divinations*; des *philtres, charmes et sortilèges d'amour*. Ant. de Laval adopte en partie le système orthographique de *La Ramée* et de *Pelletier du Mans*, dans quelques-uns de ces opuscules, nommément dans celui intitulé : « *Des peintures convenables aus Basiliques et Palais du Roy, mêmes à sa galerie du Louvre, à Paris.* »

On trouvera dans ce catalogue un curieux exemplaire de *Commines*, avec *annotations autographes d'Antoine de Laval*.

3579 Les Avantures de Monsieur d'Assoucy. *Paris*, 1677, 2 vol. pet. in-12, portrait de d'Assoucy, vélin. (*Bel exemplaire*.)

Les aventures de d'Assoucy se passent principalement à *Lyon, Montpellier, Orange, Béziers, Aix, Marseille, Avignon* et autres villes du midi de la France. Il y est question de ses rapports avec MOLIÈRE, son ami, et les *Béjart* qu'il rencontre à Avignon et avec lesquels il fait route jusqu'à Narbonne. Il n'en faut pas davantage pour faire rechercher et mettre au rang des curiosités littéraires ce volume peu commun, du reste, mais qui sans ces particularités risquerait fort d'être oublié et dédaigné.

3580. Extraits de tous les beaux endroits des ouvrages des plus célèbres auteurs de ces temps, tirez de Balzac, Voiture, Costar, Urfée, Gomberville, Molière, etc., par le sieur Corbinelli. *Amst., J. Tholm*, 1681, 5 vol. pet. in-12, broch., *non rognés*.

Rare dans cet état.

3581. Recueil de pièces choisies, tant en prose qu'en vers (rassemblées par de La Monnoye). *La Haye*, 1714, 2 vol. in-8, v.

Le tome Iᵉʳ contient, entr'autres choses, le voyage de Chapelle et de Bachaumont, les poésies de Cailly et la *satyre des satyres*. On trouve en entier, dans le tome II, les *visionnaires* de Desmarets; la *Relation des campagnes de Rocroy et de Fribourg*, par Henri Bessé, et le *Poëme de la Madeleine au désert de la Ste-Baume en Provence*, par le Père de St-Louis.

×3582. Ouvrages de M. l'abbé de Choisy (et de Segrais) qui n'ont point été imprimés. 2 vol. in-4, v. marbr. (*Au chiffre du duc de Valentinois.*)

BEAU MANUSCRIT DU COMMENCEMENT DU XVIIIᵉ SIECLE parfaitement conservé et conditionné.

Ce recueil est ainsi composé : 1o Mémoires pour servir à l'histoire de Louis XIV (ils ont été imprimés, mais dans un autre ordre divisés par livres et avec *des changements*). — 2o Fragment d'une conversation touchant l'état de la Cour, en décembre, 1720. Ce fragment ne se trouve point dans les Mémoires imprimés et *est inédit*. — 3o Mémoires pour la vie du cardinal de Bouillon. Ils forment le neuvième et dernier livre des Mémoires imprimés. — 4o L'abbé de Pure et Mme de Guercheville. Ces deux articles sont *inédits* et manquent dans les imprimés. — 5o Circonstances particulières dont l'enchaînement fit que le marquis d'Arquien, père de la Reine de Pologne, ne put obtenir d'être fait duc. — 6o Recueil de bons mots. Ce recueil est *inédit* et manque dans les mémoires imprimés. — 7o *Observations sur l'histoire de France*, par M. DE SEGRAIS. *Cet ouvrage n'a point été imprimé.* — Lenglet-Dufresnoy juge ainsi les mémoires de l'abbé de Choisy, imprimés à Utrecht (Rouen), 1726, in-12, et réimprimés plusieurs fois depuis : « Ce sont des mémoires fort amusans où il y a du neuf et du singulier, mais *peut-être qu'on ne les a pas imprimés tels que l'abbé de Choisy les avait faits, au moins le dit-on dans le public.* » Ce manuscrit, EN GRANDE PARTIE INÉDIT et *sans lacunes, ni suppressions*, vient donner raison à l'opinion émise par le savant abbé.

3583. OEuvres de Saint-Evremond, avec la vie de l'auteur, par Des Maizeaux. *S. l.*, 1740, 10 vol. in-12, fig. de Bern. Picart, v.

3584. Réflexions, maximes (poésies, mémoires) et pensées diverses de M. Cottereau du Coudray, prêtre du diocèse de Tours. *Propins et Sens*, 1755-1770. Ensemble 12 ouvrages de Cottereau, imprimés à différentes époques, et réunis en 1 vol. in-8, cart.

 Collection difficile à former. Ce Cottereau, né à Tours, en 1697, changea souvent d'attributions et de résidence. Il fut lié avec un grand nombre de personnages de tous les rangs. Ses productions singulières contiennent des particularités relatives à plusieurs hommes célèbres du temps.

3585. Recueil de différentes choses (ouvrage connu sous le titre de Mémoires du marquis de Lassay). *Lausanne (Paris)*, 1756, 4 vol. in-12, v. jasp.

 Ouvrage rempli de détails intimes et d'un intérêt très-soutenu. Il comprend l'histoire anecdotique, politique et littéraire de 63 années, racontée par un vieillard observateur, spirituel, et qui avait également étudié les salons, les ruelles et la vie des camps. Les *différentes choses* mentionnées dans le titre sont des relations, des lettres, des maximes et proverbes, des historiettes, etc.

3586. OEuvres d'Alexis Piron, avec fig. en taille-douce, d'après les dessins de Cochin. *Paris, Duchesne*, 1758, 3 vol. in-12, fig., v. marbr.

3587. OEuvres complètes de Voltaire. *Paris, Sautelet, imprimerie de H. Fournier*, 1827, 3 forts vol. in-8 à 2 col., papier vélin, rel. en toile, *non rognés*.

 Edition la plus jolie qui ait paru d'une justification aussi resserrée, et d'un caractère aussi menu. Véritable chef-d'œuvre d'impression.

3588. OEuvres complètes de Jean-Jacques Rousseau, citoyen de
Genève. *Paris, Sautelet,* 1827, gr. in-8 à 2 col., portr., papier fin, rel. pleine en cuir de Russie à nerfs, fil., fers à fr.,
dent. intér., tr. dor. (*Simier.*)

> Véritable chef-d'œuvre de typographie, exécuté en très-petits
> caractères, fondus exprès par H. Fournier.

3589. OEuvres choisies du Prince de Ligne. *Paris et Genève,*
1809, 4 tom. en 2 vol. in 8, v. porph.

3590. Essai en divers genres de littérature et de poésie, par P.
L. J. D*** (Dreux, bibliothécaire à Tours). *Tours,* 1809, in-
18, pap. de Hollande, br., non rogné.

3591. Collection complète des pamphlets politiques et opuscules littéraires de Paul-Louis Courier (Tourangeau). *Bruxelles,* 1826, in-8, portrait, rel. pleine en cuir de Russie, à
nerfs, fil. à compart., dent., intér., tr. dor.

> Très-bel exemplaire.

3592. Mémoires, correspondance et opuscules inédits de Paul-
Louis Courier. *Paris, Sautelet,* 1828, 2 vol. in-8, dem.-rel.,
v. (*Bel exemplaire.*)

3593. La Jacquerie, scènes féodales, suiv. de la famille de Car-
vajal, par l'auteur du théâtre de Clara Gazul (P. Mérimée).
Paris, imprimerie de H. Balzac, 1828, in-8, dem.-rel. dos et
coins de mar. r. du Lev., à nerfs, tête dorée, *non rogné.*

3594. Les Barricades de 1830, scènes historiques (et dramatiques). *Paris,* 1830, in-8, dem.-rel., dos et coins de mar. r.
du Lev., tête dorée, n. rogn.

3595. OEuvres complètes du comte Algarotti (italiennes et françaises). *Venise,* 1791-94, 17 vol. in-8, portr., figures et vignettes, dem.-rel., mar. viol. du Levant, tête dorée.

> Bel exemplaire.

3596. Les OEuvres de mylord comte de Shaftsbury, trad. de
l'anglois. *Genève,* 1769, 3 vol. in-8, v. m.

3597. The works of Sam. Johnson. *London,* 1825, 2 vol. gr. in-
8, à 2 colonnes, fig., dem.-rel., dos et coins de mar. bleu, à
nerfs, fil. (*Bel exemplaire.*)

3598. Citizen on the World by Dr Goldsmith. *Chiswick, C.
Whittingham,* 1819, 2 vol. in-18, fig., dem.-rel., v. antiq. à
nerfs.

FIN DU TOME PREMIER.

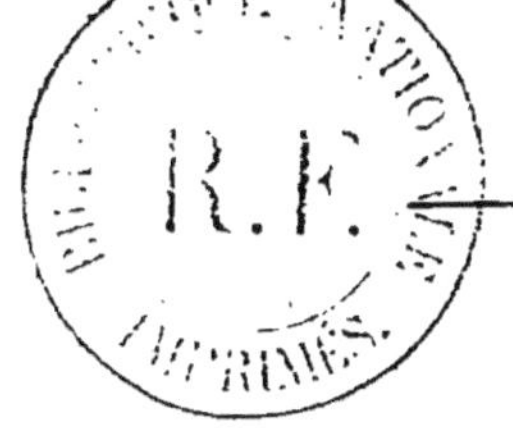

TABLE DES DIVISIONS

THÉOLOGIE

HISTOIRE DES RELIGIONS.

JURISPRUDENCE.

SCIEnCES ET ARTS.

BELLES-LETTRES.

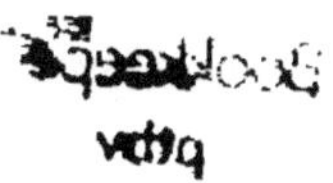

FIN DE LA TABLE DES DIVISIONS DU TOME PREMIER.

CONDITIONS DE LA VENTE.

Les acquéreurs paieront en sus des enchères 5 % applicables aux frais de vente.

Il y aura chaque jour de vente, de 2 à 4 heures de l'après-midi, exposition des livres qui seront vendus à la vacation du soir.

Tous les livres sont GARANTIS COMPLETS, et vendus comme tels. Les Manuscrits sont vendus dans l'état où ils se trouvent et ne peuvent être admis à rapport. — Toute réclamation, s'il y a lieu, doit être adressée dans les quarante-huit heures de l'adjudication. Pour l'avant-dernière vacation il ne sera accordé que vingt-quatre heures, afin que les articles rendus puissent être revendus à la dernière séance. Passé ce délai aucune réclamation ne sera admise.

Les commissions des personnes qui ne pourraient assister à la vente seront reçues à la librairie A. Claudin.